之道译丛
·07·

W. LaFeber
W. 拉夫伯尔 著

史方正 译

The Clash
U.S.-Japanese Relations throughout History

创造新日本
1853年以来的美日关系史

山西出版传媒集团 山西人民出版社

图书在版编目（CIP）数据

创造新日本 /（英）W. 拉夫伯尔著；史方正译 .
-- 太原：山西人民出版社，2021.6
ISBN 978-7-203-11680-6

Ⅰ.①创… Ⅱ.①W… ②史… Ⅲ.①日本—历史— 19 世纪
Ⅳ.①K313.4

中国版本图书馆 CIP 数据核字（2021）第 019837 号

著作权合同登记号：图字04-2021-005
The Clash: U.S.-Japan Relations throughout History
Original English Language edition
Author:Walter LaFeber

创造新日本：1853 年以来的美日关系史

著　　者：（英）W. 拉夫伯尔
译　　者：史方正
责任编辑：李　鑫
复　　审：傅晓红
终　　审：梁晋华

出 版 者：山西出版传媒集团·山西人民出版社
地　　址：太原市建设南路 21 号
邮　　编：030012
发行营销：010-62142290
　　　　　0351-4922220　4955996　4956039
　　　　　0351-4922127（传真）　4956038（邮购）
天猫官网：https://sxrmcbs.tmall.com　电话：0351-4922159
E-mail：sxskcb@163.com（发行部）
　　　　sxskcb@163.com（总编室）
网　　址：www.sxskcb.com

经 销 者：山西出版传媒集团·山西人民出版社
承 印 厂：鸿博昊天科技有限公司

开　　本：635mm × 965mm　1/16
印　　张：39.5
字　　数：500 千字
版　　次：2021 年 6 月　第 1 版
印　　次：2021 年 6 月　第 1 次印刷
书　　号：ISBN 978-7-203-11680-6
定　　价：168.00 元

谨以此书献给

戴尔（Dale）和内莉·科尔森（Nellie Corson）

弗兰克（Frank）和罗莎·罗兹（Rosa Rhodes）

本书涉及的美国总统与日本首相任期对应表

美国总统	任期	任届	日本首相	任期	任届
乔治·华盛顿（George Washington）	1789.4—1793.3	1	—	—	—
	1793.3—1797.3	2			
约翰·亚当斯（John Adams）	1797.3—1801.3	3	—	—	—
托马斯·杰斐逊（Thomas Jefferson）	1801.3—1805.3	4	—	—	—
	1805.3—1809.3	5			
詹姆斯·麦迪逊（James Madison）	1809.3—1813.3	6	—	—	—
	1813.3—1817.3	7			
詹姆斯·门罗（James Monroe）	1817.3—1821.3	8	—	—	—
	1821.3—1825.3	9			
约翰·昆西·亚当斯（John Quincy Adams）	1825.3—1829.3	10	—	—	—
安德鲁·杰克逊（Andrew Jackson）	1829.3—1833.3	11	—	—	—
	1833.3—1837.3	12			

续表

美国总统	任期	任届	日本首相	任期	任届
马丁·范布伦（Martin Van Buren）	1837.3—1841.3	13	—	—	—
威廉·亨利·哈里森（William Henry Harrison）	1841.3—1841.4	14	—	—	—
约翰·泰勒（John Tyler）	1841.4—1845.3	14	—	—	—
詹姆斯·K. 波尔克（James K. Polk）	1845.3—1849.3	15	—	—	—
扎卡里·泰勒（Zachary Taylor）	1849.3—1850.7	16	—	—	—
米勒德·菲尔莫尔（Millard Fillmore）	1850.7—1853.3	16	—	—	—
富兰克林·皮尔斯（Franklin Pierce）	1853.3—1857.3	17		—	—
詹姆斯·布坎南（James Buchanan）	1857.3—1861.3	18	—	—	—
亚伯拉罕·林肯（Abraham Lincoln）	1861.3—1865.3	19	—	—	—
	1865.3—1865.4	20			
安德鲁·约翰逊（Andrew Johnson）	1865.4—1869.3	20	—	—	—
尤利西斯·S. 格兰特（Ulysses S. Grant）	1869.3—1873.3	21	—	—	—
	1873.3—1877.3	22			
拉瑟福德·B. 海斯（Rutherford B. Hayes）	1877.3—1881.3	23	—	—	—
詹姆斯·A. 加菲尔德（James A. Garfield）	1881.3—1881.9	24	—	—	—

续表

美国总统	任期	任届	日本首相	任期	任届
切斯特·A. 阿瑟（Chester A. Arthur）	1881.9—1885.3	24	—		—
格罗弗·克利夫兰（Grover Cleveland）	1885.3—1889.3	25	伊藤博文	1885.12—1888.4	1
			黑田清隆	1888.4—1889.10	2
本杰明·哈里森（Benjamin Harrison）	1889.3—1893.3	26	三条实美	1889.10—1889.12	代首相
			山县有朋	1889.12—1891.5	3
			松方正义	1891.5—1892.8	4
格罗弗·克利夫兰（Grover Cleveland）	1893.3—1897.3	27	伊藤博文	1892.8—1896.8	5
			黑田清隆	1896.8—1896.9	代首相
威廉·麦金莱（William McKinley）	1897.3—1901.3	28	松方正义	1896.9—1898.1	6
			伊藤博文	1898.1—1898.6	7
			大隈重信	1898.6—1898.11	8
			山县有朋	1898.11—1900.10	9
			伊藤博文	1900.10—1901.5	10
	1901.3—1901.9	29	西园寺公望	1901.5—1901.6	代首相
西奥多·罗斯福（Theodore Roosevelt）	1901.9—1905.3	29	桂太郎	1901.6—1906.1	11
	1905.3—1909.3	30	西园寺公望	1906.1—1908.7	12
			桂太郎	1908.7—1911.8	13

续表

美国总统	任期	任届	日本首相	任期	任届
威廉·霍华德·塔夫脱（William Howard Taft）	1909.3—1913.3	31	西园寺公望	1911.8—1912.12	14
			桂太郎	1912.12—1913.2	15
伍德罗·威尔逊（Woodrow Wilson）	1913.3—1917.3	32	山本权兵卫	1913.2—1914.4	16
			大隈重信	1914.4—1916.10	17
			寺内正毅	1916.10—1918.9	18
	1917.3—1921.3	33	原敬	1918.9—1921.11	19
沃伦·G. 哈丁（Warren G. Harding）	1921.3—1923.8	34	内田康哉	1921.11—1921.11	代首相
			高桥是清	1921.11—1922.6	20
			加藤友三郎	1922.6—1923.8	21
卡尔文·柯立芝（Calvin Coolidge）	1923.8—1925.3	34	内田康哉	1923.8—1923.9	代首相
			山本权兵卫	1923.9—1924.1	22
			清浦奎吾	1924.1—1924.6	23
			加藤高明	1924.6—1926.1	24
	1925.3—1929.3	35	若槻礼次郎	1926.1—1926.1	代首相
			若槻礼次郎	1926.1—1927.4	25
			田中义一	1927.4—1929.7	26

续表

美国总统	任期	任届	日本首相	任期	任届
赫伯特・胡佛 （Herbert Hoover）	1929.3— 1933.3	36	浜口雄幸	1929.7— 1931.4	27
			若槻礼次郎	1931.4— 1931.12	28
			犬养毅	1931.12— 1932.5	29
			高桥是清	1932.5— 1932.5	代首相
			斋藤实	1932.5— 1934.7	30
富兰克林・D. 罗斯福 （Franklin D. Roosevelt）	1933.3— 1937.1	37	冈田启介	1934.7— 1936.3	31
			广田弘毅	1936.3— 1937.2	32
	1937.1— 1941.1	38	林铣十郎	1937.2— 1937.6	33
			近卫文麿	1937.6— 1939.1	34
			平沼骐一郎	1939.1— 1939.8	35
			阿部信行	1939.8— 1940.1	36
			米内光政	1940.1— 1940.7	37
			近卫文麿	1940.7— 1941.7	38
	1941.1— 1945.1	39	近卫文麿	1941.7— 1941.10	39
			东条英机	1941.10— 1944.7	40
	1945.1— 1945.4	40	小矶国昭	1944.7— 1945.4	41

续表

美国总统	任期	任届	日本首相	任期	任届
哈里·S. 杜鲁门（Harry S. Truman）	1945.4—1949.1	40	铃木贯太郎	1945.4—1945.8	42
			东久迩宫稔彦王	1945.8—1945.10	43
			币原喜重郎	1945.10—1946.5	44
			吉田茂	1946.5—1947.5	45
			片山哲	1947.5—1948.3	46
			芦田均	1948.3—1948.10	47
			吉田茂	1948.10—1949.2	48
	1949.1—1953.1	41	吉田茂	1949.2—1952.10	49
			吉田茂	1952.10—1953.5	50
德怀特·D. 艾森豪威尔（Dwight D. Eisenhower）	1953.1—1957.1	42	吉田茂	1953.5—1954.12	51
			鸠山一郎	1954.12—1955.3	52
			鸠山一郎	1955.3—1955.11	53
			鸠山一郎	1955.11—1956.12	54
			石桥湛山	1956.12—1957.2	55
	1957.1—1961.1	43	岸信介	1957.2—1958.6	56
			岸信介	1958.6—1960.7	57
			池田勇人	1960.7—1960.12	58

续表

<table>
<tr><th>美国总统</th><th>任期</th><th>任届</th><th>日本首相</th><th>任期</th><th>任届</th></tr>
<tr><td>约翰・F. 肯尼迪
（John F. Kennedy）</td><td>1961.1—
1963.11</td><td>44</td><td>池田勇人</td><td>1960.12—
1963.12</td><td>59</td></tr>
<tr><td rowspan="4">林登・B. 约翰逊
（Lyndon B. Johnson）</td><td rowspan="2">1963.11—
1965.1</td><td rowspan="2">44</td><td>池田勇人</td><td>1963.12—
1964.11</td><td>60</td></tr>
<tr><td rowspan="2">佐藤荣作</td><td rowspan="2">1964.11—
1967.2</td><td rowspan="2">61</td></tr>
<tr><td rowspan="2">1965.1—
1969.1</td><td rowspan="2">45</td></tr>
<tr><td>佐藤荣作</td><td>1967.2—
1970.1</td><td>62</td></tr>
<tr><td rowspan="4">理查德・尼克松
（Richard Nixon）</td><td rowspan="3">1969.1—
1973.1</td><td rowspan="3">46</td><td>佐藤荣作</td><td>1970.1—
1972.7</td><td>63</td></tr>
<tr><td>田中角荣</td><td>1972.7—
1972.12</td><td>64</td></tr>
<tr><td rowspan="2">田中角荣</td><td rowspan="2">1972.12—
1974.12</td><td rowspan="2">65</td></tr>
<tr><td>1973.1—
1974.8</td><td>47</td></tr>
<tr><td rowspan="2">杰拉尔德・福特
（Gerald Ford）</td><td rowspan="2">1974.8—
1977.1</td><td rowspan="2">47</td><td>三木武夫</td><td>1974.12—
1976.12</td><td>66</td></tr>
<tr><td>福田赳夫</td><td>1976.12—
1978.12</td><td>67</td></tr>
<tr><td rowspan="4">吉米・卡特
（Jimmy Carter）</td><td rowspan="4">1977.1—
1981.1</td><td rowspan="4">48</td><td>大平正芳</td><td>1978.12—
1979.11</td><td>68</td></tr>
<tr><td>大平正芳</td><td>1979.11—
1980.6</td><td>69</td></tr>
<tr><td>伊东正义</td><td>1980.6—
1980.7</td><td>代首相</td></tr>
<tr><td>铃木善幸</td><td>1980.7—
1982.11</td><td>70</td></tr>
</table>

续表

美国总统	任期	任届	日本首相	任期	任届
罗纳德·里根（Ronald Reagan）	1981.1—1985.1	49	中曾根康弘	1982.11—1983.12	71
			中曾根康弘	1983.12—1986.7	72
	1985.1—1989.1	50	中曾根康弘	1986.7—1987.11	73
			竹下登	1987.11—1989.6	74
乔治·H. W. 布什（George H. W. Bush）	1989.1—1993.1	51	宇野宗佑	1989.6—1989.8	75
			海部俊树	1989.8—1990.2	76
			海部俊树	1990.2—1991.11	77
			宫泽喜一	1991.11—1993.8	78
比尔·克林顿（Bill Clinton）	1993.1—1997.1	52	细川护熙	1993.8—1994.4	79
			羽田孜	1994.4—1994.6	80
			村山富市	1994.6—1996.1	81
			桥本龙太郎	1996.1—1996.11	82
	1997.1—2001.1	53	桥本龙太郎	1996.11—1998.7	83

目 录

1/ 前 言

第一章 势不可挡，志不可移 /1

1/ 一 两个民族

6/ 二 遭遇“新西方”

8/ 三 美国人的出现

18/ 四 哈里斯大胜，以及井伊遇刺

25/ 五 美国人与现代日本的诞生

第二章 加入俱乐部（1868—1900 年）/39

39/ 一 两种制度

49/ 二 两种制度、两种帝国主义

54/ 三 加入帝国主义俱乐部：伊藤、格莱西姆与甲午战争

63/ 四 夏威夷争端

68/ 五 加入帝国主义俱乐部：“精彩而微小之战”与黯然失色之战

74/ 六 美日一度是朋友

第三章　转折（1900—1912 年）/ 83
83 /　一　列强与义和团
91 /　二　山县、罗斯福与日俄战争
103 /　三　中国东北：首次冲突
107 /　四　加利福尼亚危机及其他
112 /　五　中国东北：第二次冲突

第四章　革命、战争与种族（1912—1920 年）/ 126
126 /　一　老欧洲、新亚洲
128 /　二　山县、威尔逊与革命中国的“边疆”
131 /　三　加利福尼亚：“另一个种族问题”
134 /　四　双线战争：1914—1918 年
144 /　五　西伯利亚（俄国远东）：苦涩的选择
148 /　六　巴黎

第五章　创造新时代：从华盛顿到沈阳（1921—1931 年）/ 163
163 /　一　胡佛、拉蒙特与新时代
168 /　二　华盛顿公约、纽约的黑室
180 /　三　“心平气和，以理服人”：1924 年移民法案
183 /　四　又是中国
189 /　五　“他们仍然需要我们——这或许就是他们恼怒的原因”：1929—1931 年

第六章　绳索 I：从沈阳……/ 203
203 /　一　日美关系的“典范”：20 世纪 30 年代
204 /　二　华尔街与东北危机
216 /　三　高桥、赫尔，以及战争贸易与战争政治之间的竞争
225 /　四　战争与演员

第七章　绳索Ⅱ:……到珍珠港 / 234

234 /　一　系紧绳索

239 /　二　"共荣圈"

246 /　三　割断绳索的努力:珍珠港

第八章　第二次世界大战:两种愿景之争 / 267

267 /　一　天皇 VS"机器法则"

272 /　二　加利福尼亚参战:再安置营和好莱坞

277 /　三　日本机器的失败

283 /　四　"我们被当成了傻子":美国战后规划中,敌人成为朋友

292 /　五　杜鲁门和雅尔塔体系的崩溃

300 /　六　"双重打击"——与结局

第九章　创造一个新日本:改革、反转和战争(1945—1951 年) / 319

319 /　一　"要么给我面包,要么给我子弹"

325 /　二　占领的第一时期(1945—1947 年)

333 /　三　占领的第二时期(1947—1950 年):美国人

339 /　四　占领的第二时期(1947—1950 年):日本人、美国人和中国人

348 /　五　朝鲜:为日本而战——"上天的礼物"

第十章　20 世纪 50 年代:关键十年 / 370

370 /　一　"日本……或为天使,或为恶魔"

375 /　二　戴明、杜勒斯和重大选择:中国还是越南?

386 /　三　新冷战

391 /　四　围绕安保条约的危机(1957—1960 年)

第十一章 “奇迹”的出现与中国的再现（1960—1973年） /408
408/ 一 池田和其他“晶体管商人”的“奇迹”
416/ 二 肯尼迪、池田和“平等伙伴关系”的幻觉
423/ 三 约翰逊、佐藤和越南
434/ 四 尼克松和佐藤——或者“与敌人贸易”
439/ 五 尼克松冲击

第十二章 一个时代的终结（1973年以来） /455
455/ 一 冷战时代的转折点
460/ 二 需要的是美国军人而非美国银行——或者“日本第一”
468/ 三 20世纪80年代：从“罗康”开始……
471/ 四 ……到两种相互竞争的资本主义
478/ 五 ……到“日美关系处在1960年以来的最低点”
480/ 六 “冷战结束了，日本最终获胜”
485/ 七 海湾战争：美日冲突的典型案例
489/ 八 20世纪90年代：“美国在亚洲的政策从日本开始”

505/ **结 语 冲突：回望中的现实**
517/ **附 录**
522/ **参考书目**
556/ **致 谢**
560/ **索 引**

前 言

1964年12月7日，为了纪念日本袭击珍珠港23周年，美国外交关系协会（Council on Foreign Relations）在纽约举办了一场以美日关系为讨论话题的非公开会议。在约翰·K.爱默尔森（John K. Emmerson，美国国务院资深日本问题专家）、詹姆斯·莫莉（James Morley，哥伦比亚大学东亚事务著名分析师）以及罗伯特·W.巴内特（Robert W. Barnett，美国国务院高级亚洲事务专家）之间展开了一场对话：

> 爱默尔森认为，最近十分重要的问题是，日本对于自己归属于远东（Far East）还是远西（Far West）产生了疑问。他们声称自己是共产党中国与西方之间的桥梁。在莫莉看来，日本人认为自己不属于任何一方，而是在两种文化之间摇摆。
>
> 巴内特谈到，他希望上述两种观点都是对的，但恐怕它们都错了。他所见过的所有日本人，在谈论中国时都同时包含两种情感：一是对中国悠久历史传统的仰慕，二是认为一个日本人在任何一个方面都可以胜过一个中国人。[1]

意味深长的是，这场讨论进行之际，正是日本经济奇迹开端之时——日本正迅速崛起，对二战结束后一直主导国际市场的美国工业 xviii

霸权进行挑战。同时，这场讨论也发生于美国对共产党中国的担忧达到顶峰之时，中国于1964年引爆了它的第一颗原子弹。美国政府还批评到，在越南的棘手战事中，中国即使不是操纵者，至少也起到了煽风点火的作用。

这些1964年12月7日留下的文字，揭示了本书的三个主题。首先，尽管美国和日本在绝大多数东亚事务上将对方视为伙伴（1931—1945年除外），但在150年的美日关系史上，它们确实一度陷入了一系列十分危险的冲突之中。冲突从一开始就产生了：为了美国的利益，美国海军准将马修·佩里（Matthew Perry）于1853年用坚船利炮强行打开了日本紧闭的国门。冲突一直延续到20世纪90年代：民意调查显示，随着冷战的终结，美日将彼此而非苏联视为自身最大的威胁。

第二个主题是，这些历史问题的根源是两种不同形式的资本主义的冲突，而在将来，这种冲突还将持续。20世纪90年代日本财务省的一个实权官员曾经解释了这种不同，他说美国奉行资本主义的市场政策，而日本则奉行非资本主义的市场政策。这不免言过其实，但确实说到了关键：近400多年来，由于对混乱的恐惧，日本形成了紧凑、同质而联系紧密的社会。它试图通过建立强有力的中央政府来避免混乱，这个政府将引导那些推动经济运行的精密的非官方网络。另一方面，近200年来，美国形成了肆意伸展的多元开放式社会，这一社会有充分的理由对经济衰退心怀忧虑，并试图通过建立开放的国际市场来避免衰退。在18世纪末和19世纪初，“国际”指的是边疆——北美大陆的西部以及欧洲和拉美。19世纪40年代后，“国际”也包括了爱默尔森和其他美国精英口中的“远西”——亚洲。

接下来是本书的第三个主题：这两种资本主义的冲突焦点在中国。佩里强迫日本开国，是因为华盛顿当局希望将日本作为富庶的中国市场的战略中转站。而正如巴内特指出的那样，日本人既将中国视为自身文化的来源，也将之视为自己潜在的边疆。在19世纪下半叶，日本与美国在对华政策方面通力合作，这一合作很大程度上出于对沙俄帝国在华北扩张势力的担忧。日本在1904—1905年击败俄国之后—— xix
这场黄种人对白种人的巨大胜利震撼了美国人和欧洲人，即开始着手在亚洲大陆建立自己的帝国。到1915—1920年，由于日本对中国施加的压力以及对西伯利亚（俄国远东）事务的介入，华盛顿对东京的不满已经到达了极点。

1921—1922年的华盛顿会议（Washington Conference）是美国历史上意义最为重大又最被忽视的外交会议之一，它解决了日美之间的这些冲突，但也只是暂时解决而已。会上达成了一个交易：日本在西太平洋获得事实上的海上霸权，作为交换，它同意与纽约的银行家一同开发中国的部分地区。但即使在20世纪20年代，这一交易也既没有为日本，又没有为日益处于革命边缘的中国带来秩序。而在1929年后，作为协议基础的美元开始暴跌，协议本身也随之烟消云散。

日本军方随即开始掌握主动权。财阀——实力雄厚的家族式工业金融联合体——与军方合作以摆脱对西方的经济依赖。财阀一直以来都在从强大的政府机构获得诸多援助，正如加拿大外交官E.H.诺曼（E.H. Norman）在二战前夕出版的一部眼光独具的作品所阐述的，这一军工政的集合体并非形成于20世纪30年代，在德川时期（1603—1867年），尤其是明治时期（1868—1912年）就已经出现了。[2]

到一战时，美国已经通过实行政治与贸易相结合的强力措施——包括关税和对生产商、铁路建筑商的大量津贴，使得自己成为世界第一的经济强国。而在意料之中的是，一到达这一顶峰，美国人就决心打开全世界的市场，为他们蓬勃发展的工业和农业寻求利润，为他们剧增的、多元的人口谋求工作机会。和日本人一样，他们将商业目光投向了亚洲大陆，即使日本已经开始部分封锁这一庞大的市场并将之视为自己的禁脔。

然而，与日本人不同的是，在美国人眼中亚洲只是一个巨大机遇
的一部分。虽然日本从历史出发，极为重视东亚与东南亚对自身生存
的重要性，但美国却发展出一种全球视野，从而将亚洲视为一个更为
庞大的体系的一部分。美国人和日本人之所以爆发冲突，并不仅仅因
为中国问题，更是因为，日本将亚洲大陆视为首要利益，而美国将一
个开放的世界体系视为首要利益，如果东亚与东南亚没有融入这一体
xx 系，它就会毁于一旦。最终，美国于 1941 年参战，因为它无法在中
国问题上解决与日本的分歧，尤其是在中国如何被融入世界市场这一
问题上。

20 世纪 30 年代美元的暴跌和二战的惨状使得美国人坚信，在 1945 年后，他们的全球愿景必须要实现。他们的国内秩序与繁荣有赖于此。到 20 世纪 40 年代中期，看起来他们最终具有了实现这一愿景的能力。为此迈出的基础性的一步是对被摧毁的日本的占领和重建。然而，作为日美关系中许多有趣的讽刺之一，华盛顿官员得出的结论是，只有日本发展出强大的出口贸易，它才能生存并避免落入共产主义之手。相应地，这一决定带来了在美国支持下进行的日本工业金融联合体的重建，以生产出具有竞争力的出口商品。这也导致了强有力政府机构的重建，以引导这些联合体并驱动整体经济适应出口贸易的需要。在吉田茂首相的领导下，日本人将美军占领化为己用。吉田说道：“许多历史案例证明，在战争失败后仍然可以通过外交取得胜利。”[3]

日本复兴政策的关键环节是对资本的控制，以及在实际层面对美国投资的排斥。美国人从 20 世纪 30 年代学到的教训是，封闭的经济集团（例如日本和德国）将带来战争，而绥靖（例如 1938 年在慕尼黑与希特勒达成的交易）只会鼓励侵略者。然而，日本人从 20 世纪 30 年代学到了两个截然不同的教训：他们再也不能依赖从外部获得资本；这也意味着必须寻找军国主义之外的、能够在东亚开拓经济机遇

的手段。

讽刺还没有结束。日本出口商既需要原材料也需要市场。而截止20世纪40年代末，美国官员认为东南亚将最佳地满足日本这两种需求。1941年这些官员曾加入对日作战，部分原因就是东京坚持在东南亚建立封闭的“共荣圈”，但如今，这已经不重要了。约翰·福斯特·杜勒斯（John Foster Dulles）和其他高层官员警告说，如果日本不能获得一个开放的东南亚，它要不就是被迫向美国倾销商品，要不就会与共产党中国做生意，后者无疑更糟糕。正是这一方针使得美国投身越南，也正是这一方针使得美日在20世纪60年代以及之后围绕对越、对华政策产生了尖锐的冲突。

当美国身陷东南亚的沼泽之时，日本却打开了与北越共产党政权的贸易渠道，通过提供越南战争的军需而日进斗金，并开始重回中国 xxi
市场。1972年理查德·尼克松（Richard Nixon）具有历史意义的北京之行如同起跑的发令枪声，拉开了日美争夺中国市场的序幕。1978年开始经济改革后，中国有望成为21世纪前半叶世界上最大的经济体。为了这个市场展开的激烈竞争被以下两点掩盖了：美国对日本巨大贸易顺差的强烈抗议，以及美日安全伙伴关系带来的共同利益，这种针对苏联的伙伴关系允许日本保持小规模的、低成本的军事设施。

出于美国的利益，尼克松最为亲信的外交政策顾问亨利·基辛格（Henry Kissinger）希望让中国与日本鹬蚌相争，即使这意味着日本可能会掌握核武器。记录显示，他在美国参谋长联席会议（U.S. Joint Chiefs of Staff）上说道，“日本人一向自私而奸诈，而且不断追逐自己的利益”。他们“总有一天会拥有核武器……如果日本开始增加军费，中国将十分忧虑。这是一件好事……让中国保持忧虑对我们十分有利”。[4]

1989—1991年的一系列事件又一次改变了这种关系。首先，80

年代末，中国的变化引发了美日之间的重要分歧，即在对中国的考量之中，是否应当有比贸易利益更优先的其他权益。第二，1990—1991年的海湾危机重创了美日关系，因为日本拒绝推翻战后的反战政策而援助美国，即使最后提供了相当数量的经济援助，日本也是极不情愿的。考虑到美日在中东利益上越发扩大的分歧，这一点并不奇怪。第三，自 1955 年以来长期执政的日本自民党垮台了，它成了腐败和无能的受害者。第四，由于强势的通产省的过度投机与过度监管行为，20 世纪 60 年代以来的经济奇迹终结了。第五，1991 年 12 月 25 日的苏联解体使得促进美日弥合分歧的共同对手不复存在。贸易与中国问题成为最重要的事务，它们如此重要，以至于被比尔·克林顿（Bill Clinton）在 1992 年大选中用作攻击乔治·布什（George Bush）的武器，并在之后塑造了克林顿的外交政策。[5]

在所有这些混乱之中，日本经济政策的转变却十分微小。它仍然小心翼翼地维护着自己的资本来源和受到监管的社会。美国大使迈
xxii 克·阿玛科斯特（Michael Armacost）评论道，尽管日本投资了亿万美元购买美国资产和国债，但日本所有的外国投资却仅占其国民生产总值的 0.3%，而这个数字还在下降。尽管日本汽车制造商在美国建立了大量工厂，但世界 500 强企业只有不到一半在日本有经济存在，而且大部分只是在联合控股中拥有少数股权。日本人有计划地接触美国的科技，但同时确保外国人不能接触自己的科技。他们科技中的关键部分都设计为军民两用。到 1983 年，东京甚至用法律为借口阻止其国防科技向它的保护者——美国出口。[6]

冷战后的两国政策必然是新旧参半的，新的部分是对安全条约的重新界定，以应对威胁双方关系的离心力量。对美国来说，防务协议给予了它影响亚洲发展的最有效杠杆。对日本来说，这使得它依赖美国获得保护，从而得以在利润颇丰的民用商品领域而非国防预算上进行大量投资。对中国和东南亚来说，条约也提供了安全保障——这防

止了日本重新军事化。

因此，美国在日本及其周边部署了近五万名美军和具有压倒性优势的海空力量，以保护它最大的经济竞争对手，使得这个对手能够轻易进入业已消除疑虑的东亚和东南亚。这样的政策（和讽刺性）深深植根于150年的美日关系史中，也只有在历史背景下才能理解它。不同的经济和社会制度、围绕中国展开的竞争、美国以西方方式将日本纳入西方体系的企图、不时喧嚣的种族主义——所有这些问题，以及有关美日关系史的阐述所不断引发的争议，都可以追溯到美日关系的原点。1995年围绕如何看待50年前广岛和长崎遭受原子弹袭击所爆发的激烈争论向我们证明，在过去和现在，美国和日本都在利用历史为自己的政策提供合法性。

近几十年来，没有一个作者在一本著作中审视自19世纪50年代以来的完整美日关系史。本书试图做到这一点，并且试图展现一段与1995年争论中所显现的截然不同的美日关系史。威廉·福克纳（William Faulkner）有一句名言："过去从未消亡，它甚至从未过去。"[7]这句话正是对美日冲突的实质性阐释。

注释

1. Records of Groups, 97（1964/1965）, Dec. 7, 1964, CFR.
2. E. Herbert Norman, *Japan's Emergence as a Modern State: Political and Economic Problems of the Meiji Period*（New York, 1940）.
3. 援引自 Michael H. Armacost, *Friends or Rivals? The Insider's Account of U.S.–Japan Relations*（New York, 1996）, p. 27.
4. Seymour Hersh, *The Price of Power; Kissinger in the Nixon White House*（New York, 1983）, p. 382.
5. 关于20世纪90年代中美日三角关系以及东南亚作为第四方的重要角色的富有争议的分析来自 Chalmers Johnson, "Nationalism and the Market: China as a Superpower,"

JPRI Working Paper no. 22（July 1996），特别是第 5—13 页。一份有益的综述来自 Richard Halloran，"The Rising East，" *Foreign Policy*，102（Spring 1996）：3-21.

6. Armacost，*Friends or Rivals*?，pp. 65-67，80.
7. 福克纳的言论援引自 Michael Kammen，*Salvages and Biases*（Ithaca，NY，1990），p. 175.

第一章　势不可挡，志不可移 3

一　两个民族

美利坚人永远走在路上。目光敏锐的法国评论家阿历克西·德·托克维尔（Alexis de Tocqueville）在 19 世纪 30 年代早期对美国进行了详尽的考察，他写道：“面对着无边无垠的大陆，他们（美国人）奔涌向前，争分夺秒，唯恐自身没有用武之地。”他怀着敬意写道，这些人“每日离开出生之地，前往边远之地开疆拓土。成千上万的人同时奔赴同一个远方；他们的语言、宗教、行为殊异，但却有着同样的目标。财富正在西部的某个地方静静地等着，他们要做的就是：往西走，找到它”。[1]

到 1850 年，美国人已经宣布占领了广袤西部的大部分土地。1846—1848 年间对墨西哥的征服战争将加利福尼亚和西南大部分地区纳入了联邦。一场类似的对英战争和艰苦谈判又将俄勒冈地区纳入了版图。美国人在太平洋西岸突然拥有了许多世界良港，他们开始将目光投向新的“西部”——太平洋诸岛与东亚各国，那里庞大的人口意味着广阔的商机与利润。

在美国人征服大陆西岸的近一个世代之前，托克维尔就已经看到 4

了这个宿命。他写道："美利坚人注定要成为一个伟大的海洋民族……他们将像英国人那样成为世界大部分地区的代理商。"他们的生产远超他们所需，他们享有诸多良港，他们拥有比其他国家更廉价的船只和更优秀的水手。不仅如此，他们已经蓄势待发，准备在亚洲贸易中一举击败英国，尤其是在对亚洲最大市场——中国的竞争中：

> 欧洲航海家在漫长的航行中要停靠许多港口；他们在修建港口和等待有利季风方面浪费了宝贵的时间……但从波士顿出发前往中国购买茶叶的美国人，只需到达广州，停留数天就可返回。在不到两年时间里，他们几乎航行了环绕地球一周的里程，却只见过陆地一次。诚然，在一次8—10个月的航行中，他们不得不以盐水和腌肉为食，还要与大海、劳累和疾病生死相搏。但一旦归来，他们就能以比英国商人便宜半便士的价格卖出一磅茶叶，他们的目的也就达到了。

总而言之，托克维尔的总结既精确，又带有挖苦的意味："廉价之于美国人，如同征服之于法国人"——美国人将追求廉价发展为了一种全国性制度。虽然许多船会在加利福尼亚或夏威夷停靠，进行修整或从事更多的贸易活动，但这位法国人对中美贸易的概括大体是准确的。[2]值得注意的是，直到托克维尔说出这些话大约10年后的1844年，美国才与中国建立了正式的外交关系。

在与中国建交并占领了西岸作为战略跳板之后，美国对亚洲的兴趣与日俱增。尤其是包括将国内商品快速运往港口的原始铁路与大幅缩短了跨海航程的精致快速帆船等新技术的出现，进一步强化了美国对"远东"的兴趣。英国人将这一地区称为"远东"，华盛顿官员沿用了这一称呼，但在不断扩展的美国历史舞台上，将之称为"远西"更加精确，也更名副其实。1852年，一本美国畅销杂志写到"20年前，

‘远西’只是停留在静止边界意义上的静止的概念”，但如今美国官员在日本帝国的群岛与中国沿岸发现了一个真实的“远西”。一位编辑直接将印第安人与日本人联系起来：“那些迫使北美印第安人在我们的
拓荒者的刚毅果敢面前不断退却的文明法则，同样也将让日本帝国放 5
弃原有的残忍心性。”[3]

美国人倾向于将日本和中国视为由美国贸易商的一个商机所联结起来的两个截然不同的国家。起先，美国在日利益并不仅局限于贸易方面，它还将日本作为前往一直以来十分神秘的中国市场的中转站。曾参与对华贸易和同样利润不菲的白鲸贸易的水手们，被从船只残骸中冲上岸——如果当时日本人学会了文明礼节的话，这些水手可能会比他们不幸的前辈受到更好的待遇。从这一关系的起点开始，美国就将日本视为一个三角结构的一部分——第三方就是中国，而日本人则将美国与中国等而视之。这种观点塑造了之后 150 年里美国与日本的外交政策。

在 19 世纪 50 年代早期，托克维尔所说的“伟大的海洋民族”，所关注的是一个与自身具有深刻差异的文明。美国占据了大部分北美大陆；而日本是一个国土面积不足美国 1/25 的岛国（在 20 世纪，美国 80% 的州都比整个日本还要大）。美洲大陆拥有丰富的矿产和自然资源；而日本列岛尤为贫瘠，尤其是在煤矿方面。美国的历史大约只有 75 年，而日本作为一个国家可以不间断地追溯到 2500 年前的公元前 660 年，在那一年，正如历史与神话所记载的，第一任天皇神武天皇登上了皇位。千百年来，尤其是在公元 600—800 年间，日本从伟大的中华文明中引进了佛教、儒教、文字甚至行政体系。而美国从西欧文明中吸收了基督教、语言文字和政府组织原则，这一文明因公元 1400 年后的文艺复兴和宗教改革而产生深刻变革。自汉语发展而来的日语极难学会——尤其是其书写方式，而且与其他语言也联系甚少。美利坚人使用英语，有时也用德语、意大利语、西班牙语和法语的变体——这些语言都与新旧大陆的广阔地区内通行的语言有紧密的联

系。这两种语言反映了截然不同的民族特点：日本人是同质的——只有不到1%的人不是大和民族，而美国则充斥着欧洲人、拉美人、非洲人，以及亚洲人——后者在1860年后数量尤甚。在美国，文化熔炉并没有熔化并模糊各种文化，而是创造出了一个具有混合特质的民族。而在日本，这一熔炉从来没有开启的必要。[4]

6 19世纪及以后的时间里，在这两个民族间的差异中，同样重要的或许还有对秩序看法的差异，以及由此而来的对国家政府看法的差异。托克维尔曾对永不安分、只求上进的美国人感到十分惊讶："所有人都将财富、权力和荣誉视为永恒的追求"，但"很少有人对这些事物加以充分地思索"。诗人沃尔特·惠特曼（Walt Whitman）在19世纪中叶吹嘘"扬基人[1]势不可挡，勇往直前，如同有着六百五十万马力的蒸汽引擎"。美国社会如此多变、开明、多元，对异文化与新移民如此开放，如此图景即使在人类历史上曾经出现过，也十分少见。美国人不仅冲进了西部，也冲入了文明战争之中。[5]

他们之所以轻易服膺于对财富的追求，其中有诸多原因。美国人相信他们确实生而自由——也就是说，他们出生于或者生活于这样一片土地，这片土地上既没有封建制度，也没有13世纪后在欧洲出现的众多管制措施。由于缺乏封建历史，美国人并不能理解为何欧洲与亚洲的民族不能轻松地摆脱身上的枷锁。而且，19世纪中叶的美国人掌握着广阔的土地，可进行无尽的开发和迁徙。几百万印第安人挡住了开发之路，但他们正在被系统性地消灭或者限制在保留地中。这其中，中央政府的角色不是管制、限制或协调社会各方，而是释放它们——提供惠特曼所说"扬基人"扩张所需的公路、运河、货币政策、关税和军事保护。正如对此目瞪口呆的托克维尔所记录的那样，19世

〔1〕原文为"Yankeedoodledom"，是对美国人的爱称。在许多语境中，"扬基"都被用以指代美国。——本书页下注均为译者注。余不一一。

纪中叶的美国陶醉于无尽的、个人主义式的奋勇进取之中。[6]

日本则属于完全不同的世界。有赖于圣德太子的努力，604 年的日本体制将和谐视为首要的、最核心的价值所在。这一早期日本所强调的和谐，或所谓的“和”——之后也一直强调，超越了进取之心，甚至较为消极的进取心也不被允许。圣德太子的法案第八条记载：“大臣和官员应当在朝堂上早进晚退。国家大事绝不能懈怠，即使夙夜忧劳也不足以完成。”在超过 1000 年的时间里，日本人践行着这一强烈的工作伦理。与美国不同，这是一种在随后 1200 年内形成的封建制度中得到实践的伦理，是一种在狭小而非无垠的疆域内得到实践的伦理。在这样的空间和制度之下，日本领袖相信，“和”就足以阻止混乱、无秩序和毁灭。[7]

混乱并没有消失。日本历史因为起义、暴动和刺杀而满目疮痍。 7
1942 年，《纽约时报》（*New York Times*）的一位记者将一本关于日本的书命名为《暗杀政治》（*Government by Assassination*）。在日本向西方开放 15 年后，周期性的战争，甚至可以说是内战爆发了——在当时与之后的相当长时间内，这是导致日本人将西方的影响与国内的混乱联系起来的原因之一。但在这一时代前后，日本人满怀热忱地相信，要增进社会与自身的福祉，有赖于和谐与共识，正如同美国人将其成功归功于开放与进取心一样。美国人喜欢说：“会哭的孩子有奶吃。”日本谚语则说：“枪打出头鸟。”早在公元 1800 年之前，官府就在防止“出头鸟”出现。7 世纪佛教从中国传入日本后，其戒律和禅修法则也随之得到发展。到 1100 年，一个新的军事阶级——“武士”（“侍者”），成为“将军”的股肱，后者是居于江户（今东京）的军事统治者。将军是权力的中心，但他与所有日本人都宣誓效忠于天皇。天皇的神圣血统可追溯至神武天皇，在与世隔绝的雄伟之城京都行使王权，虽然他的实权已几乎完全沦为形式。将军掌控着一个以大约 260 个封建领主——“大名”为核心的体系，大名控制着管理日本人日常生活的地方性中心。[8]

二　遭遇“新西方”

在寻找黄金和传播基督教这两者的驱使下，在文艺复兴中诸多技术发明的引导下，来自新西欧的探险者在16世纪早期跨越了地球。1542年，遭遇风暴的葡萄牙人漂流到了北九州，他们带来了日本人从未见过的火器。7年后，耶稣会传教士来到了日本，日本人允许他们从事传教活动。到1582年，尽管存在相当大的语言障碍，传教士仍表示，已经让15万人皈依了天主教。在1587年，日本军事统治者丰臣秀吉突然驱逐了传教士。为了表明自己的立场，秀吉将外国与日本基督徒都钉死在十字架上。之后，秀吉加强了与武士的政治联系，他颁布了“刀狩令”，征收了除武士外所有人的武器。自此以后，私人持有火器不再为社会接受，这被视为对“和”的重要贡献。[9]

8 1603年，强大的德川家康成为将军，德川幕府开始了持续两个半世纪的统治。1640年，似乎是作为预兆，德川幕府宣布关闭日本面向西方的大门，以作为实现“和”的手段。任何试图离开或重返日本的日本人都将被处以死刑。为了进一步减少外来诱惑，将军终止了所有远洋船只的建造。除了一些特定的亚洲人，只有一些荷兰商人被允许与日本保持联系，他们只能停留在长崎附近建造的人工岛——“出岛”（island of Deshima）之上。对华贸易仍在继续，与朝鲜的官方外交关系也建立起来，但在其他方面，日本延续了“锁国”政策。1637—1638年，日本天主教徒掀起的叛乱成为迅速锁国的导火索，当时贸易与基督教被视为是邪恶而具有破坏性的。

与新西欧相联系的世纪突然结束，这带来了一个有趣的悖论：这个四面环海、拥有船只数可与西方最佳者媲美的岛国的顽强人民，为了内部和平，自愿放弃了已经延伸到东南亚与印度洋的贸易路线，将从西方人手中获利（或者获得新式武器）的行为视为非法，大体上将自己与世隔绝。然而，这种隔绝并不意味着停滞。恰恰相反，德川幕府野心勃勃地试图建立一个井然有序的日本社会，使其成为亚洲的中心；如今的学者认为德川时代为19世纪90年代乃至20世纪30年代以后日本在亚洲的对外扩张活动奠定了基础。当清兵的铁蹄在17世纪入主中原时，日本开始将自己视为“古老中华”，视为华夷秩序的“中心”。德川幕府收容了来自中国的学者，并建立了一个朝鲜、琉球与荷兰使节向将军效忠的朝贡体系。讽刺的是，19世纪50年代前日本的自我孤立政策，在19世纪90年代后转变成为日本处理外交关系时的一种自我界定和确立身份认同的手段，这种界定和认同进而成为日本在亚洲进行扩张的驱动力。[10]

德川将军的权力建立在军事实力以及对约占全国1/4的稻米产出的有效控制的基础之上。和平如同春草在这片土地上蔓延开来，在德川幕府的鼓励下，武士从原本未受教育的勇敢战士，转变为精通学识、竞争激烈的官僚。1868年后日本的国家支柱在一个世纪前就已经形成了，但官僚主义与锁国政策并不意味着缺乏创造力。蓬勃发展的中产阶级文化欣欣向荣，由此诞生了歌舞伎院、新颖的着装风尚、具有影响力的画家和流传悠久的诗歌。这一文化的关键要素聚集于长崎，日本官员也在此通过荷兰商人与西方的发展保持着联系。[11]

到19世纪初，列强控制了全世界，却遗忘了日本。最强大、最 9
热衷于扩张的英国对荷兰人从事的茶叶与丝绸贸易不屑一顾，与英国从印度、美洲和东南亚部分地区获得的利润相比，这一贸易几乎毫无价值。1814年，一个英国官员在调查了有关档案后断然宣称：“对日贸易永远不会成为英国商品的着眼目标。”然而，其他国家的军舰如今在日本海岸边虎视眈眈，其首要目标并不在贸易。

俄国人最具先见之明。他们于18世纪末和19世纪早期跨过西伯利亚进入黑龙江流域，并到达了阿拉斯加，与日本北部岛屿的渔民发生了冲突。很快俄国人与日本人围绕千岛群岛与库页岛（俄称萨哈林岛）展开了争夺。1804年，俄美公司（the Russian-American

Company）向长崎的官员要求获得与日本贸易的许可，以支持俄国移民向北方扩张。日本人断然拒绝了这一请求。1806—1807 年间，俄国人决定通过洗劫北方岛屿给日本人一个教训。日本人没有让步，相反，他们在 1811 年逮捕了一位俄国官员并将其监禁两年，直到沙皇使节最终为袭击道歉。同时，日本作家开始发出警告：俄国将成为对日本国家安全的主要威胁。到 19 世纪 40 至 50 年代，在目睹了欧洲对中国的剥削之后，日本人的这种危机感进一步强化了。1840—1842 年，英国在对华战争中获胜，这场战争震动了太平洋西岸的大部分地区，列强开始在这一地区争夺特许权。俄罗斯人于 1842—1843 年派遣叶夫菲米·普提雅廷（Evfimii Putiatin）海军中将试图打通对日贸易渠道，但日本人的抵制与此项贸易的微薄利润，使得普提雅廷中将转而将其才能用于他处。10 年后，普提雅廷再次接到了打开日本大门的命令。当他于 1853 年 8 月进入长崎港时，却发现为时已晚——美国人在两周前已经到达了江户湾。[12]

三　美国人的出现

驱使这些访客横跨太平洋的，既有“天定命运”〔1〕的国家信念，也有越来越强烈的征服亚洲市场的愿望，还包括对国内危机加深的担忧——尽管这一点似乎有些矛盾。“天定命运”的口号最早于 1845 年出现在狂热推崇扩张主义的民主党报纸上，它要求征服俄勒冈，即使

〔1〕天定命运论（manifest destiny），19 世纪中期于美国兴起的扩张主义思潮，为美国在北美大陆进行领土扩张提供了正当性。起源于新英格兰的清教思想，特别是清教徒对自身身份的阐释。相关研究可见滕凯炜《“天定命运”论与 19 世纪中期美国的国家身份观念》，《世界历史》2017 年第 3 期。

这意味着与宣称拥有这一地区的英国开战。这一口号后来逐渐具有了如下含义：美国人［正如边疆作家马克·吐温所说，“（他们）如同手 10
握4张A的基督徒那样从容自信”[1]］相信，上帝赋予他们相应的权利去传播自己崭新的政治体制、延伸自己成功的商贸路线——先是在北美大陆，之后扩展到拉美，随后尤为重要的是照亮愚昧的欧洲与亚洲。

在这一原则指引下的美国人同样希望获得利润。上帝和财神[2]——终极的救赎与个人的世俗成功，在美国主流社会中从未相互疏离（日本则恰恰相反，当终极目标——日本式的“天定命运”出现时，它很少受到个人对财富追求的影响）。

1790—1853年间，至少27艘美国船只（包括3艘军舰）造访了日本，但全被拒之门外。1832年，作为其划时代的太平洋航行的一部分，埃德蒙·罗伯茨（Edmund Roberts）接到了安德鲁·杰克逊（Andrew Jackson）当局的命令——与日本缔结条约，但他在到达日本前就去世了。5年后，在广东的美国人名下的“莫里森”号（the Morrison）试图以送返日本失事船只幸存者的名义访问日本。此外，船员还希望能让日本人皈依基督教，同时“做一点儿生意”。但无情开火的海岸炮将“莫里森”号打回了中国。1846年，新组建的美国东亚舰队的司令官詹姆斯·比德尔（James Biddle）海军准将在东京湾

---

〔1〕马克·吐温名言，出自 *The Works of Mark Twain*, *Early Tales & Sketches*, Vol. 1 1851–1864,（Univ. of California Press，1979），pp. 367–71. 原文为“after that, you may loan out your umbrella for twelve months, with the serene confidence which a Christian feels in four aces.”有研究者认为，“手握4张A”与“基督徒”均含有稳操胜券之意，此处叠加使用更加强了自信的意味。

〔2〕原书写为 Mammon，古叙利亚语“财富”之意。在《圣经·新约》中使用，是钱的化身（《马太福音》6：24，《圣经》和合本），是新旧约时代于犹太人间兴起的恶魔名号，它诱使人们为了财富互相杀戮。

附近与日本官员进行了激烈讨论，日本人强调自己没有兴趣与他贸易，他也无须再来白费力气。为了表明日方的立场，当比德尔试图强行登上一艘日本船只时，一个日本船员击倒了他。[13]

与此同时，美国的捕鲸船在富饶的日本沿海水域作业，于是遭遇海难的美国水手们不得不经常依赖于日本村民并不友善的怜悯与帮助（就像 1848 年那样）。当赫尔曼·梅尔维尔（Herman Melville）于 1851 年出版《白鲸》时，捕鲸成为美国人跨越太平洋这最后一个伟大边疆，以及迫使美国人挑战这些边疆的狂妄自大的心理隐喻［后来，当佩里准将希望一位作家讲述他如何使日本向西方开放的故事时，纳撒尼尔·霍桑（Nathaniel Hawthorne）向佩里推荐了梅尔维尔。大约 140 年后，梅尔维尔的作品塑造了美国和日本的文学研究］。[14]

在 1842 年上海开放贸易之后，日本受到越来越密切的关注。美国船只循着最短的北方环形航线从加利福尼亚前往上海，这一航线使得它们经常靠近日本。1846—1848 年对加利福尼亚港的征服以及不断
11 加速的工业革命、农业革命，为美国打开了一个历史机遇——也可能是潜在的陷阱。1848 年财政部部长罗伯特·沃克（Robert Walker）注意到了这个机遇："有赖于最近在太平洋取得的成果，亚洲突然成了我们的邻居。我们之间的平静海洋，正在邀请我们踏上一条比整个欧洲加起来都更广阔的商路。"1851 年，《亨特商人杂志》（*Hunt's Merchant Magazine*）警告称，美国商品已经使"我们面临一个潜在的危险：持续扩张的资本必将为自己寻求新的使用渠道"。这本杂志相信，决战将在美国与同样具有扩张倾向的英国之间发生，而其前景则十分乐观——美国将控制"整个东方贸易"。[15]

但"天定命运"也有其暗面。随着广阔的新疆域被迅速并入领土，在蓄奴的南方与反蓄奴的北方之间，围绕谁将控制新征服的西部及其港口爆发了激烈争论。在国会通过了"1850 年妥协案"（Compromise of 1850）[1] 后，问题似乎得到了解决，但包括国务卿丹尼尔·韦伯斯特（Daniel Webster）在内的许多人都担心，危机只是被掩盖了。在1850—1851 年，韦伯斯特甚至通过放大与奥地利之间的一个微小问题引发了一场外交危机，以此将美国人的视线从国内的危险点引到相对不会引发分歧的国外问题上，这一点在后来也为他自己所承认。韦伯斯特长期担任辉格党领袖，而辉格党的大多数实力派成员都来自深层介入国际贸易的商业集团。在是否要将德克萨斯并入联邦的早期辩论中，韦伯斯特完美地抓住了辉格党外交政策的重点，声称一个旧金山的价值抵得上二十个德克萨斯。利用美国港口作为前往亚洲的跳板，成为韦伯斯特主义的原则。1843 年，作为国务卿的他撰写了一份指南，促成了 1844 年第一份中美贸易条约的缔结。1842 年，他起草了一份声明，并由总统约翰·泰勒（John Tyler）发表。声明中表示，其他列强应当将夏威夷视为美国特殊的保留地。韦伯斯特制定了美国首项对太平洋政策和对华政策，接下来就轮到日本了。[16]

1851 年 5 月，韦伯斯特从即将执掌东亚舰队的约翰·H. 奥里克（John H. Aulick）那里得知，送返 17 名日本失事船只幸存者可能会提供一个“打开对日贸易关系”的机会。国务卿指派奥里克承担这项任务。经验丰富的“亚洲通”詹姆斯·戈林（James Glynn）向米勒德·菲尔莫尔（Millard Fillmore）总统和奥里克提供了良策：不要像“对待

〔1〕“1850 年妥协案”：美国国会就奴隶制问题于 1850 年 9 月通过的 5 个法案的统称。19 世纪 40 年代，美国新获得的领土加利福尼亚和新墨西哥等地要求作为自由州加入联邦。但南部蓄奴州力图扩大奴隶制的地域，南北之间围绕奴隶制度地域界线问题的争执日趋激烈。鉴于南部各州以脱离联邦相威胁，辉格党领袖 H. 克莱（Henry Clay）等人自 1850 年初先后向国会提出一系列妥协性议案。经过激烈争论与折衷后，在 9 月 9—20 日间通过 5 个法案。这些法案有利于南方奴隶主，暂时缓和了南部脱离联邦的危局，但《逃奴追缉法案》（The Fugitive Slave Act）却激起了更加广泛的反对奴隶制的斗争，使南北之间的矛盾更加激化。

比我们野蛮的人”那样对待日本人，不要陷入关于处理美国船员问题的争端，仅仅致力于达成贸易条约。不仅如此，戈林还精明地补充道，
12 不要寻求美国独有的特权，而是要求日本向所有国家开放。如此一来，强大的英国就有理由支持而非反对美国的主张。[17]

1851 年 5 月 10 日，韦伯斯特起草了一封菲尔莫尔总统给日本天皇的信。信里向天皇保证奥里克没有承担任何宗教任务，仅仅要求“友谊和通商”，以及美国船只在通过北方航线前往中国时所需的帮助（尤其是煤）。尤为有趣的是，韦伯斯特在信里强调了最近美国在领土扩张与技术进步方面的巨大成功：

> 您知道（菲尔莫尔致天皇），美利坚合众国的疆域如今已延伸到了两侧大洋；俄勒冈与加利福尼亚的广大地区也成为美国的一部分；从这些富含黄金、白银和宝石的地区，我们的轮船能够在 20 天内到达您治下的乐土……
>
> 这些船必须经过您的帝国的沿岸，暴雨狂风可能使它们在岸边失事，我们请求并希望您能对我方人员施予仁慈和善意……我们希望我方人员获许与您的臣民贸易，但我们不会允许他们违反任何您的帝国的法律……
>
> 您的帝国拥有丰富的煤矿资源，而这是我们的轮船在从加利福尼亚前往中国的途中必须用到的。

正如韦伯斯特对奥里克表述的，“接上大洋蒸汽航行链条的最后一环的时刻已经临近了”，“我们充满进取心的商人将为这一宏大链条的最后一环提供支持，而这将把全世界连为一体”。在 19 世纪初，这样的梦想驱使着许多实力雄厚的美国商人向西进军，跨过太平洋。[18]

日本国门的打开，既源于美国从事对华贸易的需要，也要归功于 19 世纪 40 年代的技术突破（尤其是蒸汽）。被韦伯斯特称为朋友的日

本是一个关键，因为上帝将煤炭“深埋在日本列岛地下，以促进人类
大家庭的福祉”。然而，奥里克错失了留名青史的契机。他因受到指
控虐待一位巴西外交官而被菲尔莫尔撤换掉，继任者是马修·佩里准
将。这位准将开始比较抗拒：他更希望能指挥美国的地中海舰队，而
非再去尝试打开日本国门。佩里于 1794 年出生于罗得岛，在声名显
赫的兄长奥利弗·哈泽德·佩里（Oliver Hazard Perry，他在 1813 年 13
的一场战斗之后发表了日后著名的简短讲话：“我们遇到了敌人，他们
落入了我们的手心！”）的麾下参与了 1812 年战争。到 1837 年，马
修获得了晋升并指挥美国首艘蒸汽军舰。在墨西哥战争期间，他加入
了对韦拉克鲁斯（Vera Cruz）的征服行动，并因而赢得了一些声望。

最后，佩里克服了对即将成为韦伯斯特对付日本的攻城槌的抵触情绪，开始进行周密的准备，尤其与对亚洲贸易兴趣浓厚的商界人物进行了广泛的讨论。准将还向韦伯斯特要求在任务期间获得更大的活动余地，国务卿在 1852 年 10 月去世，临终前他满足了佩里的要求。用韦伯斯特的话来说，佩里是带着“任意自由裁量之权”前往日本的，但他的行动受到其职责的严格限制。“任意自由裁量之权”包括在遭受日本人对待不幸的比德尔准将所采取的恶劣态度时使用武力的权力。[19]

佩里的四艘军舰，“萨斯奎哈纳”（Susquehanna）号、“密西西比”（Mississippi）号、“普利茅斯”（Plymouth）号和“萨拉托加”（Saratoga）号，在到达日本之前，沿着传统的漫长航线跨过大西洋，绕过好望角，穿过印度洋，沿途经过了新加坡、中国香港和上海。随后它们短暂返回了中国沿岸，最后于 1853 年 7 月驶入了江户湾（东京湾）。荷兰人向将军的政府——幕府警告称美国人即将到来，然而佩里来得如此之快，以致让日本人大为惊讶。更令人惊讶的是，站在坚船利炮之下的佩里无视日本低级官员，而坚持只与“奉行”（由将军授予特定职权的人）进行交涉。当进一步得知菲尔莫尔总统的信是写给天皇——似乎天皇、将军这两者地位平等——之时，他们的惊讶转化为近乎恐惧。

7 月 14 日，震惊的幕府决定派两位奉行去接受信件以拖延之法争取时间。他们还送去女人安抚美军，使其分心。一位美国军官记录到：“居民……以最明白无误的信号邀请我们与他们的女人上床。”历史学家伊恩·布鲁玛（Ian Buruma）解释道，“美国人有枪，于是日本女人掀起了裙子”（在后来的 1945 年，同样的一幕将再次上演）。虽然转移了视线，但佩里担心日本人会一直拖延下去，直到他的淡水和食物补给消耗殆尽，如此他就不得不狼狈离开。佩里随后宣布，他将离开并前往中国，但承诺一年后会带着武装力量重新归来，以接收日本人的回复。[20]

下一步行动取决于将军的幕僚领袖阿部正弘。作为一个大名（在
14 过百藩邦的绝大多数领主中广为人知、深受信任），阿部是一个温和而深受将军喜爱的人，他精明敏锐，1843 年以仅仅 24 岁的年龄就成为将军的幕僚。作为一个轻易而迅速地屈服于主流政治风向的人，他就如何得当地回复佩里的问题仔细征求了大名们的意见。大名们分歧严重，其中有些人对于西太平洋上的危险国际态势一无所知。但所有人似乎都同意，日本无论如何不会向国外商人开放；后者带来的商品将扰乱日本的国内秩序。但倘若佩里携军舰重返，应该如何回复？一些最强大的大名建议拖延时间，直到幕府建立起一支能够与佩里就日本问题交涉的军事力量。确实，也有部分大名愿意在周密准备后与美国开战。

这些大名表现出一种迷人的自信，相信日本能够迅速追上西方的军事技术，还可能因这些技术而在国际贸易中获利。一位典型的、自信的大名告诉阿部：“我们有理由相信，美国人与俄国人最近才学习到航海技术。如果我国敏捷的战士从现在开始训练，他们怎么可能落于西方人之后？”阿部深知，西方人，包括目前最迫切面对的佩里，不会给日本留下足够的时间。普提雅廷中将在佩里刚刚离开江户之际就再次带领四艘俄国军舰进入长崎港，这使得对阿部看法的任何质疑都

烟消云散。而同时，阿部也取消了两个世纪以来对修建大型船只的禁令，并为将军的新海军任命了一位司令官。一个截然不同的日本正被唤醒。[21]

佩里于 1854 年 2 月 24 日再次出现之前，普提雅廷离开了。这次佩里带来了七艘军舰，直接驶入了江户的视线之内，随后紧张的日本人让他驶离东京，向西航行 45 海里前往神奈川。在幕府考虑佩里的要求期间，双方通过交换礼物表达了各自的善意。佩里的新奇礼物包括电报机、书籍、地图和一个微缩版的蒸汽机车，日本人对操纵这个机车的兴趣尤为浓厚。1854 年 3 月的最后一天，佩里与日本人签订了《神奈川条约》，内容包括一系列条款。第一条承诺在日美之间保持永久和平，另一条款向美国船只开放了两个口岸——下关和函馆，失事船只的幸存者可以进入这两个口岸，美国人能够在这两个口岸大约 50 海里的半径范围内活动。幕府同意美国在日本派驻一位公使。但值得 15
注意的是，关于贸易没有任何明确的表述。将军的官员告诉佩里，允许美国人进入日本市场是一个复杂的问题，做出决定需要很长时间。换句话说，日本人并不愿意走中国衰落的老路，落入对外国意愿和产品的依赖之中。[22]

在经过了仅与荷兰人打交道的两个世纪之后，250 岁的德川幕府小心地、谨慎地、惶恐地向新生的美国打开了大门。在之后的 1854 年，英国人、俄国人和荷兰人都成功获得了进入港口的权利，这堪比佩里的胜利。然而，欧洲人没有获得任何贸易利益。（当普提雅廷不得不在当地造一艘船以替换在海上损坏的俄罗斯军舰时，日本人仔细观察并不久就造出了精密的复制品。）佩里的胜利消息通过“萨拉托加”号传回了美国，这次航行创造了当时日美之间最快的航行记录。《纽约时报》吹嘘称，美国通过使用“和平的外交手段，克服了迄今被认为是难以超越的障碍，顶着嘲笑和目光短浅的欧美报纸的轻蔑”，为西方打开了日本的国门，这无疑使欧洲相形见绌。[23]

然而，《纽约时报》自己也处于困惑之中。日本人“似乎对于美国的事十分熟悉——他们知道关于墨西哥战争的所有情况，包括缘由和结果”。诚然如此。一位后来的历史学家说，尽管佩里在展示玩具火车时感觉自己“如同圣诞老人和魔术师的结合体”，但事实是，日本人此前就已通过《伦敦新闻画报》（*Illustrated London News*）了解了关于铁路的所有知识，将军自己就长期订阅这份报纸。[24]

更重要的是，日本人从1797年就一直在跟进美国事务，当时日本官员发现，缺少船只的荷兰人偷偷让美国船只挂着荷兰的旗帜驶入了长崎港。幕府要求获得这些美国人的信息。荷兰人给幕府上了一堂美国历史课，以1776年反英运动（荷兰人强调暴动是因为英国的残酷统治）、1787年宪法、伟大的乔治·华盛顿（George Washington，“一个十分出色的将军，以其姓名命名了一座新城”）和托马斯·杰斐逊（Thomas Jefferson）为重点。荷兰人在18世纪70年代对新生的美国提供了支持，因此将军听到了有利于美国的历史版本。到1840年底，日本人通过荷兰人获取了先进的世界地理与历史知识。当时美国传教士正在中国印发宣传材料，日本人利用荷兰人与中国的联系，获取了
16 关于美国的最新消息。随后在1851年，一些住在美国的日本人归国了，他们表示，美国人“本性下流，但在其他方面举止得体”。日本或许选择了孤立主义，但它的人民，包括农民在内，都与英国人一样受到了良好的教育（比一般的法国人受教育程度更高），所以事实上他们并未闭目塞听。1839年，一群士人如此积极地向荷兰人学习并传播知识，以致其中许多人为此自杀——因担心自己的行为会让他们的大名在将军眼中蒙羞。[25]

在以下两者之间存在着张力：一是追求外部知识以保护日本，二是担心外国影响在日本的传播会带来混乱或者内战。而上述自杀行为体现的张力构成了佩里之类的外国人从未能够理解的背景。毕竟，两个世纪以来德川将军都相信，在国外和国内政策之间存在密切的联

系。在16世纪痛苦的历史教训的基础上，政府宣布，日本的生存与国内秩序的维系要求切断与外部事物的联系，这些事物往往天生就无秩序，并通常是不可控的。一个强硬而影响深远的观点来自水户藩（距离江户有两天的旅程）的一位学者。1825年，会泽正志斋撰写了《新论》。他的著作起源于幕府再次颁布对外国船只的禁令，这让他十分满意。会泽警告，日本人对“新奇玩意儿”的癖好可能“使一些愚民被奸诈的外国人诱惑”。他总结道，这将导致国内腐败与日本社会的衰朽，或是彻底被外国征服。[26]

会泽的担忧不无理由。不仅是外国人在尝试“引诱”日本。同样重要的是，他所属的水户藩长期受到农业产量低、自然灾害多和日益严苛的赋税的困扰。饥荒与暴动存在蔓延的危险。尤其是在1750年后，这些经济问题与自然灾害迫使将军（他也处于入不敷出的境地）征税和借债。大名如法炮制，因此农民和武士需要交更多的税，承受更大的剥削。与此同时，一个新的商人阶级开始兴起，为国家不断增长的人口提供商品，并向曾显赫一时的武士贷款。商人开始打破贸易、土地交易和几种新产品生产方面的封建藩篱。水户藩的转变与动荡，只是日本到1850年时面临的众多社会问题的一个案例与缩影。举个例子，当将军将武士转变为官僚时，他们变得不满而焦躁。商人的不满也在增长，他们希望摆脱大名的封建束缚。在美国人、俄国人 17
和英国人已经从外部逐渐逼近之时，德川幕府的统治也正因蔓延的挫败感和不断上涨的通胀而从内部受到了动摇，导致动摇的部分原因正是将军自己毫无节制的消费。[27]

就在佩里要求进入日本之时，日本正在爆发一场激烈的争论。到19世纪50年代中期，他的出现使得这场争论的中心变为了一个高度危险的问题——日本应该如何改变以及如何与“蛮夷”打交道。不仅如此，佩里到来的时机与其胜利所带来的震动使得一度受限的讨论扩大为爆炸性传播的公共议题。几个从未被将军和幕府完全控制的藩利用这一争论来挑战幕府的权威，并试图通过提高自身效率的改革来解决日益严重的经济危机，这种政治投机正越来越多地出现。幕府开始面对它一直畏惧的事情：向外国开放日本国门将动摇德川幕府的统治，并摧毁社会的和谐。

四　哈里斯大胜，以及井伊遇刺

日本制度与美国制度之间的冲突不仅发生在1910年的中国东北，或是20世纪30年代的中国，或是20世纪80年代的国际市场上。冲突从1853—1854年美国人第一次在江户湾出现就已经发生了，并非美国人引起了这些冲击日本的基本经济社会问题，但他们加速了这些问题的爆发，更重要的是制造了一种全新的危险政治环境，使得幕府不得不在这一环境中应对危机。正在发生的危机不是别的，正是对已有数百年历史的封建体制的猛然冲击，而很多日本人将这一体制视为自身幸福的基础。美国人站在一个新世界的前沿：一个对于封建秩序来说毫无意义的世界；一个相比社会和谐更重视个人成功的世界；一个认为其生存并不依赖排外，而是依赖“在任何地方都要求开放口岸和市场”的“天定命运”[28]。

阿部试图让日本避开激进之路。而且，随着互相竞争的派系间开始争权夺利，他也不得不这么做。竞争的一方是家定将军（1853—
18 1858年在位），出于忧患意识，他希望在国内组织起军事力量来驱逐美国人（“将军”原本的完整意义就是“征夷大将军”）。他受到其唯一的上级——孝明天皇（1846—1867年在位）的支持。孝明强烈的排外情绪在19世纪60年代得到了缓解。另一方是井伊直弼——强硬、强大的彦根藩大名，以及堀田正睦——下田藩大名。他们相信与外国人日益频繁的交流是不可避免的，即使签订条约也是如此，因此应当将之转化为自己的优势。在权力纷争之中，另一场更为严重的斗争变得尖锐：边远地区从来没有被完全整合进德川幕府之中，尤其是最西端的长州藩与南方的萨摩藩。在长州藩的领导下，这些地区开始对虚弱的幕府政权发起重大挑战。对中央政府的挑战受到了一些知识分子和政治活动家的支持，他们认为美国革命的例子表明，需要进行彻底的变革以替代腐朽的幕府。许多作家希望与美国人合作，但有些人（比如中冈慎太郎）则将 1776 年的美国革命视为驱逐外国人的辉煌事例。[29]

因此，阿部和将军不仅必须与西方人打交道，还要制定一项与两个世纪以来的信念完全相反的政策，即与外国人交涉以避免战火，同时调解国内争端、镇压长州-萨摩联盟的挑战。在 1856 年 8 月 21 日美国领事汤森·哈里斯（Townsend Harris）出现在下田时，所有这一切都到了关键时刻。哈里斯表示，日本人必须现在就与美国签订一项贸易条约。

之前的人生挫折与失败，让人们看不出 53 岁的哈里斯能成功让日本开放贸易的迹象，尤其是在世界上数一数二的帝国（俄国）都铩羽而归之后。几乎没有受过正式校园教育的哈里斯在纽约商圈中脱颖而出，甚至说服了纽约的教育委员会为贫困儿童建立一所学校——这就是后来的纽约城市大学（City College of New York）的前身。1848 年，他的母亲去世，自己经营的对华进口公司也出现亏损，哈里斯于是开始酗酒度日。他终身未婚，在纽约也几乎没有朋友，他投资了一艘船，借以前往菲律宾、印度和中国的开放口岸。随着商贸前景趋于黯淡，哈里斯请求在香港或者广东得到一份美国领事的工作，后来又请求加入佩里的使团，但无一例外悉数被拒。虽然最后获得了一份在宁波回水港担任领事的工作，但因薪水太低，哈里斯拒绝了。这时他打听到，在下田可能有一个领事职位。虽然拖累于酗酒史，但在纽约的朋友帮助下，他还是决定远道回国，向富兰克林·皮尔斯（Franklin

19 Pierce）总统证明自己的能力与节制力。哈里斯获得了这个职位，于1855年10月离美，10个月后到达日本。途中他完成了与暹罗的贸易缔约谈判，这使他身心俱疲——哈里斯总结道：“与暹罗人谈判的最佳方式就是派两三名士兵过去。”[30]

哈里斯并非愚笨之人，到达下田时，他在给皮尔斯的信中提道：“我清楚地知道，在日本我将不得不面临社会放逐与精神孤立的境地。我孑然一身，没什么情感羁绊会让我焦躁思乡或是在新故乡坐立不安。”但即使哈里斯已经为之后的14个月做足了准备，情况也并非尽如人意。当一步步走下将他从中国送来的“圣哈辛托”（San Jacinto）号，他才意识到下田这个孤立的小镇并没有他的容身之所。当地官员惊讶地迎接了他，并向其告知，他们对1854年条约的理解是：只有两国都同意时才会派遣美国领事，而日本并不打算同意。哈里斯坚持要留下来，当地官员便将他与他的翻译亨利·C.J.侯斯肯（Henry C.J.Heusken，一位从纽约雇来的荷裔美国人）安置在一座距离小镇五英里的破庙中。哈里斯后来记录道：“房间里有蝙蝠，可以看到巨大的死蜘蛛，倘若它立起来腿应该有五英寸半长。糟糕的是还发现了许多硕鼠，它们在房子里跑来跑去。”

他既欣赏日本人，又被他们搞得困惑不已。哈里斯赞叹道：“他们（日本人）是一个整洁的民族，每个人每天都要洗澡。”但穷人“无论男女老少，都在同一个浴室里赤身而浴。我无法理解，为什么如此粗俗的事发生在一个如此得体的民族身上”。直到日本朋友向他解释，“女性的这种暴露会减轻因为神秘和很难在公众场合看见而引起的对她们的欲望，女性的贞洁因而得到保护”，他才稍稍打消疑虑。哈里斯承认自己一度受到过度抽烟和异国食品的困扰，如今他将之戒除并开始尝试远足，并试着欣赏日本人邀请他参与的野外游戏。而拒绝戒烟的侯斯肯正变得越来越易怒。[31]

哈里斯面临的核心问题是如何面见有权做出定夺的将军臣僚。为了拖延，日本人告诉他去江户的旅途太过遥远。他一度觉得自己受到日本官员的欺骗和仆人的监视，于是搬起一个炭火炉，向墙猛扔过去，这震动了日本人。据说下田官员为了安抚哈里斯，给他送去一位名叫阿吉的艺伎作情妇，侯斯肯可能也获得了如此待遇。流传下来的 20
故事讲到，阿吉因与白人男子同居而受到同胞的疏远。没有任何官方记载能证实这些叙述，但阿吉在下田的出生地成为一个旅游景点，至少五部戏剧以她为主角，1958 年的好莱坞电影《蛮夷与艺伎》（*The Barbarian and the Geisha*）更让她在荧幕上获得了永生。[32]

无论是不是受了阿吉的影响，哈里斯开始认同日本人。1857 年初他写道：“我认为世界上没有比日本人在饮食、穿着上更质朴的民族了。从来没看到一个人穿戴首饰……他们是一个欲望很少的民族。”然而，认同感并没有带来外交上的突破。其原因包括哈里斯的固执、日本的国内分歧，以及幕府得知了英国军舰于 1857 年再次破开中国大门的消息。幕府相信英国人在中国的战事一旦结束，就可能利用军舰将肮脏的贸易条约强加给日本。哈里斯的到来导致了更深的分裂：一部分日本人希望拖延时间，但一些人则希望达成最可能达成的协议，同时迅速仿造西方的武器。[33]

将与哈里斯打交道的核心官员属于后一阵营。不久就将成为幕府最有权势之人的堀田正睦也是这个温和派别中的一员。堀田学过一些“兰学”[1]（发生在西方的事）知识，在后来的 1857 年他写道：“军事

---

〔1〕兰学：江户时代经荷兰人传入日本的学术、文化、技术的总称，字面意思为荷兰学术，实际上则包括当时大部分西洋学术。兰学是通过与出岛的荷人交流而由日本人发展而成的学问，它让日本人在江户幕府锁国时期（1641—1853 年）得以了解西方的科技与医学等等。兰学不仅奠定了医学、天文学、数学、地理学、物理学和化学等学科在日本的发展基础，还是对日本传统的“华夷”观念和锁国制度的第一次具有意义的冲击，也为后来明治维新中正式提出“学习西方”的口号奠定了思想基础。

力量来源于国家财富，而这样的财富只有通过商贸才能获得。”日本最终不得不“缔结友好同盟……派遣船只到外国各地，以取人之长，补己之短”。1857 年 3 月，堀田的方针促成了与哈里斯的首次实质性讨论。领事已经因霍乱、缺乏医疗援助、缺少来自中国沿岸的美国船只的消息，以及缺少来自华盛顿的援助而备受折磨。然而他仍警告下田的官员们，他接到的命令是，如果日本人仍然拖延时间，总统将向国会请求获得授权以采取“他们（日本人）无法抵抗的行动”。哈里斯于 6 月激动地记录下了自己取得的重要突破。下田的官吏同意达成一项协议：长崎向美国船只开放；允许美国居民在函馆活动并派驻一位副领事；确保哈里斯在日本获得更大的行动自由；使日元的汇率稳定在更有利于美国的价格。然而，这项协议只是为更为艰难的下一步做好了准备：前往江户与堀田达成一项全面的贸易协议。[34]

21 1857 年 11 月，哈里斯和侯斯肯到达江户，他们带着浩浩荡荡的旅队，以向围观者表明美国人没那么好敷衍。队伍由 250 人组成，包括 12 名卫兵、2 名旗手、2 名提鞋和拿扇子的仆从、2 名马夫、40 个负责搬运哈里斯行李与日用品的工人以及 20 个负责抬哈里斯和侯斯肯所乘轿子的轿夫，并于 11 月 30 日最终到达了江户。一直对自己在历史上可能占据的位置有着敏锐意识的领事写道，这次进城“是我人生的重要一刻，对于日本人来说更是如此”，因为“我迫使这个非凡的民族承认了使馆的权利”——与美国的正式外交关系。[35]

1857 年 12 月 7 日，哈里斯与将军进行了简短、正式而具有历史意义的会面。将军对于领事的到来表示欢迎，据翻译称，他表示这种“交流将永远保持下去”。但 12 月 12 日，领事与大臣们的具体讨论结果令人沮丧。哈里斯向他们揭示了一直驱动着美国政策的两个信念：因为（蒸汽交通）科技的突破，“日本将不得不放弃其排外政策”；“通过自由贸易”，它的财富与幸福感将快速增加。否则这股力量将“送来坚船利炮”，迫使日本开放。堀田对哈里斯的坦诚表示感谢，并回应道："日本人从不像美国人那样迅速地对要事做出定夺"，因为"需要听取很多人的意见"。就这样，好几周又过去了。哈里斯开始抱怨侯斯肯不能帮他解决日语这个难题："它既没有单复数，也没有关系代词，也没有先行词……我永远都不能弄清迷雾后日语的真面目了。"（后来的观察者解释了哈里斯的困惑，他们注意到，由于不信任语言的能力，日本人更倾向于间接表达而非明言自己的感受。如果间接发出的信号没有被领会，信号的接收者而非发出者，将因不够敏锐而受到责怪。）[36]

1858 年 3 月，最终协议终于基本完成，这既是堀田影响的结果，也和英法在中国挑起战火的前车之鉴有关：日本国内的分歧再次阻碍讨论进行时，中国发生的战事消除了这一拦路虎。6 月，堀田最终获胜了。1858 年 7 月 29 日最初签订的条约规定：到 1863 年将开放五个港口，包括长崎和神奈川（后来的横滨）；允许外国人进入大阪和江户；同意美国在江户派遣一位常驻公使，在华盛顿派遣一位日本公使，并在其他开放口岸都派驻两国领事；允许美国人享受治外法权的保护 22
（也就是说，他们只会在美国法庭接受审判）；制定了极低的进出口关税，以防止日本操控关税以阻碍外国商品的流入。美国人可以拥有信仰自由，拥有用于经商、居住甚至宗教用途的土地（后来哈里斯在 1859 试图获得一项条款以保证日本人自己的信仰自由，但幕府断然拒绝了）。奇怪的是，美国最重要外交原则之一的最惠国待遇原则却没有包括在内，即日本给予一国的任何贸易权利都将适用于他国（这一遗漏在 8 月得到了补救，英国人利用哈里斯的职员和他获得的条约建立了与日本的贸易关系，并获得了最惠国待遇的特权）。

尤其值得注意的是第三条款中的一条：

> 美国人能够自由地与日本人就任一方出售的商品进行买卖，任何日本官吏不能干涉这样的交易。

由于对国家力量的深刻怀疑，美国人在对日商贸中尽可能消除国家力量的影响，这在历史上并不是最后一次出现。不过，他们的这一尝试几乎没有成功。他们甚至不能参与日本的国内贸易，因为外国贸易商大多数被限定在港口附近的居住区内活动。

1858 年 8 月，荷兰人、俄国人和英国人紧跟着哈里斯进入了日本市场。而努力扩大胜利成果的哈里斯自 1856 年 8 月以来积劳成疾，最终因体力衰竭而倒下了。他昏迷数日，将军指派了日本最好的内科医生予以照顾，这可能让他缓了过来。不过，哈里斯获得了历史性的条约，甚至拿到了一封将军写给詹姆斯・布坎南（James Buchanan）总统的信，这是 240 年来幕府将军写给外国领导人的第一封信。[37]

哈里斯深知自己的要求使幕府陷入了分裂，不过他没有意识到，他正在助力摧毁已有二百余年历史的德川幕府的统治。他的要求与国内日益动荡的局面导致了一场危机：1858 年堀田因此离职，继任者井伊直弼是来自强藩彦根藩的大名。强硬、坚定而冷酷的井伊成为幕府的实质独裁者。在 1858 年年中攫取了权力后，井伊发现，端坐于京都皇位上的天皇对于提出的条约忧心忡忡。天皇曾告诉堀田，“对于我们神圣的国土而言，美国问题成了一个极大的遗憾”。条约“将扰
23 乱臣民的心神，使得保持长久安宁的想法化为泡影”。许多大名支持天皇，但井伊了解到，他们中的大多数也认为条约是不可避免的。在列强的铁蹄下，没有其他选项能够避免战争。[38]

1858 年 7 月，井伊听闻英法联军已经结束了在华战事，可能即将剑指日本。因此他决定于这个月内与哈里斯签订条约。天皇的想法并没有改变，但由于担心西方人会挑拨京都朝廷与江户幕府的关系，他不情愿地同意了。希望驱逐“长毛蛮夷”并削弱将军权力的反叛者从未饶恕井伊向外国人大开日本国门的罪行。1860 年 3 月 3 日，反叛的水户藩大名派遣的 18 名武士在神道教祠官的支持下，在皇宫外袭击了井伊。因为正在下雨，井伊的 60 名卫士遮住了自己的刀柄。在他

们拔出刀前，井伊就已经倒地身亡，4 名卫士丧生。袭击者最终被斩杀或逮捕，但井伊的死亡，很快留下了对将军自己而言几乎致命的权力真空。哈里斯的条约已经为日本笼罩了一层阴霾。[39]

五　美国人与现代日本的诞生

1860 年 2 月 13 日，在多次延期后，由 77 人组成的一个日本外交使团搭乘一艘美国军舰前往华盛顿，他们将在那里正式交换经批准的条约。在两百年的闭关锁国结束后，这是第一艘载有如此规模的日本外交使团的船只。这一趟出使颇费周折，几乎没有日本人会英语（这太过困难），因而他们说荷语而非自己的母语。然而，也没有多少美国人懂荷语。使团中还有汇报其他人员行踪的密探。美国水手认为酱油和咸鱼有股臭味，因此扔掉了大部分日本食物，强迫外交官们吃他们讨厌的肉、奶酪和面包。

使团旅途的高光时刻是 6 月 16 日到达纽约港之时。1858 年 11 月，《纽约时报》刊登了哈里斯的一位随行记者的报道，他看到过一艘来自日本的船只，这位记者告诉读者“冷静片刻，思考一下这件事情的奇妙之处”。当佩里五年前归国时，并不存在这样一艘日本船。
如今这艘最先进的船不仅存在，而且“能够俘虏任何同等吨位的葡 24
萄牙军舰”。1860 年，《纽约时报》并不认为“西方基督教世界”与“东方伊甸园”之间将迎来一个新时代，但这个“太平洋上的英国”——如今对日本通常的称呼——确实在纽约掀起了一场盛况，上万人在假日前来迎接神情冷漠的到访外交官。《纽约时报》还精辟地补充道，这趟出使能“在纽约而非其他地方性城市（指华盛顿）到达高潮无疑是最完美的，在那些其他地方，使团的到访沦为了一场地方秀”。毕竟，纽约“是美国强大工商业的全部魅力所在”，正是美国工商业击败了自以为是的列强们所凭恃的武力，打开了“迄今牢不可破的东方”的大门。[40]

沃尔特·惠特曼的回应则更加激昂，也更令人难忘。作为一个纽约人，他倾向于以神秘视角理解美国与亚洲日益密切的联系，并以精妙文辞捕捉到了美国外交的中心主题。《纽约时报》于1860年6月27日刊出了他的长诗《信使》（*The Errand-Bearers*），以纪念日本使团的到访：

面容姣好的曼哈顿人，
美国同志——东方终于来了……

原初的女人来了……
血液中的绚丽，沉思的专注，激情的炽热，
浸透了香水的华丽衣裙，在空中飞舞……

我也提高了嗓门，承担着自己的使命，
我在我的西部海洋歌颂着这个世界……
我歌颂着新帝国，它比以往任何时候都更宏伟——就像在幻象中：
我歌颂美国，我歌颂情侣们——我歌颂更伟大的至高无上……
我歌颂商业的开放，多年的沉睡已完成它的使命——激烈竞争，浴火重生，焕然一新。

就在此时，日本人却没有惠特曼那么高兴。美国人经常出言不逊，在费城，有人对一位美国海军军官说：“……这是你随行所带的猴子吗？”美国女性的表现让拘谨而信仰男权主义的日本人尤为震惊，一位使团成员记录到，一次舞会中，“（美国女人）从肩到胳膊都是裸露的……不论男女老少都混在一起跳舞，这简直让人目不忍睹”。尤其是看到男士将座位让给女士时，一位日本人如此比喻：“被花丛迷了 25
心智的蝴蝶。”[41]

到 1860 年，惠特曼所谓的“新帝国”似乎正在欣欣向荣。佩里和哈里斯使日本开放了对西方的贸易之后，约翰·罗杰斯（John Rodgers）中尉于 1853—1856 年间组织了一个以日本和中国周边海域为研究对象的美国科考队。在仔细勘察了这一大圆航线[1]之后，罗杰斯得出结论，“即使按最严格的计算结果来看，亚洲的商贸前景也是如此耀眼夺目”。同时，美国商人与驻华公使敦促华盛顿占领台湾——既可以作为战略基地，也能当作杠杆压制中国对西方贸易的反抗。1854—1860 年，俄国人开始与美国讨论阿拉斯加领土的出售价格，但美国内战使得这一讨论被搁置了。到 1867 年，俄国人承认了事实——美国人已经控制了该地区的商贸，并将阿拉斯加以 720 万美元的价格售出。拥有阿拉斯加并能够正式进入日本后，美国已经确保了对通往亚洲市场的大圆航线的控制力。[42]

日本看起来却没那么安全。1860 年的井伊遇刺，只是后来刺杀旅日外国人浪潮中的一朵浪花。哈里斯写到，晚上，成伙行动的日本人在街上游荡，18 个月内就有 7 名西方人被杀。许多谋杀案出自浪人之手——他们是背叛了大名的武士，在如今已趋于瓦解的日本社会，他们出于政治或经济动机而从事犯罪活动。1861 年 1 月，哈里斯的翻译侯斯肯犯下了致命的错误，晚上，他从普鲁士公使馆步行回家，因而被杀。外国外交官们要求严惩凶手，亚伯拉罕·林肯（Abraham

〔1〕大圆航线：把地球看作一个球体，通过地面上任意两点和地心做一平面，平面与地球表面相交看到的圆周就是大圆，沿着这一段大圆弧线航行时的航线被称为大圆航线。由于大圆航线是两点之间的最短航线，故有时称为最经济航线。

Lincoln）总统新提名的国务卿威廉·H. 塞沃德（William H. Seward）同样如此要求。但哈里斯成功阻止了任何报复行动，相反，他责怪侯斯肯，认为他“应该更清楚实际情况”，而不该走夜路。领事从幕府为侯斯肯的母亲争取到了10000美元的赔偿，平息了这场风波，这一赔偿的金额只有英国人为他们被萨摩武士杀死的官员所争取到的1/10。即使在1862年英国公使馆遇袭并被焚毁，其他外交官全部离开江户之时，哈里斯依然顽强地坚守着自己的岗位。[43]

正如天皇所担心的，西方入侵正在削弱日本的社会秩序。外国人买入日本金币在中国倒卖，获得了丰厚的利润。当幕府以中止贸易相
26 威胁时，西方人则以战争相威胁。幕府于是改而铸造更廉价的金币，使货币贬值，这引发了剧烈的通货膨胀，百姓深受其苦。外国市场的需求推高了日本人民所需茶叶与丝绸的物价。将军对西方武器的需求，以及对外国人谋杀案的赔偿已经耗空了国库。“将军正在变成西方人的傀儡”，这一说法虽然是个误解，却对幕府的合法性构成了致命打击。日本首次与西方的广泛接触，最终演变成一场灾难。[44]

已经疲惫不堪的哈里斯最终回归了一个普通美国人的身份，而他的祖国在1862年因内战而陷入分裂。因此，当1863—1864年西方人与德川政权之间爆发危机之时，他并未出面控制局势。这场危机最终演变为流血事件。一直以来将军对外国人的要求持半推半就的态度，到1863年，已经导致位于京都的天皇朝廷中形成了一个由众多大名组成的松散联盟。这个联盟由边远的长州藩与萨摩藩氏族领导，目标是削弱将军的权力，驱逐外国人。这两个目标其实是一个政策的两个方面。随着江户幕府的权力被削弱，浪人变得越发猖獗，西南大名们也越发变得大胆。1863年5月24日，江户的美国公使馆被焚毁，新任美国公使罗伯特·H. 普鲁恩（Robert H. Pruyn，一位来自奥尔巴尼的共和党政治家，通过向其好友——国务卿塞沃德——乞求而获得此职）原本愿意相信这是场意外，但此后，“（他们）不断试图赶我走

人”。一种说法开始流传起来：宛如困兽的幕府打算背弃协议，关闭口岸，通过反对外国人以重掌权力。普鲁恩的回应也很直接：“即使只是提出这样的行动议案，也已构成对我国的侮辱和实质上的战争宣言。”江户政府强烈否认存在任何违背承诺的想法，但将军正在失去对局势的控制，这不言自明。[45]

1863 年 6 月 25 日，美国小型汽船“彭布洛克”（Pembroke）号在试图通过下关海峡时遭到长州藩的袭击，法国与荷兰船只也同时遇袭。7 月 16 日，在其舰炮击沉数艘日本船后，美国军舰“怀俄明”（Wyoming）号遭遇了攻击，5 名美国人和数量未知的日本人丧生。佩里到访 10 年后，美国人与日本人首次开始兵戎相见。西方外交官们打算越过恼人的日本政治，给他们君臣上下一个教训。普鲁恩则向塞沃德寻求指导意见。[46]

塞沃德的回复开创了美国新的亚洲政策。不仅如此，国务卿的观点塑造了二战前美国面对亚洲大多数地区的战略方针。结果，日本成 27
为一个试验性的案例。事实上，塞沃德对待日本人比对待中国人更为残忍。如果说正是他的政策指导了之后 3/4 个世纪中美国的外交活动，那么日本人誓要摧毁的也正是它们。

塞沃德对亚洲的痴迷起源于 19 世纪 50 年代早期（恰好是佩里扬帆驶向“新西方”之时），当时他是一名辉格党参议员。塞沃德相信，北美大陆很快将成为世界生产与交通的中心。他确信美国必将在西半球称霸，因此敦促美国人将视线从此处移开，转而关注具有惊人潜力的亚洲——一个被其称为“珍宝”“世界光明未来的主舞台”的地方。控制亚洲的关键在于商贸，它“历经王朝国家更迭，仍然如同以往时代一样，构成了滋养欧亚的肥料”。如果商贸是“肥料”，传教士则通常扮演了“犁”的角色。不仅自己十分虔诚，在所有问题中，塞沃德还尤为痴迷于让日本人改宗。不仅“日本的淳朴人民”将被改造而崇敬“基督教”，他们对基督徒的攻击和限制也是不能容忍的。他甚至号召进行一场战争，其传记作者称其为“圣战”。塞沃德在1868年给美国公使的信中写到，日本试图通过抵制基督徒而恢复国内和谐的企图“将只能为恐怖血腥的动荡埋下祸根”……“日本应该在皈依基督教的路上不断前进，这是实现真正的和谐的必然要求和期望。”[47]

为了实现扩大贸易与传播基督教的目标，塞沃德唯一要做的就是扭转美国过时已久的亚洲事务原则。传统上，美国人一直单独行动（避免因与欧洲帝国主义者一同行动而有损声名），大部分情况下避免使用武力，具有竞争力的商品和和平外交关系而非炮舰将赢得亚洲的人心与金钱。然而，塞沃德相信西方列强在中国和日本拥有共同利益，合作将最大程度上促进实现这些利益。考虑到内战的牵扯，美国人无论如何都需要借助任何能够获得的国外援助，以保护在亚洲的战利品。这一信念也导致第二个原则被推翻：塞沃德如今相信美国军事力量不得不介入亚洲事务。他的密友普鲁恩领事完美理解了国务卿的想法。1863年，领事在给塞沃德的信中写道：打开日本国门的并不是任何日
28 本人对“公共福祉”的尊重，而是“刺刀与大口径火炮那无声但不减威力的‘话语’扫清了日本孤立主义的障碍”。他补充到，如今“我们的立足点需要通过握剑之手来保护”。[48]

如同许多之前与后来的美国领导人一样，塞沃德相信，出生就免于封建主义枷锁的美国人肩负有将其他人从封建制度的束缚下解放出来的使命。接下来，不断前进的西方资本主义与基督教就可以鱼贯而入。他授意普鲁恩帮助任何从西方贸易中获益的大名，“这将导致封建体系与日本排外政策的彻底崩溃”。在同一份命令中，塞沃德还指示普鲁恩与其他外国政府合作。国务卿意识到西方政策可以摧毁传统日本社会并创造大规模的动荡。为了为西方商品与传教士谋求介入的渠道，美国官员乐见混乱发生，即使爆发内战也在所不惜。在历史上，这并非初次，也绝非最后一次。最后，塞沃德坦诚地说道：“日本突然与其他国家建立联系的唯一结果就是激烈的政治转变。”正如塞沃德

所展示的，美国人比起利润更珍视秩序的说法，完全是一种虚构。[49]

到达日本数周之后，普鲁恩认为，“所有驻日的西方列强官员都是文明前哨站的哨兵。我们在这里如同面对印第安部落一样”，不先发制人，就会受制于人。考虑到这些种族主义与意识形态因素，塞沃德和普鲁恩在 1864 年初同意让美军参与国际舰队的决定，也就在意料之中——这一舰队将用西方科技的力量给长州藩一个教训，并让下关海峡永久性开放。伦敦的官员更热衷于使用这股力量，因为浪人尤其将英国公民视为针对目标。英国驻日公使卢瑟福德·阿尔科克（Rutherford Alcock）与普鲁恩欣然达成共识：用阿尔科克的话说，所有针对亚洲的政策都必须“建立在坚实的武力基础上”。他领导了袭击长州藩的准备工作。阿尔科克与普鲁恩面临的唯一问题是他们可调动的海军力量很少，美国的舰队主力都在国内与南方作战。普鲁恩最终建造了一艘小型帆船“詹姆斯敦”（Jamestown）号，与英国、法国和荷兰派遣的 17 艘强大军舰一起行动。然而，“詹姆斯敦”号跟不上舰队的速度，因此普鲁恩不得不租下一条私人船只，在上面装载了来自“詹姆斯敦”号的一门 600 磅火炮，派它去维护美国的荣誉。1864 年 9 月，
在对长州藩炮击了 4 天并损失 12 人后，西方人夺走了长州藩的火炮 29
并打开了海峡。日本人确实获得了一个永远难忘的教训，虽然这与塞沃德与普鲁恩希望他们获得的教训并不相同。[50]

《纽约时报》的驻日记者认为日本人确实应该感谢塞沃德、阿尔科克和其他西方外交官，是他们管教了长州藩，让将军能够履行自己的义务。然而这位记者也不得不承认，“需要很长时间才能破除数百万被统治阶级的偏见，他们将孤立主义视为代代延续的特有制度（如同美国南方将奴隶制称为自己的‘特有制度’一样），出于愚昧迷信”，他们将日本的不幸归咎于西方。他告诉读者：“必须让民众感受到贸易与和文明接触的好处。”日本人确实迅速感受到了这些“好处”。在联合舰队袭击下关后不久，幕府同意支付 300 万美元以赔偿之前日

本方面所发起的袭击。仅派遣了一艘最小船只的美国人获得了最小的份额（因此 1883 年美国为了改善与新生的日本政权之关系而归还赔款，并不是什么难事）。[51]

在 1866 年协定中，列强迫使日本为了外国人的长期利益而固定关税。但具有特别意义的是，日本必须承诺让日本商人在没有政府支持的情况下与外国商人直接打交道，不仅是在日本，在任何地方都是如此。幕府还必须废除 200 余年的锁国政策，允许日本人出国。[52]

此后，倒幕的武士们将 1858 年与之后所签订的条约转化为了摧毁将军与列强影响力的武器。“尊王攘夷”成为水户藩与其他各地叛军的格言。尽管 1864 年受到了列强的打击，或者说正因如此，长州藩重整旗鼓，于 1867 年与萨摩藩达成了联盟，领导了倒幕运动。1868 年 3 月，由长州与萨摩藩领导的天皇军队在江户附近击败了幕府军，并于 4 月占领江户。将军被迫辞职，15 岁的天皇于 1868 年 10 月 23 日发布诏书，宣布亲政掌权。事实上，普鲁恩对将军抱有同情，毕竟他曾与佩里和哈里斯合作（虽然不太情愿）。而讽刺的是，阿尔科克站在了长州藩一边。[53]

胜利者并未宣布建立新国，而是宣布“复辟”日本曾经的“古
30 制”——效忠于天皇，他们声称当今天皇的血统可以追溯到神武天皇。罗伯特·史密斯（Robert Smith）概述了他们的功绩：“虽然（日本）进行了民族主义革命，但他们将其称为王政复古。”复古主义者希望将日本民众的忠心从正在灭绝的封建大名身上转移到天皇身上。通过长期宣传祖先崇拜，这项工作部分地得到了完成——这一祖先崇拜声称，往前追溯，所有日本人的出身都源于皇族，因此所有日本人都是血脉相连的。[54]

到 1868 年，在人们眼中，天皇是如此神圣，以至于他的身体不能触碰泥土，臣民也不能直视他。在 1626—1863 年的德川幕府时代，除非遭受火灾或者敌袭，天皇从未离开京都的皇宫。但 1869 年

4 月，年轻的天皇从京都来到了位于江户的新首都（如今重新命名为东京，也是国际商业与政治中心）。他采用“明治”为年号，意为“明智地统治”。出现在东京皇宫的天皇身着洋装站在敞篷马车上，以供众人瞻仰。通过天皇，日本人与日本历史建立了牢固的联系，之后，胜利者们却指向一个截然不同的未来。1868 年 4 月天皇签署的《五条誓文》宣布，将建立委员会以对公共需求进行讨论，这一声明平息了反对新政权的武士们的不满。《五条誓文》还宣布要“求知识于世界”——但其目的是“大振皇基”，而非西化。[55]

复古运动反而导致了巨大的革新。日本希望避免重蹈中国成为外国人“臣属”的覆辙。相反，它希望成为列强之一，但要按照自己的方式而非走西方的道路。和谐和传统的共同体与天皇的权威一同得到重建。1860 年，一位敏锐的游客记录了日本与西方之间的不同：“一个毋庸置疑的事实是，在日本，当个人为集体做出牺牲时，他们似乎高兴而满足；而在美国则截然相反，集体要为个人做出牺牲，个人永远在叫嚣着要求各种权利。”[56]

没有谁比托克维尔的表述更独具慧眼。1853—1868 年间，美国为所有个体（无论是商人、外交官还是传教士）破除封建枷锁、赢得自由这一坚定冷酷的决心，遭遇了日本封建时代不可撼动的文化。然而最终，不可抵挡之力摧毁了不可撼动的外壳。新兴的资本主义战胜 31
了旧政权。如今需要决定的是：虽然内部仍重视和谐的价值，并在个人与国家之间形成了牢固的联系，但如今截然不同的日本政治制度能否迅速适应情况，在获得西方工业与军事力量的同时，维持日本的社会形式？另外，美国是否乐见如此？他们是否会进一步推动日本社会的转变以适应美国资本主义的原则？日本人将如何回应这一压力？正是围绕这些问题，在随后的一个半世纪里美日之间的冲突越来越多。

注释

1. Alexis de Tocqueville, *Democracy in America*, 2 vols.（New York, 1948）, II, pp.292–295. 正如前面提到的，为了简洁与避免歧义，“美国人”是美国公民的同义语。

2. 同上，pp.421–424.

3. William Neumann, “Determinism, Destiny, and Myth in the American Image of China,” in *Issues and Conflicts*, ed. George L. Anderson（Lawrence, KA, 1959）, pp. 1–22; Samuel Eliot Morison, *The Maritime History of Massachusetts, 1783–1860*（Boston, 1941）, pp. 328–329; William Neumann, “Religion, Morality, and Freedom: The Ideological Background of the Perry Expedition,” *PHR*, 23（August 1954）: pp.247–258.

4. 本段尤其受益于 John Emmerson and Harrison M. Holland, *Eagle and the Rising Sun*（Reading, MA, 1988）, pp. 5, 19, 22–23, 32–33.

5. Tocqueville, *Democracy*, II, p.243; Walt Whitman, *The Gathering of the Forces*, 2 vols.（New York, 1920）, I, pp.32–33.

6. 一则有益的分析来自 Charles Sellers, *The Market Revolution*（New York, 1991）, 特别是第 3—102 页，364—395 页；同时参见 Marvin Meyers, *The Jacksonian Persuasion*（Stanford, 1957）——对“力求上进”精神进行了概括，以及 Louis B. Hartz, *The Liberal Tradition in America*（New York, 1955）——做出了经典论断：免于封建枷锁的美国人是生而自由的。

7. 尤其参见 Emmerson and Holland, *Eagle*, p. 30.

8. T. J. Pempel, *Policy and Politics in Japan*（Philadelphia, 1982）, pp. 3–7; Emmerson and Holland, *Eagle*, p. 33.

9. Emmerson and Holland, *Eagle*, pp. 34–35.

10. Beasley, *Documents*, p. 3; William H. Lockwood, *Japanese Economic Development, 1868–1938*（Princeton, 1954）, 第 4 页的注释; W. G. Beasley, *Japanese Imperialism, 1894–1945*（New York, 1991）; Ronald P. Toby, “Contesting the Centre: International Sources of Japanese National Identity,” *IHR*, 7（August 1985）: pp.347–363.

11. Paul Akamatsu, *Meiji 1868*（New York, 1972）, pp. 35–36, 441.

12. Beasley, *Documents*, p. 4; W. G. Beasley, “The Foreign Threat and the Opening of the Ports,” in Marius B. Jansen, ed., *The Cambridge History of Japan*. Vol. 5. *The*

Nineteenth Century (New York, 1989), p. 262; Beasley, *Japanese Imperialism*, p. 22.

13. Walter A. McDougall, *Let the Sea Make a Noise* (New York, 1993), pp. 270–275. Neumann, "Religion," p. 251; Emmerson and Holland, *Eagle*, p. 41; Julius W. Pratt, "The Ideology of American Expansion," in *Essays in Honor of William E. Dodd*, ed. Avery Craven (Chicago, 1935), pp. 342–343.
14. Ohashi Kenzaburo, *Melville and Melville Studies in Japan* (Westport, CT, 1993), 特别是第 221—243 页; Charles Olson, *Call Me Ishmael* (San Francisco, 1947) .
15. Beasley, *Japanese Imperialism*, p. 22: Beasley, "The Foreign Threat," p. 268; "整个东方贸易", 引自 Merle Curti, *The Growth of American Thought* (New York, 1942), p.663.
16. Webster, *Papers*, II, 244; Kenneth E. Shewmaker, "Daniel Webster and the Politics of Foreign Policy," *JAH*, 63 (September 1976): 314.
17. Webster, *Papers*, II, pp. 253–254, pp. 289–293.
18. 同上, pp.289–291.
19. 同上, pp.256–258, 290.
20. Akamatsu, *Meiji*, pp. 92–93; U.S. Congress, *Senate Executive Document 751*, 33d Cong., 2nd Sess. (Washington, D.C., 1854?), pp. 53–55; Ian Buruma, "Japan: In The Spirit World," *New York Review of Books*, June 6, 1996, pp. 31–35.
21. Akamatsu, *Meiji*, pp. 88–89, 94–100.
22. Wallace Gagne, "Technology and Political Interdependence: Canada, Japan, and the United States, " *JACS*, 9 (Spring 1992): 48–49; Bartlett, *Record*, pp. 272–273.
23. *New York Times*, July 11, 1854, in *NYT–GCI*, p. 2; Akamatsu, *Meiji*, pp. 100–101.
24. *New York Times*, July 11, 1854, in *NYT–GCI*, p. 2; Emily Hahn, "A Yankee Barbarian at the Shogun's Court, " *American Heritage*, 15 (June 1964): pp.62–63.
25. Aruga Tadashi, "Editor's Introduction: Japanese Interpretations of the American Revolution," *JJAS*, 2 (1985): 5–7, 8–9; Professor Aruga to author, February 5, 1996: John Whitney Hall, "East, Southeast, and South Asia," in Michael Kammen, ed., *The Past Before Us* (Ithaca, NY, 1980), p. 170; Marius Jansen, Introduction to Jansen, ed., *The Nineteenth Century*, pp. 14, 16; Neumann, "Religion," p. 252.
26. Victor Koschmann, *The Mito Ideology* (Berkeley, 1987), pp. 56–64; Beasley,

Japanese Imperialism, p. 29.

27. Koschmann, *Mito*, pp. 30–32; Hall, “East,” pp. 166–167; Lockwood, *Economic Development*, pp. 5–8; Emmerson and Holland, *Eagle*, pp. 36–37.

28. W. G. 比斯利（W.G. Beasley），在他的《日本帝国主义》（*Japanese Imperialism*）中阐述了研究此时西方贸易与民主对日本政治结构之影响的必要性。

29. Michael A. Barnhart, *Japan and the World Since 1868*（London, 1995）, p. 7; Aruga, “Editor’s Introduction,” pp. 9–11.

30. Hahn, “Yankee,” pp. 63, 89–90.

31. 本段与上段均取材于 Townsend Harris, *The Complete Journal of Townsend Harris*, ed. Mario E. Consenza, 2nd rev. ed.（Garden City, NY, 1959）, pp. 9, 206, 209–210, 227, 252; Hahn, “Yankee,” p. 90.

32. Hahn, “Yankee,” pp. 90–93.

33. Harris, *Complete Journal*, p. 330.

34. 同上, pp. 325, 347, 351–352; Akamatsu, *Meiji*, pp. 105–106; Beasley, *Japanese Imperialism*, pp. 28–29; Hahn, “Yankee,” p. 94.

35. Harris, *Complete Journal*, pp. 436–437; Hahn, “Yankee,” pp. 94–95.

36. Harris, *Complete Journal*, pp. 475, 485–487, 550; Robert J. Smith, *Japanese Society*（Cambridge, UK, 1983）, p. 57.

37. 文本出自 Beasley, *Documents*, pp. 183–189, 特别是第 185 页; Payson J. Treat, *Diplomatic Relations Between the United States and Jayan, 1853–1895*, 2 vols.（Stanford, 1932）, I, 48–63, 85; Beasley, *Japanese Imperialism*, p. 24.

38. “Imperial Court to Hotta Masayoshi, 3 May, 1858,” in Beasley, *Documents*, pp. 180–181; Akamatsu, *Meiji*, pp. 110–112; Koschmann, *Mito*, pp. 141–143, 149–151.

39. “Imperial Court to Manabe Akikatsu, 2 February 1859,” in Beasley, *Documents*, pp. 41–52, 193–194; Beasley, “Foreign Threat,” pp. 282–283; Koschmann, *Mito*, pp. 150–151.

40. Masao Miyoshi, *As We Saw Them*（Berkeley, 1960）, pp. 3, 13, 21–33; *New York Times*, June 18, 1860, June 27, 1860, Nov. 18, 1858, all in *NYT–GCI*, pp. 3–4.

41. *New York Times*, June 27, 1860, p. 2; 对相关语境的简述可参见 Justin Kaplan, *Walt Whitman*（New York, 1980）, pp. 256–257; Miyoshi, *As We Saw Them*, pp. 66–75.

42. Hallie M. McPherson, "The Interest of William McKendree Gwin in the Purchase of Alaska, 1854–1861," *PHR*, 3 (no. 1, 1934): 29–38; Lloyd C. Gardner, Walter F. LaFeber, and Thomas J. McCormick, *The Creation of the American Empire* (Chicago, 1976), chapter 11.

43. 之后成为日本知识分子领袖的福泽谕吉在 19 世纪 60 年代回忆道,"任何对接纳外国人进入日本表现出支持态度的人——事实上,任何与外国事务利益相关的人都有可能受到浪人毫不留情的攻击"。Yukichi Fukuzawa, *The Autobiography of Yukichi Fukuzawa*, revised and translated by Eiichi Kiyooka (New York, 1966), p. 122; Akamatsu, *Meiji*, pp. 143–144; Treat, *Diplomatic*, I, 105–106; Hahn, "Yankee," p. 96.

44. Beasley, "Foreign Threat," pp. 286–287.

45. Treat, *Diplomatic*, I, pp. 171–182,对此有比较好的综述。

46. 同上, pp. 185–200.

47. William H. Seward, *The Works of William H. Seward*, ed. George E. Baker, 5 vols. (Boston, 1884), III, 618; 同上, V, 246; Frederick H. Stutz, "William Henry Seward, Expansionist," 未出版的硕士论文, Cornell University, 1937, p. 26; Ernest N. Paolino, *The Foundations of the American Empire* (Ithaca, NY, 1973), pp. 170–173.

48. Seward to Burlingame, March 6, 1862, Instructions, China, NA, RG 59; Paolino, *Foundations*, pp. 172–174.

49. *FRUS*, *1864*, III, 594; Paolino, *Foundations*, pp. 172–173. 更多细节,参见 Walter LaFeber, *The American Search for Opportunity*, *1865–1913*, in Warren Cohen, ed., *The Cambridge History of American Foreign Relations* (New York, 1993), chapters 1–2.

50. Paolino, *Foundations*, pp. 174–175, 184–186; Treat, *Diplomatic*, I, 201–237; Beasley, *Japanese Imperialism*, p. 20.

51. *New York Times*, Nov. 27, 1864, in *NYT–GCI*, p. 5; Paolino, *Foundations*, pp. 186–187; Seward W. Livermore, "American Naval–Base Policy in the Far East, 1850–1914," *PHR*, 13 (June 1944): 114; Hilary Conroy, *The Japanese Seizure of Korea*, *1868–1910* (Philadelphia, 1960), p. 107.

52. Beasley, *Japanese Imperialism*, pp. 24–25.

53. Koschmann, *Mito*, pp. 1–2, 170–171; Ian Hill Nish, *Japanese Foreign Policy*,

1869–1942 (London, 1977), p. 10; Theda Skocpol, *States and Social Revolutions* (Cambridge, UK, 1979), p. 169.

54. Smith, *Japanese Society*, pp. 15, 17, 31–32.

55. 同上, pp. 18–21; *New York Times*, July 5, 1868, in *NYT–GCI*, p. 6; John Whitney Hall, “Reflections on a Centennial,” *JAS*, 27(August 1968): 713.

56. 援引自 Smith, *Japanese Society*, pp. 134–135; Beasley, *Japanese Imperialism*, p. 14; Byron K. Marshall, “The Late Meiji Debate Over Social Policy,” in Harry Wray and Hilary Conroy, eds., *Japan Examined*(Honolulu, 1983), pp. 160–162.

第二章　加入俱乐部（1868—1900年） 32

一　两种制度

1881年，一位外国人在横滨的一份报纸上写道："日本人是一个幸福的民族，很少一点东西就能让他们心满意足，因而不太可能获得大的成就。"但事态越发展，这一说法的谬误就越发凸显。1868—1900年的30多年里，日本人不仅建立了现代国家，也建立了一个帝国。一个颇具启发性的例子是，罗格斯大学（Rutgers University）的一位日本留学生因苦学殒命后，成为日本的民族英雄。但1895—1896年的日本人即将收获"成果"时，却被欧洲列强猛地打回了现实。值得注意的是，美国人拒绝跟随列强一道羞辱日本。1868—1900年间日美的良好关系在历史上是绝无仅有的。[1]

两国关系的转暖，部分得益于双方缺乏接触。值得注意的是，两国之间呈现出平行发展局面：19世纪60年代，当两国都遭受了巨大的创伤与破坏之后，都转而从内部着手重建社会。美国内战使60万人丧生，破坏了大部分南方地区，导致经济巨变。陡然间，数百万脱离了奴隶身份的美国非裔人口被抛到了自由劳动力市场上，而且一位总统也被谋杀了。在日本，德川幕府的衰落以及外国人凭恃炮舰而提

33 出的苛刻要求导致了内战、外国军事干预和恐怖活动。一个将社会和谐与自身正统性建立于传统之上的、已有 200 余年历史的统治家族一去不返。但对于日本来说幸运的是，一个可能已有 2500 年历史的天皇制顺利取代了幕府将军制度，成为社会和谐、国家统一与正统性的核心。

美国深陷对内战的恐惧之中，但至少占大多数的北方人取得了胜利。事实上他们取得了双重成功——他们的制度被鲜血所捍卫，之后这一制度转化为了一个强大的工业联合体。沐浴战火而重生的美利坚会比以往更加强大，内战即为这一点的绝佳证明。牺牲州权以实现联邦集权的方针得到了重申。最高法院的判决、银行与货币法案、不断上升的关税、主要由华盛顿出资建立的全新铁路交通系统——这些都极大地加强了 1865—1900 年间的联邦权力。

在这些年里，美国人表现出了成长为全球霸主的惊人技艺，同时开始在北美大陆开拓比之前 300 年所拥有的更多的土地。这两种扩张行为之间有着密切的联系。1890 年美国人口统计局宣称，已有 400 年历史的白人殖民地旧“边疆”已经消失。美国人将目光投向外部，尤其是亚洲，在远东“发现了”许多人口中的新西部边疆。与此同时，美国成为世界上最大的经济强国。在世纪之交，忧虑的欧洲人发出警告：“美国入侵”将对其占有的市场产生冲击。在内战前，3100 万美国人生产了 30 亿美元的产品，但几乎没有钢铁制品。在 1900 年，7500 万美国人生产的价值是原先商品价值的 5 倍，并主宰了世界钢铁市场（以及原油与其他 20 世纪关键商品的市场）。[2]

为了实现在世界经济阶梯上的跃升，美国人付出巨大代价。1873 年，纽约银行与交易所的猖獗操纵行为引起了资本市场的恐慌。经济骤然下跌，劳动者大量失业，通货紧缩随之而至。乐观者将之视为美国历史经验中又一次典型的战后衰退。然而到 1877 年时，衰退更加恶化了。大量饱受失业困扰的劳动者发起了美国历史上第一次大罢工，这次罢工使得大部分中西部地区陷入瘫痪。在宾夕法尼亚的采矿区，10个莫莉马贵社员[1]（Molly Maguires）——都是抗议煤矿中的严酷境遇与种族歧视的爱尔兰工人——因扰乱该地区秩序而被绞死。

这根本不是通常意义上的战后衰退。事实证明，正是它孕育了全新的美国工业联合体。衰退的持续时间不是几年，而是20多年，并最终 34
在1896—1897年间失控。直到格罗弗·克利夫兰（Grover Cleveland）总统决定派出联邦军队恢复芝加哥的秩序，罢工才停止蔓延。1893—1894年，国务卿沃尔特·昆廷·格莱西姆（Walter Quintin Gresham）担心，此类事件“预示着革命的到来”。历史学家如今将这一时代称为第二次工业革命时代。19世纪40—50年代的第一次工业革命带来了蒸汽机、煤炭和铁路。第二次工业革命则由电力、钢铁以及后来的汽车、电话所驱动。第一次革命依赖于小规模的家庭制工场，而第二次工业革命则产生于惊人的高储蓄率与投资率，这二者为国内企业乃至跨国企业创造出大量的资本。第一次革命使得美国人建立了与中国和日本的关系，而第二次革命则使美国在中国问题上陷入与日本的冲突之中。[3]

诸如安德鲁·卡内基（Andrew Carnegie）之类的资本家认为问题在于生产过剩。钢铁制造商为自己的工厂配置了在紧缩与萧条时购买的最新工艺，并因此获利丰厚。卡内基的廉价钢将竞争对手逼到了绝境。另一方面，诸如塞缪尔·冈珀斯（Samuel Gompers）之类的美国劳工联合会的工人领袖则将问题归为消费不足，并敦促国家提高劳动者的购买力。美国政府官员显然更倾向于卡内基的分析。这些领导人

---

〔1〕莫莉马贵社：19世纪活跃于爱尔兰、利物浦和美国东部部分地区的爱尔兰人秘密组织，以其在宾夕法尼亚州的爱尔兰裔美国人和爱尔兰移民煤矿工人中的积极行动而闻名。在一系列暴力冲突之后，20名莫莉马贵社成员被判犯有谋杀罪和其他罪行，并于1877年和1878年被处绞刑。这段历史现在仍然是宾夕法尼亚当地传说的一部分。

承诺为过剩的生产寻找国外市场。1897 年，当美国最终从 25 年之久的噩梦中挣脱出来后，许多人认为，飞速增长的美国出口已经吹响了苏醒的号角。至关重要的出口产品，尤其是工业品，正越来越多地流入亚洲。

表面上，日本似乎正在经历与美国相同的政治、经济与社会历程。但这一过程具有不同的起因，而且在日本的工业化进程中产生得更早。从 1867—1868 年内战中涌现出的日本领导人开始拆除将军的旧有权力架构。到 1871 年年末，大名已经变为受东京任命的地方长官，其采邑也变为行政区。他们被政府公债所收买而变得富裕起来，这给了他们足够的理由帮助维系新生的政府。为了进一步削弱封建传统，法律上的平等得到了贯彻。1873 年，公历被正式采用。领导了倒幕运动的武士们开始颁布并执行新的法律。一个高效的官僚体系开始出现并管理现代日本。

为了牵制反对派，并为有才能者（而非出身优越者）提供机遇，
35 新政府摧毁了传统的、持久存在的军事阶级。作为替代，全民征兵制在 1873 年开始实行。现代日本军队之父山县有朋从他的长州藩同乡中委任了可靠的军官。在 1878 年后，通过有意识地模仿普鲁士模式，这一核心团体演化为高效的军队体系。山县的同僚、来自萨摩藩的 1867—1868 年战争中的胜利者们则以英国皇家海军为模型创立了一支现代海军舰队。在解除了对已经步入历史书的大名的效忠后，新军队转而效忠天皇。[4]

早期明治政府及其军队通过没收战败的幕府将军的财产与征税来支付开支。税收主要落到了农民头上，他们已经将自己视为征兵法的勉强目标。1871 年，明治政府通过发行日元作为流通货币，进一步加强了全国统一。折磨美国的残酷经济转型与物价紧缩同样给日本带来了动荡。然而，在经济社会动乱中，东京政府通过在全国范围内扩展电报服务、修建第一条铁路、为工业提供大量国家支持，而得以大步

前进。这一模式同样来自美国与其他工业化国家。新建的工厂包括官办的军火武器厂，这旨在打破本国对外国军火供应的依赖。日本人决心复制西方，而非沦落为西方的附庸。但1866年关税条约与站在坚船利炮前的外国人的赔偿要求，让资金流出了日本。西方越来越富有，日本却越来越贫穷。作为一个欠发达经济体（主要产出商品是大米和手工纺织品），政府别无选择，只能通过出口粮食和土地征税获取军事开支。[5]

如此压迫最终导致了不满的爆发——1877年的西南战争（与美国大罢工发生于同一年）。不满情绪受到农民叛乱和东京受挫的保守势力的推波助澜，美国1776年的独立战争也起到了一定的作用。“自由民权运动”中的一篇文章宣告：“让我们成为帕特里克·亨利们（Patrick Henrys）[1]吧！”“我们可能死去，但不公的法律将随我们一同毁灭！”明治政府从西方获取了诸多改革的灵感，但下层民众对帕特里克·亨利事迹的运用，肯定不是明治政府所能想到的。值得注意的是，领导叛军的西乡隆盛一度是明治维新的英雄，辅佐天皇摧毁了封建势力。但新政府的作为，尤其是不愿进攻朝鲜的行为，并不是西乡所乐见的。叛军声称他们以天皇的名义并为天皇的利益而行动。政府同样以天皇的名义并更有效力地调派新军队平定了叛乱。应西乡本人的请求，他被一名之前的战友斩首。军队的力量与天皇权威首次联 36
合起来，维护了政府的统治。这一胜利也凸显了军队（以“天皇的士兵与军官们”的名义而为人熟知）的合法性，这使得任何对军队的批评都不可能出现。[6]

---

〔1〕帕特里克·亨利：美国革命家、演说家，弗吉尼亚首任州长（1736—1799年在任），积极参加反抗英国殖民者、维护殖民地人民权利的斗争，在美国革命前夜的一次动员会上以“不自由，毋宁死”的结束语闻名北美，鼓舞了弗吉尼亚的军心。

日本高层蔑视帕特里克·亨利，对于近代西方历史的其他部分则进行了更好的运用。如同美国人模仿（英国人更愿意称之为偷窃）了在英国所看到的工业进程一样，日本人因迅速模仿西方机械和制度而闻名。将军家茂在 1865 年发出了警告：日本必须“仿效外国人，使用贸易所获利润建造军舰和枪炮，采用以夷制夷的方针”。在过去的 200 年里，日本所仿效的“外国”是中国。然而到了 19 世纪 70 年代，他们认为中国腐败而落后，并不可避免地屈从于西方——日本人相信这是长期衰败的结果，而这一衰败从 200 年前就开始了。如今日本的关注重点在欧美。两个目标被置于首要位置：一是建立一个军事与工业联合体，以保护日本免受西方的命令和要求；第二项与此密切相关——通过展现日本是负责任的，可以与西方人同样建立现代而井然有序的社会，来取消西方人强加的不平等条约。[7]

催促日本进行这一转变的诸多声音中，最受欢迎的就是福泽谕吉，日本史上具有划时代意义的一位知识分子。他出生于 1835 年，曾经学习兰学，在理解了佩里与哈里斯成功的意义之后，福泽转而学习英语。他亲眼目睹了 19 世纪 60 年代欧美国家的面貌，并在回国后撰写了一本畅销书，以介绍西方成就对于日本的重要意义。福泽坚信日本必须“脱亚”，也就是“离开”亚洲并向“文明”的西方学习。他翻译并向日本人介绍了美国独立战争和宪法，并总结到：“天不生人上之人，亦不生人下之人。”福泽赞扬美国的爱国主义与他们“坚定的独立信念”。他赞扬本杰明·富兰克林（Benjamin Franklin，他在明治时代迅速发展的日本社会成了知名人物）生活节俭、很少睡眠，并总能果断地抓住机会。

接下来，如同晴天霹雳一般，福泽讲述了美国印第安人的命运。他们是西方帝国主义的早期受害者。他问道：“西方接触之国中，有任
37 何能保持真正独立的国家吗？”福泽警告称：“如今他们的扩张威胁东亚，如同燎原之火。”未来的路线已经清晰地画了出来。“我们希望保

持学术独立，而非舔食西方人的渣滓。我们希望保持商业独立，而非受制于人。”这使他将视线转回亚洲，因为一旦日本实现了自我革新，它就肩负了开发周边地区并使之“振兴”的使命——尤其是朝鲜。即使日本的使命重点在亚洲，福泽依然指示他的许多读者如何向西方学习。[8]

这位最有影响力且富有洞察力的日本作家遵照“日本精神，西方器物”（Japanese spirit，Western things）的座右铭向西方学习。美国人仅仅理解了这句箴言的一半。到 1871 年，驻日美国记者被过去几年的变化深深震惊。铁路、学校、大学甚至一度封建化的社会本身，全都忽然开放了。这些观察者明确得出结论：日本希望实现美国式的民主与资本主义。外国人注意到，日本报纸敦促人力车夫不要再在工作时脱去上衣做腰布，并分开公共浴室，以区分不同性别，因为“不能为外国人耻笑”。事实上，日本人的如此行为旨在说服西方人取消不平等条约。但美国人却反而认为，东方的大门即将向西方贸易与基督教伦理敞开，这是大势所趋。一位通讯记者告诉他的美国读者们：“即使没有任何列强的正式要求，如今，全国都向外国贸易开放也已经成为可能。”[9]

这位观察者并未对日本的政治领袖们给予关注。其中一个代表人物是岩仓具视。刚刚成年的岩仓起初拥有强烈的排外情绪，但很快就变得现实起来。他领悟到，排外可能使得西方人强行闯入日本并“干涉我们的国内政治”，攫取“他们垂涎的领土”。1868 年，15 岁的明治天皇听从了岩仓的建议，毕竟他辅佐明治推翻了将军势力，并下毒除掉了不合作、排外的老天皇。1871 年，时任外务大臣的岩仓成为政府的权力中心。1873 年，他领导一个由政要组成的使团在欧美出访了 18 个月。使团在美国停留了大约 7 个月，是在所有出访国家中停留最久的。岩仓与伊藤博文等其他中心人物在如此微妙、险要的时刻离开日本长达如此之久，这充分表明，在他们与天皇眼中，此次旅行有多

38 么重要。岩仓告诉同伴们，此次出行的目的有几个：与各国协商以解除不平等贸易条约，以及获取实用知识。虽然使团在华盛顿和伦敦给人们留下了十分良好的印象，但在前一个目标上，岩仓遭遇了完全的失败。

岩仓深知，他需要适应一些西方习惯，于是他特别注意细节，没有随身携带酱油、拖鞋、和服和咸菜（行程途中，有一次，一位代表由于想念家乡食物，强行闯入岩仓的宾馆，拿走了房东作为礼物送给岩仓的一罐咸菜）。岩仓唯一一次“犯错”，是在出席与尤利西斯·S.格兰特（Ulysses S. Grant）总统的正式协商会议时穿了一身传统的丝绸和服。一位华盛顿观察者记录到，在意识到自己错穿了“我们眼中的奇装异服”之后，代表团再也没有“身着女性似的绸缎衣服”露面。相反，日本人穿着西装，“暗沉的面容十分严肃，令人肃然起敬”。[10]

1873 年，在美国众议院发表历史性的演讲时，岩仓声称，“我们为追寻教化而来，并荣幸地在此地发现了它”。他相信美国人和日本人注定被贸易线所联结起来：“在未来，越发扩大的贸易将以千百种方式将我们的国家利益联合起来。如同水滴间的融合，贸易将从我们各自的河流中奔涌而出，汇入将我们的国土分开的大海。”但岩仓使团成员私下认为，这样的贸易与友谊必须按照日本的条件才能得以发展。[11]

当儒学者久米邦武撰写的关于此次非凡旅程的官方记录于 1878 年出版后，这一观点变得越发明朗。对于西方世界，久米通过读书已经了解颇多。书籍之一是裨治文（Elijah C. Bridgman）所著的《美国简述》（*A Brief Account of the United States*），他是一位在华美国传教士，其译作在中日都流传甚广。久米在 1878 年的著作中将英国、法国和美国列为世界最强大的三个国家，德国紧随其后，俄国则是垫底。他相信，分工的局面正在形成，英国因其海军与政治制度，法国因其文学与哲学，美国因其商业技艺，而各自受人崇敬。然而，久米的崇敬是十分具有选择性的。当注意到美国仅仅维持了小规模而低成本的军事力量，以及他们甚至谴责使用武力以攫取利益时，这个日本人也注意到，美国与自己的国家不同，并无被充满野心的帝国主义列强环绕的危险。西方人彬彬有礼，但使用起武力来却毫不迟疑。久米附和福泽的洞见说，北美印第安人过于相信“那些鼓吹着‘爱你的敌人’的基督徒了”。相反，日本应当相信自己手中的军事力量。[12]

此次旅程中日本所学到的重要的政治经验是西方人称为宪法的法 39
律的价值。代表们将之视为维持秩序的关键，因为它清楚说明了权利和义务。但美国宪法并不适合于日本，因为它体现了过多的个人主义、腐败和富人利益的影响。民主派“往往挑唆民众反对国君”。久米相信，一旦出现这种情况，就难以“恢复社会与政治的稳定”。18 世纪 90 年代的法国就是这一邪恶情况的首个受害者。这是一帖通往混乱的秘方，甚至情况会更糟：“在共和政体中，民众的权利逐渐扩大，政府不得不向其屈服……（如果）民权伸张，政权就将收缩。如果民众强烈渴望自由，他们就将无视法律。”对于民主政治面临的这些问题，即使是托克维尔，也很难做出比这更简明的论断。[13]

在经济领域，日本人推崇英美的技艺。同样，他们在美国和英国倾听的无数场演讲都教导他们要开放贸易，信仰唯一的利润之神。日本人认为这些演讲听起来并不可靠。在过去十几年里，美国的保护性关税变得更高，而工业与农业在关税保护下却兴旺发达。日本人还看到，美国政府几乎无所不在——强制签订契约，通过法律补贴生产，建立政府机构帮助农场主和制造商发展最新技术，甚至送出土地这一国家最宝贵的财产以供私人迅速开发其中的财富。历史学家玛琳·梅奥（Marlene Mayo）说道，过分正经并保持着维多利亚时代风格的日本使团“对美国女人的大胆与风骚感到惊恐不已”。完全开放、人人上进的美国社会允许情侣在公共场合接吻，男女责任的界限也模糊不清。在日本，女性主内，男性主外。久米强调，一个男人对父母负有比对妻子和儿女更重要的义务。聪明人因而可以从西方学到教训，为了建立一个安全有序的日本，哪些事是不应该做的。[14]

最重要的是，岩仓认为高速的国内发展必须被置于首要位置。他与其他日本领导人在国内事业发展方面从美国获得了相当大的帮助。北海道北部的岛屿于 19 世纪 70 年代开始在美国专家的广泛援助下得以开发，后者传授了新式耕作方法并协助引进了新的家畜品种。日本的国家银行法大量借鉴了美国的法律章程。日本的外交政策也受到伊拉斯谟・佩辛・史密斯（Erasmus Peshine Smith）、亨利・威拉德・丹尼森（Henry Willard Denison）以及达拉莫・怀特・斯蒂文斯（Durham
40 White Stevens）等美国法律顾问的影响，他们与日本外务省职员一同工作。还有些更具体的规划：1877 年的叛乱平定后，岩仓与其继任者即着手创制一部日本宪法——但与美国宪法的思路并不相同。[15]

1889 年，新宪法由天皇赋予其臣民，建立起有权授予国民个人权利的两院制议会（另一方面，在美国，个人权利是预设的——所有人“生而平等”——国家政权在宪法基础上建立起来以保障这些权利，而非国家创造了这些权利）。日本的选举权受到重重限制，以致选举产生的下院，即众议院，议员仅仅从 1% 的人口中选出。直到 1925 年，男性才取得了普选权。宪法于 1889 年 2 月 11 日颁布，这一天被认为是日本建国的 2549 周年纪念日，无怪乎宪法第一条如此写道：“大日本帝国，由万世一系之天皇统治之。”第三条写道：“天皇拥有宣战媾和及缔结各项条约之权。”神圣而至高无上的天皇拥有军队的最高统帅权，如此的权威也为陆海军领导人提供了直接与天皇沟通的渠道。国会的权限几乎完全限于国内范围。无论国内外事务，只有天皇才能做出最终决定。然而，如此简洁的宪法（如同美国宪法的语言那样简洁）使日本严重迷失了方向。它的中心问题是：谁会影响天皇的决定？在皇权之下，以氏族出身为基础的派系（例如长州派和萨摩派）以及不同职能部门（例如军事与民政部门）很快以近乎美国式的高速度发展起来。日本外交政策的制定如同美国外交政策一样，成为产生争执的诱因。[16]

日本宪法是由一个小团体秘密拟定并付诸施行的，并未经过公共讨论或投票。然而，随着国内形势更加安全，以及日本人迅速加入了西方帝国主义者独享的俱乐部，它似乎迅速实现了其制定者的主要目标。

二　两种制度、两种帝国主义

美国人与日本人于 19 世纪 70 到 80 年代在国家建设上取得的成功并非孤立事件。1870 年后，德国与意大利也实现了统一，它们与法国都建立起新的中央政府。到 19 世纪 80 年代，那些拥有强大工业与军队，拥有能够推行帝国主义政策的更集权政体的民族，获得了丰厚的奖励。 41
1500 年时，数得上的独立国家与民族国家大概有 500 个，之后这一数字一直下降，到 1860—1914 年间，仅剩下不超过 50 个。极少数国家将技术与野心相融合，以创造工业化工厂，后者的产品与利润都转化为了军事实力。1860 年年末，由此产生的新帝国主义重新规划了亚洲与非洲的地图。但亚洲与非洲不同，亚洲承受了各个主要帝国主义列强更直接的进攻：英国、法国、德国、俄国、日本和美国。

最后两个国家来得比较迟（19 世纪 80—90 年代），但却带来了强烈的影响。如果从 1902 年算起还为时尚早的话，那么，到了 1910 年，欧洲国家已经开始在自己的大陆上为彼此即将进行的战争而丈量土地。中国与东北亚的命运似乎将由美国与日本之间的协议或竞赛来决定。冲突在未来才会发生。在 1868 年年末的当下，两个民族看起来大体上沿着并行不悖而非即将汇聚的路径在发展。

日本与美国之间的不同，解释了为何在一代人的时间内，双方就走向冲突。美国人被不断增长的产品盈余以及过度生产、通货紧缩引起的国内动荡所驱使。这一动机又因美国悠久的种族主义与传教冲动的传统而加强，这两个特性为开拓并征服其他不同肤色人种的社会，提供了合理化的借口。另一方面，19 世纪 70—80 年代，日本正在相对原始的经济阶段努力发展。它转向帝国主义有着不同的动因：对西方人正在逐渐接近日本本土并试图控制日本贸易的合理忧虑。著名的日本外交政策史学者伊恩·尼什（Ian Nish）甚至相信，日本人对这一威胁的看法“成为一种国家神经焦虑症”。[17]

明治时代的日本还受到第二种动因的驱使：通过将人民的注意力转向海外问题，掩盖国内危险动荡的局面。日本于 19 世纪 80 年代末经历了一场最危险的分歧。通过平定西南起义以及颁布宪法，一种日本共识开始在社会中形成，并被强加于社会。最重要的是，这一共识的中心是血统悠久的天皇。1868—1875 年间，国家神道因新的神社和祭祀神官的广泛传播而成为国家宗教，它从底层加强了皇权。对神道教来说，天皇本身就是最重要的。教育系统得以建立起来，用以系统
42 而不加鉴别地传授日本臣民爱国与效忠天皇的美德。然而，即使如此详细的、糅合了世俗与非世俗层面的控制手段，也不能压制住极端民族主义团体，他们甚至刺杀主要官员，并持续困扰着日本的外交政策。[18]

虽然受到不同动因与体系的影响，到 19 世纪 80 年代，日美两国却一直保持着相同的前进方向——朝鲜、中国（尤其是东北部的关外地区）、夏威夷以及具有战略意义的西太平洋诸岛。在这些地区，帝国主义性质的扩张行动正在肆虐。在一个历史性原则上，两国领导人达成了高度一致：国内稳定与外交政策的成功密切相关。在美国，从塞沃德到格莱西姆的政策制定者以及此外的其他人都相信，只有在国际舞台上才能寻找国家的未来。海外的成功可以缓解国内贫困。至于日本官员，他们深知，若与幕府将军一样错估了西方人，他们将面临与其相同的命运。

1871—1873 年，这些官员试图重新协商有关不平等条约，随后完成最重要的任务，实现岩仓提出的使命。但这两项努力均以失败告终。

1873 年，俄亥俄州的约翰 · A. 宾汉姆（John A. Bingham）法官成为驻日公使，他机敏、正派而富有同情心，开始修改双方的关税条约。1878 年，他的努力有了收获。美国脱离了其他列强的立场，宣称只要其他国家做出相同的让步，就同意重启制定关税的谈判。来自纽约的国务卿威廉 · M. 伊瓦茨（William M. Evarts）是塞沃德的"信徒"，他希望，这一政策能让日本对美国商人更为友善。[19]

两国间的合作扩大到许多领域。马萨诸塞农业学院（Massachusetts Agricultural College）应日本之请在北海道建立了一所学校和试验农场。美国人在此不仅传授新耕作技术，也带来了基督教伦理道德、军事训练方法、美国式的房屋建造以及"要始终充满野心"的座右铭。其中许多教导在日本都被证实纯属多余。1876 年于费城举行的百年纪念世界博览会将"为了防止持续萧条"而发展海外贸易作为主题。亚洲得到了许多关注。高雅的日本展览品因优美有序而受到称赞，但正如一家费城报纸所评论的，这一称赞还得益于"日本人已经采用了美国式的服装穿着，蔓延旧世界的进步精神正在引导其人民采用美国理念与美国体制"（值得注意的是，在当时和以后，美国观察者都认为自己的体制和信念是在交流中自然传播过去的东西，但日本人很少这 43
么想）。[20]

显然，这两个民族沿着平行的轨迹发展，也遵循着相同的扩张路径。日本人于 1875 年解决了一个微妙的对俄问题，同意俄国对库页岛的占有，作为交换，将东北部的千岛群岛据为已有[1]。这笔交易确保了日本北部边境的安全；也标志着日本首次在平等条件下与西方列强达成协议。东京如今的视线焦点在朝鲜。7 世纪，中日之间的首次

---

〔1〕日本与俄国于 1875 年 5 月 7 日在圣彼得堡签订条约，条约规定日本获得堪察加半岛以南的整个千岛群岛的主权、鄂霍次克海的捕鱼权和其周边俄罗斯港口的 10 年免费使用权。

战争正是围绕朝鲜爆发的。13世纪，元朝政府与朝鲜军队试图越过朝鲜半岛东征日本。300年后日本也入侵了朝鲜，虽然带来的影响微乎其微（除了重新唤醒朝鲜对日本的仇恨之外）。此后，随着德川政权奉行孤立主义政策，日朝关系进入了少有的平静期。当德川政权终结后，朝鲜人拒绝承认1870—1871年建立的明治政权——尤其是当他们意识到日本新领导人力图限制朝鲜长期从中获益的日朝贸易的时候。

1873年，日本正越来越对朝鲜这个自己眼中“停滞、固执又狡猾的国家”失去耐心，西乡隆盛提出由自己带头入侵朝鲜，这样当朝鲜人杀死他时，日本就有了宣战的借口。岩仓敏锐地终止了这项提议（西乡转而走向了在1877年叛乱中殒命的结局），他的关键盟友大久保利通抓住时机有力地反驳道，战争的开销将导致依赖外国经济，同时浪费国内发展所需的资金。[21]

西乡最终身首异处，但日本对朝鲜的关注却与日俱增。国内与国外事务的交织再次明显体现。1873年，围绕朝鲜（显然还包括其他更多主题的争论）展开的争论被称为明治政策的“大转向”。这使得在1868年倒幕运动中取得胜利的日本领袖开始同室操戈，深刻影响了国内政策。关于朝鲜的激烈争论导致总理大臣三条实美脑血管破裂。岩仓本人也受到征韩论者的袭击并身受重伤，袭击者随即被逮捕并处以死刑。[22]

尽管硝烟四起，但向帝国主义外交政策迈出的最初一步却十分谨慎。1871年，来自琉球群岛（中日都宣称其为本国领土）的54名
44 船员因遭遇海难而漂流至台湾，并被当地土著部落杀害。美国前内战军官查尔斯·W. 勒让德（Charles W. LeGendre）此时正任日本外务省顾问，他极力建议征服台湾，并对凶手进行残忍报复。1874年年中，3000名日军登陆台湾并对岛上土著民施以“惩戒”。自汤森·哈里斯将西方国际法体系介绍给日本人之后，醉心于此的日本人精妙地引用

合适的条规向中国证明，它缺乏对台湾的管辖权。但清政府的官员加以反驳。然而在 1879 年，日本证明了真理只在大炮射程之内（阐释了拿破仑的名言[1]）。一支日军占领了琉球群岛，包括岛链中最大的冲绳岛。[23]

朝鲜可能成为下一个登陆地。然而在 1874 年，朝鲜人杀害了一艘日本船上全体船员的新闻被日本国内的骚乱所湮没：反对东京政府的起义领导人被斩首并公开展示首级。在叛军的诸多要求中，就包括征服朝鲜。1876 年，日本人得偿所愿，他们向朝鲜派遣了两艘军舰与四艘满载士兵的运输船，以保证新的要求得到接受：朝鲜摆脱对中国的从属而成为“独立国家”；日朝建立正式外交关系；开放三个通商口岸。显然，日本正在对中华帝国与朝鲜王国发起挑战。1876 年的条约标志着日本在 1868 年后向亚洲大陆迈出了第一步。[24]

美国跳进了这口亚洲危机的大锅。美国人于 1871 年开始注意到朝鲜，当时格兰特总统为了报复朝鲜人杀害美国军舰船员，派遣军舰进入了一条朝鲜河流。当舰队遭到攻击后，美国人的火炮杀死了 200 名朝鲜人。1876 年，日本更具建设性的经验鼓励美国官员将对朝关系建立在更和谐、更有利可图的基础上。来自加利福尼亚商业共同体的扩张主义者与美国国会促使国务卿伊瓦茨派遣罗伯特·N. 薛斐尔（Robert N. Shufeldt）海军准将与朝鲜谈判。在反思了 19 世纪 70 年代的经济危机后，薛斐尔注意到，“我们生产的至少 1/3 的工农业产品远超我们所需，我们必须出口这些产品”。准将还为此指明了方向：“距离太平洋落入美国商业霸权之手已经为时不远。”在 1867 年与 1880 年，薛斐尔试图直接与朝鲜人交涉，以打开其国门，但其成为“朝鲜的佩里”的野心，在充满敌意的汉城政权面前遭遇了挫折。1882 年，薛斐 45
尔在前往朝鲜之前与中国人进行了坦率的讨论。中国人看起来十分友

〔1〕此话出自俾斯麦的一次演讲，此处应为作者笔误。

好，薛斐尔也向美国国务院解释了这背后的原因：如果美国在中国帮助下与朝鲜达成条约，“将有利于牵制日本的扩张行动”。[25]

1882年的“薛斐尔条约”是朝鲜与西方签订的首份条约，朝鲜国门被打开，外国人得以进行贸易并在当地居住，条约同时也授予美国人商业特权。薛斐尔冷淡地拒绝了中国提出的在条约中明确承认朝鲜对中国从属地位的要求。利用完中国人后，他拒绝了中国人利用他以达目的的伎俩。

日本并不乐见中国成为薛斐尔进入朝鲜的中介人，但东京的官员们认为，考虑到中国的衰落，日本实际上享受了近水楼台之利，在新的开发朝鲜之路上居于最佳位置。至少一些日本领导人如此认为。

三　加入帝国主义俱乐部：伊藤、格莱西姆与甲午战争

1868年，日本已经在融入近代之路上走出了很远，然而也非大多数日本人想象得那么远。19世纪蔓延的民族主义（以及其在20世纪导致的悲剧）需要几个特定的构成要素：一种强烈的文化民族性意识（例如美国的“天定命运”），一个控制了暴力手段的高效的中央政府，一支能够使用暴力以实现政府目标的国家军队，以及能够生产出口制成品与武器的不断发展的工业基础。到19世纪80年代，除了工业基础，日本已经万事俱备。[26]

松方正义试图补上欠缺的“东风”。在1881年成为财务大臣后，他通过发行可自由兑换的货币（减少了20%的流通货币的数量）、开征新税以及大力削减公共开支大幅抑制了通货膨胀。削减开支的手段包括关闭国有工厂与煤矿，或将其经营权移交给私人。1885年，日本中央银行得以创立，以监管这些政策的实施。它以近乎野蛮的高效开始运作起来。随着政府储蓄的飞速增长，日本军队获得了充足的资本

来源。[27]

国内发展也获得了足够的资本。此时日本的制造业仍是前现代的：
食物（尤其是酿造业）和纺织品在所有产品中占有 2/3 的比重。诚然，46
到 1893 年时，日本已经有了基础的公共建设（2000 英里铁路、4000 英里电报线和拥有 10 万吨级汽船的快速发展的商船队），但日本正在耗尽主要的国产矿产——煤炭，并需要从朝鲜和中国东北进口煤。进入新世纪时，生铁和钢产量仍少得可怜。最重要的出口品包括丝绸和廉价棉制品，前者有半数销往美国，后者则主要装船运往中国和朝鲜。此时的日本与美国南部有些类似：在廉价纺织品市场上成了世界级棒球选手，但在钢铁市场上仍然处于低级别的小联盟之中[1]，而正是这两项产品将真正的强国与潜在的强国区分开来。相比西欧与美国北部，日本是一个未成熟的帝国主义国家。[28]

然而，一个不同之处将日本与美国南部区分开来。之前美国邦联的工厂（更不用说一些学校）都是由北方投机资本修建的。从这个以及其他方面的意义来讲，南方是一个殖民地。然而，日本却怀有一个坚定的信念：绝不依赖外国投资。19 世纪 80 年代松方的经济发展方案、农产品从满足国内消耗到出口获利的转变、强迫储蓄，以及对废除不平等条约的热忱，全部源自这一信念。日本想要加入西方列强的行列，而非引狼入室。[29]

如果说松方建立了新国家的经济基础，伊藤博文则在建立政治基础方面居功甚伟。1841 年出生的伊藤出身于低等武士家庭，他最终成为这一代领导人中最了不起的人物之一。从 1860 年到 1909 年，仅仅他的个人史就构成了一部日本近代史。在 60 年代，他是一名号召“尊王攘夷”的长州藩年轻人。此后，他被选中派往海外留学。第一次见

〔1〕原文指美国职业棒球小联盟（Minor League）——低级别的棒球联赛，此处以棒球职业比赛的级别类比日本在世界市场中所处的地位。

到英国军舰后，他的思考开始变得更加现实。伊藤认为，“蛮夷”并不能被很快地驱逐出日本，只能学习效仿，直到他们对日本平等相待。之后，伊藤在处理对外事务上变得灵活而机敏。在1871—1873年，岩仓带领他加入为期18个月的“求知”使团，1882—1883年，伊藤本人前往欧洲直接学习宪政，两次出洋经历让他的才能展现得淋漓尽致。[30]

到19世纪80年代，在塑造1889年宪法的高度集中决策过程中，伊藤成了关键人物。1882年，伊藤给岩仓的信中写到，天皇必须“成为基石，确保其对主权的掌控”。但作为19世纪90年代日本首位
47 重要的首相，伊藤表现得十分平易近人。与许多同辈不同，他对茶道和能剧并不热衷。他承认：“我十分知足，也完全不考虑存钱。我最喜欢做的事情是在下班后找一位艺伎陪伴消遣。”他被刺杀后，许多酒馆和红灯区的女人都能够回忆起与伊藤的友谊。一位传记作家相信，伊藤正如一首传统歌谣描述得那样：“醉卧美人膝，醒掌天下权。”[31]

伊藤的主要对手是山县有朋——1868年后日本军队的创立者。与伊藤一同上学的山县性格缄默、冷峻，即使在担任首相时也表现得像个军人。在新宪法体制内，山县获得了作为最高军事领袖以特殊渠道面见天皇的权力，这使得他的地位十分关键。同时，他厌恶政党，决不允许它们影响到军队。1890年，正如山县所希望的那样，教士、军人和精神病人被剥夺了投票权。当选的文官因而发现自己对于军队毫无实权。崇敬天皇的山县是一位扩张论者，他相信传统的皇室敕语——天皇将“让世界四角，处于同一屋檐下”。对山县（或者伊藤）来说，没有比朝鲜更重要的“角落”了。因为正如普鲁士军事教官在19世纪70年代教导山县的那样，朝鲜是日本安全的试金石。而且当时他就认为，俄国对于日本安全构成了严重威胁。到1894年，山县已经能够将25万人投入战场。日本海军拥有28艘军舰，并拥有能够建造现代船只和武器的工厂。[32]

在日本人眼中，美国不属于外国威胁之列。这一排除在外的举动尤其值得注意。美国人迅速推开了由薛斐尔打开的朝鲜国门。高宗〔1〕相信，美国人在维护他的国家的最大利益（从之后的事实来看，这无疑是个悲剧）：使朝鲜独立于中国和日本。一些美国外交官加深了高宗的误解，他们既缺乏责任心又十分无能，其中的两位，一个是不可救药的酒鬼，一个则是对外交职责一无所知的退休校监。回到美国后，这些外交官大多数都成了受人雇佣的政客。[33]

当中，也有例外——霍拉斯·艾伦（Horace Allen），一位长老派传教士，1884 年作为美国公使的秘书来到朝鲜。10 年后，他本人成了美国公使，直到 1905 年最终被排挤出朝鲜。1894 年前，艾伦和一些美国人与日本人一同努力，支持那些致力于创建完全独立的朝鲜的 48
改革者。兼传教士和外交家于一身的艾伦还利用与国王的关系，为美国人争取到了大量铁路特权条约和亚洲潜力最大的一些金矿。高宗同意了这一切，在他眼里，相比邻近的虎狼之国——俄国和宿敌日本，美国人无疑是更好的选择。在日本受到驱逐、在中国遭遇歧视，并因其信仰而在美国国内受到达尔文主义者攻击的美国传教士大量涌入朝鲜，以寻找自己的立足之地。朝鲜人在二三十年前曾屠杀西方传教士，但如今，利用美国人让半岛政治摆脱清政府的控制，无疑符合朝鲜的利益。[34]

1894 年夏，真相最终被揭开。伊藤以及外务大臣陆奥宗光和山县发生了争执。这年 7 月，伊藤与陆奥说服英国中止了不平等条约，实现了明治时代日本最大的外交成功，也为接下来的行动做足了准备。具有重要意义的是，与之后的苏俄政府不同，明治政府并没有拒绝承

〔1〕即朝鲜高宗李熙（1852—1919 年），朝鲜王朝第 26 代国王（1864—1907 年在位），庙号高宗。高宗朝处于朝鲜半岛历史上最动荡复杂的时期，其本人先后被父亲大院君、妻子闵妃以及日本人摆布，形同傀儡。

认已经生效的条约，相反，承认了它们，并着手将其废除（1899 年，治外法权被废除；1911 年后，日本得以完全控制自己的关税）。与英国的协议签订两周后，日本人成为帝国主义俱乐部中的全权成员。日本舰队在朝鲜海岸击沉了中国船只。一周内，大量日军开往了朝鲜半岛。[35]

战争源于朝鲜国内一场针对高宗的叛乱。叛乱发生后，高宗向中国求救。暴动者（即东学党人，一群亡命之徒）很快被朝鲜军队镇压，其间并未借助中国的帮助。然而，日本声称中国违反了 1885 年的中日协定，这一协定规定，在朝鲜的任何军事行动，中日都应共同进行。坦率地讲，东学党叛乱仅仅是日本的一个借口。山县及其军事同僚从 19 世纪 70 年代起就对下关海岸对面的这片陆地虎视眈眈。1892 年，当俄国人开始将跨西伯利亚的大铁路修建到东北亚时，山县向天皇警告称，这一铁路将使得俄国力量更危险地逼近日本，并引发与俄国的危机。日本军方与文官一直在想办法平息国内经济问题所引发的政治动荡甚至是暴乱。一位日本官员在华盛顿向国务卿格莱西姆承认，“国内局势十分危险，对华战争将使人民更紧密地与政府联系起来，从而
49 改善这一情况”。这一言辞震惊并激怒了美国人。福泽等知识分子更在其中煽风点火，声称日本不应再与衰落的亚洲为伍，应该以西方对待日本人的方式对待亚洲人，推动自己的近代化。[36]

随着战前情绪越发高涨，伊藤在试图避免冲突的同时，希望迫使中国迅速让步。但中国拥有一支规模更大且正厉兵秣马的军队（约 35 万正规军），并不愿意轻易屈服。在外务大臣陆奥倒向山县的鹰派阵营后，伊藤放弃了努力。战争带来了太多好处——国内和平的环境、朝鲜的稳定市场和战略地位、俄国南向运动的彻底失败以及帝国主义俱乐部的成员资格。1894 年 7 月 24 日，日本击沉了一艘中国运兵船，杀害了超过 1000 人，并用机关枪向许多落水幸存者扫射（根据幸存的欧洲顾问的证言）。有趣的是，很少有美国人因这次袭击指责日本。

相比已经支离破碎却目中无人的中国，他们更喜欢西方化的日本。正如战前国内一种声音所高喊的，日本如今开始证明，“文明并非白种人的专利”。[37]

高宗挥舞着薛斐尔的1882年条约，在这项条约中，美国庄严承诺，如果朝鲜面临来自第三方力量的威胁，美国将居中“调停”。然而，如今格莱西姆拒绝对此做出回应。他仅仅含糊地宣布，希望日本不要发动不义之战。同一天，他私下告诉日本人，他并不打算帮助朝鲜。7月，当战争临近时，英国要求格莱西姆和格罗弗·克利夫兰总统与欧洲人一起调停争端，美国人委婉拒绝了。除非美国在亚洲的利益需要保护，否则，他们并不愿与英国公开合作。这样的利益确实存在，但主要在于中国市场和传教事业。为这些利益着想，克利夫兰（一位长老派牧师的儿子，尤其热衷于在亚洲传教）将美国的亚洲舰队从1艘增加到8艘。格莱西姆似乎只有一个主要的忧虑，那就是日本的势力扩张会超出自己的掌控。他一再警告日本政府，从朝鲜索要过多会招致欧洲的反击。美国官员担心（事实证明这一忧虑是正确的），这样的反应将使整个亚洲范围内的帝国主义瓜分狂潮到达顶峰，这将威胁到美国的门户开放政策，即在保证中国完整的同时，使中国市场向所有国家的商人平等开放。在19世纪90年代经济危机时期，如果失去这样一个潜在的取之不尽的市场，其结果可能是灾难性的。[38]

然而，当日本人使用武力时，美国政府却袖手旁观，在日美关系 50
史上，这并不是最后一次。大多数美国人似乎都对这一态度表示同意。“日本，亚洲的大不列颠（这指的是，它是一个可以控制临近大陆的岛国）”，成了一个常用语。“东方的扬基人”，亦是如此。一位观察者写道：“每个人都想要了解并正在了解日本人，他们喜欢日本人。”日本情报机关通过雇佣《东京时报》（*Tokyo Times*）的一位美国编辑爱德华·H.豪斯（Edward H.House），卓有成效地在美国宣传日本的观点，才树立起了如此的声望。当日本人于1894年攻击了位于旅顺港的清军重要海军基地时，他们发现中国人在主入口挂着日本囚犯的首级。用一位美国记者的话说，侵略军“杀死了所有他们看到的活物，包括儿童，并将很多人斩首”。奇怪的是，这一骇人听闻的故事反而加强了美日之间的友谊：美国人将屠杀归结于中国人的“野蛮”，并将之类比于美国士兵曾经面对的北美土著。[39]

尽管如此，美国官员还是意识到，与这些“扬基人”打交道需要更细致的标准。若给予日本的支持过少，将使它感到受辱；若支持过多，则朝鲜甚至中国都会四分五裂，欧洲人也会闯进来，并占有分裂后的碎片。因此格莱西姆再次警告东京当局要小心谨慎，否则“其他列强将提出不利于日本利益的解决方案”。他的做法在早期收获了一些成效。中日都要求美国人在战时监管自己在另一国的财产和外交事务，但格莱西姆并不能最终保护日本免于欧洲的侵略。到 1895 年 3 月，日本完全击溃了规模更大的中国军队，不仅控制了朝鲜，还控制了通向拥有丰富市场和矿藏的辽东半岛。

到 1894 年 8 月，陆奥治下的外务省自信地考虑对中国提出要求，并着手接管铁路。然而，随着军事上的节节胜利，政府的胃口也在扩大。到 1895 年年初，陆奥计划割占台湾和奉天的重要港口，同时控制朝鲜。他认为英国和美国不会反对。毕竟，在最惠国待遇条款下，这些西方人能够享受日本获得的所有进入中国东北的特权。实际上，在 1895 年 3 月，格莱西姆扮演了中间人的角色，促使中国人接受这些条款。然而，俄国人和德国人却不这么想。沙皇政府不希望在中国东北出现靠近其跨西伯利亚大铁路的任何其他政府。同时，德皇政府
51 要求获得完全的殖民地和海军基地，而不仅仅是获得与高效的美国人和英国人平等争夺市场的门户开放的权利。[40]

1895 年 4 月 23 日，俄国人和德国人动手了，他们与法国人一起“建议”陆奥将辽东半岛归还给中国。伊藤内阁试图拖延时间并达成妥协，但在 5 月 5 日，他们突然让步了。伊藤担心，至少俄国人一方

已经准备动用武力。日本工商界不希望再爆发战争，首相本人也对日本是否能承受这场冲突表示怀疑，尤其是在英美两方明显的沉默态度之下。日本要求从中国获得2亿两白银补偿聊以安慰。5月8日，在德法俄三方干涉下，中日达成《马关条约》，结束了战争。[41]

对于日本，这是一次沉重的打击。战争影响如此之大，就连东京的政治纷争也因此平息。1895年10月，驻朝日本官员试图摧毁俄国影响力以作反击。他们导演了一场针对朝鲜朝廷的叛乱。闵妃〔1〕被杀害了。包括霍拉斯·艾伦在内的美国人为了自身利益，站到了俄国人一侧。如今，他们试图帮助高宗镇压亲日派的叛乱。但又一次，国务卿召回艾伦并指责他干涉朝鲜内政。高宗被难堪地化装为一名苦力，进入俄国（而非美国）使馆寻求帮助。日本策划的政变被平息了，俄国的影响力得到增强。艾伦尽可能地对这一变化予以利用。他为一家美国公司谋得了朝鲜最富有的云山金矿。1897—1939年，美国人从云山金矿获得了1500万美元的利润，即使在1905年日本控制并吞并朝鲜后，也没有对此产生影响。[42]

从1896年来看，似乎美国人确实从甲午战争中获得了比战胜者更多的利益。当日本人试图说服本国银行家投资朝鲜铁路时，他们的反应十分冷淡。三井公司对中国东北的大豆而非煤矿产生了兴趣。换句话说，日本商人希望获得贸易利润而非投资的机会。对于一直希望战争带来长期的投资利益并保障日本战略安全的伊藤政府来说，这无

〔1〕闵妃（1851—1895年）：朝鲜李朝高宗李熙的王妃，骊兴闵氏外戚集团的核心人物。闵妃于1866年被册封为朝鲜王妃，而后鼓励高宗采取开化政策并引入日本势力，在朝野扶植亲信，任用亲族出任要职，排斥大院君势力。闵妃在与大院君争权的过程中，与亲日的开化派势力渐行渐远，偏向亲华，为了掌权，多次利用清朝势力扫除政敌。1895年10月8日乙未事变中，闵妃在汉城景福宫被日本浪人谋杀。这次事件由日本驻朝鲜公使三浦梧楼策划，并有部分朝鲜人协同参与。

疑令人沮丧。如今的冲突可能让这两者都化为乌有。日本公司缺乏在海外进行建设的资本和兴趣，这为俄国人和美国人留下了开发朝鲜的空间。

1896 年，伊藤内阁被迫辞职。朝鲜问题上的外交失败所引发的
52 民众不满上升到如此严重的程度，以致天皇颁布了一份帝国诏书，要求臣民保持克制。到 1895 年年末，东京当局已经开始建造四艘军舰，以为下一场战争做准备，为获得军火合同，美国造船与炼钢厂商也蜂拥而至。[43]

讽刺无处不在。美国国内处于动荡与经济危机中，且国务院奉行不干涉政策，但美国人仍在朝鲜、中国和日本市场获利。在 1895—1896 年的几个月时间内，美国的影响力突然浮现，这揭开了美国与亚洲关系史上的重要篇章。然而，即使受到三国干涉，日本还是成为真正的赢家。它获得了具有战略意义的台湾岛，但自古以来中国都宣称拥有此地。在国内官僚激烈争执后，吞并台湾的计划开始提上日程。日本海军相信，这一岛屿比中国东北更有价值，在山县的计划因受到欧洲人的压力而崩溃后，海军看法的重要性获得了提升。台湾被占领时期就此开始了。占领之初，日本就遭遇了顽强抵抗：土著台湾人迅速行动，但这一行动最终归于失败。[44]

在日本国内，战时开销与来自中国的赔款驱动经济进入了黄金时期。政府用赔款修建了八幡制铁所，它很快成为国家军火武器的来源地。八幡厂是利用西方技术以支撑经济和军事景气的众多工厂之一。即使是三国干涉“还辽”，看起来也只是减缓了日本人的步伐。1895 年 12 月《费城新闻》（*Philadelphia Press*）称，“美国人希望他们（指日本）能够成功。日本是东方真正的启明星。”美国医学协会（American Medical Association）在调查了日本高效的战地医院后宣称：“毫无疑问，日本人是优良的民族。”1896 年，一本受到广泛关注的书正式使用了最后这一溢美之辞：日本人是“东方的扬基人”。[45]

小泉八云（Lafcadio Hearn）的《日本文明的天赋》（*The Genius of Japanese Civilization*）一文中列举了这一系列变化，这篇文章首发于《大西洋月刊》（*Atlantic Monthly*），并在别处再次刊登。小泉出生于希腊，后移居美国，成为一名记者。在新奥尔良经历了苦难的酗酒岁月后，他于 1890 年前往日本。在那里，他像日本人那样生活，娶了一个日本妻子，取了日文名字，并成为向美国人介绍日本的最有名的翻译者。小泉在 1895 年年末写道："日本没有失去一条船，没有输掉一场战役，就摧毁了中国的力量，建立了一个新朝鲜，扩大了领土，改 53
变了整个东方的政治面貌。"这一切都令人震惊，但他认为同样令人震惊的是，即使日本人强有力地挥舞着"西方工业发明"之旗，在内心与情感方面，他们的变化却十分寥寥，他们仍然是日本人。他们的工人即使穿着仅值 75 分钱的衣服，拥有的财产少到"一块手帕就能将它们全部包起来"，也依然泰然处之。然而，这些民众已经受了 1000 年的"良好教化"。小泉警告道，美国人要求的太多："我们必须有肉……玻璃窗和炉火，帽子、白衬衫和羊毛内衣……（实际上）一个日本人不能缺少的东西才是真正不可或缺的。"小泉得出结论："这就是如今日本人拥有威胁西方制造业能力的原因。"[46]

四　夏威夷争端

小泉关于未来冲突的温和警告很快就成了现实，但并未以他预言的形式发生。事实上，美国人对日本态度的转变引人瞩目，而且具有预兆性。想一下夏威夷问题就能明白这一点。

第一群美国移民于 1820 年到达了夏威夷群岛。传教士和水手们因在此从事太平洋捕鲸活动而获利颇丰，并逐渐渗透到当地经济与政治中。肯纳卡人（土著夏威夷人）很快将美国人嘲讽地称为"教会党徒”。传教士们使用诡计买下当地人的土地，一位对此感到心神不安的美国领事将他们称为“吸血鬼”：“他们在这片丰饶的土地上如同领主一般生活，毒害着这些自然之子的思想，谎称他们将受到永恒的诅咒，除非他们如同传教士一样思考行事。”转折出现在 19 世纪六七十年代，鲸鱼数量下降而制糖业发展起来。1875—1876 年，美国与夏威夷签订了一项双边条约，这为夏威夷的蔗糖贸易打开了巨大的美国市场。经济繁荣正在重塑这些岛屿的社会。[47]

不断增长的蔗糖出口需要更多的廉价劳动力。中国人成为排在第一位的输入劳力，但种族矛盾也随之产生，当地人担心他们太容易放弃糖厂而在城镇里开设自己的商店。1868 年，在夏威夷人与日本政府签订了直接协议后，第一批日本劳工到达了。来自日本的移民本该就此中止，因为大多数贫穷的日本人并不愿意离开故土，但情况在 19
54 世纪 80 年代有了转变，松方的经济政策使日本经济陷入了衰退和动荡。为了寻找自己的“新边疆”，同时受到东京当局的鼓励（他们将夏威夷与朝鲜视为日本的新前哨地带），夏威夷的日本人数量从极少数增加到 1896 年的 24400 人。在 19 世纪 70 年代后，各自国内的经济形势驱使美国人和日本人来到夏威夷这个太平洋前沿地区。1886 年新签的双边条约增进了美国的利益，它包含了附加条款，使美国人能够开发珍珠河（Pearl River）上的潜在良港。如今，夏威夷群岛背后的利益牵涉范围已经远超蔗糖贸易。正如克利夫兰总统所说：“这些位于通往东方和大洋洲道路上的岛屿，实质上成为美国工商业的前哨站与不断增长的太平洋贸易的垫脚石。”[48]

群岛已经被整合进美国工商业的西进浪潮之中。正是上一波浪潮导致了佩里与日本人的交锋。1877 年后，新兴工业以及国内的混乱骚动引发了更加复杂而有力的新浪潮，在一场与日本的新交锋中到达了顶峰，但此次的日本已经今非昔比了。

到 19 世纪 90 年代，曾经参与引导向夏威夷移民的东京政府了解到，他们的人民正在遭受侮辱性的歧视，由于微薄的工资和恶劣的工作环境，他们正在发动罢工并遭到逮捕。1890—1893 年，对夏威夷的所有人来说，情况都进一步恶化了：1890 年美国的一项互惠协议允许古巴蔗糖以比夏威夷蔗糖更有利的价格进入美国。随着政治局势日益紧张，1893 年 2 月，白人种植园主群体发动政变，推翻了夏威夷利留卡拉尼女王（Queen Liliuokalani）。在这一关键时刻，狂热的兼并主义者、美国公使约翰·斯蒂文斯（John Stevens）派遣 150 名水手乘“波士顿”（Boston）号军舰登陆夏威夷以帮助政变者。新政府迅速与美国协商合并事宜。在中部太平洋上，美国经济力量已经发展到华盛顿仅仅依靠操纵关税税率就能引起一场革命的程度。[49]

1893 年 3 月就任的克利夫兰总统与格莱西姆国务卿接过了处理这一危机的重任。克利夫兰一度被本杰明·哈里森（Benjamin Harrison）挤下了总统之位，后者已经在 1893 年初做好了兼并夏威夷的准备，但克利夫兰与格莱西姆并没有做好如此准备。他们担心，美国宪法并不能延伸如此之远，以至于毫无阻碍地覆盖一个非盎格鲁-撒克逊区域，而且他们并不想获得一个殖民地，尤其是容易使人联想到共和党
炮舰外交的殖民地。况且，他们已经得偿所愿，且不必承受对夏威夷 55
进行日常统治的困扰：美国人建立了一个夏威夷白人政府，得以控制夏威夷经济，并在实际上拥有了群岛中最富潜力的港口的所有权。民主党的《纽约世界报》（*New York World*）对这一政策的把握十分准确：“在任何意义上，既无合并必要，也无合并意愿。”仅仅建立一种保护关系就足以确保“在夏威夷的我国公民的利益以及商贸的便利”。[50]

种族主义也在影响美国政策。所有帝国主义都包含某种程度的种族主义，但在美国型种族主义中，它分为两种观点：反帝国主义者认为加勒比或者中美洲不应被合并进来，因为美国在吸收棕色与黑色人种方面的问题已经够多了；但帝国主义者坚持合并夏威夷，以保护此处美国白人的利益，美国白人在数量上被夏威夷的主要人群碾压——

夏威夷人、中国人、日本人和葡萄牙人。夏威夷 109000 名总人口中，美国白人约有 7200 人。前任美国亚洲舰队司令官乔治·贝尔纳普（George Belknap）“坚信日本人急于扩大其利益，并为剩余人口寻找殖民地”。他引用了一位日本海军军官的话：“我们的目标是让日本成为太平洋上的英国。”新火奴鲁鲁政府发誓不会让此事发生。很明显，在整个夏威夷，只有一名日裔警察被允许投票。[51]

1897 年三四月，两个事件使日本与美国陷入直接冲突之中。首先，夏威夷白人政府遣返了两船日本移民，理由是他们在夏威夷法律管辖范围之外。东京政府强烈抗议如此待遇，于 4 月派遣一艘军舰去保护日本公民。夏威夷外交部部长反击称，该国有权阻止任何“在道德、公共卫生与经济利益方面对国家具有威胁的人”入境。政府很快意识到，如此言辞有些过激，于是试图通过将争端提交仲裁让东京冷静下来。于是第二个事件爆发了。新总统威廉·麦金莱（William McKinley）重拾其共和党前任于 1893 年留下的旧业，开始推动合并夏威夷。共和党人相信强力中央政府的力量，并不担心宪法的过分延展。而且，麦金莱与顾问们从不掩饰他们让美国取得世界市场霸权的野心。夏威夷是通往亚洲市场的关键。年轻的海军部助理部长西奥多·罗斯福（Theodore Roosevelt）领导下的美国官员细心地注意到，他正派遣一艘军舰确保这一关键地区处于美国掌控之中。[52]

麦金莱和罗斯福清楚地认识到，合并夏威夷将使美日冲突一触即
56 发。1897 年春，罗斯福匆忙派军舰前往夏威夷的同时，就日本舰队的实力向麦金莱发出了警告。1897 年 6 月 21 日，日本外务大臣告知美国人，合并夏威夷将扰乱“太平洋总体现状”，并“危及有关条约规定的日本在夏威夷的现实而重要的权利”。虽然他否认日本对这一群岛有任何“计划”，但也间接指责美国人传播了就日本意图的“恶意理解”。麦金莱断然否认了每一条指责。美军舰队进入了警戒状态，并接到命令，在日本人试图通过武力占领夏威夷时对其加以阻止。回

应行为还包括扩大海军已有的对夏威夷群岛的“保护权”。然而，麦金莱的合并条约被卷入了有关一份新关税法案的党派纷争之中。在1897年，这一条约未能获得通过所需的三分之二的赞成票。[53]

双方都深知，危机仅仅暂时平息，却从未停止。罗斯福告诉一位来自俄亥俄的听众：“美国应不应该取得什么领土，不需要听命于日本或任何外国势力。”在一场环绕华盛顿的例行马车旅行中，一向谨慎的麦金莱告诉罗斯福，其公开批评日本人的行为“实属英明”，罗斯福对此大为惊讶。[54]

罗斯福如今敦促政府再建造六艘军舰，部分原因是美国太平洋舰队将因此“保持对日本舰队的持续优势”。他从美国最受尊敬的海军战略家阿尔弗雷德·塞耶·马汉（Alfred Thayer Mahan）那里获得了强有力的公开支持。1895年6月，马汉公开评论道，日本“作为一个野心勃勃的强国”而突然出现在国际舞台，在深深震惊世界的同时，也值得引起足够的重视，因为夏威夷“很大程度上被日本人和中国人占有了”。在1897年5月1日给好友罗斯福的一封私人信件中，马汉的态度变得更为明确：日本海军直接威胁到夏威夷；美国在太平洋的未来利益将面临比在大西洋更大的威胁。更重要的是，日本与美国的激烈冲突符合俄国人的利益（马汉对后者既充满忧虑又满怀轻视）。因此马汉精明地对罗斯福指点道：“不要惹是生非；但涉及夏威夷问题，必须首先占领群岛，然后再解决其他”——特指政治与宪法方面的问题。罗斯福告诉新成立的美国海军战争学院（U.S. Naval War College），它应该研究一个具体的战争问题：“日本对夏威夷群岛提出要求”，美国若以武力回应，将引发与西属古巴关系的“并发症”。[55]

1897年12月22日，日本突然撤回了对美国可能进行的合并行为 57
的抗议，但要求群岛上日本公民的权利得到保护。两周后，国务院对日方表示赞赏，但对日本人的权利不发一词。夏威夷冲突爆发的威胁逐渐减弱了，但这一冲突背后的根源却留存甚久，那就是两国关于太平洋控制权与日本公民待遇的矛盾。东京为何退让了？因为一场新的危机悄然而至。麦金莱也不好过，面临三个危机：两个近在咫尺，一个恰恰爆发于日本。

五　加入帝国主义俱乐部："精彩而微小之战"与黯然失色之战

麦金莱面临的第一个危机来自美国工业集团。美国商品产量的迅速增长导致了一场通货紧缩型的经济萧条，并在1893—1896年见底。到1897年初，麦金莱与几乎算是高龄的国务卿、来自俄亥俄的约翰·谢尔曼（John Sherman）就职时，经济似乎正在复苏。不过考虑到之前25年间经济的"炼狱处境"，没什么人对这一复苏抱有信心。麦金莱迅速行动以保护国内市场，同时以大棒加胡萝卜的手段在1897年的《丁利关税法案》（Dingley Tariff Act）[1]中迫使他国接受美国出口品。

日本便是美国的目标之一。1894—1895年，观察家们警告称，一场来自日本的入侵即将到来，而入侵的"士兵"正是从日本工厂中涌出的丝织品、亚麻制品与廉价纺织品。一位来自新泽西的丝织商人帕特森（Paterson）说道："必须对这些进口商品迅速加征高额关税，只有这样才能将低估值的日本商品阻挡于国门之外。"[56]

然而，仅仅阻止廉价日本商品的进入并不足以解决长达25年的衰退。真正的解决方案在1897年突然出现：在阿拉斯加和南非发现了

---

〔1〕《丁利关税法案》：由美国缅因州众议员小纳尔逊·丁利（Nelson Dingley，Jr.）提出，在威廉·麦金莱执政的第一年生效。1896年大选后，麦金莱兑现了保护主义的承诺，国会对1872年以来免税的羊毛和兽皮征收关税，毛织品、亚麻制品、丝绸、瓷器和食糖的税率都有所提高（税率翻了一番）。丁利关税持续了12年，成为美国历史上实行时间最长的关税，直到1909年的《佩恩-奥尔德里奇关税法》（Payne-Aldrich Tariff Act）颁布后才废止。

金矿（如此一来，美国国内的流通货币量将开始增长）；出口也开始增长，尤其是第二次工业革命的主要产品——钢铁和机车。

经济复苏使得麦金莱能够腾出手来集中解决面临的第二个危机——一场在古巴爆发的革命。革命的根源要追溯到 1868 年，古巴人起来反抗腐败、衰败又虐奴的西班牙殖民政权，到 1878 年这场动乱才最终被平息。1894 年，仅仅是一次针对古巴蔗糖出口的美国关税税率调整，就使古巴经济下滑，失业率上升，并于 1895 年再次爆发革命—— 58
这一次，革命获得了美国公民以私人形式提供的直接支持与经济资助。随着革命形势的发展，价值 5000 万美元的美国资产面临着风险。1898 年初，当西班牙政府显然无法维持哈瓦那的秩序时，麦金莱派出了“缅因”（Maine）号军舰将之停泊于古巴首都。2 月，一场神秘的爆炸事件炸毁了军舰，导致 250 名美国海军士兵身亡。麦金莱的反应十分谨慎。当时并不清楚这场悲剧是否由西班牙政府一手策划（之后的调查表明，或许并非如此），美军也并没有做好战争准备。但在确定战争花费并不会让国家重回衰退后，总统按照自己的步伐，一步步走到了决战的最后关头。[57]

到 1898 年初，麦金莱遇到了第三个难题，难题的另一方又是日本。1897 年，两名德国传教士在中国遇害，作为赔偿，德国人要求获得中国的主要港口之一胶州湾，此地位于战略意义重大的山东半岛，日本对之觊觎已久。德国人如愿获得了胶州港以及价值重大的铁路与矿业利权。德皇因而开启了一场帝国主义列强争相瓜分衰落的中华帝国的狂潮。俄国巩固了在关外的地位，并试图扩大在朝鲜的影响。再度掌权的伊藤与其他日本领导人（尤其是军方高层）相比更加亲俄，但他访问圣彼得堡的请求被断然拒绝了。于是，伊藤加入了这场瓜分竞赛，并要求将福建省（直接面向台湾）划入势力范围，同时也要求获得修建铁路的特权。法国继续蚕食中国的西南边境。于是主要的问题产生了：一直以来控制了 70% 对华贸易，倾向于保持中国市场的完整性，使其免遭竞争对手分割与殖民侵略的世界头号列强大英帝国，将对此做出怎样的回应？[58]

在保持中国不被分割的问题上，英国拥有一个潜在的盟友——美国。1898 年 1 月至 3 月，他们向麦金莱寻求合作。美国人如今意识到他们在亚洲发展中拥有重大利益。众多报纸杂志媒体都在鼓吹美国工业品向中国出口的极端重要性。这一观点强调，在某种意义上，整个工业品输出都完全依赖中国市场，例如位于科尔多瓦、阿拉巴马的拥有 25000 个纺锤的大型纺织厂。然而在传教利益面前，这些经济需求也只能退居其次。传教士声称，“如同古代以色列人那样，如今上帝将我们置于万国中心”并负有让亚洲“觉醒”的责任，如此一来亚洲便可“与美国携手，将太平洋打造为世界贸易的通衢大道”。然而没
59 有引起注意的是，即使没有传教士相助，日本也已成为美国人获利较多的市场。美国对日出口贸易额高达 2000 万美元，是对华出口的两倍多。每个日本人每年平均购买了价值 9.6 美元的美国商品，而每个中国人每年仅购买了 9 美分的美国商品。然而，就美国产品而言，中国潜在的市场份额远高于日本，而且中国无疑对传教活动更为开放，尽管这并非其本愿。[59]

对这一切，麦金莱心知肚明。1897 年间，他领导下的政府着力让中国内地向美国商人与传教士开放。在这位总统眼中，孰敌孰友格外分明，作为他的喉舌，影响力巨大的《纽约论坛报》(*New York Tribune*)于 1898 年 3 月中旬如此说道：“在俄国秩序与日本秩序之间，无论选择多少次，文明世界的大多数都会选择后者。斯拉夫-鞑靼-哥萨克秩序意味着专政、愚昧和复古。日本秩序则意味着自由、启蒙与进步。”不仅如此，美国官员相信，陷入完全孤立的处境已迫使日本放弃门户开放政策而加入到殖民竞赛之中，如果美国和英国提供帮助，日本人将会重新打开大门。然而，考虑到古巴危机，麦金莱并不能加入日本与英国的联盟，至少现在不行。3 月中旬，华盛顿告

诉伦敦，古巴没有平静下来前，自己不能与之合作。4 月，正如麦金莱担心的那样，英国强占了威海卫港，以作为对德国和俄国行动的回应。[60]

4 月末，麦金莱与美国国会决定对西班牙宣战。总统发动了闪电攻势用以解决家门口和太平洋上的危机。从一开始，他就将西班牙在西南太平洋上的殖民地菲律宾作为目标。在马车旅途期间，他与年轻的罗斯福充分讨论了夺取菲律宾的可能性。1898 年 2 月 25 日，被授予海军部全权的罗斯福显得极度活跃，他命令美国军舰开始备战。第二天，震惊于此的总统取消了罗斯福发出的大多数命令，但不包括对驻香港的美军太平洋舰队司令官乔治・杜威（George Dewey）授予上将的命令。麦金莱的决定并不意外。发送给杜威的计划是经过美国海军参谋人员的仔细讨论而制订的，并得到总统的批准。对西战争使这些计划派上了用场。古巴战争获得了美国人民的广泛支持。亨利・亚当斯（Henry Adams）以极富批判性的口吻说道："波士顿人至少获得了一个展现其爱国情感的机会。"1898 年 5 月 1 日，杜威的舰队不费吹灰之力、毫无闪失地摧毁了位于马尼拉湾的破旧的西班牙小舰队，当美国知晓此消息时，这一情感到达了顶峰。[61] 60

在尚未获得杜威的正式报告前，急切的麦金莱就已经派遣 1.2 万名士兵占领了马尼拉。总统还迅速着手合并夏威夷。他告诉自己的私人助理："我们十分需要夏威夷，并且要达成一个比合并加州更有利的结果。""这就是天定命运。"参议院的反对派怒斥道，菲律宾与"亚洲部分地区"将是下一个目标："夏威夷计划只是一个楔子，它将楔开通往帝国之路。"这一批评恰如其分，但麦金莱明显比他们技高一筹，他绕开参议院，转而寻求通过合并夏威夷的联合决议案——这一程序 61
仅需要获得两院简单多数通过即可生效。于是，夏威夷在 1898 年 6 月被正式合并。[62]

8 月，西班牙宣布投降。9 月，麦金莱提名约翰・海（John Hay）

为国务卿。刚从伦敦的驻英大使任上归来的海对重新打开中国大门的方法了然于胸。海曾担任亚伯拉罕·林肯的私人秘书，后来又成为富裕的工业家，他对美国外交政策的政治与经济意义十分敏感。最终，1898 年秋末，麦金莱授意在巴黎的美国和谈使团，不仅要求西班牙在古巴和波多黎各投降，还要求其在整个菲律宾投降。这场“精彩而微小之战”的结果是，美国控制了战略意义重大的菲律宾，它“是太平洋的前哨，监视着中国和朝鲜、法属印度支那、马来半岛以及印尼群岛的贸易入口”，纽约的银行大亨、麦金莱的财政部助理部长弗兰克·范德里普（Frank Vanderlip）如是说道。[63]

但还有一个问题。麦金莱试图将美国的势力范围正式延伸到数千公里海域之外，并控制数百万的非白人民众，这一做法引发了抗议风暴。总统试图使和约获得参议院批准，但其努力看起来收效甚微，直到 1899 年 2 月 4 日白宫打电话向他告知，菲律宾民族主义者打响了对美军的第一枪。即使这引发了新一轮的爱国浪潮，但和约在几天后的参议院会议中也仅勉强获得了通过所需的 2/3 赞成票。麦金莱突然意识到，自己深陷于一场不断扩大的战争，这场战争持续了三年多，带走了数千美国人和数十万菲律宾人的生命，并且美军一直在非人的环境里强忍着作战。

美国在亚洲的政策如今依赖于在马尼拉的海军基地以及与日本、英国的正式同盟，这是仅有的两个对门户开放政策感兴趣的列强。或许正如马汉所描述的，正在进行的全球霸权争夺是以英国、日本、美国为代表的海权与以俄国、德国、法国为代表的陆权之间的竞争。对美国人来说，这是善良的商人与邪恶的殖民者之间的竞赛。[64]

美国政策的推行，需要日本表现出愿意合作的态度。在 1898 年战争期间，日本人正全神贯注地注意着德国与俄国在中国东北的动向，但同时也试图与华盛顿保持良好关系。日本最杰出的外交官之一——小村寿太郎大使，得益于 19 世纪 70 年代在哈佛法学院的三年学习和

在纽约法律事务所实习期间建立的人脉友谊，其在美国的工作开展得 62
如鱼得水。当时，小村的一位美国老师聊了很多对小村以及美国人对日本人的看法：这位外交官是“新日本的典型产物”。这位老师高兴地说，多亏了佩里，日本人现在成了一个“焕发新生的民族”。积极参与并推动1894年日本对华战争的小村对亚洲事务了如指掌。在华盛顿，他试图保护日本人在夏威夷和加州的权利，但最终无功而返。小村还试图保护日本人在夏威夷的贸易权利，但美国官员决定，门户开放将不再适用于刚被合并的夏威夷群岛。[65]

然而，小村的主要任务是在麦金莱吞并菲律宾所引发的冲突中火上浇油。当1898年战争爆发时，日本宣布中立（这是1853年后日本首次做出这种表态）。然而，东京逐渐倾向于支持美国，尤其是在5月突然传来消息称，杜威舰队在马尼拉湾将与德国而非西班牙舰队交战时，这种支持表现得更为明显。德皇对于菲律宾群岛早有图谋，考虑到三国干涉还辽时遭受的屈辱，以及德皇试图攫取中国东北港口的行径，德国与俄国一样，成为日本最不希望看到的占有菲律宾的国家。在夏季的关键时刻，为表示友谊，一艘日本军舰驶向了杜威舰队。这一行为在美国国内赢得了众多喝彩。然而，当麦金莱在1898年夏对于是否吞并菲律宾迟疑不定时，日本开始行动了。毕竟，菲律宾群岛中的部分岛屿与日本在中国台湾的新前哨地带的距离，要比古巴与美国的距离更近。1898年9月，东京不仅要求麦金莱考虑其“当下的关切点”，还温和地表示愿意参与美国在菲律宾实施的任何计划。总统以同样的善意对此予以回绝。考虑到另一个选择是德国，日本只能表示接受。而且，在中国台湾，日本人的全部精力都用在了安抚土著民。当菲律宾人于1899年年初开始以武力反抗美军时，尽管反抗者恳求东京提供帮助，但日本对于抗击新的殖民者毫无作为。[66]

六 美日一度是朋友

无论美国还是日本，在1873年后的25年里都因经历经济和社会危机而伤痕累累。这25年还因两国进入帝国主义核心阵营而得
63 以凸显。美国杰出的政治幽默作家芬利·彼得·邓恩（Finley Peter Dunne），借笔下的爱尔兰智者“杜利先生”（Mr. Dooley）之口如此评价佩里准将1853年的功绩：“麻烦在于，英勇的准将叩开大门后，我们没进去，他们却走出来了。”日本人出于不安全感，尤其是对日本海附近区域的不安全感，以及国家为实现经济自给自足所采取的政策而选择“走出来”——这些政策是针对日本私人企业对诸如中国台湾与朝鲜半岛这样的关键地区兴趣寥寥这一状况出台的。[67]

与此同时，美国人受到了第二次工业革命（1873年后，它同时带来了数量惊人的商品与工人运动）以及种族主义（合理化了美国在夏威夷、菲律宾以及中国的行径）的驱动。在双方复杂关系期，日本人与美国人出于开放中国、与英国交涉、监视并阻碍德国与俄国殖民主义、处理夏威夷与菲律宾问题等方面的共同利益走到了一起。华盛顿与东京的官员相处融洽，这既是出于对这些共同利益的考量，也是因为冲突若隐若现之时，日本总会退让。

到1900年，双方的共同兴趣已经超越了帝国主义共同目标。内战后，尤其在充斥着衰退景象的19世纪90年代，美国人极其热衷于体育——橄榄球、篮球（发明于1891年）以及棒球比赛。历史学家将这一热情背后的原因归结为：迅速发展的城市化（创造出了相当庞大的参与者与观众群体）、新交通系统以及将经济社会中遭遇的挫折发泄到体育中以排解情绪。1877年，横滨、神户、东京和长崎的一份最受欢迎运动的调查清单中，就有赛马、板球、帆船、赛艇和田径。仅仅8年前，棒球运动才在美国实现职业化。此时却已经广为人知了。横滨板球运动俱乐部凭借一份完全由英文姓名组成的阵容名单，成为

日本早期的棒球重地。1873 年，霍拉斯·威尔逊（Horace Wilson）在东京大学校园内介绍了这种运动。曾在波士顿求学的平冈凞是红袜队（Red Sox）的铁杆球迷，1878 年，他在新桥铁路员工中组建了第一支正式的日本棒球队。到 19 世纪 90 年代，东京的学生们开始挑战横滨俱乐部的地位。美国人起初高傲地加以拒绝，但最终也同意参与比赛——并被学生们以 29 比 4、32 比 9 和 22 比 6 的结果狠狠羞辱。美国人直到从到访的美军军舰上找来替身代打，才最终取胜。如同在美国那样，棒球俘获并迷住了整个日本。[68]

然而，两国民众拥有共同的爱好并成为帝国主义俱乐部的同伴， 64
并不意味着他们的思维也相同。1896 年，小泉八云开展了一项关于美国和日本摄影艺术的研究，并评论道："从形式与颜色运用上，日本艺术反映了对变化中的自然法则的认知，以及社会秩序与自我表现所造就的和谐生命意识。"但西方艺术"反映了对愉悦的渴望"以及"在竞争中取胜所必需的令人嫌恶的品质"。在一些西方读者眼里，小泉已经"成了日本人"。[69]

即便如此，他的观点仍不失为真知灼见。当日本积极拥抱 19 世纪晚期的资本主义与帝国主义时，这个岛国与俱乐部的其他西方成员之间依然存在深刻的差异。在之后 7 年内，这些差异将导致东京与华盛顿的官员们开始谋划美日间的战争。

注释

1. Robert Smith, *Japanese Society*（Cambridge, UK, 1983）, pp. 4, 108.
2. 此处的观点是，工业发展与其引发的社会混乱导致日本和美国从 19 世纪 90 年代起走向了帝国主义。已经存在的共识是，美日都走向了帝国主义，尤其是 1882 年后。日本方面的情况参见 Bonnie B. Oh in Harry Wray and Hilary Conroy, eds., *Japan Examined*（Honolulu, 1983）, pp. 122-123，其中作者写道："帝国主义在此处被定义为：通过经济征服和文化渗透实现对外族的控制与领土的不断扩展。”美国方面的情况参见 Thomas Schoonover, *Dollars Over Dominion*（Baton Rouge, LA, 1978）, pp. xiii–xiv.

3. Alfred D. Chandler, Jr., with the assistance of Takashi Hikino, *Scale and Scope*（Cambridge, MA, 1990）, 特别是第62—63页；Stuart Bruchey, *Enterprise*（Cambridge, MA, 1990）, pp. 337–349，尽管其对外交政策的处理很值得商榷。此处讨论了格莱西姆及其他一些官员，更多官员对此的评价，参见 Walter LaFeber, *The New Empire*（Ithaca, NY, 1963）, pp. 136–149, 197–283, 376–406; "Olney on the Labor Revolution," June 20, 1894, Olney Papers; Samuel Gompers, *Seventy Years*, 2 vols.（London, 1925）, II, 3.

4. C. R Sansom, *The Western World and Japan*（New York, 1950）, p. 317. 关于这一政策与其结果，可参见 Michael A. Barnhart, *Japan and the World Since 1868*（London, 1995）, pp. 9–10.

5. Kazushi Ohkawa and Henry Rosovsky, "A Century of Japanese Economic Growth," in William W. Lockwood, ed., *The State and Economic Enterprise in Japan*（Princeton, 1969）, pp. 53–64; Michael A. Barnhart, *Japan Prepares for Total War*（Ithaca, NY, 1987）, p. 22.

6. Aruga Tadashi, "Editor's Introduction: Japanese Interpretations of the American Revolution," *JJAS*, 2（1985）: 16–17; Smith, *Japanese Society*, p. 114; Akira Iriye, "Japan's Drive to Great Power Status," in Marius B. Jansen, ed.. *The Cambridge History of Japan*. Vol. 5. *The Nineteenth Century*（Cambridge, UK, 1989）, pp. 729, 731.

7. W G. Beasley, "Foreign Threats," in Jansen, ed.. *The Nineteenth Century*, p. 300; Smith, *Japanese Society*, p. 108.

8. Fukuzawa Yukichi, *Fukuzawa Yukichi's An Outline of a Theory of Civilization*, translated by David A. Dilworth and G. Cameron Hurst（Tokyo, 1973）, 尤其是第20—22页关于中日文化差异、第42—43页关于早期美国与日本的论述；Yukichi Fukuzawa, *The Autobiography of Yukichi Fukuzawa*, revised and translated by Eiichi Kiyooka（New York, 1966）, pp. 214–216; Aruga, "Editor's Introduction," pp. 11–13; Shumpei Okamoto, *The Japanese Oligarchy and the Russo-Japanese War*（New York, 1970）, p. 47；对福泽的修正与批判来自 Earl H. Kinmonth, "Fukuzawa Reconsidered: *Gakumon no susume* and Its Audience," *JAS*, 37（August 1978）: 特别

是第 677—684 页、第 695—696 页。

9. *New York Times*, Oct. 17, 1871, in *NYT-GCI*, p. 7; *New York Times*, Dec. 15, 1871, 同上, p. 8; Sansom, *Western World and Japan*, pp. 385-386.

10. Marlene J. Mayo, "Western Education of Kume Kunitake, 1871-76," *Monumenta Nipponica. Studies in Japanese Culture*, 28 (Spring 1973): 3-67; Ian Nish, *Japanese Foreign Policy*, 1869-1942 (London, 1977), pp. 10-12, 18, 20.

11. "Tomomi Iwakura... Introduction by George Akita," in U.S. Capitol Historical Society, *Foreign Visitors to Congress: Speeches and History*, 2 vols. (Milwood, NY, 1989), I, 15, 17.

12. Mayo, "Western Education of Kume," pp. 19-23.

13. 同上, pp. 27-28; Aruga, "Editor's Introduction," pp. 19-20.

14. Mayo, "Western Education of Kume," pp. 41-61.

15. Nish, *Japanese Foreign Policy*, p. 21; Chitoshi Yanaga, "The First Japanese Embassy to the United States," *PHR*, 9 (June 1940): 138.

16. Smith, *Japanese Society*, pp. 24-25; T. J. Pempel, *Policy and Politics in Japan* (Philadelphia, 1982), p. 33; Nish, *Japanese Foreign Policy*, pp. 28-29.

17. Tyler Dennett, *Americans in Eastern Asia* (New York, 1922), pp. 512-520; Nish, *Japanese Foreign Policy*, pp. 30-31.

18. Smith, *Japanese Society*, pp. 30-31.

19. Brainerd Dyer, *The Public Career of William M. Evarts* (Berkeley, 1933), pp. 235-236.

20. Emily Rosenberg, *Spreading the American Dream* (New York, 1982), p. 19; Robert W. Rydell, *All the World's a Fair* (Chicago, 1985), pp. 29-30.

21. Hilary Conroy, *The Japanese Seizure of Korea: 1868-1910* (Philadelphia, 1960), pp. 28-36, 47-48; Iriye, "Japan's Drive," pp. 739-740, 745.

22. Conroy, *Japanese Seizure*, pp. 18-19, 51.

23. 同上, pp. 36-38, 55-58; Jonathan Spence, *The Search for Modern China* (New York, 1990), p. 220.

24. Iriye, "Japan's Drive," p. 746; Conroy, *Japanese Seizure*, pp. 52-53.

25. C. I. Eugene Kim and Han-Kyo Kim, *Korea and the Politics of Imperialism*, 1876-1910 (Berkeley, 1967), pp. 21-29; Fred Harvey Harrington, "An American View

of Korean–American Relations, 1882–1905," in Yur–Bok Lee and Wayne Patterson, eds., *One Hundred Years of Korean-American Relations* (University, AL, 1986), pp. 48–49. Frederick C. Drake, *The Empire of the Seas* (Honolulu, 1984) 是薛斐尔的经典传记，强调了他对亚洲与其他海外市场的热情。

26. Payson J. Treat, *Diplomatic Relations Between the United States and Japan*, *1853–1895*, 2vols. (Stanford, 1932), II, 特别是第 155—159 页。

27. Ohkawa and Rosovsky, "A Century," pp. 65–66.

28. 同上, p. 55; Peter Duus, *Economic Aspects of Meiji Imperialism* (Berlin, 1980), pp. 10–12; William W. Lockwood, *The Economic Development of Japan* (Princeton, 1954), pp. 14, 27; W B. Beasley, *The Rise of Modern Japan* (New York, 1990), p. 110.

29. Theda Skocpol, *States and Social Revolution* (Cambridge, UK, 1979), pp. 103–104.

30. Oka Yoshitake, *Five Political Leaders of Modern Japan*, translated by Andrew Fraser and Patricia Murray (Tokyo, 1986), pp. 3–6.

31. 同上, pp. 6–9, 21, 23, 36–37, 39.

32. Peter J. Katzenstein and Nobuo Okawara, *Japan's National Security* (Ithaca, NY, 1993), pp. 11–12, 16–17; W.G. Beasley, *Japanese Imperialism*, *1894–1945* (New York, 1991), pp.34–37; Roger F. Hackett, *Yamagata Aritomo in the Rise of Modern Japan*, *1838–1922* (Cambridge, MA, 1971), chapters 1–3.

33. Harrington, "An American View," pp. 46–67.

34. Yur–Bok Lee, "Korean–American Diplomatic Relations, 1882–1905," in Lee and Patterson, eds.. *One Hundred Years of Korean-American Relations*, pp. 12–45; Harrington, "An American View," pp. 60–61; Fred Harvey Harrington, *God, Mammon and the Japanese* (Madison, WI, 1944), pp. 1–17, 52–53, 134–135; Iriye, "Japan's Drive," p. 751; Nish, *Japanese Foreign Policy*, p. 34; Charles C. Tansill, *The Foreign Policy of Thomas F. Bayard*, 1885–1897 (New York, 1940), pp. 417–449.

35. Barnhart, *Japan and the World*, pp. 13–14, 特别是法律和教育意义; Charles W Calhoun, *Gilded Age* Cato (Lexington, KY, 1988), pp. 180–181; Nish, *Japanese Foreign Policy*, pp. 26–27.

36. Conroy, *Japanese Seizure*, pp. 208–212, 218–222; Marius Jansen, "Japanese

Imperialism: Late Meiji Perspectives," in Ramon Myers and Mark Peattie, eds., *The Japanese Colonial Empire* (Princeton, 1984), pp. 61–79; Jeffrey M. Dorwart, *The Pigtail War* (Amherst, MA, 1975), P.23.

37. Nish, *Japanese Foreign Policy*, pp. 34–37; Beasley, *Japanese Imperialism*, pp. 31–32; Dorwart, *Pigtail War*, p. 32.

38. Dorwart, *Pigtail War*, pp. 11–12, 20--21; Pauncefote to McKinley, July 10, 1894, Confidential, FO5/2234, PRO; Lee, "Korean–American," p. 43; Jack Hammersmith, "The Sino–Japanese War, 1894–95: American Predictions Reassessed," *Asian Forum*, 4 (January–March 1972): 48–54.

39. Rydell, *All the World's a Fair*, pp. 48–49, 50–51; Dorwart, *Pigtail War*, pp. 96, 108–110; *Commercial and Financial Chronicle*, Aug. 18, 1894, 256–257; Thomas McCormick, *China Market* (Chicago, 1967), pp. 49–50; Calhoun, *Gilded Age Cato*, pp. 173–175; Akira Iriye, *From Nationalism to Internationalism* (London, 1977), p. 125.

40. Dun to Gresham, March 4, 1895, Dispatches, Japan, NA, RG 59; Beasley, *Japanese Imperialism*, pp. 61–62.

41. Dun to Gresham, May 2, 1895, Dispatches, Japan, NA, RG 59; Hugh Seton–Watson, *The Russian Empire, 1801–1917* (Oxford, 1967), pp. 582–583.

42. Harrington, "An American View," pp. 66–67; Harrington, *God, Mammon*, chapter 9.

43. Dun to Olney, Nov. 23, 1895, Dispatches, Japan, NA, RG 59; Alfred Vagts, *Deutschland und die Vereinigten Staaten in der Weltpolitik*, 2 vols. (New York, 1935), II, 960–961; Duus, "Economic Aspects," pp. 5–6; Beasley, *Japanese Imperialism*, pp. 51–52, 59–60, 74; Nish, *Japanese Foreign Policy*, pp. 41–42.

44. Edward I–Te Chen, "Japan's Decision to Annex Taiwan: A Study of Ito–Mutsu Diplomacy, 1894–95, " *JAS*, 37 (November 1977): 61–72.

45. Shumpei Okamoto, *The Japanese Oligarchy and the Russo-Japanese War* (New York, 1970), pp. 49–50; Philadelphia *Press*, Dec. 12, 1905, p. 6; Lockwood, *Economic Development*, p.19; Dorwart, *Pigtail War*, p. 113. 另见 William Elroy Curtis, *The Yankees of the East: Sketches of Modern Japan*, 2 vols. (New York, 1896) .

46. *Public Opinion*, Nov. 14, 1895, pp. 627–628; Jonathan Cott, *Wandering Ghost: The Odyssey of Lafcadio Hearn* (New York, 1991), pp. xiii–xiv.

47. William A. Russ, Jr., *The Hawaiian Revolution* (*1893–1894*) (Selinsgrove, PA, 1959), pp.30–32; Tansill, *Thomas F. Bayard*, p. 361.

48. Gary Okihiro, *Cane Fires* (Philadelphia, 1991); pp. 25–57; 克利夫兰的引语，见 LaFeber, *New Empire*, p. 54.

49. Okihiro, *Cane Fires*, 特别是第 42 页; Wiltse to Tracy, Jan. 18, 1893, Naval Records, Area 9 file, box 19, National Archives.

50. Homer E. Socolofsky and Allen B. Spetter, *The Presidency of Benjamin Harrison* (Lawrence, KA, 1987), pp. 200–206; Okihiro, *Cane Fires*, p. 57;《纽约世界报》的引语，见 *Public Opinion*, Feb. 11, 1893, pp. 439–441, Feb. 4, 1893, pp. 415–417.

51. Russ, *Hawaiian Revolution*, pp. 34–35; Belknap to Herbert, March 17, 1893, Naval Records, Area 9 file, box 9, National Archives; Hilary Conroy, *Japanese Expansion into Hawaii*, *1868–1898* (San Francisco, 1973), pp. 140, 146.

52. Conroy, *Japanese Expansion into Hawaii*, pp. 179–180; Sylvester K. Stevens, *American Expansion in Hawaii*, *1842–1898* (Harrisburg, PA, 1945), pp. 282–284; LaFeber, *New Empire*, pp. 329–332.

53. Theodore Roosevelt, *Letters of Theodore Roosevelt*, ed. Elting E. Morison, 6 vols. (Cambridge, MA, 1951), I, 601; Dun to Sherman, June 21, 1897, Dispatches, Japan, NA, RG59; Long to Commanding Officer, USS *Oregon*, Naval Records, Confidential Correspondence, vol. 2, National Archives; State Department to Sewall, July 10, 1897, Naval Records, Area 9 file, box 30, July 1–15 folder. National Archives; McNair to Long, Aug. 3, 1897, Naval Records, Area 10 file, box 15, August folder, for the attack on U.S. sailors, National Archives.

54. Nathan Miller, *Theodore Roosevelt*, *A Life* (New York, 1992), pp. 257–259.

55. Mahan to Roosevelt, May 1, 1897, Roosevelt to Goodrich, May 28, 1897, Roosevelt Papers; Roosevelt, *Letters*, I, 695; Alfred T Mahan, *The Interest of America in Sea Power* (Boston, 1897), p. 162.

56. 关于日本对美国的“入侵”，参见 Diary–Memoranda, May 1894, Moore Papers; J. M. Devine to Wharton Barker, Dec. 16, 1895, box 14, Barker Papers; Statement of Phoenix Silk Manufacturing Company in U.S. Congress, House, *House Report* 2263, 54th Cong., 1st Sess. (Washington, DC, 1896), p. 368.

57. 关于 1896—1898 年相关情况的更详细论述可参见 Walter LaFeber, *The American Search for Opportunity*, *1865–1913*, in Warren Cohen, ed. *The Cambridge History of American Foreign Relations*(New York, 1993), pp. 126–145.

58. Nish, *Japanese Foreign Policy*, pp. 51–52; Charles S. Campbell, Jr., *Anglo-American Understanding*, *1898–1903*(Baltimore, 1957), pp. 17–18.

59. *Chattanooga Tradesman*, Dec. 15, 1897, p. 59; McCormick, *China Market*, pp. 75–76; Robert Beisner, *From the Old Diplomacy to the New*, *1865–1900*(Arlington Heights, IL, 1986), p. 84; Julius W. Pratt, *Expansionists of 1898*(Baltimore, 1936), 第 281 页有传教士的引语; Dennett, *Americans*, pp. 580–581; William Neumann, "Determinism, Destiny, and Myth in the American Image of China," in George L. Anderson, ed., *Issues and Conflicts*(Lawrence, KA, 1959), 第 10 页有贸易数据。

60. McCormick, *China Market*, pp. 153–154; *New York Tribune*, March 18, 1898, p. 6; Pauncefote to Salisbury, March 17, 1898, FO 5/2361, PRO.

61. Roosevelt to Dewey, Feb. 25, 1898, Naval Records, Ciphers Sent, no. 1, 1888–98, National Archives; Joseph Fry, "Imperialism, American Style, 1890–1916," in Gordon Martel, ed., *American Foreign Relations Reconsidered*(London, 1994), p. 60; Ernest Samuels, *Henry Adams*(New York, 1989), p. 323; McCormick, *China Market*, pp. 164–165.

62. Cortelyou diary, June 8, 1898, container 59, Cortelyou Papers; Pratt, *Expansionists of 1898*, pp. 323–325.

63. Emily Rosenberg, *Spreading*, p. 43; Campbell, *Anglo-American*, p. 162; Mahan to Col. John Sterling, Dec. 23, 1898, Mahan Papers; McCormick, *China Market*, pp. 186–187.

64. 关于马汉海权与陆权的竞争，比较有用的资料有: Alfred Thayer Mahan, *The Influence of Sea Power Upon History*, *1660–1783*(Boston, 1890), pp. 324, 416; Mahan, *Interest of America*, pp. 220–222; Vagts, *Deutschland*, II, 608–615, 961–968.

65. William Elliot Griffis in *New York Times*, July 30, 1905, p. 8; Gaimushu, *Komura*, 特别是第 4、第 5 章。

66. Adee to McKinley, Sept. 28, 1898, with enclosure, container 57, Cortelyou Papers;

James K. Eyre, Jr., "Japan and the American Acquisition of the Philippines," *PHR*, 11 (March 1942): 55–71.

67. Barbara Schaaf, ed., *Finley Peter Dunne: Mr. Dooley, Wise and Funny* (New York, 1988), p. 217.

68. *The China and Japan Sporting Register* (Shanghai, 1877); Allen Guttmann, *Games and Empires* (New York, 1994), pp. 75–77.

69. *Public Opinion*, Aug. 20, 1896, p. 245; Sept. 24, 1896, pp. 405–406.

第三章　转折（1900—1912 年） 65

1900—1912 年，短短 12 年中，美国与日本从朋友变成了敌人。这一历史性转向的原因是甚嚣尘上的种族主义与超越帝国主义之上的更微妙的两国差异。1900 年，两国士兵还在北京充满血腥与弹坑的街道上并肩作战。然而，到 1912 年，日本却“封闭”了朝鲜与中国东北的大部分地区，愤怒的华盛顿官员发誓要撬开这些关上的门，双方开始将彼此视为一场即将发生的战争中的潜在敌人。并且，中国这一重要舞台，首次分裂而非巩固了美国与日本的关系。

一　列强与义和团

在对虚弱的西班牙帝国的闪电战中，美国人强大起来，他们的使命感也因此越发高涨。如今，他们拥有夏威夷和菲律宾的基地，这些足以实现其在亚洲的“天定命运”。美国的最终落脚点是觊觎已久的中国市场。他们找到的最亲密盟友是日本和英国，后两者都公开支持门户开放政策而非德国、俄国与法国奉行的殖民政策。然而，英国正受一些美国评论家的质疑。首先，英国极为重视印度这颗大英帝国皇 66

冠上的明珠，为了保住它甘愿在中国问题上与对手讨价还价。另外，英国似乎是一个正在衰落的世界强国。1899—1900 年，英国在南非布尔人手中遭遇的失败震惊了华盛顿与东京的亲英官员们。亨利·亚当斯在 1898 年战争后调侃道："美国这只牛犊如今已经长得足够大，以至于不能再通过吮吸英国奶牛的干瘪乳头获取更多营养了。"然而，日本人对英国的看法与美国并不同。[1]

美国在华利益正在不断增长。20 世纪前 10 年，美国派出了约 3800 名新教传教士在全世界传播福音，其中 3100 名都在中国。大多数传教士组织都曾支持对天主教西班牙的战争，如今他们希望得到回报的果实。无派别的基督教及传教士联盟（Christian and Missionary Alliance）在 1898 年 4 月鼓吹道："上帝正在打开禁闭已久的门。"

贸易似乎紧随美国传教士的步伐进入了中国，而非像日本和一些欧洲帝国那样跟随国旗进入。然而，美国对华出口仍然仅占总出口的约 1%（1899 年 12 亿的出口额中仅占 1400 万），但观察者们强调这一贸易有三个特点。首先，中国似乎十分渴求迅速发展的美国工业产品。美国对华出口中，90% 是工业品，这在诸如西欧或日本的工业化市场是达不到的。第二，如果能摆脱欧洲殖民主义的魔掌，拥有 4 亿人口的中国具有在新世纪成为世界上最大市场的潜力。美国制造品的出口在 1890—1895 年间令人震惊地翻了 4 倍。第三，一些美国工业完全依赖中国市场。一位南卡罗来纳的纺织厂主告诉国务卿约翰·海，只要中国保持开放，或者纺织工厂能够挺过美国市场的恶性竞争，"你就能立刻看到对华贸易的重要性，这就是一切"。投资者也被卷了进来。铁路大亨詹姆斯·J. 希尔（James J. Hill）计划让他的北方铁路系统成为通往东方市场的漏斗。克利夫兰总统惊讶地发现，希尔对日本和中国的了解比他之前见过的所有人都多。这并不奇怪。克利夫兰得知，希尔"在派遣骨干前往日本和中国研究其需求上，投入的比政府还多"。[2]

67 1899—1900 年，列强侵入了衰落的清王朝首都北京。美国的流行商业期刊开始畅想中国的未来。质疑者尽管不多，但都是高层人士。1899年，前财政部官员沃辛顿·C. 福特（Worthington C. Ford）质疑道，中国市场永远不会达到太大规模，因为不仅是人口，购买力也同样重要。福特还提出了一个十分不祥的观点：如果中国确实实现了发展，其廉价劳动力就会使西方工厂破产。不过，大多数观察者还是同意布鲁克斯·亚当斯（Brooks Adams）的观点，他是约翰·昆西·亚当斯（John Quincy Adams）的孙子、亨利性格古怪的兄弟、政界新锐西奥多·罗斯福的密友。布鲁克斯相信他发现了一个历史“法则”。他认为，哪个国家控制了货币兑换的中心，也就控制了世界霸权。在 1898 年战争后一篇广为流传的文章中，他警告道，谁控制了中国市场，谁就控制了货币交换。战争将在“海洋民族和非海洋民族”间打响（美、日、英与俄、德、法）。美国必须拥有中国市场，“否则将有窒息之险”。[3]

虽然措辞温和，但日本人与美国人所见略同。1898—1900 年，三任内阁相继上台，并随着中国深陷排外革命而相继垮台。即使受人崇敬的将军山县有朋领导的内阁，也难以保持决断力与持续性。1900 年末，伊藤博文重新掌权。这一次他领导了一个政党——政友会，它为日本政治增添了崭新的、不可预测的特质。伊藤的“发明”激怒了山县与其他人（尤其是军方人士），他们认为如此重要的国家福祉不能掌握在如此怪异的政治派系手中。然而，在一个核心外交问题上，所有曾经上台的政客都达成了共识：日本应将重心置于经济回报丰厚的中国，还是战略安全价值更高的朝鲜？ 1898—1901 年，他们的选择是中国。[4]

这一选择出于诸多原因。像美国一样，日本在中国市场发现了商机。从 20 世纪开始，日本从一个相对落后的农业社会转变为一个迅速工业化的社会。对外关系的影响变得举足轻重：对外贸易占国民生产总值的比例翻了一倍，达到了 23%，虽然在 19 世纪 80 年代大部分对外贸易都是与西方人进行的，但到了 1900 年，对亚洲贸易的比重

上升到了日本对外贸易的一半。与对西方贸易不同，在亚洲，日本正
68 在成为工业化中心，成为亚洲系统中的利润中心。仅在1895—1900年间，日本的对华出口，尤其是棉纱出口，增长额就超过了3倍。日本的资本盈余仍然较少，但生产盈余却不断增长，与部分美国工业相同，这依赖于保持中国市场对所有国家平等开放。1901年，小村寿太郎从华盛顿和圣彼得堡的任上归来，担任日本外务大臣，他提出，政府必须努力保护并支持日本人参与对华贸易。这引出了中国比朝鲜优先的另一个理由：日本缺乏开发朝鲜的资本。而且，由于担心任何跨日本海的进一步行动都会疏远英国并激怒俄国，东京政府明智地选择在中国与列强们合作。山县与其他人一直都主张，总有一天要解决俄国问题，但考虑到在中国面临的危机，现在并非解决这一问题的最佳时刻。伊藤一直主张要奉承而非嘲笑俄国。另一方面，鉴于三国干涉还辽的前车之鉴，应当谨慎处理朝鲜问题。[5]

因此，当1899—1900年的义和团运动让中国首都陷入瘫痪并杀害外国传教士与外交官时，美国与日本拥有了部分共同利益。19世纪60年代后，排外运动在遭受列强侵略的中国迅速扩大，拳民（更准确地说是义和拳拳民）正是从排外运动中发展而来的。传教士与外国控制之下的铁路修建计划，尤其成了拳民的眼中钉。运动还直接针对在外国压力下不断妥协的濒临崩溃的清政府。1897—1898年列强对中国领土的瓜分是最后的导火索。大部分由农民组成并包括武装女性群体的拳民向北京进发，沿路杀害了许多基督教传教士与教民。[6]

义和团运动让美日在中国业已面临的危机进一步复杂化了。1899年4月，英国与俄国获得了铁路垄断权。俄国威胁要对在其华北铁路上运输的非俄国货物加以区别对待。驻北京的美国使馆向海警告称“中国局势正变得越来越关键”。来自美国出口商的恐慌消息已经传递给了麦金莱当局，国务卿必须采取行动。海坚定地相信，市场力量能够创造出一个幸福社会，它掌握在类似他本人的优秀贵族群体手中。

无论是对新工会还是对试图控制市场的毫无责任感的富人，他都深恶痛绝，因而他将中国视为最终的试验场。作为政治家、作家、工业家 69
和外交家，他的成功为他在贵族同伴中赢得了一些仰慕者。1899 年，西奥多·罗斯福在给这位好友的信中就写道："作为写作者和实干家，你过着多么有意义的生活啊！不仅如此，你还是雕梁画栋的建造者，强壮儿子与美丽女儿的好父亲。"[7]

1899 年 9 月 6 日—11 月 21 日，海向列强们发出了足以使他留名美国史的号召——"关于对华贸易门户开放政策的通牒"（a Declaration for an Open-Door Policy with Respect to Trade with China）。国务卿要求，在各列强的在华势力范围内，"保证平等对待美国和其他国家的贸易与航海权利"。日本政府对于第一份门户开放通牒表示欢迎。东京内阁评论称："少数列强在华的权利垄断应该被废除，应该保证中国的领土完整。"但内阁谨慎地补充道，只有在其他列强都同意遵守的情况下日本才会接受海的条款。这样的"同意"当然不太可能出现。英国之前曾请求与美国在对华事务上合作，但如今它开始厌恶海的"独行侠作风"，以及这暗含着对英国在华铁路垄断地位的威胁。即便如此，1900 年 4 月，兴趣寥寥的英、德、俄、法、意等国还是在提出各种前提条件后，与日本一同接受了海的方案。[8]

同时，中国部分地区开始爆发战火。1900 年 5 月，美国公使爱德温·康格（Edwin Conger）在给华盛顿的信中写道："拳民在不断增加。改信卫理公会的九个人被杀害了……这场运动已经发展为公开的叛乱……许多（中国）士兵临阵倒戈。"1900 年 6 月到 8 月初，拳民包围了北京的外国使馆区并杀死了德国公使和其他外国人。列强最终决定对华派兵。正处于连任竞选中的威廉·麦金莱总统通过在马尼拉新获得的基地向北京派遣了 2500 名士兵。这一行为开创了一个重要的宪法先例，因为麦金莱未经国会批准就调动军队与军舰，其目的也不仅仅是保护美国公民，还包括惩罚一个外国政府。随着满人也开始加入拳民，义和团声势壮大，作为对美国派出军队的回应，中国政府对美宣战，美国无视宣战声明，不屑对此做出回应。[9]

即使拳民在北京杀害了一位日本高官后，东京的最初反应也比麦金莱更为谨慎。在内阁做出回应前，英国3次要求日本派军相助。内阁最终派遣了数量比其他列强多的军队（22000人），1900年8月14
70 日的最终战斗中，日军发挥的作用是所有外国军队中最大的。战斗中，有76名外国人丧生，180人受伤。日本成了英雄。1900年下半年，副总统候选人西奥多·罗斯福私下里高兴地说：“这些小小的日本人真是英勇！”“我们的驻华军队在信中极不情愿地写道，他们认为，日本人在联军中的表现冠绝三军。”然而，罗斯福还补充道：“美国、德国和英国军队是仅有的没有对妇女和儿童实施残忍和放荡暴行的军队。”虽然“他们的长官在制止暴行上花费的精力”比其他国家更多，但日本人依然“残忍而无情”。罗斯福对俄国人的厌恶也溢于言表：他们“与其说是残酷不如说是残忍，他们的表现与其说是魔鬼，不如说是大型的畜生”。[10]

美国官员对于俄国的过分关注越来越使他们劳心劳神。当数千名沙皇军队于1900年7月前往北京时，华盛顿和东京正围绕“一旦拳民被镇压后，如何使俄军退出中国边境”的问题展开激烈争论。1900年7月3日，海发出了第二份门户开放通牒。这一次，他呼吁列强看管并维护“中国的领土与行政机构”完整——换句话说，俄国不能借机侵占部分关外地区。出乎海意料的是，包括俄国在内的所有列强都同意这一点。当然，同意不代表一定遵守。俄国官员分裂为战与和两大派系，双方分歧甚深。因而俄国人在派出军队前一直犹豫不决。罗斯福的密友、来自马萨诸塞的参议员亨利·卡波特·洛奇（Henry Cabot Lodge）告诉国务院亚洲事务专家威廉·W. 洛克希尔（William W. Rockhill），“对我而言，此事（指中国危机）中最有意义的一点是能对俄国加以阻碍”。然而，到8月末，俄军拒绝撤出中国东北。当麦金莱进入到与民主党候选人、来自内布拉斯加的威廉·詹宁斯·布莱恩（William Jennings Bryan）对决连任竞选的最后一周时，局势已经变得危急不定。[11]

150 年来，美国人对门户开放政策的信仰，与他们对体育的热爱一样坚定，正如海曾经定义的那样，它指的是给予所有贸易者平等而无特权的对待。然而，东京对此的回应却忽冷忽热。这种差异解释了 1905 年后双方产生的敌意，也解释了为何两国在 20 世纪 60 年代后会产生激烈的分歧。但在 1900 年充满压力的几个月里，麦金莱从未放弃这一神圣原则。

理由包括国内与国外两方面。在国内，布莱恩与民主党人批评总 72
统用军队维持中国开放的举措。民主党人警告道，如果美国商人与投资者前往中国，中国的廉价劳动力意味着它“能够成为填满整个美国市场的巨型工厂”，同时美国资本将雇佣中国工人而非“美国工人”。“热爱‘门户开放’的美国人将目睹西方文明的崩溃。”布莱恩将帝国主义作为竞选的中心议题。安德鲁·卡内基的数百万资助支持着他猛烈攻击麦金莱的政策。芬利·彼得·邓恩笔下的“杜利先生”也在读者甚广的幽默专栏上讽刺式地支持布莱恩：“我们是西方文明的先锋军……我们要给你们（中国）建造铁路，这样你们就能飞快地到达你们不想到的地方……一个没有铁路的国家真是一坨狗屎！”[12]

在中国，俄国与英国正谋划瓜分这一垂死帝国最好的区域。麦金莱也在考虑割走中国具有战略意义的一小块地方，以保护不断增长的美国利益。但在罗得岛新港的病床上，海最终说服总统悬崖勒马。国务卿告诉麦金莱，美国只能通过合作，尤其是与英日合作，着眼于中国全局，维持门户开放政策，除此之外别无选择。相信美国利益仅仅通过“道德”力量或者美国军队就能得到保护，无异于“痴人说梦”。同时，意大利提出了一个让各方不失脸面的妥协方案，其让在北京的对手们冷静了下来，并为沙皇提供了一个撤出关外的借口。麦金莱坚持了门户开放原则，度过了危机。布莱恩搞砸了竞选，而共和党人则在竞争中资金充裕，最终麦金莱以一场酣畅大胜成功连任。[13]

然而最终，殖民地与门户开放政策，海全都想要。在提出门户开放方案的同时，国务卿就毫不窘迫地探听了日本的态度，以了解其是否反对美国租借福建省三沙湾。日本一直试图获得在福建的利权，特别是因为福建直面海峡对面的台湾岛。意料之中的是，海的设想在东京吃了闭门羹。冷淡的日本官员以其人之道还治其人之身，以美国的门户开放政策正告美国人，这样的租借是被禁止的。海做出让步，转而更加努力地排挤俄国，以维持一个破碎而领土完整的中国。在 1901 年的《辛丑条约》中，10 个西方列强与日本一起迫使中国支付 4.5 亿两白银的赔款，并接受外国军队在北京外国人居住区与全国其他战略
73 据点永久驻扎。美国试图削减赔款数额，在它看来，如此巨大的数额将使中国面临沉重的财政压力，从而受制于希望资助中国的列强们。最后，美国获得的赔款份额大部分被用在促进中国留美学生的教育上。考虑到日本庞大的军事开支，它从协议中得到的好处相对较少。为支付赔款，中国会发行公债，与以往一样，缺乏资本的日本无法与其他列强一道为此融资，以从中获得丰厚的利润。但无论如何，他们赞同了这一协议，以显示与其他帝国主义列强的合作态度。[14]

事实上，伊藤似乎对展示这一态度近乎发狂。1901 年，首相告诉比利时大使：“有这样一种说法，日本人和中国人是另一个种族，黄种人总有聚集并联合起来对抗白种人的趋势。”麦金莱却说，“这完全脱离事实，十分荒谬”。日本人希望“在中国建立一个进步政府，但要与欧洲国家合作……我们的在华利益与两个阵营的列强相同。我们所有的努力都是为了发展我们的贸易与工业，在我们门口的巨大中国市场必须对我们敞开”。然而，1901 年 9 月，麦金莱总统在纽约州布法罗（Buffalo）被刺客枪杀。1909 年，一名朝鲜爱国者在哈尔滨刺杀了伊藤。到 1909 年时，他们的继任者几乎已经不再提及美日合作了。[15]

二　山县、罗斯福与日俄战争

庚子国变（中国后来将此称为“八国联军侵华”）严重削弱了中华帝国。在它的废墟上，充斥着中国民族主义与列强之间的交锋。有可能降临到一个国家头上的最坏命运恰恰落在了中国头上：前途完全未卜。一些敏锐的日本官员相信，未来的结果是中国“政府实现完全的转变”。西方观察者更朦胧地看到了中国局势走向激进的趋势。和日本人一样，西方人更在意的是维持在中国市场的外国利益。因而在面对 1949 年之前的中国时，列强面临一个麻烦的窘境：他们希望对一个能够让步的中国政府予取予求，但同时希望避免它因为让步而成为人民排外情绪的发泄口。西方与日本试图找到两全其美的解决方案： 74
中国既要足够软弱到被外国人掌控，又要足够强硬到抵抗其人民的要求。[16]

美国与日本以不同的方式应对这一窘境，而且主张门户开放的理由各不相同。美国人想要的是市场，日本人想要的是市场与安全；美国人更在意在亚洲进行开放的经济竞争，日本人更在意俄国军事力量。美国官员发现，19 世纪 90 年代恐慌中最严重的国内动荡期已过，他们希望通过经济扩张让此类动荡永远停留在过去。日本官员担心的是，如果不做出改变，日本将面临最严重的公共抗议。日本人必须打开大陆市场，控制、开发注视已久的朝鲜，并将拒绝遵守 1901 年协议撤出中国东北的俄军赶回去。事实上，在日本发现的一份秘密协议中，中国和俄国达成了一致，如果俄军离开北京，中国会帮助俄国在东北修建铁路，与跨西伯利亚的大铁路系统相连接。在中国的帮助下，俄国几乎正站在日本的卧榻之侧。

在国内未卜的局势中，日本官员讨论了这一日趋严重的危险。从 1868 年开始，明治天皇就接受着一批被称为“元老”的老政治家的指导。到 1904 年，来自萨摩和长州这两个倒幕运动领导藩的在世元老，其平均年龄达到了66岁。1901年，尽管一位元老登上了首相之位，但他仍未能解决政治危机。元老之一伊藤被迫下台，另一位元老山县，也是伊藤多年的政治竞争对手，最终设法将其年轻的追随者桂太郎送上了日本政治的最高位。这一代际转变威胁到了日本政治的稳定，伊藤试图以立宪政友会为阵地予以回击。这一政党几乎没有获得公众支持。与扎根基层的美国政党大相径庭，政友会由精英官僚组成并为之服务。但也有一些精英厌恶这样的政党。1903年，山县通过一次巧妙的运作使伊藤升迁到枢密院任职，这一职位迫使伊藤切断与党派的联系，政友会因而陷入了群龙无首的境地。[17]

在这一过渡时期，山县还推动加强军方势力。1900年，首相订立了仅有高级现役军官才能担任陆海军大臣的原则。他摆脱了文官对军
75 方的监视，并给予了军方对日本政治的事实否决权。山县进一步通过隔绝文官政治家对官僚机构的影响来限制他们。开始于19世纪80年代的文职考试创造了一个强大的精英官僚群体。这些精英跃过了所谓的龙门进入政府，将自己视为“天皇的仆人”。到1900年，最优秀的日本人希望从事的不是法律或商业，而是在政府任职，这与美国的情形有着天壤之别。作为官僚，他们享有巨大的声望、权力与超越大多数政客的地位。1900—1904年间，山县的举措对之后半个世纪日本的政治发展产生了重要影响。[18]

更为直接的是，山县通过帮助桂太郎在1901—1906年间留任首相使这些政策延续了下来。出身于长州一个武士家庭的桂太郎详细学习了新式德国军制，并于1894—1895年在山县手下大放异彩。尽管1898年被授予子爵与将军的称号，然而1901年桂太郎仍被视为一个临时首相。当小村寿太郎出乎意料地迅速接受了外相任命后，这一观点陡然发生转变。作为外交政策领域冉冉升起的新星，刚从华盛顿与北京归来、曾在哈佛接受教育的小村，正走在可能成为20世纪最伟大日本外交家的路上。[19]

小村与美国保持着密切联系，并对英国传统保持着极大尊敬。当1911年以57岁之龄去世时，摆在他桌上的两本书是《坦尼森》(*Tennyson*)与《牛津诗选》(*Oxford Book of English Verse*)。然而，他毕竟是一个日本民族主义者与扩张主义者。小村认为日本需要中国东北，这既是为了限制俄国势力，也是为了开发市场。他还认为门户开放政策并非解决方案。日本太弱小了，不足以参与竞争："我们的商业资本还没有达到足够的发展水平，以与其他国家在这样的新特权下平等竞争。"门户开放原则对于美国和英国是上策，相比日本，它们的工业化享受了先发优势并可以获得丰富的原材料。门户开放并不合适日本。小村的看法标志着日本外交政策的历史性转变：从愿意与美国合作而遵从海的原则，到意识到使用这一原则远超出了日本的能力。这一观点还受到小村对新工业革命认知的影响。[20]

1901—1904年初，一场大规模斗争在伊藤派系与桂-小村政府之间爆发了。伊藤畏惧与俄国开战，并谴责政府对英国和美国的依赖。 76
因此他建议"以朝鲜换满洲"——即日本获得在朝鲜的行动自由，作为交换，承认俄国在中国东北的行动自由。另一方面，小村的政策旨在同时在朝鲜与中国东北获得势力范围。他认为与俄国的交锋是不可避免的。伊藤提出任何与沙皇的交易都仅仅是"治标之法"。为了扫清道路，建立必要的势力阵营，小村希望与英国达成正式同盟，并与美国达成非正式谅解。他了解美国对正式同盟的厌恶。在1778—1800年与法国的灾难性联盟后，美国人摆脱了与海外的联结纽带，因而可以自由追求自己的利益。这样的"独行侠风格"就是他们"孤立主义"的真实含义。1904年初，一位美国记者向小村提问，是否能够达成美日之间的协议，从而"让菲律宾成为花园，日本成为工厂，中国成为市场，美国成为银行家"？他回答称，日本对加强自身制造业做好了充足准备。接着又补充道，日本人十分需要菲律宾的产品，尤其是烟草和糖。作为礼节，外务大臣没有提及这样完善的一体化行动将会以日本的方式而非以“银行家”的方式展开。[21]

1902 年 1 月 30 日，小村的积极举措在这天大获成功，英国与日本签订了盟约，此举震惊了国际社会。条约承认了日本在朝鲜的特殊利益，并写明任何其他列强攻击签约国中的一方时，另一方要加以援助。小村一举就使朝鲜处于日本的支配之中。他还防止了再次出现任何类似三国干涉还辽的行为来掠夺日本获得的果实，并开始为世界上最强大的海军与日军舰队一起在西太平洋的行动制定战略计划。对英国人来说，他们阻止了潜在的日德协议。他们如今让俄国在东北亚陷入了与日本的对抗中，从而无暇在阿富汗施压并威胁印度。[22]

震惊的俄国人开始妥协，并于1902年从关外撤出一些军队。然而，到 1903 年，撤军停止了。日本与英国秘密怂恿中国官员向俄国人施加更多压力。“盎格鲁－日本同盟”的非正式成员美国也在催促中国，但后者反而对此予以回避。国务卿的首席亚洲事务专家威廉·洛克希尔说道：“我们帮了中国佬大忙，但他们却不承认这一点。他们认为可以按自己的想法随意对待我们，这是行不通的。”毕竟，“他们唯一需
77 要担心的列强就是俄国”。[23]

同时，桂－小村政府也在加紧备战。为了在内阁达成一致，小村与圣彼得堡接洽，希望达成一份协议。52 天过去了，俄国仍然没有回应。直到 1903 年 10 月俄国公布了回应后，日本高层终于认清了现实：沙皇要求在中国东北获得完全的行动自由，同时限制日本在朝鲜的行动。这使伊藤与（相对）亲俄派系都失去了耐心。站在桂太郎背后的山县终于获得了掌控朝鲜并驱逐俄国势力的机会，自 19 世纪 70 年代以来，他一直将此作为奋斗目标。如今他领导着一支强大的军队。1890—1919 年，这支军队消耗了日本 30%~50% 的国家年度预算（约占全国收入的 10%~20%）。“富国强兵”的政策几乎得到所有官员的一致推崇。

商界的反应却没那么一致。如同 1898 年战争前的美国商人一样，

许多日本人担心战争会动摇业已处于衰退的经济。也有其他人，尤其是棉纺织业者，希望得到中国东北的市场，并乐见为此与俄开战。与1898 年年初的美国更像的是，1904 年年初，一家报纸最后得出结论："永无尽头的、不稳定的和平要比……一场暂时的战争糟糕得多。"另一方面，日本人的表现也与美国人很相似：尽管围绕新达尔文主义与社会达尔文主义观念的意义还存在分歧，但许多扩张论者已经开始用这些观点来证明日本的优越性。1868 年以来，自力更生的日本已经表明自己是一个"适者"，与其他列强站在进化阶梯的同样位置。在未来，从事进一步的扩张（尤其是针对不幸的中国）是任何有识之士都能预见到的。[24]

1904 年年初，日本正处于战争的风暴之中。美国公使劳埃德·格里斯科姆（Lloyd Griscom）向华盛顿汇报称，"日本正处在高度兴奋之中"，如果战争不爆发，"各行各业的每一个日本人都将失望透顶。民众处在巨大的张力之下，如今的情况不可能持续很久"。日本的一首战歌唱道：大英帝国，"狮子，狮子，百兽之王"，如今"支持着我们，美国同情着我们，让我们为文明而战"。歌词说得很对：小村谨慎地向罗斯福总统与海国务卿传达了与俄国的对话。他知道，美国将秘密地全力支持日本。即便如此，1904 年 2 月 4 日，帝国议会决定开战前也并非毫无忧虑。军方认为只有 55% 的几率可以击败俄国；海军预计将 78
损失半数的舰队。为了避免这样的灾难，政府实施了一次突袭，摧毁了停泊在旅顺港的部分俄国军舰，并在沙皇收到宣战通告前就派军登陆朝鲜。美国与英国赞赏了这一高明之举。美国公使霍拉斯·艾伦告诉华盛顿，"既然这些民众（指朝鲜人）不能管理自己"，像日本人这样的"文明民族"应当"为了这些民众的利益以及出于建立秩序、发展商业的需要来控制这些善良的亚洲人"。当然，艾伦确信，日本将使朝鲜对所有"商业发展敞开大门"。[25]

同时，日本派遣金子坚太郎——罗斯福在哈佛时的一位老朋友前往华盛顿，与总统商议如何结束战争。历史学家冈本俊平（Shumpei Okamoto）评论道，日本官员“从战争开始就在思考终战事宜”。罗斯福与大多数美国人完全同情日本的处境。1904 年，美国为纪念“路易斯安那购地”100 周年，于圣路易斯举办了世博会，一位记者写道，日本人不再被视为“制作玩具和小玩意儿的半开化的古怪民族”，而是“世界一流强国”。另一个作家以达尔文主义的口吻解释道，日本人对俄国迅速而辉煌的胜利被人类学家理解为“混血”的结果。像盎格鲁-撒克逊人一样，日本人是亚洲“混血最严重”的民族（这位作家也承认人类学家对日本人知之甚少）。在 1905 年波特兰博览会上，一位记者幻想了“日俄战争后，约占全世界一半人口的亚洲人的觉醒”所可能带来的利润。“太平洋变成美国内海的时刻的到来，要比塞沃德预言愿景所展现的早得多。”这样的乐观主义建立的前提是：胜利的日本将向美国开放亚洲市场。[26]

并非所有人都相信日本人。到 1906 年，美国投资者在俄国投入了 5500 万美元。不少人通过参与修建跨西伯利亚铁路和其他铁路网而大发其财。包括内战英雄与铁路企业家詹姆斯·哈里森·威尔逊（James Harrison Wilson）与纽约检察官约翰·J. 麦考克（John J. McCook）在内的共和党实力派人物，都试图劝说麦金莱和罗斯福，俄国是比日本价值更大、威胁更小的合作者，但两位总统谁都没有动摇。来自印第安纳的共和党参议员、扩张主义者阿尔伯特·J. 贝弗里
79 奇（Albert J. Beveridge）警告称，如果日本与英国控制了东亚，美国商品将被排挤在外。这位印第安纳参议员强调，只有俄国市场以及与俄国的合作，才能让美国的干涉有利可图。罗斯福的密友亨利·亚当斯的态度则更有先见之明，1904 年，日俄战争爆发时他私下里写道：“所有人都是反俄派，痴迷于此并为此兴奋，反俄情绪到了一个十分危险的程度。相对而言，我是传闻中仅有的亲俄派，因为我没那么狂热，并担心俄国正滑入另一场可能颠覆整个欧洲与我国的‘法国大革

命’中。一场俄国的灾难将摧毁整个文明世界。”

亚当斯看到了被其他人所忽略的有关这一时代的一个基本事实。相比迅速实现工业化的美国与西欧，日本与俄国社会都落后而脆弱。考虑到这两个社会的极度不稳定性，任何打击都可能引发一系列国际灾难。美国人在商业成功与国内分歧的驱使下对外扩张，而日本和俄国在生产落后与国内分歧的驱使下对外扩张。亚当斯的选择并不仅仅是对俄亲善。他希望退出对亚洲市场的追求。亚当斯建议针对价廉的亚洲商品，建立环绕美国的关税壁垒，亚洲人可以自己解决自己的问题，而美国人至少能够在好几代人中保持自己的制度。[27]

热情洋溢的白宫主人对他朋友的悲观论调不屑一顾。罗斯福仔细研究了美国在亚洲的命运。他还接受了布鲁克斯·亚当斯和阿尔弗雷德·塞耶·马汉关于开发和保护亚洲市场的教导，必要时不惜为此动用武力。罗斯福相信，他领导下的国家正在进入一个太平洋世纪，而日本人正在替美国对俄开战。

虽然是坚定的种族主义者（当他尤其想贬低某人时，他会称之为“中国佬”），并相信人种是历史的决定因素，但西奥多·罗斯福并不十分相信达尔文主义。总统回忆了社会达尔文主义可能同时被积极的反帝人士〔如威廉·格雷厄姆·萨姆纳（William Graham Sumner）〕与帝国主义者拥护的事实。他更倾向于拉马克学说，后者认为优越的种族能够改善低劣者的品质。在美国（以及日本）流传的社会达尔文主义内涵十分复杂，不能为帝国主义或反帝国主义提供简明的解释。
当然，罗斯福认为“日本人是与我们完全不同的种族……而俄国人与
我们同属一个人种”并不重要。他早先就注意到，俄国对未来美国“构 80
成了远超德国的威胁”，“俄国人与美国人……毫无相似之处”。后来，
罗斯福甚至吹嘘到，在1904年他就警告法国和德国不要妨碍日本，
但这一自夸毫无证据。[28]

同时，罗斯福深知，自己正在与炸药包打交道。正如他在一封信

中写到的："如果日本人最终胜出，不仅是斯拉夫人，我们所有人都不得不和一个在东亚产生的新兴强国打交道。而且，如果日本正式开始重组中国并不断前进，这将牵涉白种人的均势中心的实际转变。"在1904年夏的另一封信中，他写道，午饭时他告诉老朋友金子男爵，日本"可能自鸣得意而走上傲慢与扩张之路"，这将是"非常不愉快的经历"。罗斯福向金子明确地提出建议，日本应当遵循"亚洲的门罗主义"——教化与命令，而非征服这一地区（20世纪30年代，这些所谓的罗斯福主义论调被帝国主义日本重新复活了）。总统还告诉金子，美国从日本身上学习到了"如何处理大城市中的苦恼"，但日本"应当从我们身上学到对待女人的合适方式"。金子对此表示同意。总之，1904年6月，在给好友英国大使塞西尔·斯普林·赖斯（Cecil Spring Rice）的信中，总统写道，如果"日本人胜出，这可能意味着将来他们与我们之间会爆发冲突，但我希望并非如此，也不相信这一事态会发生"。[29]

如何避免"冲突"，在下一个总统任期内依然困扰着罗斯福，除了退出亚洲将之留给日本，他没有找到其他答案。既不想让"卑劣"的俄国获胜，也不想让"自鸣得意"的日本获胜，西奥多·罗斯福希望"这两个国家能斗得两败俱伤"。因而和平条约"既不会带来黄祸，也不会带来斯拉夫灾难"。这一希望无疑是镜花水月。训练有素的日本前线部队击败了准备不足的俄国后备军，于1905年年初在旅顺和奉天赢得了艰苦卓绝的胜利。奉天战役中，日本伤亡至少41000人，俄国伤亡近60000人。然而，俄国的资源似乎是无限的，日本则不然。山县警告称："敌人仍然在国内拥有强大的军队，我们却已经弹尽粮绝了。"[30]

一些美国人站了出来，帮助日本补充战争资源。他们的领导者是位于纽约的犹太投资银行领袖们，后者或见证或个人亲历了俄国人施
81 以犹太人的暴行——尤其是在19世纪80年代初与1903年的基什尼

奥夫大屠杀（Kishinev Massacre）[1]中。这次大屠杀引发了犹太人向美国的移民潮，以及美国国会采取包括经济打击在内的反俄措施。重视犹太友谊与其政治支持的罗斯福谴责了沙俄的残暴，尽管更多是以私人身份而非公开声明。

1904 年 4 月，拮据的日本国家财政在伦敦和纽约进行大规模借贷的举动以失败告终，之后，库恩-勒布投资银行（Kuhn，Loeb investment bank）的负责人雅各布·希夫（Jacob Schiff）接手了这项工作。他与好友、来自欧洲著名银行家族的罗斯柴尔德勋爵一起在伦敦和巴黎阻碍俄国获得贷款。随后，希夫帮助日本成功地在纽约发行了第一支外国债券。希夫总共帮助日本向美国出售了 4 支债券，总价值约 3.5 亿美元，大约占日本全部军费的一半。在第三次借款中，库恩-勒布银行出售了 9500 万美元的日本战争公债，在仅仅几个小时内就收到了 5 亿美元的认购申请。这些贷款标志着华尔街首次成为一支影响国际外交的力量。一位记者注意到，“从来没有哪次争端，在美国并非主动参与下，能像这次一样，全国上下对日本形成完全一致的观点并爆发出如此强烈的同情心”。[31]

虽然希夫做出了卓绝的努力，但到 1905 年 4 月，日本官员还是发现自己深陷困境。一方面，桂太郎与小村将最初的战争目标从朝鲜扩大到了中国东北，小村尤其推动了这一点。他们兴奋而自负，不仅希望消除俄国对中国东北的威胁，还希望用日本霸权来取代它。他们相信自己能够在不损害美国在中国东北的巨大经济利益的前提下完成这一目标。1904—1905 年，小村再次向罗斯福保证，日本仅仅想击败

〔1〕基什尼奥夫大屠杀：1903 年 4 月发生在俄国基什尼奥夫的迫害犹太人事件。其直接动因是近邻杜波萨尔（Dubossary）的血祭诽谤，煽动者是反犹报纸《比萨拉比人》（*The Bessarabian*）的编辑 P. 克鲁舍凡（P. Krushevan，他在该报上发表了恶毒的反犹文章）和宪兵军官列文达尔。在反犹暴行中，犹太人有 49 人死亡、586 人受伤、1500 多间房屋和店铺被捣毁，欧美社会舆论深为震惊。

俄国，在其他方面将接受亚洲现状（俄国人告诉美国总统，一旦日本获得朝鲜，菲律宾就是下一个目标，但小村坚决否认）。对于这个日本人期待其促成己方胜利的人，小村并未坦诚相告。日本政府正在泥潭中越陷越深。随着胜利的扩大，日本人不得不继续忍受糟糕的经济与社会压力（遑论81000人的死亡），他们开始期待从战争中大捞一笔。也就是说，他们希望从沙皇手中获得大规模的赔款与领土。但桂太郎和小村显然更了解现实情况。日本官员意识到，他们如今面对的是3倍于日军兵力的俄军，而且，沙皇正在利用跨西伯利亚铁路以每天14班列车的效率将50万部队从欧洲运送过来。[32]

82 早在1905年3月8日，日本就秘密请求罗斯福利用其地位进行斡旋以结束战争。然而，沙皇并不愿意和谈。虽然1月在圣彼得堡发生了“血色星期天”事件[1]（这一暴动为俄国革命做了准备），但沙皇仍在等待波罗的海舰队加入战斗。在8个月的时间内，这一舰队航行了18000海里，从波罗的海出发绕过欧洲和非洲，穿过印度洋，于5月27—28日在日本海与日本海军遭遇。结果日本人大获全胜，此举震惊了全世界。罗斯福认为“即使特拉法尔加海战（Battle of Trafalgar）[2]也不能与之媲美。我简直不敢相信……我如此兴奋，以

---

〔1〕“血色星期天”事件：1905年1月22日，在乔治·加邦（George Gapon）神甫的领导下，3万多名俄国工人聚集在圣彼得堡冬宫广场上，向沙皇尼古拉斯二世呈递一份有关改革社会与政治制度的请愿书，要求选举民意代表、实行农业改革、减轻农民沉重的负担，以及实行宗教自由等。请愿遭到沙俄政府的血腥镇压，军队以武力驱散工人，造成1000多人伤亡。这一天被称为圣彼得堡的“血色星期天”。

〔2〕特拉法尔加海战是英国海军史上的一次最大胜利。1805年10月21日，英法舰队在西班牙特拉法尔加外海相遇，由于英军指挥、战术及训练皆胜一筹，法兰西－西班牙联合舰队遭受毁灭性打击，主帅维尔纳夫（Pierre de Villeneuve）与18艘战舰当场被俘。此役之后，法国海军精锐尽丧，从此一蹶不振，拿破仑被迫放弃进攻英国本土的计划，而英国海上霸主的地位得以巩固。

致不能履行公务，简直像我自己变成了一个日本人”。总统如今开始向尼古拉斯沙皇（这个“可笑的可怜生物”，既“无力作战”，如今也“无力促和”）施压要求和谈。但日本人不知道的是，罗斯福斡旋的主动性正是来自日本本身。[33]

对于罗斯福来说，他希望这场战争在“日本将俄国赶出东亚前”结束。他告诉参议员亨利·卡波特·洛奇，俄国“将与日本面对面交锋，双方都会因此而放慢脚步”。在1905年6月16日写给英国好友斯普林·赖斯的一封信中，罗斯福这样形容战胜者：“日本人是多么优秀的民族！他们在战场上的表现与商场上的一样卓越。”他尤其注意到日本人在战争中的两个不同寻常的特质。即使在与俄国人作战时，日本也在设法扩大对华出口。而且，运载对华出口商品的日本新汽船令人惊叹：他们“被禁止在内部互相竞争”，只允许与外国船只竞争，而且日本人总会获胜。罗斯福表达了自己的担忧：“英国、美国和德国这些如今将彼此视为太平洋贸易对手的国家，在十几年后，与忧虑彼此相比，将更畏惧日本。”[34]

罗斯福没有参加1905年七八月在新罕布什尔的朴茨茅斯举行的和会。然而，不论是在华盛顿还是在长岛萨格摩尔峰（Sagamore Hill on Long Island）的家中，他监视着每个细节。俄国使团由谢尔盖·维特（Sergei Witte）伯爵领导，他是跨西伯利亚铁路系统的缔造者，广受美国领导人的尊敬。伊藤拒绝领导日本使团后，小村接手，这可能是作为老练政客的伊藤清楚，日本民众将对和谈结果义愤填膺。小村也明白这一难题。他同意助手的看法，后者注意到为他们送行时民众呼喊的是“万岁”，而他们归来时，民众喊的却可能是“混蛋”。军队高层误解了小村，理由也很充分：他们希望在俄国绝对的兵力优势将己方军队碾压之前达成和平，然而小村想获得的是一个帝国。最终他们的要求得到了满足，即手段高明的外务大臣不能逾越对他发出的指令，同时必须与东京保持密切联系。授予他的指令中，“最基本”的 83

要求包括获得在朝鲜的行动自由权与包括关键铁路在内的“南满”控制权。“相对基本”的要求包括获得一笔赔款以及整个库页岛。一旦“最基本”的要求被满足，必要时小村应该放弃“相对基本”的要求以达成和平。[35]

对小村来说，有一件事左右了和会的进行，并在很大程度上影响了之后的日美关系：对日本来说，它需要取得经济独立以在亚洲大陆尤其是在中国东北进行扩张。为了获得这样的自由，俄国赔款是十分必须的。否则，日本就不得不继续在纽约与伦敦借款，既要赔付巨额军费，又要获得开发朝鲜和在中国东北的资本。这就出现了一个问题：日本能否发展成为一个亚洲帝国，还是说它必须屈服于华盛顿的门户开放与非殖民政策？外务大臣相信，日本并没有选择余地。

罗斯福在与小村和维特的第一次会面中就试图奠定基调，当出现关于协议的争端时，他的解决方式是拉着两人的胳膊带他们穿过门道去用晚餐，并让所有人在圆桌旁站着吃饭。鉴于战场与海上形势，小村认为自己应该比维特获得更平等的对待。很快，俄国就同意了“最基本”的要求。但沙皇相信，俄国只是输掉了一些战役，并没有输掉这场战争。在他的命令下，维特的立场很坚决：没有赔款（沙皇声称“俄国连一戈比也不会付”），不会割让库页岛，也不会接受俄国舰队在西太平洋受到限制的条件。[36]

小村公开表明，已经准备好退出和谈，返回日本。在最后关头，他的态度被军方以及包括伊藤在内的元老否决了，后者指示他做出妥协。8 月 29 日，小村提议，如果俄国放弃库页岛，日本就放弃赔款要求。在漫长的沉默中，小村内心的苦涩不断发酵，维特最终接受了这一提议。日本如今成为朝鲜的保护国，拥有了南半部库页岛，并将俄国势力逐出了日本海。罗斯福因其贡献获得了诺贝尔和平奖——对于
84 战争爱好者以及大型猛兽猎手罗斯福而言，获奖如果不让他大吃一惊，看来也至少是个浓厚的讽刺。[37]

没有人比日本民众对和约更感吃惊的了。当他们得知没有获得赔款时，办公机构挂满了吊丧的绉绸。即使相对而言的温和派也表达着自己的愤怒，高唱着“对内要立宪政府，对外要帝国主义”。1905 年 9 月，反和平暴动震动了东京当局。关于反美情绪在中间起到了多大的加剧作用，目前仍有争论，但日本警方的记录显示，暴徒包围了美国使馆，在帝国饭店的美国人受到了袭击。当一幅沾满鲜血的小村和罗斯福首级的恐怖照片出现时，人群发出了欢呼声。为自身安全担忧的小村秘密返回了东京。海战中的英雄、海军司令东乡平八郎则受到欢呼人群的热烈欢迎。[38]

三　中国东北：首次冲突

在访美的几个月内，小村对于美国门户开放原则的担忧不断加深。这一原则显然不会让日本成为更加自给自足的亚洲帝国。而且，美国主要舆论对日本的态度正在变得冷淡。《佛罗里达联合时报》（*Florida Times-Union*）捕捉到了包括纽约几家报纸在内的其他社论的本质，它如此写道：“日本可能并不想征服全球，但显然，它的全权代表正在这方面做出重大突破。”罗斯福表面上看起来仍然很友好。然而，他实现日俄平衡的想法已经为人所知。随着战争的进行，他的感受越来越清晰，他私下写道：“我并不清楚，日本人是否认为俄国人和包括我们在内的其他外国人之间存在区别。但毫无疑问的是，他们认为所有白人都是讨厌的人，他们怨恨白人过去的傲慢，并无疑觉得自己的黄色文明更优秀……日本是一个东方国家，在日本，衡量真诚的个人标准十分低下。”总统认为美国人最终将不得不依赖自己的军舰而非英国军力（“她太弱了”），因而他加强了在菲律宾的军事部署，还对在夏威夷的日本人忧心忡忡，后者在当地已经在人口数量上超越了白人。

根据当地美国管理者的叙述，他们正因为日本的军事胜利而变得“傲慢无礼”。[39]

然而，在当下的朝鲜问题上，罗斯福迅速达成了决定该国命运的
85 协议。1882 年美国对朝鲜的担保，即“如果其他列强对两者中某一方施加不公或具有压迫性的协议，另一方将运用其影响达成一个更为妥善的安排”，如今被遗忘了。无论公使霍拉斯·艾伦如何向如今自称皇帝的朝鲜高宗保证美国不会对他弃之不顾，都无济于事。在 1905 年年初，罗斯福就认为，与其选择中国或加州，不如让日本将精力集中于朝鲜。1905 年年中，他派遣国防部部长威廉·霍华德·塔夫脱（William Howard Taft）视察了菲律宾，途中绕道东京。罗斯福 21 岁的女儿爱丽丝（Alice）与塔夫脱随行，她十分引人注目。爱丽丝喜欢在公共场合吸烟，脖子上还盘着一条大蟒蛇，这都让围观者大吃一惊。一位朋友曾经批评罗斯福没有管教好女儿，罗斯福回应道：“我若不是选择做个好总统……就能照顾好爱丽丝。”即使精力充沛的罗斯福也不能两者兼顾。爱丽丝简直是记者梦寐以求的报道对象。当塔夫脱、爱丽丝以及 80 人的随行团于 1905 年 7 月留宿横滨时，他们本期待拘谨、客气、丝毫无误的欢迎问候（日本人接待外宾的一贯做法），但他们却见到了盛大的烟火表演、挥舞着旗帜的庞大人群，以及演奏美国歌曲的乐队。他们住在皇家居所，获得了参观天皇花园的空前荣耀。来自日美两国的记者无论什么地方都跟着爱丽丝。

记者搞错了跟踪对象。当爱丽丝吸引走人群的注意力时，塔夫脱于 7 月 27 日与桂太郎首相进行了秘密会面。塔夫脱的开场白是，美国并不重视那些“亲俄派”关于日本接下来将进攻菲律宾的警告。他知道，日本人希望菲律宾群岛处于一个友好国家而非“不友好的欧洲列强”的手中。桂太郎对此“表示强烈同意”，并补充道，所有有关威胁加利福尼亚与美国在华利益的“黄祸”论都是“恶意而拙劣的诽谤”。他还希望美国、英国和日本能够正式结盟。然而，在桂太郎看

来，这不符合美国的传统。塔夫脱回应道，确实如此，但美国希望与两个朋友“在如同存在条约约束的情况下一样安心合作”。桂太郎抓住机会谈道，必须对朝鲜问题予以处理。如果该国“落入原来的境地”，东亚就不会有和平。塔夫脱插话道：我认为“日军”应该建立对朝鲜的“宗主权”，以便日本控制朝鲜的对外关系。

这次交流诞生了“塔夫脱－桂协议”，并在4天后得到罗斯福的批准：日本人承认美国对菲律宾的掌控，同时美国承认日本对朝鲜的 86
完全掌控。这一实施协议作为总统自己制定的第一份重要协议，避免了可能会在美国参议院发生的令人尴尬的批准争论。协议秘密地被封存。直到20年后历史学家泰勒·丹涅特（Tyler Dennett）在罗斯福档案中发现了塔夫脱的备忘录，“塔夫脱－桂协议”才为人所知。在日本的请求与罗斯福迅速的应允之下，美国——这个于1882年第一个承认朝鲜的西方国家，在1905年成了第一个从朝鲜撤走外交官的国家。年轻多情的汉城离任公使威拉德·斯特雷特（Willard Straight）对爱丽丝一见倾心，却并不倾心于其父的政策，他将之比作“从沉船上惊慌逃跑的老鼠”。斯特雷特发现自己“在世界上最厌恶的就是日本人”。这几年内，他一直处于美国限制日本在中国东北扩张的第一线。[40]

外务大臣小村马上也要开始限制美国在中国东北的势力了。他如今得到了山县与军方的支持，后者希望确保俄国再也不能威胁朝鲜。罗斯福强烈地向日本建议，将中国东北完全归还中国并使其在公平无偏的基础上对所有人开放。小村向华盛顿和伦敦保证，他同意这一点，但又重点补充到，中国必须维持“和平与秩序”，并暗示其不能提供这样的担保。

1905年10月，美国铁路大亨爱德华·H.哈里曼（Edward H. Harriman）出现在东京，他利用日本的财政困境，提出购买南满铁路的方案。他计划将之置于美日联合控制之下，并使之成为环球交通网络的一个关键部分。首相桂太郎与来自三井、三菱财阀的官员都喜欢哈里曼的提议。他们将他视为美国资金的运输管道，还认为俄国永远不会挑战一个美日合资企业，但刚刚从朴茨茅斯归来的小村则强烈反对。他警告称，哈里曼与华尔街资本的联系将使他成为合资企业中更强大的合伙人。外务大臣认为日本应当自己募集资金，与分裂的中国政府合作，以确保日本对“南满”的控制。小村以客套说辞谢绝了哈里曼的提议：鉴于日本在“南满”并无主权，它不能与美国达成如此
87 协议。外务大臣随后于 1905 年 12 月强力迫使中国将南满铁路割让给日本。悻悻而归的哈里曼愤怒地将小村比为马基雅维利。[41]

有一种声音发出了警告：鉴于其对英国和美国的依赖，日本的步伐迈得太大了。伊藤博文早就对其私人助理表达了自己就“我们人民的态度”的忧虑。因为如果日本“无视其他国家的适当权利与利益而蛮横行动……必然会发生全国性的毁灭……必须持续向我们的人民发出警告——‘树大招风’”。他与小村的扩张性外交政策进行斗争，但却在 1906 年被任命为日本驻朝首任执政。1906 年 5 月 22 日，伊藤给其门徒西园寺公望领导下的新内阁做了演讲，他说道，最近英美官员都强烈抗议，因为与俄国盘踞中国东北时相比，日本渗透中国东北后对西方商品市场更不开放了。伊藤警告到，如果中国东北问题处理不好，将会受到严重的惩罚：朝鲜人可能借机“与俄国暗通款曲，因为目前日本尚未赢得他们的民心”。

伊藤颇具预见性地补充道，日本不得不与中国在关外合作，而非将其排除在外。敌视政策可能引发中国人的“民族主义”与“排外情绪”。最后，在另一场对俄或对华战争中，“出于经济原因，日本需要持续赢得英国和美国的欢心与同情”。对此深信不疑的西园寺内阁决定重新开放中国东北的部分地区，并以中国人取代当地日本军事行政机构的人员。日本商界尤其对此感到释然，它们与中国和西方资本市场的联系得到了加强，但日军却并未安心。1904 年后，军方野心日渐膨胀，军官们认为出于战略和经济原因，必须完全掌控中国东北。[42]

伊藤为暂时的胜利付出了致命代价。在 1909 年的旅途中，他被一名年轻的朝鲜民族主义者杀害。在了解了刺客的动机后，伊藤的遗言是“这真是个傻瓜”。第二年，日朝合并得以完成。1945 年后，当朝鲜最终从日本独立时，刺杀者的雕像被置于伊藤曾经的朝鲜官邸前，并因此永垂不朽。[43]

四　加利福尼亚危机及其他

到 1906 年，美国人对日本在朝鲜和中国东北的巨大胜利大为惊奇，其他国家亦是如此。英国、德国、法国和美国将日本外交标准从公使级提升到最高的“大使”级。日本外交官如今被承认为大使而非 88
仅仅是公使。伊藤可能担忧日本的未来，但没有多少美国人与之共鸣。相反，他们同意芬利・彼得・邓恩笔下的杜利先生，他认为日本变得十分不可思议：“一艘日本小划艇就能粉碎一整支美国大西洋舰队……他们使用能够拐弯射击的枪……在陆地上他们更恐怖，一个日本士兵每天能行军三百英里，仅仅靠嚼一小片口香糖就能生存……最重要的是，日本人最令人畏惧的是他们对国家和死亡同样热爱。他们在日本如此幸福，以至于宁愿在其他地方死去。大多数士兵不愿意战死，但日本士兵乐意如此。”这并不是美国人最后一次讽刺日本人。在这个幽默专栏中，杜利先生说道：“一个附属民族只有在还是附属的时候才有意思。从三年前开始，我就不再因日本笑话发笑了。”他无疑说出了事实。[44]

加利福尼亚人既有与杜利先生相同的种族主义论调，又同样不能理解日式笑话。这个黄金州的问题出现在 1882 年，当年美国国会首次开始限制移民，但仅仅针对来自中国的移民。到 1891 年，中国劳工被每年数以万计涌入美国的日本人取代了。1890 年，大约 2000 名日本人生活在加利福尼亚，到1900年，已经有24000人，其中许多人来自美国的新领土夏威夷。来自夏威夷的日本人使1900年的“君子协定”形同虚设，在这一协定中，东京官员承诺削减移民数量。《旧金山纪事报》(*San Francisco Chronicle*)在“驱逐日本与朝鲜人联盟”的督促下开始对不断发展的“黄祸”发出警告，尤其针对那些被加利福尼亚人谴责“以低于一个白人能够维持生计的价格提供劳力”的外国人。而且，来自日本的移民被谴责为：只待在自己的社区里，只阅读自己的报纸，只支持自己的民族，总之，他们不愿意接受融合。然而，这一“黄祸”似乎只局限于北加利福尼亚。俄勒冈、华盛顿甚至南加利福尼亚都指责不断高涨的反亚裔情绪。正如《洛杉矶时报》(*Los Angeles Times*)注意到的，这是因为这些地区需要农业与果园劳动力。1906年年初，大北方铁路公司(Great Northern Railroad)的董事长詹姆斯·J.希尔告诉日本官员，他雇佣了1200多名日本人，并且希望再雇佣3000到5000人。这位官员回应道，他们正在试图限制移民以改善对美关系，但希尔继续在加利福尼亚和夏威夷发布广告招聘日本劳工。[45]

89 同一年，旧金山发生的大地震摧毁了当地许多学校。10月，教育委员会命令(据说是由于缺乏空间)，所有中国、日本和朝鲜儿童应当前往被隔离的东方人公共学校，有些学校路途十分遥远。这样的决定并未经过深思熟虑：日本红十字会刚刚送来了25万美元用以帮助加利福尼亚的地震受害者。日本政府强烈抗议对日本公民的隔离。一份主流的东京报纸呼吁道：“站起来，日本！我们的国民正在遭受侮辱……为什么我们不坚持派遣军舰？”加利福尼亚的“蠢货”让罗斯福大发雷霆。在朴茨茅斯，尤其是中国东北面临的压力、1904—1905年白种人被亚洲人击败，以及意识到日本能够轻易威胁菲律宾——这一切都加深了总统对狭隘的地方美国佬的尖刻看法。在1906年的年度报告中，他将教育委员会的行为称为“邪恶的谬行”。[46]

总统与国务卿伊莱休·鲁特（Elihu Root）将旧金山教育官员传唤到白宫，罗斯福口述了一项命令：隔离令立刻取消，作为回报，日本承诺仅允许在美劳工的非劳工亲属或者拥有财产的劳工去美国。罗斯福通过发布公告阻止来自墨西哥、加拿大或夏威夷的日本劳工进入美国大陆，安抚了加利福尼亚人。

在1905年给好友洛奇参议员的信中，总统谴责了加利福尼亚的行为——“这是一个霍屯督人[1]所能想到的最愚蠢的行事方式”。他转而讨论起不断增长的日本势力、关于“东方市场”日益激烈的竞争，最后，像这一时期的许多私人信件中所表达的那样，以对美军舰队的信心结尾。1905—1908年，一直在谣传美国可能与日本开战。从1900年起，美国海军的规模从世界第七位上升到第三或者第二位，仅仅排在英国或者德国之后。日本舰队排名第五。然而，美国人不得不巡逻两个大洋并处理加勒比地区的许多事务，而日本则能够在西太平洋集中力量。罗斯福于1903年为了方便扩张而修建的巴拿马运河，直到1914年才投入使用。流言称，日本可能会在运河开放前袭击它。这些流言并没有事实依据，但1907年，随着反亚裔骚动再次在加利福尼亚爆发，日本海军参谋重新详细地调查了运河在未来的重要性。帝国国防设计者们将美国视为主要的潜在对手，而且他们担心，运河 90
能够允许美国人更高效地进入中国市场。[47]

1906年，罗斯福与军事顾问们开始制定首个系统对日作战计划——奥兰治作战计划（War Plan ORANGE）。计划认为，首先，日本如今是太平洋上的一个潜在敌人；其次，美军或许能够保卫关岛和夏威夷，但并不能保卫菲律宾。在某种意义上，罗斯福发现现在的他回到了林肯与塞沃德的境地：在中国的门户开放政策不得不由外交与

---

〔1〕霍屯督人（Hottentots）：南部非洲的种族集团，自称科伊科伊人，主要分布在纳米比亚、博茨瓦纳和南非。在此处使用有种族歧视之意。

军事合作辅助，而非世界第二大的舰队保卫，后者缺乏在亚洲单方面行动的实力。换句话说，美国似乎依赖日本以维持亚洲的稳定与开放，就如同日本依赖美国获得资本一样。罗斯福无疑发现，自己需要改变对菲律宾的看法，这令他十分窘迫。1900 年，作为共和党副总统候选人的他，如此激情地谴责了反合并论者，以致当场失声。仅仅 7 年后，罗斯福承认，菲律宾“成了我们的阿喀琉斯之踵，是造成如今危险局面的根源”。[48]

然而，几个月以来，总统一直在与一种看法做斗争，即美国在亚洲的主要利益越来越依赖日本的合作。他希望美国舰队能够提供给他与继任者们足够的实力以应对一个不愿合作的日本，同时在必要情况下，采取单方面行动，以保护在太平洋西岸的美国利益。为了在 1907 年春末展示这一单边力量，他计划派遣舰队进行环球航行。

大多数美国报纸赞赏这次展示行动，但《纽约晚间邮报》（*New York Evening Post*）却警告称：“这将加剧对日本人的恶感……鼓励战争讨论。”其他批评者担忧，日本会抓住时机入侵夏威夷，更有甚者，会攻击加利福尼亚。然而，问题并不是在加利福尼亚部署美军，而是将其部署在 5000 英里外的亚洲。日本真诚地邀请美军舰队前来访问。1908 年 10 月，“大白舰队”（Great White Fleet）[1] 在经历了 10 个月的航行后，最终抵达东京。16 艘一流的巡洋舰受到了热烈的欢迎，遭遇的不再是曾经折磨佩里和哈里斯的多疑、排外情绪，而是成千上万挥舞着星条旗并用英语唱着《星条旗永不落》的日本民众。在 434 天的航行中，舰队消耗的礼炮比整个 1898 年战争中消耗的炮弹还要多，但亚洲的力量均衡从未改变。而且，罗斯福尴尬地了解到，美国在太平洋上的位置不足以在战时为舰队提供充分的补给。在航行中，舰队
91 甚至不得不从英国借煤。[49]

〔1〕大白舰队：美国海军作战舰队的常用昵称。

舰队的航行仅仅使美国与日本的问题得以凸显而不是被解决。例如，忧虑正在蔓延，不仅来自加利福尼亚人，也来自在日本的美国传教士。1873 年，当日本“宽容法令”（Edict of Toleration）允许臣民信仰基督教时，传教士将其视为一个改宗的信号，而非一个取悦西方列强的姿态——如此列强便会废除不平等条约并对日本平等相待。美国传教士的数量从 1883 年的 138 名增长到 1900 年的 723 名，但日本基督徒从西方人手中接管了领导权。而且，1890 年天皇的《教育敕语》[1]强调，日本对神道教和儒家价值观的接受程度要高得多。15 年后，日本不再需要取悦传教士了。创建了“基督教青年协会”（Young Men's Christian Association）的积极布道者约翰·R. 莫特（John R. Mott）对日本“几乎疯狂的爱国情绪”感到担忧，他尖锐地问道：“日本正在领导东方，但要将之领向何处？”1907 年，由林德赛·拉塞尔（Lindsay Russell）律师与其好友汉密尔顿·霍尔特（Hamilton Holt）领导的一群美国精英创建了日本协会（Japan Society）以促进两国间的相互了解，这在一定程度上抵消了莫特警告的影响。[50]

拉塞尔与霍尔特的工作很快就中断了。用之后一位学者的话说，1905 年的辉煌胜利“让所有日本人成为帝国主义者，即使那些尚未出生的人也能够从小学教科书中了解到日本人的胜利与荣耀”。然而，这一帝国主义主要面向亚洲地区而非夏威夷或加利福尼亚。外务大臣小村表达了这样的态度，他认为日本已经成为一个亚洲的“半大陆性列强”，警告称“我们应当避免让民众前往那些令其陷入迷失的海外国家（例如美国）”。[51]

罗斯福逐渐承认了一个不可避免的事实：日本控制了“南满”。他的关键时刻在 1908 年年末到来了。曾任美国驻哈尔滨总领事的威拉

〔1〕原文为“Rescript on Morals”，疑为“Rescript on Education”之误，后者为 1890 年 10 月颁布的《教育敕语》。

德·斯特雷特依然厌恶日本，他试图与中国官员合作，建立一个“南满银行-铁路系统”，以与日本铁路竞争。28 岁的外交官不仅受到其种族主义倾向的驱使，［用吉卜林（Kipling）的话说］还受到赢得“与一个帝国的大博弈”的浪漫情绪的影响。斯特雷特兴奋地冲回华盛顿，以获得罗斯福关于修建竞争铁路线的批准，但一直监视着斯特雷特的日本人先一步到达了白宫。1908 年 11 月，国务卿伊莱休·鲁
92 特与日本大使高平小五郎一致同意保持太平洋地区现状，并尊重中国的独立与“完整”。然而，在对高平的命令中，小村刻意拒绝使用约翰·海对中国“领土完整”的门户开放措辞。小村精明地表示，这种措辞不但没有必要，而且在实际上侮辱了中国。实际上，这意味着日本能够自由地将“南满”从中国治下割走。斯特雷特在中国东北限制日本的梦想如今变成了噩梦。[52]

罗斯福和鲁特知道，一场特殊的博弈正在上演。国务卿赞成日本的立场。鲁特在从政前可能是全国最强的公司律师，他喜欢秩序与工业化。他相信日本同时代表了这两者，而中国什么也不是。而且，1907 年俄国与法国已经开始承认日本对朝鲜的控制。鲁特与欧洲人一起与日本签署了另一份协议。当国务卿建议将“鲁特-高平协议”提交参议院讨论时，西奥多·罗斯福直接问道：“为什么要招来可能的异议呢？”罗斯福的回答是他更早的评论的一个翻版：“我从不觉得参议院是个好东西，当需要高效完成高质量工作时，这个机构什么忙也帮不上。”[53]

五　中国东北：第二次冲突

1908 年间，罗斯福秘密将舰队调回了夏威夷，因而放弃了防卫菲律宾的可能性。两年后，一位美国军官从马尼拉向他的兄弟汇报道：“蓝

狐（美国人）保卫菲律宾群岛不落入红狐（日本人）之手。”战争博弈的结果强化了罗斯福的判断。这位军官担心，“日本人可能在一周内丝毫不差地登陆 10000 人”，双方的机动性“完全不在一个层面上”。[54]

西太平洋的军事失衡仅是华盛顿在这一区域所面临问题的一半。另一半则与之密切相关，即美国人认为如果要避免 19 世纪 90 年代的黑暗重现，亚洲市场是必不可少的，但事实上日本正在关闭这些市场中的一部分。这将是罗斯福留给其精心挑选的继任者威廉・霍华德・塔夫脱的糟糕难题。[55]

一度作为罗斯福外交纠纷终结者的塔夫脱曾四次访问日本，三次访问中国。新总统的国务卿菲兰德・C. 诺克斯（Philander C. Knox）也经验丰富。在 1904—1909 年，担任参议员之前，诺克斯曾是匹兹 93
堡一家优秀公司的律师，帮助组建了第一家百万美元级别的公司——美国钢铁公司（U.S. Steel）。诺克斯十分清楚内战后出现的美国第二次工业革命的需求。两个人都相信美国工业品需要开放的亚洲市场。他们还认为，政府必须帮助美国金融业者与生产者，使之能够与德国、日本和英国的大规模政商联合卡特尔组织进行竞争。塔夫脱重组了国务院，并通过建立专门的地区机构（例如远东助理国务卿）使之呈现出现代的面貌。正如塔夫脱所说，它将成为促进对外贸易与美国海外利益的“十分高效的工具”。“塔夫脱-诺克斯模式”因其“金元外交”或当局所定义的“以美元代替子弹”的政策而广为人知。作为新国务院的远东事务司首脑，29 岁的威拉德・斯特雷特精彩地将“金元外交”定义为用以维持“中国完整”的“约翰・海‘门户开放’政策的经济表达方式”。[56]

这些政策使得塔夫脱、诺克斯与斯特雷特站在了日本的对立面。日本经济机器正在全速向亚洲大陆进发。最关键的工业部门纺织业正将中国关外与关内的其他市场作为目标。日本终于积累起了属于自己的资本盈余。更值得注意的是，日本政府于 1906 年建立了南满铁道株式会社：发行了99000股的股份，收获了超过10.9万个投标。核心持股集中在一些富有的商业银行家手中，包括岩崎、三井和住友。这些公司在19世纪末的战争中帮助了政府，如今反过来受到政府的资助。[57]

这种亲密的政商关系具有深厚的基础，可以追溯到德川日本时期，当时将军能够授予部分商人贸易垄断权。到19、20世纪之交，这些实力雄厚的金融家族——或被称为财阀，也成为亚洲的重要力量。然而，在资本积累上，他们仍然落后于美国人至少20年，更不用说与英国相比了。南满铁道股份的发行是一个成功的故事，政府以补贴和契约的形式对这些商人给予了慷慨的支持。[58]

1907年6月，日本与俄国签订了一份渔业协定，其中包括一项秘密条款：俄国承认日本在朝鲜和“南满”的特殊利益，同时日本承认俄国在“北满”和外蒙古的特殊利益。虽然有了这份协议，东京的军
94 方人员还是认为，另一场对俄战争只是迟早的事。到1914年，政府几乎半数的预算都用于军费和偿还战争公债。历史学家注意到，日本似乎正在发展出两套政府体系，军政府与文官政府。[59]

1908年9月25日，小村在两个派系之间巧妙地达成了外交政策共识。随着美国舰队来到日本，以及中国局势越发难以预料，他获得了成功。在一系列变化中，小村向内阁阐述了自己的计划。首先他认为，与英国的同盟“是帝国外交政策的支柱”。至于俄国，它的力量正在衰落，沙皇会很乐于参与一个永久性瓜分中国东北的交易。小村与内阁都同意应该控制住中国东北。没有任何“第三国”（指美国）被允许“干预”这一地区的事务。在具体讨论对美政策时，小村强调，鉴于它“对于我国商业的重要性”，友好关系是必不可少的——即便“许多美国人士”对于日本的意图心存疑虑。首要的问题是，不断恶化的移民问题应该得到解决，以免在更大的亚洲问题上损害与华盛顿的关系。[60]

小村的目标十分明确：开发“南满”并限制俄国，竭尽全力保持与英美的友好关系，具体而言，就是要获得来自伦敦和华尔街的剩余资本。如此一来便可以理解新签订的“鲁特-高平协议”的关键性。小村成为强调“帝国最需要的是引进资本与技术”的众多日本官员中的一员。内阁因此批准了“与西方人建立合资企业”。[61]

1909年，日本从中国获得了新铁路和煤矿利权，进一步关闭了关外市场。在亚洲事务方面最积极的美国商业团体，美国亚洲协会与其喉舌《纽约商务报》（*New York Commercial*）加强了对日本在中国东北行径的谴责。作为著名的煤矿经理与投资者，约翰·海斯·哈蒙德（John Hays Hammond）警告称，美国的经济利益“已经与日本利益背道而驰”。他补充道，一旦在朝鲜和中国东北站稳脚跟，日本就将成为“我们在远东最强大的竞争对手”。同时，一流的国际法学家霍默·利（Homer Lea）在《有勇无谋》（*The Valor of Ignorance*）中也表达了强烈的反日观点，其他一些畅销书也效仿了他的论调。内行的亚洲评论家威廉·菲利普（William Philipps）在1908年总结道：“美国 95
应该运用其影响力保护中国的完整，还是让中国东北落入俄国与日本的势力范围之内？”[62]

对塔夫脱和诺克斯而言，这是一个反问句，而非疑问句[1]。在1905年访问亚洲并详细了解了E.H.哈里曼宏伟的“满洲计划”后，塔夫脱就已经清楚了帝国列强正在进行的巨大赌注。对于诺克斯来说，只有美国资本在铁路系统中获得核心地位，才能使不可或缺的门户开放政策在中国关内关外得到保障。罗斯福或许愿意在日本当下的军事力量和政治地位面前做出退让。然而，塔夫脱和诺克斯决定为了最大的奖励——整个中国东北而铤而走险。曾经的反日代理人与帝国梦想者斯特雷特卷土重来，作为美国银行团（包括J.P.摩根与库恩-勒布

〔1〕意为：难道美国应该袖手旁观，“让中国东北落入俄国与日本的势力范围之内”吗？

银行）的一个代表回到了中国，以帮助塔夫脱与诺克斯赢得这场在华北的宏大的帝国博弈。[63]

斯特雷特迅速获得了中国的批准来修建一条铁路，以直接与日本控制的南满铁道株式会社竞争。当然，中国将斯特雷特视为限制俄国与日本的最佳人选。但即使是中国人，也没有为接下来所发生的事情做好准备。

1909 年 11—12 月，诺克斯给日本、俄国、法国、德国与英国发出照会，试图用斯特雷特的计划直接挑战俄国和日本在中国东北的地位。诺克斯要求圣彼得堡和东京同意将他们在关外的铁路置于国际控制与门户开放原则之下。作为可能是 20 世纪美国外交最为惊险的提议之一，诺克斯以美国的开放市场资本主义向日本与俄国的扩张性殖民帝国发起了挑战。1909 年 12 月 18 日，诺克斯将自己的赌注向小村和盘托出：美国政府认为，维持北京对关外的控制，并且在整个中国“切实地实现门户开放与机会均等原则的最佳方案是，将所有中国东北的铁路联合起来，置于一个有利可图的、科学的多边管理机构之下”。在一份新闻稿中，诺克斯说得更为直接。他声明，“没有什么比四个伟大的资本主义国家——英、德、法、美——共同协力维护平等商业机会的图景，给中国和世界留下的经验教训更深刻”。小村必须明白，在此类措辞中，诺克斯显然将日本视为“伟大资本主义国家”俱乐部的威胁，而非其中一员。[64]

96 诺克斯与塔夫脱的误算相当严重。推进这一中立化计划的任何举措，都依赖于日本强大而公开的盟友——英国的合作。伦敦外交部私下批评诺克斯的干预方案是一个“欠考虑而不切实际的提议”。日本方面告诉诺克斯，它在“南满”取得的地位一定程度上归功于 1905 年罗斯福的斡旋，并在 1908 年得到了鲁特的再度确认。但对诺克斯最严重的打击发生在 1910 年 7 月 4 日，日本与俄国达成了一项新协议。这份协议将中国东北分为北部的俄国部分与南部的日本部分。而今诺克斯使这两个昔日的敌人抱成了一团。正如后来的历史学家所评论的，在对门户开放的追求中，诺克斯“钉死了门户，自己却还站在门外”。[65]

一位英国高层外交官告诉其日本外交同行，日本可以“明天就吞并南满”，并没有欧洲列强能够阻止它。考虑到与日本的同盟，以及关外的特殊情况，英国也不会做出如此尝试。这位官员认为，只有“重生的中国”能够阻止日本，但“前景似乎十分渺茫”。西奥多·罗斯福也同意这一点。在与诺克斯与塔夫脱的个人交流中，他批评他们的政策恶化了已经摇摇欲坠的日美关系。罗斯福的好友之一，著名海军战略家阿尔弗雷德·塞耶·马汉也希望对日本妥协。1907 年前，日本限制俄国，支持门户开放原则，并高度赞赏马汉海军理论的行为让罗斯福十分倾心。他认为日本人同意美国的门户开放政策。马汉认为日本人“尽管如今弱小，但前途远大，将成为让亚洲重获新生的一股重要力量”。如今，马汉建议美国不再寻求实现“在太平洋上的霸权”，而是围绕夏威夷群岛划一条线，并用海军保护夏威夷以东的美国利益。对于 19 世纪 90 年代一直困扰马汉的问题——这支舰队如何确保不断增长的美国产品进入广阔的亚洲市场，如今他还是语焉不详。[66]

在中国东北获得胜利后，日本于 1910 年完全吞并了朝鲜。接下来是 1911 年的另一场大胜。半个世纪以来日本官员一直在努力废除 19 世纪 60 年代强加于自己的条约，它们夺走了日本对本国关税的控制权并使其失去了部分港口。1911 年，日本向英国请求修订商约。当伦敦官员试图让问题复杂化时，日本人精明地转移了目标，开始与美国人谈判。在美国，移民问题仍在持续恶化，双方最终于 1911 年 2 97
月达成了一份和约：美国在关税上让步，同时日本承诺继续限制对美国的移民。英国与其他列强迅速效仿了美国的做法。日本最终重新获得了对本国外贸的完全掌控权。[67]

1900—1912 年，美国在亚洲的政策目标遭遇了一系列失败。塔夫脱在1912年结果早已注定的竞选连任失败后卸任，除了1911年的条约，他再也没什么东西可以证明自己的努力。英国大使詹姆斯·布莱斯（James Bryce）告诉英国外交部,1912年12月的总统年度演说，“整体而言，无论是作为对美国政策大体的、宽泛的展示，还是从其文学性角度看，都价值寥寥”。新总统伍德罗·威尔逊（Woodrow Wilson）虽然不像塔夫脱那样在外交政策上经验丰富、博学多识，但他知道，美国需要对通往亚洲之路（尤其是日本）进行彻底反思——威尔逊认为虽然他不了解亚洲，但完全能胜任这一工作。[68]

1912年，日本也站在了十字路口。明治天皇在执政44年后去世了。这是一个辉煌的时代：对中国与俄国的胜利、吞并朝鲜、盘踞中国东北、几乎实现了长期追求的经济自主、摆脱了外国强加的条约、制定了一部遵循欧洲范本但又保留了日本传统（这是维持或重建社会和谐所必需的）的宪法。西方著名日本学者乔治·桑塞姆（George Sansom）爵士注意到，在明治时代，“权力掌握在那些武士出身、习惯于采取激烈行动的人手中……大多数与明治时期重要人物结识的外国观察家都认为，在他们离开舞台之后，政治家的能力有了明显的下滑”。[69]

三菱与三井等日本新兴的工业－金融寡头的领头羊们都同意官员们的观点，即必须引进并采用西方技术。然而，西方资本主义与伴随而来的社会文化价值观不能被完全接受。最重要的是管控：为了在国内实现日本式和谐，必须在海外进行类似西方式的扩张。日本人并不觉得这有什么矛盾。例如，巩固了在朝鲜和中国东北的成果之后，他们于1911年通过了《劳工法》，规定了对最低劳动年龄者的薄弱保护。同时，公司设立了家长制程序以确保员工对公司的忠诚。“独特的日
98 本风格”的劳动利用方式，不是在1951年后，而是在更早的半个世纪前就开始了。

虽然在明治时代取得了辉煌胜利，但日本仍然存在两个主要问题。

首先，日本社会并不和谐。它持续忍受着动荡，更不用说刺杀、公共抗议（例如在 1905 年那样）以及文武官员之间的矛盾了。其次，日本扩张主义可能模仿了欧洲帝国主义，但美国人的扩张主义则与此截然不同——这是一种否定在亚洲大陆蔓延的殖民主义，并以自己的名义担保中国领土完整的扩张主义。塔夫脱、诺克斯、斯特雷特与如今的伍德罗·威尔逊都试图限制日本在亚洲以及其他地区的扩张，包括拉美的部分地区。

美国认为自己的国内制度独特而优秀，这一制度能够创造出惊人的财富与美国人珍视的社会流动性。1873 年后，美国社会确实变得流动性高而无序，为了恢复国内秩序，它也开始在海外奉行帝国主义。但差异在于：尽管美国人相信可以输出他们的“例外论”——无论通过传教士、商业领袖还是教育专家，但日本人认为自己也足够独特，不会成为美国的信徒。因此，日本更倾向于殖民主义，因为它能够划定市场，解决安全问题，并允许殖民者在政治高墙之下秘密地以强制手段整改其他文化。

于是，美国与日本之间的大规模冲突围绕着正在滑向革命的中国而展开了。

注释

1. Ernest Samuels, *Henry Adams*（New York, 1989）, p. 326.
2. 本段与上一段内容可参见 Thomas McCormick, *China Market*（Chicago, 1967）, pp. 34–37, 131; Akira Iriye, *Pacific Estrangement*（Cambridge, MA, 1972）, p. 123; Warren Cohen, *America's Response to China*（New York, 1980）, pp. 81–82；关于传教士，见 Julius Pratt, *Expansionists of 1898*（Baltimore, 1936）, p.287; Alfred Vagts, *Deutschland und die Vereinigten Staaten in der Weltpolitik*, 2 vols.（New York, 1935）, II, 1046; Emily Rosenberg, *Spreading the American Dream*（New York, 1982）, pp. 16–17, 18; Charles S. Campbell, *The Transformation of American Foreign Relations*,

1865–1900(New York, 1976), pp. 327–32.

3. McCormick, *China Market*, pp. 231–232; David Healy, *U.S. Expansionism* (Madison, WI, 1970), p. 166; Brooks Adams, "The Spanish War and the Equilibrium of the World," *Forum*, 25 (August 1898): 641–651.
4. Ian Nish, *Japanese Foreign Policy*, *1869–1942* (London, 1977), p. 48.
5. Sugihara Kaoru, "Japan as an Engine of the Asian International Economy, c. 1880–1936," *Japan Forum*, II (April 1990): 129–131; Peter Duus, *The Abacus and the Sword* (Berkeley, 1995), pp. 245–247, 434–435; Peter Duus, *Economic Aspects of Meiji Imperialism* (Berlin, 1980), pp. 7–8; W. G. Beasley, *Japanese Imperialism*, *1894–1945* (New York, 1991), pp. 127–128; Baron Albert d'Anethan, *The d'Anethan Dispatches from Japan*, *1894–1910*, selected, translated, and edited by George Alexander Lensen (Tokyo, 1967), p. 107; Nish, *Japanese Foreign Policy*, pp. 54–56.
6. Jonathan Spence, *The Search for Modern China* (New York, 1990), pp. 231–233.
7. McCormick, *China Market*, pp. 233–237; Theodore Roosevelt, *Letters of Theodore Roosevelt*, ed. Elting E. Morison, 8 vols. (Cambridge, MA, 1952), II, 934; Walter LaFeber, "John Hay," in *Encyclopedia of American Biography*, ed. John A. Garraty (New York, 1974) .
8. Ueda Toshio, "The Latter Half of the Meiji Era," in *Japan–American Relations in the Meiji–Taisho Era*, ed. Kamikawa Hikomatsu, translated by Kimura Michiko (Tokyo, 1958), pp. 178–188.
9. Conger to Secretary of State, May 29, 1900, McKinley Papers.
10. Michael A. Barnhart, *Japan and the World Since 1868* (London, 1995), pp. 29–31, 对日本国内争论以及派遣军队的数量进行了简要分析; Nish, *Japanese Foreign Policy*, pp. 52–53; Roosevelt, *Letters*, II, 1423; III, 6.
11. H. C. Lodge to Rockhill, July 16, 1900, Rockhill Papers; McCormick, *China Market*, pp. 156–164; A. J. P. Taylor, *The Struggle for Mastery in Europe* (Oxford, 1971), pp. 391–392.
12. Democratic Party, *Democratic Campaign Book*, *Presidential Election 1900* (Chicago, 1900), pp. 324–325, 原文中的斜体字; Finley Peter Dunne, *Mr. Dooley*: *Now and Forever*, ed. Louis Filler (Stanford, 1954), p. 137.
13. Pierce to Secretary of State, Aug. 30, 1900, McKinley Papers; Hay to Adee, Sept.

14, 1900, McKinley Papers; McCormick, *China Market*, pp. 161–175.

14. Beasley, *Japanese Imperialism*, p. 135.

15. d'Anethan, *d'Anethan Dispatches*, pp. 146–157; 关于 1900 年，日本经济相对疲软的情况，见 Inoue Kiyoshi, *Nihon teikoki shugi no kesei* [The Formation of Japanese Imperialism](Tokyo, 1968), p. 318.

17. Oka Yoshitake, *Five Political Leaders of Modern Japan*, translated by Andrew Fraser and Patricia Murray (Tokyo, 1986), pp. 29–30; Shumpei Okamoto, *The Japanese Oligarchy and the Russo–Japanese War* (New York, 1970), pp. 19–20; Nish, *Japanese Foreign Policy*, pp.62–63.

18. Okamoto, *Oligarchy*, pp. 22–23; Peter Duus, Introduction to Duus, ed., *Cambridge Modern History*. Vol.6. *Japan in the Twentieth Century*(New York, 1988), pp. 39–40.

19. Okamoto, *Oligarchy*, pp. 25–26, 32; Nish, *Japanese Foreign Policy*, p. 60.

20. Beasley, *Japanese Imperialism*, pp. 82–83; Nish, *Japanese Foreign Policy*, p. 82.

21. Nish, *Japanese Foreign Policy*, pp. 65–66; Beasley, *Japanese Imperialism*, pp. 76–77; 对小村的采访，参见 *New York Times*, Feb. 28, 1904, p. 7; 1904 年前日本缺乏经济动力的观点来自日本最著名也最有争议的历史学家井上清所著的《日本帝国主义的形成》，书中将战争视为日本走向经济驱动型帝国主义的转折点。

22. Gaimusho, *Komura*，尤其是第八章前半部分小村对英美政策的叙述；关于日英联盟的背景，见 Nish, *Japanese Foreign Policy*, p. 68; Hugh Seton–Watson, *The Russian Empire*, *1801–1917*(Oxford, 1967), pp. 580–588.

23. Beasley, *Japanese Imperialism*, p. 79; Nish, *Japanese Foreign Policy*, pp. 70–71; Paul Varg, *The Making of a Myth*(East Lansing, MI, 1968), pp. 51–55.

24. 本段与前一段基于 Okamoto, *Oligarchy*, pp. 43, 91–93, 97; Marius Jansen, "Japanese Imperialism: Late Meiji Perspectives," in Ramon H. Myers and Mark R. Peattie, eds., *The Japanese Colonial Empire*, *1895–1905*(Princeton, 1984), pp.65–66. 关于日本进化理论的部分材料，感谢罗伯特 · 史密斯（Robert Smith）教授对以下著作部分内容的翻译：Kiyozawa Manshi, *Bukkyo to shinkaron* [Buddhism and Evolutionary Theory]，重印于 *Kiyozawa Manshi Zenshu* [The Collected Works of Kiyozawa Manshi](Kyoto, 1953), pp. 101–118. Akira Iriye, *China and Japan in the Global Setting*(Cambridge, MA, 1992), p. 26; Hilary Conroy, *The Japanese Seizure of Korea*(Philadelphia, 1960), pp. 328–329.

25. Okamoto, *Oligarchy*, pp. 38–39, 96; d'Anethan, *d'Anethan Dispatches*, pp. 176–177; 关于小村与海的关系，见 Gaimusho, *Komura*, chapter 8; Duus, *Abacus and the Sword*, pp. 188–189, 427–428.

26. Okamoto, *Oligarchy*, pp. 101–102; Robert W. Rydell, *All the World's a Fair* (Chicago, 1985), pp. 180–181, 200; Eleanor Tupper and George E. McReynolds, *Japan in American Public Opinion* (New York, 1937), pp. 4–5.

27. George Queen, "The United States and the Material Advance in Russia, 1881–1906," 未出版的博士论文, University of Illinois, 1942, pp. 169–170, 226; J. H. Wilson to Rockhill, June 30, 1904, Rockhill Papers; Akira Iriye, *From Nationalism to Internationalism* (London, 1977), p. 289; Henry Adams to Elizabeth Cameron, Jan. 10, 1904, in Henry Adams, *Letters of Henry Adams* (*1892–1918*), ed. Worthington C. Ford (Boston, 1938), pp. 409–410; Duus, *Abacus and the Sword*, pp. 436–437.

28. Roosevelt, *Letters*, IV, 832–833; John Morton Blum, *The Republican Roosevelt* (Cambridge, MA, 1954), pp. 26–29; Brooks Adams to Rockhill, May 28, 1903, Rockhill Papers; Stephen Gwynn, ed., *The Letters and Friendships of Cecil Spring-Rice*, 2 vols. (London, 1929), I, 231; Nathan Miller, *Theodore Roosevelt* (New York, 1992), p. 443; Thomas G. Dyer, *Theodore Roosevelt and the Idea of Race* (Baton Rouge, LA, 1980), 本书是论述拉马克主义的优秀而重要的著作。

29. Roosevelt, *Letters*, IV, 700–701; 同上, 829–832.

30. 同上, 701; Okamoto, *Oligarchy*, p. 105; Bruce Lincoln, *In War's Dark Shadow* (New York, 1983), p. 268.

31. Grosvenor Jones to Hoover, Aug. 7, 1926, Commerce, Office Files, box 130, Hoover Library; Gary Dean Best, "Financing a Foreign War: Jacob H. Schiff and Japan, 1904–05," *American Jewish Historical Quarterly*, 61 (June 1972): 313–324, 特别是第 313—315 页、322 页。

32. 关于小村和罗斯福的相关内容，见 Gaimusho, *Komura*, chapter 8, part 5; Okamoto, *Oligarchy*, pp. 108–109; Walter A. McDougall, *Let The Sea Make a Noise* (New York, 1993), pp. 448–456.

33. Roosevelt, *Letters*, IV, 1201–1203; Okamoto, *Oligarchy*, p. 119; Lincoln, *In War's Dark Shadow*, p. 268.

34. Roosevelt, *Letters*, IV, 1230–1231, 1233–1234.

35. Beasley, *Japanese Imperialism*, pp. 83–84; Nish, *Japanese Foreign Policy*, pp. 72–73; Okamoto, *Oligarchy*, pp. 117–118, 121–122, 148.

36. Okamoto, *Oligarchy*, pp. 144, 150; Miller, *Roosevelt*, p. 446.

37. Okamoto, *Oligarchy*, pp. 117–118; Nish, *Japanese Foreign Policy*, p. 75.

38. Jansen, "Japanese Imperialism," p. 74; Okamoto, *Oligarchy*, pp. 167, 184, 218–221; d'Anethan, *d'Anethan Dispatches*, pp. 211–212.

39. Gaimusho, *Komura*, chapter 5, parts 6–8; Roosevelt, *Letters*, IV, 1079–1080; Tupper and McReynolds, *Japan*, p. 14.

40. C. I. Eugene Kim and Han-kyo Kim, *Korea and the Politics of Imperialism, 1876–1910* (Berkeley, 1967), pp. 114–118; Michael H. Hunt, *Frontier Defense and the Open Door* (New Haven, 1973), pp. 144–145; Fred H. Harrington, "An American View of Korean-American Relations, 1881–1905," in Yur-bok Lee and Wayne Patterson, eds.. *One Hundred Years of Korean-American Relations* (University, AL, 1986), p. 62; John Gilbert Reid, ed., "Taft's Telegram to Root, July 29, 1905," *PHR*, 9 (March 1940): 66–70; Walter LaFeber, "Mission to Tokyo," *Constitution*, 6 (Fall 1994), 提供了一个概述; John Edward Wilz, "Did the United States Betray Korea in 1905?" *PHR*, 54 (August 1985): 243–270; Taft to H. H. Taft, July 31, 1905, Taft Papers.

41. Gaimusho, *Komura*, chapter 8, parts 8–9; Beasley, *Japanese Imperialism*, pp. 91–94; Viscount Kaneko, "Japan's Monroe Doctrine," *Peiping Chronicle*, Sept. 7, 1932, p. 6, 及 Sept. 8, 1932, p. 6, 此处金子说明了小村如何阻止哈里曼。

42. 本段与上一段伊藤的相关背景，参见 Jansen, "Japanese Imperialism," p. 68; Gaimusho, *Nippon gaiko nenpyo narahini shuyo bunsho* [Japanese Foreign Relations Chronicle and Major Documents], Vol. I (Tokyo, 1965), 261–269; Oka, *Five Political Leaders*, p. 30; Beasley, *Japanese Imperialism*, pp. 97–98; Duus, *Economic Aspects*, pp. 1–5.

43. Oka, *Five Political Leaders*, p. 41.

44. Dunne, *Mr. Dooley*, pp. 290, 297–298.

45. Teruko Kachi, *The Treaty of 1911* (New York, 1988); Tupper and McReynolds, *Japan*, pp. 21, 18–19; Philip C. Jessup, *Elihu Root*, 2 vols. (New York, 1938), II, 16–17.

46. Kachi, *1911*, pp. 162–164; Tupper and McReynolds, *Japan*, p. 24; Miller, *Roosevelt*, p. 479; Paul Gordon Lauren, *Power and Prejudice* (Boulder, CO, 1988), p. 57.

47. John Milton Cooper, Jr., *The Warrior and the Priest* (Cambridge, MA, 1983), pp. 111–112; Roosevelt, *Letters*, IV, 1205; Kimura Masato, "The Opening of the Panama Canal and Japanese–American Relations" (日文), *JMJS*, 16 (1989): 39–44.

48. Cooper, *Warrior*, p. 112; James Chace and Caleb Carr, *America Invulnerable* (New York, 1988), pp. 138–140.

49. d'Anethan, *d'Anethan Dispatches*, pp. 234–235; Tupper and McReynolds, *Japan*, p. 40; James Miller, *War Plan Orange* (Annapolis, MD, 1995), pp. 89–90.

50. Peter Duus, "The Takeoff Point of Japanese Imperialism," in Harry Wray and Hilary Conroy, eds., *Japan Examined* (Honolulu, 1983), pp. 156–157; Sandra Caruthers Thomson (Taylor), "Meiji Japan Through Missionary Eyes; The American Protestant Experience," *Journal of Religious History*, 7 (June 1973): 特别是第 253—259 页; Warren F. Kuehl, *Seeking World Order* (Nashville, TN, 1969), p. 106; 关于条约修订与传教士的关系的论述，见 G. B. Sansom, *The Western World and Japan* (New York, 1950), p. 391.

51. 此处援引自 Peter Duus, "Takeoff Point of Japanese Imperialism," pp. 156–157; Gaimusho, *Komura*, chapter 10; Jansen, "Japanese Imperialism," p. 69.

52. Kamikawa Hikomatsu, ed., *Japan-American Diplomatic Relations in the Meiji-Taisho Era*, 译文: Kimura Michiko (Tokyo, 1958), pp. 270–272; Jessup, *Root*, II, 24–43.

53. Henry F. Pringle, *Theodore Roosevelt* (New York, 1931), p. 382.

54. Maj. Gen. John T. Dickman to his brother, Jan. 30, 1910, Dickman Papers; Chace and Carr, *America Invulnerable*, p. 141.

55. 这一观点更详细的内容参见 Walter LaFeber, *The American Search for Opportunity, 1865–1913*, in Warren I. Cohen, ed., *The Cambridge History of American Foreign Relations* (New York, 1993), pp. 206–208, 228–229.

56. 关于塔夫脱的引语，见 Stuart Bruchey, *Enterprise* (Cambridge, MA, 1989), p. 388; Henry F. Pringle, *The Life and Times of William Howard Taft*, 2 vols. (New York, 1939), II, 678–683.

57. William H. Lockwood, *The Economic Development of Japan* (Princeton, 1954),

pp. 22–23; Duus, "Takeoff Point," p. 155; Shinobu Seizaburo, *Nichiro Sensoshi no Kenkyu* [A Study of the Historiography of the Russo–Japanese War], 修订版 (Tokyo, 1972), 特别是第 xix 页对日本资本输出的困境，以及 1907 年的转向的论述; Sansom, *Western World*, pp. 503–504.

58. Inoue, *Nihon teikoku shugi no keisei*, 特别是第 158 页、322 页、341 页对转折点的论述。

59. Nish, *Japanese Foreign Policy*, pp. 6–7; Lockwood, *Economic Development*, pp. 35–36; Duus, "Takeoff Point," pp. 155–156.

60. 关于 1908 年内阁争论的文件，见 Gaimusho, *Nippon gaiko nenpyo narabini shuyo bunsho*, pp. 305–308.

61. 同上，特别是 309 页; Beasley, *Japanese Imperialism*, pp. 98–99.

62. Tupper and McReynolds, *Japan*, pp. 13, 17, 82–83, 88; Iriye, *From Nationalism*, p. 224.

63. A. Whitney Griswold, *The Far Eastern Policy of the United States* (New York, 1938), pp. 144–145, 特别是关于诺克斯的观点。

64. *FRUS*, *1910*, pp. 237–238, 243–245.

65. M. W. Lampson, "The Manchurian Question," in Bourne, *Documents*, Part I, series E, pp. 285–288; Kimura, "The Opening of the Panama Canal" (日文), pp. 50, 60–61; William L. Neumann, *America Encounters Japan* (Baltimore, 1963), 第 131 页对格里斯沃尔德的引用。

66. Lampson, "The Manchurian Question," pp. 287–288; Walter V. and Marie V. Scholes, *The Foreign Policies of the Taft Administration* (Columbia, MO, 1970), pp. 121–122; William D. Puleston, *Mahan* (New Haven, 1939), pp. 193–194, 201; 关于日本官员的观点，见 Asada Sadao, *Ryodai Senkan no Nichi–bei kankei*: *Kaigun to Seisaku kettei katei* [Japanese–American Relations Between the Wars: Naval Policy and the Decision–Making Process](Tokyo, 1993), pp. 26–36.

67. Duus, *Abacus and the Sword*, pp. 240–241; Nish, *Japanese Foreign Policy*, pp. 49–50; *Kachi*, *1911*, pp. 154–155; Miller, *War Plan Orange*, pp. 24–25.

68. Bryce to Foreign Office, Dec. 4, 1912, FO 371, 45/53529/ 12, PRO.

69. Sansom, *Western World*, pp. 307–308.

99 第四章　革命、战争与种族（1912—1920年）

一　老欧洲、新亚洲

1914—1918年，欧洲文明几乎自己毁灭了自己。没有任何国家像日本这样从这场屠杀中以如此低廉的代价取得了如此丰厚的收获。日本帝国主义的加速度十分惊人，然而，却迎头撞上了由于欧洲内部的自相残杀而刚刚取代英国成为全球经济与军事霸主的美国。对于美国和日本来说，战争就是国家健康的保证。

当两个非欧洲帝国主义列强开始重新塑造全球关系时，它们也围绕中国爆发了冲突。在20世纪初，中国仍处于已有300余年历史的王朝治下，但到1920年却陷入了一场20世纪大革命的动荡之中。美国和日本领导人都对动乱的规模表示担忧，但并不理解其中的原因。日本因此蒙受的损失最大。当清王朝于1912年2月倒台时，日本工业经济完全由纺织业出口驱动。中国内地连同香港已经占据了日本棉布出口的3/4。到1910年，对华贸易总额已经达到了对朝鲜贸易之和的5倍。

100 日本成功征服中国利润丰厚的棉纱市场，这提供了一个新式亚洲资本主义的案例。日本战胜美国出口商并不是因为技术与原材料方面的优势，而是因为日本政府操纵货币政策，为此提供了直接支持，从而使日本投资者享受了竞争优势。成功的原因还包括日本人并未遵循将采购、制造与销售置于单一所有权［造就了卡内基钢铁公司（Carnegie Steel）与标准石油公司（Standard Oil）等巨头］下的西方式垂直管理体系。而是，正如历史学家谢尔曼·科克伦（Sherman Cochran）所言，他们发展出了“日本式”的垂直管理体系：总公司协调整个流程，但将在华工厂所有权留给当地日本人，由他们利用当地宗族网络，雇佣中国人运营工厂。事实表明，亚洲的宗族纽带比美国的资本纽带更有力。中国人与日本人的经济似乎在共生发展：中国为日本的重工业提供海量的原材料，随后接受这一工业体系的大部分产品并吸收日本投资。1913 年，中国约有 100 万只纺锤，其中日本人拥有近 25 万只。[1]

中国市场的重要性在不断上升，同时一些日本官员正在担忧 1914 年巴拿马运河的开通将使美国加速对亚洲市场的渗透。而且，这种对于经济决战的恐惧，是伴随着日本本土的经济危机产生的。1904—1913 年，日本人的贸易逆差十分严重。这道鸿沟一定程度上被外国投资与印刷货币弥补了。这些创可贴式的修补对于抑制通胀无济于事，到 1913 年，通胀已经将国家带到了灾难边缘。随着情况恶化，陆军与海军为增加预算展开了激烈竞争。这场斗争导致了 1911—1914 年间几届政府的倒台。军费开支越来越庞大：19 世纪 80 年代占到了总预算的 15%，在 1901—1910 年间则达到了 48%。开支增长的主要动力来源于海军的担忧：围绕中国的竞争、移民问题以及巴拿马运河的开放将迅速导致与美国的战争。[2]

太平洋上，美国人也掀起了关于政治、经济与中国政策的争论，但由于他们的制度不同于日本，因而争论的情况也出现了差异。通过比较山县有朋与伍德罗·威尔逊的政策，就能理解这种差异。

101 二　山县、威尔逊与革命中国的“边疆”

1838年出生的山县有朋受到了19世纪60年代动荡期间军中经历的深刻影响。他成功联合了反德川势力的萨摩与长州藩，并建立了对文官内阁有否决权的军队体系，为1868—1945年的日本奠定了两个重要基础。1912年前，山县两度领导政府。1912年后，作为明治时代仅剩的广受尊敬的老一辈政治家，一位元老，他拥有巨大的权力（在位于小田原的海边豪宅里，将军为明治天皇的神灵建了一个神龛）。他也尊重官僚机构的地位——在他眼中，这是一个代理机构，能够忠实执行天皇的意愿并限制新兴政党，后者被他视为危险的公众舆论的喉舌。他的外交政策体现为十分痴迷于夺取亚洲部分地区以使日本获得战略安全和实现经济自主。因此在1912年，这位74岁高龄的老人主张日本应该从中国的动荡中渔翁得利，正式占领关外。西园寺内阁拒绝了这一要求后，山县告诉桂太郎：“我为我们的祖国感到十分悲愤。”[3]

1912年，包括知识分子、工人和一些企业家在内，许多日本人都希望新到来的大正年代（对1912—1926年间取代明治天皇的嘉仁天皇统治时代的称谓）能够建立起更开放的、非军方占主导的政府。这些群体认为一个重要的世代转变正在到来。1913年，当山县一代人继续把握权力的局势越来越明朗时，抗议者走上了街头。他们最终迫使内阁成员辞职。民众首次在推翻一个内阁的过程中扮演了决定性的角色。

日本迈出了影响随后12年的大正民主运动的试探性的第一步。山县、其他元老和军队都厌恶动荡，军队的厌恶尤甚，他们将这一局面都归咎于政党。他们对动荡的局面十分担忧，因为中国与欧洲都已经处在动乱爆发的边缘。山县相信，日本正被卷入一场世界范围内的种族战争：

最近的国际形势表明，种族对抗每年都在不断加剧（1914 年 8 月他对政府说道）。一个显著的事实是：过去曾发生的土耳其与巴尔干战争都根源于种族对抗与仇恨。而且，加利福尼亚的排日事件以及英属非洲对印度人的歧视都是种 102
族问题的表现……欧战结束后，白种人与有色人种的对抗将会加剧，或许有一天白种人会全部联合起来对抗有色人种。

如果说欧洲的流血冲突是“斯拉夫与日耳曼种族的斗争”，那么“黄种人与白种人的斗争将会多么激烈就不难想象了”。山县希望，即使不能避免这一悲剧，也应该利用它“把中国吸引过来”，同时巩固英日关系。改善对美关系固然重要，但在他的优先名单上仅仅排在第三位。[4]

伍德罗·威尔逊于 1856 年出生于弗吉尼亚，在佐治亚长大，并在战争、种族主义与政治动荡中——对他而言是内战与困难的重建时期——成长起来。之后威尔逊与山县的世界就分道扬镳了。山县的政治中心是天皇，而威尔逊的则是美国个人主义。山县眼中的危险是平民政党，威尔逊眼中的危险则是可能扼杀个人活力的新兴的工业-金融企业。如果说山县的政策是受到了以军队为日本寻求安全与独立的热情的驱动，那么威尔逊则热切希望通过更为民主的政府，在阶级斗争爆发前对“美利坚公司”的经济进行改革。1898 年，作为著名政治学家的威尔逊声称：“无论我们如何看待其他动机，都不能忘记，普通人的行动主要是由经济动机决定的。”1911 年，作为新泽西改革者的威尔逊说：“一个新的经济社会正在出现，我们必须采取一系列新的调整措施。”对于 19 世纪 90 年代后的帝国美国来说，“调整”需要一个强力总统领导下的积极政府：“显然，帝国是强大政府的事。”[5]

威尔逊清楚，他正服务于一个发展中的美利坚帝国。在他看来，1898 年战争是一个转折，当时美国发现经过了 400 年的持续扩张后，陆地边界已经消失了，于是它“从发展自身优势转向了征服世界市场”。像山县一样，威尔逊认为世界被种族问题所“感染”，从而变得更不稳定。作为在南方长大的白人，以及由依赖南方（以及部分北方）
103 白人政治机器的民主党选出的总统，他的种族主义观点也没什么例外。实际上，威尔逊专注于新出现的危险问题十分正常：一个不断发展的“帝国”的经济体系可能摧毁美国社会，因为这一经济体系的特征从局限于一个大陆上的 19 世纪的个人主义竞争，突然转向了划分全球市场的庞大的 20 世纪的公司。[6]

威尔逊试图“驯服”公司，并在海外掀起和平的经济战以避免阶级斗争。1913 年就任总统时，他对于外交政策知之甚少。1912 年竞选期间，威尔逊在几次演讲中说道，美国工业“扩张到了如此地步，以至于如果不能找到通往世界市场的自由出路，它们就会自己挣脱束缚自己的紧身衣”。他早就注意到，亚洲是问题的关键，“这是一个政治家与商人不得不为之展开竞争博弈的市场，一个必须通过外交甚至武力打开道路的市场”。[7]

将这一名言转化为合乎逻辑的结论后，威尔逊声称，门户开放政策“并非为了中国权利而开放，而是为了美国利益而开放”。由于个人与政策原因，他与西奥多·罗斯福彼此看不顺眼，但在亚洲事务上两人却所见略同。罗斯福说道，美国人正在见证“美国西部边疆扩张到中国内地”。[8]

1913 年 3 月，威尔逊开始试图以中国为工具改革“美利坚公司”。他面临着是否留在六国财团中的问题。六国财团由威廉·霍华德·塔夫脱与威拉德·斯特雷特于 1911—1912 年组建，旨在让美国银行与其他五国的银行享有开发中国的平等权利。然而在 1913 年，新的中国处于军事强人袁世凯的控制之下。斯特雷特认为袁会支持“外资建设中国”，希望威尔逊能够让美国留在财团之中。斯特雷特甚至准备与他蔑视的日本人合作，他半开玩笑地在信中说：“如果这些小鬼子能够控制中国，情况对我们可能更有利，他们不能再玩垄断的把戏了。

随后，像八旗子弟一样，他们会在几代人之后腐败并被财富软化……如此他们将不再构成对我们这些好人的军事威胁。”[9]

威尔逊否决了斯特雷特的观点。他有两个理由：若财团被大银行家所控制，就会将小企业排除在外；另外，美国可能控制不住财团。总统更倾向于回到传统的单干作风，让更多美国公司为中国所有的发展项目展开竞争，同时与日本人和欧洲帝国主义区分开来。[10] 104

总统在没有询问其他五国和国务院亚洲专家意见的情况下解散了财团。在宣布前，只有国务卿威廉·詹宁斯·布莱恩了解并支持总统的决定，尽管总统轻视他的才智，但考虑到他的政治影响力还是提名他为国务卿。在威尔逊的新方案中，激进特性受到了限制，尽管作为军人的袁世凯对民主不感兴趣，但威尔逊还是承认他为中国的领袖，即使在袁称帝后也对其表示支持。威尔逊与许多美国人一样陷入了互相矛盾的希望之中：中国总得成为一个民主国家，但为了外国利益也应该保持有序和完整。斯特雷特为此怒不可遏，认为中国市场已经被放弃了，但 1913 年 8—9 月的国务院备忘录表明了美国“全面发展”中美贸易的意图。美国公司“应当获得机会在任何地方与任何外国竞争者在平等的基础上竞争合同与利润”。威尔逊并没有退出中国。美国与日本仍处在即将发生冲突的轨道上。[11]

三　加利福尼亚：“另一个种族问题”

在威尔逊退出财团的两个月内，冲突似乎即将来临，以至于美国海军开始进入备战状态。紧张局势持续了数月。早在 1912 年，就有流言称日本商团正在购买墨西哥辖加利福尼亚的一处战略要地。日本政府对此予以否认。然而，威廉·鲁道夫·赫斯特（William Randolph Hearst）的反日报纸拉响了警钟。在参议院，亨利·卡波特·洛奇推出了国家外交武器库中的一尊巨炮——门罗主义，装填上了被称为“洛奇推论”的弹药后，将它对准了日本。这一推论是对门罗主义的新阐释。参议员表示，1823年，詹姆斯·门罗（James Monroe）总统阻止了我们这个半球进一步的外国“殖民行径”。在他所推动的51–4号决议案中，洛奇认为，“‘殖民’的内容包括来自外国的公司或企业、公民或国民所从事的那些门罗主义意图阻止的行为”。在接下来的20年中，国务院至少4次利用了洛奇推论。每一次，都旨在阻止日本人获得墨西哥领土。[12]

105 洛奇发表上述言论时，他的好友西奥多·罗斯福在总统竞选中与威尔逊和塔夫脱交锋，并最终败北。后来所谓的“排日风潮”成为竞选活动的主要特征，主要原因是加利福尼亚已经开始讨论关于禁止日本人拥有土地的立法提案。1907年的“君子协定”后，日本移民不断减少。仅有大约55000名日本人在美国居留。许多日本人，因为是可靠的农业劳动力而受到欢迎。然而也有一些人节衣缩食，攒下了足够的钱来购买属于自己的土地。这样的成功是对伟大美国传统的致敬，但一位加利福尼亚民主党领袖却表示，日本人“是不接受同化的民族，他们聪明而勤勉，通过恶性竞争从白人手中夺走了农场”，加利福尼亚存在成为“日本种植园”的危险，此地的“民主制度”将走向毁灭。

同样的话也出自威尔逊的铁杆支持者詹姆斯·D.费伦（James D. Phelan）口中，他是富有的房地产投机者、前旧金山市市长，后来成为一名参议员。费伦告诫威尔逊，如果他想争取到加利福尼亚，就必须表明立场。1912年5月，新泽西州州长写信给费伦表示他赞同“驱逐（或者限制）移民。这个问题是同化不同种族问题的一部分。因为掺杂了不属于白种人的民族，人口不可能实现同质化”。威尔逊补充道，“作为劳工，他们的生活水平更低，这将排挤白人农民，另外也将构成严重的产业威胁……东方苦力带来了另一个亟待解决的种族问题，我们已经有了教训”。竞选期间，费伦挥舞着威尔逊的信，对此大为宣传。[13]

当加利福尼亚人开始禁止日本人拥有土地时，新当选的总统派布莱恩与加州立法者进行了协商。国务卿的运气不佳。威尔逊试图建议加州采取合适的措辞，既能达到目的又不致得罪日本，但加州拒绝与之合作。大部分美国杂志附和了《纽约世界报》的观点，认为加州的立法“极其荒谬”，并不能解决问题。然而，赫斯特的报纸却赞赏了这一立法，并不断煽动反日情绪。[14]

美国海军的担忧日益加深。在东京，当一位政客要求帝国舰队前往加利福尼亚以保护日本国民和国家尊严时，20 万人的人群发出了高声欢呼。有传闻称舰队正准备夺取夏威夷和菲律宾。美国不断对日本禁止美国公民在日本拥有土地提出抗议，但东京当局对此无动于衷。1913 年 5 月中旬，海军作战参谋布拉德利·A. 菲斯克（Bradley A. Fiske）上将告诉海军部部长约瑟夫·丹尼尔斯（Josephus Daniels），“战争不仅可能爆发，而且可能性很大”。上将请求总统批准向菲律宾 106
和夏威夷地区增派军舰，遭到威尔逊断然拒绝。总统不希望采取任何可能进一步刺激日本的行动。陆海军联合委员会（The Joint Board of the Army and Navy）坚持己见，随后上将的请求被一份报纸泄露出来。愤怒的威尔逊解散了联合委员会。紧张的局势得到了缓和，但 1913 年 5 月 9 日，加利福尼亚的《韦伯-希尼·艾伦土地法案》（Webb-Heney Alien Land Act）通过了立法。山县有关种族重要性的观点得到了强化。[15]

5 月的一次新闻发布会上，威尔逊表达了他对日本成就的赞赏。例如，在日俄战争中，疾病导致的军人死亡率仅有 2%，这表明日本“拥有超越任何现代国家的科学优势”，“给人留下了深刻印象”。不仅如此，“他们能完美地学人所长，化为己用”。另一方面，总统也提到，加利福尼亚立法之所以出现，是因为“我们并不想与日本人在生活中建立亲密联系”。他提到“我们感觉，他们与我们并不是一类人。当然，这是外交本身所不能解决的问题”。[16]

四　双线战争：1914—1918 年

威尔逊钦佩日本人，但更希望他们不要居住在加利福尼亚。他还认为，日本人应该尽量避免到正处于革命撕扯中的中国工作。1914—1918 年，他与日本掀起了双线战争：在一场战争中，他们并肩作战对抗德国；在另一场战争中，他们在外交上交锋。第一场战争围绕德国在世界事务中的地位展开，第二场则围绕中国在日本发展与美国体系中的地位展开。

第二场战争的强度一定程度上受到波及日本与美国的经济难题的影响，与此同时，即 1914 年 8 月，欧洲正在滑向深渊。受到通胀和长期贸易逆差困扰的日本向欧洲交战国出售了大量商品，并占据了西方帝国主义列强放弃的亚洲市场，实现了经济腾飞。东京还开始推动中国东北、朝鲜的“发展”——殖民活动。

1914 年中，美国经济正在螺旋式下滑，饱受短期问题的困扰。首先美国人没有给任何一方提供贷款。布莱恩解释道，钱是“最差的走
107 私品，因为它贪得无厌”。然而，在 14 个月内，美国人通过向任何有信誉的人（很大程度上指英、法、俄组成的协约国）提供借贷，销售食品、衣物和军火而赚得盆满钵满。日本欣欣向荣，而美国正成为全球资本中心。

然而，战争总有一天会结束，中国市场却会永远存在。美国人正着手利用欧战，日本则开始利用中国的内乱。斯特雷特等人甚至将中国革命很大程度上视为日本的发明。1896 年，首批 13 名中国留学生到达了东京，到 1914 年，有越来越多的中国人在日本留学（1905 年，中国赴日留学人数达到了 8000 名）。泛亚主义运动在东京蓬勃发展，它受到日俄战争胜利的“滋养”，如今又鼓舞了那些厌恶西方、将在美国的遥远边疆揭竿而起的革命者。与中国的局面相比，加利福尼亚与夏威夷的“黄祸”只是小巫见大巫。同时，在东京，大隈重信从最

近的政治动荡中脱颖而出，抓住了欧洲战争提供的机会，于 1914 年成为首相。大隈身后受到了山县与陆军的支持。[17]

作为武士之子，如今 76 岁的大隈在 19 世纪 60 年代从一位美国传教士口中了解到新英格兰并十分赞赏美国宪法，但对于个人主义的美国社会则不然。起初在 19 世纪 70 年代反对军事征服的大隈很快开始主张夺取中国台湾、中国东北和朝鲜。讽刺的是，他还成了中国和平协会〔1〕的会长。34 到 43 岁之间，大隈担任内阁财政大臣，从镇压 1877 年叛乱的军购合同中捞足了油水。随后，他与三菱财团建立了紧密联系。19 世纪 90 年代初，贪腐案的事发使得大隈不得不下台，但他参与了一个政党的创建，这个政党最终在 1898 年使他成功地作为首相重新掌权。达到政治生涯顶点的大隈将夏威夷视为日本的保护国，因而反对美国合并夏威夷。贪污再次迫使大隈下台，这一次下台长达 16 年之久。此间，大隈投身于早稻田大学的建设，这所大学很快成为免受政府监管的著名高校。1914 年，在事态迫不得已的情况下，天皇与元老最后选择求助于大隈。此时的大隈饱经政治沉浮，与拥有三菱财团的岩崎家族关系密切，他虚荣心极强，怀有强烈的泛亚主义情绪（他曾一度宣称，即使印度也希望寻求日本的帮助以获得解放，这使得英国官员大为不满），并对美国充满厌恶与忧虑。[18]

1914—1916 年，大隈与外务大臣加藤高明主导了外交政策的制定。与大隈不同的是，作为下一代日本领导人的加藤是一位职业外交官，他的仕途平步青云，34 岁就出任驻英公使，在 1900 年与 1906 年两度担任外相。与大隈相同的是，加藤也与岩崎家族进行了联姻。他 108

〔1〕原文为“Chinese Peace Society”，现存史料未有类似名称之组织，疑有两种可能：1.“同仁会”之意译，同仁会为大隈担任会长的日本社会团体，曾向中国派遣留学生，建设医院、医学校等，以对华医疗事业为中心，加深中日关系；2.“大日本和平协会”之笔误，大日本和平协会为世界和平协会的日本支部，由大隈担任会长。

的急性子也和大隈颇为类似，信仰日本版的“天定命运”，并倾向于在中国动用武力。[19]

很快，加藤就犯下了与其野心同样大的严重错误。他认为能够绕过元老的意见，并想当然地以为英国会同意日本将中国变为自己的实际保护国，这样就能一劳永逸地摧毁美国的门户开放政策。1911—1913年他采取了第一步计划。作为驻英公使，加藤原以为，自己与英国外交大臣爱德华·格雷（Edward Grey）爵士已经就日本必须扩张这一点达成了一致。然而，爱德华爵士私以为，扩张范围仅仅限于中国东北，并不包括存在着英国重大利益的华中地区。加藤甚至可能完全误解了格雷的意思，认为适当的情况下英国会默许日本控制整个中国。[20]

黄金时机随着欧战到来。日本首先宣布中立。随后，英国请求日本在太平洋上提供海军保护。加藤认为帮助英国将使日本收获颇丰；这些收获包括夺取德国在中国和太平洋的财产，从而实现对德国20年前发起三国干涉还辽的报复，这是期待已久的复仇。日本人还夺取了位于山东半岛的德国战略据点胶州湾（并让德国俘虏在啤酒厂工作，产生了著名的朝日啤酒）。随后他们入侵了德皇在北太平洋的殖民地——马里亚纳群岛、马绍尔群岛和加罗林群岛。另一个白人国家受到了羞辱。日本势力稳步向西方与南方扩展，野心勃勃的日本学生已经开始学习马来语和荷语。惊讶的英国人请求加藤在欧洲提供军事支持，但后者断然拒绝了。[21]

日本是为了自己在亚洲的利益而非盟友的存亡才加入一战的。例如，在1916年初，大隈认为德国可以开出具有吸引力的条件，于是日本秘密与柏林协商了单独议和事宜。1914年，一位日本官员解释道：“如果一家珠宝店着火，不应该寄希望于邻居们能管住自己的手。”威尔逊与国务院觉得这并不好笑。战争开始时，忧心忡忡的中国就请求华盛顿维持太平洋的现状。布莱恩向列强正式发出了这一请求，但只有德国表示同意。当日本夺取德国在赤道以北的财产时，英国人正在赤道以南如法炮制。中国再次提出抗议，但国务院参事罗伯特·兰辛（Robert Lansing，这位来自纽约的保守派律师对于混乱而分崩离析的老大帝国毫无同情心）告诉中国人，尽管美国与中国的友谊十分“真诚”，但希望美国牵涉进日本在亚洲的反德军事行动，“简直是白日做梦”。[22] 109

与加藤和大隈同时，中国也出现了两位政治明星——孙中山和袁世凯。1911 年中国革命爆发时，两位领导人站在了前线。孙中山和他的追随者从南方发动起义，而袁世凯通过军队控制了北方。日本的政策也因而出现了分歧。东京当局对孙中山周围的激进派并无好感，与伍德罗·威尔逊一样，相比于孙中山提倡的未知的共和国，他们更倾向于能够提供明确未来预期的帝制。然而，三井与三菱为首的大财阀为孙中山提供了武器与经济资助，以换取将来的经济利益。孙中山最终成为万人敬仰的中国革命之父，但 1912—1914 年袁世凯两度击败了孙中山，夺取了全权并迫使孙中山和其他南方革命领导人寻求日本的庇护。[23]

随着炮火在欧洲轰鸣，日本人向袁世凯表达了自己对胶州湾与中东铁路的兴趣，袁世凯礼貌性地倾听了日本人的要求，并委婉而客套地回应称，黄种人不应该“与白种的欧洲人和美国人交朋友”，他们会在战后“成为强大的白种对手”。加藤将这一回应与认为英国会容忍日本在中国扩张的想法联系起来，开始与下属制定完整而具体的一系列对华要求。

1915 年 1 月，加藤在极度保密的情况下向袁世凯政府提交了所谓的“二十一条”。这份清单震惊了世界。日本要求获得德国在山东（胶州）的所有特权；获得“南满”和内蒙古铁路的大量利权，包括对南满铁路九十九年的租借权；控制一家在华中拥有丰富煤铁矿的公司；获得对福建的必要控制。最后，也就是第五号条款引起的震动最为强烈：中国将雇佣日本政治、经济和军事顾问；给予日本人修建寺庙和学校的特权；允许日本政府在长江流域与南部沿海地区之间的关键地区修建三条铁路。[24]

一战最为危险的远东危机即将到来。加藤相信欧洲人与美国人都
110 不可能对此予以阻挠，而且由于日本对南满铁路的租借将在1923—1940年失效，这将是东京挽回局势的最后机会。当然，条约并未能保密。美国驻华公使芮恩施（Paul Reinsch）在1915年1月下旬就得知了条约的有关内容。

作为威斯康星大学的著名中国研究学者，芮恩施是一个坚定而充满热情的中国守护者与一个直言不讳的日本批评者。他相信只有美国才能将中国顺利带入20世纪，并将日本人（较小程度上也包括他们的盟友英国）视为恶人。芮恩施告诉威尔逊和布莱恩，“二十一
111 条”是“中国未曾发生过的最大的危机”。如果加藤成功，开放的门户将永远关闭：“中国的独立和西方国家的平等机遇如今危如累卵。”威尔逊对此却漠不关心。他的注意力集中于维持美国的中立、为首任夫人去世而哀悼，以及殷勤地向第二任夫人示爱等方面了。而且总统认为，（他眼中）更文明的一方帮助处于混乱中的邻居，这没什么值得担心的。毕竟，他正在或正计划向墨西哥、海地、圣多明各以及尼加拉瓜派遣美军。布莱恩确实向日本大使珍田伯爵询问了关于第五号条款的情况。作为曾留学美国的一位经验丰富的外交官，珍田否认了这一号条款的存在。布莱恩与坦慕尼协会的长期政治联系本应该使他更好地处理此事，但他却表示：“我完全信任日本大使先生。”[25]

1915年2月18日，中国公开了条约的第五号条款。在伦敦的格雷大为震惊。他向东京施压，5月，加藤最终放弃了这号条款。同时，威尔逊与布莱恩也严厉谴责日本的欺骗行为。但他们知道，在亚洲、欧洲，更不用说在加利福尼亚，他们都需要日本人的合作。他们也缺

乏能够在中国压制日本的军事力量。在这场门户开放的博弈中，威尔逊手里并没有什么好牌。

3 月 13 日，美国人最终接受了前四号条款（也就是日本对中国东北和山东的控制），他们使用了贻害甚深的措辞。美国承认“日本与这些地区因为地域相邻而产生了特殊联系”。这一措辞出自兰辛的建议，他希望以此为交换，日本会在加利福尼亚问题上表示合作并放弃第五号条款。5 月初，威尔逊认为日本并没有让步。5 月 5 日，布莱恩发出了一封措辞强硬的通告，警告日本和其他列强，美国不会放弃在华权益。6 天后，他再度重申了“被称为门户开放的国际政策”。[26]

中国接受了前四号条款大部分的内容，但拒绝了第五号条款。虽然取得了有限的成功，加藤却在国内陷入了麻烦。他发出的要求并未咨询元老的建议，他认为后者太老，也太小心翼翼。然而，老一辈政治家仍然主导了天皇的视听，并因加藤的举动而大动肝火——在他们花了 40 年时间向西方示好之后，加藤的愚蠢外交竟然一下子就要让他们的努力付之东流，并激怒英国人。1915 年 5 月，他们迫使加藤辞职。这一段“插图”已经进一步破坏了日美关系。芮恩施的反日警告似乎得到了验证。赫斯特的报纸以一系列题为“日本入侵、征服美国 112
的计划”的文章对此大加鼓吹。文章的内容抄袭自一本日本小说，而配图则由 1894—1895 年中日战争中的图片篡改而来，但读者对此一无所知。除了赫斯特，威尔逊和布莱恩似乎也是大赢家，他们认为自己措辞强硬的通告拯救了中国，挫败了加藤的计划。实际上，是格雷通过日英同盟运用了自己的影响力，迫使元老不得不采取行动。[27]

然而，美国人谴责了格雷的行为，并越来越对盎格鲁-日本同盟产生怀疑。英国人对于门户开放并不关心，除非他们在华中的利益受到威胁。毫无疑问，格雷也不会越出框架支持美国人，因为若在中国真正实现门户开放政策，可能在削弱日本利益的同时也会削弱英国利益。格雷甚至在 1915 年 5 月对威尔逊最亲近的顾问爱德华·

M. 豪斯（Edward M. House）坦率地说，“既然南北美、非洲与英国殖民地都将日本国民拒之门外”，日本当然会要求获得中国东北。[28]

一个巨大的讽刺出现了：作为一方盟友的日本正在利用欧战摧毁美国在亚洲 75 年之久的政策，并带来一场超出赫斯特想象的“黄祸”。起草回应的任务落到了兰辛身上。1915 年 6 月，布莱恩与总统就德国潜艇战问题发生争吵，之后辞职，兰辛，这位文雅的纽约人成为新任国务卿。与布莱恩不同，兰辛希望美国站在英国一方加入战争。1916 年，威尔逊意识到，虽然他的支持者因他的口号“让美国身处战火之外”使他连任，但美国或许不得不参战了。因此，对于兰辛而言，在亚洲的关键问题是，一旦美国陷入欧战，如何才能限制日本。

威尔逊和兰辛制定了两个限制政策。首先，他们艰难地接受并承认，1913 年威尔逊提出的旨在破坏六国财团的单干政策，最终却让日本开始单干了。到 1916 年，日本通过大量贷款加速了在中国的经济扩张。总统知道，虽然只剩下四方了（美国、英国、法国和日本），但还是应该重建财团。芮恩施强烈反对这一计划。他主张美国单方面运用刚从战争中获得的资本从事一场保卫门户开放的神圣战争，将日本驱逐回去。

在美国外交史上，单边主义——或者一般被称为孤立主义——一
113 直都只是一个策略，而非不可改变的原则。美国人通常会在能够掌控局势时参与多边合作。1913 年，因为不能完全控制联合财团，威尔逊从中退出。到了 1917 年，他和兰辛重建财团，则是因为他们认为美国人能够完全掌控它了。

1918 年年中，兰辛告诉威尔逊，中国极度渴求资金援助，考虑到战时情况，“这让日本资本获得了控制权”，所以美国资本需要进入中国与日本资本竞争。鉴于足够数量的美元只有在威尔逊提供全力支持的情况下才会进入中国，总统照办了。如果这一计划奏效，结果将是惊人的。英国和法国正因战争而处于破产边缘，它们将依赖于美国资

本。在新的财团中，美国人能够控制 3 票以对抗日本的 1 票，而且资本正在涌入纽约，在数量上，日本资本难以望其项背。起初，看在眼里的东京当局反对加入新的联合财团。正如日本媒体所说，列强利用美国作为“抑制日本的手段”。然而，英国的压力与美国的力量太强大了。1916 年，威尔逊直言不讳地表示，美国已经成了“全世界的债权人”，“能够很大程度上决定谁被资助，而谁不被资助”。到 1918 年年中，J.P. 摩根、洛克菲勒的国民城市银行（National City Bank）以及 29 家小银行（为了满足威尔逊对更开放的资本体系的要求而加入的）所组成的美国集团已经置身于新的联合财团之中。[29]

1917 年年初，当威尔逊苦恼于是否让美国人在欧洲流血牺牲时，他对日本日益增长的忧虑以及他的种族主义观点显著地暴露了出来。一方面，他不得不对正在击沉美国船只的德国潜艇战做出回应。而且他知道，如果想要在战后作为平等的一员参与和谈，就不得不参战。[30]

另一方面，威尔逊认为美国的加入将导致协约国大获全胜，而对于他提出的建立一个与以往不同的、更加民主的战后世界的设想，后者绝不会同意。1915—1916 年，协约国签订了一系列秘密协议，旨在协约国内部瓜分德国遗产，这更加印证了这一观点。欧洲人正式给予日本希望获得的德国在太平洋上的领地时，也并未咨询美国人的意见。出于自身特殊的关切，威尔逊开始担忧如果美国人与欧洲人一样在战争中丧生，将对“白种文明”造成伤害。1917 年 2 月 5 日他告诉内阁，如果“出于保持白种人或其中一部分人的实力以应对黄种人——例如，与俄国结盟并控制了中国的日本——的需要，明智的做法是作壁上观，并坦然接受……任何有关软弱和怯懦的指责”。兰辛则试图把威尔逊 114
推到战争边缘，他提出另一种观点：如果德国获胜，它将加入俄国与日本的阵营，“后两者对民主的敌意与德国一样大，并对于领土扩张拥有同样的野心”。它们随后将瓜分世界，而日本将把美国西海岸视为自己的目标。[31]

无论走哪一条路，威尔逊的战争决策部分程度上都取决于他对怎样才能最好地保护“白种人”的利益免受日本威胁的思考。最终，兰辛的主张与威尔逊在战后和平中身居其间发挥斡旋作用的想法占据了上风。然而在 1917 年 1 月 22 日，总统在国会发表了重要演讲，认为要对协约国保持警惕。他要求实现“没有胜利者的和平”，这一和平将以“共同体的力量”取代如今世界盛行的帝国主义。总统表示，他希望全世界都摆脱“纠缠中的同盟关系”（例如协约国的密约），要求所有国家“遵循门罗主义”，“任何国家都不应该寻求将制度施加于其他任何国家或民族之路”。4 月，威尔逊最终决定加入日本与其欧洲盟友的阵营，但他强调，美国将仅扮演“联合国家”，因为“我们没有任何盟友”。因而威尔逊走向战争，是为了与协约国一同赢得军事胜利，更重要的是为了赢得一个不受协约国控制的战后新世界。这是一个干净利落的把戏。[32]

总统对于门罗主义的引用并未奏效。日本人和除美国之外的其他所有国家一样，将这一主义视为为了控制邻近区域而提出的理论。毕竟，这就是长期以来美国对待拉美邻国的方式。东京当局被这一主义所吸引，因为他们认为有权在自己所属的地区运用相似的学说。再一次，日本不仅希望加入帝国主义阵营，更希望获得这一俱乐部成员具有的全部权利和特权。

没有哪个日本人比石井菊次郎子爵更希望加入这一俱乐部。在后来的回忆录中他说道，1917 年 9 月，他抵达华盛顿以交流“有关中国问题的坦率意见”。石井功勋卓著，拥有丰富的外交经历，是日本杰出的外交人才。他出生于 1866 年，毕业于久负盛名的东京帝国大学法学院，并成为小村的门徒。在平步青云的履历上，他起初供职于朝鲜，庚子国变时供职于中国，移民问题爆发时供职于加利福尼亚，随后担任了驻法大使，最终于 1915—1916 年成为加藤的继任者而担任外相。温文尔雅的石井能够说流利的英语，在纽约也人脉甚广。1916

年，当流言称如果墨西哥与美国开战（威尔逊希望控制墨西哥的革命，甚至为此派出了美军），日本会对墨西哥予以援手时，石井的表现在威尔逊和兰辛心中留下了良好印象。石井直白地表示，任何这样的援助都是“不可能且荒谬的”。他还能够理解美国公共舆论的重要性。《纽约时报》曾对子爵的台球技巧以及作为“客厅艺术家”的歌唱表演大加赞赏。[33]

如果报纸曾经听到石井和兰辛有关中国的争吵，可能就不会这么着魔了。国务卿希望在美国深深陷入欧洲“修罗场”的同时，用政治手段和联合财团限制住日本。他要求日本重申门户开放政策，并放弃在中国的封闭势力范围。石井无意发下这样的誓言，尤其是在与盟友的密约巩固了日本对中国东北的控制之后。而且，外务大臣本野一郎指示石井，“不管以什么方式都要确保美国能认清日本在中国的特殊位置”。纽约资本在中国东北和内蒙古受到了欢迎，但只有经过日本之手，投资才能实现。石井如今认为，在门罗主义之下，日本的在华利益与美国利益一致：“无论其他国家是否承认，它们的利益都客观存在。”日本还希望其在中国东北的“最高利益”能够获得承认。[34]

兰辛提出，能否将“最高利益”替换为“特殊利益”？如果“最高利益”得到承认，整个中国市场都可能落入日本的控制之中。石井回应道，“最高利益”是美国为在墨西哥的利益正名而使用的措辞。“鉴于日本在中国的利益与美国在墨西哥的利益并无区别”，子爵认为他的措辞是妥当的。并无档案记录兰辛当时的表情，但他表示，这一措辞太激进了。他清楚地知道，就在日本完全吞并朝鲜之前，也曾在一份有关朝鲜的“盎格鲁-日本协议”中使用了“最高利益”一词。

1917 年 11 月 2 日，双方的交锋暂时告一段落，美方发表的一份正式公告成为第二项用以控制日本的遏制政策。兰辛在给石井的信中表示，双方达成的协议将宣布“地域相邻的国家之间存在着特殊关系”。考虑到本野的指令，石井的任务完成得相当不错。美国承认日

116 本在中国拥有“特殊利益”，尤其是在“与日本领地相邻”的地区，这指的是中国东北——可能也包括刚夺取的山东。作为交换，石井同意与兰辛共同表示，中国的主权不会被破坏。他们承诺“在中国坚持所谓的‘门户开放’或者商贸机会均等的原则”。然而，兰辛和威尔逊想要的更多。在一项直到 1938 年（当时国务院在面临一场与日本之间爆发的围绕中国的更严重的危机时公开了这份文件）才公开的秘密条款中，两国同意不会“利用”欧战“寻求可能损害其他国家利益的特殊权益”。因此，日本承诺将会收手，在战争期间不触碰美国和协约国的在华利益。[35]

兰辛得到了满足，斯特雷特也欣喜若狂。他认为这份协议是继 1899—1900 年间海发出的门户开放通告之后“最具有建设性的成果”。对于秘密条款一无所知的芮恩施和中国人则没有那么高兴。1918 年，北京的美国记者告诉兰辛，“日本对当下政府的影响力太大了”，如果他想挽回中国的局势，就必须“向日本施压”。随着美国与日本的制度开始在亚洲相互角逐，威尔逊认为，联合财团与“兰辛-石井协定”并不足以完全约束在这一疆界内发生的竞争。[36]

五　西伯利亚（俄国远东）：苦涩的选择

如果说围绕中国的争端还不算足够多，那么，1918 年年末，一场更为突然的对日危机在等着威尔逊。这场危机爆发于俄国，其最终结果塑造了 20 世纪大部分时间内的日美关系与更大的国际舞台。

1917 年 2 月，沙皇被一个社会民主政权所推翻，后者并不能胜任同时开展对德战争和改革俄国社会这两项任务，这无疑是凡人力所不能及的。新政权面临的局势一直在恶化，直到 1917 年 11 月，它成为 V.I. 列宁（V. I.Lenin）和利奥·托洛茨基（Leon Trotsky）领导的布尔什维克革命运动的目标。威尔逊和兰辛支持二月政权，但对于布尔什维克则感到担忧与厌恶。兰辛认为，他们的成功得益于迎合了“愚昧者与心智不全者”。当列宁公布了协约国瓜分战后世界的秘密条约以谴责欧洲人和日本人，并着手与德国议和（在威尔逊眼中这简直糟糕透顶）时，这种憎恨进一步加强了。[37]

这些政治巨变以不同的方式震动了协约国。在华盛顿，威尔逊将列宁视为有远见的同道中人，但他对于战后世界抱有根本不同的且充 117
满革命性的设想。1918 年 1 月，总统以承载了其和平设想的“十四点演说”对列宁的挑战做出了回应。他处理俄国问题的方式，与他和兰辛与石井所协商的处理中国问题的方式基本一致：协约国对俄国的处理“将成为对它们诚意的严峻考验”，俄国将不会被德国或任何邻近的觊觎者瓜分。在伦敦，英国人担心俄国会“日耳曼化”，也担心丢失这一地区的丰饶资源。于是，他们请求东京当局的盟友占领跨西伯利亚铁路，这一大胆的举动立刻受到了兰辛的谴责，后者将之视为英日同盟为控制俄国而迈出的关键一步。[38]

东京的官员将英国的提议视为天上掉下的馅饼：日本人不费吹灰之力就能为中国东北创造一个巨大的缓冲区，同时攫取世界上最丰富的原料宝库之一，从而最终实现帝国的经济自主。但根基不稳的寺内正毅内阁关于怎样和何时采取行动产生了严重的分歧。寺内正毅曾是一名职业军官和山县伯爵的另一位门徒。1917 年 6 月，寺内建立了一个由九名代表组成的外交事务顾问委员会，成员分别代表军方、大家族、官僚、保守派和自由派，从而试图为政策决策过程制定一些规则。后来，顾问委员会成为温和派限制激进分子的重要甚至唯一的渠道。但这让已经摇摇欲坠的决策制定过程变得更为糟糕。有时，顾问委员会分化为我行我素的反俄军人（由山县领导）和更加小心翼翼的文官（由仅剩的元老之一西园寺领导）。由于东京当局陷入瘫痪，军方尤其是陆军抓住了时机。[39]

1918年1月，伦敦提议协约国派军前往俄罗斯北部的摩尔曼斯克（以避免那里的军火储备落入德国人之手）和西伯利亚（远东）太平洋沿岸的符拉迪沃斯托克。东京和华盛顿已经为此争论了六个月之久，双方都饱受折磨。日本军队迅速制订了计划以保住跨西伯利亚铁路。由西园寺和山县领导的内阁也希望迅速行动，称日本应当跟随美国的步伐。威尔逊对英国提议的冷淡回应相当于发出了黄色预警。他与兰辛有关分割中国或俄国之恶的公共演说，则进一步让预警升级为红色。1918年3月5日，国务院对东京直言相告，干涉可能引发俄国国内的“强烈憎恨”，并让国内外“俄国的敌人”渔翁得利。山县警告他的政
118 府同僚，日本必须小心翼翼，因为“很遗憾，我们相当依赖”英美的资本和资源。1917年美国切断对日钢铁输出（为美国备战储备钢铁）的事例表明，伯爵的观点是无可争辩的。尽管日本正在成为亚洲强国，但它仍需依赖美国。[40]

协约国如今在等待威尔逊的决定。总统相信，在保持俄国完整的同时，也不能采取任何可能给予布尔什维克新理由用以团结俄国人对抗资本主义国家的行动，这对于政策运作是“严峻的考验”。1918年1—7月间，他至少六次拒绝了协约国的干涉请求。然而在1918年3月3日，列宁和托洛茨基与德国人在布列斯特-立托夫斯克缔结了和约。恐慌迅速在西方蔓延开来，他们担心布尔什维克会以俄国为跳板在国外发动革命，有些自相矛盾的是，他们还担心布尔什维克将向德国提供自己的资源以供开发。

兰辛和威尔逊的观点十分坚定。一年前主张实现“没有胜利者的和平”的总统，在1918年4月6日却强烈要求对德国“动用全部武力”。“不加限制、毫不迟疑地使用武力，正义的武力终将获胜，让正义的法则传遍全世界。”然而，围绕何处使用武力的问题，威尔逊的顾问们产生了严重的分歧。兰辛主张针对布尔什维克做出干涉，豪斯上校则主张保持谨慎。在豪斯背后，有一个由分散于整个华盛顿关键

位置的自由派年轻人组成的私人关系网。其中一位是任职于国务院的、英俊阔绰的费城主流派人士威廉·克里斯蒂安·布利特（William Christian Bullitt），他极力要求豪斯阻止威尔逊。布利特在给这位好友的信中说道："我痛心疾首，因为我认为我们正在犯下人类历史上最悲剧性的错误。"如果按照英国人督促的那样，美军登陆符拉迪沃斯托克，将导致流血冲突和混乱，随后不得不大规模使用武力，最终"德国人将控制俄国的欧洲部分，而日本人将控制西伯利亚"。布利特相信，只有威尔逊与列宁合作才能保持俄国的完整并使其免于落入德国和日本人之手。坦白地说，布尔什维克是比日本帝国主义者更好的合作选择。[41]

随着协约国加紧施压，威尔逊也陷入了两难之中。他告诉豪斯，"什么才是应当在俄国采取的正确而合适的措施，我已经为此呕心沥血"。"答案就像水银一样，一触碰就散开溜走。"5 月，水银变成了钢铁。《布列斯特-立托夫斯克和约》签订后，正在与德国人作战的 6000 捷克军队开始向东进发，寻找通往西部前线的交通系统。7 月 2 日，捷克人在西伯利亚与红军爆发了冲突，他们要求获得外部的援助。119
15 天后威尔逊宣布，美军会进入俄国进行有限的干涉。约 5000 人将在阿尔汉格尔（Archangel）与英军一起守卫协约国的物资储备，另外 7000 人将进入符拉迪沃斯托克，表面上是为了帮助捷克人到达西部前线。实际上，威尔逊显然也有意让军队监视日本人，后者也加入了干涉阵营并对白军提供援助。总统的决定结束了东京的阵营对立。虽然美国发出了明确的信号：日本的干涉应该受到限制，但寺内首相却不怀好意地将威尔逊的回应理解为，对日本派军越过符拉迪沃斯托克以及"随着事态发展而增兵的行为"表示许可。用历史学家细谷千博的话来说，这埋下了"另一颗灾难的种子……之后发展成了 1941 年的太平洋战争"。[42]

1918 年 8 月，最初闯入俄国远东的 7000 名日军很快增加到了

80000名。面对这一巨大的数字，日本外相回应道："武力就是灵魂！"一位日本历史学者认为这一回答十分具有"东方神秘主义色彩"，而美国大使并不能理解其中的含义。日本陆军参谋长发出了与威尔逊截然不同的命令。他秘密下令，军队要帮助建立"一个反布尔什维克的核心"，帮助这一地区的日本公民"开发自然资源"，最重要的是让美国和其他国家的军队尽可能远离中国东北。日本人的首要目标是中东铁路，它一度被俄国人控制，如今（1918年）又由一位美国人领导下的协约国小组掌管。1918年8月19日，随着美军抵达，捷克军队大多离开了这一地区。然而，美国人和日本人却留了下来，显然他们的真正使命（相互监视并支持反布尔什维克武装）要比表面上的使命（帮助捷克人）更为重要。[43]

在华盛顿，如今的日本大使石井子爵正在疯狂地工作，以防止日益紧张的局势演变成一场全面的危机。1919年初，东京官员计划的目标，用他们自己的话来说，就是"尽全力在西伯利亚发展自治组织"，"消除现有的对开发自然资源和发展工业的限制"，然而事实证明这十分艰难。威廉·布利特感到十分受挫。一切都搞错了。列宁和托洛茨基仍然掌权，日本人仍然盘踞在西伯利亚（俄国远东），美国军队在1918年11月11日战争结束后仍然陷于苏俄的泥潭之中，伍德罗·威
120 尔逊在两个月后抵达巴黎，着手建立一个新世界。显然，日美关系是这一创建过程最尴尬的起点。[44]

六　巴黎

战争期间，美国与日本的紧张关系通过电影《祖国》（*Patria*）得到了展现，1917年3月，总统夫妇在华盛顿观看了这部电影。在威廉·鲁道夫·赫斯特制作的这部电影中，日本与墨西哥军队在入侵美

国后大肆奸淫掳掠。威尔逊告诉电影发行人，这部电影“对于日本人极不公正”。他要求这部电影不要在如此敏感的时间上映。但事与愿违，电影仍然上映了。[45]

除了在西伯利亚（俄国远东）和山东问题上的分歧，日本还将战争视为把美国人与欧洲人赶出利润丰厚的亚洲市场的契机，尤其是在纺织业领域，他们为此甚至不惜使用不道德的手段。例如，日本生产商完美复制了曾经占据市场的卷烟纸，甚至连商标上的“奥地利制造”都不放过，从而赢得了这些市场。但更糟糕的事即将在巴黎发生。

正在准备和会的日本仍然拿不定主意。一方面，日本人对于作为五大国之一出席会议感到由衷的自豪。更具体地说，他们是第一个受到白人认可的跻身世界前五位的非白人国家。日本的战时经济开发让白人列强们别无选择。除了夺取具有战略意义的领土，实现了“二十一条”的大部分要求，占领了部分西伯利亚地区，日本的贸易也在1914—1917年间急速增长，出口额翻了两番。这些年间，日本的工业人口几乎翻了一倍，从西太平洋到中国内地，再到乌拉尔山和黑海，日本在这半个世界中，扮演了制造中心的角色。虽然日本近80%的人口仍然在土地上耕作，但日本资本主义经济正在实现从商业向工业的转变。[46]

但还存在另一种想法。在持续的混乱中，军方、官僚与新政党或三者不断变换的联盟之间，究竟谁将统治国家的争论一直在进行。1918年9月，新资本流入、猖獗的投机行为以及西伯利亚驻军的需求哄抬了物价，由米价引发的骚动颠覆了寺内政府。骚动蔓延到了矿区。而且，即使获得了崭新的经济实力，日本人仍然清楚自己依赖从美国 121
获得资本以及像钢铁这样的关键产品。新首相原敬深知日本经济的脆弱性。62岁的原敬被冠以“布衣首相”之名，他还是1914—1918年在海陆军激烈的预算之争中发挥调停作用的知情人。作为一位政治天才，有时人们会拿他与英国首相大卫·劳合·乔治（David Lloyd

George）相类比，他的私生活也与劳合·乔治相近——离开夫人而在一栋海滨别墅中与一名艺伎生活在一起。[47]

据原敬的日记透露，他认为日本需要美国。他特意安抚了美国人对山东和西伯利亚问题的忧虑。他的语言经过精心雕琢。例如，山东问题将在和约签订后被讨论；在与美国人一致同意共同撤军后，日本军队将撤出西伯利亚（俄国远东）。尤为重要的是，原敬告诉美国大使罗兰·莫里斯（Roland Morris），他希望在中国与美国合作。然而，莫里斯在 1918 年年末给兰辛的电报中说道，日本人希望和会能够明确承认“黄种人的平等地位”。这一要求使统治着数百万非白人种族的欧洲资本主义国家惊慌失措。在华盛顿，这一要求也没有受到欢迎，如今南方民主党人统治着这个奉行种族隔离的国家。

原敬将前往巴黎的重要使命委托给了仅存的五位元老之一、70 岁的西园寺公望伯爵。西园寺带着他的情妇、两名主治医生和最喜欢的餐厅主厨前赴巴黎。他是第一位在天皇皇宫中身穿西装的贵族，也是第一批按西式风格剪短发的人。他曾经在法国学习法律，并因在欧洲的外交经历而积累了广泛的人脉。在巴黎，西园寺的角色很大程度上仅是礼节性的。他将和谈交给了别人，尤其是驻英大使珍田伯爵。事实上，原敬和顾问委员会有充分的理由对于国内可能爆发的动荡感到担忧，并对在中国问题上存在的巨大风险十分敏感，以致他们几乎每天都要向日本使团口述政策命令。[48]

另一方面，志得意满的伍德罗·威尔逊甫一抵达，美国的权力中心就自动转移到了巴黎。除了兰辛和豪斯，他几乎不听取任何人的意见。总统的主要目标（事实上就是他所痴迷的）是建立一个国际联盟，在今后制止错误的战争并维护和平。4 月，他最终在巴黎建立了这一
122 组织。但自 1 月以来的谈判冗长而激烈，击垮了他的身体。他在 4 月曾轻微中风。随后英国人、法国人、意大利人和日本人开始将精力集中于他们的主要议题：瓜分德意志帝国并确保这一帝国再也不能威胁

他们。威尔逊完全清楚，原敬和西园寺希望确保日本在东亚的霸权。因此日本人会留在山东、北部太平洋诸岛，或许还有西伯利亚（俄国远东）。在秘密条约的帮助下，英国和法国会支持日本的主张。[49]

总统手中还有牌可打。日本人对资本的需求，尤其是对用以发展中国东北以及新殖民地的资金需求，使他们求助于纽约的富裕银行。而且，在 1916 年，对英日同盟和德国潜艇袭击感到同样愤怒的总统提出了史上最大规模的海军建造计划，他私下对豪斯说：“我们要建立一支比英国更强大的海军，这样才能随心所欲。”1918 年年末登上“乔治·华盛顿”（George Washington）号前往巴黎时，他提出再建造 10 艘战舰和 146 艘小型船只。极具针对性的是，舰队中最大的军舰将被部署到太平洋基地。当新船坞设施在夏威夷珍珠港拔地而起时，海军表示，它已经为“太平洋上的任何进攻或防御行动”做好了准备。海军参谋预言到，在另一场冲突中，“最有可能的敌人是德国、奥地利和日本”（同时，日本海军参谋也将美国视为一场新的战争中最可能出现的敌人）。为了与财阀这一庞大的金融-工业组织以及欧洲的卡特尔组织竞争，威尔逊还推动立法以给予美国公司争夺外国市场的新武器。这些武器包括《联邦储备法案》（Federal Reserve Act）和《韦伯-珀梅瑞恩法案》（Webb-Pomerene Act），这两个法案允许公司联合起来，占领海外市场。[50]

然而，威尔逊在巴黎面临的主要问题是，是否有足够的力量驯服日本人、英国人和法国人的政策。威尔逊发现自己如今控制着世界上最大的经济体和军事力量，但这并不足以使他对日本人应付裕如。

他的两位亲密顾问对如何处理这一问题给出了完全不同的看法。豪斯一直希望各个大国能够就瓜分低效、难以控制的世界其他地区利落地达成合作，随后发展这些地区，并从中获利，使之“开化”。这位来自德克萨斯的自封“上校”只是一位非正式顾问，但他知道如何设法说服威尔逊。豪斯曾经说道：“永远不要以争辩作为开端，而是去 123

发现一种共有的反感情绪……让总统提起兴致，接下来开始谈你的事情。”另一个成功的策略是奉承，这是豪斯的专长，也能让威尔逊沉浸其中。上校将这项艺术与全球事业结合起来，给威尔逊留下了深刻印象。豪斯表示，只有帮助日本人开发亚洲并承认他们“在东方的位置某种程度上优于西方列强”，才能将日本纳入威尔逊主义的世界秩序中。他警告称，否则，“将出现一场最终的清算”。[51]

兰辛的建议截然不同。他主张限制日本人在中国的影响，直到它至少不再比白种人的影响力更强。他希望日本很大程度上退出中国，这并不是因为他把威尔逊对“民族自决”的强调当回事，后者作为威尔逊主义中的一点，已经激发了全世界人民的想象。兰辛知道，无论威尔逊、豪斯还是豪斯的任何一个聪明的年轻好友——例如布利特或者沃尔特·李普曼（Walter Lippmann）——都没有充分考虑这一原则背后的意义。作为一名律师和保守派，兰辛确实对民族自决的无限含义表示担忧，尤其是当这一爆炸性的术语与已有数世纪历史的欧洲帝国的崩溃结合起来的时候。兰辛对山东问题忧心忡忡，这并非因为中国拥有民族自决的权利，而是因为驱逐日本可能削弱美国在亚洲的地位。他同意在北京的芮恩施的观点，“日本的军事控制”不仅威胁了美国的短期贸易利益，还愚蠢地激发了中国人的排外情绪。1919 年 1 月，美国代表团在巴黎的一次会晤记录显示，“兰辛先生认为日本的态度十分令人担忧，尤其是在……中国问题上。他认为到了一劳永逸地与日本摊牌的时候了”。[52]

威尔逊收到了热情洋溢又相互冲突的建议，面临着和会上许多问题可能谈崩的危险，有时还因精疲力竭而被内科医生限制卧床，并面对着一个立场坚定的日本。而且，日本人如今提出了最具争议性的问题：种族平等条款。这一要求不仅源自日本对种族问题极度敏感的态度（历史学者岛津直子后来记述道，“日本人希望在名誉上获得与白人一样的地位，仅此而已”），而且东京当局也担心威尔逊的国际联盟自身就是一个靠不住的组织，之所以靠不住是因为威尔逊和兰辛可能利用国际联盟插手日本的亚洲事务。如果不能阻止其建立，日本人就打算通过制造麻烦限制国际联盟的能力。原敬试图在联盟宪章中加入种族平等原则。豪斯私下赴日本进行游说，试图减少他们的要求，并 124
最终成功地将“种族”一词从决议中删掉。1919 年 4 月 11 日，日本人提议国际联盟委员会（League of Nations Commission）在宪章的序言中加入“国家间一律平等与公正对待他国国民的原则”。[53]

罗伯特·塞西尔（Robert Cecil）勋爵立刻站起来代表大英帝国等白人国家尤其是澳大利亚发言，表示其首相反对如此提议，但作为他个人，则同意日本人的意见。他“意识到了种族问题的重要性”；然而，这项提议为成员国“打开了通往激烈争议和国内冲突的大门”。塞西尔提出，也由于同样的原因，“国际妇女委员会（International Council of Women）的主张不能被纳入序言”。珍田伯爵精明地回应道，日本并没有提到“种族”或“移民”，仅仅提到了“国家平等”。珍田补充道，日本人的观点十分坚决，“除非满足这一点”，否则日本可能不会加入国际联盟。中国代表顾维钧也对日本的立场表示支持。

黄种人联合局面的出现远远超出了威尔逊的意料。他对日本的提议表示反对，在他看来，宪章已经承认了国家间的平等。日本代表团的牧野男爵认为并未看到威尔逊所见的“平等”，要求就日本的提议进行表决。日本提出的方案以 11 比 6 的结果获得通过，但委员会主席威尔逊却宣布方案未能通过，因为它“没有获得一致同意”。总统很快承认其他条款仅仅获得简单多数就得以通过，但关于珍田的提案存在“强烈的反对意见”，所以简单多数的标准不能适用于此。威尔逊脑海中浮现的无疑是如果美国参议院讨论批准宪章将出现的“强烈反对意见”。他对此十分敏感；毕竟正是他作为总统在联邦政府内实行了正式的种族隔离。可能他与塞西尔对于首届泛非会议仍然记忆犹新，后者在巴黎举行，号召终结种族歧视和殖民主义。会议的 57 名代表中有16名是美国代表，其中之一就是W.E.B.杜波依斯（W. E. B. DuBois）。珍田将问题诉诸于全球的观察者，要求将投票结果和威尔逊的决定公之于众。此时日本人确实占据了上风。[54]

珍田随后开始投身于另一场交锋，他对此志在必得，否则的话，
125 他再次威胁称日本不会加入国际联盟。这场争端围绕山东的经济和铁路利权而展开。日本人表示，他们愿意在将来某时将这一地区的主权归还中国，但他们应当获得开发利用这一战利品的优先权。他们的位置似乎不可动摇。牧野男爵直白地告诉威尔逊，1915年和1918年日中条约以及协约国的密约都支持东京当局的主张。中国代表团表示1915年的条约是在枪炮威胁下签订的，但欧洲人，尤其是英国人认为，需要在日本治下的秩序与友谊以及中国的混乱和排外情绪之间做出真正的选择。豪斯似乎对此并不反对。[55]

然而，威尔逊英勇地试图将日本人赶出山东。他甚至希望运用这一先例削弱英国和法国在中国的势力，这无疑就是英国人劳合·乔治和法国人乔治·克列孟梭（Georges Clemenceau）让威尔逊孤军奋战的原因。1918年4月22日，威尔逊对日本训诫称，它不应该执着于“权利”，而应该重视“对中国的义务”。他们“或许应该放弃在中国取得的特殊地位……中国应该和其他国家一样被平等看待……在中国堆积着许多‘易燃物’，一旦着火就难以扑灭，因为中国有四亿人口”。牧野沉着地回应称日本赞成“门户开放”，但他引用1895—1897年欧洲人羞辱日本的例子以表明，并非所有人在以往都表现出同样的赞成态度。

总统私下里忧心忡忡，“他们并非在吓唬人，除非我们同意给出他们本不该拥有的东西，否则他们会打道回府”。威尔逊最终让步了。他表示，只有拥有日本的国际联盟才能在今后更好地发挥拨乱反正之责。兰辛将这次争端视为门户开放的灾难，他谴责这笔交易——剥下了主权的“外壳”送给中国，却把“经济控制权这一内核送给了日本”。

代表团中由布利特和赫伯特·胡佛（Herbert Hoover）领导的年轻的美国自由派人士准备辞职。在中国，学生和知识分子在 1919 年 5 月 4 日走上街头抗议巴黎和会的决定。中国革命进入了一个新阶段。年轻的英国官员哈罗德·尼克尔森（Harold Nicolson）敏锐地写道，“在威尔逊总统所有的败绩之中，山东问题是影响最为恶劣的”。[56]

威尔逊与日本人还有一个争端没有解决。他们要求保留德国占领的诸岛屿。伦敦对此表示同意，作为交换，东京将同意英国控制德国
在赤道以南和非洲部分地区的殖民地。总统并不认为这些殖民地已经 126
准备好实行民族自决，但也并不想让它们完全落入帝国主义国家之手。最终，一个托管制度建立了起来：日本、英国和其他列强可以管理殖民地。然而，这只有在国联的授权下才能实现，国联被赋予了监管这些领地的权力。《纽约时报》承认，日本控制了从千岛群岛，“经小笠原群岛、莱德隆群岛、马里亚纳群岛、加罗林群岛”到中国台湾的岛链，“从军方角度来看”，这将赋予日本“对于整个太平洋的亚洲前线的控制权”。[57]

豪斯试图让威尔逊打起精神来，他承认与日本的交易确实“糟透了”，但这是必要的，它“以最小的摩擦清理掉许多陈年垃圾，并将剩下的使命交给了国联和新时代”。总统说，对于处理“肮脏的过去”，他已经尽己所能了。然而对很多人来说，威尔逊的所谓清洗仍然留下了大量的污垢。例如在朝鲜，当总统提出民族自决原则时，人们一度看到了希望，但他对朝鲜的独立要求的无视扼杀了这刚刚出现的希望。日军通过杀人放火镇压了一场起义，这让和会声明浸满了鲜血。与叛乱者并肩奋斗的美国传教士无疑没有逃脱东京的注意。[58]

对威尔逊的梦想最猛烈的打击来自华盛顿。对外关系委员会（Foreign Relations Committee）需要对总统的决定做出回应，而委员会主席亨利·卡波特·洛奇参议员领导的反对派占据了多数。洛奇将日本称为“世界即将面临的威胁”以及“远东普鲁士”，谴责对山东的

决议是“外交史上最黑暗的事件之一”。一直以来，这位实权派共和党人在个人层面上都厌恶（并嫉妒）威尔逊，但是诸如伊莱休·鲁特和菲兰德·C. 诺克斯等许多领导人也与洛奇一同谴责巴黎协议，尤其是谴责威尔逊签订的和约第五条。这一条款规定缔约成员应该致力于维持现状。如果这样的理解正确的话，则意味着缔约成员可能有义务派自己的军队保护日本对山东的控制，或者日本和英国对新取得的殖民地的控制。[59]

另外两方也加入了保守派的反对阵营。由来自爱达荷的进步共和党人威廉·博拉（William Borah）领导的“不和解者”在任何意义上都不希望美国与国联有任何联系，尤其对于博拉而言，他对日本的厌恶和担忧与洛奇不相上下。剩下的一方是布利特、胡佛和李普曼领导的年轻的自由派。兰辛回到华盛顿后秘密告诉洛奇的委员会，他和布利特一样，都觉得日本获利太多，而这仅仅是为了让它待在一个“完
127 全无用”的国联里（布利特后来公开引用了兰辛的话）。1920 年，威尔逊将他的国务卿炒了鱿鱼。[60]

1921 年，参议院两度表决，两度否决了威尔逊的国联方案。将针对总统的分布广泛而分歧巨大的反对者联合起来的，是对日本的忧虑和厌恶。既然威尔逊试图在以日本、英国、法国、意大利和美国间的旧秩序为基础的世界里创造新秩序，他的失败也就不足为怪。对这一旧秩序最大的威胁不是威尔逊，而是俄国与中国发生的革命。[61]

反战名流鲁道夫·博恩（Randolph Bourne）对此做出了定论。1918 年博恩问道：“如果你（指威尔逊）觉得战争太过强大而无法阻止，它又怎么会如此弱小地任你摆布，服务于你的自由主义目的呢？”驯服野心勃勃的日本的任务被留给了华尔街和 1916 年选举中威尔逊的共和党对手——查尔斯·埃文斯·休斯（Charles Evans Hughes），而威尔逊原以为自己已经控制住了这两者。他们想着手建立一个以美元

而非国联为基础的新秩序。新体系受到了其他富人的高度赞扬，但他们很快就意识到，这个新体系也只是空中楼阁而已。[62]

注释

1. William W. Lockwood, *The Economic Development of Japan*(Princeton, 1954), pp. 31, 33; Peter Duus, Introduction to Duus, ed., *The Cambridge History of Japan*. Vol. 6. *The Twentieth Century*(Cambridge, UK, 1988), p. 26; Sherman Cochran, "Japan's Capture of China's Market for Imported Cotton Textiles Before World War I, " Institute of Economics, *The Second Conference of Modern Chinese Economic History, January 5–7, 1989*(Taipei, 1989), pp. 809–838.
2. Kimura Masato, "The Opening of the Panama Canal and Japanese–American Relations"(日文), *Journal of Modern Japanese Studies*, 11 (1989), 特别是第 45—46 页、50—55 页; Asada Sadao, *Ryodai Senkan no Nichi–Bei kankei*[Japanese–American Relations Between the Wars](Tokyo, 1993), pp. 28–36; Lockwood, *Economic Development*, pp. 36–37; Roger Dingman, *Power in the Pacific*(Chicago, 1976), pp. 14–16; E. Sydney Crawcour, "Industrialization and Technological Change, 1885–1920," in Duus, ed., *The Twentieth Century*, pp. 444–445.
3. Ikuhiko Hata, "Continental Expansion, 1905–1941," in Duus, ed., *The Twentieth Century*, pp. 278–279; Roger F. Hackett, *Yamagata Aritomo*(Cambridge, MA, 1971), 特别是第 249—264 页。
4. Nobuya Bamba, *Japanese Diplomacy in a Dilemma*(Kyoto, 1972), pp. 49–50; 相关引语，见 Hackett, *Yamagata*, pp. 270–275; Marius Jansen, *Japan and China*(Chicago, 1975), pp. 199–202.
5. 威尔逊的这一观点，很大程度上借鉴于 Martin J. Sklar, *The Corporate Reconstruction of American Capitalism, 1890–1916*(New York, 1988), 特别是第 36—37 页、390—411 页；威尔逊关于改革的观点，出自 "Democracy," Dec. 5, 1891, Link, *Wilson Papers*, VII, 350.
6. 引语出自 Arthur S. Link, *Wilson the Diplomatist*(Baltimore, 1957), p. 7.
7. William Diamond, *The Economic Thought of Woodrow Wilson*(Baltimore, 1943), pp.

132–133.

8. Roland N. Stromberg, *Collective Security and American Foreign Policy* (New York, 1963), p. 66; Jerry Israel, *Progressivism and the Open Door* (Pittsburgh, 1971), p. 101.

9. Straight to Harry P. Davison, Oct. 28, 1911, Straight Papers; Daniel M. Crane and Thomas A. Breslin, *An Ordinary Relationship* (Miami, 1986), p. 49.

10. Daniels, *Cabinet*, pp. 7–8; Israel, *Progressivism*, p. 108.

11. Arthur S. Link, *Wilson. The New Freedom* (Princeton, 1956), pp. 285–288; Secretary of State Memorandum of Aug. 20, 1913, State Department Records Relating to the Internal Affairs of China, 1910–1929 (microcopy 329, roll 148), 893.51/1361–1500, NA, RG 59.

12. Kimura, "The Opening of the Panama Canal" (日文), p. 53; Caddis Smith, *The Last Years of the Monroe Doctrine*, 1945–1993 (New York, 1994), pp. 26–28; William C. Widenor, *Henry Cabot Lodge and the Search for an American Foreign Policy* (Berkeley, 1980), pp. 135–136.

13. 本段与上一段参见 Teruko Kachi, *The Treaty of 1911* (New York, 1978), pp. 255–256; Link, *Wilson. New Freedom*, pp. 289–290; Link, *Wilson Papers*, XXIV, 351–353. 382–383.

14. Link, *Wilson Papers*, XXVII, 365; Kendrick A. Clements, *The Presidency of Woodrow Wilson* (Lawrence, KA, 1992), pp. 107–108; Eleanor Tupper and George E. McReynolds, *Japan in American Public Opinion* (New York, 1937), p. 59.

15. Daniels, *Cabinet*, pp. 52–68; Link, *Wilson. New Freedom*, pp. 293–297.

16. Link, *Wilson Papers*, XXVII, 451–452.

17. Duus, Introduction, p. 7; Akira Iriye, *China and Japan in the Global Setting* (Cambridge, MA, 1992), pp. 33–34.

18. *Chronicle Reprints. Two Japanese Statesmen. Marquis Okuma and Prince Yamagata* (Kobe, 1922), pp. 1–16; Junji Banno, "External and Internal Problems After the War," in Harry Wray and Hilary Conroy, eds., *Japan Examined* (Honolulu, 1983), pp. 167–168.

19. Ian Nish, *Japanese Foreign Policy, 1869–1942* (London, 1977), pp. 83–85.

20. Richard Storry, *Japan and the Decline of the West in Asia, 1894–1943* (New York, 1979), pp. 108–111; Dingman, *Power*, pp. 49–53.

21. Sir C. Eliot to Curzon, Aug. 17, 1922, FO 371 F2942/2942/23, PRO; Jon Halliday, *A Political History of Japanese Capitalism* (New York, 1975), p. 94; Nish, *Japanese Foreign Policy*, pp. 93–95; W. G. Beasley, *Japanese Imperialism, 1894–1945* (New York, 1991), p.116.

22. Nish, *Japanese Foreign Policy*, pp. 106–107; Clements, *Wilson*, p. 108; Link, *Wilson. The Struggle for Neutrality, 1914–1915* (Princeton, 1960), pp. 267–270.

23. Storry, *Japan*, pp. 102–103; Beasley, *Japanese Imperialism*, pp. 104–7.

24. Nish, *Japanese Foreign Policy*, pp. 98–99; Beasley, *Japanese Imperialism*, pp. 112–113; Link, *Wilson. Struggle for Neutrality*, pp. 269–270.

25. Link, *Wilson. Struggle for Neutrality*, pp. 272–278.

26. Link, *Wilson Papers*, XXXIII, 140–141; Clements, *Presidency*, pp. 109–110; Link, *Wilson. Struggle for Neutrality*, pp. 269–285, 300–308.

27. Nish, *Japanese Foreign Policy*, pp. 99–100; Lloyd C. Gardner, *Safe for Democracy* (New York, 1984), pp. 80–83; William L. Neumann, *America Encounters Japan* (Baltimore, 1963), p. 145.

28. Link, *Wilson Papers*, XXXIII, 121–122.

29. 关于日本的借款攻势，参见 Hirano Ken'ichiro, "Nishihara shakhan kara shinshikoku shakkanda e" [From the Nishihara Loan to the Four-Power Consortium], in Hosoya Chihiro and Saito Makoto, eds., *Washinton taisei to Nichi-Bei kankei* [The Washington Treaty System and Japanese-U.S. Relations] (Tokyo, 1978), pp. 291–294; *FRUS, 1917*, pp. 135–136; *FRUS, 1918*, pp. 170–175; Foreign Office Memorandum, Nov. 23, 1920, FO 371 F2753/2/10, PRO; N. Gordon Levin, Jr., *Woodrow Wilson and World Politics* (New York, 1968), p. 21.

30. Link, *Wilson. Progressivism and Peace, 1916–1917* (Princeton, 1965), chapter 9.

31. Lansing Diaries, Feb. 4, 1917, box 2, microfilm, reel #1; Edward H. Buehrig, *Woodrow Wilson and the Balance of Power* (Bloomington, IN, 1955), pp. 137–144.

32. 威尔逊有关"盟友"的引语，见 Dean Acheson, "The Eclipse of the State Department," *Foreign Affairs*, 40 (July 1971): 598; Link, *Wilson. Progressivism*, pp. 265–275.

33. Viscount Kikujiro Ishii, *Diplomatic Commentaries*, translated, edited by William R. Langdon (Baltimore, 1936), pp. v, 112; 相关访谈与引语，出自 *New York Times Magazine*, June 24, 1917.

34. Ishii, *Diplomatic Commentaries*, pp. 116–120; Gardner, *Safe*, pp. 217–219; Takashi Matsuda, "Woodrow Wilson's Dollar Diplomacy in the Far East," 未出版的博士论文, University of Wisconsin–Madison, 1979, pp. 174–175, 182.

35. *FRUS*: *Lansing*, II, 432–451, 特别是第 436 页关于"特殊利益"的内容，以及第 450—451 页关于更换措辞的内容; Nish, *Japanese Foreign Policy*, pp. 115–117.

36. Straight to Frederick Moore, Nov. 10, 1917, Straight Papers; Robert Lansing, *War Memoirs of Robert Lansing* (Indianapolis, IN, 1935), pp. 303–304; *FRUS*: *Lansing*, II, 451–453; Gardner, *Safe*, pp. 222–224; MacMurray to Long, Sept. 20, 1918, 893.51/2013, NA, RG 59.

37. 更多资料，见 Lloyd Gardner, Walter LaFeber, and Thomas J. McCormick, *The Creation of the American Empire* (Chicago, 1976), pp. 336–337.

38. Goldberg, *Documents*, I, 35–39; Gardner, et al., *Creation*, pp. 335–336.

39. Bamba, *Japanese Diplomacy*, pp. 38–39; Beasley, *Japanese Imperialism*, pp. 160–161; Nish, *Japanese Foreign Policy*, pp. 112–113.

40. Hosoya Chihiro, "Origins of the Siberian Intervention, 1917–1918," *Annals of Hitotsubashi Academy*, 9 (October 1958): 96–102; Hosoya, *Documents*, p. 36; Dingman, *Power*, pp. 57–59; 关于日本军方急需原材料这一情况的更多背景，见 Michael A. Barnhart, *Japan Prepares for Total War* (Ithaca, NY, 1987), p. 40.

41. Lansing Diaries, March 18, 1918, box #2, microfilm, reel #1; Arthur Link, *Woodrow Wilson*: *Revolution*, *War*, *and Peace* (New York, 1979), p. 85; Bullitt to House, June 24, 1918, folder 45, House Papers.

42. Thomas J. Knock, *To End All Wars* (New York, 1992), pp. 155–156; Gardner, *Safe*, pp. 186–191; Hosoya, "Origins," pp. 105–108.

43. Hosoya, *Documents*, pp. 45–48; Hosoya, "Origins," pp. 103–105; "神秘主义"的引语，出自 Bamba, *Japanese Diplomacy*, pp. 38–39; 关于铁路的更多情况，见 *FRUS*: *Paris*, II, 466.

44. Hosoya, *Documents*, pp. 52–53; Bullitt to House, Jan. 30, 1919, folder 45, House Papers; Nish, *Japanese Foreign Policy*, p. 117; David S. Foglesong, *America's Secret War Against Bolshevism* (Chapel Hill, NC, 1995), pp. 147–149.

45. Link, *Wilson Papers*, XLI, 438–484; *New York Times*, Aug. 1, 1915, in *NYT–GCI*, p. 57.

46. Foreign Office Memorandum, Nov. 23, 1920, FO 371 F2753/2/10, PRO; Iriye, *China and Japan*, pp. 22–24.

47. 关于原敬背景的好听的说法，见 Dingman, *Power*, pp. 55–56; 关于米价引发的骚动，见 Chalmers Johnson, *MITI and the Japanese Miracle* (Stanford, 1982), p. 91.

48. *Hara Takashi*, pp. 317, 346, 449; *FRUS*: *Paris*, I, 490; Yoshitaka Oka, *Five Political Leaders of Modern Japan*, translated by Andrew Fraser and Patricia Murray (Tokyo, 1986), pp. 177–179, 192–193, 194; Nish, *Japanese Foreign Policy*, p. 119.

49. *FRUS*: *Paris*, I, 489, 519; Link, *Council*, I, xxii.

50. Arthur Link, Wilson. *Confusions and Crises* (Princeton, 1964), p. 33; Charles E. Neu, *The Troubled Encounter* (New York, 1975), pp. 90–91, 150–151; William Reynolds Braisted, *The United States Navy in the Pacific*, *1909–1922* (Austin, TX, 1971), pp. 418–426.

51. Levin, *Wilson*, pp. 113–114; Link, *Wilson. New Freedom*, p. 69; 豪斯的引语，出自 Neu, *Troubled*, p. 92.

52. Robert Lansing, *The Peace Negotiations* (Boston, 1921), pp. 98–99; Ronald Steel, *Walter Lippmann and the American Century* (New York, 1980), pp. 149–150; *FRUS*: *Paris*, II, 520–525; 同上, XI, 21.

53. Shimazu Naoko, "The Japanese Attempt to Secure Racial Equality in 1919," *Japan Forum*, I (April 1989): 93–94; Link, *Wilson Papers*, LVII, 259–261; Paul Gordon Lauren, *Power and Prejudice* (Boulder, CO, 1988), pp. 82–90; Nish, *Japanese Foreign Policy*, p. 121.

54. Link, *Wilson Papers*, LVII, 261–265; Lauren, *Power*, pp. 78–79, 83, 93.

55. Link, *Council*, I, 320–321, 326; *FRUS*: *Paris*, V, 129–130; Lansing, *Peace Negotiations*, p.262; Herbert C. Hoover, *The Ordeal of Woodrow Wilson* (New York, 1958), pp. 208–211.

56. Link, *Council*, I, 399–408; Knock, *To End All Wars*, pp. 249–250; Harold Nicolson, *Peacemaking*, 1919 (London, 1933), p. 146.

57. Hoover, *Ordeal*, pp. 223–228; *New York Times*, Jan. 21, 1920, in *NYT–GCI*, p. 40.

58. Neumann, *America*, p. 156; Wayne Patterson and Hilary Conroy, "Duality and Dominance," in Yur-bok Lee and Wayne Patterson, eds.. *One Hundred Years of Korean-American Relations* (University, AL, 1986), p. 6.

59. Widenor, *Lodge*, pp. 327–328; Root to Lodge, June 19, 1919, Root Papers.

60. Bullitt to Lansing, May 17, 1919, Lansing Papers; Daniel M. Smith, "Lansing and the Wilson Interregnum," *The Historian*, 21 (February 1959): 152–153.

61. Arno Mayer, *Politics and Diplomacy of Peacemaking* (New York, 1967), pp. 876–877; Gardner, *Safe*, p. 295.

62. 博恩的言论援引自 David Green, *Shaping Political Consciousness* (Ithaca, NY, 1987), p. 83.

第五章　创造新时代：从华盛顿到沈阳（1921—1931 年） 128

一　胡佛、拉蒙特与新时代

1920 年 9 月，英国大使科宁厄姆·格林（Conyngham Greene）爵士告诉他在伦敦的同僚：“在我印象中，在东京的六年任期里，美国和日本之间长期持续的争论从没消停过。”格林写道，日本人抗议美国的移民政策，认为美国人正将他们封锁在亚洲。而在美国，“无论过去还是现在，都存在着对日本帝国主义、军国主义以及其对待臣属民族（例如朝鲜）方式的厌恶和不信任，他们还普遍怀疑日本将控制太平洋视为自己的最终目标”。华盛顿官员并不会否认这一评价，也不会否认加拿大总理在几个月后对英国帝国议会所说的，世界上仅剩下“三个强国”——美国、英国和日本。不同点在于，美国官员认为他们与日本在亚洲面临的问题产生自一个不幸的事实——三个强国中的
两个结成了同盟。日本能够在亚洲为所欲为，是因为有英国同盟的保 129
护。如果战争在中国爆发（如同最近在 1894 年和 1900 年两度爆发一样），美国人可能会发现自己从东西两面受到这两个盟国的挤压。[1]

然而，在美国官员心中，英日同盟更为邪恶，因为正是这样的权力集团相互碰撞并导致了1914—1918年的灾难，也正是它们随后在巴黎释放出战时密约，后者如同从丑恶中诞生的畸形儿一样，侵蚀并最终摧毁了伍德罗·威尔逊建立更美好世界的梦想。1921年，威尔逊在华盛顿家中去世，但美国人希冀建立一个包括有序开放的中国在内的更美好世界的梦想，并没有随着威尔逊一道消逝。沃伦·G. 哈丁（Warren G. Harding）领导的新任共和党当局信念坚定——要摧毁哈丁所抨击的“旧秩序”并创造出20世纪20年代的所谓“新时代”，美国人的梦想迅速变得清晰可见。

总统班子中的天才人物，商务部部长赫伯特·胡佛再三阐释道，新世界秩序将建立在美元的基础上。这个教友派出身的爱荷华人在1881年7岁时就成了孤儿，他毕业于新建立的斯坦福大学，通过在中国和俄国这样的遥远海外地区经商，迅速成为身价数百万的工程师和商业经理。一战时，胡佛作为美国粮食署的调度者取得了极大成功，并在随后作为威尔逊的顾问前往巴黎，这为他赢得了国际声誉。评论家认为，他是仅有的在和会期间提高了自己声誉的人之一。胡佛是开明美国资本家的一个鲜活典型，他献身于他眼中的世界最高意志，无论是向饱受战争之苦的欧洲饥民分发粮食，还是阻止布尔什维克主义在1919年的传播，都包含在这一意志之中。

1922年，胡佛在一篇著名文章中将自己的个人哲学形容为“美国式个人主义”。他强调，个人主义的传统道德在工业化和资本主义的新时代应该在企业家之间被自愿保存下来，后者将直面胡佛所谓的“竞争的铁轮”，并不寻求获得国家的援助和不公平的优势。这一系列观点与最近日本社会的发展格格不入。在起初担任商务部部长以及随后于1929—1933年担任总统期间，胡佛都以自己的理论和行动，成
130 为美国试图创造更完善世界秩序的中心人物。[2]

胡佛强调，美国与世界的关系应当更为紧密。除此以外没有别的

选择。随着美国经济于1920年12月陷入战后萧条，这位新提名的内阁成员告诉美国银行家协会，“我们的财富将不再孤立于世界财富之外”。胡佛在演讲中说道，繁荣与萧条的“恶性经济循环只有通过一种方法才能被打破。那就是建立海外信用……我们已经达到了战前许多欧洲国家所处的位置，如果我们希望继续维持进步和繁荣，就必须开设海外企业”。自然，为“海外企业”提供资本的信用必须来自私人市场。政府的干预“可能导致恶劣的后果”，例如“来自他国以及美国国民的政治压力”。[3]

1922年初，胡佛告诉国务卿查尔斯·埃文斯·休斯，美国在很大程度上能够左右战后的全球事务，因为“美国实际上是国际资本的蓄水池”。1920—1923年的日美关系是对他世界观的早期考验，如果嫌“蓄水池”被污染而不使用，它就很难向外输水。从这一蓄水池中抽水的人是托马斯·拉蒙特（Thomas Lamont）——他是纽约J.P.摩根银行的经理，威尔逊和兰辛于1918年建立的第二个联合财团的中心人物。拉蒙特是一位在哈德逊河谷长大的卫理公会教徒，1892年毕业于哈佛，1911年被劝说加入摩根银行之后，其地位在纽约银行界以火箭般的速度上升。到1946年去世时，他仍认为自己对于“银行业的技术”一无所知，但心思敏锐又拥有“非常规而迷人的性格”（一位朋友如是评价到）的拉蒙特知道如何实施经济外交。摩根银行曾利用与伦敦资本的联系在内战后发展美国工业与运输业联合体，从而实力大增。20世纪20年代，在胡佛指示下，摩根银行和拉蒙特而非伦敦银行家似乎掌控了世界金融的蓄水池。[4]

然而，除非按照自己的方式，否则，日本人拒绝饮用这些“水”，这让拉蒙特和威尔逊大为恼怒。20世纪20年代早期，美日关系围绕着山东问题、种族平等条款、出兵西伯利亚（俄国远东）、两国建造大型舰队的预备措施以及日本在中国的行动而再度紧张起来。1919年，拉蒙特在巴黎担任威尔逊的顾问时就注意到，联合财团似乎成了“一

131 个遗留的工具——能够阻止日本在中国随意行动的实用工具……很多人都对我说，除非财团切实按照计划运作，要不在远东的任何公平交易的希望都会破灭”。由纽约、波士顿、芝加哥、匹兹堡和其他城市的大银行所组成的美国金融集团也是一个强大的武器。[5]

然而，日本人对财团的印象并不那么好。当拉蒙特和来自英法日的同僚坐下来开始商议财团的具体细节时，日本迅速将中国东北和蒙古排除在了新集团的活动范围之外。东京官员看到了与西方同行一起处理华中交易的价值，这一地区正在发生针对外国资产的革命，但日本人并不打算帮助其他三国（尤其是资本充足的美国）重新打开通往关外的大门。愤怒的拉蒙特回应道：“财团并没有针对中国东北和内外蒙古的计划，但明确将这两个地区排除在外，将违背财团成员不寻求特定势力范围的诺言，而这一诺言也为日本所同意遵守。”

拉蒙特并不遮掩自己的担忧：“在远东，只有在太平洋两侧的两大强国和谐共事、相互理解的情况下，才能实现永久和平……第一个证明的机会就是在中国问题上达成共同态度。关于这一点，美国……愿意与日本合作。”[6]

国务院威胁将公开仍处于保密中的“兰辛-石井协定”，其中日本承诺在中国追求特权时不以其他国家的利益为代价。但东京对这一威胁不为所动。拉蒙特随后又威胁将抛弃日本而建立一个三国财团，但很快遭到了英国人的反对，这当然可以理解，因为后者担心他们在远东的好友被处以“绝罚”（英国人如是说道）。这位纽约人私下告诉英国人，他对于日本人的“低效处事方式极度失望”，并表达了“将日本当作一流国家而非三流国家对待的惊讶，在他看来后者更符合实情”。他的英国听众 B. 阿尔斯通（B. Alston）大使同样认为日本人“做事拖拉”，缺乏效率，除了在军事方面，东京政府中的官员似乎已经“过度劳累，精疲力尽”了。阿尔斯通认为，“超级高效对日本可能是一个迷思，是外国作家、游客和自封的投资者们而非日本人自己创造了这一迷思”。[7]

拉蒙特最终达成了一个妥协方案：银行家们承认日本在中国东北 132
和蒙古的经济利益，但政府不会如此表态。国务院否决了这一妥协：他们拒绝明确承认中国的任何部分（即使是中国东北）处于门户开放政策的适用范围之外。拉蒙特如今对美国官员和日本官员同样感到怒火中烧。显然，银行家们愿意放弃中国东北而在中国其他地区活动，而由斯坦利·K. 霍恩贝克（Stanley K. Hornbeck，在巴黎曾因日本政策而遭到疏远）等年轻官员领导的国务院则坚持在中国全境之内活动。1920 年 5 月 11 日，拉蒙特和横滨正金银行（日本指挥海外贸易的中央机构）行长梶原仲治用通信的方式达成了实际妥协：银行家们承诺不干涉事实上控制了关外地区事务的南满铁道株式会社，而非将中国东北简单地划去。[8]

拉蒙特与梶原的商谈受到由三井和三菱财团支持的日本主流政党的推动，并随着两人拜访岩崎男爵夫妇（三菱公司的创立家族，男爵的家位于东京市中心，占地 25 英亩，拥有湖泊和花园）而达到了顶峰。诚然，日本人派出了间谍对拉蒙特进行密切监视，甚至一度订下了拉蒙特住房两边的宾馆客房，在一趟旅途中，拉蒙特直接将一封电报交给了一名竭力越过他的肩头偷看的间谍。但摩根公司如今与日本建立的联系超越了其与中国的联系，而接近与英国联系的水平。大量资本从纽约涌向东京的路已经被扫清，这不是为了中国的发展，而是为了发展日本在中国东北的资产。当胡佛看到这一结果时，他再次想起了不受限制的个人主义的美德。然而，“拉蒙特-梶原协定”为 1920 年到 1941 年间最重要的外交会议铺平了道路，这一会议标志着 20 世纪前半期的日美关系迎来了高潮。[9]

二　华盛顿公约、纽约的黑室

美国和日本都在一战中捞到了油水，但到 1921 年时，双方都陷
133 入了战后经济衰退的泥潭。日本不仅陷得深，相应地也比美国更缺乏安全感。1918 年，日本的米骚动获得了至少 70 万名抗议者的响应，这表明随着参与政治的人群的扩大，政治事件可能引起群体性反应。1920—1921 年间，战争引起的商品需求不复存在，物价随之暴跌，对于生丝生产商（之前他们最大的海外市场就是如今备受衰退困扰的美国）和米农来说，景况更是一落千丈。[10]

直到 1923 年大地震以后，政府开支才被用于重建满目疮痍的城市，经济才得以回升。同时，历史学家马场伸也（Bamba Nobuya）所谓的“民众的崛起”也在加速之中。当日本将来自德国皇帝的军国主义与来自西欧的卢梭、洛克的著作思想相结合运用于本国时，个人主义抑或“个性的觉醒”已然在某种程度上渗透进日本社会。这一结合尤其受到中产阶级的欢迎，他们在上一个时代开始崭露头角，并且受过良好的教育（1895—1925 年间，日本高中生数量增长了近 10 倍，而大学的数量从 2 所激增至 34 所）。游乐园开始出现在大阪和神户，同样出现的还有新式戏剧，女性在其中扮演了重要角色，这与传统的能剧表演为男性所垄断的情况形成了鲜明的对比。

与这些转变一道而来，大众传媒也得到迅速发展。杂志、期刊、报纸等媒体的数量与日俱增，并获得数以百万的销量，无线电广播也在 1925 年开始出现。西化在服饰风格和发型样式上都得以体现，“遮耳”式发型取代了传统的上梳式发型。政党势力的增长也反映了当下翻腾的民主浪潮，此时的日本政党虽然在组织和效率上仍不能与美国两党相提并论，但相比前一个时代已经有了更大的影响力。同时，元老们（辅弼明治天皇的老一辈政治家）相继去世，到 1924 年下半年，只剩下西园寺公望一人孑然存世。对男子普选权的诉求越发强烈，但

这一诉求在 1920—1921 年为原敬内阁和立宪政友会所拒绝。因其政治技巧而被称为“平民首相”的原敬，显然不愿引入任何与美国式民主（一种令许多日本领导人困扰的民主形式，它赋予了美国女性选举权）有关的东西。[11]

原敬深知，民众的崛起在某种程度上是 1917—1920 年间列宁和威尔逊提出的政治原则所引发的世界运动的一部分。在日本，这一趋势又为来自东京大学的新渡户稻造领导的新的美国研究计划所加强。新渡户稻造认为，随着民主思想的广泛传播，对美国的研究已经成为“日本面临的一个重要任务”。这样的形势发展使得日本领导人身处窘境。他们对一战的分析已经清晰地证明，德国虽然拥有被大肆夸耀的军事力量，但仍然由于政治原因而最终失败。现在日本的国 134
内政局愈发混乱，而东京的执政者又不能用德川幕府的方式保护国家，关上通往世界的大门。无论如何，这次世界大战已经突出表明，如今日本的生存多么依赖广阔的世界。更何况，这场战争还表明未来的海军将以石油为驱动力，而日本却没有石油。[12]

到 1921 年，日本面临严重的国内危机，在国外也因过度扩张而遇到了麻烦。1920 年 1 月 9 日，美国最终宣布，正着手退出已证实是难以有效控制的俄国远东地区，同时向日本施压以使其采取同样行动。东京的执政者则回应称，日本打算留在这一地区。被激怒的美方因而发出警告：不会容忍日本采取任何接管俄国远东铁路的尝试。在持续压力下，原敬最终计划从俄国远东撤军。同时，即 1920 年 3 月，苏俄在尼古拉耶夫斯克（Nikolaevsk，中国称庙街）与日本士兵发生交火。围绕如何回应这一事件，内阁产生了严重的分歧。最终，原敬同意在俄国远东海岸组织一次代价高昂的干涉行动，才将好战分子安抚下去。

外交政策问题正在逐步失控。日军采取了众多成本昂贵又无利可图的行动。反战情绪在日本民众间开始沸腾，逃兵役人数达到了有记录以来的高峰。一些军官在赴职途中拒绝身穿军装，以此作为无声的反抗。公众抗议政治腐败的呼声也宣布了原敬内阁的终结。与财阀之间如此公然的金钱纽带关系使得原敬的政友会政权被称为“三井内阁”（宪政会的阁僚们在执政时被称为“三菱内阁”）。但考虑到国内愈演愈烈的混乱局势，一些财阀反而倾向于更现实地处理军费问题，他们也得到了小企业家的支持，尤其是在大阪地区，小企业家们攻击原敬没有着力削减军队开支。这些激烈的争论没有任何地方涉及日本对南满铁路的控制以及对中国华中地区日益增长的野心。争论的焦点是寻找保护这些重要利益的最佳、最经济的方式。[13]

拉蒙特的到访向他们提示了一个极佳的解决方案：与美国合作以获得它的美元储备。1920年，在国内经济问题和战争幻灭感的影响下，美国政治家准备参与建立和平时期的新秩序。1920—1921年，他们突然意识到列强正在进行一场耗费巨大的军舰建造竞赛，这成为建立新
135 秩序的催化剂。1918年12月，威尔逊要求国会同意建造156艘新船只，两年后日本和英国宣布将紧追美国的步伐。然而，不仅是美国，其他国家也都无法承受这样一场竞赛。新建立的国联宣布将召开一场会议限制军备竞赛。这一声明在参议员威廉·博拉（来自爱达荷）和其他刚刚与威尔逊交锋并成功让美国免受国联控制的人心中引起了担忧。1920年12月14日，博拉提议与英国和日本展开共同商议，将未来5年内的海军建造计划缩减一半，这使他立刻登上了新闻头条。博拉表示：“日本由衷地支持裁军，但考虑到美国政府的态度和建造计划，为了自身安全它不能这么做。”1921年年中，参众两院以压倒性意见通过了博拉的议案，和平组织开始在国会山上活动以影响新任哈丁政府的外交政策。然而，总统、国务卿休斯以及参议院对外关系委员会主席亨利·卡波特·洛奇（来自马萨诸塞）参议员却有不同的想法。[14]

洛奇与来自新英格兰的朋友们既不想让日本人向美国移民，也不想让他们控制西太平洋。参议员相信，“如果日本意识到自己不可能

控制太平洋”，那么，我们就不会有与日本开战的“哪怕最微小的危险”。洛奇和休斯的观点与美国海军1919年的“奥兰治作战计划”不谋而合，这份计划认为日本对于美国并无威胁，但可能关闭中国开放的门户并威胁东南亚地区。然而，在如何应对日本的问题上，海军并未获得政府的支持。休斯认为海军军备竞赛并不能保护美国利益。相反，他希望限制军备，同时摧毁日英同盟。于是日本人和英国人就会依赖与美国的合作。而且，华盛顿官员认为伦敦可能会支持这一政策，因为包括澳大利亚、新西兰和加拿大在内的英国重要领地都担心，英日同盟正在沦为日本侵略东西伯利亚（远东）、山东甚至中国华中的保护伞。

1921年7月8日，休斯先争取到了英国人，随后计划在华盛顿召开一场旨在解决一系列军事和外交问题的会议，这引起了日本人的疑心。原敬试图将亚洲问题排除在会议日程之外。休斯已经排除了移民问题的讨论，他不会再让步了。日本人担心会议将成为“对日本的提审”，盎格鲁-萨克逊人正准备联合对付自己，于是决定拖延时间。但来自国内和华盛顿的压力太过沉重，1921年7月末，原敬同意派出代表团参会。[15] 136

当原敬向他追问细节时，休斯一直予以恼人的含糊回应，但实际上国务卿正在精心准备。他要求国务院日本事务专家E.L.内维尔（E. L. Neville）简要向他介绍日本的政策。6月15日，内维尔提交了一份24页的备忘录——它开门见山地说，日本试图控制中国，并阻止中国的分裂。内维尔注意到，“二十一条”体现了这些意图。在太平洋彼岸是一个不同的世界：“日本和东方国家并没有成为基督教国家的意愿。他们是佛教徒和祖先崇拜者……作为一项基本国策”，他们并不想接受“诸如基督教的个人牺牲之类的颠覆性理论”。内维尔相信，“日本佛教相当程度上是一股沙文主义的、好战的、热衷传教的力量”。这股力量的一个目标就是控制中国和“它的工业资源”，即使发动战争也在所不惜，因为日本“决心在‘亚洲人的亚洲’的基础上寻求自身和中国的救赎”。

内维尔相信诸如黑龙会等好战的民族主义团体例证了日本社会的这股张力。日本“需要埋藏在中国大陆甚或西伯利亚的资源”，否则它将面临“工业破产，甚至饥荒”。顾问强调，对于约翰·海的门户开放政策，日本人从不热心。他相信只有“更强的武力”才能制止日本人。他们确实遭遇了一个核心问题：日本“并没有开发这些特许权的资本。它需要西方的帮助”。然而，一旦日本人有了资本，“他们就会成为东西方的中介者，不仅控制在华投资，还将控制这些投资创造的产品……鉴于俄国已经倒塌，没有任何国家能够妨碍日本在远东的政治、军事和经济地位”。[16]

休斯接受了内维尔的假设（日本试图控制亚洲事务），但没有接受他的结论（没有国家能够妨碍日本在远东的地位）。到夏末，他的战略形成了。首先英日同盟必须解散。1920—1921 年，日本人和英国人开始讨论续约事宜。友好的威尔逊政府似乎愿意在进行一些更改后
137 接受英日续约。但休斯对此强烈反对，当英国大使口误提到这一条约时，受人尊敬的国务卿为此大发雷霆，战战兢兢的大使报告称，他“在精神病院之外，从未听到过如同休斯先生这样激烈的长篇大论”。国务卿警告称，美国将任何续约行为视为针对自己的行为，续约只会鼓励日本帝国主义。英国人巧妙地回应道，“当印度人有一头不听话的大象时，他们会把它赶到两头听话的大象中间让它学着守规矩，这也适用于日本的情况”。但休斯并不想舞台中间还有其他驯养员挥舞鞭子，尤其是在该驯养员有可能与大象共谋的危险情况下。他想确保，无论面临任何危机，英国人都可以自由地站在美国人那边，尤其是站在美国对门户开放政策的阐释那边，而非站在日本人的阐释那边，后者永远会以日本的“特殊地位”作结。

一旦 1902 年的同盟不复存在，休斯就能够进行下一步：平息海

军的军备竞赛。美国海军参谋们认为对日战争很可能爆发，并制订了详细、昂贵的备战计划。由于受到博拉的攻击，同时，休斯也消除了英日同盟的威胁，这一计划最终遭到了削减。1921年1月，比利·米切尔（Billy Mitchell）和其他人开始主张制空权将很快支配制海权，一架飞机在北卡罗来纳附近击沉了一艘德国军舰就是一个例子，这使得海军参谋们处境尴尬。这时，出现了最后一击：洛奇私下告诉海军军官，考虑到其他压力，国会不会耗费预算建造一个庞大的太平洋舰队。[17]

1921年11月11日，哈丁宣布为全国假期的一天，休斯和来自9个受邀国（值得注意的是，其中不包括苏联）的其他会议代表出席了在阿灵顿公墓的无名烈士葬礼。这场神圣的仪式淋漓尽致地展现了战争的巨大代价和其本身的愚蠢。第二天，休斯出席了会议开幕式并提议"给海军放个假"，"在不少于10年时间内停止进一步建造主力舰只"，这震惊了世界。正在建造中的军舰将被报废。随后他提供了关于各国应当报废多少吨位的战舰的经过详细计算、高度精确的数字。他为英国和美国留下了50万吨的额度，给日本留下了30万吨。据一位观察者描述，大部分由国会成员组成的旁听席爆发出了"欢呼旋风"。声音最大的是美国和平拥护者威廉·詹宁斯·布莱恩，他甚至 138
流下了眼泪。英国代表在外相亚瑟·巴尔弗（Arthur Balfour）的领导下，也加入了为休斯喝彩的洪流之中。[18]

日本人拒绝入伙。他们语气委婉地坚持要求英美日三国的比率至少是10∶10∶7，而不是休斯提议的10∶10∶6。日本海军军官认为需要维持更高的比率以保护日本在亚洲的利益，尤其是在与伦敦的同盟失效的情况下。经过艰苦的政治斗争后，对海军计划和预算的安排最终获得了同意。原敬之前在与军方达成妥协的过程中展现了精彩的技巧。如今休斯威胁要打破这一局面，他与近70年前的佩里一样，成为威胁日本脆弱政治秩序的局外人。

休斯与佩里一样最终得偿所愿，这尤其要归功于以下三个因素：

首先，日本海军自身围绕预算优先权内部分歧严重。他们有充分的理由担心，如果不做出让步，原敬会与陆军合作并进一步削减海军在日益萎缩的财政蛋糕中所占的份额，而且他们从自己的分析中已经知道，在对抗美国人的海军竞赛中，他们不可能获胜。哈丁确实为这样一场竞赛做好了准备。他私下说道："全都取决于此了。我们会先对他们（日本和其他国家）好言相劝，倘若他们不同意，我们会说：'去你们的吧！如果这是一场竞赛，美国愿意奉陪。'"尤其意识到这一危险的是日本代表团的领袖加藤友三郎海军上将，他已经准备好接受10∶10∶6，但前提是美国进一步限制自己在太平洋上的军事发展。[19]

加藤的立场表明了日本最终选择接受的第二个原因。代表团的领袖都认为，各国已经进入了一个战后世界，旧体系将走向终结，为实现日本的目标，新策略将被使用。总体上，这些人与将中国视为日本利益之所在的军方派系并无不同，但他们强调需要与西方合作并使用贸易工具，而非我行我素地使用战争工具，这一点与军方派系大为不同。加藤是军方派系的边缘人物。几年前，他相信美国是日本在亚洲最大的敌人；到了1921年，虽然仍担忧美国的军力，但他开始认为适应新世界是必要的。这一新模式最著名的代表人物是币原喜重郎，日本驻美大使和会议首席代表。事实上他的影响力如此之大，以至于20
139 世纪20年代的日本外交史被贴上了"币原时代"的标签。

币原出生于1872年，毕业于久负盛名的东京大学，凭借自身的才能以及与三菱财阀创始人岩崎弥太郎之女的婚姻在外交界青云直上。币原的流利英语和在西方的广泛人脉使他受到了美国人的青睐。他受命加强日本在亚洲的实力，但他本人却想尽可能与美国人合作。因此，他明智地支持休斯的提议，并拟定了一份没有明确目标的四国条约（由美国、英国、法国和日本签署）以替代日英同盟。条约仅规定四个签约国有义务在太平洋出现危机时进行"协商"。币原还说服了作风简朴、性格保守的加藤上将穿上便服并向美国观众挥手致意。加藤对此十分厌恶，但新闻很快称赞“上将风度翩翩”。另一位日方代表是90岁高龄的涩泽男爵，日本的金融界领袖。他曾声称，在14岁时他试图游泳靠近佩里的船只，以嘴里叼的小刀把船弄沉。后来，他逐渐变得精明世故。与加藤、币原和许多其他日本人一样，涩泽担心将来会与美国发生冲突，尤其是围绕中国问题。这个由上将、政治家和财政家组成的三人代表团将与休斯共同致力于建立新的太平洋秩序。[20]

会议即将开始时，原敬却在东京火车站遇刺身亡（被刺中了心脏）。年轻的凶手代表的是批评政府腐败的一伙日本人，他们指责政府参与鸦片走私并牵涉进南满铁路的丑闻之中。东京的政局再次趋于混乱，但其政策决策却没有受到波及，部分原因应当归结于华盛顿的三人代表团的领导力。休斯对日本的政策讨论了如指掌，因为他能够阅读在代表团和东京之间传递的重要情报。

对日本外交机密信息的拦截是休斯能够达成目标的第三个原因。拦截归功于赫伯特·O. 雅德利（Herbert O. Yardley）的努力，他出生于印第安纳的沃辛顿小镇，入学芝加哥大学一年后辍学，成为沃辛顿的一名扑克高手和铁路报务员，直到他决定登上通往华盛顿的火车。他在一战期间抵达华盛顿，迅速在政府里得到了一份发送电报的工作。很快，雅德利向惊讶的上司证明，自己能够轻易地破解来自威尔逊总统的顶级机密消息。这位年轻人马上就被安排进了纽约第38街区，部分原因是为了保密，部分是因为国务院的预算不能在哥伦比亚特区 140
用于这样一个住所。他接触了与美国有关的所有电报。在这个后来被称为“黑室”（Black Chamber）的房屋中，雅德利与同事们破译了战时和巴黎和会期间进出于华盛顿的大使馆的数千份消息。[21]

面对战后可能失业的压力，雅德利于1920年年初取得了最辉煌的胜利：他破译了十分复杂的日本电码。事实上，雅德利破译了日本人使用的至少 8 种不同代码，他们在情报中有时会从一种切换到另一种。于是，休斯得以掌握 1921 年的日本秘密情报，诸如原敬在情报中说道，他的政府会参加会议，也会勉强讨论中国问题，但绝不会涉及中国东北。雅德利得意地写道，在休斯设立了纽约与华盛顿之间的特殊通讯机构后，美国官员能够“在喝早茶之前就读到来自日本的情报”。他的团队共计破译了会议期间的 1600 份电报。1921 年 11 月 28 日，他破译了自己眼中“送出（黑室）大门的最重要、影响最为深远的一封电报”。这是东京向代表团发出的第一份命令：如果休斯继续施压令日本接受条约，如果新建成的大型军舰“松下”号能免于报废，如果美国承诺未来不再加强太平洋的军事基地，那么，代表团可以接受休斯所坚持的 10 ：10 ：6 的舰船吨位比例。正如雅德利所说，休斯如今只需要保持施压：“当你看过了对手的底牌后，梭哈扑克游戏就没那么难了。”

1921 年 12 月 12 日，交易达成了。日本接受了 10 ：10 ：6 的比例，休斯也接受了“松下”号的例外保留并同意不再强化太平洋上的美军基地，但他仔细地将夏威夷排除在外，同时坚持正式结束英日同盟。洛奇和其他参议员向他保证，“国会永远不会花费如此庞大的预算去充分强化这些岛屿基地”，于是休斯签署了协议。休斯平息了美国海军的抗议。他受到了赫伯特 · 雅德利和托马斯 · 拉蒙特的帮助。加藤上将的妥协决定取决于日本将从何处获得足够的发展资金这一核心问
141 题，“答案是，除了美国没有任何国家能够向日本提供所需的外国资本——如果美国成为敌人，这些资本就不会来……日本应当不惜一切代价避免与美国开战”。[22]

《五国公约》（Five-Power Treaty）最终将美国、英国、日本、法国和意大利的最高吨位军舰的比例定为 5 ：5 ：3 ：1.75 ：1.75。美国或英国每拥有 5 吨位的军舰，日本就能拥有 3 吨位。这一协议还使得休斯能够在往后一天的 12 月 13 日以《四国公约》（Four-Power Treaty）

废除英日同盟。在围绕军舰比例的谈判中，英国人与休斯站在了一边，这激怒了日本人。在一战后，英国成为受伤严重的病狮，它开始削减在太平洋上的义务，尤其在各领地的骚乱下越来越依赖美国而非日本以维持自身安全（事实上，到 1922 年年中，巴尔弗和其他英国高层担心与热爱扩张的日本之战可能将在两三年内爆发）。同盟已经偏离了初衷，尤其是限制苏联的初衷，后者如今专注于国内革命。洛奇说道，随着新条约取代了英日同盟，休斯“以四国协商取代了两国交锋”。[23]

会议如今达到了顶峰，签订了《九国公约》（Nive-Power Treaty，由《五国公约》签署国加上荷兰、比利时、葡萄牙和中国签署）。这份协议首次正式将约翰·海的门户开放政策纳入国际法。这份条约对于中国来说并不是好消息。事实上，美国和日本代表团将中国人视为第三等级的与会者，仅仅被通知结果，而不能参与讨论。1919 年的革命仍然十分危险，孙中山控制了中国南方，而休斯拒绝对孙中山政权予以承认。中国领导人以拒绝接受会议的任何决定作为回应。美国代表团团长，前国务卿伊莱休·鲁特（如今成了一位年老的实权政客）断然宣称，中国并非国际大家庭中的全权会员。亲日的鲁特真诚地相信，美国永远不会动用武力维持在中国的门户开放政策，这也是日本从《五国公约》中获得了在西太平洋的实际海军优势的主要原因。[24]

休斯完全同意，美国人永远不会愿意为中国的领土完整而流血牺牲。然而，他决心用除武力外的所有手段阻止日本封锁中国的更多地区。他想出了一个精妙的解决方案，要求日本公开签署“兰辛-石井 142
协定”中秘密签署的条款——日本人不会以他国利益为代价在中国追求特殊利益。起草了《九国公约》大部分内容的鲁特向人们展示了他可能是美国最好的律师的原因。他接受了休斯的保护中国的提议，将之与 1920 年“拉蒙特-梶原协定”中的一条糅合起来，后者将中国东北从门户开放政策中排除了出去。日本人开始准备签署公约。在休斯的无情压力下，他们还同意向中国归还山东，虽然继续保有这一地区铁路的控制权。中国人对所有安排表示强烈（但无效的）抗议，但他们别无选择，最后只能签字。《九国公约》没有保护中国。它只是以明确的条款保护了签约国开发中国的权利。列强仍然控制着中国的关税、贸易口岸以及关键河流（在那里他们驻扎着军舰）。[25]

亚太地区的战间游戏规则得以确立，列强开始处理次要却十分棘手的问题。之前日本从德国手中夺走的雅蒲岛距离菲律宾约700英里，处于控制跨太平洋电报通信的战略位置。在美国的抗议和休斯施加更大压力后，日本同意允许美国人和荷兰人用该岛搭建各自的电报系统。尤其在东京当局开始放弃使用在苏联东部的“特殊利益”这一措辞之后（这一措辞他们在占据东北时也使用过），国务卿还决定将日本赶出东西伯利亚（俄国远东）。休斯警告日本人，美国不会承认“任何源于目前占领状态的借口或名目”。日本同意撤军。[26]

最终，日本人甚至同意，向第二财团贷款这一选项“保持开放态度”，其中包括与铁路有关的贷款。他们还同意了大部分的条款（这些条款几乎在1919—1920年间摧毁了财团）。然而，他们如今愿意屈服，是因为有华盛顿协定存在。《五国公约》使他们获得了在西太平洋的海军优势。《九国公约》（尤其出于鲁特的好意）承认了他们对中国东北的控制。会议之前，一位日本代表担心这次会议将是“两个英语国家合作，压迫非盎格鲁-撒克逊民族，尤其是有色人种”。然而，会议最后成为一场许多民族商讨如何才能最好最安全地开发中国的争论。[27]

143 除了中国人，所有人在回国时都有理由感到满意。日本人获得了在东亚的海军优势以及美国不再进一步强化西太平洋军力的承诺，消除了美国人从中太平洋发动进攻的危险。但由于日本人也不能强化在所属太平洋岛屿（加罗林群岛、马绍尔群岛和马里亚纳群岛）的军事存在，因此，菲律宾、夏威夷和加利福尼亚也似乎安全了。除了一些受挫的美国海军军官，对所有人来说，休斯都成了英雄，他不费吹灰之力就省下了数十亿美元的军费，将门户开放政策制度化，瓦解了英日同盟，并妥善解决了山东、东西伯利亚和雅蒲岛问题。值得注意的是，这些都是伍德罗·威尔逊未能实现的。美国也不必建立一个政治同盟。事实上，英国记者爱德华·普莱斯·贝尔（Edward Price Bell）在 1922 年 11 月最早使用“孤立主义”一词以描述美国的外交政策。他写道，美国政策正在逐渐“由孤立主义转向合作主义”。然而众所周知，合作并不意味着承担义务。[28]

华盛顿会议的成功根本上并不依赖于外交官制定具体条款的能力，而是依赖于拉蒙特和涩泽等私人银行家维持美元国际流动的能力。1922 年，拉蒙特领导的财团宣布如今它的目标是执行《九国公约》的规定，帮助中国建立“一个稳定的政府”。于是，在中国的银行家都相信自己在华盛顿赢得了胜利。

事实上，除了中国，会议唯一的失败者是赫伯特·雅德利。随着和平到来，他的黑室失去了政府资助。到 1931 年，他开始写书谋生，揭露了一段甚至连 20 世纪 30 年代的电影也难以媲美的传奇往事。在一本 900 页的书中，雅德利公开了所有为华盛顿会议破译的日本情报。美国政府立刻没收了这本书，让它被审查了 60 余年，并立法（如今仍然有效）阻止这样的公开行径。雅德利在 1938 年为中国秘密警察工作［白修德（Theodore White）回忆道，雅德利在这一职位上是一个“拥有无限热情”的人，他的钟情之物包括“酒精、赌博和女人”］，在二战期间又效力于美国政府。在生命的最后，他出版了一本畅销书——《扑克选手学习指南——修炼者在何时何地皆可赢牌》（*The Education of a Poker Player*，*Including Where and How One Learns to Win*）。与华盛顿协定不同，这本书长盛不衰。[29]

144 三 “心平气和，以理服人”：1924 年移民法案

1923 年，国务卿骄傲地宣布，“我们正在缔造‘美利坚治下的和平’，它不仅通过军队，更通过相互尊重、善意和以理服人而得以维持”。休斯的“以理服人”无疑指的是华盛顿协定以及其在经济上的必然结果“拉蒙特–梶原协定”。这一措辞与美国人围绕移民问题日益激烈的争论毫无关联。移民问题在 1924 年排日法案中达到了顶峰，在之后数十年里损害着日美关系。法案由众议员阿尔伯特·约翰逊（Albert Johnson，来自华盛顿）发起，他表示“我们维持自己珍视的制度之能力被来自外国的血统稀释了”。卡尔文·柯立芝（Calvin Coolidge）总统签署了法案。在担任哈丁的副总统时，他就发表了一篇鼓吹北欧人种优越性的文章，并在文中声称，当“北欧人”与不道德的异族通婚后，他们的子孙就堕落了。[30]

对来自亚洲和东欧的移民会在一战的间歇期再度涌入美国的担忧促使了 1924 年法案的提出。在 1914 年前的 10 年里，到达美国海岸的移民数量达到了历史最高峰。1917 年法案开始实行读写能力测验，1921 年法案开始设置数量定额。然而，对于排外主义者来说，这些限制远远不够。两位历史学家精确地评论道，在 20 世纪 20 年代“美国种族主义迎来了盎然的春天”。这一年代以 1919—1920 年发生于数个城市的血腥种族暴动为开端，随后蒙上了农业和矿业萧条的阴影，数百万美国人因此失业并流入城市，美国黑人尤为如此。新的 3K 党以北部和西部的犹太人和罗马天主教徒为目标。从这样的背景中产生了约翰逊的提案，提案在 1924 年通过了立法。这一法案又被称为“民族始籍法”，因为它允许那些已在美国生活的人的祖籍地的移民进入美国。这些祖籍完全基于 1890 年的人口普查，因此公然歧视 1890 年后大量抵达美国的波兰人、意大利人、亚洲人、东欧人和俄裔犹太人。[31]

对日本人来说，这一法案可称为“排日法案”，因为它无视之前
的移民定额，直接排斥那些“无资格取得公民身份的外国人”——这
一密语所指的只有日本人而已。休斯试图终止这一公然的歧视行为，
他给约翰逊写信说：“日本人是一个敏感的民族，他们无疑会认为这样
的法案将在自己身上留下耻辱的烙印。”国务卿警告称，法案“将破 145
坏华盛顿会议的成果”。他指出，至少应该像对待所有群体一样给日
本人设置定额，即使额度（例如每年 250 人）比 1907 年的“君子协定”
所规定的更少也可以。但他的警告无济于事。

日本大使埴原正直撰写了一封礼貌但不失坚定的抗议信，试图挽回局势。在休斯的建议下，这取得了部分成效。国务卿在阅读后对这封信表示了认可——信中涉及法案将产生“严重的后果”之类的措辞。美国报纸与洛奇等反日参议员大力宣称这一措辞是对美国“隐含的威胁”。法案随后在国会进行了投票（在众议院以 323：71 通过；在参议院以 76：2 通过）。尴尬的埴原！其大使职位迅速被令人敬畏的石井子爵取代。休斯在给朋友的一封信中说道：“我十分沮丧，日本不能威胁到任何人”，因为它的经济依赖美国和其他国家。但参议院“在几分钟内就将数年的成果付之一炬，并造成了持续性的损害”。[32]

事实上，休斯对法案的反对在美国获得了很多支持，但这些支持都不是来自国会。旧金山报纸以及商界人士开始在日本人问题上发声，但他们被加利福尼亚的工人和赫斯特报纸的反日宣传所淹没了。东岸的大多数人都反对这一法案，由托马斯·拉蒙特领导的 24 名美国精英为这一法案公开向纽约的日本社区道歉。传教士们，尤其是长期致力于日美友好的西德尼·L. 古立克（Sidney L. Gulick）开始游说议员通过一部新法案以做出纠正。古立克的工作如此卓有成效，以至于 1925—1930 年间许多反日群体开始动员人们反对他的工作。这些群体阻碍了任何修改排斥法案的努力，而 1929—1930 年大萧条的开始终结了一切修改立法的希望。[33]

日本人认为，1924 年法案再次证明了他们在 1919 年与威尔逊围绕种族平等条款发生冲突时所得出的结论：美国人鼓吹普世原则，但却在践行全国性的歧视。法案尤其让币原痛心疾首。他在 1924 年 6 月成为加藤高明首相的内阁外务大臣。作为主张实行新式外交、推动和平贸易与合作的日本领导人，币原是能够破除日本军国主义、狭隘主义和民族主义情绪的最后一人。但 1924 年 7 月 1 日，当币原作为
146 外相首次发表演说时，1924 年法案开始生效了。暴徒扯下了美国大使馆悬挂的星条旗，币原不得不向美国人道歉，并追捕暴徒。一个日本人在美国大使馆前切腹自尽，另一个则试图刺杀美国驻横滨领事。[34]

币原试图粉饰已经发生的危机，他含糊地告诉国会，美国人只是想把日本人赶走（因为“日本人与美国人如同油和水一样不能相容”），并没有暗示日本人更劣等的意思。他还说道，美国有权控制入境的移民，这无疑提醒了他的观众：日本人也有权禁止外国人拥有土地，排斥中国劳工，并强烈歧视包括其他亚洲人在内的许多非日本人。然而，许多人持有截然不同的观点。一位作家写道，1924 年法案是“近五十年日本历史上遭受的最破天荒的侮辱”，并认为“猖獗的美国主义”而非布尔什维克主义对日本的威胁更大。一些人义愤填膺，他们试图组织一场抵制美国电影的运动。但日本人在这里与他们（少数极端者）划清了界限，尤其是年轻人，他们带着哈罗德·劳埃德（Harold Lloyd）式的眼镜，模仿着克拉拉·鲍（Clara Bow）和玛丽·皮克福德（Mary Pickford）的发型。抵制运动完全失败了。[35]

法案成了日本政策滴答作响的计时炸弹。一方面，许多希望移民的日本人开始看向别处，尤其是巴西，20 世纪 20 年代他们在那里建立了一个大型殖民地。东京政府积极致力于帮助这些移民，为他们提供补贴和教育，即使在 20 世纪 20 年代末反日法案开始在巴西出现，东京也一如既往。另一方面，美国的种族主义让日本人重新回到了亚洲大陆：日本保守派认为，如果美国希望在这样的规则下行事，它就

应当与“亚洲的有色人种”合作。1924 年的移民法案成为让美国人向内看的转折点，同时将日本人从 20 世纪 20 年代币原的合作政策推向了 20 世纪 30 年代关东军的征服活动。[36]

四 又是中国

1941 年，是中国问题最终让美国与日本兵戎相向。20 世纪 20 年代，休斯和币原都清楚，他们正在与一个与以往不同、严重分裂并不可控的中国打交道；但外交官们并不愿意限制本国在华利益的扩张。 147

1922 年，控制不同地区的军阀们将广阔的中国分割得四分五裂。然而，历史最终青睐的是南方孙中山的国民党政权。孙中山曾发起 1911 年的革命，当时他试图同时与日本人和美国人合作；但到了 1922 年，在休斯拒绝与之合作后，孙中山被赶出了在广东的大本营。他和才华横溢的军事将领蒋介石转而寻求苏联的帮助。1921 年，中国共产党诞生了。1923 年，孙中山要求由中国人控制自己的海关并修改对外条约。休斯向卡尔文·柯立芝总统寻求意见，总统以典型的柯立芝风格予以回应，他简单地说：“我认为应该派出海军舰队了。”美国军舰与其他国家军舰一起进行了海军示威，并不是因为美国害怕共产主义，而是因为柯立芝当局决心维持帝国主义对中国贸易的控制。另外，美国的注意力集中在经济机会上。1914—1930 年间，美国在华投资翻了三倍，达到了 1.55 亿美元。1931 年，美国取代日本成为最大的对华产品供销商。美国传教士和慈善机构在美国的对华投资中占据了非同寻常的比重（相关资产在 1926 年达到了 6930 万美元）。胡佛被告知，“洛克菲勒基金会（深度参与了许多教育和医疗项目）在中国的重要性不应被低估”。[37]

值得注意的是，美国人对如今广为人知的财团不再抱有兴趣。一位英国官员后来写道，1911—1913 年“旧财团的目标是保护中国免受外国侵略。如今新财团的目标则是保护中国免受美国自己的侵略”。然而，就如同伍德罗·威尔逊的一位朋友一度徒劳地向他解释的，一个人越是能帮助别人，就越应该克制自己。这一点在中国得到了证明。这位英国官员写道，中国人拒绝“被告知外国人比他们更知道什么对于中国是好的”，他们无视财团。1922 年后，银行集团再也没有放出一笔主要贷款。这并不意味着美元不会进入中国。它们确实进来了，不过是在私人银行或是在来到关外和华北的日本人的控制下进来的，后者尤其让美国官员心存忧虑。[38]

这样使用美元十分符合币原的模式。高桥是清首相在 1922 年总
148 结道：“军事竞赛已经被放弃了，但经济竞争正日益强化。”目标仍然是老目标——控制中国市场和原材料，尤其是在北部和中部省份，但日本人开始使用新的贸易、投资策略，并开始与美国和其他列强合作。正如币原所说的，随着大正民主运动达到顶峰，他的政策是准备进军东南亚、中东和中国，“为我们的海外侨民创造发展的机会”。这是对高度脆弱的民主和与其密切相关的外交政策的一次环境适应性检测。时间最终证明，这是日本历史上的一个悲剧，因为它把最大的赌注押在了中国的发展以及美国的美元上面。当币原掌权时，中国革命进入了一个残酷而排外的新时期，而美元正在变得不可预测。[39]

20 世纪 20 年代，美国人仍然是日本最好的顾客，日本出口的 40% 销往美国。然而，大部分出口是丝绸和丝绸制品，而中国（总体贸易额在 10 年间翻了一倍）消化了日本不断提高的工业品出口。1926—1927 年，日本对华贸易最终超过了英国。中国成为利润最丰厚的市场，允许日本人进口其赖以维系繁荣的粮食和原材料。币原相信，虽然中国东北十分关键，但日本在这一地区的利益不能威胁到其在中国南方的广阔机会。所以他在 1924 年的一次演说中提到，自己成了一个中国优先论者：

> 在我们狭小的岛屿上，我们每年承受着 70 万至 80 万的人口增长。因此，除了推进工业化，我们别无选择。从这一点出发，保护我们的海外市场是十分必要的，而这只有在采取经济外交的情况下才能实现。如果我们试图通过领土扩张来解决经济问题，我们只会摧毁国际合作。离中国最近的日本享有运输成本的优势，还因为低工资而具有极强的竞争力。因此，对日本来说，保护庞大的中国市场必须被置于优先地位。[40]

讽刺的是，币原的合作原则和经济扩张事实上激怒了美国官员。因为他的合作理念部分意味着与苏联合作，而美国人十分憎恶苏联，
甚至拒绝承认莫斯科政权的正式存在。1923—1924 年中苏的蜜月期 149
惹恼了华盛顿的决策者，也震惊了他们的东京同行。

苏联的出现直接挑战了关于中国问题的华盛顿协定。1925 年，日本迅速做出调整，放弃了北库页岛，与莫斯科建立外交关系，并达成了贸易协议。面对正在发展的中苏日联盟，一位美国官员警示道，“不言而喻的是，这样的联合中存在着对整个西方的威胁”。参议员博拉等人清楚，国务院对苏联的担忧和厌恶使得其不可能利用苏联来限制日本的扩张。但币原的合作理念给美国人出了另一个难题，因为他某种程度上还想与中国革命者合作。1925 年和 1927 年，当列强讨论实施潜在的干预行动以防止中国人对外国人的袭击时，币原并不愿意跟随。他不想让西方列强掺和日本和中国的事，尤其不想激怒中国的民族主义者，使他们抵制外国商品。[41]

如果说币原的合作理念冒犯了华盛顿官员，那他（以及华尔街）的经济合作观点则让这些官员大感受挫。如同拉蒙特所展示的以及胡佛清楚知道的那样，日本人希望与美国人合作“开发中国”（一个副官在 1921 年如是告诉胡佛），因为“他们相信自己并不能在没有帮助的情况下做到这一点”。东京与华尔街的联系十分紧密。在 1923 年大地

震中，有超过10万名日本人丧生，摩根银行发放了1.5亿美元的地震贷款，并组织民间力量提供帮助。日本的强大财阀三井家族按照华尔街23号摩根大厦的形象重建了自己的银行。但美国人走得更远。在整个20世纪20年代，他们向日本发行了一笔又一笔贷款，尤其让胡佛和国务院恼怒的是，大部分资金被用于日本在中国的铁路和工厂建设。[42]

胡佛和国务院远东问题专家谴责到，华尔街所做的事情不啻于帮助日本关上东北甚至华中的门户。1922年胡佛告诉休斯，他希望美国资本在国内发展工业，而非在海外支持“不平衡的预算或者发展军备”。除非美国“承包商和设施建造商能够与其他外国人享有公平竞争的机会”，否则不应该向外国人发放贷款。在华盛顿，胡佛和休斯
150 试图向华尔街施压，让其清理对外贷款，使之支持而非削弱美国的外交政策，让银行家与政策接轨的努力以失败告终。胡佛和休斯陷入了糟糕的两难之境，对胡佛来说，根据他对资本主义的看法，政府干预过多会导致法西斯主义或社会主义；对休斯来说，过多干预会疏远日本人或者银行家，而美国既需要前者的合作以执行华盛顿条约的规定，也需要后者的合作以实行重建欧洲的计划。[43]

国务院负责远东事务的官员非常不安。他们希望银行家以联合财团的形式（日本人在其中可以受到监视）来促进美国利益和中国的发展。然而，资本家却无视联合财团，也无视中国（在革命之中几乎不存在无风险的资本），反而与日本人在中国东北和华北进行双边合作。国务院专家斯坦利·霍恩贝克痛惜地说，华尔街并没有“充分认识到现在是一个特殊的时刻……在东亚新‘远西’，为美国的影响力和贸易建立一个伟大的金融口岸”。到20世纪20年代中叶，研究摩根银行的历史学家写道，银行的新客户是日本、德国和意大利：“非常偶然的是，银行与这三个未来的敌人发生了关联。”胡佛和霍恩贝克则可能怀疑，这其中究竟有多大的偶然性。[44]

与胡佛不同，币原最终并未被华尔街击倒，而是被国内的经济萎

靡、日本军方对其“全中国优先而非关外优先”政策日益增长的不安以及中国革命击倒了。1927 年，蒋介石的国民党军队离开南方，在中国大部分地区建立了统治，并进军南京，破坏了外国财产并杀害外国人（包括一名担任南京大学副校长的美国公民），在英美炮艇开火后才停手。美国、日本和英国要求蒋介石支付巨额赔款，同时承诺永不会再伤害外国人。蒋介石断然拒绝了，并将精力转向了自己的头等大事，即捕杀国民党中发现的所有共产党人。华盛顿拒绝承认蒋介石政府。在这些危机中，币原的政党于 1927 年失势。他因没有加入国际联军以“教训国民党尊重外国人及其财产”而遭受了猛烈的攻击。[45]

1926 年，大正天皇去世。他的儿子、年轻的裕仁天皇开启了横跨大半个 20 世纪的昭和时代。1927 年，田中义一将军的政友会重新执 151
政。田中成为首相并取代币原亲自担任外相。他于 1863 年出生于复兴的长州藩，作为山县的门徒，他是一个对政治家（虽然自己也是一个政治领袖）和外交官（虽然自己也曾在圣彼得堡公使馆任职）都缺乏尊重的军人。田中了解美国并钦佩德国，但正是他在俄国的经历使他成为 1918 年出兵东西伯利亚的主要支持者，并如同他的许多陆军同僚一样，他积极呼吁控制中国东北以之作为对抗苏联扩张的屏障。他的“满洲优先政策”也源于对共产主义革命的憎恶（他在 1928 年初突然逮捕了 1000 名疑似日本共产党员和激进派人士），以及对蒋介石 1926 年后的北伐运动的忧虑。

田中谴责币原 1924—1927 年间的中国政策“太过软弱”。将军并不完全反对与列强合作。例如，在 1928 年，他同意签署了“随意”将战争视为非法的《凯洛格-白里安公约》（Kellogg–Briand Pact）。当然，田中知道美国已经剔除了法国人旨在针对德国的原始提案，而条约剩下的部分则毫无新意。无论对日本还是对美国来说，签署它都并非是迈向国际合作的重要一步。作为山县的弟子，田中被前武士教导，接受了由天皇集中体现的强烈的民族主义“国体”（国家的福祉，即国家的身体）思想，并成为连接1894—1912年的明治扩张主义与20世纪三四十年代昭和军国主义的桥梁。[46]

这一连接在1927年6月得以体现，田中公布了自己的亚洲政策：只要日本利益没有受到侵害，中国人就能够按照他们认为的最好方法管理他们的国家；然而在东北，日本拥有特殊的“义务”维持和平和秩序。这一“义务”部分需要与摩根银行进行新会谈以获得资本。在前往东京前，托马斯·拉蒙特原以为，他已经获得了国务卿弗兰克·凯洛格（Frank Kellogg）的同意，以发放3千万美元的贷款供南满铁道株式会社使用。但当交易被公开时，中国政府提出抗议，一些美国报纸也大声警告称，拉蒙特正在帮日本关上中国东北的门户。摩根银行行长准备自己发动一场放贷的宣传活动。然而，国务院最终建
152 议停止给日本贷款。田中立刻转向国民城市银行并为东方发展公司筹得了2千万美元贷款，这笔贷款无论名义上如何中立，实际上都是被用于东北事务。很少有报纸注意到这一点。胡佛早就放弃了让华尔街站在美国政策一边的努力，霍恩贝克等国务院专家在全神贯注于中国的同时，很大程度上接受了日本在中国东北的势力——尤其在替代的选择是排外的、不可预测的蒋介石革命政权的情况下。[47]

1931年，日军最终占领中国东北时，这样一种推论麻痹了美国官员。1928年，当田中开始在几周内派出两万日军以“惩罚”在山东的中国军队时，华盛顿同样沉默。中国人向国联寻求帮助，正如日本军国主义者所说，后者没有做出任何重要回应。美国的沉默还发生在1928年5月，当时田中决定收拾中国东北的军阀张作霖，因为张的军队试图打通东北与华北的联系，这威胁到了日本在东北的利益和蒋介石的野心，后者正调遣军队北上以解决这个问题。田中认为无论哪个中国领导人都不能进入北方，他命令日军在东北的关键地区解除张作霖军队的武装。当张作霖从北京前往东北协商这一问题时，其所乘的专列于1928年6月4日遭遇炸弹袭击，张作霖不治身亡。日本关东

军军官担心田中对张作霖过于仁慈，于是暗杀了这位北洋政府领导人，随后公然试图掩盖事实，宣称发现了一些安放炸弹的中国人的遗体。当田中将军小心地对关东军做出“处罚”时，年轻的新天皇敏锐地加以干预，并迫使首相辞职，在20世纪日本历史上，这种情况并不多见。[48]

田中控制中国东北的努力最后演变为一场灾难。关东军最终证明，它实际上能够违反东京官员甚至一位著名将军的意愿而不受惩罚。张作霖被刺杀后，其子张学良继承了父亲的遗产，后者违抗了日本人的命令，转而向蒋介石宣布效忠。蒋介石如今已经站在了统一北方的边缘。1929年12月，南京政府的旗帜在关外的重要政府大楼前飘扬。长期憎恨日本人压迫的中国人开始开展反日活动。关东军决定在下一个机会出现时采取足够有力的行动，其领导人被替换为板垣征四郎和石原莞尔，两个人都准备擅自行动并动用武力。1929年币原在最后一 153
个任期内，作为外相，加入了这场乱局。[49]

1929年，身心俱疲的田中在刚刚卸任后就去世了。他后来因所谓的“田中奏折”而被美国人记住，据说在这份文件中将军提出了日本征服中国的方案。也有人说，这份奏折是一份成功的“中国宣传品”。但田中身上仍然保留了能够解释明治日本一步步转变为20世纪30年代日本的原因。对币原来说，如果他的世界没有在1929年突然消失的话，他将作为一个富有教育意义的异类，一个“本来有的可能”而被人们记住。但后来，许多人的世界都在这一年开始消失了。[50]

五 “他们仍然需要我们——这或许就是他们恼怒的原因”：1929—1931年

1930年，为期10年的日本大正民主运动以及币原的商贸外交政策都被一场经济危机的雪崩埋葬。在美国，另一个时代也正在堕落的纽约股票市场和欺诈性的银行系统的崩溃之下面临终结。20 世纪 20 年代可以称为私人美元时代，因为美国官员想依赖拉蒙特等国际人物以重建饱经战火的欧洲，巩固与民主日本的良好关系，以及削弱中国（和其他地区）的革命，这一时期美国始终都是世界生产的中心。正如胡佛和霍恩贝克在 1922 年所悲叹的，银行家们并不愿意合作，大批贷款流向德国、日本和拉美日益增长的、可疑的合资企业，而美国农场、煤矿和一些特定工业却失去了竞争优势并在这 10 年间深受其害。这意味着数百万美国人失去了购买力。随着贫富差距的扩大，银行家们将数百万美元发往海外，本为寻求更多财富，却往往很快就血本无归。到 1927—1928 年，随着海外投资机会减少，投资者们转向了纽约股票市场，他们在这里投入了借贷的数百万美元，从而抬高了股票价格。

这是一个病人在大动脉破裂前的回光返照。1929 年，投资者们已经不能偿付贷款，股票价格在 4 个月内暴跌了 50%。经济下行已经在
154 海外开始了，欧洲和日本尤其如此，它们都从美国大量借贷。最大的下跌出现在 1930—1931 年美国的衰退被完全察觉到之后。美国失业率从 1929 年的 3%（150 万人）一路攀升到 1933 年的 25%（1260 万人）。随着国民生产总值难以置信地从 1929 年的 1040 亿美元下降至 1933 年的 560 亿美元，国会开始试图自力更生、提振经济，于 1930 年 7 月通过了《斯莫特-霍利关税法案》（Smoot–Hawley Tariff Act），向进口品施加 20 世纪最高的关税税率。来自日本的商品受到了严重打击，关税税率上升了 23%，日本的出口市场同时还受到了切分，因为美国正在对华贸易中对日本取得优势。在华盛顿和纽约的要求下，20 世纪 20 年代的外交很大程度上依赖于美元。如今，其他国家既不能从银行家手中获得美元，也不能向美国人销售商品以赚取美元了。一战后美国外交的基础在银行破产和贸易保护主义风潮中已经荡然无存。[51]

新上任的胡佛总统不知道应该采取什么对策。1926 年胡佛表示，

随着已历经 400 年的边疆开拓运动的终结，美国必须向外看："我们的出口将趋于下降，因为易于耕作的土地如今都被占用了。土地无限的时代已经终结。如果我们希望维持总出口额以及保持对进口品的相对购买力，就必须稳步推进制成品的出口。"然而，到了 1930 年，许多世界市场都陷入了萧条。随着美国提高关税，反美政策也在国外开始蔓延。1928 年英美关系到了如此糟糕的程度，一位英国高级外交官甚至相信，"两国间的战争并非不可想象"。两年后，它们已经处于互相发动经济战的边缘。美国人通过向外出口的方式走向繁荣——胡佛的这一梦想迅速破灭了。

1931 年，胡佛表示美国比其他任何国家都更能自给自足，因此如果能"稳定国内情况"，国际局势就会随之改善。但这一对策意味着由政府提供援助，而总统仍然十分矛盾——在不破坏"个人的发展"的情况下，"政府"能够介入多深。在与胡佛的一顿午饭后，他的密友、助理国务卿威廉·卡斯尔（William Castle）在 1930 年年中记录道，"他显得非常疲惫……他说如今参议院的情况几乎完全表明了代议政府的崩溃……他身心俱疲，垂头丧气"。在 1930 年最后一天，卡斯尔说道，"有人对另一个人说，'希望 1931 年能比 1930 年的光景好一点儿'。而回答是'如果不能变得更好，就过不下去了'"。卡斯尔补充道： 155
"可怜的总统，境况可能比这更糟糕。"[52]

到 1931 年年中，胡佛寄希望于两者：一是，萧条仅仅是经济周期十分剧烈的摇摆，而一场同样剧烈的经济上行会让他赢得 1932 年连任选举；二是，少数剩下的海外朋友——尤其是日本——愿意保持合作。他在一场演说中说道，尤其希望这些朋友能够帮助平息影响世界上四分之三人口的政治动荡。这两个希望在几个月内都化为了泡影。萧条并非是经济周期的产物，而是美国和世界经济积聚的大量问题带来的结果，只能通过另一场世界大战才能解决。而受挫的、深陷萧条的日本正准备完全背叛西方。[53]

1927—1928年，世界绝大多数国家的经济都迎来了繁荣——除了英国和日本。日本人正在从1923年地震中慢慢恢复，而重大丑闻使得他们的银行系统陷入了瘫痪。由于萧条，银行数量迅速下降了25%，仅剩大约1000家。财阀则趁火打劫，例如三井以低价买入了大量资产，极大扩张了其业已巨大的影响力。随着经济权力的集中，财务大臣井上准之助决定在日本实行大多数其他工业化国家已经用以调控经济的金本位制（部分出于美国人的坚决要求）。没有比这更糟糕的时间选择了。随着亚洲陷入革命和萧条，日本的重要市场几乎消失。美国经济的下沉也让日本最大的顾客消失了。1929年，美国和中国共同消化了日本67%的出口（美国占43%）。但大部分没有陷入混乱的中国地区都蔓延着反日情绪，而越来越多的美国人则没钱购买日本商品。

井上已经承诺以黄金支持日元，他如今绝望地看着日本的贸易随着黄金外流而失去了60%的通货储备。1929—1931年，美国的物价下跌了27%，但日本的物价下跌了35%。这一下跌尤其受到重要的丝绸价格的影响，日本丝绸极度依赖美国市场，占日本出口美国商品的2/3。丝绸价格仅在1930年一年便下跌了50%，关键的棉纺织品价格下降得更多。[54]

20世纪20年代，与华尔街和美国市场绑定的日本经济如今发现自己被绑在一块正在下沉的石头上，无法剥离开来。每5个日本家庭
156 中就有两个依赖丝绸获得现金收入。随着丝绸出口的价格几乎腰斩，一些日本家庭开始面临饥饿。米价在1929—1930年下跌了近一半，许多种植稻米的人也面临破产。农民阶级的危机直接影响到了军方，因为军队大多数兵源都来自这一阶级。一些农民试图在制造业中找到工作。他们加入了出现于一战前的涌入市中心的洪流。20世纪20年代，激进的劳工领袖们试图把这一群体组织起来，但没有成功。工资低廉的女性纺织工不可能被组织起来，不喜欢工会的男性农民也是如

此。在任何情况下，劳动力都供过于求。企业家强调，工会无论如何都没有必要存在，东京商会吹嘘道："在我们国家，劳资关系就如同家人一样。"这就是所谓的"温热感原则"（warm-feeling principle），或者正如一个观察家所说的，是"一种仁慈专制"。[55]

一旦组织的领导开始谈论"家庭"，其他所有成员最好都提高警惕。日本工人曾许多次被许诺就业保障，但 1930 年他们发现，自 1925 年以来失业人口暴增了 47.5%，达到了 323000 人。一份经济状况摘要记录了出口的急剧下滑，并补充道，日本政府数据显示"1930 年每个月日本平均有 500 人自杀。主要原因应该是失业"。政府的做法与胡佛不谋而合：几乎什么也不做。更准确地说，政府资源任由最大的工业-金融家族——财阀们调配，而小企业家、工人和农民则独自面对着越发险恶的市场。

著名政治家詹姆斯·T. 肖特维尔（James T. Shotwell）在 1930 年 3 月 2 日的《纽约时报》上写道，他震惊地发现 1929 年年末有 800 多名日本政治犯因"传播激进观点或者计划并实施激进观点"而被捕。这些数字揭露了"社会和政治动荡的程度"，对大多数日本人进行了"启蒙"。他相信动荡将迅速蔓延，尤其是在年轻人中间。他们不得不"在工业化的现代国家与将国家、家庭和被神化的过去联系在一起的生活哲学之间做出显然不可能的调整"，特别是神道教及其"神圣天皇"所代表的过去。肖特维尔认为，年轻的中国人可以聚集在 20 世 157
纪激进的国家主义周围，但他们的日本同辈则不得不在两者中达成和解：一方是具有 2500 年历史的被神话的过去，一方是动荡的工业化现状的可怕现实，而后者正在摧毁代表前者的传统价值和乡村生活。[56]

1932 年初，一位年轻的来自乡村的狂热民族主义者枪杀了井上。凶手告诉警察，他这么做是因为财务大臣的通货紧缩政策已经摧毁了乡村社会。几周后，托马斯·拉蒙特的另一位朋友，帮助三菱财阀奠定金融基础的团琢磨男爵被极端民族主义兄弟会的另一个成员刺杀。

这场凶手同样来自乡村地区的刺杀，其动因显然是团男爵和三菱在国际市场上做空日元，并赚得盆满钵满。两个凶手都受罚甚轻，并在几年后出狱。

20 世纪 30 年代初，威廉·卡斯尔瞥见了这一针对西方的民族主义与怀疑情绪的另一面。通用电气（General Electric）和特鲁斯坎钢铁公司（Truscon Steel）的高官告诉国务院官员，“在日本出现了排斥外国人管理的强烈趋势……日本人越来越想把所有制造业掌握在自己手中，完全不借助任何外国帮助”。在对通用电气和福特的驻日工厂进行私人视察之后，卡斯尔认为，日本的支持国货运动“是已经发展多年的排外情绪的顶点……显然他们仍然需要我们——这或许就是他们恼怒的原因”。[57]

在这一灰暗背景下，1929 年 7 月重任外相的币原做出了最后一搏，他重新点燃了 1921—1922 年的希望，推翻了 1927—1928 年田中采取的灾难性政策。在他原有的合作精神影响下，币原甚至在 1930 年派遣日本军舰与英美船只联合采取干预行动，以保护长沙的外国人免受袭击。他还效法英美，承认了中国的关税自主权以换取对日本的贸易特许。自始至终，海军以及陆军军官都指责币原行动太慢，太在意与西方保持一致。[58]

1930 年，币原与浜口雄幸首相（以及胡佛总统）在伦敦海军会议上取得了巨大的外交胜利。华盛顿协定并未对巡洋舰和其他辅助船只进行限制。当 1927 年三国在日内瓦会面以设定该限制时，英国和日本提议的比率立刻被美国拒绝了。当两国代表拒绝让步后，愤怒的美
158 国国会议员同意了海军军官的请求，批准了建造 15 艘重型巡洋舰的议案。然而，大萧条迫使胡佛削减开支，尤其是海军拨款，加之币原掌权，达成协定的前景十分明朗。

日本要求美英日实现 10∶10∶7 的海军吨位比例。谈判结果是 10∶10∶6 的重型巡洋舰比例，并允许日本在 1935 年提升到 7 的比例。

三国在潜艇方面待遇平等。日本海军军官对此强烈抗议，但币原和浜口（刚刚从大选胜利中腾出手来）驳回了他们的意见并接受了这一比例。经济制约和与西方进行合作的需要要求日本接受结果。卡斯尔希望通过一项新的移民法案来取代引起仇恨的1924年法案（卡斯尔称其“玷污了美国崇尚公平的声誉”），以此给东京一点甜头，但国会并不同意。另一方面，币原承认无论（舰队吨位）比例是多少，日本都不会攻击菲律宾，因为“即使最初的袭击能够成功，这也只是一场最终将毁灭日本的战争的开端”。[59]

卡斯尔如今扮演了塑造对日关系的关键角色：日本人——这里说的是军方、主流报纸和大多数公众而非政府相信，“我们正在建造海军，因为我们认为可能为了中国与日本开战”。即使卡斯尔并不接受，美军军事参谋也接受了这一点。即使币原和井上不接受，日本军事家加藤宽治上将也接受了这一点，他谈道：“为了准备与美国的战争，我们必须……控制东北当局。”外相直白地说明了不断恶化的经济萧条与海军计划之间的关系：“我们不会为了建造军舰而牺牲我们的减税计划，尤其是在我们的财政收入正在下降的情况下。”1930年10月27日，浜口、胡佛和英国首相拉姆塞·麦克唐纳（Ramsay MacDonald）联合发布国际广播以庆祝伦敦协定的达成。浜口宣布，他们“打开了人类文明史的新篇章”。[60]

日本海军军官发起了针对浜口的强烈宣传攻势。他们哭诉道，浜口侵犯了神圣的天皇与军方决定军事问题的权利。这些控诉与井上的经济政策（似乎因为牺牲了军事扩张以削减预算而使经济恶化了）毒害了政治气氛。1930年11月14日，一名23岁的极端民族主义团体成员谴责了井上的政策以及对日本军队的限制，在东京火车站接近浜 159
口，对他敬礼后，开枪射中了他的胃部。1931年4月，身受重伤的浜口最终辞职。8月，这位伦敦海军会议和大萧条的受害者去世了。币原仍担任外相，但激进的军官们表达了自己的主张。由饱受折磨的农村士兵组成的军队已经准备好支持这些军官。

在这些灾难与其他灾难中，卡斯尔相信，胡佛“或许已经开始感到紧张”，但由于总统自己支持的禁令，他“缺乏行动的必要手段”。胡佛所见之处，美国传统政策——无论是限制军备、与日本的门户开放合作还是禁酒运动——似乎在合谋反对他。这一切之外，又来了一场大灾难：沈阳。[61]

注释

1. Bourne, *Documents*, Part II, series E, III, 113.

2. Ian Nish, *Japanese Foreign Policy, 1869–1942* (London, 1977), p. 4; Herbert C. Hoover, *The Ordeal of Woodrow Wilson* (New York, 1958); Herbert Hoover, *American Individualism* (Washington, DC, 1922) .

3. “Address Before American Bankers’ Association, Chicago, Dec. 10, 1910,” Addresses, Letters… AGI, vol. 5, Hoover Papers.

4. Hoover to Hughes, April 29, 1922, Secretary’s Files, Hoover Papers; Robert Freeman Smith, “Thomas W. Lamont,” in Thomas C. McCormick and Walter LaFeber, eds., *Behind the Throne* (essays in honor of Fred Harvey Harrington) (Madison, WI, 1993), pp. 101–102.

5. Lloyd C. Gardner, *Safe for Democracy* (New York, 1984), p. 296; Sir C. Addis to Mr. Bentinck, July 29, 1920, FO 371 F1651/2/10, PRO; Sir A. Geddes to Earl Curzon, Sept. 9, 1920, FO 371 F2180/2/10, PRO.

6. *FRUS, 1920*, I, 498–499; “Thomas W. Lamont’s Visit to the Far East,” March 29, 1920, in B. Alston to Earl Curzon, March 29, 1920, FO 371 F784/2/10, PRO; Hirano Ken’ichiro, “Nishihara shakhan kara shinshikoku shakhanda e” [From the Nishihara Loan to the Four-Power Consortium], in Hosoya Chihiro and Saito Makoto, eds., *Washinton taisei to Nichi-Bei kankei* [The Washington Treaty System and Japanese-U. S. Relations] (Tokyo, 1978), pp. 306–312.

7. Sir C. Addis to Bentinck, April 20, 1920, FO 371 F588/2/10, PRO; B. Alston to Earl

Curzon, March 29, 1920, FO 371 F784/2/10, PRO.

8. 联合声明，见 *FRUS*, *1920*, I, 537, 556; *Japan Advertiser*, May 13, 1920, pp. 1, 10; Carl P. Parrini, *Heir to Empire*(Pittsburgh, 1969), pp. 201–202.

9. Ron Chernow, *The House of Morgan* (New York, 1990), pp. 231–235; Warren Cohen, "Consortia," in Alexander DeConde, ed., *Encyclopedia of American Foreign Relations*, 3 vols. (New York, 1978), I, 172–173; G. C. Allen, *A Short Economic History of Modern Japan*. 4th ed. (New York, 1981), pp. 100–106.

10. Nobuya Bamba, *Japanese Diplomacy in a Dilemma* (Kyoto, 1972), pp. 42–57, 50–51; Peter Duus, Introduction to *Cambridge History of Japan*. Vol. 6. *The Twentieth Century*, Duus, ed. (New York, 1988), p. 35; Roger Dingman, *Power in the Pacific* (Chicago, 1976), pp.131–132.

11. 关于戏剧和发型，见 Bamba, *Japanese Diplomacy*, pp. 42–51; Eguchi Kiichi, *Futatsu no taisen* [Between the Two Great Wars](Tokyo, 1989), pp. 115–120; Dingman, *Power*, p. 131.

12. Dingman, *Power*, pp. 124–125; Tadashi Aruga, "Editor's Introduction," *JJAS* (2, 1985): 23–26; Duus, Introduction, p. 8.

13. 关于西伯利亚的问题，见 Dingman, *Power*, pp. 132–133, 183; Goldberg, *Documents*, *I*, 169–173; F. O. Minute, Oct. 4, 1920, on Eliot to Foreign Office, Sept. 3, 1920, FO 371 F2281/2281/23, PRO; Peter J. Katzenstein and Nobuo Okawara, *Japan's National Security* (Ithaca, NY, 1993), p.16.

14. *Congressional Record–Senate*, Dec. 14, 1920, 66th Cong., 3d Sess., vol. 60, part 1, p. 310; Philip C. Jessup, *Elihu Root*, 2 vols. (New York, 1937), II, 446; Dingman, *Power*, p. 143; Merlo J. Pusey, *Charles Evans Hughes*, 2 vols. (New York, 1951), II, 453.

15. Walter A. McDougall, *Let the Sea Make a Noise* (New York, 1993), pp. 524–527. Dingman, *Power*, pp. 147–148; Sir C. Eliot to Foreign Office, July 29, 1922, FO 371 F2493/2493/23, PRO; Allan R. Millett and Peter Maslowski, *For the Common Defense* (New York, 1984), p. 362; Pusey, *Hughes*, p. 459.

16. "Memorandum," Neville to Hughes, June 15, 1921, in MacMurray to Hughes, June 27, 1921, 790.94/5, box 7112, NA, RG 59.

17. Sir C. Eliot to Foreign Office, June 29, 1922, FO 371 F2493/2493/23, PRO; Ira

Klein, "Whitehall, Washington, and the Anglo-Japanese Alliance, 1919–1921," *PHR*, 46(no. 2, 1968): 468–469, 477; Pusey, *Hughes*, II, 442; 大于"大象"的比喻，见 Gardner, *Safe*, p. 308; Dingman, *Power*, pp. 97–98, 155–156; Jessup, *Root*, II, 449–450.

18. Pusey, *Hughes*, pp. 468–473.

19. Hiroyuka Agawa, *The Reluctant Admiral: Yamamoto and the Imperial Navy*, translated by John Bester(New York, 1979), pp. 27–28; Dingman, *Power*, pp. 257, 192, 218.

20. 关于加藤与反对华盛顿会议决定的派系的情况，可参考 Hosoya Chihiro, "Washinton taisei no tokushitsu to henyo"[Characteristics of Changes of the Washington System] in Hosoya and Saito, eds., *Washinton taisei to Nichi-Bei kankei*, pp. 3–5; *New York Times*, Sept. 9, 1919, p. 47; 同上, March 11, 1951, p. 92; Bamba, *Japanese Diplomacy*, pp. 156–158; Castle Diaries, May 4, 1930; 关于涩泽男爵，见 Morris to Lansing, Nov. 27, 1918, *FRUS: Paris*, I, 491.

21. 本段与下一段尤其得益于 Herbert O. Yardley, *The American Black Chamber*(London, 1931), pp. 194–222; James Bamford's Introduction in Herbert O. Yardley, *The Chinese Black Chamber*(New York, 1983); 及 James Bamford, *The Puzzle Palace*(Boston, 1982), pp. 8, 16.

22. 关于这一时期日本对美国的经济依赖，可参考 Nakamura Takafusa, "Sekai keizai no naka no Nichi-Bei,"[Japanese-U.S. Economic Relations in the World Economy], in Hosoya and Makoto, eds., *Washington taisei to Nichi-Bei kankei*, pp. 476–482; Pusey, *Hughes*, pp. 476–477; Agawa, *Yamamoto*, pp. 28–29; Akira Iriye, *Across the Pacific*(New York, 1967), p. 144.

23. W G. Beasley, *Japanese Imperialism, 1894–1945*(New York, 1991), pp. 266–267; Pusey, *Hughes*, pp. 481, 499; Klein, "Whitehall," p. 482.

24. Hughes to Hoover, Sept. 27, 1921, Commerce, Official File, box 55, Hoover Papers; Jessup *Root*, II, 452, 458–459; Bartlett, *Record*, pp. 486–490.

25. Sadao Asada, "Japan's 'Special Interests' and the Washington Conference, 1921–22," *AHR*, 67(October 1961): 63–70; James B. Crowley, *Japan's Quest for Autonomy*(Princeton, 1966), p. 29; Russell H. Fifield, "Secretary Hughes and the Shantung Question," *PHR*, 24(no. 4, 1954): 375–385.

26. FO Minute, Oct. 18, 1920, on Geddes to FO, Oct. 14, 1920, FO 371 F2446/2343/23,

PRO；日本对自己“特殊利益”的看法，见“C-in-C Asiatic,” to “Opnav-Washington,” Feb. 14, 1921, 790.94/3（1910–29）, box 7112, NA, RG 59.

27. Beasley, *Japanese Imperialism*, p. 167; Iriye, *After Imperialism*, pp. 19–20；关于贷款如何促进了美国和日本的分裂，见 Hirano, “Nishihara shakhan kara shinshikoku shakkanda e,” p. 314.

28. Sir C. Eliot to FO, May 25, 1922, FO 371 F2109/2109/23, PRO; Akira Iriye, “Japan's Policies Toward the United States,” in James William Morley, ed., *Japan's Foreign Policy, 1868–1941*（New York, 1974）, pp. 243–244; Manfred Jonas, “Isolationism,” in Alexander DeConde, ed., *Encyclopedia of American Foreign Policy*, 3 vols.（New York, 1978）, II, 496.

29. 本段与上一段可参见 *FRUS, 1922*, I, 773–774; Crowley, *Japan's Quest*, p. 29; Yardley, *Chinese*, p. xvii，有白修德的引语；Herbert O. Yardley, *The Education of a Poker Player, Including Where and How One Learns to Win*（New York, 1957）.

30. Charles Evans Hughes, *The Pathway of Peace*（New York, 1925）, p. 259; Roger Daniels, *Coming to America*（New York, 1990）, pp. 282–283.

31. Roger Daniels and Harry H. L. Kitano, *American Racism*（Englewood Cliffs, NJ, 1970）, pp. 54–55; Vernon M. Briggs, Jr., *Mass Immigration and the National Interest*（Armonk, NY, 1992）, pp. 4–5.

32. 此一时期“黄祸”的图像，见 Asada Sadao, *Ryodai Senkan no Nichi-Bei kankei*［Japanese-American Relations Between the Wars］（Tokyo, 1993）, pp. 338–339; Aruga Tadashi, “Hainichi mondai to Nichi-Bei kankei: Hanihara shokan o chusin ni”［The Japanese Exclusionary Policy and Japanese-U.S. Relations: The Hanihara Letter］, in Iriye Akira and Aruga Tadashi, eds., *Senkanki no Nippon gaiko*［Japanese Foreign Policy During the Interwar Period］（Tokyo, 1984）, pp. 65–96; Pusey, *Hughes*, pp. 512–516.

33. Izumi Hirobe, “American Attitudes Toward the Japanese Immigration Question, 1924–1931,” *JAEAR*, 2（Fall 1993）: 275–280; Sandra C. Taylor, *Advocate of Understanding*（Kent, OH, 1984），是古立克的标准传记，特别是关于他在日本的工作。

34. Bamba, *Japanese Diplomacy*, pp. 157, 158, 214, 119.

35. 关于日本人试图理解该法案的内容，见同上，pp. 196–198; Asada, *Ryodai Senkan*

no Nichi-Bei kankei, p. 300; Akira Iriye, "The Failure of Economic Expansionism, 1918-1931," in Bernard Silberman and Harry Harootunian, eds., *Japan in Crisis* (Princeton, 1974), pp. 259-260; Viscount Kikujiro Ishii, *Diplomatic Commentaries*, translated and edited by William R. Langdon (Baltimore, 1936), pp. 306-307.

36. Iriye, "Failure," pp. 254-255, 259-260; Bamba, *Japanese Diplomacy*, pp. 297-298; MacVeagh to Kellogg, Aug. 2, 1926, 790.94/13, box 7112, NA, RG 59 on Pan-Asian fiasco; Sadako N. Ogata, *Defiance in Manchuria* (Berkeley, 1964), p. 39.

37. Gardner, *Safe*, pp. 322-323; C. F. Remer, *Foreign Investments in China* (New York, 1933), p. 274; 关于洛克菲勒基金会的介入，见 Grosvenor Jones to Hoover, Aug. 7, 1926, Commerce, Official Files, box 230, Hoover Papers.

38. 关于日美银行业的合作，见 Asada, *Ryodai Senkan no Nichi-Bei kankei*, pp. 343-344; FO Minute, Ashley Clarke, May 27, 1944, 以及所附的备记录: Sir J. Pratt, FO 371 F2592/1787/10, PRO; Iriye, "Japan's Policies," pp. 436-437.

39. Asada, "Japan's 'Special Interests,'" 第62页有"币原时代"的内容; Iriye, "Failure," pp. 245-247; Duus, Introduction, pp. 36-37; Bamba, *Japanese Diplomacy*, p. 52.

40. Iriye, *China and Japan*, pp. 55-56; Ogata, *Defiance*, p. 8; 币原的引语，见 Nish, *Japanese Foreign Policy*, p. 155; 关于这一经济视角的背景，见 Hirano, "Nishihara jakkan kara shinshikoku jakkandan 3," pp. 309-314.

41. Hosoya, "Washinton taisei no tokushitsu to henyo," pp. 4, 6; Pauline Tompkins, *American-Russian Relations in the Far East* (New York, 1949), chapter 9, 特别是第212页; Beasley, *Japanese Imperialism*, p. 171; Iriye, "Japan's Policies," p. 438.

42. Memorandum for Hoover from Batchelder, Nov. 22, 1921, Commerce, Official File, box 170, Hoover Papers; Chernow, *House of Morgan*, pp. 234-236.

43. Hoover to Hughes, April 29, 1922, Secretary's Files, Hoover Papers; Parrini, *Heir*, pp. 194-195, 202-203; Taichiro Mitani, "Manchuria: American Capital and Japanese Special Interests in the 1920s," in Ian Nish, ed., *Some Foreign Attitudes to Republican China* (London, 1980), pp. 1-3, 6-12.

44. Gardner, *Safe*, pp. 315-317; Chernow, *House of Morgan*, pp. 236-237, 338.

45. Warren I. Cohen, *Empire Without Tears* (New York, 1987), pp. 80-81; Ogata, *Defiance*, pp. 7-8.

46. Bamba, *Japanese Diplomacy*, pp. 15, 25–26, 40; Nish, *Japanese Foreign Policy*, pp. 152–153; Ogata, *Defiance*, pp. 10–11.

47. Mitani, "Manchuria," pp. 12–24.

48. Barnhart, *Japan Prepares*, p. 51; Ogata, *Defiance*, pp. 10–13; Iriye, *China and Japan*, p. 51.

49. Ogata, *Defiance*, pp. 16–17; Beasley, *Japanese Imperialism*, pp. 187–188.

50. Nish, *Japanese Foreign Policy*, p. 164.

51. U.S. Department of Commerce, *Historical Statistics of the United States* (Washington, DC, 1961), p. 564.

52. "The Future of Our Foreign Trade," March 16, 1926, Secretary of Commerce Official File, Foreign Trade, 1926, Hoover Papers; Frank Costigliola, *Awkward Dominion* (Ithaca, NY, 1985), chapter 1; "Business Depression and Policies of Government," June 15, 1931, Public Statements, AG1, vol. 52, no. 1587, Hoover Papers; Castle Diaries, June 29 and Dec. 31, 1930.

53. Castle Diaries, May 3, 1931; "Business Depression," Hoover Papers.

54. Charles Kindleberger, *The World in Depression, 1929–1939* (Berkeley, 1973), p. 59; 关于丝绸、棉纺织品、大米的情况，见 Sato Kazuo, "Nichi–Bei boeki to Nihon keizai no fukinkan seicho" [Japan–U.S. Trade and the Imbalance of Growth in the Japanese Economy], in Hosoya and Makoto, eds., *Washinton taisei to Nichi–Bei kankei*, pp. 502–506; Barnhart, *Japan Prepares*, p. 65; 关于日本企业的合并，见 Allen, *Economic History*, pp. 106–115; 关于日本贸易情况的对比，见 Beasley, *Japanese Imperialism*, pp. 236–237; 关于纽约与日本黄金储备危机之间的关系，见 Oct. 11, 1931, Saionji Memoirs.

55. Kindleberger, *World*, p.144; Allen, *Economic History*, pp. 108–109; Bamba, *Japanese Diplomacy*, p. 47; Duus, Introduction, 第 22 页有商会的引语；关于劳动力的情况，见同上, pp. 23–24; 关于 "温热感原则"，见 Tatsunosuke Ueda, "Some Aspects of Industrial Japan," *The World Tomorrow*, 13 (November 1930): 459–460.

56. 关于乡村崩溃的经济原因，见 Sato, "Nichi–Bei boeki to Nihon keizai no fukinkan seicho," pp. 502–510; 关于政府管制的缺失，见 Duus, Introduction, p. 20. *Monthly Labor Review*, 33 (August 1931): 396–399; 关于自杀情况的记录，见 *Current History*, 33 (December 1930) 479; James T. Shotwell, "The Fateful Dilemma of

Young Japan," New York Times Magazine, March 2, 1930, pp. 4ff; Beasley, *Japanese Imperialism*, pp. 175–176.

57. Chernow, *House of Morgan*, pp. 342–343; Castle Diaries, March 2, April 26, 1930.

58. Nish, *Japanese Foreign Policy*, pp. 165–166, 173–174; Iriye, "Japan's Policies," p. 440; Beasley, *Japanese Imperialism*, p. 173.

59. 日本关于 1930 年会谈决议的分歧，见 Asada, R*yodai senkan no Nichi–Bei kankei*, p. 179; Millett and Maslowsky, *Common Defense*, p. 373; Nish, *Japanese Foreign Policy*, pp. 166–170; 关于币原的引语，见 Castle Diaries, May 31, 1930, Feb. 15, 1930.

60. 日本害怕美国为了中国而与自己开战的更多情况，见 Castle Diaries, Jan. 31, 1930; Castle to Stimson, Jan. 31, 1930, Foreign Affairs–China, 1930, box 1–G/847, Hoover Papers; 关于石原的引语，见 Iriye, "Japan's Policies," p. 441; Ogata, *Defiance*, pp. 28–29; 关于井上的引语，见 *New York Times*, June 6, 1930, p. 6; 关于浜口的引语，见 *Current History*, 33(December 1930): 480.

61. Ogata, *Defiance*, p. 29; Castle Diaries, March 4, 1931; *New York Times*, Dec. 11, 1930, p.7; 同上, March 13, 1931, p. 1.

第六章　绳索 I：从沈阳……

160

一　日美关系的“典范”：20 世纪 30 年代

对美国和日本来说，第二次世界大战的根源要追溯到 1931 年 9 月关东军试图控制整个中国东北的军事行动。这次入侵的起因和结果，恰恰展现了自佩里到达东京湾后日美关系的主题。在这场事变前，美国官员一直试图以西方的方式将日本纳入西方体系。20 世纪 20 年代初的“拉蒙特-梶原协定”与华盛顿会议协定成了日本登上美国资本主义巨轮的跳板。到 1931 年，这艘巨轮不仅有沉没之险，船上的水手似乎还在试图阻止乘客搭载已到处漏水的救生艇。

一些长期怀疑这艘巨轮的适航性的日本人正在修建自己的船。例如，军方与财阀和小企业合作，开始建构一种不同的资本主义模式（事实上有些人认为这是反资本主义的），将日本价值观整合进经济体系中，去挑战而非弥补美国制度。军方的努力并不新奇。从 19 世纪 60 年代开始，日本领导人就试图建立一个自给自足的体系。新奇的是，在 20 世纪 30 年代（不像 19 世纪五六十年代、1918—1922 年、20 世

161 纪 70 年代、20 世纪 90 年代），它最终不是以妥协或默默退让告终，而是以“诸神的黄昏”告终。

不同制度的冲突再一次围绕如何发展中国、由谁来发展中国并建立秩序的问题而爆发。佩里的使命源于美国的在华利益，华盛顿会议源于在革命蜂起的中国限制冲突的需要，1947 年后重建日本源于应对中国的需要，因此，第二次世界大战的太平洋战场，实际上源于日本与美国都缺乏解决中国核心问题的能力。

二　华尔街与东北危机

中国东北由三个省份构成。占地面积使得它比 1.5 个德克萨斯还要大，其东部和北部接壤俄罗斯，西部紧挨内蒙古，西南部和南部又紧邻华北。

不断受到列强争夺的辽东半岛通往的是中国东北广阔腹地，1907 年以来，对东北的政治控制分别落入控制了北部中东铁路的俄国人以及控制了南部南满铁路的日本人之手。到 1931 年，两者都受到来自蒋介石的国民党政府的攻击，后者试图重新恢复对这一区域的强力控制。日本关东军成为蒋介石必须打破的障碍。

1931 年，日本人已经高度依赖中国东北。他们在这里拥有 5 亿美元的投资；近 700 英里的铁路线运输着木材与日本工业尤为依赖的煤和矿产；为了满足其日益增长的需求，日本海军在这里支援建造了几处设施，以便从页岩和煤炭中提取石油。随着日本的总出口在 1929—1931 年灾难性地下降了 43%，中国东北及其 3000 万人口在原材料和市场方面对于日本产品变得极其重要。当日本的传统海外市场（美国）也陷入萧条时，这一重要性更加凸显。观察者在 1931 年记录到，虽然日本与这些地区的贸易从 1929 年起不断下滑，但与日本完全控制的中国台湾和朝鲜地区的贸易却迅速上升。日本获得的教训似乎是，贸易是政治权力的附属。到1931年，对日本人来说，“不出口，就灭亡”的口号具有空前的意义。[1] 162

关东军吸取了这一教训，尤其是在军队司令官自20世纪20年代末与三井财阀建立紧密联系之后。然而，如果要理解为何日本走上了侵略东北之路，并以军政府替代了文官政府，还需要理解另外两个因素，正是它们为日本准备好了悲剧的命运。

第一个是所谓的“全面动员”理念。这一理念部分源于如下认识：一战的战胜国是那些在创造自给自足的工业经济方面最有成效的国家。德国长期以来都是日本军政专家的楷模，但它在一战时组织得没有美国和英国好。日本有些人认为，德国参战太早，没有准备好打赢一场总体战所需的原材料和工业设施。“全面动员”还源于杳无尽头的经济衰退，它在20世纪20年代不断消耗着日本，并似乎在1927年随着银行危机到达了顶峰。1925年，在高桥是清的领导下，政府建立了商工省作为工业化计划的中心。19世纪60年代，年轻的高桥留学美国，对美国人如何利用关税、补贴和其他国家政策推动第二次工业革命的情况了如指掌。商工省雇佣了东京大学最优秀、最聪明的毕业生，他们在国会推动立法，以建立国家许可的大型卡特尔组织，促进出口。许多在20世纪五六十年代影响日本工业化事务的官员，最初都在商工省或其他政府机构担任职员，其中包括未来的首相岸信介。[2]

新工业化政策促使国家和私人企业形成了一种共生关系，这种“共生”尤为重点地发展军事制造业。1927年产生了重大突破。军方裁撤了4个部门，帮助政府削减开支，作为回报，军方得以建立一个中央计划部门——内阁资源局，可以在日本的每一个角落为了实现工业化动员而行使权力。资源局迅速实施了进行两年总体战所需的准备计划。在1929年的10天试运行期间，日本军方实际控制了包括大阪

163 在内的三个大型工业中心的工厂和大部分政策的制定权。在币原外相试图控制军方对外交政策的影响之时，军方的经济控制网络却逐步确立。[3]

20 世纪 20 年代军方影响的不断上升是解释 20 世纪 30 年代日本发展路径的第二个因素。自 19 世纪末起，没有一个文官被允许领导陆军和海军。军方对新内阁的形成一直行使着否决权。即使是文官岗位，1885—1945 年军方也控制了其中的 28%。到 1924 年，只有元老西园寺公望能够对军方势力的压力进行反击。创立于 1910 年的帝国在乡军人会，到 20 世纪 30 年代已经成为最大的"爱国游说团体"。这一扎根基层的组织在深受萧条打击的农村地区势力尤为强大。它的一个主要目标是发动宣传运动，要求对刺杀原、井上和团的凶手宽大处理，这些人的"爱国情怀"深受他们尊敬。陆军于 1932 年建立了"大日本国防妇人会"。如果存在有效的公共舆论，它也将大力支持民族主义者和侵略性政策，而非币原等人奉行的谨慎政策。[4]

世界性萧条全面袭来时，日本早已因国内萧条而深受打击。未来似乎并不明朗。一位西方专家于 1930 年写道，"日本实现工业化的可能性极为有限，似乎看不到日本能够获得重要制造国地位的前景"。但对经济危机的分析是由民族主义者发起的，军方建立了许多机构以支持替代性政策。很快将在日美关系悲剧中成为关键人物的松冈洋右在 1931 年初告诉国会："世界经济战争正在创造出大规模经济集团。"松冈表示，在日本"我们对于国内外局势感到窒息。我们追求的是最低限度的生存……我们追求的是让我们得以呼吸的空间"。而为了寻找这一空间，关东军已经磨刀霍霍。[5]

这一军队以战略意义重大的辽东半岛的尖端之地命名，自 1905 年以来日本一直占有此地。到 1931 年，关东军不仅成为高度自给自足的军事单位，也在司令官板垣征四郎和石原莞尔的领导下，成为发展出自己独立意识形态的、彼此联系紧密的研讨班。1922—1925 年受训于德国的石原以陆军首席战略理论家闻名。石原不仅是通常所谓的照章办事的战略家，作为13世纪佛教僧侣日莲（他曾在传道中坚定地反对权威，并精确地预测了外国入侵）的信徒，他还相信在佛陀去 164
世2500年后，即大约公元2000年，会形成一个世界政府。然而，只有在外国对日本生存的威胁引发空前的战争恐怖之后，这一政府才能出现。借用同时代的导师北一辉的理论，石原认为对日本的拯救要由军队，而非腐败的财阀或政治家来完成。西园寺记录下了军队的态度："我们说，永远不要指望国会政策。"军队将创造一个更伟大的日本、一个能够征服繁荣所需的资源的日本，国家将利用这些资源帮助无产者并限制富人的收入。1928年，一群受石原影响，并决心使日本获得经济自主地位的中层军官，在一个名为一夕会的团体中走到了一起。[6]

许多一夕会成员再次相信了石原，认为他们的理想愿景面临着长期和短期的敌人。长期敌人是美国——唯一的世界霸主，它拥有足够的资源，以及利用这些资源，围绕谁将控制亚洲这一问题，掀起针对日本的世界战火的"天命"信念。短期敌人是中国。这是一个开关，直到20世纪20年代末，苏联人一直是主要的威胁。然而，苏联在约瑟夫·斯大林（Joseph Stalin）执政后将重心放在了国内（但是大部分关东军领导人相信，将来苏联人将试图报1904—1905年战争之仇）。如今蒋介石的国民党正在北进并要求日本归还1905年后夺取的铁路和其他利权。日益严峻的日中对抗以南满铁路为重心展开，双方都在不断试探对方的意图。[7]

1931年9月初，可能发生战争的流言在东京传播开来。币原和西园寺领导的政府官员指示高级军官平息局势。参谋本部的建川美次得到指示将消息传达给关东军。建川于9月18日抵达了沈阳（省会与军事中心）。他与其他军官一起去了菊文餐厅，根据一些描述，他在那里喝酒直到倒地不醒。其他一些描述则说，建川与石原和板垣的观点一致——或许他还事先向他们告知了自己所携带的命令——相信是其他军官捏造了他醉酒之事，这样他就不必传达命令。建川可能实际上还协助发动了9月18日晚上发生的震动京奉铁路的爆炸。日军与
166 中国军队之间的战争爆发了。早晨，关东军占领了沈阳，并将控制范围扩大到周围区域。关东军军官声称爆炸由中国人策划，甚至在爆炸现场"恰当地"摆下了几具中国人的尸体。但东京政府与世界其他国家立刻认识到，是关东军炸毁了自己的铁轨，企图以此为借口征服东北。[8]

因此，西园寺在日记中悲痛地写道："这终究是发生了。"政府对此分歧严重。大为震惊的币原清楚，军队新征服的地区将不能交还蒋介石影响下的东北当局。统帅部分裂了，然而文武官僚却积极行动，让关东军撤出可能与苏联发生冲突的北满铁路地区。天皇的态度模棱两可。西园寺担心天皇会召他重回军队，因为关东军军官可能不会服从命令。币原和井上谴责了袭击，但到了9月底，来自朝鲜的军队——显然得到了中央的军事命令而行动——帮助关东军在关外大部分地区部署开来。关东军军官如今计划宣布，中国东北将被日本军人占领。然而，东京和南京发生的骚动却让他们着手建立了一个多民族的、"自治"的伪满洲国政府。它表面上由"满洲人"控制，实际上却受到关东军的庇护。[9]

对于最近刚打完一场"终结一切战争之战"的美国人来说，这次入侵让他们困惑，而其残忍让他们震惊。在沈阳的美国传教士和记者传回了中国围观者被残忍射杀的可怕故事。胡佛当局发出声明要求停止战争，要求日本人撤出关外。事实上，美国官员对于中国东北并不关心。他们目前有更紧迫的危机要面对。1931年8月在与胡佛的一场讨论结束后，助理国务卿威廉·卡斯尔记录到，"他指出，芝加哥今天已不能支付账单和发放工资"。底特律和洛杉矶似乎也处在经济恐慌的边缘。卡斯尔在关东军袭击事件9天前表示，"似乎不存在从任何方向穿过乌云射出的光线"。英国人在9月脱离了金本位，摧毁了

胡佛希冀联合最强大的工业国共同应对萧条的愿望。从今以后，无论政治上还是经济上，所有人都只能各顾各的问题了。正着眼于拉美革命和欧洲经济灾难的国务卿亨利·史汀生（Henry Stimson），仅仅希望国联停止在他耳边“唠叨”有关中国流血事件的问题。[10]

167

如果说日本政府对于入侵的态度分歧严重，那么美国人也是如此。卡斯尔是坚定的亲日派，1879 年出生于夏威夷岛上的一个上流家庭，曾一度担任国务院西欧事务局局长，随后担任助理国务卿，直到他的好友胡佛总统在 1930 年伦敦海军会议期间任命他为驻日特别大使。卡斯尔认为日本人是亚洲秩序唯一的希望，中国“完全不可靠”，但却是一个“拥有庞大美国利益”的国家。因此在“一个现代的、十分公正的司法系统”在遥远的未来出现之前，西方人绝不能放弃治外法权。1930 年，卡斯尔认为美国并不会“为了门户开放或者日本吞并中国东北而加入战争”，他接着补充道，“日本没有吞并中国东北的意图”。当关东军证明这一预言的错误之后，卡斯尔希望“完全置身事外”，他写道，部分原因是“我们不应冒失去一位东方有益伙伴的风险，我真希望这该死的、不必要的麻烦没有发生”。[11]

卡斯尔代表了西奥多·罗斯福-伊莱休·鲁特式的美国政策——将日本视为维持秩序的力量。1928 年后国务院的亚洲事务专家斯坦利·霍恩贝克则代表了威拉德·斯特雷特-芮恩施式的政策——相信对华合作将带来巨大机遇，日本则意味着巨大威胁。事实上，在成为科罗拉多的首位罗德学者后，1911 年，霍恩贝克于威斯康星大学在芮恩施指导下获得了博士学位。他在中国教书，直接见证了 1919 年围绕凡尔赛条约在中日间爆发的冲突。随后在国务院担任次要职位，直到 1928 年成为远东部门的负责人。在珍珠港遭受袭击前，霍恩贝克对亚洲的观点一直影响着美国政策。

这些观点在核心上存在本质矛盾，持续削弱了 19 世纪 40 年代以来的美国政策：美国承诺将通过门户开放政策开发潜在的巨大的中国市场，但相信“远东和平问题的关键在中国”，所以这个国家必须足够强大。当然，如果中国足够强大，它将终结门户开放（就像蒋介石不断表示的那样）并威胁日本。霍恩贝克对这一矛盾的处理并不比其他美国官员高明。他也并不愿意为了中国加入战争。他承认，蒋介石
168 的民族主义从“话语和行动上侵犯了”日本的财产。他甚至不得不“欣然同意”卡斯尔的观点，认为日本控制中国东北可能是更好的选择。霍恩贝克和美国外交政策的悲剧在于，他最终试图通过这种方式调节这些矛盾——相信日本将绝望地陷入中国的泥潭，而这符合美国的利益。这样的结论不仅被证明大错特错，还导致他尊敬并发誓保护的中国人民承受了多年的惨痛生活。[12]

因亲日和亲华立场而存在分歧的卡斯尔和霍恩贝克却关于国务卿史汀生达成了一致意见。卡斯尔在1929年年末表示，“他是一个缺乏智力水准的人，难堪所任”。卡斯尔是1900年的哈佛毕业生，那件“顽皮而无用”同窗会[1]的毛衣，他一直穿到了老年，因此，他从不允许自己被史汀生和一群来自其母校耶鲁的顾问包围。在1931年年末，卡斯尔表示，史汀生并不喜欢自己，因为“我没有去耶鲁，我不是一个富裕的纽约人，最重要的是，我并非由他任命”。而史汀生则在回忆录中写道（回忆录以符合他那一代人绅士形象的第三人称方式写作），仅仅因为卡斯尔是一位胡佛门徒就接受他，是一个“经常让自己感到后悔的大错”。究其原因，部分是卡斯尔“并不认同史汀生的基本态度”。[13]

然而，关于中国东北危机，国务院在早期呈现出的瘫痪状态，其原因远比个人性格因素深刻。史汀生喜欢币原，不希望对日本施压而让外相难堪或“引动军人背后的日本民族精神”。曾担任美国政府驻菲律宾总督的史汀生认为，“我了解一些东方民族的心态”（这是个有

〔1〕“顽皮而无用”同窗会（Naughty Nought）：哈佛的一个校友会。

趣的评论，尤其是在四个月后史汀生出乎意料地发现，日本海军一直希望实施攻击中国东北的军事计划）。国务卿的种族主义思想之前就使他告诉卡斯尔（卡斯尔仅这一次接受了史汀生的看法），关于治外法权问题，“他不想被中国左右，毕竟在东方的所有白人都需要或多或少站在一起”。这样的观点使得史汀生在 1931 年 9 月和 10 月初表示，中国需要管教，而日本能够胜任这一使命。许多美国人，尤其是史汀生，对于批评日本对其难以驾驭的邻居的监管行为十分敏感，因为美国刚刚向尼加拉瓜、海地、多米尼加共和国和巴拿马派遣了军队。[14] 169

胡佛无疑同意史汀生的理论。他告诉内阁，“无论是我们对中国的义务，还是我们自己的利益，或者我们的命运，都不会要求我们因中国东北而加入战争”。另一次，他表示“如果日本人侵略中国东北，这可能不是什么坏事，因为两边都受到牵制——中国和布尔什维克——足够让他们忙一会儿了”。换句话说，如果日本想击退来自中国和苏联的革命力量，胡佛完全支持。如同往常一样，美国公共舆论陷入了分歧。华盛顿官员对这些舆论和分歧中的商界并不关心。广受尊敬的记者沃尔特·李普曼表达了自己的困惑，他在 1931 年 9 月底写道，“判决九一八事变中的‘入侵者’到底是谁”，就如同“判决在拥挤的地铁上是谁先推搡了谁”一样困难。[15]

一个月内，这一观点迅速发生了改变。日本飞机轰炸了锦州，这是一个靠近山海关长城的行政枢纽，并与最初在沈阳发生的攻击相距甚远。虽然对于做出回应仍然十分踌躇，史汀生最终还是明白了这一危机的严重性。他采取了一个四步走的计划，这一计划于 1932 年达到高潮，使它成为 20 世纪 30 年代余下的时间内一直被遵循的方针。第一步，他试图通过国联强调 1928 年取缔战争的《凯洛格-白里安公约》。一位美国代表甚至参与了国联的审议。然而，这一步仅仅持续了不到一周。史汀生对于这一组织试图将责任转嫁给美国感到十分不安。他强调，“我们必须把婴儿从国联的膝上抱起来”。史汀生仍然受到两种思想的拉扯，一种是应当采取“坚定立场”回击日本的想法，一种是他曾自信地告诉记者的信念：日本是“我们抵御中国和苏联的未知力量的缓冲区”。10 月 22 日，当《纽约时报》发布了一份由日本财政大臣井上签署的标题为“日本渴望撤军”的声明后，国务院感觉好了一点。井上的声明安抚了资本市场和国务院，但这仅仅是暂时的，因为这是由忧心忡忡的托马斯·拉蒙特秘密起草的，而无论是在财务省还是在自己的一生中，井上都时日无多了。[16]

史汀生在国联的失败以及日本对锦州的军事动向引发了美国的第
170 二步方案：试图施加经济制裁。低估了日本侵略野心的李普曼在 10 月彻底改变了腔调。日本人的意图并非仅仅是平息“当地的动荡”，而是实施旨在控制“南满”的“精心准备、影响深远的计划”。这位专栏作家警告称，如果《九国公约》的其他八个签约国不能行动起来拯救中国，他们在“整个东方世界”的影响力将会消失，同时日本将会设定一个可能迅速传播的“革命性先例”。这一后来被称为美国外交政策“多米诺理论”的担忧开始主导华盛顿官员的思维。他们推断，“南满”可能被“关闭”，美国利益可能受到一些影响，但如果日军开往南方并越过长城进入华北，就会使一个世纪以来的门户开放政策处于险境。史汀生如今认为，日本落入了“一群疯狗手中”，而它的军队已经“发狂了”。然而，当他和霍恩贝克建议国联对日本实施禁运并且美国应秘密予以配合时，卡斯尔和胡佛却无意于此。卡斯尔表示，日本将把禁运视为战争行为。东京将获得正当理由封锁中国港口——这将给美国留下最坏的选择，即放弃所有在华权利并全面对日宣战。卡斯尔警告称，不管采取哪一个选择，“如果股票市场还剩了点东西，这仅有的一点也会消失……南方（的美国棉花种植者）不愿意看到病人（指美国经济）在床上被谋杀……世界并不愿意当面受到一记重击以维持条约的神圣性，况且并未确定条约已经遭到了侵犯”。[17]

1931年12月10日，若槻内阁倒台，成为不断恶化的萧条与关东军事件的受害者。币原和井上也随之倒台。西园寺写道：“从始至终，政府被军方变成了彻头彻尾的蠢货。”被免职的首相被对手政友会及其领袖犬养毅取代，后者在田中死后逐步爬上了高位。与军方关系密切的犬养也对宪政政治的价值怀有相同的疑问。他的新任陆军大臣荒木贞夫被称为“年轻军官们的宠儿”。11月，币原通过诉诸于年轻的昭和天皇的直接干涉停止了关东军对锦州的行动。如今，局面被犬养反转：日军占领了锦州，并不顾美国的警告，进驻热河。

大为震惊的史汀生开始将自己的政策推向第三步。1932年1月7
日，他宣布，在胡佛批准下，美国不会“承认”中日之间任何损害美 171
国权利的“条约或协定”——尤其是《九国公约》中保障门户开放的权利。史汀生相信“不承认”将发挥效力，因为它将阻止美国银行家向日本借贷用于中国东北的贷款。东京官员感到诧异，但并未回应。史汀生的所谓“不承认主义”被1932年上台的富兰克林·D. 罗斯福（Franklin D. Roosevelt）完全接受了。但这并未阻碍关东军的步伐，尤其是在史汀生被公开孤立了近两个月后——1932年3月之前，没有任何国家，值得注意的是就连英国也没有表达过对他政策的支持。[18]

随后，全世界被日本对上海的轰炸和炮击震惊了。在中国人卓有成效地抵制日货之后，这一国际都市的各种关系往来就开始变得风声鹤唳。袭击爆发后，上海偌大的公共租界（包括1600名美国人）岌岌可危，1932年1月24日，1800名日军登陆上海以“恢复秩序”。东京官员和关东军并不乐见这一国际焦点的转移，他们尤其担心这可能招致西方列强的报复。1月28日，日本飞机轰炸了上海闸北地区，这一杀害平民的行径惊骇了世界，并似乎预示了10年后的大规模轰炸。在史汀生的紧急请求下，胡佛派出了1300名海军陆战队作为援军驻扎上海。除此之外，他们无能为力。霍恩贝克向史汀生指出，“现代战争的浩劫”波及了无辜者。史汀生在这份备忘录的边上写道：“文明自身正在崩溃。”[19]

但没有人能够想出有效的回应。商业媒体并不想威胁日本。一份报纸写道，经济制裁等补救方法“比疾病本身更可怕”，但这些媒体确实坚持要保护在中国的门户开放。当财务大臣井上于1932年2月9日被谋杀后，拉蒙特不顾好友的被害，帮助日本政府在美国建立了一个宣传处。史汀生，特别是胡佛，不愿与日本对抗，甚至不愿对华销售军火。然而，国务卿给英国外交大臣约翰·西蒙（John Simon）爵士打了电话，询问维持《九国公约》中的门户开放原则的共同举措，史汀生准确地说道：“相比整个国联，日本将更害怕我们之间的联盟。”约翰爵士试图搪塞有关上海发生的轰炸，并拒绝与胡佛政府一致行动，后者的国际主义精神和毅力受到他的怀疑。李普曼公开写道，西蒙并
172 不软弱，只是代表了“实际上同情日本在中国东北行动的保守派帝国主义政府”。事实上，日本官员至少自1902年起就认为，他们与英国能够在一个帝国主义俱乐部中“共同开发中国”。东京官员还注意到了与中美经济纽带相比，日美经济纽带所具有的优势，并相信胡佛不会与他们作对。事实证明，他们是对的：总统告诉史汀生，他“将为美国大陆而战，但不会为亚洲而战”。[20]

事态的发展令人沮丧，史汀生走向了第四步，这也是他的最终回应。1932年2月23日，他给对外关系委员会主席威廉·博拉参议员发了一封公开信。国务卿用这封信（大部分内容由霍恩贝克起草）表示，如果日本违反了《九国公约》，美国将不再接受华盛顿会议上对五国海军的限制。换句话说，如果日本继续侵犯门户开放原则，美国将开始重新建设自己的海军。这封信的效果并不明显。日军从3月开始撤出上海，但这只是因为他们希望集中精力于华北，而不是史汀生施压的结果。史汀生后来表示，自己的回应很大程度上是“虚张声势”。[21]

2月，政友会与犬养政府以压倒性优势赢得了大选，但这并没有意义。军方而非选举政治开始主导国家政策。军方的势力在5月15

日淋漓尽致地展现了出来：这天中午，数名海陆军军官当着犬养儿媳和孙子的面枪杀了这位75岁的首相。日本一位勇敢的社论作者将这一行为视为社会的彻底崩溃：“与其说这是刺杀，不如说……是屠杀；与其说是……屠杀，不如说……是一场革命的预备运动。”《纽约时报》通讯记者休·拜亚斯（Hugh Byas）后来写道：“一个由银行家（井上）、资本家（团琢磨男爵）和政治家（犬养）组成的重要三人集团被消灭了，每个受害者都是所属阶级的杰出代表。”三人都遇害后，一个属于“士兵和爱国者”的纯洁的日本就能被“交还给”天皇。[22]

犬养遇刺清除了日本文官政府的最后一个重要表象，直到二战后情况才有所改变。犬养被海军上将斋藤实取代，内田康哉担任外相，狂热的军国主义者荒木贞夫留任陆相。内田外表英俊，以享乐主义者闻名，与一位百万富翁之女结了婚，曾担任南满铁道株式会社的负责人。在1933年年末下台前，他极力削弱外务省的影响，加强军队权力。173
1918—1921年担任外相时，他告诉美国大使，中国似乎注定要接受外来力量的影响。1932年，美国官员不断回忆与传播这一故事。到8月，斋藤-内田内阁决定“通过妥善处置门户开放政策”来安抚美国人，但又将美国定义为日本“满蒙计划”的“最大障碍”。确实，障碍根本不在国联。[23]

整个1932年，由英国人A.G.R.李顿（A. G. R. Lytton）领导的国联委员会对“九一八事变”进行了调查。1932年12月10日，《李顿报告》（Lytton Report）对危机进行了十分公正的评估，对中国民族主义和日本军国主义各打五十大板。报告拒绝承认日本在东北设立的伪政权（如今被东京重新命名为“满洲国”）以及日本扶植的政府首脑溥仪——这个站在军国主义者身前的傀儡。报告要求保护日本人的权利，但同时也要恢复中国的领土和行政完整。史汀生和霍恩贝克将这份报告称为“重要的成就”。日本则认为这是对“满洲国的侮辱”，并于1933年3月退出了国联。如今，已无选择余地：关东军进入华北使之与国联进行的任何协商都显得荒唐可笑。[24]

1933年史汀生卸任时写到，4年前他和胡佛曾相信，由于“经济和进步的明确前景”，世界将会保持和平。然而，经济崩溃了，进步也变成了倒退。史汀生在1931年给导师伊莱休·鲁特的信中写道：“在日本，邪恶的海德（Mr. Hyde）很大程度上战胜了善良的杰基尔（Mr. Jekyll），而我代表后者进行的努力一无所获。”这之后，史汀生将海德的胜利大部分归咎于胡佛、卡斯尔和西蒙。但考虑到国务卿对中国民族主义的担忧，对苏联（惟一一个能够对抗日本的强国）的厌恶，以及对对华军事援助的抗拒，他恰恰是1931—1932年美国政策困境的真实写照而非例外。胡佛、史汀生和拉蒙特都相信，美国式资本主义将通过华盛顿条约在政治维度上充分体现，它能够加强日美合作。到1932年，这一资本主义制度似乎正在自由下坠（卡斯尔在日记中记录道，“萧条恶化引发恐慌，没有人能找到脱困的方法”）。新任美
174 国驻日大使约瑟夫·格鲁（Joseph Grew）在1932年给史汀生的信中说道：“三井和住友等财阀不太可能允许其庞大的海外利益受到极端保守主义运动的威胁。”格鲁对这一点本该更清楚。他是一个经验丰富的外交官，虽然在接下来驻日的9年中没能学会日语，但他的夫人爱丽丝（Alice）日语却说得很流利——她也是佩里准将的后人。格鲁告诉新任美国总统富兰克林·D. 罗斯福，日本因其精神气质而“极度危险”——“或许自成吉思汗率领蒙古游牧部落征服亚洲之后，再也没有什么能与这一气质媲美”。对罗斯福和亚洲来说，这并不是什么令人高兴的历史类比。[25]

三　高桥、赫尔，以及战争贸易与战争政治之间的竞争

诚然，到20世纪30年代中叶，对日本而言，帝国主义似乎是一

项有利可图的事业，尤其是在西方工业国家持续陷于萧条时，更是如此。日本的失业人口为 50 万，是德国的 1/10，美国的 1/20。到 1935 年，虽然许多农村和渔村仍处在困境之中，但全国收入达到了历史高峰。1936 年日本的出口量打破了历史记录。令东京当局大为沮丧的是，进口依然超过了出口，但这也是 20 世纪 30 年代日本人民享受了更高生活水准的原因之一，它无疑也是人们支持军队热情地将扩张主义与对传统价值的强调结合起来的主要原因。这一结合似乎既让人安心，又能带来丰厚的回报。[26]

令美国官员感到恐惧的是，日本之所以在经济上取得进展，是因为它在政治上有所收敛——它依靠中央进行决策，建立了一个包含中国台湾、朝鲜、中国东北和华北，以东京为中心并受到严格管理的“日元集团”。1931 年年末到 1936 年担任财务大臣的高桥是清是这一政策的引导者。作为约翰·梅纳德·凯恩斯（John Maynard Keynes）著作的铁杆读者，78 岁的高桥于 1932 年开始通过低利率和大量增加政府赤字来哄抬物价。同时他通过无视金本位并允许浮动汇率来保护国际收支平衡。在以“日元集团”为中心的贸易中，所有项目的贸易出口在 1929—1938 年间从 24% 上升到了 55%，而进口翻了一倍，达到了 175
41%。虽然丝绸贸易在 1929 年后面临下滑，但美国仍是日本的头号海外顾客（日本是美国的第三大贸易伙伴）。然而，美国市场的长期前景仍不明朗，尤其是在史汀生和霍恩贝克暗示将对日本施加经济制裁之后。高桥的措施由“新官僚”执行，正如媒体所称呼的，他们在 1927—1931 年冲突后与 20 世纪 20 年代式的市场资本主义十分疏远，并与军方一道管理着日本经济。如同 1951 年后的日本一样，新官僚在经济动荡中创建了重要的秩序，但他们也进一步削弱了群龙无首的内阁的权力，使其无法采取措施与新官僚和军方打交道。[27]

由三菱和三井两个巨头领衔的财阀不得不适应军方与官僚的要求——重新回归传统价值观和无可争议的“爱国主义”。然而，财阀从没有失去对自己命运的掌控权，他们与帝国主义合作并从中获利。在他们设想的转向中，财阀并不需要做出太大改变。1931—1933年间，私人企业处于阴霾笼罩下。团琢磨男爵领导的三井家族在做空日元汇率的货币投机中赚得盆满钵满。1932年，一位愤怒的刺客让他为这一投机活动付出了生命的代价。三井及其下属的数百家公司最后做出了战略转向，建立了一个爱国基金会公开出售股票，并与军方密切合作。三菱也在“育和敬和”的口号下如法炮制，服务国家。到20世纪30年代中叶，日本拥有了世界上最高的军事预算（占全国预算的43%，而美国仅占18%），随着国家开始紧张备战，财阀的利益也在不断上升。由于制造船舶、飞机和坦克，三菱的重工业部门在1932—1936年间增长了150%。日产集团的收入在1931—1934年增长了近30倍，很大程度上源于日产与政府合作以推动〔伪〕满洲国的工业化。最晚到1940年，怀有强烈反资本主义情绪的军方开始试图建立“新的经济秩序”，将财阀置于国家的全面控制之下，但它从未成功，考虑到财阀自愿的合作，也没有必要通过完全控制财阀来加速增长。1931—1936年，在财务大臣高桥治下，军方的利益，就是财阀的利益所在。

与此同时，在美国，新总统富兰克林·D.罗斯福正试图降低由日
176 本入侵中国东北以及更关键的1929年后的经济崩溃带来的损失。他采取了史汀生的两个政策来处理亚洲危机：不承认主义以及发出警告，如果日本违反《九国公约》，美国将不再遵守五国海军公约限制。1月初一个昏暗、寒冷的早晨，新总统在纽约海德公园的家中安慰史汀生：“我完全同意我们的远东政策；我唯一可能批评的是我们没有更早地加以实施。”如同在许多场合中曾经说过的那样，罗斯福详细谈论了自己多么了解亚洲，因为他的祖父曾参与对华贸易。史汀生写道，“他说他相信日本会在经济压力下彻底失败”，而中国将像几个世纪以来多次击退其他国家那样击退这次袭击。对于日本的军国主义和对“自由派领导人”的杀害，史汀生将之视为仅仅是“日本向原有的封建、

军事独裁体制的一次暂时性倒退”。罗斯福深以为然。[28]

1933 年 5 月 31 日，日本和中国签订了停战协定，但如今关东军控制了中国的东北地区，其影响力则达到整个华北。中国人仍然在国民党和共产党之间存在激烈分歧。国务院收集的证据也表明，与华盛顿会议的承诺相反，日本正加强在托管的太平洋岛屿的军事力量。在纽约对外关系委员会的一场秘密会议上，日本前驻国联代表松冈洋右告诉纽约和华盛顿高层，“中国需要重组”，“武力，只有武力才能将这一计划付诸实践”。他警告称，共产主义在中国的传播“是日本焦虑的原因之一”。松冈表示，他知道美国人对日本的扩张十分不满，但日美两国是密切的贸易伙伴，东京也并不希望关闭中国开放的门户：“你们可以通过报复措施摧毁我们的工业。我认为，虽然你们存在偏见，但你们的理智应当站在我们一边。然而，你们却不顾常识，在情感上站在中国一边。”[29]

松冈将美国的种族态度和经济态度相结合，这十分巧妙，但罗斯福对付日本的第一个方法与实施经济报复并无关系，而是与援助中国密切相关。总统宣布将建设海军直至达到条约规定的强度，并留出约 2.5 亿美元服务于此类“公共建设”。更直接的是，虽然国务院警告称中国正深陷混乱而复杂的革命风潮中，罗斯福依然决定对它施以援手。援 177
助以多种方式进行：复兴金融公司（Reconstruction Finance Corporation）拨出 5000 万美元以向中国出口小麦和棉花；向中国空军提供军机和飞行员培训［教员包括著名飞行员吉米·杜立德（Jimmy Doolittle）少校］，某些项目甚至直接构成了中国空军的一部分；允许寇蒂斯－怀特公司（Curtiss-Wright Corporation）在杭州建设资产达 500 万美元的飞机制造厂；推动受到美国政府资助的泛美航空公司（Pan American Airways）承担部分中国民用航空业务。1934 年，日本的回应十分直率。外务省发言人天羽英二发表了一份声明，强调了日本在中国的“特殊地位”，并特别提到了中国的新飞机和军事顾问，警告称日本将坚决反对“任何在中国部分地区以援助的方式扩大影响力来抵制日本的行为”。[30]

虽然国务院没有做出直接公开的回应，但这份“天羽声明”仍在西方引发了轰动。事实上，声明是在新外相广田弘毅对驻华公使的外交指令的基础上起草的。面对中国人日益高涨的民族主义以及日本国内的动荡，广田发誓，即使受到其他列强的反对也要完成日本“在东亚的使命”。1934 年 5 月，广田提议将太平洋地区划分为美国和日本两方的势力范围，试图削弱美国的政策。他是 1933—1937 年日本外交政策的中心人物，虽然经常优柔寡断，但他对于在华“使命”的“贡献”如此之大，以至于因其对中国平民犯下的罪行而在 1946 年作为战犯被盟国处死。广田和天羽对美国正在援助中国的担忧当然是有理由的。当中国请求罗斯福通过调停战争直接参与其中时，他表示拒绝并转而采取了典型的“罗斯福式策略”，实施了极为迂回的行动，以至于他的一位崇拜者后来说道，这一迂回简直能折断蛇的脊骨。《新闻周刊》（*News-Week*）、《文学文摘》（*Literary Digest*）、《纽约时报》，尤其是《新共和》（*The New Republic*）等美国出版物在 1934 年初详细介绍了美国飞机和顾问涌入中国帮助蒋介石政权的情况。《新闻周刊》得出的经验是：中国如今拥有了强大的空军，它“配备了燃烧弹的强大的战机机群能够对日本城市造成毁灭性打击，事实上后者 50% 的建筑都是木制建筑”。[31]

日本人越是试图扩大在华北的势力，就越不安全。1932 年，他们提出了日本式的“亚洲门罗主义”，试图赋予侵略合法性。一篇广为流传的金子子爵的文章说，1905 年西奥多·罗斯福强烈建议实施这一
178 战略，因为“日本是亚洲唯一一个理解了西方文明的原则与行为方式的国家”。但总统警告金子，日本必须“留意美国在中国的‘门户开放’政策”。既然西奥多·罗斯福能够在加勒比地区依靠美军加强他的门罗主义观点，那么日本在 1931—1932 年行动的意义就不言自明。然而，美国评论家对此并不理会。霍恩贝克告诉国务卿柯德尔·赫尔

（Cordell Hull），原版的门罗主义旨在保持美洲的政治现状，而日本版则“旨在改变亚洲的经济现状，使之向有利于日本的方向发展”。霍恩贝克扮演了强化日美冲突的催化剂的角色。[32]

1933年11月，罗斯福正式承认了苏联政权，这似乎突显了美国拒绝为日本门罗主义站台的态度。显然，总统与苏联外交部部长马克西姆·李维诺夫（Maxim Litvinov）之间促成外交承认的任何谈话记录都没有留存下来。苏联及其领导人约瑟夫·斯大林明显希望美国人可以帮助他们“摧毁这个身处胡桃夹子两臂之间的国家（指日本）”。而且，斯大林更希望达成美－日－苏互不侵犯条约作为“胡桃夹子”。但罗斯福并不希望直接干预亚洲事务，也不想将间接的反日政策变为直白的公共意见。诚然，到1933年年末，日本人担心被两大列强包围，但霍恩贝克和其他人安抚了日本，表示承认苏联并不是反日行为。当苏联发现美国并不愿与其一起直接对抗日本时，华盛顿与莫斯科的关系迅速降到了冰点。1935年1月，斯大林正式与关东军达成协定以求自保（这也是四年后他与希特勒打交道的策略，那时引起了更大的公共关注），这震惊了西方。他甚至出售了中东铁路。[33]

正如斯大林所发现的，如果美国官员试图将他们与别国的政治联系最小化，那么他们之间的经济联系将得到扩张。当然，这个二分法自1801年起就成为美国传统，那时托马斯·杰斐逊（Thomas Jefferson）总统发誓“不结盟”，但又竭尽全力扩大美国出口。20世纪30年代，政治义务最小化，部分是为了让经济市场最大化。市场不但不应受到政治的限制，而且恰恰应该通过竞争和摆脱政治限制来实现开放。这一美国的传统政策猛烈抨击了日本尽可能地将东北以及华北纳入自己体系的决策。罗斯福以及国务卿柯德尔·赫尔看到了日本问题中的两个巨大危险：它不仅阻碍美国人在经济萧条中平等进入尤为关键的亚洲市场，而且只有美国政策才能阻碍战争政治集团的形成，为长期的世界和平奠定基础。 179

1934年，这样的经济救济的机会依然存在。霍恩贝克领导的美国官员，包括满是怀疑的罗斯福和充满热情的赫尔，怂恿国会通过互惠贸易法案，并以一个政府进出口银行作为其补充。这一银行的设立具有重要历史意义，因为它直接将美国政府的经济援助投入市场，从而取代了银行家们——两个世纪以来他们一直资助国家出口，直到1920年年末陷入自身难保的境地。赫尔成了新经济政策的中心人物，这位前田纳西国会议员公开宣称自己是伍德罗·威尔逊的自由贸易国际主义的信徒，对于扼杀可能形成政治集团的贸易集团（如日本、德国甚至英国正在建设的贸易区）拥有狂热的兴趣，并认为这些集团必将导致点燃战火的摩擦和冲突。没有人比1940—1944年间的助理国务卿迪安·艾奇逊（Dean Acheson）更理解赫尔了。艾奇逊回忆到，“他（对集团）的厌恶是不可动摇的”，而且经常能够“击败”对手。艾奇逊说，这位英俊的63岁的田纳西人以“几乎狂热的专心态度”，将满腔热情投入到达成“互利互惠贸易协定，以在平等适用于所有国家的基础上削减关税”。[34]

赫尔1934年的区域贸易协定在60年后的20世纪末依然是美国贸易政策的基础。然而，在20世纪30年代中叶，他精心打造的经济方案在亚洲却面临一堵高墙。美国精英已经对日本人失去了信心，认为这堵墙永远不会消失。托马斯·拉蒙特不仅开始反对日本，甚至开始致力于让英国反对东京的“军事派系”，后者的行事与“年轻的德国纳粹党人”十分类似。1924年的畅销书——赫克托尔·C. 拜沃特（Hector C. Bywater）写作的《伟大的太平洋战争》（*The Great Pacific War*），在1934年开始再版。拜沃特深刻而悲观的预言——美国海军在太平洋的劣势加上日美利益冲突就等于战争——不出意外仅仅是美国海军部悲观论调的一个镜像。随后出现了美国外交史上最悲惨的立法之一——1934年的《购银法案》（The Silver Purchase Act）。在参议院
180 对外关系委员会主席、来自内华达的基·皮特曼（Key Pittman）领导

下的西部银业利益集团的要求下，法案哄抬银价，直到来自中国的白银——中国的货币就以这一金属为基础——涌入了世界市场。业已紊乱的中国经济变得更加混乱了。一个尤其血腥的讽刺是，从中国流入日本的白银被关东军用在了支持对中国的掠夺行动上。[35]

1935 年，赫尔的计划受到了另一个严重打击，由于日本反对，其他四国决定中止 1922 年五国条约对海军建造的限制。它之所以被废止，是因为美国拒绝了东京多次提出的实现更有利于自身的军舰吨位比例的要求。霍恩贝克反对任何的对日妥协。他开始相信，如果要在接受 1935 年日本对华北的持续渗透和明确放弃门户开放政策之间做出选择，他愿意接受日本的侵略——霍恩贝克表示，尽管日军取得了全面胜利，但日本人将陷入左右为难的斗争中，这将消耗他们的力量。随着时间流逝，美国政策将得到证明。其他领导人也相信美国政策终将胜利。国家外贸委员会（National Foreign Trade Council）的商务主管于 1935 年宣布："美国企业家应当牢记在心的是在华贸易机会。相比其他地区，这一地区如今可能提供了贸易额扩张的最大前景。"当然，如果时间允许的话。[36]

日本高层部分同意霍恩贝克的评价：面对存在不可预知危险的中国以及对原材料越来越大的经济需求，他们已经没有时间了。1936 年，当财务大臣高桥试图通过减少军队预算增长率削减不断上涨的政府开支时，围绕对华政策的分歧在陆军中爆发了。

2 月 26 日，数百名青年军官占领了政府大楼，杀害了高桥和其他 3 名高官，切断了东京与外界的联系。他们宣称自己正献身于净化日本的事业中，希望恢复天皇的全部权力。为达此目的，则要攻击腐化社会（当然，还试图削减军事预算的增长率）的财阀和文官政治家。几天后，15000 名忠诚的士兵组成的帝国护卫队平息了叛乱。但"二二六事件"的影响引起了波澜。在政变流产的混乱余波中，包括东条英机在内的统制派获得了主导权。统制派希望日本通过动员人民 181

和经济，为潜在的更大范围的战争（不仅限于亚洲）迅速做好准备。由于“二二六事件”的影响，军方对惊慌的文官政客和外务省施以更严格地控制。激进的民族主义者从一群知识分子手中获得了合法性，后者在1936年年末建立了昭和研究会。尽管研究会最初包括自由派人士，但它落入了极端民族主义者手中，他们以天皇的名义发誓要将亚洲从西方影响下拯救出来，并将之置于传统日本价值观的“引导”下。“西方的自由概念”被“东方的道德概念”所取代。[37]

“二二六事件”还影响了海陆军关于日本具体扩张方向的争论。依赖石油的海军希望将中心置于东南亚而非华北。陆军则更富思想性，希望系统性地控制亚洲经济，建设一个“新中国”。1936年8月，广田弘毅（前任外相与如今的首相）内阁的成员试图以一份名为《基本国策纲要》的文件调和他们的分歧。文件的“三项原则”支撑起了日本未来的对外扩张。这些原则并不实际。它们包括从东亚赶走“残暴”的西方列强，在中国发展强有力的经济集团并向东南亚延伸。日本人民将在“充分考虑”后为了这些使命而被动员起来。美国被视为一个长期麻烦，因此海军获得了额外资源以用于自身建设。[38]

然而，当下的危险潜伏在北亚——苏联。1936年9月，通过与蒋介石协商一份“反共公约”，广田和军方几乎达成了一场重要政变。如果他们成功，苏联将被进一步孤立，南京将与苏联决裂，转而更依赖日本。但蒋拒绝了。1936年11月25日，日本转而与德国签订了《反共产国际协定》（Anti-Comintern Pact）。表面上看这份协定似乎平淡无奇，实际上，它规定如果苏联进攻或威胁德国或日本，另一国必须决定如何“保护它们的共同利益”。美国和苏联为这份公约付出了代
182 价：日本军方成功达成公约，这给希望像20世纪20年代那样与英美保持一些联系的外交部重重一击。因此，在日本国内刺杀频发、对中国的野心暴露无遗，以及进一步恶化的日美关系所形成的长期问题中，轴心国集团开始形成了。[39]

四　战争与演员

1936年同盟开启了日本积弱而美国图强的5年。日本人试图克服自己的弱点，而美国人似乎总是试图削弱自己的长处。在1853年后的日美关系史中，1937—1941年的双边关系最具启发性。这一时期不仅生动展现了日本对这一关系的依赖，还展现了日本人每次试图用外交或军事力量在亚洲打破依赖时，反而都加深了依赖。日美关系就像一个活结，日本人越挣扎就系得越紧——直到日本帝国最终窒息而亡。

1936年年末，日本似乎要着手征服中国华北，并获得财阀发展的工业综合体的利益。表象是具有欺骗性的。山田盛太郎等理论家警告称，军事活动扭曲了经济，未能改善广大农村人口的生活，而后者的生活水准已经落后一个世纪或更多。1932年以来出口经济的荣光掩盖了经济的痼疾——国内严重的不平衡，从石油、机械工具到出口市场对美国全面依赖，而这一痼疾将侵蚀日本。同时，中国似乎正越来越强大。1936年12月，希望终结与共产党人的内战、集中精力抗日的东北军军官俘虏了蒋介石，险些将他处死。蒋介石最终逃过一劫，国民党与共产党的联合阵线暂时形成了。中国人开始北上抗击日本侵略者。同时，在英国经济专家的帮助下，中国经济得以显著改善。[40]

1937年6月，近卫文麿担任首相执掌政权，元老政治家和天皇寄希望于他能够妥善解决中国问题。历史学家伊恩·尼什说道："某种程度上受到超出其想象的力量的裹挟"的近卫成了一个关键性的悲剧人 183
物。一位外交官写道，他看起来像一只"躲在树林深处的害羞的松鼠"。1891年，近卫出生于日本最有名望之家，他是最后一位元老西园寺的门徒，并在西园寺的指导下成为首相。就读于东京大学时，他一度钟情于社会主义，还曾将奥斯卡·王尔德（Oscar Wilde）的《社会主义制度下的人的灵魂》（*The Soul of Man Under Socialism*）译成日文，直到20世纪30年代被法西斯思想家所吸引。1919年，他在巴黎见识了西方人的自私与种族主义，而对此的痛恨是其一生中一个一以贯之的主题。他也没有原谅美国人——未能避免1929年的经济危机。不过，他却将自己的儿子送往美国接受大学教育，1934年他去看望儿子时，被当地的反日情绪深深地震惊了。翌年的一次演说中，他宣称爱德华·豪斯上校在一战期间的做法是正确的：英美对世界资源的“垄断”必须终结，应当建立一个“国际新秩序”来帮助落后国家，例如让日本管理他们越发膨胀的人口。[41]

1937年，近卫在流言中上台——流言称日本华北方面军将以自己的方式处理蒋介石政权。首相试图避免这一事态，但1937年7月7日，中日军队在北京南侧的卢沟桥爆发冲突。军方向近卫表示，这一事件是苏联支持下的中国所发起的挑衅行为的开始，必须予以强硬回应。近卫同意派遣增援部队，冲突很快升级，接着中日间爆发了全面战争。早在1931年极力推动入侵中国东北的石原如今警告称，日本正在步入歧途。他与同事们希望近卫能够集中精力在中国东北建设长期的经济基地，为未来的帝国事业奠定基础。然而石原警告称，中国之于日本，可能成为“西班牙之于拿破仑”，即“一个无尽的泥沼”。几个月后，日军占领了国民政府的首都南京，并建立起自己的傀儡政权。但战事仍在扩大。蒋介石拒绝和谈事宜，日苏军队的冲突在东北边境爆发，战争需求正在摧毁日本重要的出口工业。“泥沼”变成了致命的流沙。[42]

罗斯福通过一系列行动对1937年日本入侵中国一事做出了回应，但几乎毫无成效，其中一些甚至令人尴尬。他已经落入下风，底牌出
184 尽。1937年年中，随着战端重启，美国经济陷入了史上最迅速的下滑。罗斯福试图平衡预算和超支的举措导致了利率和股价的滑坡。新政试图为1929—1933年制度危机寻找和平解决方案的努力遭遇了彻底的失败。罗斯福也未能控制外交政策。1935年，为了预防将美国拖入一战的状况再次重演，国会开始通过一系列中立法案，严格控制与

交战国的贸易，有时甚至予以禁止。当中日战争在1937年夏末升级时，罗斯福回避了问题，拒绝承认战争的存在。因此，他也不承认需要启用中立法案。美国继续向中国出售武器（在第二年总价值达到了900万美元），并向日本销售了大量石油和原材料。[43]

当不干涉主义者要求总统承认战争的存在并禁止用美国产品支持战争时，罗斯福经受住了考验。然而，他对于1937年冲突的首次公开回应只能说精神可嘉，声明仅仅谴责了使用武力的行为，却无视甚至没有提到日本的问题。政府内部分歧重重。一方由霍恩贝克和财政部部长亨利·摩根索（Henry Morgenthau）领导，希望通过军事和经济相结合的措施保护在中国的利益，他们认为这一措施将迫使日本让步。霍恩贝克和摩根索并不相信日本有对抗美国的必要资金或者勇气。反对派由赫尔和东京的格鲁大使领导，警告称制裁将导致战争，至少也会削弱试图控制激进派的相对温和的近卫和西园寺的力量。密切关注着国会山的赫尔还担心，任何挑衅措施都可能释放国会中“孤立主义者”的怒火，进而将束缚他和罗斯福的手脚。[44]

1937年8至9月，日本战机的轰炸让英国驻华大使身受重伤，并杀伤了南京的大量平民。对平民的屠杀引起了西方的强烈谴责。英国请求罗斯福一同实施经济制裁，但美国官员对这一提议十分怀疑（英国人是否又试图利用美国人保护他们的殖民地，自己却去取悦日本和希特勒？）。10月5日，总统决定在《芝加哥论坛报》（*Chicago Tribune*）驻地大楼附近发表一场演讲，因为这里是全国最强大的“孤立主义派”报纸的发行地。演讲中，他谴责了日本在中国“违反国家法”的行为，并敦促：“占世界90%的人们，希望生活在和平与规则之下的人们，应该采取积极行动来保卫和平。”他表示应该努力对患有侵略“疾病”的患者进行“隔离检查”。事先对这次讲话一无所知的赫尔大为震惊，他担心反干涉主义者的怒火会让美国政治陷入瘫痪。罗斯福在参议院确实听到了一些反对美国加入任何此类“隔离检查”

的响亮声音，但大部分反应都比总统预期的更积极。无论如何，总统已经决定，他不需要依靠“孤立主义者”在国内问题上的支持，因而在外交上也能够无视他们的意见而做出决策。[45]

诚然如此，罗斯福的威胁很快收到了回应。自 1932 年起，国联一直在等待美国迈出这一步。如今国联要求美国与其他国家于 1937 年 11 月在布鲁塞尔会面，讨论总统提议的“隔离审查”。苏联已经准备好接受来自西方的援助。他们已经在远东边境与日军爆发了多次冲突。然而，日本拒绝参会。西方列强，尤其是美国，也没有把中国放在眼里；他们甚至要求中国代表团控制住可能导致战争的局势（即高涨的爱国主义）。布鲁塞尔会议留下了几个教训：其他列强和美国并不会联合制止日本；美国人并不觉得中国足够重要到为此一战；更年轻的罗斯福推翻了老罗斯福的著名格言——说话温和，手握大棒。有次，罗斯福与影星奥森·威尔斯（Orson Welles）握手会面时不无调侃地说：美国有两位“影帝”，他们的会面将留下一段佳话。在布鲁塞尔，苏联和中国都想看到这位影帝的“剧本”，但却发现仅仅是一片空白。[46]

注释

1. John G. Roberts, *Mitsui. Three Centuries of Japanese Business*, 2nd ed.（New York, 1989）, p. 259; Justus D. Doenecke, *The Diplomacy of Frustration: The Manchurian Crisis of 1931–1933 as Revealed in the Papers of Stanley K. Hornbeck*（Stanford, 1981）, p. 7; Michael A.Barnhart, *Japan Prepares for Total War*（Ithaca, NY, 1987）, pp. 28–29; W.G. Beasley, *Japanese Imperialism, 1894–1945*（New York, 1991）, pp. 188–190.
2. Peter Katzenstein and Nobuo Okawara, *Japan's National Security*（Ithaca, NY, 1993）, p.19; Chalmers Johnson, *MITI and the Japanese Miracle*（Stanford, 1981）, pp. 93–94, 98–104, 112–115.
3. Richard J. Samuels, "*Rich Nation, Strong Army*"; *National Security and the Technological*

Transformation of Japan (Ithaca, NY, 1994), pp. 93–99; Barnhart, *Japan Prepares*, pp.24–25.

4. Katzenstein and Okawara, *Japan's National Security*, pp. 13–15; Robert J. Smith, *Japanese Society* (Cambridge, UK, 1983), pp. 129–130; Ian Nish, *Japanese Foreign Policy*, 1869–1942 (London, 1977), p. 255.

5. Peter Duus, Introduction to Duus, ed., *Cambridge History of Japan*. Vol. 6. 关于 1930 年的引语，见 *The Twentieth Century* (Cambridge, UK, 1988), pp. 15–16; Akira Iriye, "The Failure of Economic Expansionism," in Bernard Silberman and Harry Harootunian, eds., *Japan in Crisis* (Princeton, 1974), p. 265; 关于松冈的引语，见 Sadako N. Ogata, *Defiance in Manchuria* (Berkeley, 1964), pp. 35–36.

6. Hiroyuki Agawa, *The Reluctant Admiral*: *Yamamoto and the Imperial Navy*, translated by John Bester (Tokyo, 1979), p. 4; Ogata, *Defiance*, pp. 44–45; July 13, 1931, Saionji Memoirs, 特别是第 5—10 页; Beasley, *Japanese Imperialism*, p. 182; Doenecke, *Diplomacy of Frustration*, pp. 9–10; Barnhart, *Japan Prepares for War*, p. 29.

7. Ogata, *Defiance*, pp. 17–19, 42–43; July 13, 1931, Saionji Memoirs; "Imperial Japanese Army in Manchuria, 1894–1945," in U.S. Army, *Japan*, *War in Asia and the Pacific* (New York, 1980), pp. 66–67; Doenecke, *Diplomacy of Frustration*, p. 9.

8. Ogata, *Defiance*, pp. 45–49; Sept. 23, 1931, Saionji Memoirs; Beasley *Japanese Imperialism*, pp. 192–193.

9. Sept. 23, 1931, Saionji Memoirs, 特别是第 74 页; Barnhart, *Japan Prepares*, pp. 32–33; Ogata, *Defiance*, pp. 42, 63–67, 76.

10. Castle Diaries, Aug. 24 and Sept. 9, 1931; Doenecke, *Diplomacy of Frustration*, pp. 3–4; Ogata, Defiance, p. 72.

11. *New York Times*, Oct. 14, 1963, p. A29; Castle Diaries, June 29, 1930; 同上, Jan. 12, March 8, 1931, and Jan. 24, 1930, 与纳尔逊·詹森 (Nelson Johnson) 的讨论; 同上, Sept. 29, 1931, wishing it had not happened, Oct. 6, 1931. Castle to Johnson, Oct. 13, 1930, Castle Papers–China, Hoover Papers.

12. Doenecke, *Diplomacy of Frustration*, pp. 10–16.

13. 卡斯尔的讣文，见 *Washington* Post, Oct. 14, 1962, p. B2; Castle Diaries, Sept. 7, 1929, Dec. 31, 1931; Doenecke, *Diplomacy of Frustration*, p. 11; Henry L. Stimson and McGeorge Bundy, *On Active Service in Peace and War* (New York, 1947), p. 192.

14. Elting E. Morison, *Turmoil and Tradition: The Life and Times of Henry L. Stimson* (Boston, 1960), pp. 373–374; Sept. 22, 1931, and Jan. 8, 1932, Stimson Diary; Doenecke, *Diplomacy of Frustration*, p. 15; 关于史汀生对"白种人"的评价，见 Castle Diaries, Dec. 27, 1930; "Memorandum of Transatlantic Telephone Conversation Between Secretary Stimson, Norman Davis, and Hugh Wilson," Sept. 23, 1931, Presidential Papers, Foreign Affairs, Far East (Japanese Incident), Hoover Papers.

15. Doenecke, *Diplomacy of Frustration*, pp. 13–14; Walter Lippmann, *Interpretations*, 1931–1932 (New York, 1932), pp. 187–189.

16. Ogata, *Defiance*, p. 87; Doenecke, *Diplomacy of Frustration*, pp. 16–17; Castle Diaries, Oct. 10, 1931; Ron Chernow, *The House of Morgan* (New York, 1990), pp. 339–340.

17. Lippmann, *Interpretations*, pp. 191–192; "Transatlantic Telephone Conversation between Secretary Stimson and General Dawes, Paris, Nov. 19, 1931, 11: 00," in Presidential Papers, Foreign Affairs, Far East (Japanese Incident), Hoover Papers; Doenecke, *Diplomacy of Frustration*, pp. 20–23; 关于"封锁"，见 Castle Diaries, Dec. 7, 1931.

18. Barnhart, *Japan Prepares*, p. 65; Castle Diaries, Dec. 23, 1931, on cable to Tokyo; Oct. 2, 1931, Saionji Memoirs; Nish, *Japanese Foreign Policy*, p. 180; Ogata, *Defiance*, p. 138; Doenecke, *Diplomacy of Frustration*, pp. 24–25.

19. Doenecke, *Diplomacy of Frustration*, p. 26; Lippmann, *Interpretations*, p. 200; Hornbeck to Stimson, Feb. 7, 1933, on Feb. 6 memorandum in Lot File 244, General Records of the... Far Eastern Division, 1932–1941, box 2, NA, RG 59.

20. 关于商界的支持，见 Armin Rappaport, *Henry L. Stimson and Japan, 1931–1933* (Chicago, 1963), pp. 148–149; Doenecke, *Diplomacy of Frustration*, pp. 28–30; Chernow, *House of Morgan*, p. 343; 日本两者都害怕，更多内容见 "Memorandum of Transatlantic Telephone Conversation," between Stimson and Simon, Feb. 13, 1932, Presidential Papers, Foreign Affairs, Far East (Japanese Incident), Hoover Papers; Lippmann, *Interpretations*, pp. 224–225; 关于胡佛的引语，见 Stimson, *Active Service*, pp. 243–244; 霍恩贝克对英国问题的看法，见 "Manchuria Situation...." Feb. 17, 1921, folder January–February 1932, box 453, Hornbeck Papers, Hoover Institution Stanford, California. 感谢安妮·福斯特（Anne Foster）为我提供了这

份文件。

21. Stimson, *Active Service*, pp. 246–256.

22. Ogata, *Defiance*, pp. 145–146, 152–154; Hugh Byas, *Government by Assassination* (New York 1942), pp. 24–30.

23. Ogata, *Defiance*, pp. 156–161; Nish, *Japanese Foreign Policy*, pp. 175–176; 关于内田的引语，见 Attachment in Hamilton to Castle, June 13, 1932, F/HS 790.94/29 box 4396, NA, RG 59; 另见 Akira Iriye, "The Failure of Military Expansionism," in James Morley, ed., *Dilemmas of Growth in Prewar Japan* (Princeton, 1971), p. 445.

24. Ogata, *Defiance*, pp. 159–161, 173–174; Nish, "The Showa Emperor and the End of the Manchurian Crisis," *Japan Forum*, 1 (October 1989): 266–268.

25. Henry L. Stimson, "Bases of American Foreign Policy During the Past Four Years," *Foreign Affairs*, 11 (April 1933): 383; Stimson to Root, Dec 14, 1931, Presidential Papers, Foreign Affairs, Far East (Japanese Incident), Hoover Papers; Stimson to Lippmann, May 26, 1932, Baker Papers; Castle Diaries, Dec. 14, 1931; Grew to Stimson, Sept. 23, 1932, F/HS 790.94/31, box 4396, NA, RG 59; 关于关东军的更多情况，见 Ogata, *Defiance*, p. 132; Grew to Hull, May 11, 1933, 附于 Hull to the President, May 27, 1933, PSF: Japan, Roosevelt Library.

26. Akira Iriye, *China and Japan in the Global Setting* (Cambridge, MA, 1992), pp. 68–69.

27. Charles P. Kindleberger, *The World in Depression, 1929–1939* (Berkeley, 1973), pp. 166–167; 关于"新官僚"，见 Duus, Introduction, pp. 41–42; Barnhart, *Japan Prepares for War*, p. 67; John W. Masland, "Commercial Influence Upon American Far Eastern Policy, 1937–1941," *PHR*, II (September 1942): 282.

28. Jan. 9, 1933, Stimson Diary.

29. Matsuoka speech at Council on Foreign Relations, March 27, 1933, Record of Meetings, vol. V (7/33–6/35), CFR.

30. "China–Economic Matters," May 2, 1933, Lot File 244, General Records of the Far Eastern Division, 1932–1941, box I, NA, RG 59; *News–Week*, April 28, 1934, pp. 7–8; *New York Times*, April 21, 1934, p. 8.

31. 关于广田的更多情况，见 Nish, *Japanese Foreign Policy*, pp. 197, 210; Iriye,

China and Japan, p. 77; Beasley, *Japanese Imperialism*, p. 197; Herbert Feis, 1933: *Characters in Crisis*(Boston, 1966), pp. 299–300; *New York Times*, April 29, 1934, section 8, p. 1; *New Republic*, May 2, 1934, 特别是第 323 页；同上, May 16, 1934, p. 14; *News-Week*, April 28, 1934, pp. 7–8; 关于“天羽声明”的另一种观点，见 Inoue Toshikazu, *Kiki no naka no kyocho gaiko*: *Nitchu senso ni itaru taigai seisaku no kesei to tenkai*[A Conciliatory Foreign Policy in the Midst of Crisis: The Formation and Development of Japanese Foreign Policy Until the Sino-Japanese War](Tokyo, 1993), pp. 118–129.

32. 金子子爵的文章，见 *The Peiping Chronicle*, Sept. 7, 1932, p. 6; Hornbeck to Hull, Jan.27, 1934, with attachment, 790 94/65 box 4396, NA, RG 59; George H. Blakeslee, “The Japanese Monroe Doctrine,” *Foreign Affairs*, 11(July 1933): 680.

33. “Summary of the Morning Newspapers... Nov. 7, 1933,” box 18, Russian file, Moore Papers; 关于“胡桃夹子”的讨论，见 Pauline Tompkins, *American-Russian Relations in the Far East*(New York, 1949), chapter 12; 关于安抚日本的更多内容，见 Hornbeck to Hull, Oct. 28, 1933, and Hornbeck to Phillips, Oct. 31, 1933, 711.6./333, NA, RG 59; Feis, 1933, pp. 329–330; Nish, *Japanese Foreign Policy*, p. 195.

34. Dean Acheson, *Present at the Creation*(New York, 1969), pp. 9–10.

35. 关于拉蒙特的更多内容，见 Chernow, *House of Morgan*, p. 345; Allan R. Millett and Peter Maslowski, *For the Common Defense*(New York, 1984), p. 377; Warren Cohen, *America's Response to China*(New York, 1980), pp. 139–140; Barnhart, *Japan Prepares*, pp. 41–42, 66, 116, 特别是购买白银的货物。

36. Agawa, *Yamamoto*, pp. 33–35; Inoue, *Kiki no naka no kyocho gaiko*, pp. 172–176; Barnhart, *Japan Prepares*, pp. 61–62, 116–117; Cohen, *America's Response*, p. 136; 关于国家外贸委员会的引语，见 Masland, “Commercial,” p. 234.

37. *New York Times*, Feb. 26, 1936, in NYT-GCI, pp. 206–207; Duus, Introduction, p. 37; Nish, *Japanese Foreign Policy*, pp. 221–222; Beasley, *Japanese Imperialism*, pp. 180–181, 204–205.

38. Beasley, *Japanese Imperialism*, pp. 201–203.

39. Inoue, *Kiki no naka no kyocho gaiko*, pp. 269, 273–274; Nish, *Japanese Foreign Policy*, pp.214–215, 228–229.

40. Duus, Introduction, p. 16; Iriye, *China and Japan*, p. 68.

41. Yoshitake Oka, *Konoe Fumimaro*, translated by Shumpei Okamoto and Patricia Murray (Tokyo, 1983), pp. 3–9, 16–19, 29–38; Nish, *Japanese Foreign Policy*, pp. 218–219; John K. Emmerson, *The Japanese Thread* (New York, 1978), pp. 104–105.

42. Barnhart, *Japan Prepares*, pp. 28–83, 84–89, 91, 118.

43. David Green, *Shaping Political Consciousness* (Ithaca, NY, 1987), p. 144. Wayne Cole, *Roosevelt and the Isolationists, 1932–1945* (Lincoln, NE, 1983), pp. 242–243; Barnhart, *Japan Prepares*, pp. 119–120.

44. Barnhart, *Japan Prepares*, p. 121; Cole, *Roosevelt*, p. 244.

45. Bartlett, *Record*, pp. 577–580; Cole, *Roosevelt*, pp. 243–244; Barnhart, *Japan Prepares*, p.125.

46. "4th Meeting, Brussels Conf." box 5, Meetings, Nov. 1937, Davis Papers; Barnhart, *Japan Prepares*, p. 124; Lloyd C. Gardner, *Economic Aspects of New Deal Diplomacy* (Madison, WI, 1963), pp. 95–96; 关于罗斯福与威尔斯的对话，见 Richard J. Barnet, *The Rockets' Red Glare* (New York, 1990), p. 218.

186 第七章　绳索Ⅱ：……到珍珠港

一　系紧绳索

1937 年 12 月与 1938 年初，日本重写了剧本情节。几个月前，美国还在担心日本侵略中国对门户开放的威胁。然而美国官员却毫无作为，部分原因是日本领导人向华盛顿表示，他们理解美国在这一区域的重要利益，并不想与美国对抗。日本甚至雇佣了前美国驻华领事拉尔夫·汤森（Ralph Townsend）作为喉舌说服美国人，日本正“为了白人”的利益而与中国民族主义者作战。

1937 年 12 月 12 日，日本战机在南京附近的长江流域击沉了帮助疏散外国人的美国军舰“班乃”（Panay）号。三名美国人和一名意大利人死亡，许多人受伤，一些受害者在水中受到了机枪扫射。同在船上的还有美国外交官、一名福克斯电影新闻摄影师和几名记者。同时，两艘标准石油公司的船只也被击沉，上面载有从南京疏散而来的数百名中国人，其中多人遇难，确切数字不得而知。所有船只都带有明显标志。反干涉主义者出于对战争的担忧而向国会提出了《拉德洛修正案》（Ludlow Amendment to the Constitution）。这将要求美国在参战前
187 举行全国公投，除非有证据显示它已经受到了侵略。罗斯福不得不竭

尽全力进行游说，最终众议院以 209：188 票惊险地否决了修正案。在争论中传来了日本“洗劫”南京的消息。日军杀害了数十万中国平民。《纽约时报》记者在离开南京后着重对此进行了报道：“各种暴行已经达到了罄竹难书的程度。”[1]

为平息这一危机，东京迅速行动起来，他们为击沉“班乃”号积极道歉，并支付了美国要求的 220 万美元赔款，承诺控制南京的狂暴军队。同时，日本政府有效地关闭了长江流域对标准石油公司的大部分贸易，将之置于日本垄断之下。门户开放政策并不能在日本国旗下实现。然而，1938 年年初，主流报纸的社论认为，随着“班乃”号事件的解决，美国的态度开始转向对日友好而不再支持中国。

罗斯福并未随波逐流。他对自己在达奇斯县的邻居、国务卿亨利·摩根索说，尽力增加政府开支是保持经济形势的唯一方法，直到他于 1941 年卸任。摩根索在一次会谈后表示：“他（总统）希望从开支角度考虑全局，他确实也怕得要命。”罗斯福与国会合作通过了 1938 年的海军法案，授权在 10 年内支出 11 亿美元建设“一支首屈一指的海军”。这笔款项标志着美国舰队首次打破 1922 年和 1930 年条约的限制。而且，国会授权建造 3000 架战机，将空军实力提升了一倍。尽管刚刚开始进行建设项目的美国舰队的实力并不能迅速赶上日本，作战参谋们也不认为有足够实力保卫西太平洋，但这些船只和关岛基地（十分不充分的）建设的开始，标志着罗斯福的太平洋政策开始走上了崭新的道路。[2]

总统秘密探听了英国加入封锁的意向，但正如一位美国官员所说，总统的计划被内维尔·张伯伦（Neville Chamberlain）首相“泼了一盆冷水”——后者不喜欢罗斯福的性格，认为新政的经济政策十分怪异，并相信美国在外交上完全靠不住。1938 年 5 月 28 日和 6 月 4 日，日本战机对广东的无差别轰炸造成共计 1500 名平民死亡，超过 2600 人受伤。罗斯福以加速对华军事援助作为回应，同时禁止美国制造商 188

向日本出售飞机或零部件。这一“道德禁运”是一个开端，但其施加的压力却并不全是“道德”意义上的。国务院表示，此类物品的出口许可将难以获得。这些商品的出口实质上在1938年夏末中断了。罗斯福从“美国不参与日本侵略委员会”（American Committee for Non-Participation in Japanese Aggression）获得了公众的大力支持，这是一个由前驻华传教士领导的活动积极、资金充裕的组织。另一方面，出口商希望保住亚洲市场，尤其是日本市场。实际上，20世纪30年代的对日出口在1937年达到了顶峰。一个商界媒体指责“隔离审查”演说，但对罗斯福在“班乃”号袭击事件后没有诉诸武力表示赞赏。[3]

1938年，罗斯福无视商界意见，进一步削减特定种类商品的贸易。在为创造一个更加自立的日本而经历了11年战争之后，军国主义者们却发现他们的经济在美国制裁面前更脆弱了。杰出的马克思主义经济学家警告称，日本已经陷入了困境：制造的军工品越多，能够出售给西方的产品就越少，因而从西方进口的实现工业化和未来自立所需的商品就越少——尤其是石油和机械工具。他说道，在华战事只会加剧这一危机。军方得出了同样的结论。日本不仅越来越依赖从美国进口的商品，兵力也稀稀拉拉地被分散开了。半数可用的军队都卷入了中国战场。这一数据的意义越来越不祥，这意味着在中国东北的日军军力极为薄弱，而这里正在与苏联发生冲突。[4]

军方也不乐于看到财阀在人力枯竭、经济自立计划前景堪忧时仍然大发其财。通过联姻（尤其是三井和三菱之间）壮大的产业巨头们垄断了对外贸易。就在整体经济十分不稳定，不足以支撑在中国扩大的战事之际，三井人寿保险公司的利益却在1939年上升了862%。军方将财阀置于严格控制下的努力以失败告终。一位外交部官员准确把握到了这一困境，他表示，日本试图通过剥削中国获得资源的努力如同“一只章鱼在吞食自己的触须”。当外相宇垣试图与中国对话，停止这一“自噬”行为时，他没有得到回应。1938年8月，军方通过袭击汉口重新开始寻求解决方案。两个月后，赫尔就日本对美国的亚洲利益形成日益严重的威胁提出了强烈抗议。[5]

为了应对日益严峻的危机，并对赫尔做出回应，近卫首相于 1938 年 11 月 3 日发表声明称，日本寻求在东亚建立“一个新秩序”。在这份声明以及对赫尔的单独回应中，近卫表示蒋介石不再是能够代表中国的人物；日本自己将重建中国；力图“创造一种新文化并在东亚实现紧密的经济联合”。外部的干涉将不被容忍。近卫尖锐地指出，门户开放在中国已经无关痛痒，如同在全世界大部分地区一样。这样的观点已经屡见不鲜。自从 1919 年在巴黎对英美政策感到深恶痛绝之后，近卫一直在发表此类言论。新情况是日本面临逐渐严重的经济与政治问题——这些问题迫使它为贸易失衡付出代价，到 1937 年年末，不得不让近半数的黄金储备流往海外。近卫政府相信，只有在华北和东北建立新政权，为了日本利益而系统开发这些地区，才能避免潜在的经济灾难。但他也留下了让华南的一切事务对英美利益开放的可能性。[6] 189

如果近卫认为这最后一条能够让美国人满意，他就大错特错了。1939 年 4 月，罗斯福将更多军舰调往太平洋，因而让英国军舰能够留在欧洲海域。社论将这一行动解释为美国对太平洋英国领地的保卫。总统并未否认此类推测（这一推测并不完全正确。1939 年年中，日本在天津威胁到了英国利益。美国只是视而不见，投身于欧洲战事准备的张伯伦政府不得不与日本达成交易）。当罗斯福要求进一步削减对日贸易时，托马斯·拉蒙特、美国钢铁公司以及美铝公司（Alcoa）都取消了正在进行的交易。美铝公司的行动阻断了日本大部分的铝供给来源。[7]

1939 年 7 月初，日本战机轰炸了蒋介石的陪都重庆，在华的美国公民受到了日本士兵的虐待。来自密歇根的共和党人亚瑟·H. 范登伯格（Arthur H. Vandenberg）于 7 月 8 日提议，由罗斯福提前 6 个月发出正式通告，终止 1911 年日美贸易条约。作为不干涉主义者的领袖，范登伯格既不想帮助日本，也不想与之开战，但他的提议获得了那些确实希望划定最后界限的人的支持。一旦1911年条约被终止，美国政府就能够自由地施加经济制裁。国会没有就范登伯格的提案进行表决，它也不必这么做：1939年7月26日，赫尔告诉日本，条约将在
190 次年1月终止。在政府外观察这一切的威廉·卡斯尔警告称，"这些刺痛"将使日本投向希特勒的怀抱，并引发一场太平洋战争。罗斯福的意图则恰恰相反：越来越投身于欧洲危机的总统想让日本明白，它在美国的压力面前有多脆弱。一旦日本理解了这点，就会在亚洲"新秩序"上让步，总统从而能够将精力集中于欧洲事务。毕竟，深陷于对华战争之中，日本对美国的依赖似乎正在加深。[8]

中国确实如同流沙，日本越挣扎就越深陷其中——也就越需要美国产品。近卫未能逃出这片流沙，这在1939年1月直接摧毁了他领导的政府。他的继任者平沼骐一郎男爵试图通过一个复杂而高风险的计划，同时加强日本与轴心国，以及与盎格鲁-萨克逊势力的关系，并在典型的三角外交中挑拨两者间的纷争，从而逃出困境。然而，日本不仅缺乏进行如此高风险博弈的能力和想象力，还要与两个比其他人更多疑的玩家较量：希特勒和斯大林。1939年8月23日，整个世界，尤其是日本，都被苏德合约震惊了，这份合约使得希特勒轻易获得了部分东欧。一周后，德国对波兰的入侵引燃了欧洲的二战战火。[9]

对此，日本官员简直难以置信。他们一直认为希特勒是自己的盟友，如今却发现他与自己潜在的敌人缔结了和约，甚至从未礼节性地在事前询问他们的意见。西园寺对一个朋友说："毕竟，日本正在被德国和意大利当成一个巴尔干小国那样对待，不是吗？"并且如果德国和意大利获胜，"我们必须清楚，日本会比现在更加受到它们的控制"。平沼政府很快倒台了。东京官员只能宣布在欧洲战争中保持中立，他们迅速接近苏联以解决边境纷争，到1939年年中，这一纷争造成了大量人员伤亡：在诺门罕（Nomonhan），日本遭受了40年来最惨痛的

失败。边境再也不会稳定，冲突还将持续。斯大林对诺门罕战役后的和平十分满意，因为这能够让他转向欧洲问题。柏林和东京对此也十分满意，因为这样日军就能够南下威胁英国、法国和荷兰的殖民地，同时从这些地区获得关键的石油和原材料。[10]

二 “共荣圈” 191

面对 1939 年年中的这些灾难，中高级日本军官主导起草了一份计划，要求建立一个日本控制下的经济集团，以开发东南亚的原材料和市场，这被称为“共荣圈”。虽然日本官员从未提供“共荣圈”的具体全面实施计划，但可以肯定的是，这个“圈”内的欧洲势力将被亚洲势力取代。这一称呼体现了一种野心而非详尽的流程。这一措辞是另一项说服亚洲人的努力——日本对他们资源的控制将服务于双方的共同利益。

日本对这一地区的干预由来已久。早在 17 世纪，日本人就将自己而非中国视为亚洲大部分地区的中心。1923—1939 年，日本大约 10% 的出口、9% 的进口（包括约一半的铁矿石）和 6% 的海外投资都是与东南亚国家进行的。这些事务以荷属印度尼西亚、英属马来亚和美国的殖民地菲律宾为中心。稍微次要的是法属印度支那。温斯顿·丘吉尔（Winston Churchill）领导的战时内阁密切注意着日本动向，他们认为，“作为一个谨慎的民族”，“全力投身于”中国的日本人不会“从事如此疯狂的事业”——夺取英国控制的新加坡等战略要点。[11]

美国官员对此并不乐观。他们对日本会持谨慎心理的希望在 1940 年 5—6 月很大程度上幻灭了——希特勒迅速占领了法国与荷兰，并做好了入侵英国的准备。成千上万的日军在对华春季攻势中伤亡，之后日本领导人将目光转向南太平洋，以期获得经济上的救济。他们警告欧洲殖民地停止向中国人输送战争物资。正如历史学家细谷千博所写，军事参谋担心错失纳粹闪电战带来的“大好时机”，于是加速了南向计划。然而，他们与文官们都希望能在不进一步疏远美国的同时开发这些殖民地。[12]

这样的希望当然是幻想。随着 1940 年夏天欧洲落入轴心国手中，处于史无前例的第三个总统任期的罗斯福开始加强太平洋舰队，与国会合作通过议案大规模扩张空军，并迅速推动美国和平时期的第一份
192 征兵法案通过立法。1940 年 7 月，在他向国会提出增加 40 亿美元军费的当天，参议院通过了他的国防部部长人选：73 岁的亨利・史汀生，在 1931—1932 年与日本打交道的苦涩经历如今使他成了一个直言不讳的干涉主义者。1940 年 7 月，罗斯福还签署了国防行动法，这份法案给予了他禁止出口国防必需品的权力。有了这项新政策，总统停止了 40 项产品的销售（包括飞机和机械工具），宣称它们都是国内所需的。日本并未因此受到歧视——没有停止日本最需要的废金属和石油的出口。[13]

格鲁大使在 7 月评论道，如今美国的经济政策是一柄悬在日本人头上的“达摩克里斯之剑”。同一个月，发现并不能从对华战争中脱身的天皇再次要求近卫组阁。不顾天皇和亲信幕僚的疑虑，近卫提名松冈洋右担任外相，提名军队“统制派”中严厉、强硬的核心成员东条英机担任陆相。出生于 1880 年的松冈在俄勒冈大学留学期间对美国人以及英语有充分的了解。与金子、桂和其他毕业于美国的人不同，松冈对于美国人的评价与其经历并不相符。他的评价更多受到 20 世纪二三十年代在南满铁道株式会社担任负责人的经历，以及对日本政党日益厌恶的影响。这一评价还受到急躁的脾气、强烈的虚荣心以及公众欢呼的影响，1933 年，他引人注目地领导日本使团退出国联时，就曾领受过这种欢呼。到 1940 年，松冈发出了要求日本全面支持轴

心国的响亮声音，之所以如此，部分原因是这样日本就能更有效地开发东南亚崩溃的殖民地。[14]

在 1940 年 8 月 1 日发表的一篇报道中，松冈首次提及了后来广为人知的“大东亚共荣圈”。美联社写到，此前的称呼“东亚”，指的是华北，如今加了个“大”字，正如松冈在一次媒体见面会上的回答，这暗指殖民地，尤其是印度支那和印度尼西亚。日本的意图不仅是扩张其军事实力，同时也扩张其语言和文化，在欧洲的殖民地上创造一个亚洲大团结的局面。在纽约阿斯特宾馆举行的庆祝日本建立 2600 年的纪念仪式上，作为不干涉主义者领袖、罗斯福的厌恶者，来自纽约的汉密尔顿·费什（Hamilton Fish）提到了日本式的“门罗主义”，并为其辩解道：“日本只是在照葫芦画瓢。”这真是十足的蠢话。在 7 月 30 日的一封秘密邮件中，松冈认为日本未来的势力范围应该包括印度尼西亚、泰国、马来亚、婆罗洲、荷属东印度、缅甸、印度、澳大利亚和新西兰。[15] 193

自从进入国务院，赫尔就试图摧毁这样的经济集团以及日本的“门罗主义”。罗斯福对此兴趣稍逊，但也表示同意。由于担心日本和德国基于军方的卡特尔组织将瓜分然后重组这些经济集团，罗斯福在 1940 年表示，美国不能“在一个由武力支配的世界上像孤岛一样生存”。国务院和纽约对外关系委员会开展的研究强烈支持了赫尔的观点——由法西斯政府运营的此类集团将扼杀美国资本主义。美国商界也理解这一危险。在 1939 年和 1940 年年会上，全国商会要求“根据美国传统政策，做出一切努力……发展并维护在华与其他国家平等的贸易和商业机会”。商会表示，在中国部分地区发现的“强力而不公平”的限制，要求美国政府采取行动。有趣的是，这一商界意见未必想恢复国民政府对中国的控制；他们想要的是秩序而非革命，开放门户而非将之关闭。[16]

1940 年 9 月，东京与纳粹的傀儡——法国维希政府签订了合约，合约允许日军进入北印度支那，上述所有观点因而都面临着考验。中国再次成为目标：印度支那的基地使中国面临来自日本的更大压力。日本人也因此进入了殖民领地。从华盛顿方面来看，由于英美都从这一地区获取橡胶等原材料，战争风险大大提高了。9月26日，绳索再次系紧——罗斯福禁止了日本十分依赖的废铁和废钢的出口。《纽约时报》以占据四个专栏的头条写道："日本加入了针对美国的轴心国同盟。"轴心国德、意、日承诺，共同努力创造一个"新秩序"，在欧洲它将由德国和意大利定义，在"大东亚"则由日本定义。日本还成为"门户开放"在中国意义为何的最终裁决者。特别值得一提的是，
194 签约国承诺，如果一国"受到并未参与当下冲突的某一强国的攻击"，指的正是美国和苏联，其他成员国要提供帮助甚至军事援助。[17]

在东京，原本相信战争可以避免的格鲁对此大为震惊，他说道，"我看到8年以来的建设性工作如同受到台风、地震和海啸袭击般而化为乌有"。松冈和近卫希望条约能够威慑美国人，使其不要与日本对抗。东京主流报纸《朝日新闻》警告称，如果华盛顿的政策日趋严厉，一场"大灾难"将"不可避免"。美国的意见分歧严重。作为报复，埃莉诺·罗斯福（Eleanor Roosevelt）向丈夫施压，要求停止出口石油。罗斯福拒绝了，他认为这样的禁令会驱使日军南向。商界同意他的决定，尽管原因不一："如果我们不和日本人做生意，那么，就会便宜了英国人和荷兰人"，一位石油业高管为向日本提供军事器械如是辩解道。[18]

在一个问题上，轴心国条约确实改变了日美关系。由著名的堪萨斯报刊编辑威廉·艾伦·怀特（William Allen White）领导的头号干涉主义者组织"帮助盟国保卫美国委员会"（Committee to Defend America by Aiding the Allies），首次将对英援助和对华援助联系了起来。大多数美国人对罗斯福如何加大对日压力一无所知，但现在他们开始看到了两线作战的可能性。罗斯福宣布"你们的孩子不会被派往国外

参加任何战争”，从而打消了选民的担忧，于 1940 年成功获得了第三个任期。他的共和党对手，来自印第安纳的温德尔·威尔基（Wendell Willkie）出于爱国情怀支持罗斯福增加对英和对华援助，但私下却对罗斯福的言论大发雷霆：“这个伪善的婊子养的！他会因此战胜我。”[19]

罗斯福确实赢了。松冈和近卫面临的情况则糟糕得多，他们失算了，轴心国同盟并未能威慑住美国，与美国的对抗如今在一场跨越两大洋的战争中达到了顶峰。在这个关键时刻，日本海军军官一直警告称轴心国同盟将导致一个针对日本的英美同盟。日本海军军官是对的，希望通过同盟威慑苏联的陆军则错了。松冈幼稚到竟然相信他能利用美国迫使中国签订一份取决于日本意愿的合约。一旦在华战事结束，（根据 7 月 27 日由陆军制定、经近卫批准的一份秘密政治声明）日本就能迅速南向夺取石油设施，打破对美国的依赖。因而松冈和其他起草者认为，轴心国同盟并不会导致与美国的战争，相反，随着日本最 195
终发现了自己在亚洲的目标，它成为威慑美国远离战争的一项策略。近卫、西园寺和天皇都对此深表疑虑，担心美国不会让步，而日本将莽撞地走向战争。

近卫愤怒地将他面临的麻烦全都归咎于军方，但实际上他本人也对此“居功甚伟”。1940 年 7 月，他解散了现存政党，因为他认为这些政党都是自由派，阻碍了国家的团结。近卫号召日本人为了国体而奉献自我，向天皇直接效忠。根据宪法享有面见天皇特权的军方当然没有服从。4 个月内，懊恼的近卫就开始后悔了：不应废除政党制度，也不应该签署轴心国条约。当然，这份条约也并非一无是处，它可以向苏联施压要求谈判——这将使日本解除北方的顾虑，得以在南方事务上集中精力，并解决一系列问题，包括苏联的对华援助和向日本开放苏联的经济资源。[20]

东京官员推断，或许与莫斯科达成协定还能够有效地警告罗斯福放弃与日本对抗——即细谷所谓的松冈同时处理美苏问题的“双重战略计划”。当然，首要目标是获得足够的资源和战略空间，以某种方式结束在华战事。1941 年初，陆军要求迅速南下进攻英法殖民地，并在苏联做出反应前回师华北。陆军参谋认为，能够在避免美国参战的情况下达成这一目标。海军对此则强烈反对，并最终说服了陆军——对欧洲殖民地的进攻将自然地引发与美国的战争。这样的战争将持续两年，直到物资短缺，尤其是石油短缺，从而阻碍日本战争机器的运转。于是，军方要求即刻进行大规模建设以赢得一场闪电战，同时还要确保日本在投身于南太平洋时，苏联能够保持克制。[21]

松冈再一次幼稚地相信，他的所有计划最终都将成功。1941 年 3—4 月，他前往欧洲与希特勒和斯大林进行商谈。头脑顽固又刚愎自用的松冈对德国计划进攻苏联的暗示充耳不闻。德国人则对他希望扩张轴心国阵营（以纳入苏联）的暗示置若罔闻。4 月 13 日，松冈和苏
196 联领导人签署了苏联一直希望达成的日苏中立条约：五年内，两国承诺如果一方遭受袭击，另一方将“在整个冲突期间严守中立”。这样，苏联得以即刻腾出手来对付希特勒——虽然多疑的斯大林仍然在中国东北附近保留了大规模军队，直到他确认日本人南下为止。对日本来说，可以放心地进攻欧洲殖民地而不用担心北部侧翼受到袭扰。[22]

美国人对此大为震惊。不仅是因为苏联的中立，更因为斯大林给了中国一记重击。苏联此前一直在向中国输送军事援助，总额比任何国家都多。然而，斯大林秘密告知蒋介石，希望援助依旧，并鼓励他继续抗日。罗斯福通过默许美国飞行员辞职去参加中国的“志愿空军”，迅速地向中国提供了援助。著名的飞虎队就此诞生了。总统还加快实施了其他形式的援助，并在蒋介石的要求下派去一位美国政治顾问——来自约翰·霍普金斯大学的著名亚洲研究学者欧文·拉铁摩尔（Owen Lattimore）。[23]

如果说美国为中立条约所震惊，英国人却为此欢欣鼓舞。一年来，首相温斯顿·丘吉尔与外交大臣安东尼·艾登（Anthony Eden）一直

试图把罗斯福拖入战争。未能成功的丘吉尔在1940—1941年对日本采取了绥靖政策，因为他担心美国会袖手旁观从而使英国可能在亚洲独自面对日本进攻。艾登还担心“思想反常”的松冈会利用中立条约与华盛顿达成交易，使美国在太平洋方面保持中立。然而在1941年4月后，丘吉尔和艾登对美国可能回避战争的担心大大减轻了。6月，总统向中国派遣轰炸机用以攻击“日本工业地区”，并如美军参谋长乔治·马歇尔（George Marshall）在后来所说，“让纸糊的日本城市陷入了火海”。[24]

1941年4—5月，赫尔和日本大使野村吉三郎交换了意见，当国务卿要求日本必须撤离中国，发誓放弃军事征服，承诺坚定不移地支持门户开放时，双方的协商走进了死胡同。野村在向东京的报告中歪曲了赫尔的意思，这更加恶化了已经高度敏感的局势。在一封信件中，大使甚至表示，美国人正准备承认所谓的“满洲国”。虽然与罗斯福自一战时就在华盛顿建立了长期的私人友谊，但野村并非这一职位的 197
最佳人选。作为一位并无外交经验的职业海军军官，64岁的大使提供了一个自20世纪30年代中叶以后，军事人员进入海外重要使馆，并侵蚀日本外交的典型案例。野村自己在1940年年末表示，“我并不想当一名大使”，一名待在陆地上的水手“就如同搁浅的船只一样令人绝望”。[25]

1941年6月，日本的核心问题并不是野村，而是松冈的外交。6月21日，随着德军入侵苏联，松冈外交遭遇了全面失败。外相向内阁承认，他误判了形势，但又提议最大化利用这一局势，去进攻苏联——即使两个月前刚刚与斯大林签署了中立条约，这一反复无常的行径震惊了他的听众。一位内阁成员甚至不敢相信自己的耳朵，要求松冈重复一遍刚才的话，松冈照做了。作为始终如一的亲轴心国人员，松冈希望答应德国的请求，从东方进攻苏联。经过一周的激烈讨论，他的提议被驳回了。军方清楚，在北方，苏联红军拥有两倍于己的兵力优势。近卫则担心刚刚开始向苏联提供援助的罗斯福会报复日本。无论如何，占领法属印度支那残余地区的准备正在进行中。海陆军认为，美国并不会对这次占领做出有意义的回应。这次行动在经济上（日本面临着定额供应及社会动荡的危险）和政治上（印度支那将成为攻击矿产丰富的临近地区的跳板）都十分必要。1941 年 7 月 2 日，帝国议会同意占领南部印度支那。用历史学家伊恩・尼什的话说，松冈“如同一颗用过的炮弹一样，被丢弃了”。失宠的松冈没能再获得外交职位，1946 年因战争罪受审时，他被确诊患有严重的精神失常病。[26]

三　割断绳索的努力：珍珠港

美国情报机关向罗斯福详细报告了日本在南方的动向。1940 年 9 月，日本的电报密码被破译，代号为“魔术”（MAGIC）的窃听行动使美国官员能够了解很多日本机密外交情报，以及珍珠港袭击发生后的军事情报。“魔术”行动截获了大量的原始数据，缺乏合作的美国
200 情报机构从未能学会分类并消化这些情报，直到战争最终爆发。但至少到珍珠港袭击发生前几天，它让罗斯福和赫尔了解了日本的意图。

1941 年 7 月 18 日，罗斯福告诉幕僚，印度支那或将在两三天内被占领。当被问及他的计划时，他回应道：美国应该袖手旁观，尤其不用切断对日本的石油供应，倘若一旦切断日本就会攻击荷属东印度石油丰富的海岸地带。这一言论震惊了一些白宫官员：这样的攻击意味着将会爆发太平洋战争。一番争论后，白宫决定冻结日本在美国的资产。罗斯福也同意切断高级航空汽油的供应。[27]

然而，被切断供应的远不止燃料一项。冻结命令由助理国务卿迪安・艾奇逊实施，他是华盛顿的一位优秀律师和保守派民主党人，1939 年后成了铁杆的干涉主义者，1941 年被罗斯福提名到国务院任职。

就是否为到访美国的日本船只提供燃油，艾奇逊需要做出特殊决定，他对于禁令的执行如此严格，以至于日本突然遭受了实质性的石油禁运。禁运直到 8 月初才变得明了。同时，在东京，由野心勃勃的中层军官领导的参谋们认为，罗斯福的冻结令意味着，除非他们能够获得南太平洋的资源，否则，战争将坚持不了两年。再一次与维希政府达成协定后，日军于 7 月 27—28 日进入了南部印度支那。当罗斯福最终发现艾奇逊对禁令的严格执行时，他相信，自己已经不能取消石油禁令了，否则，将被视为对日本侵略行径的屈服。强硬派的内政部部长哈罗德·伊克斯（Harold Ickes）在 8 月 1 日的日记中写道："迪安·艾奇逊打来电话告诉我他所取得的胜利，没有任何原油从我们的太平洋沿岸出口到日本……而且，我们也不再购买日本丝绸了。"[28]

美国为日本提供了其所需的 60% 的石油。当这一供应中断时，罗斯福关于可能的后果的警告得到了验证。1941 年 11 月，艾奇逊告诉赫尔"冻结令使两国间的贸易和经济陷入了巨大的沉寂"。然而，预言家罗斯福并不愿意吹嘘自己的智慧。当 7 月 29 日在一次记者招待会上被问及"与远东有关的出口管制"时，总统回答道："我不认为有关于这方面的消息。"然而，最大的反干涉主义组织"美国优先"（America First）对情况有清醒的认识。在谴责日本侵略行为的同时，
它也批评罗斯福的冻结令"不是为了民主或我们的利益，而是为了英 201
国这个摇摇欲坠帝国的东方利益"。其他批评者认为这完全是一个"亚洲问题"，与美国无关。一位参议员对于假想中的日本威胁开玩笑说，日本"会给士兵武装上雪地靴，让他们攀过（洛基山）山脉……来抓住我们"。"美国优先"组织确实能够吸引关注，但如同大多数美国人一样，它认为美国与欧洲的牵连比亚洲更多，所以将火力集中在了欧洲事务上。[29]

美国人并不想知道这场战争迫在眉睫的真相，罗斯福也没有意愿告诉他们。在 1941 年 5—6 月赫尔–野村会谈失败时，他或许就已经

清楚，美日正在加速走向战争。到7月末的印度支那危机时，这一想法更加明确了［在仲夏，东京甚至下令解散了日本职业棒球联盟。圣路易斯的《体育新闻》（*Sporting News*）谴责日本人忘恩负义，并认为这一运动的美德永远不会“渗透进他们的黄皮肤之中”］。

到7月，赫尔与之前一样，认为一切都在滑向“地狱”。他告诉史汀生，“取悦”日本的日子已经一去不复返了。“强硬政策”的时代已经来临。对南部印度支那的行动表明，日本正试图“包围中国”。罗斯福和他的顾问们向中国输送了大量援助物资，为飞虎队和菲律宾美军基地增派了更多的飞机，并建立了一个由道格拉斯·麦克阿瑟（Douglas MacArthur）领导的远东司令部——麦克阿瑟在1937年退休，为菲律宾政府效力到1941年，如今却被罗斯福召回来领导美军。[30]

1941年8月，与温斯顿·丘吉尔在纽芬兰附近海域进行大西洋会谈时，罗斯福保持了沉默。丘吉尔希望罗斯福对日本发出只能二选一的实质警告：要么离开东南亚，要么面对“美日战争”。总统对此予以拒绝。罗斯福说，他已经准备在北大西洋对德国施压，但还没有准备好进一步对日本施压，其主要原因是，他的军事参谋们需要时间在太平洋上进行军队建设。他所能做的就是在8月17日从纽芬兰返回后告诉野村大使，如果日本再采取军事行动，美国将立刻采取“所有必要措施”以保护“自己的权利与利益……的安全和完整”。野村向东
202 京汇报了这些话。同样重要的是，他在9月告诉自己的上司（在一封被美国和英国情报部门截获的消息中），美国不仅准备以最高级别禁止对日本的石油出口，还计划“全面弄瘫日本经济”。[31]

得知这一消息的日本，军事力量在不断增强，而经济则正处在从危机走向动荡的边缘。一年来，糖、汽油、橡胶和棉花都开始定额限量供应。随着对海外民用市场的出口下降，进口所需的资本也在减少，包括进口炼钢原料的资本。近卫在1941年8月设立了政府授权的“统制会”以监管供应和生产。结果却是财阀设法控制了这个协会，情况

几乎没有改变，而军方也再次发现自己无法充分控制生产。5月，格鲁大使私下描述称，“各种力量朝各自方向拉扯经济”。9月6日，近卫政府决定再给美国一个与日本达成经济和外交和解的机会。如果得不到结果，日本将在10月末准备战争。[32]

近卫开始绕开军方，计划通过一场可能在夏威夷举行的首脑峰会与罗斯福直接谈判，以打破僵局。仍然抱着最大希望的格鲁认为，美国拥有达成和解并保证和解效力的手段。正如他的私人秘书后来所说，他知道“每一辆出租车转过街角时，日本的石油都在变少”。资深日本问题专家和大使的首席顾问尤金·多曼（Eugene Dooman）与他同样乐观。多曼于50年前出生在日本主教派传教士家庭，早在1936年在东京为格鲁效力前，就曾密切参与处理日本关外事务和限制军备等问题，他能说一口流利的日语，对自己的判断深信不疑，也了解东京大大小小的餐馆，并深以此为傲。即使意识到，日本的解决方案——在解决中国问题后从印度支那撤军，日本在印度支那的特殊利益获得承认，恢复正常的日美贸易——并不可能被罗斯福接受，他和格鲁仍对近卫的最后努力深表同情。至少这些解决方案为讨价还价开了个头。在1941年9月22日以“亲爱的弗兰克”起头的一封信中，格鲁告诉总统，近卫“看到了不祥之兆，意识到日本不能对轴心国同盟再抱希望”。他“将在确保日本不发生公然暴动的情况下，对局势全力以赴”。格鲁以自己的警告作结：“不可能再获得这样的机会了”，也不可能有
其他官员可以控制住“对国内事务和经济规律一无所知……的军方激 203
进派”。[33]

格鲁和多曼在与两位挺华派领袖的交锋中败北，这两位领袖是斯坦利·霍恩贝克、赫尔在华盛顿的顾问约瑟夫·巴兰坦（Joseph Ballantine）。巴兰坦出生于1890年，父母是在印度的传教士，他从阿姆赫斯特大学（Amherst）毕业后进入外事局，后来在日本工作，但在1941年他的朋友赫尔将他带回远东分部担任负责人之前，他大部

分时间都在中国度过。巴兰坦和霍恩贝克相信，在核心议题上不能妥协：日本必须从中国撤军。只有在撤军后，才能开始解决印度支那、轴心国、恢复贸易等其他问题。巴兰坦尤其担心与近卫的协商会重演1918年的“兰辛-石井协定”——这一次在中国，美国将承认日本的重要地位，仅仅换回暂时的和平。他还警告称，如果近卫如愿让美国人担任中日调停人的角色，美国人就会发现自己成了保护日本进一步侵略行为的盾牌。最后，对于近卫回国后能否迫使军方支持罗斯福能够接受的任何协定，巴兰坦表示怀疑。[34]

霍恩贝克说得更直接。他认为美国不仅不能，也不必在中国的核心问题上妥协。战争已经让日本“输了一半”，“十分疲惫”，东京“并不愿意再与美国开战”。霍恩贝克还认为，即使近卫愿意从中国立刻撤军，美国也应该对协定三思（至少要等到东京政府大换血），因为正是中国的泥沼限制了日本在其他地方引发事端的能力。尤为重要的是，霍恩贝克和巴兰坦认为一场峰会将对中国有“不利”影响，正如美国驻重庆大使所说，如果蒋介石认为美国正在考虑“与日本实现‘区域内缓和’”，这可能导致中日走向和谈。霍恩贝克提出了一个重要提议，即以后的任何峰会都应有蒋介石，而严阵以待的近卫和神秘兮兮的罗斯福都对参加这种三方峰会没有兴趣。[35]

1941年9月25日，野村向赫尔提交了日本的和解提议。这是日本在决定开战前向美国提供的最后一份此类文件。近卫政府辩解到，
204 日本与美国一样期待实现“世界和平”，对1940年的轴心国条约则轻描淡写：如果美国加入欧洲战争，日本将“完全独立”地决定如何理解条约规定的义务，并做出自己的决定。这份文件随后转向了危机的核心问题：美国将在中国扮演调停人的角色，并站在日本一方为和平努力。美国人不能诉诸于其他“途径”，即向蒋介石提供援助。中日贸易将“遵循无歧视原则”和平地开展。美国也将立刻恢复与日本的“正常贸易”。一旦在太平洋地区实现了“公正的和平”，日军将从印

度支那撤出，美国将“停止他们在这一地区的军事行动”，指在菲律宾的军事建设。9 月 29 日，格鲁发电报给赫尔请求他认真考虑这一提议，不要在罗斯福同意会面前，强迫日本听从美国提出的要求（尤其是在中国问题上）。格鲁警告称，如果强迫，将导致近卫下台并“被一个军事独裁政权取代，后者将缺乏避免与美国正面冲突的意愿”。[36]

10 月 2 日，赫尔在旅馆中对垂头丧气、身心俱疲、情绪悲观的野村提出了警告。赫尔说到，在任何峰会举行前，必须有“思想上的交流”。他向大使递交了一份声明，要求日本同意详尽阐释了门户开放政策的四项原则：尊重领土完整，不干涉他国内政，“平等商贸机会”原则，以及仅通过和平方式改变太平洋地区的现状。更明确地说，也就是“日军从中国和法属印度支那撤军将是展现日本和平意愿的最佳方式”。野村读了声明后回答道：“达成协定唯一困难的一点就是美国要求”日军撤出中国。如果在日本实现在华目的——保卫东北利益，获得经济资源，迫使蒋介石保持克制并与日本利益合作——之前要求日本这么做，近卫政府将会下台。[37]

在与挺日派格鲁和多曼的抗衡中，挺华派霍恩贝克和巴兰坦赢得了胜利。除非近卫接受前提要求，否则罗斯福不会参加峰会。10 月中旬，赫尔向一位日本高官吐露了自己的忧虑：“日本侵略者在中国制造了大量垄断，拥有大量特权和特殊利益……这或许是日本希望保持在华驻军的主要原因。”10 月 13 日，当副国务卿萨姆纳·威尔斯（Sumner Welles）与日本副使若杉争论时，这一观点更加凸显。若杉问道，为什么两国不能在其他“基础”议题上达成理解而“把中国问题暂时搁置”呢？威尔斯记录到，“我说……这一问题就像问《哈姆雷特》一剧中能否不要哈姆雷特这个人物形象。大使笑得很响亮，表示完全理解我的意思”。[38] 205

东京当局虽然没有笑，但同样理解。刚刚庆祝完 50 岁生日的近卫于 10 月 14 日召开了一次内阁会议。陆相东条英机将军说道，之前为选择战争还是和平设定的10月期限已经过了。他要求得到命令来动员部队。当反对意见说外交需要更多时间时，东条发怒了。他警告称，任何撤军行动都是对日本在中国一切努力的背叛，并将威胁到“满洲国”，甚至是朝鲜。要么授权动员，要么陆军将停止备战。一直与陆军就战争目标进行争论的海军也表示支持，它陷入了一位日本历史学家所谓的“群体思维困境”，即使海军并没有长期作战的总体规划。东条强调，侵华日军是“问题的核心”，在对美国做出太多让步之后，日本不能放弃这一“核心”。[39]

两天后，近卫宣布辞职，东条成了首相。出生于1884年的东条是一位陆军中将之子，在军队中接受教育，早年被派往德国，其后作为关东军的一名指挥官而恶名远播。“统制派”要求为了全面战争而实行全面社会动员，作为其中的实力派人物，东条主张与德国密切合作。新首相心中满是对美国长期而强烈的怨恨，因为美国在中国、移民、军舰吨位比例和贸易等议题上都对日本怀有敌意。东条天资聪颖（外号“剃刀将军”），他的一位优秀的传记作家形容他“脾气暴躁”“幼稚好斗”。他是一个典型的士兵，也是一个纪律严明且朴素的人，尤其对西方怀有强烈的仇恨，相信西方在美国的领导下决心主宰东亚。即便有这一背景，国务院远东司仍然告诉罗斯福，东条是一位“近卫拥护者和‘温和派’”。[40]

将东条称为“温和派”是场景伦理〔1〕应用于外交术语的典型案例。
206 日本的领导层，实际上是日本的整个亚洲政治，在军国主义道路上走得如此之远，以至于一位主要的军事动议者和仇视西方者也能够被界定为“温和派”了。近卫更好地解释了日本政治的破产。他曾私下与格鲁谈论东条的执政：“如今不可能组建一个带有自由色彩的文官内

〔1〕场景伦理（situational ethics）：指的是场景不同，词语的意义也会不同。在普遍激进的政治氛围中，东条这种军国主义者也堪称“温和”。

阁。”“在日本，即便威望足够的文官也无法担任首相之职……成功的内阁必将主要由军人组成。”他们如今是唯一“能够导致政府垮台的人”。[41]

作为日美外交的关键点，蒋介石是另一个“相对性术语”（relative terminology）的应用范例。他是一名军人，与中国最腐败的罪恶之物相勾连，仇视西方，甚至是一个美国人理解意义下的反资本主义者，并不太可能成为西方民主阵营的盟友。但1941年，同样不太可能的斯大林却成为一个先例。虽然对其革命背景、法西斯信念和反西方态度十分不屑，但对蒋介石的合作需要解释了为何美国官员，尤其是霍恩贝克，相比结束在华战事，更关心利用这场战争向日本施压，直到它改革政府并屈服于赫尔（以及约翰·海）的宏大原则。

整个20世纪30年代，赛珍珠的畅销小说，由其小说改编的、基于对中国的浪漫印象而拍摄的、广受好评的电影《大地》（*The Good Earth*），亨利·卢斯（Henry Luce）（出生于中国的一个美国传教士家庭）每周发行的百万份《生活》（*Life*）和《时代》（*Time*）周刊，它们共同塑造的坚定反抗日本侵略者的英勇中国农民形象，让美国人倾心不已。但这些对中国的看法并未影响1937年后的美国政策。倘若确有影响，美国人早在1941年12月之前就加入亚洲战场了。

相反，美国政策受到赫尔和霍恩贝克对日本日益增长的愤怒的影响——日本试图用武力隔离亚洲大部分地区以实现自己的经济自主，这严重破坏了门户开放原则和泛亚思想。1941年10月，美国官员的分歧并不在于是否要阻止日本，而在于如何阻止日本。霍恩贝克向包括赫尔和罗斯福在内的许多人说道，随着日本陷入挣扎，绳索应当继续勒紧。日本不会试图切断绳索（即宣战），因为它清楚自己不可能战胜美国。霍恩贝克表示，这道绳索早晚会扼死军国主义者。格鲁并未被说服。1941年11月3日，他告诉赫尔，确实有人相信军国主义者将“迅速因日本财政和经济资源的消耗和最终枯竭而垮台”。但大使 207

警告称，这些人“不自觉地”将“日本保留资本主义制度作为一个主要的考虑因素”。格鲁强调，日本不会迅速崩溃，恰恰因为它没有美国人所理解的资本主义制度。虽然经济危机在持续，“日本的国家资源”也在损耗，但其经济仍在有效运转，是的，日本能够抵抗美国的经济钳制——并允许自己进行一场对美战争，这可能会“突然而至，且十分危险”。[42]

11 月 20—27 日，有关这些问题的阴郁、无意义的最后讨论结束了。这仅仅是表面冲突，真正的大事将在两周内爆发。11 月末的事件仅仅表明了为何最终的交锋会到来。11 月 20 日，野村向赫尔递交了最终协商。这与之前的协议差异很小。然而，野村如今有来栖三郎作陪，后者是一位 55 岁的职业外交官，年轻时曾在芝加哥和纽约担任领事（对于一位日本官员而言，最不寻常的是他娶了一位美国人为妻）。作为驻德大使，他在 1940 年参与了柏林的轴心国条约协商。东条名义上派他前来帮助力有不逮的野村，实际上让其误导讨论，直到日本准备好进攻为止。来栖和美国人很快开始围绕中国展开争论。来栖摒弃了《九国公约》和门户开放条款，认为它“已经历时 20 年……完全过时了”。赫尔回击到，日本在中国的军国主义是“不啻于希特勒的行径”。[43]

11 月 26 日，国务卿向野村和来栖递交了（结果证实是）最后一份美国提议。赫尔强调，这份提案仅仅是“暂定”的。美国依然坚持日本必须接受门户开放，在美国同意重启贸易和石油供应前，日本必须“从中国和印度支那撤走一切陆军、空军、海军和警察力量”。

来栖严厉谴责了这份文件。他表示：“华盛顿会议条约向中国传递了错误的信念，中国则借它们向日本尽情炫耀。”他认为，这份提议“意味着谈判终结”。确实如此。赫尔实际上考虑给日本三个月时间，如果其间它减少在印度支那的驻军，就能够获得石油。美国战争部十分需要时间来加强太平洋上的军事力量，于是支持了这一想法。但赫尔愤怒地说，蒋介石“向各位内阁成员发送了大量歇斯底里的电报”，导致这一提议最终被否决。中国人和英国人都希望美国早点而非晚点 208
参战。[44]

12 月 1 日，天皇出席的帝国议会发出了进攻夏威夷的最终指令。这次袭击事先经过了充分讨论，并在一个月前就经过了事实上的决策机构，即联合会议（Liaison Conference）的批准，后者于 1940 年 11 月创立，由内阁最重要的成员和总参谋长组成。天皇如今被期望批准而非更改之前的决定。11 月 1 日的会议弥漫着志得意满的气氛。东条和外相东乡茂德援引了 1904 年日本对俄军舰队的突袭作为此类胜利的前例。东条回忆道,37 年前军队副参谋长认为成功的概率只有“五五之数”，但日本还是胜利了。东条告诉质疑者：“如果存在获胜的可能，无论机会多么微小，都必须投入战争。”11 月 21 日，希特勒秘密向日本保证，如果他们对美宣战，德国也会紧随其后，日本军官们的希望因而有所加强。然而，同一天，“魔术”和信号情报局（Signals Intelligence，“魔术”的英国同行）截获了一封日本外务省对外交官的指令，其中强调，日本如今的目标是“完全驱逐在中国的英美陆海军势力”。指令随后承认了日本的弱势：在中国问题上，日本必须“避免损耗”，这样才能“有足够的战争潜力面对一场漫长的世界大战”。[45]

日本政策的中心问题在于：日本如果不开战，它将迅速从内部崩溃并失去流血牺牲得来的一切（中国东北、华北、华中、华南，印度支那）；如果开战，战后它可能失去一切——除非能够在美国调动起巨大的工业和战争潜力之前迫使它议和。霍恩贝克是最了解日本根本劣势的美国官员，不幸的是，在珍珠港袭击发生一周前他说反了：考虑到日本面临的问题，它不会迅速开战。[46]

对于罗斯福来说，正如 1941 年 5 月他对财政部部长所说的那样，他仍然在“等待被局势裹挟”。摩根索说到，罗斯福并不想“将我们引向战争”，他的说法无疑是对的。11 月初，总统询问幕僚，如果调动海军阻止日军南下，民众是否会支持他？是否还需要一些“契机”？
209 下属一致告诉他，他拥有公众的支持，并不需要契机。罗斯福没有回应。这时 73% 的美国人相信美军舰队能够击败日军，只有 3% 的人表示反对。种族主义塑造了这一观点。例如，内政部部长伊克斯在一年前的日记中就排除了遭受突袭的威胁，“这似乎很好理解，日本飞行员都是废物”。[47]

即使罗斯福没有公开引导美国人或要求他们准备战争，他也秘密采取了很多行动。即使在“等待被局势裹挟”，他也将自己和国家置于可轻易被推入战火之境。1941 年秋，美国向冰岛派军，将格陵兰变成受保护国，冻结日本资产，切断对日石油供应，承诺如果日本攻击荷属东印度（印度尼西亚）或英国殖民地，美国将做出回应，并秘密穿过布满德国潜艇的海域，护送物资到达英国。当“美国优先”组织试图将美国从战争边缘拉回时，总统不仅予以公开谴责，更秘密命令联邦调查局窃听反干涉主义者的电话，并建议司法部对“美国优先”组织展开高级别司法调查。[48]

1941 年 11 月 25 日，罗斯福、包括赫尔在内的幕僚们以及军队首脑开始商讨战争事宜。史汀生说道：“问题是我们如何能够设法让他们（日本人）开第一枪，又不给我们造成太大损失，这十分困难。”困难来自于，他们认为一支载有五个步兵团的日本大型舰队正在南下，可能攻击荷兰或英国属地。罗斯福告诉英国，若其遭受日本袭击将会获得美国的“军事支持”。他显然计划在 12 月 8 日向世界宣布这一政策。“魔术”拦截小组也告诉美国官员，东条政府认为对美战争“将比预料中来得更快”，并可能在“南方”而非北方爆发，也就是说，不会与苏联开战。12 月 6 日，华盛顿官员认为日军意图攻击克拉地峡这一马来半岛十分重要的狭长战略据点。虽然可能爆发战争的警报早在 11 月 27 日就送达了夏威夷，但罗斯福和军官们并不相信这些群岛会首当其冲。[49]

然而，山本五十六上将在最后关头下达了海路进攻珍珠港的命令。山本是 20 世纪最传奇的日本领导人之一。1884 年，他出生于一个大家庭，1916 年被需要男性继承人的山本家族收养，毕业于海军学院 210
最著名的班级之一。身高 5.3 英尺、体重 125 磅的山本还是日俄战争中的英雄，战争中他的枪因为过热而爆炸，使他遍体鳞伤并失去了两根手指。他十分熟悉的新桥艺伎区将他称为“八十钱先生”，因为艺伎修剪十根手指指甲的收费是 100 钱，或者 1 日元，而山本只需花费 80 钱。1919 年，山本被派往美国，在哈佛学习英语并广泛阅读美国历史书籍（“我喜欢林肯……不仅作为美国人，放之于整个世界，他也十分伟大”）。山本喜欢上了美式橄榄球，一度不遗余力地前往芝加哥观看爱荷华大学和西北大学的比赛。然而，他最钟爱的似乎是赌博。他可能在访问摩纳哥时学会了赌博。传说有一次他在摩纳哥一家赌场中大赚了一笔，以至于被禁止再次光临。当 1926—1928 年作为大使馆海军专员回美国时，以及 1934 年乘火车横穿美国前往伦敦海军会议的途中，他都花了大把时间来玩麻将和纸牌，尤其是扑克。

他的亲信参谋回忆道，山本“有一颗赌徒的心”。当他在两次战争之间打赌，日本海军和全球安全的未来将依赖空中力量时，他的赌徒之心得到了淋漓尽致的展示。20 世纪 20 年代，作为日本海军参谋学院的教官，他强调舰队的未来依赖于拥有足够的燃料和战机，这种论调让学生大为震动。1930 年后，作为后来孕育了海军航空兵的霞浦航空军团的司令官，他为飞行员设置了跨洋飞行的基础训练任务。1934 年被任命为海军中将后，山本站在了反对与轴心国合作的海军领导人一边。尽管未能成功切断这一合作，但他在 1939 年还是成了海军司令。他立刻意识到，日本将不再能够“通过外交调整对美关系”了。尽管自身反对战争，但如果战争确实将要爆发，他认为日本必须先摧毁美国太平洋舰队，否则无异于自取灭亡。东京的战争策划者们认为，对夏威夷的袭击不会取得成功。1940 年初春，山本认为如果调

动足够的空军力量，袭击行动就能够成功。他精准地预测到，下一场
战争将通过不断征服岛屿、修建机场、在征服下一片海域之前进行大
211 规模轰炸而取胜。美国有这个实力，然而，“就日本目前的工业能力
来说，你觉得这可能吗”？当他的悲观想法被东条（他对此人毫无敬
意）驳回后，山本开始了他的终极赌博。[50]

11月25日，包括6艘航空母舰的舰队离开了千岛群岛的聚集点前往夏威夷，一路上舰队保持无线电静默，禁止排放任何可能暴露行踪的垃圾或燃油，也不在晚上亮灯。美国情报机构并不知道舰队位于何处。由于“魔术”小组的工作，美国官员在12月6日确实知道日本正在策划一场大行动。在这个周六晚上，一份由东京发给野村、由十三章组成的消息被拦截并摆到了总统面前。东京推迟了第十四章的发送，其中就有下达的断交命令。美国情报官员在华盛顿时间上午5点半，或者说袭击开始前8个小时仍在破译最后一章。直到上午10点，这些官员还没有找到陆军参谋长乔治·马歇尔将军（他正按惯例在周日早晨骑马出行）或者其他内阁成员。又过了一个小时，马歇尔才读完急件，担心电话会被日本人窃听，他通过无线电而非桌上的扰频电话向夏威夷驻军发出了警告，无线电报到达了旧金山，由于太平洋上的恶劣天气，又通过西联电报传达到了檀香山。山本的第一颗炸弹从空中落下两小时后，一位年轻的日美混血信使将马歇尔的警告送到了夏威夷军事长官手中。[51]

顷刻间，183架日本战机和潜艇杀死了2500名美国人，摧毁了230架美军战机中的152架，击沉了太平洋舰队中6艘最高级战列舰中的5艘，以及12艘其他船只。一小时后，第二次攻击摧毁了其他舰只和飞机。所幸3艘航母及其护卫舰正在海上，且由于山本罕见的计划失误，夏威夷的加油和维修设施得以幸免，这使太平洋舰队避免了部分损失（到1944年，除两艘军舰外，其他所有军舰都被回收、维修，并重新投入战斗）。攻击前，日本没有宣战，这违反了国际法。

更重要的是，直到赫尔得知袭击发生，野村和来栖才向他递交断交通告。这两位日本外交官得到指令于华盛顿时间下午 1 点递交通告，但由于译码延迟，直到接近 2 点才准备好文件。那时，袭击已经开始 40 分钟了，而赫尔已经通过“魔术”小组读到了这一情报。他瞥了一眼通告，然后说道：“在我 50 年的公职生涯中，从未见过任何文件比这一份包含更多的无耻谎言……你们撒了弥天大谎，直到今天，我都无法想象地球上居然还有政府能做出如此行径。”野村和来栖不发一言地离开了。[52] 212

赫尔发怒之时，美国与盟国其他军官却感到宽慰。史汀生写到，当他得知袭击发生时，“我的第一感觉是，终于能够终结优柔寡断了，一场危机将让所有人团结起来”。一直在敦促美国参战的温斯顿·丘吉尔首相同样直接打电话给罗斯福说：“这让事情简单了很多。”[53]

或许这一天，华盛顿的主要争论在罗斯福向国会提交的战争通告的内容上。史汀生希望罗斯福谴责希特勒并要求国会对德宣战。赫尔要求这份通告介绍导致如今悲剧的谈判详情，希望借此为自己辩护。罗斯福驳回了两人的意见，决定发出如下的简短消息：“昨天，1941 年 12 月 7 日，一个恶名昭彰的日子，美利坚合众国受到了……日本帝国突然而蓄意的袭击。”他仅仅承认珍珠港袭击的性质“十分严重”，并补充道，日本还攻击了马来亚、香港、关岛、菲律宾、复活岛和中途岛。参众两院以仅仅一票反对［出自共和党人珍妮特·兰金（Jeannette Rankin）之手，一位来自蒙大拿的和平主义者，在 1917 年参战时也投了反对票］通过了战争议案。史汀生（和罗斯福）对德国的担心很快被排除了，12 月 11 日，希特勒也对美国正式宣战。[54]

日本宣战公告的开头与众不同：“仰承天佑，保万世一系皇祚，践祚大日本帝国天皇，昭示汝忠诚勇武之众……”天皇公告的焦点是中国人，他们“滥滋事端”，使得“帝国俾执干戈”。美国和英国“假和平美名以逞其称霸东洋之野心”，支持中国并“勾结盟邦”一同采取反日政策，“国势亦濒于危殆矣”。这是一份简洁的声明，展现了日本如何对这一历史时刻做出与赫尔截然不同的解读，虽然两方的文件都是以中国为中心的。[55]

这些对历史的解读应受到密切关注。作为杰出的日本史学者，约翰·惠特尼·霍尔（John Whitney Hall）说道：“如果我们接受这样一
213
个事实，事实上也必须接受，即日本对美国的攻击并非出于绝对的疯狂，我们就能想象，当其他一些国家发现与美国的和平共存根本不可能或至少难以忍受，乃至于理性地走到最后这步时，他们所面临的处境。”[56]

就像山本上将一样，日本人在这一过程中并不抱有幻想。就在一周前，天皇与9位前任首相会面，其中无人主张开战。正如其中的一位所说，大多数人反对为了“大东亚共荣圈”这样的“理念”而与美国开战。当听到偷袭珍珠港的消息时，据说刚卸任的首相近卫曾说：“这太糟糕了……我知道一场悲剧性的失败正在等着我们。”在袭击的头几个小时，美国遭受了史上最惨痛的军事失利，美国领导人对之后将发生什么也不再抱有幻想。一个典型的范例是，当12月8日一位副官告诉史汀生“预测有一支敌方舰队将接近旧金山”的紧急消息时，战争部部长对副官深表感谢，“但表示，对此，我束手无策”。史汀生选择了上床睡觉。很快他被一通电话叫醒，被告知之前的消息属于误报。这场战争是近90年来日美关系的高潮时刻，它将血腥而漫长。[57]

注释

1. Irvine H. Anderson, Jr., *The Standard-Vacuum Oil Company and United States East Asian Policy*, 1933-1941（Princeton, 1975）, pp. 107-109; *New York Times*, Dec. 13, 1937, and Dec. 19, 1937, in *NYT-GCI*, pp. 109-110; *New York Times*, May 13, 1994; 关于汤森，见 Richard J. Barnet, *The Rockets' Red Glare*（New York, 1990）,

p. 201；Wayne S. Cole，*Roosevelt and the Isolationists*，1932–1945（Lincoln，NE，1983），p. 252.

2. 关于 1938 年美国态度的转变，见 Waldo Heinrichs，*Threshold of War*（New York，1988），pp. 8–9；Anderson，*Standard–Vacuum*，pp. 110–111；Quincy Wright and Carl J. Nelson，"American Attitudes Toward Japan and China，1937–38，" *POQ*，3（January 1939）：47–49；Conversation，Jan. 16，1938，Presidential Diaries，book#1，Morgenthau Diaries；同上，April 1，1938，book #1，on FDR panicking：Allan R. Millett and Peter Maslowski，*For the Common Defense*（New York：1984），pp. 387–388，394.

3. Cole，*Roosevelt*，pp. 248–249；John W. Masland，"Commercial Influence Upon American Far Eastern Policy，1937–1941，" *PHR*，11（September 1942）：290；Akira Iriye，*China and Japan in the Global Setting*（Cambridge，MA，1992），pp. 162–163；Mira Wilkins，"The Role of U.S. Business，" in Dorothy Borg and Shumpei Okamoto，eds.，*Pearl Harbor as History*（New York，1973），pp. 348–349.

4. Kaoru Sugihara，"Japan as an Engine of the Asian International Economy，1880–1936，" *Japan Forum*，2（April 1990）：140.

5. 关于三井的更多情况，见 Richard J. Barnet，*The Alliance*（New York，1983），p. 84；关于"章鱼"的引语，见 Michael A. Barnhart，*Japan Prepares for Total War*（Ithaca，NY，1987），pp. 101，112–113；关于日本在中国的地位，一种更强势的观点见 Memorandum by Hornbeck，Sept. 28，1938，790.94/85，box 4396，NA，RC 59.

6. Maki，*Documents*，pp. 78–79；Barnhart，*Japan Prepares*，pp. 109–113，131–132.

7. C. A. MacDonald，*The United States*，*Britain and Appeasement*，*1936–1939*（New York，1981），pp. x，148–150；Barnhart，*Japan Prepares*，pp. 133–134；Conversation，June 19，1939，book#1，Morgenthau Diaries.

8. 日本对美国终止贸易条约的看法，见 Hosoya Chihiro，*Ryo taisenkan no Nihon gaiko*，1914–1945 [Japanese Foreign Policy in the Period Between the Two World Wars]（Tokyo，1988），pp. 283–284；Cole，*Roosevelt*，pp. 347–352.

9. Aruga Tadashi，"Japanese Scholarship in the History of U.S. –East Asian Relations，" 原稿在作者手中（1993），pp. 21–22.

10. Hosoya，*Ryo taisenkan no Nihon gaiko*，pp. 195–198；Yohitake Oka，*Five Political Leaders of Modern Japan*，translated by Andrew Fraser and Patricia Murray（Tokyo，

1986), p. 219; 关于日本与苏联的冲突，见 Ian Nish, *Japanese Foreign Policy, 1869–1942*(London, 1977), pp. 231–232.

11. 关于 17 世纪的更多背景，见 Ronald P. Toby, "Contesting the Centre," *IHR*, 7 (August 1985): 354–356; W. G. Beasley, *Japanese Imperialism, 1894–1945*(New York, 1991), pp. 223–225, 233, 244; Martin Gilbert, *The Churchill War Papers*. Vol. I. *At the Admiralty*(New York, 1993), p. 401.

12. Hosoya, *Ryo taisenkan no Nihon gaiko*, pp. 283–286.

13. Allan R. Millett and Peter Maslowski, *For the Common Defense*(New York, 1984), pp. 395–397; Barnhart, *Japan Prepares*, pp. 186–188; July 9, 1940, Stimson Diary.

14. 关于格鲁"达摩克里斯之剑"的引语，见 Anderson, *Standard–Vacuum*, frontispiece; Oka Yoshitake, *Konoe Fumimaro*(Tokyo, 1983), pp. 97–98; Nish, *Japanese Foreign Policy*, pp.235–236.

15. *New York Times*, Aug. 2, 1940, in *NYT–GCI*, p. 113; 关于费什的引语，见 *New York Times*, June 30, 1940, 同上, p. 32; 关于日本的文化扩张，见 Takemae Eiji, *Senryo sengoshi*[Occupation and Postwar Policy](Tokyo, 1980), pp. 322–325; Beasley, *Japanese Imperialism*, pp. 226–227.

16. Melvyn P. Leffler, *The Specter of Communism*(New York, 1994), chapter 1; Masland, "Commercial," pp. 292–294.

17. *New York Times*, Sept. 28, 1940, in *NYT–GCI*, pp. 114–115.

18. Grew to Franklin Mott Gunther, Feb. 24, 1941, Letters, vol. 111–112, Grew Papers; 关于"大灾难"的引语，见 *New York Times*, Oct. 12, 1940, p. 6; 关于松冈和近卫对美国的看法，见 Hosoya, *Ryo taisenkan no Nihon gaiko*, pp. 291–292; Masland, "Commercial," pp. 288–289, 298.

19. Cole, *Roosevelt*, p. 355; 关于怀特的委员会，见 Warren I. Cohen, *America's Response to China*(New York, 1980), p. 150; Robert A. Divine, *Foreign Policy and U.S. Presidential Elections, 1940–1948*(New York, 1974), pp. 82–83.

20. Oka, *Konoe*, pp. 94–105.

21. Hosoya, *Ryo taisenkan no Nihon gaiko*, pp. 204–206; Barnhart, *Japan Prepares*, pp. 198–200.

22. Maki, *Documents*, p. 95; Nish, *Japanese Foreign Policy*, pp. 241–242.

23. James McGregor Burns, *Roosevelt, Soldier of Freedom*(New York, 1970), p. 83.

24. Eden to Halifax, May 21, 1941, in Grew to Hornbeck, May 26, 1941, Letters, vol. 111–112, Grew Papers; Kimball, *Corresp.*, I, 136; 关于美国向中国派遣轰炸机的更多情况，见 Conrad C. Crane, *Bombs, Cities, and Civilians* (Lawrence, KA, 1993), p. 126.

25. Barnhart, *Japan Prepares*, pp. 222–224; R.J.C. Butow, "Marching Off to War on the Wrong Foot," *PHR* (February 1994): 67.

26. Robert J. C. Butow, *Tojo and the Coming of the War* (Stanford, 1961), pp. 212–219; 关于日本经济形势的更多情况，见 Barnhart, *Japan Prepares*, p. 238; Nish, *Japanese Foreign Policy*, pp. 239–245, 249.

27. "After Cabinet," July 18, 1941, book #4, Morgenthau Diaries.

28. Heinrichs, *Threshold*, pp. 20–21; Barnhart, *Japan Prepares*, pp. 227–228, 232, 239–240; Dean Acheson, *Present at the Creation* (New York, 1969), pp. 25–27; 关于日本中层军官的回复，见 Hosoya Chihiro, "Japan's Decision for War in 1941," *Hitotsubashi Journal of Law and Politics*, 5 (April 1967): 28–29; Harold Ickes, *The Secret Diary of Harold Ickes*. 3 vols. (New York, 1953), III, 591–592.

29. Hosoya, *Ryo taisenkan no Nihon gaiko*, pp. 290, 292–294; Acheson, *Present at the Creation*, p. 27; 关于罗斯福的缄默，见 Richard W. Steele, *Propaganda in an Open Society* (Westport, CT, 1985), p. 124; 关于"洛基山"的引语，见 Justus D. Doenecke and John E. Wilz, *From Isolation to War, 1931–1941*, 2nd ed. (Arlington Heights, IL, 1991), pp. 122–123; Cole, *Roosevelt*, pp. 490–491, 493.

30. Millett and Maslowski, *Common Defense*, pp. 298–299; 关于棒球的更多情况，见 Allen Guttmann, *Games and Empires* (New York, 1994), pp. 78–79.

31. Kimball, *Corresp.*, I, 229; Cole, *Roosevelt*, p. 490; Japanese Ambassador, Washington to Foreign Ministry, Tokyo, Sept. 19, 1941, in "C" to Prime Minister, Sept. 19, 1941, Signals Intelligence.

32. Barnhart, *Japan Prepares*, p. 170; Chalmers Johnson, *MITI and the Japanese Miracle* (Stanford, 1982), pp. 153–154; Grew to Castle, May 8, 1941, Letters, vol. 111–112, Grew Papers; Akira Iriye, *Power and Culture* (Cambridge, MA, 1981), pp. 29, 32.

33. Grew to Dr. James A. B. Scherer, July 24, 1941, Letters, vol. 111–112, Grew Papers; Grew to FDR, Sept. 22, 1941, 同上; Robert A. Fearey, "My Year with Ambassador Joseph C. Grew, 1941–1942," *JAEAR*, 1 (Spring 1992): 99–105; Oka, *Konoe*,

pp. 143–145.

34. Mitani Taichiro, "Senzen senchuki Nichi–Bei kankei ni okeru sin–Nichiha gaikakan no yakuwari; 更多背景，见 J. Barantain to E. Douman ni tsuite [The Role of the Pro–Japanese American Diplomats in U.S. –Japan Relations, Before and During the Pacific War: Joseph Ballantine and Eugene Dooman], *Gaiko Forum*, 36–39 (September–December 1991): 83–86.

35. James Fetzer, "Stanley K. Hornbeck and Japanese Aggression, 1941," *SHAFR Newsletter*, 24 (March 1993): 34–38; Memorandum of Conversation, Sept. 29, 1941, and enclosures, Lot File 244, General Records of the... Far Eastern Division, 1932–1941, box 2, NA, RG 59; Memorandum by Ballantine, Sept. 25, 1941, with comments by Hornbeck, 同上; Schmidt of Far Eastern Division to Hull, Oct. 21, 1941, 同上; State Department draft to Hirohito, Oct. 16, 1941. 同上，最后一份文件中有蒋介石的材料。

36. *FRUS*: *Japan*, II, 637–640.

37. 同上, 645–661.

38. 同上, 688; Memorandum of Conversation, Oct. 13, 1941, Lot File 244, General Records of the... Far Eastern Division, box 3, NA, RG 59; 关于"哈姆雷特"的引语，另见 *FRUS*: *Japan*, II, 685.

39. Oka, *Konoe*, pp. 155–159; Asada Sadao, *Ryodai Senkan no Nichi–Bei kankei*: *Kaigun to Seisaku kettei katei* [Japanese–American Relations Between the Wars: Naval Policy and the Decision–Making Process](Tokyo, 1993), pp. 249–256, 特别是第 248 页关于"群体思维"的内容。

40. Butow, *Tojo*, pp. 6–11, 22–27, 280, 295–296; Doenecke and Wilz, *Isolation*, p. 129; "Memorandum for the President," 由 Far Eastern Division 拟定, Oct. 17, 1941, Lot File, 244, box 3, NA, RG 59, 有东条是"温和派"的记载。

41. FRUS: *Japan*, II, 690.

42. 同上, 701–704.

43. 同上, 753–756; Jonathan Utley, "The United States Enters World War II," in *Modern American Diplomacy*, ed. John M. Carroll and George C. Herring (Wilmington, DE, 1986), pp. 102–103; 关于来栖的更多内容，见 Schmidt to Ballantine, Nov. 4, 1941, Lot File 244, box 3, NA, RG 59.

44. FRUS: *Japan*, II, 764–770; *FRUS*, *1941*, IV, 685; Nov. 27, 1941, Stimson Diary; Usui Katsumi, "Nichi–Bei kaisen to Chugoku" [The Pacific War in China] in Hosoya Chihiro, et al., eds., *Taiheiyo Senso* [The Pacific War](Tokyo, 1993), pp. 51–67; Barnhart, *Japan Prepares*, p. 23.

45. Hosoya, "Japan's Decision," pp. 11–12, 15–16; Marquis Kido, *The Diary of Marquis Kido*, *1931–1945*(Tokyo, 1983), pp. 310, 320–321; Nish, *Japanese Foreign Policy*, p. 246; Foreign Minister, Tokyo to Japanese Consul–General, Hong Kong, in circular letter, Nov. 21, 1941, in "C" to Prime Minister, Nov. 21, 1941, Signals Intelligence; 关于日本的困境，见 Peter Duus, Introduction to Duus, ed., *The Cambridge History of Japan*. Vol. 6. *The Twentieth Century*(Cambridge, UK, 1988), p. 27.

46. Barnhart, *Japan Prepares*, pp. 270–271.

47. Conversation of May 17, 1941, book #4, Morgenthau Diaries; Steele, *Propaganda*, pp. 122–124; Ron Chernow, *The House of Morgan* (New York, 1990), p. 466; Ickes, *Secret Diary*, III. 387.

48. Justus D. Doenecke, "American Isolationism, 1939–1941," *Journal of Libertarian Studies*, 6 (Summer–Fall 1982): 211; Stephen C. Craft, "Deterring Aggression," *SHAFR Newsletter*, 24 (March 1993): 27–28; 关于罗斯福与格鲁的交流，见 Doenecke and Wilz, *Isolationism*, p. 145; British War Cabinet Minutes, Aug. 19, 1941, CAB 65, 84(41), PRO; Cole, *Roosevelt*, pp. 12–13, 488–489.

49. 关于罗斯福与东南亚，见 Doenecke and Wilz, *Isolationism*, pp. 151–152; Nov. 25, 1941, Stimson Diary; Japanese Foreign Minister to Japanese Ambassador, Berlin, Dec. 2, 1941, in "C" to Prime Minister, Dec. 2, 1941, Signals Intelligence; 一个精彩的讨论见罗伯特对高尔登・普朗格（Gordon Prange）的《我们沉睡在清晨》（*At Dawn We Slept*）的评论，发表于 *JJS*, 9(Summer 1983): 413–416.

50. Agawa, *Yamamoto*, pp. 1–2, 6–9, 21–24, 70–75, 127; 关于山本与陆海军的差异，见 Asada, *Ryodai Senkan no Nichi–Bei kankei*, pp. 247–248; Gordon W. Prange, *At Dawn We Slept*(New York, 1982), pp. 9–15.

51. 关于情报失误，见 David Kahn, "U.S. Views of Germany and Japan in 1941," in Ernest R. May, ed., *Knowing One's Enemies* (Princeton, 1984), pp. 496–501; Butow, "Marching," pp. 76–78; Prange, *At Dawn*, pp. ix–x, 712–723, 727–736; 关于拦截情报时间轴的详细讨论，见 Henry Clausen and Bruce Lee, *Pearl*

Harbor: *Final Judgment*(New York, 1992).

52. Harry S. Truman Library, "World War II Continued at the Library," *Whistlestop*, 21 (no. 2, 1993): 7; Millett and Maslowski, *Common Defence*, p. 401; *FRUS*: *Japan*, II, 787.

53. Dec. 7, 1941, Stimson Diary; 关于丘吉尔，见 Kimball, *Corresp.*, I, 281.

54. *FRUS*: *Japan*, II, 793–795.

55. Maki, *Documents*, pp. 104–105; Barnhart, *Japan Prepares*, p. 272, 对这些解读做了良好的阐述。

56. John Whitney Hall, "Japanese History in World Perspective," in Charles F. Delzell, ed., *The Future of History*(Nashville, TN, 1977), p. 185; 重点关注日本"疯狂"的观点，见 Hosoya, *Ryo taisenkan no Nihon gaiko*, pp. 293–294.

57. Oka, *Konoe*, p. 161; Marquis Kido, *Diary*, pp. 320–321; Dec. 8, 1941, Stimson Diary.

第八章　第二次世界大战：两种愿景之争 214

一　天皇 VS“机器法则”

1961 年，助理国务卿马康卫（Walter McConaughy）在回望日美关系历程时，对于 1941 年 12 月的悲剧性高潮充满悲哀。马康卫表示：“命运最令人痛苦的讽刺之一就是，美国人发现自己在与日本人作战，却不知道日本人是谁。”[1]

同样的评论也适用于 1941 年日本人对美国人的看法。两个民族都经常透过种族主义的扭曲透镜和狭隘的国家利益来观察对方。但在核心问题上，双方又都知根知底。日本官员决心在亚洲创造一个以中国为中心、由日本定义并掌控的“新秩序”，打破长期以来对西方（以及对美国日益增长）的依赖，从而保卫他们社会的传统价值。美国官员同样决心将门户开放原则推行到亚洲资源尤其是中国资源的获取问题上，并进一步将这个开放的亚洲整合进免于极权主义控制的世界市场，从而保卫美国社会的政治经济制度。随着美国国民生产总值（美 215
国人生产的商品和服务的价值总和）在 1940—1945 年间实现了惊人的翻倍，这一决心也在加强。这一了不起的增长不仅最终击败了日本，还生动展现了美国对一个开放、可行的战后全球市场的需求。

这些观点和目的上的不同导致了日美战争。这些不同还解释了为何两方在战时目标的选择上存在根本差异，以及为何悲剧将以沾满鲜血的无条件投降而非妥协的和平告终，这一结局给两方都留下了深重的创伤，以至于即使在半个世纪后他们仍对此争论不休。

美国人将这场冲突称为一场世界战争。然而，日本人却将其称为“太平洋战争”或“大东亚战争”，他们认为这场战争是为了摆脱西方帝国主义的束缚，从而摆脱西方为之着迷的、实质上毫无限制的市场竞争。但这也是一个饱受争议的观点，一种声音告诉日本人，他们应该相信自己与其他亚洲人有许多共同利益和平等利益，而另一种越来越占据主流的声音则劝说日本人，如果通过必要的征服，他们狭隘、激进的民族主义将领导其他亚洲人。晚至一战时，日本天皇在文件中被称为“皇帝”，这一术语也被其他君主甚至西方君主所采用。然而，到 1941 年 12 月，裕仁天皇的宣战公告则以“天皇”自署——自称“世界上唯一能够以古老的日本帝国大道拯救亚洲的神圣君王”。随着战争爆发，东条英机首相轻蔑地解雇了那些抱有“日本应该与所有国家平等相待的陈旧观点”的人。他建立了“大东亚省”，其职责是规划并引领日本领导下的亚洲。[2]

另一方面，华盛顿官员仅仅将亚洲视为全球格局的一部分，甚至未必是最重要的部分。他们认为，短期来看，希特勒的威胁比东条更大，因为德国人控制着更强大的战争机器。美国没有成立“大东亚省”的类似计划，而是为一个新时代不可分割的世界规划了宏图。美国人所思考的没那么狭隘。

德克萨斯人威尔·克莱顿（Will Clayton）完美诠释了美国人对这样一个难以置信的全球观点的绝对认同。他领导着世界上最大的棉花经纪行，随后加入罗斯福政府，成为国务院的高级经济官员。在 1941
216 年初，克莱顿将 20 世纪 30 年代的灾难归因于“一个半世纪之前的工业革命”。因为从那以后，“根本的不可动摇的机器法则”开始创造增长和进步，但也创造出“越来越多的要求实现在全球……自由流通的商品”。希特勒（克莱顿还可以加上日本人）试图否认“这一法则”，缔造集中的、单独划出的经济集团，以缓解“我们传统生活方式所面临的严重张力”。这些集团必须被摧毁，自由市场将统治全球。随后，正如亨利·卢斯（《时代》《生活》和《财富》杂志的创始人）在1941年年中广为流传的社论中所写到的，世界将迎来一个“美国世纪”。这一“世纪”将无边无际：美国“必须为其所置身其中的世界经济负责”。卢斯继续说道，新政未能仅在全国性基础上“让美国式民主发挥作用”，因此它必须着眼于“重要的国际经济和国际道德秩序”。这位著名出版商告诉美国人要高瞻远瞩：“例如，我们认为亚洲对我们来说每年仅仅价值几亿美元。实际上，在接下来数十年，亚洲对于我们的价值要么是零，要么是每年四十、五十甚至一百亿美元。我们必须立足于后一个情境下进行思考，否则就是承认自己的无能。”广阔亚洲市场的神话将最终成为现实——如果这个市场能够成为全球性的“伟大美国世纪”的一部分。[3]

随后，在1941年的关键之夏，罗斯福要求温斯顿·丘吉尔首相同意《大西洋宪章》的普遍原则以创造一个这样的世纪——这些原则，例如保持市场的开放和公平进入权，带有浓厚的美国风格，与英国殖民主义几乎没有关系。1943年初，英国外交部官员深刻而颇具预见性地分析到，美国将试图控制大部分亚洲贸易，但并不是通过狭隘的方式：这些“贸易关系将以战后世界格局为前提，以《大西洋宪章》的原则能够多大程度上取代经济地区主义倾向为前提”。这一年，来自印第安那的华尔街律师温德尔·威尔基更公开地阐释了同样的观点，1940年时，他曾是罗斯福的强力竞争对手。他一年内卖出300万本的著作《一个世界》（*One World*）也传达了同样的观点。[4]

美国人认为他们必须迅速达成“一个世界”的目标。罗斯福的个人军事参谋长威廉·D. 莱希（William D. Leahy）上将在1942年9月

217 的日记中写到，必须不惜一切代价加速太平洋战争的进行："如果留给日本足够的时间任其巩固在亚洲的利益，并引诱亚洲人民接受日本的控制，那么，美国在太平洋的未来局势将至少会很危险。"种族主义在作战各方蔓延，并在这场战争中引发了比在欧洲更严重的敌意和暴行。然而，关于该种族主义最重要的莫过于美国的担忧——除非日本不仅被打败而且被摧毁到无条件投降的地步，否则，美国人将不得不面对一个"亚洲集团"。1942 年，莱希与罗斯福的外交调停者帕特里克·J. 赫尔利（Patrick J. Hurley）将军进行了讨论，并对赫尔利的观点表示同意——除非日本被击败，否则，"在不远的将来，这个国家将成功团结起大部分亚洲民族来反对白种人"。然而，很少有人的说辞能与赫伯特·胡佛的"启示录"相媲美，许多共和党实力派仍然将他视为"首长"：

> （1942 年初，前总统在给塔尔萨一家报纸老板的信中写到）当日本人占领缅甸、中国并聚合起印度的不满力量时，我们将面临一些新情况……白人通过挑拨亚洲人彼此争斗而控制他们……并树立起傲慢的优越性。白人普遍地受到中国人、马来人、印度人和日本人的厌恶……除非日本的领导地位被摧毁，否则，西半球将直面这一跨越太平洋的巨大力量。除非他们被击败，否则，他们将要求实现移民方面的接纳和平等待遇……25 年内一场亚洲洪流将涌入南美，这将令排外的纳粹看起来也只是胆小鬼而已……我们将不得不经历这一切，除非我们摧毁日本。这可能将夺去 100 万美国人的生命并持续 8 年或者 10 年，但我们必须这么做。[5]

当然，最后日本并未能动员起亚洲人，使之成为美国潜在的 10 亿敌人（罗斯福一度引用这一数字），因为日本人相信自己的种族优越性，并以此为荣。他们的如此行为并不令人奇怪。日本人一直认为自己是一个独特而优越的民族（还相信自己拥有可证明这一点的军事、政治和文化成就）。1860—1920年，日本跻身世界强国，当时西方所谓的科学种族主义大行其道，日本人对这一伪科学进行了细致研究，因为他们与其他亚洲人都深受其害。然而，到20世纪三四十年代，引起了世界大战的日本种族主义却并非基于科学，而是出于 218
历史。根据小说家、漫画家、记者和政府宣传，日本的伟大和最终胜利的来源是天皇，他的根源要追溯到2600年前太阳之子的直系后裔神武天皇。没有其他民族能够宣称有这样的血统。颇具奥威尔式命名风格的文部省思想局在1937年表示，其他种族是“肮脏而不纯洁的”。日本的一些主要出版商鼓吹道，美国自由主义与所谓的个人主义尤其肮脏，因为这样的术语只能掩饰富人对穷人的剥削、共同体的破坏，以及犹太人的“邪恶金权政治”。一位漫画家认为英语如此下流，以致他作品中的美国人对着垃圾桶说话。对于所谓京都学派的种族主义理论家来说，日本人正在进行一场“圣战”。这样具有历史背景的种族主义导致了亚洲“黄种人”和“有色人种”的对立，以及美国的“自由派”（借用广泛使用的日文术语来说）与日本进行殊死搏斗。[6]

为了打破一个世纪以来对西方的依赖，并将坚持追求了2600年的“独特性”付诸现实，有1140429名日本人在1937—1945年间阵亡，另有24万人失踪。953000名日本平民死亡，其中668000人死于盟军对日本本土的空袭。如果人口更多的美国也有同样比例的人遇难，算起来将有约400万人死亡或失踪。然而，在1630万美国参军人员中（日本的峰值兵力是美国峰值兵力的大约一半），只有405399人在太平洋或欧洲战场上，为了保卫卢斯的“美国世纪”而阵亡。[7]

二 加利福尼亚参战：再安置营和好莱坞

1942年，美国世纪的梦想似乎濒临破灭。战争的第一个月是美国历史上最黑暗的日子之一。珍珠港袭击事件的影响如此严重，以致罗斯福拒绝公开具体损失情况。日本人在西南太平洋的入侵迅速获得了成功，占领了欧洲人和美国人19世纪建立的殖民帝国。罗斯福在1942年初将太平洋局势形容为“前景十分黯淡”，他担心日本正在占

219 据优势地位，“而扭转局面将十分困难”。[8]

军事危机强化了已有百年的种族主义观点。美国著名战地记者欧尼·派尔（Ernie Pyle）对比了种族主义的后果后，总结道：“在欧洲，虽然我们的敌人恐怖而致命，但我们觉得他们还是人类。但在这里（指太平洋），我们很快觉得日本人应该被视为次等人类或者直接排除在人类之外，就像人们对待蟑螂和老鼠那样。”更为露骨的是，美国国务院官员相信，“民主观念与日本人的哲学并不相符”。这样的看法和军事危机不仅影响了美国在夏威夷以西的行动，还显著改变了8万加利福尼亚美国公民的生活。这些美国人出生于1924年排斥法案前到达美国的日本家庭，这些家庭中，年长的日本人（即“一代”）没有资格获得美国公民身份，然而他们还是与更年轻的美国公民（即“二代”，平均年龄19岁）一起被围捕，1942年初，大约有12万人因一项国防措施而被安置在“再安置营”。这些政府文件中所谓的“集中营”，标志着战时美国国内对公民权利最公然的破坏。[9]

集中营是恐惧、种族主义、强大政治压力的产物，通常公正的官员们在1942年年初的危机中往往做出不公正的判决。加利福尼亚的日裔美国人大多是十分成功的农民，为国家在1920年后的惊人发展提供了许多粮食，然而，他们却受到了不公平的攻击——有报道说他们被从自己的土地上赶走。这些农民是自19世纪末一直影响西方政策的种族主义者轻易攻击的目标。1942年，煽动种族主义的社会经

济竞争轻易地在国防修辞术语的外表下得到伪装。1942 年 1 月 25 日，一份政府报告表示，在夏威夷的日裔美国人参与了“破坏活动”——这是一个毫无事实根据的指控，随之来信如雪花般飞往华盛顿，要求将可疑的破坏分子围捕起来。《洛杉矶时报》的社论写道，“无论蛋在哪里孵化，毒蛇终归是毒蛇——一个父母为日本人的日裔美国人将成长为一个日本人，而非美国人”。[10]

官员们，尤其是选举上台的政客，并不需要督促。1942 年加利福尼亚的首席检察官（以及后来美国最高法院的著名首席大法官）瓦伦伯爵（Earl Warren）评论道，“我们的一些飞机工厂完全被日本人的土地或居住区包围”，并警告称如果美国人不相信“敌人”在计划实 220
施“破坏浪潮”的话，那么，他们简直就是住在一个“傻瓜的天堂”。美国人了解并理解“德国人和意大利人……但当我们与日本人打交道时，我们处于完全不同的情境中，我们不能形成任何我们认为可靠的观点”。日本人和日裔美国人被视为神秘而未知之人，这不是第一次，也不是最后一次。那些为日本人团体说话的人试图解释，正如他们中的一个人所说，“我们并不情愿地在特征上成为日本人”。“我妈妈离开日本超过 30 年了”，30 年前的那个国家“并不是如今的日本”。她向她的孩子灌输了“礼貌、对州和所在国家的忠诚，以及对父母的顺从”。如果这些特性碰巧是日本文化的一部分，没有理由对它们“感到羞愧”。[11]

然而，瓦伦的观点轻易赢得了胜利。1942 年 2 月 10 日，战争部部长亨利·史汀生担心，因为“种族特征”而将嫌疑人聚集起来可能“将我们的宪法体制戳破一个大洞”。司法部部长弗朗西斯·比德尔（Francis Biddle）对此表示同意，并拒绝与强制疏散美国公民扯上关系。史汀生的高级助理、前华尔街律师约翰·麦克罗伊（John McCloy）并不同意他的观点：“如果这是一个国家安全问题，那么宪法对我来说仅仅是一纸空文而已。”当史汀生受到麦克罗伊和瓦伦的观点影响时，比德尔最终屈服了。2月19日，罗斯福签署了9066号行政令，授权史汀生将“某些人或所有人应当被驱逐”的地区划为军事区。西海岸司令官约翰·L. 德威特（John L. DeWitt）将军迅速将近12万名日裔美国人安置在从加利福尼亚到阿拉斯加的10个带有铁丝网的集中营里——用历史学家罗杰尔·丹尼尔斯（Roger Daniels）的话来说，这些地方都是“从前无人居住、今后也无人居住之地”。[12]

德威特十分适合负责这项工作。早在1923年，他就计划，如果对日战争爆发，要在夏威夷实行同样的措施；1941年，1400名日本人就被拘禁在了群岛上。这一数字并不大，部分原因是日本劳工对于夏威夷经济的生存十分必要。在大陆上，集中营被设置在印第安保留区旁边；没有白人想和日本人相邻。这些地点有武装守卫和警犬巡查。一个美国移民官员抓住了这一历史性时刻，他说道：“是时候把我们25年来一直想做的事做成了。”在1943年和1944年的两个案例中，美国最高法院宣布罗斯福、史汀生和德威特的工作合宪。在1944年12月的第三个不幸案例中，法院判决一个忠诚的美国公民不应在没有
221 具体指控的情况下被拘禁。[13]

1943年，战争部部长告诉总统，由于美军正在赢得战争，集中营存在的理由消失了。然而，罗斯福拒绝结束监禁，直到1944年11月他成功赢得连任选举。这时，史汀生下令征召年轻的“二代”日本人入伍。一些人拒绝了，有263人因试图逃避服役而被判刑，但有3600人参战，大部分在442步兵团——一支在欧洲作战的、由被隔离的日裔美国人组成的军队——服役，并成为美军最为功勋卓著的群体。“二代”士兵们身处解放、经历达豪集中营恐怖的最前线。然而，其他日裔美国人的惨痛处境却并无改善。2500人被送往新泽西的西布鲁克从事蔬菜加工，他们就此留置，建立了一个繁荣达半个世纪的社区。这些人回忆道，他们乘火车向东跋涉，车厢窗户紧闭，既是为了避免中西部人认为自己正在遭受入侵，也是为了防止中西部人因为在太平洋

战争中失去亲人而攻击他们。不幸的是，日裔美国人的经历并不独特。加拿大政府也再安置了 21900 名日本人——其中 17000 名是加拿大公民——即使国家最高军事长官证明他们不构成威胁。在 1949 年之前，这些人一直被禁止寻找新的家园。[14]

在美国，直到1952年，所有日本人才最终成为公民。直到1981年，一个总统委员会才最终做出结论，集中营“并无足够的军事必要性……影响这一决策的主要历史原因是种族歧视、战争癔症和政治领导力的失败”。最终于 1988 年，幸存者们为曾经的苦难获得了一些赔偿（每人 2 万美元）。尽管年老的约翰·麦克罗伊强烈反对，但这笔赔偿金仍得以发放。值得注意的是，264000 名德国移民从未在 1941—1945 年受到这样的对待。甚至有 26 名美国法西斯主义者最初也被起诉，但华盛顿当局撤销了他们的案子。更加突出的是与中国人所受待遇的比较。1943 年，美国政府事实上废除了 1882 年排华法案，因此中国人能够成为美国公民。这种差异并不仅仅因为中国是盟友而日本是敌人，还因为在东海岸有一个积极的中国人游说团体，他们与人权组织一起利用了这场危机。对日裔美国人来说，不存在这样的游说团体。[15]

好莱坞电影既反映了甚嚣尘上的种族主义，又强化了这一情绪，222
德威特将军将之总结为：“鬼子就是鬼子——不管是不是美国公民都没有区别。”这些电影尤其领会了萨缪尔·艾略特·莫里森（Samuel Eliot Morison）的洞见，这位著名的历史学家和海军少将（因其海军史研究而得到任命）说道：“我们正回到在美洲边疆与印第安人作战的日子，毫不留情，毫不手软。”在好莱坞，太平洋上的丛林取代了西部荒野，而肆无忌惮的日本人取代了美洲印第安人的形象。为了保证观众能够把善良的中国人和邪恶的日本人区分开，亨利·卢斯的《时代》杂志刊登了一篇文章——《如何将你的朋友从日本佬中区分出来》（*How to Tell Your Friends from Japs*，例如，日本人走路的样子像一个

“征服者”，而中国人走路则随和自如）。而且，如果你了解一个日本人，也就了解了全部日本人：著名电影制作人弗兰克·卡普拉（Frank Capra）的《认识你的敌人——日本》（*Know Your Enemy–Japan*）告诉观众，日本人就是“邪恶在荧幕上的投影”。《直捣东京》（*Destination Tokyo*）夸大了文化间的差异：“日本佬不理解我们对女性的爱，在他们的语言中甚至没有形容这种爱的词语。”扮演电影主角的温文尔雅的凯瑞·格兰特（Cary Grant）如是说道。[16]

值得注意的是，政府中的宣传监管者——战争情报局试图缓和好莱坞对日本人的丑化。战争情报局担心这些电影会强化美国的种族主义，从而不利于战事。这一担心不无根据。民意调查显示，有更多的非裔美国人比白种美国人更愿意相信，他们在日本入侵者手中会比在德国士兵手中受到更好的对待。后来领导了黑人穆斯林运动的以利亚·穆罕默德（Elijah Mohammed）被捕入狱，因为他坚持表示支持日本，这样美国黑人就能被另一个有色人种所解放。当然，种族斗争的影响范围远远超出了美国社会的大熔炉。战争情报局和其他观察者清楚，一个全球规模的历史转向即将发生，他们警告称，美国人必须重新校正自己的文化罗盘来领导这次转向。赛珍珠宣称，为了削弱日本在亚洲和美国的种族主义宣传攻势，必须在亚洲发生种族觉醒的同时终结美国国内的种族歧视。沃尔特·李普曼在1942年初表示，西方国家必须调转航向：他们“必须完成迄今为止都缺乏想象力去做的事情……摒弃‘白人责任’，并洗去身上沾染的陈腐且显然不合实际的白人帝国主义的污点”。[17]

美国人面对的是两线作战的局面。和敌人一样，他们也面临着进
223 一步的挑战：重新审视那些可能不利于国内战争准备，并可能毁灭海外战争目标的陈规和偏见。

三　日本机器的失败

1942—1943 年，日本和美国都没有奢侈的时间去考虑远景。对美国人而言，战争可能从危险转为一场灾难。1942 年，东南亚战场的一位日本将军告诉他的部队："只要一鼓作气，你们就能战胜这些蓝眼敌人（英国人和美国人）和他们的黑奴们（被殖民的亚洲人）。"这同时展现了他对种族主义和日本战争计划的理解。中国香港、马来亚、荷属东印度（如今的印度尼西亚）、新加坡和缅甸相继沦陷。日军还克服了美国在关岛和复活岛的艰苦抵抗，迅速取得了胜利，所罗门群岛甚至澳大利亚和新西兰都暴露在日军铁蹄之下。东条英机将军的政府计划用一道从阿留申群岛延伸到缅甸（或许印度）的军事围墙将亚洲隔离开，而关岛、复活岛、所罗门群岛（如果一切顺利的话）和北方的中途岛组成的外围岗哨将为这道围墙提供保护。在这道钢铁长城后面，日本能够以东条的方式迫使英美议和。[18]

围绕这道围墙的关键枢纽——菲律宾展开的争夺十分关键，而结果则使美国人颜面扫地。美军司令官道格拉斯·麦克阿瑟将军是一位业已成名的美国将军之子，其父曾于 1899—1902 年参与镇压菲律宾的反美暴动。1903 年，道格拉斯曾在西点军校获得第一名，在 1914 年对墨战争和 1918 年对德战争中开始崭露头角，38 岁时成为一名上将，1930 年 50 岁时升任陆军参谋长。他前往菲律宾组织当地的军队，1937 年退伍后留任军队，担任菲律宾军队司令官。1941 年 7 月，随着战火逼近，罗斯福重新启用他为美国远东方面军司令官。

罗斯福命令麦克阿瑟组建一支强大的由新型 B-17 轰炸机组成的空军以威慑日本人，并在战争发生后杀伤敌人。麦克阿瑟并不喜欢这道命令，部分原因在于他不信任空军，部分原因却是他不希望自己挚爱的菲律宾成为日军空袭的主要目标。虽然他有至少 10 小时的时间加强对日军入侵的警戒，但麦克阿瑟还是将 B-17 轰炸机全部留在了

224 露天跑道上。12 月 8 日，敌军战机轻易地摧毁了这一地区美军的半数远程轰炸机。当日军组织力量开始入侵时，麦克阿瑟的自负和浪漫情怀压过了他的判断力，他没有撤进巴丹半岛的丛林并开展可能减缓日军攻势的持久战，而是留下 15 万人面对 43000 名入侵者。然而，美军很快溃不成军，丢失了在巴丹坚持战斗必需的补给和军需物资。美菲联军设法抵抗到了 4 月，幸存者被俘虏并被迫进行恐怖的“巴丹死亡行军”。在此之前，麦克阿瑟就在罗斯福的命令下离开了，留下了那句广为人知的名言：“我会回来的。”[19]

盟军也在缅甸撤退了。美军司令约瑟夫·史迪威［Joseph Stilwell，外号为“醋性子乔”（Vinegar Joe）］如此评价美国人在太平洋战场的撤退：“我们兵败如山倒……这简直和下地狱一样耻辱。”1942 年 9 月，一架从一艘潜艇上发射的日军水上飞机甚至在俄勒冈投掷了燃烧弹，试图引发森林大火，但未能成功。从日本发射的气球炸弹则杀害了一户俄勒冈家庭，同样的炸弹甚至远飘到了德克萨斯。罗斯福和民主党人为这些失败付出了代价，在 1942 年国会选举中惨遭失败。罗斯福本人说道，“新政”已经逝去，取而代之的目标是赢得战争。但在这一转变中，总统从未改变将欧洲战场置于比太平洋战场更优先位置的决策。1942 年 7 月，他告诉美国外交官，“最重要的是我们要理解，击败日本并不意味着击败德国，但击败德国意味着，或许不开一枪、不伤一人就能击败日本”。[20]

即使在欧洲优先政策下，美军仍然在太平洋上迅速壮大，到 1942 年年末美国在太平洋上的三军兵力已经与欧洲相同（35 万人）。海军事实上将大部分兵力部署在了西线，包括 4 支关键的航母舰队。1942 年 4 月 18 日，战局取得了突破，詹姆斯·H. 杜利特尔中校率领 16 架 B-25 轰炸机从“大黄蜂”（Hornet）号航空母舰起飞轰炸了东京（在波涛汹涌的海面上船只起伏高达 50 英尺，能够完成起飞本身就是奇迹）。这次袭击对于其中一些飞行员来说成了灾难。8 架飞机在抵达中国基地前耗尽了燃油，飞行员被日军俘虏，其中 3 人在 10 月被枪决，罗斯福向公众隐瞒这一事件达 6 个月之久。然而，好莱坞的经典电影《东京上空三十秒》（*Thirty Seconds Over Tokyo*）刻画出了飞行员的英勇、中国的勇于相助，以及日本的不堪一击。这次袭击最重要的结果是，作为回应，东条决定集中日军力量摧毁美国舰队及其航母而非继续攻击澳大利亚。[21] 225

结果表明，这是东京当局在战时做出的所有灾难性决策中最糟糕的一个。杰出的赌徒山本五十六上将再一次受命制定计划去摧毁美军舰队。山本计划佯攻阿留申群岛，以引出部分美军舰队，随后攻击中途岛（位于夏威夷以南）以摧毁或包围剩下的美军舰队。他希望在这之后罗斯福能够接受议和，但在 1942 年 5 月 3 日至 8 日于澳大利亚东北部发生的首次战斗中，两支美军航母舰队让日军遭遇了首次失利。这次名为珊瑚海海战的作战是历史上首次作战双方军舰都没有看到彼此的海战，所有战斗都是由空军承担的。山本认为空军将左右战争的想法以及假以时日美国战争潜力将摧毁日本的担忧，都变成了现实。他不知道的是，美军海军司令切斯特·尼米兹（Chester Nimitz）上将拥有一个不可估量的优势——他能够读到一些日军军事情报。罗斯福每年为绝密的通讯情报局（Communication Intelligence，COMINT）提供 5 亿美元资助，到 1942 年年中，它的情报拦截行动使尼米兹认为其价值堪比一支整编的美军舰队。通讯情报局在珊瑚海海战中定位了日军船只，从而注定了它们的失败。[22]

通讯情报局还追踪了山本派出的逼近中途岛的舰队，这成为太平洋战争的转折点。1942 年 6 月 3 日至 5 日，尼米兹无视日本对阿留申的佯攻，集中兵力于中途岛。在通讯情报局的帮助下，6 月 4 日和 5 日，他的战机捕捉到了在航母上加油的日本飞机——正是袭击珍珠港的 4 艘航母——并击沉了这 4 艘航母及大量战机。日本人犯下了巨大的错误，他们不仅将海军分散到珊瑚海、阿留申和中途岛战场，还使尼米兹追踪到了参与进攻中途岛行动的速度最慢的舰队。尽管实力雄厚，但日本海军的后盾还是被摧毁了，血腥的战斗正在等着它们。[23]

美军的反击分为两路。第一路是麦克阿瑟在西南太平洋以步兵为主的进攻，旨在夺取菲律宾和距离日本近到足以发动空袭的北部岛屿。第二路是尼米兹在中太平洋以海军为主的进攻，旨在依据已有35年历史的“奥兰治作战计划”（但经常更新）的路径向日本发起攻击。
228 1942年8月，随着对所罗门群岛东南端的瓜达康纳尔岛的入侵，另一场具有决定性意义的胜利到来了。但前面还有一场持续半年的艰苦战斗，山本在7次海战中摧毁了威廉·F. 哈尔西（William F. Halsey）舰队的24艘军舰，造成1万名美国海军士兵阵亡。战斗结束时，哈尔西仅剩下两艘航母，但他保住了瓜岛。山本损失了24艘军舰和3万名士兵，其中包括部分他最优秀的飞行员。1943年4月18日，当山本正在所罗门群岛时，接到通讯情报局通知的美军飞机从瓜岛起飞以期“抓住山本”。他们定位到了山本的座机并将其击毁。山本的死大大挫伤了日军的士气，但东京当局从未考虑更换掉在通讯情报局面前昭然若揭的电报密码。[24]

早在1942年12月，东条就向天皇承认，盟军正在占据上风。那时近卫也成立了一个小型的保守派秘密团体，谋划在日本战败时如何防止苏联入侵并维持国内秩序。这些日本领导人正在证实1941年12月7日后丘吉尔对罗斯福说的话：“日本在不断浪费资源。它已经被在中国耗费巨大的战争拖垮了。袭击珍珠港那天是它实力最强的一天。”1942—1943年，仅美国人生产的飞机数量（每5分钟一架）就是轴心国所有工厂生产的两倍。美国在1941—1945年战争中直接花费了2880亿美元，而日本的花费只有412亿美元（甚至少于中国的490亿美元）。当日军的大型战舰沉入太平洋底，剩余舰只在担忧燃料供应问题时，哈尔西上将却补充了1942年的损失，获得了3支新的航母舰队，并在1943年又获得了5支，他还享受着世界上最大的原油供应商——美国的供给。

同时，随着新的美国绳索——这次是武力的形式，开始在1942年5月系紧日本，日本的决策变得更加混乱。东条内阁必须将获取钢铁、航空燃油和机械工具置于优先地位，这些都是日本一度从美国大量进口的物资。日本的经济规划、他们建立有效防空系统的能力（杜利特尔的袭击暴露出的一个弱点），以及重建空军的决策，同样都乏善可陈。虽然希特勒承诺与日本合作，但日本从德国获得的帮助毫无意义。最后，东条和希特勒在单打独斗，而罗斯福和丘吉尔则熟练、协调地调遣英美军队。斯大林并不总是积极的盟国成员，但到1943年年中，他的军队仅在斯大林格勒就围歼了30万德国人，他开始采 229
取攻势，并向沮丧的日本人清楚地表明，不仅希特勒会失败，他们的莫斯科宿敌还将迅速把强大的军队延伸到东亚。虽然日军兵力已经捉襟见肘，但东京官员仍然在伪满部署了13—15个师团用以监视苏联，他们通常都按兵不动。这一决策失误，再加陷入对华战争泥沼的师团超过25个，使日本丧失了与兵力不断增加的英美盟军对抗的能力。1943年9月，天皇通过决议，废弃了"共荣圈"并收缩主要防御阵线。与这样勒紧腰带的行为形成鲜明对比的是，美国建造了一艘专用船只，其唯一任务仅仅是为南太平洋的美军每小时生产5100加仑的冰激凌。[25]

然而，日本人并未对天皇的事业失去狂热的忠诚。1943年5月，美国人首次在阿留申群岛中的阿图岛上遭遇这一狂热，2500名日军以近乎自杀的方式与12000名美军战斗到了最后。阿图岛因日军自杀殉国而著名，尤其是在《时代》杂志以"或许他们是人类"（Perhaps They Are Human）的标题讲述了这一故事之后［后来又在《读者文摘》（*Reader's Digest*）上重印］，实质上答案是否定的。然而，狂热也可能以不同的形式呈现。在瓜岛，美国海军陆战队开始收集日军的头骨作战利品，用牙齿制作项链，并"腌渍"他们的耳朵。《生活》杂志的“每周图览”在1944年5月刊登了一幅图片，图中一位来自亚利桑那凤凰城的女性正在凝视她在太平洋战场上的男友写于日军头骨上的感谢信。东京宣传部门抨击这一图片可与印第安人、中国人、菲律宾人和非裔美国人在美国人治下遭受的苦难相比。一位来自宾夕法尼亚的国会议员送给罗斯福一把用日军士兵的上肢骨雕刻而成的拆信刀，并为赠送了“如此小件的日本骨骼”而感歉疚。这一次，骚动同时在美国（由罗马天主教堂和圣士会教堂领袖领导）和日本爆发了。美军在欧洲战场作战时，却找不到有记录的类似事迹。[26]

1942年过后，日本人在战场上的狂热阻碍了盟军的执着攻势，但东京在西南亚前殖民地的政策如此无力，以至于不能把这一地区动员起来为战争做贡献。历史学家西奥多·弗兰德（Theodore Friend）写
230 道，日本人喜欢讲桃太郎的寓言故事，这个男孩在只有他的狗、一只猴子和一只野鸡的帮助下到南方去寻找宝石，归来时收获的财宝却堆满了动物们拉着的一辆马车。日本人（像美国人一样）喜欢以小博大的故事。他们还倾向于认为当地人（就像故事里的动物一样）会与他们一起对抗恶人。一位日军高级将领告诉东南亚人，“八竑一宇”的口号也意味着“四海之内皆兄弟”。起初，南方民族确实将日本人视为将自己从白人殖民者手中解放出来的“兄弟”。某种意义上确实是这样：早期日本的胜利摧毁了残存的殖民合法性，随后的占领成为地方独立运动发展的温床，后者在1945年后成熟并获得了各自的胜利。但与“八竑一宇”不同，东南亚人和日本人的文化天差地别，随着日本将这一区域的民族视为低劣种族，这种差别更加加深了。例如，缅甸民族主义领导人巴莫（Ba Maw）在最初支持日军后很快认为，“很少有如此相信种族主义的民族……因此他们完全不能理解别人或让自己被别人理解”。在法属印度支那，对经济的剥削和扭曲是致命的：1944—1945年在北越至少有100万人死于饥饿。[27]

原本期待合作的东南亚人发现日本人希望他们完全为东京的战争

计划而牺牲。一个典型案例是菲律宾。1898 年后它成为美国殖民地。美国人承诺给予菲律宾独立，但许多菲律宾人在 1942 年却愿意与日本人合作。当地菲律宾领导人的善意表现得过于缓慢，乃至于东京派遣军官接管了菲律宾的秩序，并取缔了菲律宾的一切政治活动。因他们没有能力获得投资和足够的货运船只，价值无可估量的菲律宾铁矿石对日本的运输量大幅缩水，仅为 1941 年战前的 10%。因为东京认为台湾殖民地将成为帝国的糖产地，因此富庶的菲律宾被改造来生产液体燃料或种植棉花，以满足日本的需求。这样的改变不是通过磋商而是命令实现的，通常以“兹告知尔等……”为开头。随着动荡蔓延和经济活动衰退，日本承诺与独立运动合作。他们甚至宣布了与盟国的《大西洋宪章》类似的原则。但事实胜于雄辩，随着战争持续，日本试图像 20 世纪 30 年代对待伪满那样，控制并剥削菲律宾。故而 1944—1945 年大部分菲律宾人对归来的美国人欢迎之至，将他们视为解放者甚至“兄弟”。[28] 231

四 “我们被当成了傻子”：美国战后规划中，敌人成为朋友

在这场战争的大部分时期，美国的外交计划都围绕着对中国的期望而展开，正如历史上日本的亚洲计划也围绕中国展开一样。罗斯福和他的亲信顾问们断言，随着日本的毁灭，中国将成为他们在这一地区的亲密盟友。正如罗斯福所说，蒋介石和他的人民将与美、英、苏一道成为世界的“四个警察”。罗斯福并不完全想把亚洲交给蒋介石。他认为美国人将维护西半球的和平，而“美国和中国将承担起维护远东和平的责任”。当然，这指的是蒋介石的国民政府。毛泽东领导的势力正在壮大的北方根据地人民武装并不被当作“警察”对待。罗斯福私下里坦白地说，如果一切顺利，中国将可以被用作“平衡苏联的

势力”。他无疑认为蒋介石会与他一道对抗斯大林和丘吉尔，后者不信任中国人，认为中国领导人是美国“变相的投票器”。英国官员有充分的理由怀疑，美国人意图取代他们成为中国的头号外国经济势力（这一正在发生的转变最终于1943年完成）。一位伦敦高级外交官说道，出于被战争强化的使命感和生存意识，华盛顿官员试图西化中国，如此他们就不至于“像日本人那样走入歧途”。[29]

更紧迫的是，罗斯福希望鼓励蒋介石继续抗日，因为中国是美国对亚洲军事计划的中心环节。随着尼米兹领导下的美国海军和海军陆战队越过中太平洋，麦克阿瑟的军队切断了日军从澳大利亚北部通往菲律宾的道路，在华空军基地将成为使日本城市和工业陷入废墟的发射场。中国与印度还将成为战略中心，缅甸、中国香港和其他被占领
232 地区将从此陆续解放。这些地区中，相当重要的是法属印度支那（越南、老挝和柬埔寨），1943年罗斯福相信，蒋介石会与他一同在战后以良好的、合作的中美托管取代法国的殖民统治（对越南和邻国已经准备好了立刻实现独立一事，罗斯福并不抱希望）。日本人清楚美国的对华计划，并以自己的计划作为回击。这些计划部分围绕着他们在南京建立的汪精卫傀儡政府展开。东京官员在1942年12月和1943年年中公布了他们的宏伟事业：将与这些特定的中国团体合作并为其提供支持。日本甚至同意，如果战争顺利，将放弃在中国的特权。与美国同样担忧共产党人的日本人不断敦促蒋介石，希望后者在敌后根据地的人民武装力量进一步壮大之前与日本人议和。[30]

日本人和美国人都再次发现，双方都不能对中国政治产生关键影响。罗斯福的中国梦的关键时刻在1943—1944年的战场上出现了。蒋介石决定保存军队实力，为将来与共产党人一决雌雄做准备，所以当日本在缅甸和中国发动攻势时，他选择了回避。史迪威将军对蒋介石的不抵抗失望透顶，他向一位记者如此解释缅甸的灾难：“我们与一个愚蠢、无知的乡下狗崽子结了盟，他叫蒋介石。”美国驻华基地的

飞机已经准备好轰炸日本本土，日本人准备展开进攻来夺取这些机场。美国飞行员飞行于世界上最危险的航线上——从印度越过喜马拉雅山脉到达中国，为这些基地中由 700 架 B–29 轰炸机组成的强大空军提供补给。飞行员要在世界上最恶劣的风暴中航行，飞机上装载了额定容量两倍的物资，从航线往下看满是坠落的飞机残骸。运输机本身很新，又危险重重，有时竟然会爆炸："为了让瓦斯废气排出去，我们要经常把炸弹舱门打开才能飞行。"一位飞行员如是回忆道。与此同时，蒋介石断然拒绝了罗斯福的要求——派遣中国军队（由美国人提供补给和训练）援助在缅甸的盟军或保卫在华基地，他认为罗斯福除了不惜一切代价帮助他之外别无选择，美国人为了给在华空军基地提供补给会愿意继续牺牲。蒋介石因此将抗日留给美国空军去做，而自己去准备对付共产党的更重要的战争。[31]

到 1944 年 5 月，罗斯福告诉他的幕僚，他"十分担心"中国的
"前景"，希望蒋介石"必须意识到这一点，不要在美国对中国寄托了 233
其成为世界强国的巨大信任和希望后，让美国失望"。日本发起了一次主要攻势，希图摧毁在华东、华南的空军基地，并打通与法属印度支那驻军的联系。8 月，罗斯福请求蒋介石允许史迪威指挥中国军队，如此就能保住这些基地。史迪威记录道："我把这包辣椒面交给了'花生米'（指蒋介石）……投枪击中了这个小东西的太阳穴……真是干净利索，但是除了脸色发青，说不出一句话，他眼睛一眨不眨。"然而，一个月内，史迪威和罗斯福就都屈服了。蒋介石迫使罗斯福召回史迪威，总统不得不照办，同时也将中国从潜在的战后警察名单上划去了。[32]

《生活》杂志记者白修德表达了对蒋介石的国民党的看法：这个组织"受到一个腐败政治派系的控制，结合了坦慕尼协会和西班牙宗教法庭最恶劣的一些特质"。白修德警告道："我们正被中国人当成傻子。"一位英国官员嘲笑道，像赛珍珠这样的亲中派正在被噤声："一

个美国人最近所能列举的两大国家灾难，一是赛珍珠，一是珍珠港。”国务院直白地告诉罗斯福“中国军队的抵抗正在瓦解”。罗斯福的幕僚最关心的是军事灾难，但他们日益增长的悲观情绪更被经济和社会领域的法西斯主义和反美政策所强化。1944 年末，一份英国对美国商界观点的详细分析认为：“对于寻求新活动领域的美国企业制度而言，（国民党）激进派的经济民族主义并不比共产主义好多少。”对美国政策近乎完美的隐喻出现在 1945 年初，罗斯福派遣自负的帕特里克·赫尔利将军带着重要使命前往中国。赫尔利坚持要带上自用的庞大凯迪拉克轿车，然而，汽车跑了三周就坏了，赫尔利甚至在中国找不到必需的零部件。[33]

如同凯迪拉克一样，出了故障的中国政策对于美国决策者来说越来越没有意义了。麦克阿瑟和尼米兹占领了维持对日攻击必需的基地。1943 年 11 月，尼米兹的两栖作战部队战胜了日军的自杀式攻击，一番浴血奋战后，占领了吉尔伯特群岛的塔拉瓦岛。上将加速推进他的计划，跃进 2000 英里占领了夸贾林和埃尼威托克群岛，这场大胆的行动切断了马绍尔群岛上坚固的日本基地与外界之联系。在接下来的
234 战争岁月里，这些基地不断遭受轰炸，直到守军投降。1944 年年中，美军再次向西跃进 1000 英里，占领了马里亚纳群岛并夺取了重要的机场跑道。获得这一胜利绝非易事。当盟军进攻塞班岛时，日本舰队集结起来在菲律宾海进行了最后一搏。拥有几乎完美的情报网络、高效的新式雷达、优秀的飞行员和船员以及 15 艘航母的美国海空军摧毁了日本小型舰队（包括 3 艘航母），击落了近 500 架敌机。这场被称为“马里亚纳火鸡射击大赛”（The Great Marianas Turkey Shoot）的战役很快终结了由山本创立的令日本一度引以为傲的海军航空兵力量。如今，尼米兹的军队夺取了不堪一击的蒂尼安和瓜岛基地，开始在马里亚纳群岛修建大量机场。[34]

与此同时，仅仅 12 英里长、6 英里宽的塞班岛成为第二、第四陆

战师伤亡惨重之地，他们以 2000 人的伤亡在第一天将滩头阵地向前推进了 1000 码。美国人被日军的狂热所震惊，后者自 1914 年从德国手中夺取这一岛屿后一直占有它。被东京告知美国人会强奸并烧烤婴儿、活剥人皮之后，许多平民用手榴弹自杀或跳崖身亡——一家人先把孩子推下山崖然后自己跟着跳下，他们通常倒着跑，这样就看不到山崖了。24 天的战斗结束时，31600 名日军中有 29500 人阵亡，美军则阵亡 3225 名，超过 13400 名军人受伤或失踪，每架载弹 10 吨的美军致命 B–29 轰炸机，如今有了自己的基地。日本海军中将三轮茂义后来说道："随着塞班岛丢失，战争已经失败了，因为美国人能够切断我们的运输线并攻击我们的本土。"[35]

尼米兹的军队在 8 个月内推进的距离比麦克阿瑟两年内推进的距离都大。当将军试图占领巴布亚岛重启攻势时，他不得不在遭受了这场战争中最惨痛的伤亡之一后重整舰队。虽然麦克阿瑟系统地将澳大利亚官员排除在决策过程之外，但澳大利亚军队的伤亡最大。将军还是决定重返菲律宾。在陆军"终极"小组（ULTRA，1944 年 1 月掌握日军电报密码本并取得了重大突破）破译者的帮助下，麦克阿瑟能够精确掌握敌人主力的位置。麦克阿瑟的主要问题是克服罗斯福的抵触情绪——相比于尼米兹（或者欧洲）的行动，总统不愿在麦克阿瑟钟爱的菲律宾这个次要战略目标上牺牲美国人的生命。据说将军威胁称，如果菲律宾被忽视，他将在罗斯福准备竞选第四任期时将这 235
一情况公之于众。无论基于什么政治原因，1944 年 10 月 20 日，麦克阿瑟派遣第六军前往莱特岛，涉水登陆，说出了他的名言"我回来了"（为了确保完美的新闻报道，将军在摄像机前重复表演了 3 次）。[36]

10 月 23—25 日，第七舰队和来自第三舰队哈尔西上将的航母在莱特湾海战中击沉了日军 4 艘航母、3 艘战列舰，击落了 500 架日机。美军损失也很惨重，在这场历史上规模最大的海战中，美军失去了两艘小型航母和 3 艘驱逐舰。即便如此，日本人也没有放弃。10 月

25—28 日，日军在莱特湾附近海域针对美军军舰开展了第一次自杀式“神风”袭击。日本损失了绝大多数精锐飞行员，震惊尼米兹的“神风特攻队”，其自杀使命不需要任何特殊训练。

麦克阿瑟吹嘘到，只有无能的指挥官才会损失惨重，他将以最小的代价占领菲律宾主要岛屿吕宋以及首都马尼拉。2 月 3 日至 3 月 3 日的马尼拉战役是二战中最血腥的战役之一，战斗中约 20 万日军阵亡，超过 10 万的菲律宾人在美军轰炸和日军无差别的暴行中丧生。一份被缴获的日军文件命令士兵在不浪费弹药的前提下，杀死可疑的菲律宾人，因此无论男女老幼，他们将菲律宾人统统赶进屋子，纵火烧房，再用刺刀杀死任何试图逃生的人。战后，菲律宾总统之女回忆道，她目睹自己的母亲和姐姐丧生于日军炮火之下，一名日军士兵将她两岁的妹妹抛向空中用刺刀刺死。美军伤亡 47000 人，还有两倍于这一数字的非战斗减员——如果被公之于众，如此高的伤亡将引起对麦克阿瑟决策的尴尬质疑。马尼拉或许是二战中除了华沙以外受损最严重的盟国城市。[37]

1944 年 11 月，美国空军利用塞班岛的基地开始系统地实施对日轰炸。袭击收效甚微，随着欧洲空战老兵柯蒂斯 · E. 李梅（Curtis E. LeMay）少将担任指挥官，情况开始好转。叼着雪茄的李梅发现，当飞机从 25000 英尺的高处扔下重型炸药时，急流总会把飞机吹得偏离航线。于是，他迅速命令飞行员改从 5000 英尺的高度向由木制建
236 筑构成的日本城市投下燃烧弹和凝固汽油弹。熊熊烈火随狂风越烧越旺，顷刻间城市焚为灰烬。1944 年 12 月 7 日，一场袭击日本的地震和海啸也帮了轰炸机的忙，罗斯福为此向丘吉尔说：“连上帝都在帮我们。”[38]

但“神风”飞行员们相信，超自然力量站在他们一边。1945 年 1 月，自杀式飞机击沉了许多美军军舰，在菲律宾附近海域使超过 1000 人伤亡，直到日本耗尽了飞机（飞行员没有耗尽）才不得不告终。更

险恶的战事还在后头。1945 年 2 月 19 日，美军进攻硫磺岛时，发现自己正在进行海军陆战队史上最血腥的战斗。5 周内有 6821 名海军陆战队员阵亡，近 20000 人受伤。在这座由石头和黑沙构成的仅有 8 平方英里的小岛上，21000 名日军依托洞穴进行战斗，他们最终尽数丧生于美军的火焰喷射器和炸药之手。美国人如今拥有了距离东京仅 700 英里的重要空军基地。在李梅与其下属的全力以赴下，美国空军炸毁了日本的主要城市。1945 年 3 月 9—10 日晚，300 架 B–29 轰炸机在对东京的一次空袭中就杀死了至少 84000 人。东京是世界上人口最稠密的地区之一，每平方英里居住着超过 135000 人。火焰如此炽热，以至于连运河里的水都沸腾了，熔化后的玻璃流得满街都是。约有 10 架美军轰炸机在上升的热浪中坠毁。[39]

即使美军正加速攻势，向日本本土推进，日本人仍让中国军队和其美国支持者颜面扫地，这对华盛顿产生了直接而具有历史性的影响。1942 年 2 月，罗斯福建立了由国务卿赫尔领导的战后外交政策咨询委员会（Advisory Committee on Postwar Foreign Policy），其下属的日本委员会由斯坦利 · 霍恩贝克等亲中派控制。霍恩贝克说道：“排除日本建立一个战后世界是可能的，我们甚至可能会让日本消失。”亲中派如此认为。他们受到许多共和党人的支持，后者在 20 世纪 30 年代曾是反干涉主义者，如今则发誓要报珍珠港之仇，实现美国在中国的历史性使命，以此来发泄他们的受挫情绪。驻美大使哈利法克斯勋爵（Lord Halifax）告诉伦敦官员，华盛顿有流言称：“当局正在与轴心国作战——而共和党仅仅在与日本作战。”[40]

1943 年，咨询委员会中的亲中派发现自己在亲日派面前丧失了
优势。亲日派人数很少超过 8 或 10 人，是一个联系紧密且经验丰富 237
的群体，其领导人有约瑟夫 · 巴兰坦、尤金 · 多曼、哥伦比亚大学的休 · 伯顿（Hugh Borton），以及包括克拉克大学的乔治 · 布雷克斯利（George Blakeslee）在内的其他著名学者。1944 年，前驻日大使约瑟

夫·格鲁主导了这一群体。随着对战后中国日益增长的担忧蔓延华盛顿，这一团体详细、系统而秘密地制订了战后日本复兴计划。蒋介石政权的腐败和不愿合作帮了他们的大忙，而 1944 年末尼米兹上将的军事进展也消除了对中国空军基地的需要，给了亲日派巨大的帮助。[41]

亲日派的商议并未影响罗斯福在 1943 年开罗会议上与蒋介石和温斯顿·丘吉尔会面时的决策。但罗斯福在开罗的行动对亲日派提供了不可估量的帮助。三位领导人宣布盟军将坚持战斗到日本和德国无条件投降为止，这一声明震惊了世界（某种程度上也震惊了三位领导人自己）。罗斯福的目标并非日本和德国，而是希望安抚焦躁的斯大林，后者对于苏联军队付出了数百万人的生命，可英美却对在西欧开辟第二战场迟疑不决之举十分恼怒。公告还表示，将剥夺日本明治之后扩张的势力范围，包括中国台湾、朝鲜和 1914 年从德国手中侵占的太平洋诸岛。正如休·伯顿后来所说，罗斯福在开罗的决策解决了战后太平洋领土划分的关键问题，使得亲日派能够集中精力于核心政治问题上。这一决策还单方面建立了一个极为重要的战后政策：日本不能再通过剥削原有的亚洲殖民帝国而生存，而需要将自己纳入更大的、美国主导下的经济体系之中。[42]

1943 年 5 月，亲日派拟定了一份文件，从各个方面讨论了一个敏感的情感问题——战后是否还要保留天皇。这份文件没有明确表明态度，但作者的同情心十分明显，以致希望废黜天皇的助理国务卿迪安·艾奇逊强烈批评这份文件。如此强大的反对意见也没有减缓亲日派的步伐。1943 年 10 月，伯顿发表了一份文件，阐述了将实际影响战后对日政策的许多基本观点。第一，他建议进行彻底的宪法改革，包括保留权力受限的天皇；让内阁对国会负责，从而消除可能的军事
238 干预，同时赋予国会对预算的控制权；清除军方对政治决策的影响。第二，伯顿提议通过一个美国式的人权法案。第三，他建议美国当局不要通过武力或命令强制实施这些改革，而是使用教育和经济压力让

日本人相信，他们应该由自己实行这些改革。考虑到浸透了日本人和美国人记忆的种族仇恨和流血经历，尽可能采用柔和的手段无疑是明智之举。与对战败德国的计划——盟国计划彻底对希特勒的旧帝国实施激进的改革——相比，这些提议无疑令人讶异；罗斯福甚至轻率地说，要对德国人进行大规模“阉割”，并迫使他们从施舍处获得食物。[43]

1944 年，赫尔建立了一个高层计划小组——战后计划委员会（Postwar Programs Committee）。在聪慧的格鲁的领导下，亲日派已经准备好用自己的理念影响新成立的委员会。1944 年 2 月，伯顿起草的一份文件再次从多个角度审视了天皇问题，主张保留天皇。伯顿表示，毕竟，如果《大西洋宪章》的民族自决原则得以严格贯彻，日本人显然希望保留天皇。伯顿补充道，保留天皇还能让他（而非自杀型的军方）同意投降。亲日派强调，天皇将在一个极不稳定的国家里成为战后“稳定和改革”的支持力量。然而，所有人都同意，天皇不应再拥有神性或被视为优于其他统治者的人。亲日派还进一步同意，日本必须被剥夺所有武装力量，如果之后认为一些军队有必要存在，其军官将被排除在一切政治决策之外。亲日派总结道，无条件投降并不意味着毁灭日本。日本将被重建和改革，而非被撕碎和侮辱。最终，这些都将在一个统一的日本实现，日本不会被占领军或各种不同的政治力量分裂。美国将主导这一行动。这些计划与战后对日本的实际政策具有惊人的相似性。[44]

战时经济计划也是如此。罗伯特·费尔利（Robert Fearey）为此制订了一份重要的秘密文件，他一度是格鲁在日本时的私人秘书，于 1944 年成为一名国务院官员。费尔利主张，随着日本帝国的崩溃，日本关于建立、开发和扩张经济集团的悲惨想法应当被清除。取而代之的是一个开明政策，给予日本“与其他国家平等的获得世界资源的权利”，消除其对殖民帝国的需求，引导日本在一个由多边关系塑造而成的世界市场中寻找自己的原材料和市场。费尔利相信，政治改革的

239 成功从长期看依赖于经济改革的成功。美国官员试图重建20世纪20年代的日本——一个币原的日本、一个作为托马斯·拉蒙特的银行合作伙伴的日本、一个纳入了美国体系的日本。然而，这一次不会有武力的选项，对日政策将立足于国务院的长期观点，而非华尔街短期的逐利需求。[45]

1944年秋，蒋介石拒绝了罗斯福的要求，而美国驻苏大使W.艾夫里尔·哈里曼（W. Averell Harriman）则向总统发出有关苏联的亚洲野心的警告，于是，亲日派的一整套战后计划得到了实施。哈里曼警告称，"除非我们对斯大林的当下政策采取应对行动，否则，苏联很有可能在任何牵涉其利益的地方成为一个世界强人。当他们的注意力转向中国和太平洋时，这一政策也将延伸到此处"。当罗斯福着手准备1945年2月于苏联克里米亚的雅尔塔港口举行的峰会时，他已经理解了这一威胁。显然，他没有阅读亲日派的文件，但大部分在雅尔塔达成的交易都与亲日派的核心计划不矛盾。罗斯福并未咨询蒋介石的意见就与斯大林达成了交易，这位强者承认中国在东三省的主权并承诺进行中苏友好会谈。在这一所谓的"雅尔塔体系"中，罗斯福的主要目的并非是让中国成为美国领导下的世界警察，而是巧妙地促进蒋介石和斯大林的关系，以孤立中国共产党人。罗斯福感激地给予了斯大林南部库页岛（1905年日军从俄军手中夺取的岛屿）、临近东西伯利亚海岸的千岛群岛以及中国旅顺港和大连港的控制权，承认了外蒙古的现状，同意维持中东铁路现状。作为回报，斯大林说出了罗斯福最想听到的话：承诺一旦结束欧洲战事，就加入对日战争。[46]

五　杜鲁门和雅尔塔体系的崩溃

如今，罗斯福承认，他的一位"警察"已经辞职了。1945年初他说道，“在中国值得被认真对待前，它至少还需要三代人的教育和培训”。然而，虽然改变了策略，但罗斯福并未放弃他的战略目标。1944 年他曾警告称，“战后世界贸易必须在非歧视和摆脱过多的障碍与限制的基础上扩展”。“警察”们将确保这样的障碍不复存在。在太平洋，“警察”的数量减少到了三个或许两个：罗斯福坚信丘吉尔仅仅 240
想要恢复英国殖民帝国。罗斯福不无厌恶地说道，“他们所想的就是要回新加坡”。他一度希望与中国一道取代法国在印度支那的殖民统治。然而，1945 年初，当日本摧毁了当地残存的亲法国政权并直接接管印度支那的控制权后，罗斯福同意英美军队解放这一地区。对美国官员来说，与英国打交道是如此令人不快，以至于他们在欧洲胜利后，遵从国会意愿取消了所有对英国的借贷援助，除了用以开展对日战争的最低限度援助。华盛顿后来还决定，获得独立的法国和荷兰军队都不能参与最终的对日作战。在亚洲，华盛顿决策者似乎在冒险——仅仅依靠自己的力量建立一个“美国世纪”。[47]

罗斯福和幕僚们颁布的法令让美军在战后接管了大量太平洋基地，实力大大加强。值得注意的是，亲日派同意美国控制此前日本占领的岛屿，作为安全和战后商业航空交通网络的一部分——这一交通有望成为战后商贸的新前线。1945 年 4 月去世之前，罗斯福建议在联合国监管下，由美国对美军基地所在的岛屿进行托管。事实上，正如罗斯福可能意识到的，这一政策让太平洋岛屿托管地（包括加罗林群岛、马里亚纳和马绍尔群岛）落入了美国的实际控制中，但又获得了联合国托管的合理名义。到 1945 年年中，出于其重要的地理战略价值，美国官员还试图接管冲绳县及其所辖的日本居民。[48]

冲绳成了一个微妙的所在，部分原因在于其关键的地理位置，部分原因在于日本曾经控制过它，另有部分原因是 1945 年春天美军对这一岛屿的征服，即使以太平洋战争的血腥标准来说，其代价也非比寻常，高昂而残酷，历史学家后来将这场围绕大小仅为罗得岛一半的岛屿所展开的为期三个月的战斗称为“亚洲版‘诸神的黄昏’”。在这片距离日本本土仅有360英里的土地上，“神风”特攻队杀死了5000名美国海军士兵，击沉、击毁了28艘军舰（在整个战争过程中，有1228名“神风”特攻队员丧生，他们击沉了34艘美国军舰，另击毁288艘）。被歼灭前，日军杀死了来自两个军和两个陆战师的10000名美军，致使30000名美军受伤，同时日军自身也有10000人阵亡。两
241 军的司令官悉数阵亡，著名战地记者欧尼·派尔也丧生于狙击手的子弹下。战火还造成至少10万名冲绳人丧生。日本违反1922年华盛顿海军协定、于20世纪30年代建造的72000吨巨舰“大和号”，在前往冲绳的途中被美军战机截获并击沉，其所载的3000余名水手葬身鱼腹，成为海军史上单次战役人员损失最多的一次战斗。1945年4月7日，美军战机开始利用冲绳基地轰炸日本。当月晚些时候，当东京不得不关闭名古屋港时，尼米兹对日本的新封锁线造成了首例人员伤亡。[49]

1945年6月18日，进攻日本的计划［代号“奥林匹克”（OLYMPIC）］获得了最终批准。然而，关于美军是否有必要进攻日本本土的质疑也随之而来。美军军舰收紧了封锁线，日军运油舰和商船队都陷入了实质性的瘫痪状态。对日本的轰炸如此密集，以至于华盛顿官员开始视其为一个实验研究场。战争部的罗伯特·罗维特（Robert Lovett）说道，袭击“给我们创造了一个探索的机会，即空军是否可以迫使一个国家屈服”。罗维特和空军向史汀生（他怀有旧式的道德与对平民伤亡的绅士关怀，这与其他大多数军官的态度迥异）保证，飞行员仅仅向军事目标投放了炸弹。然而，到1945年8月，美军战机已经摧毁了日本67座城市中的大多数，造成30万人死亡、40万人受伤，美军自己损失了437架轰炸机，大部分是由于机械故障而坠毁（可供对比的是，在对欧洲目标的轰炸中失去了3000架轰炸机）。史汀生担心获得“所施暴行甚于希特勒”的恶名，然而，其他军官并

没有和战争部部长同样的战争关切。为此，出版商奥斯瓦尔德·加里森·威拉德（Oswald Garrison Villard）悲痛地写道，“在考文垂、鹿特丹、华沙和伦敦被视为罪行的，第一次在德累斯顿，如今在东京成了英雄之举”。[50]

鉴于不断缩紧的海空封锁，如今的核心问题是应当在进攻日本本土时牺牲多少盟军（主要是美军）士兵的生命——或者说，这样的进攻是否必要？参谋长联席会议的计划是在 11 月 1 日登陆日本列岛最南端的九州，随后以该地区为空军基地轰炸日本其他地区，并最终于 1946 年 3 月 1 日进攻东京——如果日本仍不投降的话。围绕这一计划的激烈争论在海军和陆军之间展开，前者希望收紧封锁线，后者认为只有步兵才能结束战争。次要的争论点是关于可能造成的损失。美国人在 1945 年 1—6 月的太平洋战争中损失的士兵人数比之前 3 年加起来的还多。1945 年 6 月，哈里·杜鲁门（Harry Truman）总统担心， 242
“从日本的一端到另一端”，会出现另一个冲绳。20 年后他回忆道，当时他担心这次进攻会造成 75 万美军伤亡，其中会有 25 万人阵亡。然而在 1945 年年中，高级参谋们认为，11 月 1 日进攻九州的 767000 名士兵将在第一个月伤亡 31000 人，其中会有 25000 人阵亡。1946 年 3 月 1 日的进攻将造成 15000—21000 人阵亡，即使最保守的估计也足够令人感到恐怖了。战争部开始策划可能在 11 月实施毒气战。“终极”拦截小组搜集到的信息表明，日本人所担心的是他们不能应对毒气。根据马歇尔将军后来的回忆，为了减少伤亡，已经准备好使用多达 9 枚的原子弹。[51]

然而，到 1945 年仲夏，另一场更现实也更不祥的威胁开始在华盛顿浮现。4 月，在罗斯福去世后的 24 小时内，杜鲁门总统告诉国务卿爱德华·斯特蒂纽斯（Edward Stettinius），“此时我们必须坚决抵抗苏联人，不能对他们有丝毫宽容”。杜鲁门说这句话时，他对于美苏实际关系即使有所了解，也知之甚少，对于罗斯福、丘吉尔和斯大林在峰会达成的协定也一无所知。新总统的发言部分出于他深深的反苏情绪，大部分则出于他就职的前几个月里可以理解的不安全感。斯特蒂纽斯则告诉杜鲁门，罗斯福去世前，曾与斯大林就欧洲问题“通过电报进行了艰难的协商”。但在雅尔塔，罗斯福和斯大林已经在亚洲问题上达成了一致。一位杰出的俄国学者后来说道，斯大林将自己视为帝俄沙皇的“继承者”，后者要与日本算账，所以他愿意获得一个报复日本的机会（以及一些有价值的领土），同时将中国合伙人的利益置于次要地位，后者不断增长的实力和以农民为基础的革命在莫斯科引起了深深的疑虑。[52]

只要杜鲁门相信他需要苏联的帮助来击败日本，雅尔塔协定就符合美国的利益。1945 年 5 月，这一信念随着华盛顿的寒冷天气一同消失了。日本显然已经穷途末路。参谋长联席会议认为，“让苏联早早加入战争……已经没有必要”。在 6 月 18 日的一次会议上，身着军装的海军高级将领欧内斯特 · J. 金（Ernest J. King）上将直白地说，苏联人“并非不可或缺”，不需要央求他们“入伙”。然而，在 5 月给格鲁的信件中，史汀生警告称，这一问题或许已经失去了意义，因为苏联无论如何都打算加入战争——“在他们自己的军事和政治基础上，
243 而与美国采取的任何行动都无关”。他们也不可能被排除在外，“除非我们选择动武”。史汀生考虑重启雅尔塔谈判，但又觉得“此时重启谈判不会得到什么好结果”。反苏积极分子、实权派的海军部部长詹姆斯 · 福莱斯特（James Forrestal）对史汀生的看法表示同意。[53]

杜鲁门拒绝了史汀生和福莱斯特的建议。他决心废除雅尔塔协定。但首先，他必须知道这份协定究竟是什么。杜鲁门提名詹姆斯 · F. 博恩（James F. Byrnes）取代英俊但不合时宜的斯特蒂纽斯担任国务卿，以完成这项任务。博恩曾跟随罗斯福前往雅尔塔，回国后又参与了向国会推销这一协定的工作，同时炫耀他掌握了所谓的内幕信息。这位南卡罗来纳人是一位知情者：一位前最高法院法官，被称为罗斯福的

“总统助手”，并自信自己将在1944年成为副总统，然而，罗斯福和民主党大佬们却选择了杜鲁门。所以如今成为总统后，杜鲁门向这位他十分钦佩的政治筹划者发出了求助，相信“这是我能了解雅尔塔发生了什么的唯一办法”。事实上，博恩仅仅了解雅尔塔发生之事的一小部分。罗斯福出于自己的目的而任用博恩，但与斯大林秘密会面时却支走了他。例如，1945年5月末，杜鲁门和博恩对于斯大林曾告诉哈里曼苏联希望参与对日本的共同占领，表示十分不满。在雅尔塔，罗斯福显然从未说明，美国意图让日本成为一位美国司令官掌控下的一个单独占领区。[54]

杜鲁门不仅希望弄清雅尔塔协定的内容，还希望在即将到来的峰会上（计划于德国波茨坦召开）在中国东北和这一地区的其他地方确立门户开放原则。他受到赫伯特·胡佛的强烈支持，后者曾被罗斯福拒于白宫门外，但很快受到了新总统的欢迎。胡佛认真地告诉杜鲁门，苏联人“是亚洲人”，因此“并不配拥有参与制定在西方国家之间流通的协定的礼遇”。胡佛主张将苏联排除在外，将日本非军事化，将东三省归还中国，将朝鲜和台湾岛置于日本控制之下。亲日派并不愿意走这么远。毕竟，他们希望消灭殖民帝国，从而使日本不得不纳入美国领导的世界体系中。

他们确实同意胡佛的一个观点——日本而非中国应当成为美国政策在亚洲的中心。而且，到1945年年中，随着他们的领袖约瑟夫·格鲁执掌国务院而“博恩被流放”，亲日派的地位日见提高。如今他们 244
的主要目标是使对日占领完全处于美国的控制之下，并确保保留天皇以“防止混乱”。他们警告，如果“天皇制”被废除，“一旦我们转过身去，日本人很快就会自行将之恢复，而我们却不能永远占领日本”。马歇尔将军和参谋长联席会议表示同意，因为正如他们向杜鲁门说的，军方担心只有天皇才能说服“在边远地区和日本本土”的狂热日本人和平投降。然而，当杜鲁门在德国投降当天向日本广播一则消息时，他拒绝使用格鲁的口头禅，即日本人应当“自行决定未来的政治架构”来修改“无条件投降”的语句。杜鲁门显然担心，如果他表示能够保留天皇，会对美国国内的政治产生影响。博恩恰恰加剧了这些担忧。[55]

总统清楚，如果想要肢解雅尔塔体系，阻止斯大林夺取有价值的领土，保证亚洲的门户开放，建设他和格鲁的朋友们想要的日本，就必须获得比他在 1945 年 6 月所掌握的更多的军事和外交手段。4 月 25 日，史汀生首次向他汇报了原子弹的情况，这使上述的巨大希望成真了。总统了解到，在夏天就能准备好一枚原子弹。美国人和英国人垄断了制造原子弹必需的原料，而苏联正在监视这一项目。

1945 年 5 月，史汀生（他建立这一委员会的目的是讨论武器的可能使用情况）领导的由科学家和军官组成的秘密 8 人临时委员会产生了激烈争论。虽然存在异议，委员会还是同意不应仅将原子弹用于军事目标，还应用于“对日本产生最大心理效应”的地方，也只有这样，这一武器的重要性才会“受到国际承认”。史汀生最终“同意最佳目标是一个重要的战争工厂，它雇佣了大量工人并被工人的房屋紧密环绕”。换句话说，平民将成为袭击目标。临时委员会迅速拒绝了演示的要求。除了其他原因，他们还担心这一装置失灵，或者它不会震撼到日本的观察者。5 月 28 日，杜鲁门同意与斯大林和丘吉尔于 7 月中旬在波茨坦会面。6 月 6 日，临时委员会向总统建议尽快把炸弹投放到一个日本城市。史汀生驳回了愤怒的莱斯利·格罗夫斯（Leslie Groves）准将——他领导了建造这一武器的曼哈顿计划——的要求，
245 将古城京都从目标城市名单上移除了。尽管这是一个工业中心，但京都一度是天皇的居所。史汀生不想“惹下麻烦”，“使得在漫长的战后岁月里，这一地区（东亚）的日本人与我们而非苏联人和解的可能化为乌有”。[56]

福莱斯特质疑根本不该使用这一武器。海军部部长代表了其军种的看法——封锁线和空军力量就能迫使日本屈服，既不用进攻，也不

用原子弹。福莱斯特的反对甚至更进一步。他问道：“我们想让日本摩根索化吗？我们想摧毁日本所有的工业潜力吗（前财政部部长亨利·摩根索曾希望让德国倒退回农业经济）？”福莱斯特相信，苏联构成了现实威胁。关键问题是美国应该利用“中国还是日本”作为“平衡工具”。他相信日本人是最好的选择，希望他们战后的经济迅速复苏。福莱斯特后来遗憾地说，如果希望建设有序的、健康的、无苏联影响的亚洲和欧洲，那么对于以日本和德国为中心的宏观“关系”的重视实在太不足够了。[57]

杜鲁门和史汀生拥有与福莱斯特同样的痛苦，但不像福莱斯特，他们将原子弹视为答案。对他们来说，迫切的问题是尽可能让苏联远离日本本土。原子弹是杜鲁门武器库中唯一能够迅速终结战争并让斯大林深刻感受到美国在东亚强大实力的武器。6月，史汀生甚至担心日本已经被过度轰炸了，正如他对杜鲁门说的，“新武器可能没有获得展示其威力的最佳背景”。在同一次对话中，史汀生建议杜鲁门推迟波茨坦会议“直到第一颗原子弹成功在日本投放”。这样就能让斯大林“让步”，包括对“波兰、罗马尼亚、南斯拉夫和伪满问题”的处置。[58]

杜鲁门决定继续参会。1945年7月17日，当会议在已是一片瓦砾的柏林城外召开时，作为贪婪的扑克玩家，总统知道自己已经手握两张王牌了。第一张是前一天在新墨西哥荒漠中原子弹的成功试爆。爆炸的威力震惊了观察的科学家们。其中一位说道：“我确信，在世界末日，在地球存在的最后一毫秒，最后一个幸存者所看到的正是我们看到的画面。”杜鲁门通过代码获得了这一消息：“婴儿已经成功降生。”史汀生说道，这则消息让他“欢欣鼓舞”。丘吉尔甚至称杜鲁门“整个人改头换面了”。总统相信，如今他已经掌握了史汀生所谓的“手 246
中的主要卡牌”。杜鲁门还有另一张王牌——他从美军情报拦截部门得知，东京向苏联请求议和，但要修改无条件投降的条款。总统还知道斯大林冷淡地拒绝了这一提议。这位巨人能够从强大的美国手中获得的东西，要比从满目疮痍的日本手中获得的多得多，尤其是在杜鲁门遵守雅尔塔协定的情况下。[59]

杜鲁门写到，17 日，斯大林打来私人电话："他将在 8 月 15 日加入对日战争。这将给日本佬一个了断……我能够应付斯大林。他很真诚——但也……狡猾。"总统意识到，即使不投放原子弹，日本也已经离投降不远了。北方巨人暗示他遵守了参战的承诺，但又补充道，他还不能与蒋介石政权达成协议。[60]

杜鲁门利用这一机会开始瓦解雅尔塔体制。罗斯福曾承诺斯大林让其控制大连；杜鲁门则遵从了国务院一份简报的建议，成功迫使斯大林承认在这一关键商贸入口维持门户开放原则。总统向史汀生吹嘘，他"搞定了东三省的门户开放问题"。史汀生记录到，第二天早晨，当他告诉杜鲁门原子弹试验的详细情况时，"总统再次重复到，他自信能够维持门户开放政策"。杜鲁门和博恩已经清楚了解了这一武器难以置信的威力，拒绝了苏联加入亚洲战争的请求。总统认为"日本在苏联人参战之前就会垮台。我确信当'曼哈顿'出现在他们本土时，他们会这么做"。原子弹不仅将结束战争，还将使在亚洲的雅尔塔协定成为不相干的问题。斯大林理解这一政策的要点。让总统沮丧的是，当他最终于 7 月 24 日向斯大林告知原子弹一事时（没有提及它是一个自动装置），这位巨人反应消极——这一姿态既受到从对曼哈顿计划的间谍行动中获得的信息之影响，同时也因为他意识到，在一场存在各种赌注的游戏中，保持一张冷峻的扑克脸是必要的。[61]

六 "双重打击"——与结局

7 月 25 日，杜鲁门下达了将新炸弹投放日本的命令。第二天，三巨头发布了《波茨坦公告》，要求“所有日军武装”在日本遭受全面破坏前“无条件投降”。它没有具体提及新武器，也没有提及天皇的未来。史汀生希望确认“日本人能延续他们的王朝”，但博恩战胜了他。事情的顺序十分重要。与杜鲁门后来所宣称的相反，在得知日本人不接受《波茨坦公告》的最后通牒之前，他就已经秘密下令投放原子弹。当然，他可能又取消了命令。但结果和其他证据一同表明，总统关心的不是日本的最终投降，就像他反复说的，这很快就会发生；他关心的是能否在红军强有力地兑现在雅尔塔做出的承诺之前，确保投降尽快尽可能适宜地实现。替代选择是不使用原子弹，而收紧封锁，开展空袭，或许进攻九州。然而，这样的备选方案一定会导致苏联军队进入中国东北和朝鲜半岛，甚至最终可能进入日本本土。[62] 247

日本人继续请求苏联的帮助，同时在东京迫切地讨论保留天皇的必要性。美国情报部门让杜鲁门得以全面了解这些外部途径和内部讨论。8 月 6 日，空军准备投放第一颗原子弹。“伊诺拉·盖”（Enola Gay）号轰炸机的飞行员保罗·W. 蒂贝茨（Paul W. Tibbets）上校将受命投放这枚炸弹，他从先行的天气侦察机得知目标城市广岛上方的天气状况良好。上午 8 点 15 分，9000 磅炸弹从 31000 英尺的高空投放。爆炸被定时在 43 秒后，以使其能够在地面达到最广的辐射范围。

当天气侦察机返航时，广岛政府发出了解除空袭警报的信号。随后在这座拥有 50 万人口的城市中，成千上万的人走在了去工作地点或学校的路上。在百万分之一秒内，爆炸的中心温度达到了 5400 华氏度，所发出的光线比太阳光明亮 3000 倍。爆炸在空中形成了一个火球，火球释放出包含了炸弹 1/3 能量的热辐射。辐射立刻烧焦了人类、树木和房屋。随着空气受热而急速上升，冷空气吹入，引发一场火风暴，到上午 11 点，即爆炸发生 3 小时后，火风暴的燃烧速度超过了每秒 50 英尺。上午 11 点到下午 3 点，一场旋风让大火达到了顶峰，超过 8 平方英里的土地一片焦枯。天空中开始下起黑色的泥雨，其中充满了放射性沉降物。雨水很黏，人们还以为下的是油。而248 且雨水很凉，虽然火势仍在蔓延，人们却在打寒颤。14 岁的高桥昭博（Takahashi Akihiro）被严重烧伤而跳进了漂满尸体的河里。据估计，顷刻间有 8 万至 10 万人丧生，包括 12 名被俘虏监禁的美国海军飞行员。估计有 4 万人后来死于原子弹爆炸所引发的疾病——辐射摧毁了健康的细胞和免疫系统。久保浦宽人（Kuboura Hirota）写道：“人们像鬼一样走着。他们想喝水，哭泣并呼喊着寻找家人，他们倒下了，再也不能站起来，最后死去。”[63]

杜鲁门在从波茨坦乘船回国途中得知了爆炸的结果。他正在听的广播电台仅仅对这一事件做了简短通告，就回到了日常节目，对此，他十分恼怒，告诉朋友说，“这是历史上最伟大的一天”。在一份公告中，杜鲁门宣称：“太阳汲取能量的力量已被释放出来，以便惩罚那些在远东点燃战火的人。”美国官员并不清楚确切发生了什么，因为城市上空“烟尘滚滚”（战争部如是说道）。接下来的 24 小时里，日本人，包括严重受惊的天皇和宣称要战至最后一人的狂热军队领袖，依然对苏联的帮助抱有希望，这样投降就并非是无条件的。东京官员清楚地知道，美国和苏联对世界的观念是背离的，他们希望利用这一日益扩大的分歧。8 月 7 日，苏联外交部部长莫洛托夫（Molotov）最终同意与日本大使佐藤尚武见面。让佐藤震惊的是，莫洛托夫递交给他一份次日生效的宣战公告，对象正是俄国人的宿敌日本。[64]

8 月 9 日，红军开始越界进攻关东军。当天，天气侦察机传来广播称初始目标城市上空覆盖着厚厚的云层，之后，一架携带一枚原子弹、昵称为“伯克之车”（Bock’s Car）的 B–29 轰炸机改变了前往小仓市的航向，飞向备选目标长崎，并在上午 11 点 02 分投放了搭载的致命货物。由于云层阻挡，炸弹在雷达指示下投放。这一由钚做成的武器总当量超过了在广岛投放的原子弹，但由于地形影响，爆炸效应反而要小得多。它立刻摧毁了 4 平方英里的区域，凶猛的大火在爆炸两小时后燃烧起来。据估计，爆炸与辐射造成的死亡人数为 70000 人左右。在一封写给美国联邦基督教协进会教会的信中，杜鲁门表示，“当你不得不与畜生打交道时，务必将他当畜生对待。这非常令人遗憾，但确实是这样”。[65]

然而，总统如今面临着另一个迫切问题（他告诉内阁，“不要让 249
俄国人在伪满得势太盛”，这符合我们的利益），这可能让第一个问题更加复杂化。8 月 10 日，莫洛托夫鼓励美国人拒绝日本当天的投降请求，并就在占领日本中苏联也分一杯羹而施压哈里曼大使，哈里曼迅速对这一要求做出回应：“绝难从命”，这些都使总统对苏联更加担心。当莫洛托夫暗示，美国在日本方面的合作态度将影响苏军在东欧方面的合作态度时，大使对此不予置评。不久，斯大林将伪满的工业设备拆卸并西运。他与南京政府开启有关战后东亚局势的对话时也同样直 250
白：“过去，俄国希望与日本结盟来肢解中国。现在我们希望与中国结盟以遏制日本。”即使在第二颗原子弹爆炸后，斯大林仍然觉得日本会迅速重建，“战争可能在 10 年、15 年或 20 年后发生”。最直白的是一位红军军官就原子弹的预见性评论：“这是革命性的科技突破，不过，我们仍将控制满洲。”这一评论很快传到了杜鲁门耳中。[66]

为了确保迅速控制旅顺和大连港，斯大林甚至向这些要地空降了军队。杜鲁门的担忧并没有错。20 世纪 90 年代苏联的解禁档案显示，8 月 25 日左右斯大林准备单方面进攻日本北部。对杜鲁门来说，关键问题是他是否能够在红军到达日本本土前促使日本投降。8 月 10 日，东京广播称日本愿意在天皇特权不受损害的条件下投降，在此后的 96 小时内，总统和博恩并未能正确处理这一问题，而且在 8 月 10—14 日内，日本人遭受了战争中最严重的海空轰炸。[67]

早在 1943 年 4 月，裕仁天皇就清楚，战争正走向不祥之境，议和将是明智之举。一年前，他身着制服，骑着白马，作为最高统帅检阅了军队——这张照片被盟国宣传工作者在报纸和纪录片中不断使用。裕仁曾经就德国的胜利公开向希特勒祝贺，天皇再也不会犯同样的错误了。但 1943 年他对继续战争持有强烈的保留意见，他相信，除非东条首相下台，否则，自己就不能有效掌握局势。东条全身心地奉献于继续战斗直到胜利以及炽热的最终决战的事业中。即使拥有巨大的政治权力（他担任了包括陆相在内的多个内阁职位），东条仍不能在海陆军无休止的争论中维持秩序和效率（东条后来声称，直到中途岛大败一个月后，海军才告诉他这次失败的规模）。裕仁担心，军种竞争、失败的战事以及肩上越来越沉重的责任将使东条成为刺杀的明显目标。这样的暴力事件一旦发生，就可能会迅速蔓延开。在近卫
251 和精明的实力派木户幸一（来自皇族，自 1940 年担任掌玺大臣）的压力之下，天皇忍痛同意以小矶国昭取代东条。幕僚们认为，任命小矶能够缓和军种竞争以及避免军中亲东条派系可能的叛乱。[68]

但小矶也未能平息海陆军之争，他的无能反而加速了日本的军事失败。1945 年 2 月 14 日，近卫向他的好友天皇陛下递交了一份备忘录，迫切要求与英美进行接触。近卫警告，“比战败更令我们担心的是随之而来的共产主义革命”。他清楚，中国共产党正与日囚合作，致力于与分布在莫斯科、朝鲜的日本共产主义者建立同盟。近卫担心，“大多数年轻士兵似乎认为共产主义和日本神国政体并非不能相容……”他还机敏地补充道：“我听说有些皇室成员和来自底层的士兵们一样，也对这一观点表现出了兴趣。”天皇并没有准备好针对这些警告采取行动，但近卫的担心并非空穴来风。自 1936 年 2 月 26 日军中出现暴动起，反苏派系被近乎清除，而一度由东条领导的“统制派”主导了政策，他们计划在日本南部建立一个帝国，同时在北部与苏联合作。[69]

然而，近卫与英美的接触有一个前提条件：将天皇作为一项制度保留下来。像木户和其他老一辈政治家一样，近卫将天皇视为对抗革命、无政府主义以及日本（在他们眼中已有 2600 年历史）衰败的最

后堡垒。近卫的倡议在1945年初化为了泡影，军方高层决定用剩下的250万军队和400万后备军发起狂热的抵抗，直到杜鲁门提出至少好过无条件投降的方案。然而，到7月末，军队的决心被瓦解。木户和其他元老告诉自4月担任首相的铃木贯太郎上将，控制住军方并开展和谈。[70]

对于铃木和陆相阿南惟几来说，这一任务十分艰难，甚至意味着自杀，阿南在8月的决定性时刻扮演了悲剧性的英雄角色。杜鲁门拒绝了史汀生保留天皇的请求。总统转而任用了博恩，后者担心如果他在无条件投降问题上妥协会受到杜鲁门的政治“惩罚”。博恩受到了 252
前国务卿赫尔的强力支持，后者仍然对1941年与日本的谈判心怀怒气。赫尔轻蔑地谴责史汀生的建议是在“讨好日本”。美国的回应中对日本皇位问题不发一语，这导致了东京政府的分裂：外相东乡茂臣领导的外务省相信《波茨坦公告》提供了实际协商的可能性，但最高司令部对没有直接提及保留天皇的任何条约都表示鄙弃。内阁最终决定妥协并“默杀”（mokatsu）《波茨坦公告》——即无视它，再次请求苏联的帮助。但“默杀”一词出现在了报纸甚至铃木的记者发布会上，这是日本在战争中犯下的大错之一，它意味着日本试图无视《波茨坦公告》。在华盛顿，即使史汀生也迅速将“无视”理解为“拒绝”。[71]

原子弹的投放和苏联大军的猛攻接踵而来。如同一位日本历史学家所说的，“双重打击”迫使天皇在8月9—10日出手干预，并下达了投降命令。8月10日，铃木政府表示接受“波茨坦联合公告的……条款，并认为上述公告不包含任何对作为最高统治者的天皇特权的损害”。正如罗伯特·J.C. 布托（Robert J. C. Butow）在对这些8月事件的经典分析中所说的，“如果盟国希望一举摧毁深深植根于每一个日本人心中的帝国体制……如果他们试图否认日本人赖以建构认同的陛下臣民的政体”，那么这些主和派将与军方狂热分子并肩作战，不会达成任何形式的和平。[72]

现在球被踢到了杜鲁门这边。博恩主张毫不妥协，史汀生则对此越来越恼怒。战争部部长在 8 月 8 日遭受了一次轻微的心脏病发作，但他仍然主张自己的观点——尤其是谴责“那些无知地反对天皇的大多数人，对日本的了解并没有超出吉尔伯特（Gilbert）和苏利文（Sullivan）的戏剧《日本天皇》（*Mikado*）的范围”。在 8 月 10 日一次具有历史意义的白宫会议上，莱希和福莱斯特支持史汀生的要求，认为应该立刻接受日本的提议。他告诉杜鲁门，只有天皇才能说服日本狂热分子投降，从而使我们“避免硫磺岛和冲绳事件的再度上演”。战争部部长早前曾告诉他的首席副官，他“认为应该在苏联人到达并开始支配日本本土前，将之控制在我们手中，这至关重要”。同时，博恩被他
253 自己的短视限制住了：他同意史汀生制止苏联人的主张，但又担心如果无条件投降被修改为保留饱受憎恨的天皇，杜鲁门（或许还有他自己）将会被“钉在十字架上”。作为一个杰出的国内“筹划者”，国务卿并无构思外交政策的才能。然而，他能够说服怀有不安全感的总统，让他相信自己与美国人民站在一起。福莱斯特建议做出妥协：重申《波茨坦公告》，但对天皇的未来地位持开放态度。博恩加了一句话用以维护杜鲁门：天皇和日本政府将“受到占领日本本土的盟军最高司令官的领导”。史汀生表示同意，并强调“司令官”一词“仅仅是为了排除在波兰等地出现的共管情况”。回应还包括《波茨坦公告》的条款，即日本的未来政府“应当由日本人民自由表达的意愿来建立”。[73]

在东京，强硬派再次将最后这句解读为美国削弱帝国体制的策略。8 月 11—14 日，主张接受美国回应的外相东乡和掌玺大臣木户一派与担心投降将永远摧毁神圣国体的阿南将军和军方一派爆发了严重的政治冲突。东乡和木户勉强阻止了军方在合约中加入额外新条件的要求——不占领日本或解除日本的武装。“神风特攻队”的发明者、海军总参谋部次长大西泷治郎试图说服他的上级，“如果我们能够牺牲 2000 万日本人的生命进行一次特殊攻击（‘神风’袭击），胜利将会

是我们的！”[74]

同时，盟军飞机和军舰发起了整个战争中最具毁灭性的攻击。史汀生和福莱斯特主张停止攻击，因为这并非必要，在政治上既不明智，也不道德。至少有一段时间，杜鲁门决定不再投放更多的原子弹，因为这“太可怕了”，尤其是杀死了“那些儿童”。但他拒绝停止大规模的常规攻击。8 月 10 日，英美军舰逼近近海并发射了大型炮弹，摧毁了钢铁城市釜石的大部分地区。8 月 13 日，随着苏军进入库页岛，1600 架美军战机轰炸了东京，用丘吉尔后来的话说，这座城市已经完全毁了，轰炸只能溅起碎石而已。8 月 14 日，B–29 重型轰炸机和其他战机摧毁了 6 个目标，杀死了数千人，其中 3 次袭击是在日本接受投降条款后发动的。然而，最重要的空袭发生在 8 月 13 日，当天， 254
传单被投放到全日本，其上是盟军的要求以及东京政府对 8 月 10 日通告的接受。在秘密讨论中，势力和愤怒都似乎得到加强的军方突然崩塌，不过，最高司令部的怒火仍然十分高涨，以至于木户担心军方可能控制政府。[75]

木户迫切要求他自儿时的好友——天皇召开帝国会议并终止战争。8 月 14 日，裕仁出手干预了。自 19 世纪 60 年代以来就援引天皇名义证明自己行动的合法性——通常十分虚伪——的军方，如今陷入了困境。军队中的一伙人冲进皇宫试图找到天皇接受和约的广播录音资料并销毁，但在此之前木户就机智地将许多重要文件用马桶冲走了。入侵者被忠诚的军队制止了。然而，其他军官烧毁了铃木首相的宅邸。木户收到紧急报告称军队正向东京进军以要求继续战争。[76]

这时，阿南将军以自己的表现注定留名于史。作为直言不讳的反对议和者，他本可以成为军方接管行动的先锋。他还可以通过辞职行使 19 世纪 70 年代后军方拥有的瘫痪政府的权力，摧毁铃木内阁并组建一个军方主导的新政府，但阿南没有这么做。他和日本海军军令部部长丰田副武（布托后来称他为“没有一艘军舰的海军司令”）希望继续战争，但不想违背天皇。军队起义的威胁一直持续到 8 月末。然而，正如史汀生预见的，对天皇的服从阻止了他们。在 8 月 15 日凌晨，喝了许多米酒之后（将军说“如果喝米酒，血就会流得更快”），阿南坐在自家地上，面对皇宫，先是切腹，随后砍脖自杀而亡。[77]

这一天晚些时候，震惊的国人听到天皇在广播中宣读了《帝国终战诏书》。他从未使用“投降”一词，也没有提及日本可能被占领。天皇回忆道，他们发动战争是出于“我们确保日本的自身安全和维持东亚稳定的真诚愿望”，而非出于“扩张领土”的要求。然而，“继续战争将导致人类文明的彻底毁灭”。他向日本军方致敬，并对其在亚
255 洲的盟友表示“最深的……歉意”，但对于自 1931 年以来数千万死于战火中的其他亚洲人和非亚洲人，天皇没有表示一丝一毫的歉意。他也没有为日本虐待西方囚犯的行为道歉，后者有四分之三死于惨无人道的监禁。演讲对日本人的影响令人震惊。后来的诺贝尔文学奖得主大江健三郎，在回忆他青年时目睹的 8 月那天的场景时说：

> 大人们坐在收音机前哭泣。孩子们聚集在外面泥泞的道路上因疑惑而窃窃私语。我们最惊讶和失望的是，天皇居然是在用人的声音说话，和任何大人都没什么两样……我们怎么能相信，拥有如此恐怖权力的威严存在，居然在一个夏日就变成了普通人呢？[78]

日本被打败了，但日本人似乎并未悔改。杜鲁门当然乐见近卫的目标得以实现——仅仅与英美打交道并防范任何军方与共产党合谋的接管行为。9 月 2 日，麦克阿瑟将军在美军“密苏里”（Missouri）号军舰上独自主持了日本投降仪式，外交官重光葵签署了投降协定。军舰主桅上方飘扬的美国国旗与 1941 年 12 月 7 日在首都上空飘扬的一样。1853 年佩里准将曾使用的旗帜被悬挂在了“密苏里”号的尾部炮

塔上，以清楚地表达美国人的态度。白修德在40年后回忆道，在这一仪式的高潮时刻，“随着麦克阿瑟宣布‘议程到此完毕’，我们听到了一阵轰鸣声并抬头仰视。在经过多年的举步维艰和一错再错之后，现在已经很难回忆起，那些日子里我们在布置事情的精确度上做得多么优秀。四百架B–29轰炸机在几个小时前从关岛和塞班岛起飞，在这一精准的高潮时刻正好到达‘密苏里’号上空。它们一直延伸到天际线的边缘”。[79]

8月30日，第一支美国占领军在未遭遇反抗的情况下抵达日本。几天后，《纽约时报》记者W.H. 劳伦斯（W.H.Lawrence）到达了广岛。作为记者，虽然在欧洲和太平洋战场上见多识广，他还是在报告中说：“我从未见过如此的死亡与毁灭的景象。”劳伦斯走过“仍然弥漫着尸体恶臭的街道”，幸存者“嘴上蒙着纱布，仍然在废墟里搜寻着遗体或财产”。日本医生告诉他，“即使在那一天爆炸中受轻伤的人，也失 256
去了86%的白细胞，体温达到104华氏度，头发开始脱落，毫无胃口，吐血并最终死去”——以每天100人的比率持续着。[80]

后来许多有根据的分析师们好奇，终战问题上的折磨和拖延是否是一个巨大而不必要的错误。著名外事局官员与最受尊敬的亲日派约翰·埃默森（John Emmerson）认为，做出一些对天皇的保证本可以更早地结束战争，“在长崎投放的第二颗原子弹确实是无意义的”。许多对相关证据进行了细致研究的学者一致认为，尽管杜鲁门在博恩的政治担忧和史汀生的战略建议之间表现犹豫是可以理解的，但总统迟迟不同意保留受到宪法限制的天皇，另外日本军方利用无条件投降的最后通牒要求战至最后一人的行径，导致了双方不必要的牺牲和第二颗原子弹“无意义”的投放（直到战争结束25年后，华盛顿当局才允许一部拍摄了轰炸后的长崎景象的电影上映，这些官员十分担心会被指控实施了不道德和不必要的暴行）。杜鲁门及其幕僚对斯大林不断前进的军队日益增长的担心，以及裕仁天皇“巨大的冒险行为”，最终终结了流血事件。[81]

美国在亚洲战争中获得了巨大胜利。一位英国外交官不无羡慕地承认，太平洋成了“美国的内海”。只有杜鲁门拥有史上最具破坏性武器的秘密（所谓的“弗兰肯斯坦”）。然而，虽然站在了一个“美国世纪”的顶端，美国却未能达成它具有历史意义的外交政策目标：一个向美国投资、贸易和信念开放的东亚。正如杜鲁门所了解的，中国正在“滑向混乱”并可能走向苏联阵营。东南亚似乎落入了过时的殖民主义或爆发的民族主义风潮之手。在美苏占领者的协定下，朝鲜被分为南北两部分。只有日本保持着不稳定的开放。然而，这一满目疮痍、困惑重重、经受了原子弹创伤的国家的未来也很难预料。同样难以预料的还有美国人是否能够实现他们的亚洲愿景：将日本人从梦想建立亚洲帝国的狂热民族主义者，改造为外向、民主的民族，以构成一个开放的全球多边体系的亚洲中心。[82]

注释

1. Walter McConaughy to Japan-American Society, Oct. 2, 1961, “State Department Press Release,” FO 371 FJ103145/13, PRO.
2. Miwa Kimitada, *Japanese Policies and Concepts for a Regional Order in Asia*, 1938–1940, Sophia University, Institute of International Studies, 1983, pp. 1–23; Akira Iriye, *Power and Culture*（Cambridge, MA, 1981）, pp. 64–66, 70; Michael A. Barnhart, *Japan Prepares for Total War*（Ithaca, NY, 1987）, p. 9.
3. 关于克莱顿的更多情况，见 Jonathan G. Utley, “The United States Enters World War II,” in John M. Carroll and George C. Herring, eds., *Modern American Diplomacy*（Wilmington, DE, 1986）, p. 99; Henry Luce, *The American Century*（New York, 1941）, pp. 16–19.
4. Hudson to Ashley Clarke, Feb. 10, 1943, FO 371 F877/877/61 , PRO; Wendell L. Willkie, *One World*（New York, 1943）.

5. Sept. 20, 1942, Leahy Diaries; Oct. 2, 1942, 同上; Akira Iriye, *Power and Culture* (Cambridge, MA, 1981), pp. 72–73; Hoover to R. L. Jones, Feb. 18, 1942, Post-Presidential Individual: Lloyd-Jones, Hoover Papers.

6. John W. Dower, *War Without Mercy* (New York, 1986), pp. 203–247, 特别是第 204 页、217 页、221 页、225 页、227 页、229 页。

7. Allan R. Millett and Peter Maslowski, *For the Common Defense* (New York, 1984), p. 408; Robert Goralski, *World War II Almanac: 1931–1945* (New York, 1981), 第 424—429 页的表格。

8. Richard J. Barnet, *The Rochets' Red Glare* (New York, 1990), p. 224; Kimball, *Corresp.*, I, 390.

9. 关于派尔的引语, 见 Dower, *War Without Mercy*, p. 78; Iriye, *Power and Culture*, p. 37; Roger Daniels, *Prisoners Without Trial* (New York, 1993), pp. 16、78–80.

10. Daniels, *Prisoners Without Trial*, pp. 17–18, 28; Daizaburo Yui, "From Exclusion to Integration," *Hitotsubashi Journal of Social Studies*, 24 (December 1992): 56–57; 关于"毒蛇"的引语, 见 Gary Y. Okihiro, *Margins and Mainstreams* (Seattle, WA, 1994), p. 169.

11. Richard Polenberg, ed., *America at War* (New York, 1968), pp. 98–102, 103–107.

12. Richard Polenberg, *One Nation Divisible* (New York, 1980), pp. 78–81, 84; Daniels, *Prisoners Without Trial*, pp. 40–41, 47–48; Okihiro, *Margins*, p. 137; Ronald Takaki, *A Different Mirror* (Boston, 1993), pp. 378–380.

13. 关于德威特和移民官员的引语, 见 Paul Gorden Lauren, *Power and Prejudice* (Boulder, CO, 1988), pp. 132–133; Sandra Taylor, *Jewel of the Desert* (Berkeley, 1993), 是对"拘禁"的一个主要案例研究。

14. Geoffrey S. Smith, "Doing Justice," *Public Historian*, VI (Summer 1984): 83–97; Daniels, *Prisoners Without Trial*, p. 64; Takaki, *Different Mirror*, pp. 376–377; *New York Times*, July 20, 1994, p. B1.

15. Daniels, *Prisoners Without Trial*, pp. 3–4, 88; Takaki, *Different Mirror*, pp. 400–402; Barnet, *Rochets' Red Glare*, pp. 230–231; Yui, "From Exclusion to Integration," pp. 55–68.

16. *New York Times*, July 20, 1994, p. B1; Clayton R. Koppes and Gregory D. Black, *Hollywood Goes to War* (Berkeley, 1990), pp. 60, 250–253; Polenberg, One

Nation, pp. 51–52; *Boston Globe*, Aug. 1, 1993, pp. B21, B25，乔恩·哈伯（Joe Haber）和约翰·加利根（John Galligan）在其中进行了精彩的分析。

17. Koppes and Black, *Hollywood*, p. 248; Polenberg, *One Nation Divisible*, pp. 69–70; Iriye, *Power and Culture*, p. 76; 关于李普曼的引语，见 Lauren, *Power and Prejudice*, pp. 13, 201.

18. Theodore Friend, *The Blue-Eyed Enemy* (Princeton, 1988), p. 279; Millett and Maslowski, *Common Defense*, pp. 401–402; Paul Kennedy, *Strategy and Diplomacy*, 1870–1945 (London, 1983), pp. 184–185.

19. Stanley L. Falk, "Douglas MacArthur and the War Against Japan," in William M. Leary, ed., *We Shall Return*! (Lexington, KY, 1988), pp. 2, 4, 58; *Washington Post*, Dec. 5, 1993, pp. C1–C5.

20. Millett and Maslowski, *Common Defense*, p. 401; Conrad C. Crane, *Bombs*, *Cities and Civilians* (Lawrence, KA, 1993), p. 122; 关于 1942 年的选举，见 Barnet, *Rochets' Red Glare*, p. 219; "Memorandum for General Marshall... ." from "Commander in Chief," July 15, 1942, PSF, container 3, Hopkins Papers.

21. Lt. Gen. H. H. Arnold to Roosevelt, *May 3*, *1942*, PSF, Japan, FDR Library; Millett and Maslowski, *Common Defense*, p. 420; Koppes and Black, *Hollywood*, pp. 266–267.

22. Kennedy, *Strategy*, pp. 186–188; 关于通讯情报局，见 James Bamford, *The Puzzle Palace* (Boston, 1982), pp. 43–44.

23. Kimball, *Corresp.*, I, 507; Kennedy, *Strategy*, pp. 187–188.

24. 关于两线策略最优秀、最具批判性的描述，以及军种之间的竞争如何对这一策略施加影响，参见 Ronald H. Spector, *Eagle Against the Sun* (New York, 1985); Goralski, *World War II Almanac*, p. 263; Millett and Maslowski, *Common Defense*, pp. 407, 422.

25. 本段与上一段可参见 John Welfield, *Empire in Eclipse* (London, 1988)，第 31 页有关于近卫团体的内容; Kimball, *Corresp.*, I, 305; David Halberstam, *The Next Century* (New York, 1991), pp. 58–59; Goralski, *World War II Almanac*，第 382 页、421 页有花费的数据及冰激凌的故事; Thomas Havens review of Ben-Ami Shillony, *Politics and Culture in Wartime Japan*, in *JJS*, 9 (Winter 1983): 185–186; Kennedy, *Strategy*，第 181—182 页有关于日本决策过程的内容，以及 pp. 183–

192；Barnhart，*Japan Prepares*，第197页有关于原材料的数据；关于轴心国的合作，见 Ian Nish，*Japanese Foreign Policy，1869–1942*（London，1977），p. 247.

26. Dower，*War Without Mercy*，p. 231；James J. Weingartner，"Trophies of War，" *Pacific Historical Review*，61（February 1992）：56–65.

27. Friend，*Blue-Eyed Enemy*，pp. 59–61，281；W. G. Beasley，*Japanese Imperialism，1894–1945*（New York，1991），p. 245；关于北越饿死人的更多情况，见 Thomas R. Havens，*Fire Across the Sea*（Princeton，1986），p. 15.

28. Beasley，*Japanese Imperialism*，pp. 240–243，248–249；关于与《大西洋宪章》的比较，见 Iriye，*Power and Culture*，p. 119；Friend，*Blue-Eyed Enemy*，pp. 100–101，260.

29. "President's Conversation at Luncheon，" Nov. 13，1942，PSF：United Nations，box 102，FDR Library；"Memorandum-Hopkins，Eden Visit，" March 27，1943，box 138，Hopkins Papers；Strang Foreign Office Minute，March 29，1943，FO 371 F1878/25/10，PRO，特别是巴特勒（Butler）对中国的评价；及 Butler Minute on Clauson to Ashley Clarke，Oct. 25，1943，FO 371 F5611/74/10，PRO.

30. "Joint Chiefs of Staff Strategic Plan for the Defeat of Japan，" May 8，1943，JCS 287/1，FDR Library；Report of talk from Dominions Office to Canada，etc.，Jan. 12，1944，FO 371 F118/66/61，PRO；关于日本与中国的接近，见 Iriye，*Power and Culture*，pp. 44–45，及 pp. 98–100，109.

31. May 2，1943，Leahy Diaries；E. J. Kahn，Jr.，profile on Stilwell in *New Yorker*，April 8，1972，p. 64；Millett and Maslowski，*Common Defense*，p. 434；关于飞越"驼峰"的危险，见 *Washington Post*，Dec. 8，1993；FDR to Admiral Brown，enclosure，Dec. 4，1944，Map Room，Naval Aide，China，FDR Library.

32. Stettinius to Grew，May 24，1944，Division of Far Eastern Affairs，box 217，Stettinius Papers；FDR to Chiang，Aug. 21，1944，enclosed in Marshall to FDR，Aug. 18，1944，Map Room，FDR Library；关于史迪威的引语，见 Jonathan Spence，*To Change China*（New York，1980），pp. 263–264；FDR to Admiral Brown，enclosure，Dec. 4，1944，Map Room，Naval Aide，China，FDR Library.

33. 关于白修德的引语，见 *Life*，May 1，1944，pp. 101–103；"Special Information for the President，" from Stettinius，Nov. 27，1944，PSF：State Department，FDR Library；关于赛珍珠的隐喻，见 Gore-Booth to Far Eastern Department，Sept. 18，1944，

FO 371 F4552/357/10, PRO；关于美国商界的反应，见 FO Research Department, Oct. 9, 1944, FO 371 AN334/20/45, PRO；关于赫尔利的故事，见 Seymour to Sterndale Bennett, May 17, 1945, FO 371 F3172/127/G61, PRO.

34. Millett and Maslowski, *Common Defense*, pp. 442–444; Falk, "MacArthur," p. 15; Kennedy, *Strategy*, pp. 189–190.

35. 关于塞班岛，威廉·布兰尼根（William Branigan）写了一篇精彩的回忆，发表于 *Washington Post*, June 15, 1994, pp. A27–A28; Millett and Maslowski, *Common Defense*, pp. 443–444.

36. Falk, "MacArthur," p. 10; John Ray Skates, *The Invasion of Japan*（Columbia, SC, 1994）, p. 135；关于麦克阿瑟所谓的威胁，见 Kimball, *Corresp.*, Ill, 191–193; Millett and Maslowski, *Common Defense*, pp. 444–445; Paolo E. Coletta review of Edward J. Drea's *MacArthur's Ultra Codebreaking in Pacific Historical Review*, 63（February 1994）: 118–119; Goralski, *World War II Almanac*, pp. 353–354.

37. *Washington Post*, Oct. 27, 1994, p. A34; Falk, "MacArthur," p. 19; Millett and Maslowski, *Common Defense*, p. 461；关于马尼拉与华沙的对比，见 Spector, *Eagle Against the Sun*, pp. 416–417.

38. Kimball, *Corresp.*, Ill, 448–449.

39. 本段与下一段主要的资料来源是 Millett and Maslowski, *Common Defense*, pp. 457–462; Crane, *Bombs*, p. 132.

40. Akira Iriye, "Continuities in U.S. –Japan Relations, 1941–49," in Akira Iriye and Yonosuke Nagai, eds., *The Origins of the Cold War in Asia*（New York, 1977）, pp. 380–382; Halifax to Foreign Office, Feb. 22, 1943, FO 371 F1317/1317/61, PRO.

41. Robert E. Ward, "Presurrender Planning," in Robert E. Ward and Sakamoto Yoshikazu, eds., *Democratizing Japan*（Honolulu, 1987）, pp. 36–37; Mitani Taichiro, "Senzen senchuki Nichi–Bei kankei ni okeru sin–Nichiha gaikakan no yakuwari: J. Barantain to E. Douman ni tsuite"［The Role of the Pro–Japanese American Diplomats in U.S.–Japanese Relations, Before and During the Pacific War: Joseph Ballantine and Eugene Dooman］, *Gaiko Forum*, 36–39（September–December 1991）: 67–69.

42. Hugh Borton, *American Presurrender Planning for Postwar Japan*（New York, 1967）, pp. 12–13.

43. Mitani, "Senzen senchuki Nichi-Bei," pp. 69–71; Ward, "Presurrender," pp. 3–4, 9, 19–20.

44. Borton, *Planning*, pp. 15–17; Iriye, "Continuities," p. 386; 关于格鲁集团的更多情况，见 Gabriel Kolko, *The Politics of War* (New York, 1968), p. 544; Ward, "Presurrender," pp. 7, 23–24.

45. Iriye, *Power and Culture*, pp. 126–127; Kolko, *Politics of War*, pp. 544–545.

46. Harriman to Hopkins, Sept. 10, 1944, Harriman file, Hopkins Papers; Borton, *Planning*, pp. 13, 30; 关于罗斯福的更多内容，见 Diane Shaver Clemens, *Yalta* (New York, 1970), p. 245; *The Economist*, Aug. 26, 1944, pp. 267–268, 获得了特殊外交部门的注意。

47. 关于罗斯福与中国的更多情况，见 Kimball, *Corresp.*, Ill, 524; Lloyd C. Gardner, *Economic Aspects of New Deal Diplomacy* (Madison, WI, 1964), 第 310 页引用了罗斯福的话; "Memorandum for the Secretary's Files," Quebec, Sept. 15, 1944, Morgenthau Diaries, book #6; Oct. 24, 1944, Leahy Diaries; 关于印度支那事件的概述，见 J. C. Sterndale Bennett to War Cabinet Chiefs of Staff Committee, March 3, 1945, C.O.S. (45) 143 (O) CAB80.92, PRO; *FRUS*, *1945*, *Berlin*, I, 939.

48. U.S. Congress, House, Committee on Armed Services, *United States–Vietnam Relations*, *1945–1947*, 12 vols. (Washington, DC, 1971), I, A19–A20; 关于罗斯福临终前的话，见 "Record," vol. VI, April 8–14, 1945, Stettinius Papers; Ernest Llewellyn Woodward, *British Foreign Policy in the Second World War* (London, 1962), pp. 534–535.

49. Millett and Maslowski, *Common Defense*, pp. 463–464; Goralski, *World War II Almanac*, pp. 392–394, 396, 400, 409.

50. Crane, *Bombs*, pp. 118–119 (关于罗维特的引语), p. 120, pp. 133–136 (关于史汀生的引语); Millett and Maslowski, *Common Defense*, p. 456; Grew to Frederic W. H. Stott, March 31, 1945, Letters, Grew Papers.

51. 关于 1965 年的演讲，见 Harry S. Truman, *Where the Buck Stops*, ed. Margaret Truman (New York, 1989), pp. 205–206; Louis Morton, "Analysis of Decision," in Kent Roberts Greenfield, ed., *Command Decisions* (Washington, DC, 1960), pp. 394–396; Skates, *Invasion*, pp. 96–97 (关于毒气战), pp. 237–238, p. 243 (关于马歇尔); Barton J. Bernstein, "A Postwar Myth: 500,000 U.S. Lives Saved," *Bulletin*

of Atomic Scientists, 42 (June–July 1986): 38–40; Barton J. Bernstein, "The Atomic Bombings Reconsidered," *Foreign Affairs*, 74 (January–February 1995): 149.

52. Private calendar notes, March 13, 1945, box 224, Stettinius Papers; Konstantin Pleshakov, "Taiheiyo Stalin no ketsudan" [The Pacific War: Stalin's Choices] in Hosoya Chihiro, *et al.*, eds., *Taiheiyo senso* [The Pacific War](Tokyo, 1993), pp. 184–190.

53. Iriye, "Continuities," p. 392; Morton, "Decision," p. 396; *FRUS*, *1945*, VII, 864–878.

54. Robert L. Messer, *The End of an Alliance* (Chapel Hill, NC, 1982), pp. 16–23, 51–70, 79–80; Borton, *Planning*, p. 24; Bernstein, "Atomic Bombings Reconsidered," pp. 142–146.

55. 本段与上一段可参见 Memo from Hoover–Truman meeting, May 24, 1945, Post-Presidential Individual: Truman, Hoover Papers; 关于亲日派，见 Mitani, "Senzen senchuki Nichi–Bei," pp. 71–80; Borton, *Planning*, pp. 21, 29; Kolko, *Politics of War*, p. 457; 关于马歇尔，见 Skates, *Invasion*, p. 239; Grew to Randall Gould, April 14, 1945, Grew Papers; Grew to Judge Samuel I. Rosenman, June 16, 1945, Grew Papers.

56. 本段与上一段可参见 Gregg Herken, *The Winning Weapon* (Princeton, 1988), pp. 13–14; Iokibe Makoto, *Nichi–Bei senso to sengo Nihon* [U.S. –Japan War and Postwar Japan](Osaka, 1989), pp. 112–120 (关于史汀生与京都); Martin Sherwin, *A World Destroyed* (New York, 1987), pp. 202–203, 229–231; July 24, 1945, Stimson Diary.

57. Townsend Hoopes and Douglas Brinkley, *Driven Patriot* (New York, 1992), pp. 208–209, 212.

58. June 6, 1945, Stimson Diary.

59. *New York Times*, Dec. 12, 1983, p. 18E; Herken, *Winning Weapon*, pp. 17–19; Messer, *End of an Alliance*, pp. 102–103; Pleshakov, "Taiheiyo Stalin no ketsudan," pp. 191–193.

60. Harry Truman, *Off the Record*, ed. Robert H. Ferrell (New York, 1980), p. 53; Melvyn Leffler, *A Preponderance of Power* (Stanford, 1992), p. 83.

61. July 17, 1945, Stimson Diary; Pleshakov, "Taiheiyo Stalin no ketsudan," pp. 195–198; Leffler, *Preponderance of Power*, pp. 83–89; Messer, *End of an Alliance*, pp.

103–104.

62. July 24, 1945, Stimson Diary; Barton J. Bernstein, "Research Note," *DH*, 16 (Winter 1992): 163–173, 讨论了替代选择以及杜鲁门的不实之词; Borton, *Planning*, p. 26.

63. OSS to State, "Source Unknown to JA," July 31, 1945, Lot Files 56D 225, 56D 256, Records of the Bureau of Far Eastern Affairs, 1945–1953, NA, RG 59; Committee for the Compilation of Materials on Damage Caused by the Atomic Bombs in Hiroshima and Nagasaki, *Hiroshima and Nagasaki* (New York, 1981), pp. 11–21, 87–92; Sherwin, *World Destroyed*, p. 232 (关于美军战俘); Donna R. Casella, "Rebirth and Reassessment," *Journal of American and Canadian Studies*, 4 (Autumn 1989): 133–138; Godfrey Hodgson, *The Colonel* (New York, 1990), pp. 337–338.

64. *New York Times*, Aug. 7, 1945 in *NYT–GCI*, pp. 133–135; Kai Bird, *The Chairman* (New York, 1992), p. 259; Barnet, *Rockets' Red Glare*, p. 265.

65. Committee for Compilation of Materials, *Hiroshima and Nagasaki*, pp. 27, 55–56, 115; 关于杜鲁门的"畜生"的言论，见 Weingartner, "Trophies."

66. Herken, *Winning Weapon*, p. 21; Aug. 8, 1945, Leahy Diaries; 关于斯大林与日本，见 Kolko, *Politics of War*, pp. 598–599; 关于斯大林的政策，见 Sergei N. Goncharov, *et al.*, *Uncertain Partners* (Stanford, 1993), pp. 3, 9–10; "Memorandum for the President," Aug. 11, 1945, Lot File 53D 444, NA, RG 59.

67. 关于苏联的解禁档案，见 Letter to Editor from Robert Cowley, *New York Times*, Feb. 2, 1995, p. 16.

68. Stephen S. Large, *Emperor Hirohito and Showa Japan* (London, 1992), pp. 117–119.

69. Yoshitake Oka, *Konoe Fumimaro* (Tokyo, 1983), pp. 171–174, 分析了该备忘录; Iriye, *Power and Culture*, pp. 220–222; Welfield, *Empire*, pp. 32–35; Kolko, *Politics of War*, pp. 550–551.

70. 关于近卫，见 James W. Morley, "The First Seven Weeks," *Japan Interpreter*, 6 (no. 2, 1970): 152–154; Kennedy, *Strategy*, pp. 193–194.

71. Robert J. C. Butow, *Japan's Decision to Surrender* (Stanford, 1954), pp. 140–149, 243–244 (关于《波茨坦公告》的文本).

72. Butow, *Japan's Decision*, pp. 141, 243; Hata Ikuhiko, *Nihon saigunbi* [The Historical Record: Japan's Rearmament] (Tokyo, 1976), 第 17 页有"双重冲击"。

73. Hodgson, *The Colonel*, p. 338; Aug. 10, 1945, Stimson Diary; James Forrestal, *The Forrestal Diaries*, ed. Walter Millis (New York, 1951), p. 83; Barton J. Bernstein, "The Perils and Politics of Surrender," *PHR*, 46(February 1977): 6–7; 美国的回应见 Butow, *Japan's Decision*, p. 245; 及 David Robertson, *Sly and Able: A Political Biography of James F. Byrnes*(New York, 1994), pp. 434–437.

74. Butow, *Japan's Decision*, pp. 192–205; lokibe, *Nichi–Bei senso to sengo Nihon*, pp. 115–124.

75. Bernstein, "Perils and Politics," pp. 9–17; Goralski, *World War II Almanac*, pp. 416–417.

76. Marquis Kido Koichi, *The Diary of Marquis Kido, 1937–1945* (Frederick, MD, 1984), pp. 448–450.

77. Butow, *Japan's Decision*, pp. 206–209, 218–220; Large, *Emperor Hirohito*, pp. 124–129.

78. lokibe, *Nichi–Bei senso to sengo Nihon*, p. 125; 改写版见 Maki, *Documents*, pp. 123–124; 关于囚犯待遇的优秀论文，可参见 Stanley L. Falk, "Prisoners of Japan," *JAEAR*, 4 (Fall 1995), 特别是第 279—281 页; Oe Kenzaburo, *A Personal Matter* (New York, 1968), pp. vii–viii.

79. Theodore White, "The Danger from Japan," *New York Times Magazine*, July 28, 1985, pp. 19–21.

80. *New York Times*, Sept. 5, 1945, in *NYT–GCI*, pp. 142–143; Robertson, *Sly and Able*, pp. 434–437.

81. John K. Emmerson, *The Japanese Thread* (New York, 1978), p. 240; Bernstein, "Atomic Bombings Reconsidered," pp. 135–152; Sherwin, *World Destroyed*, chapters 8–9; Gar Alperovitz. *The Decision to Use the Atomic Bomb* (New York, 1995), 特别是第 610—612 页关于长崎的电影，及第 629–670 页; 来自 *DH* 的重要文章，收录在 *Hiroshima in History and Memory*, ed. Michael L. Hogan (New York, 1996); 及 Ian Buruma's "The War Over the Bomb," *New York Review of Books*, Sept. 21, 1995, 特别是第 34 页关于长崎的内容。

82. Balfour to Foreign Office, Aug. 25, 1945, FO 371 AN2597/4/45, PRO; Barnet, *Rockets' Red Glare*, p. 264; 关于 1945 年末亚洲情势的一个比较好的综述，见 William H. McNeill, *America, Britain, and Russia*(New York, 1953), p. 640.

第九章　创造一个新日本：改革、反转和战争（1945—1951年） 257

一　“要么给我面包，要么给我子弹”

作为唯一握有原子弹秘密的超级大国，作为意图建立开放、公正的世界市场的经济强国（控制着世界上全部工业生产的一半），作为计划在日本实现民主化和非军事化的民主战胜国，美国开启了二战后的时代。然而，在仅仅6年的时间里，这个设想中的美国世纪就被改变了：苏联引爆了自己的原子弹。世界上最大的两个国家苏联和中国结成了联盟。在日本，处境艰难的美国官员并没有推行民主化和非军事化，为了在亚洲进行热战和在全球进行冷战，不得不从事经济和军事建设。

这一切的开端似乎都很顺利。华盛顿当局毫无异议地统治着地球上最大的海洋，流行歌曲传唱的“具体地讲，这是我们的太平洋”成了现实。1946年夏，海军部部长詹姆斯·福莱斯特告诉杜鲁门的班子组，“如今，中国成了我们的东邻”。并非所有之事都尽如人意。满目疮痍的日本面临着饥荒。中国正分为国共两大阵营。长期以来都是门 258
户开放政策的主要目标的中国东北，如今驻扎着苏联红军。英国、法国和荷兰在东亚殖民地的统治被日本占领并削弱后，继之在民族主义武装面前倒塌。确保朝鲜统一的战时协定已经化为乌有。但美国似乎还拥有纠正这些事情的能力，或至少让它们变得可接受的能力。[1]

1945 年后，如同 1918 年后一样，美国梦被俄国人和革命者摧毁了。1945 年 9 月，吹嘘在中国东北已经“敲定”了门户开放政策的两个月后，哈里·杜鲁门总统从美国情报部门得知，斯大林正为了迅速重建被战争破坏的苏联而“洗劫”远东。美国取得二战胜利的筹划者乔治·马歇尔将军警告，如果不救活蒋介石，“中国将会陷入分裂，苏联也会恢复在中国东北的势力……连锁反应将导致我们进行太平洋战争的主旨功亏一篑”。杜鲁门试图避免这一灾难，随着日军撤离，他派遣了 11 万美军前往中国帮助蒋介石占领战略要地。总统随后派马歇尔在调停国共分歧的同时保证蒋介石的领导地位，但随着恶性通胀和腐败毁灭了中国经济，总统的这些举措都未奏效。[2]

为远东设立的雅尔塔体系已经不复存在。1945 年 11 月，英国外交部官员 J.C. 唐纳利（J.C.Donnelly）在给同事的信中写道：“我认为……美国倾向于从中国撤离的主要理由是，美国人如今将日本和他们占领的前日军基地视作太平洋的堡垒……因此，尽管似乎不幸且自相矛盾，但战败的日本可能从美国的保护中获益，而原本获胜的中国则将仰共产主义者之鼻息，无论他们来自本土还是苏联。”[3]

华盛顿的决策者认为，他们面临的替代性选择少得可怜且令人担忧。美国贸易专家亨利·格雷迪（Henry Grady）警告，“资本主义体系本质上是一个国际体系。如果它不能在国际范围内运转，就会完全
259 崩溃”。伴随美国工业产值在 1945—1946 年下降了 30%，这样的观点得到了加强。失业率陡增，民调显示，民众对 1929 年危机重演的担忧与日俱增。[4]

杜鲁门及其幕僚完全理解迅速重建和运作国际经济的需求。战后体系的基础将是 1944 年由美国及其盟国在新罕布什尔度假村建立的布雷顿森林体系。这一体系并不是威尔逊主义的延续——它并未遵从

伍德罗·威尔逊和其他进步派人士的希望：国际经济政策将由私人银行家（例如20世纪20年代的托马斯·拉蒙特和梶原仲治）自行制定。这些银行家在1929年后自我毁灭了。政府如今扮演了关键角色，不仅制定了相关原则和建立了机构，还提供了至关重要的资金。1945年，这些资金储备几乎完全来自美国。因此，如果英国、法国或日本想重建其社会，就不得不接受在布雷顿森林体系中提出的美国原则。这三个国家确实接受了这些原则的大部分，但斯大林没有。1946年初，博恩遗憾却又准确地告诉杜鲁门内阁“国家政策唯一没有受到资本影响的就是苏联”。[5]

因此，到1946年，美国官员不得不与一个部分开放的世界打交道，也就是那些没有被苏军占领的区域。在亚洲，这意味着杜鲁门所面临的是将斯大林势力限制在海湾的“庞大工程”，同时赶在新民族主义者将经济急剧转左之前，建立一个行之有效的体系。亚洲的关键点在于日本。正如1945年《降后政策》（Postsurrender Policy）所公布的，日本人将“完全缴械并非军事化”：其社会将被彻底改革，“封建和独裁倾向”将被修改；旧经济格局也将被拆解，“大型工业金融集团”会遭解散。1945年年末，美国当局摧毁了日本建造的用于生产核能的粒子加速器并将之投入大海。美国科学家强烈谴责这一破坏行为，为此，战争部部长罗伯特·帕特森（Robert Patterson）辩解道，让日本人保有加速器如同“给了阿尔·卡彭（Al Capone）一把手枪”。[6]

1945年年末，重建工作似乎前景不佳，甚至十分令人不快。毕竟在本年初日本还有组织地处决了美国飞行员。1945年8月12日，8名飞行员被枪毙，8月15日，即使在天皇接受投降条款后，日本军方又枪毙了8名美军飞行员。日本主流报纸《朝日新闻》在印刷投降新闻时反复强调了“我们种族的优越性”，这一主题也被其他出版物采用。显然，几个世纪的信念并不会突然间被扭转。[7] 260

然而，对于美国占领者来说，幸运的是至少日本对他们的看法在改变。正如历史学家本间长世（Homma Nagayo）后来说的，这一看法最大的改变发生在1941—1945年间。一度被视为弱小敌人的美国以无法想象的力量导致了日本现代史上的第一次军事失败。然而，胜利者并不像传统征服者一样大肆掠夺，他们像日本平民一样，可以共事。后来的外相藤山爱一郎在回忆1945—1946年的景况时说，“许多工业家打开香槟庆祝他们的新时代的到来”。而且，这些日本人清楚地知道，在亚洲，他们的国家正遭厌恶，其唯一可能的朋友就是美国。随着300万日军和平民重新开始依赖已经崩溃的经济讨生活，美援的重要性得以凸显。1945—1946年的糟糕收成只有战时水平的60%。饥荒正在逼近。担任占领军负责人的第一周里，愕然的麦克阿瑟将军告诉华盛顿：“要么给我面包，要么给我子弹。”1945年9月17日，一场毁灭性的台风来袭，尤其蹂躏了本就缺乏医院、药物、警察、消防员和粮食的广岛。美国需要日本扶正东亚世界，日本需要美国帮它生存下来。[8]

这两个国家还有另外一个最重要的共同目标：维持日本的统一，决不允许出现像德国那样的分裂状况。到访日本后，帕特森告诉国内同僚，日本人“极度恐惧被苏军占领”，故而更愿意接受美国占领军。美国的盟国坚持要求在其中扮演一些角色，因此博恩同意建立一个由11国组成的远东委员会（Far Eastern Commission），以及一个三巨头与中国联盟理事会（Allied Council of the Big Three Plus China）。苏联人很准确地抱怨道，他们被当成了“一件多余的家具”［或是被当成了“飞翔的荷兰人”（the Flying Dutchman）：为了取乐，麦克阿瑟让苏联代表的飞机在东京上空盘旋好久后才允其降落］。英国后来将远东委员会称作“无用的组织”，也很准确，但杜鲁门对此置若罔闻。[9]

尽管总统将占领事务完全交给了麦克阿瑟，但却并非乐意。他在1945年6月写道，“自大先生、达官权贵、五星上将麦克阿瑟比卡波特们和洛奇们还要糟糕，后者在做之前至少要告诉上帝，与彼交谈，麦克则只会通知上帝”。新总统对于美国能在造就罗伯特·李和艾森豪威尔的“同时造就卡斯特们和麦克阿瑟们”感到百思不得其解。 261
杜鲁门同时派出了经验丰富的外交官、远东事务专家乔治·艾奇逊（George Acheson）作麦克阿瑟的政治顾问。麦克阿瑟先是无视艾奇逊，后来又对之极尽拉拢，直到 1947 年艾奇逊不幸死于一场空难。[10]

1945 年 9 月，麦克阿瑟抵达横滨附近一家几乎没有设防的神风训练基地，有传言说狂热分子已经盯上了他。将军驾车穿过站满 3 万日军的街道，此被丘吉尔称为“战争中所有惊人之举”中最勇敢的行动。不幸的是，他的汽车抛锚了，最高司令官不得不在路上等了 15 分钟，日本平民纷纷注视着这一场景。麦克阿瑟成功奠定了基调。他公开声称自己是无与伦比的“亚洲思想”专家（虽然他私下承认“即使在这些人中间生活了 15 年，我还是无法理解他们”），领悟了真谛：只要在适当条件下日本人就会合作。他还理解并利用了悠久的将军传统，甚至将自己的办公室建在天皇皇宫的对面，以表现其神圣性。著名日本研究学者（英国外交官）乔治·桑塞姆（George Sansom）在与将军交谈后写到，麦克阿瑟表达自己的观点“就像他似乎拥有绝对的正确性和超人的正义性”。他“并不总是忠实于事实”，虚荣心是他最大的问题，桑塞姆如是总结道。日本人与这样性格的外国人打交道已经并非第一次了。他们还听说（可以理解的是，杜鲁门对此十分担忧），传言麦克阿瑟很可能获得 1948 年共和党总统候选人提名。[11]

将军行动神速。尽管有 40 万美军维持秩序，但他还是给日本军方留了面子，让他们自行缴械。他甚至还邀请日本军官参加占领机构，而美军则占据了临近苏联和中国边境地区的数百英亩土地用以设立监听岗哨。最重要的是，麦克阿瑟迅速解决了天皇问题。1945 年 9 月 18 日，来自佐治亚的民主党实权议员理查德·拉塞尔（Richard Russell）提出了一项参议院议案，要求将裕仁列为战犯。大多数美国人都支持拉塞尔，但他没有获得亲日派或麦克阿瑟的支持。将军告诉华盛顿，“没有具体确切的证据表明”天皇和战争罪行之间存在联系，而且“控告天皇无疑将导致巨大的震动”，实现民主的希望将不复存
262 在，日本政权转而会“投向共产主义阵营”。麦克阿瑟知道如何击中华盛顿的软肋。在完成了他自谦地称为“史上最伟大的赌博”之后，将军取得了最后胜利。

9 月 27 日，事态取得了突破，天皇身着礼服礼帽前往美国大使馆与身着卡其装、敞开衣领的麦克阿瑟会面。虽然裕仁天皇并不吸烟，但还是紧张地接受了将军递来的一支香烟。在一张迅速流布的照片里，将军要比天皇高大不少，他们都注视着镜头。（日本官员觉得这张照片是对天皇的大不敬，试图阻止它传播。这一要求立刻被美国人驳回了。日本自由派领袖高见顺说道，他如今可以写任何东西：“自我出生以来，这是我第一次体验到自由。”）会面进展顺利。麦克阿瑟“从骨子里”被感动了。接下来的 6 年里，两个人将带着相互的钦佩感共事。当然，通过赦免天皇的战争罪行，将军还使一部分希望逃避自己历史的日本人有望得偿所愿。[12]

麦克阿瑟带来了一位美国教友派信徒伊丽莎白·格雷·范宁（Elizabeth Gray Vining），以教导明仁皇太子（1989年登基，成为天皇）。同时，毫不客气地赶走了曾在这一教学岗位上的英国人，为此，被赶走者气急败坏、沮丧不已。几年后，当无礼的参议员威廉·富布莱特（William Fulbright，来自阿肯色）秘密询问外交官约翰·福斯特·杜勒斯时，这一新关系得到了简洁的定义：

> 主席〔汤姆·康纳利（Tom Connelly），来自德克萨斯〕：你说天皇会给麦克阿瑟打电话，但麦克阿瑟从不给天皇打电话？
>
> 杜勒斯：没错……
>
> 参议员富布莱特：你认为，这是否表明天皇不再被当作

神明？

杜勒斯：是的。

参议员富布莱特：这是否说明了麦克阿瑟是什么样的人？

杜勒斯：……我诉诸于宪法给予我（保持沉默）的权利。[13]

二　占领的第一时期（1945—1947年）

英国驻日占领军很快发现，自己正在一场独角戏中扮演第二提琴手的角色，但这场戏还需要一位观众。作为观众，日本人起初高估了自己的影响力。

得知博恩在1945年12月达成了一笔包含两部分内容的交易后，日本人愤怒了。苏联支持美国占领重要的、一度为日本控制的密克罗尼西亚群岛；作为条件，美国支持苏联控制千岛群岛和位于日本北大门的南库页岛。1945年9月，当麦克阿瑟当局命令日本媒体不要报道有关原子弹爆炸的受害者和危害的消息时，日本人一度愕然。8月，近卫及其朋友们小心地组建了由亲王东久迩宫稔彦王领导的内阁，以维持秩序，与麦克阿瑟共事，并将权力掌握在保守派手中，但麦克阿瑟公开否定了这一内阁，致使日本人再次被震惊。麦克阿瑟无视内阁，命令恢复公民自由权。政府被迫辞职。54岁的近卫因自己将被定为战犯而感到心烦意乱，同时，对自己挚爱的国家“将落入共产主义之手”持悲观态度，于是，服氰化钾自尽。随后建立的币原内阁掌权到1946年5月。即使每一步都小心翼翼地获得麦克阿瑟的许可，币原也没能保住这个来自20世纪20年代的“幽灵”。币原发表了恶劣的公开声明——是中国在20世纪30年代初对待日本的方式不当，而非日本军国主义自身导致了战争——这既不符合历史事实，也伤害了美国人的感情。[14]

263

1946年5月，吉田茂成为首相（兼外相）。这位自由党新领导人将成为占领时期及以后日本的关键人物。吉田上台时就已经68岁，是一位武士和艺伎的第五子，毕业于声名显赫的东京大学，曾在华盛顿、伦敦和天津担任外交官，并与一位实权派外交官的女儿结了婚，岳父以自己的影响力让他在1928年成了田中内阁的外务副大臣，随后出任驻英大使。与田中的关系表明，吉田强烈支持在华北建立伪政权，就如同支持吞并朝鲜和干涉西伯利亚（俄国远东）事务一样。但他一直认为，20世纪30年代的军国主义政府是国家历史上一条惨痛的歧路，在对潜在力量进行了简要分析后，那些年里他更支持与英美而非德国建立联系。1944—1945年，他与近卫通力合作结束了战争（因此而被逮捕了40天）。[15]

这一背景解释了吉田组阁为什么能够符合占领时期的需要。而且他希望恢复如今支离破碎但极具历史意义的“国体”（国家政体），并
264 认为后者的荣耀和意义远远超过了民族国家。为了实现这一理想，他在管理自由党并在后来执掌国家时，均保持了铁腕风格。

在整个占领时期，吉田巧妙地利用了美国决策者之间的分歧。在华盛顿，国务院、财政部和军方就和平和改革的时间表争论不休，甚至在各自部门内也激烈争吵。例如，在国务院，一部分官员希望将日本完全置于联合国控制之下，另一部分则请求尽早结束占领以赢得日本人心，还有些官员希望永久留在日本以确保其维持和平的民主体制。这样的分歧以及华盛顿当局在其他地方面临的冷战危机——这一当务之急，给了麦克阿瑟的司令部和日本政客极大的自由活动空间。考特尼·惠特尼（Courtney Whitney）少将（来自政府）相信，只有通过“迅速左转”，才能保全日本。查尔斯·A.威洛比（Charles A. Willoughby，G–2情报部门）少将则在任何地方都能看见“左翼分子及其同道”。[16]

麦克阿瑟最初听从了惠特尼的意见。近卫和继任的吉田可能担心

军方与共产主义联手掌握政权，但在 1945 年 10 月，麦克阿瑟首次赋予了仅有 600 名成员的日本共产党以合法性——从 1922 年成立以来这尚属首次。通过在警察权力方面的大规模分权，基层民主得到鼓励。东京官员于 1940 年解散了独立工会，但 1945 年 12 月至 1947 年 3 月通过的三部法律给予了劳工自我组织、集体议价、发起罢工和享受健康保险等福利措施的权利。工会成员数量从 1945 年 8 月的 0 人猛增到 675 万人（1948 年统计）。然而，当认为共产党控制的工会所领导的大规模罢工威胁到大局时，麦克阿瑟退缩了。1947 年 2 月，他将有计划的大罢工定为“非法”。1948 年，他颁布法令，规定公务员既不能罢工也不能“集体议价”。对于早期的改革，吉田和自由党纵没有公开表示敌意，也十分怀疑，不过，他们对麦克阿瑟后来颁布的法令感到高兴。[17]

在驻日盟军最高统帅部的指令下，1945 年 10 月政府下令释放了监狱和集中营里的近 100 万名政治犯。被麦克阿瑟逮捕并送往战犯法庭的 1000 名官员迅速沦落到之前政治犯的境遇。7 人被宣判死刑，包括东条英机、关东军的两位司令官，以及驻中国和菲律宾的军事统帅。
18 人（包括裕仁的亲信幕僚木户侯爵）被判处长期监禁。由此，引 265
发了一阵抗议风暴。许多美国人和苏联人要求惩处更多的日本人。另一些人则认为审判十分虚伪，定罪是事先安排的，刑罚开创了危险的先例。温斯顿·丘吉尔告诉福莱斯特，在盟国需要日本人合作时，绞死“重要人物”十分“愚蠢”：“如果盟国失败，罗斯福和我都会被处死。”刻薄记者 H.L. 门肯（H. L. Mencken）说道，麦克阿瑟处死了本间雅晴将军，“那个在巴丹的公平对决中击败他的人”，门肯认为足以证明本间犯有战争罪的证据十分薄弱。清洗行动在政府、商界和学术界展开，铲除了 20 万名日本人，这同样引发了争议。一些批评者警告，这一数字仅仅是德国清洗行动的一半。其他人相信这一围捕行动既消灭了“无辜的生命”，又摧毁了支撑国家运转所需的官僚机构。[18]

受到吉田蔑视的清洗运动很快被“拨乱反正”，但其他改革却更为持久。1940 年，稳固的封建乡村体系迫使 70% 的农民出租各自的土地。许多盟军官员认为，富裕的大地主集团构成了 20 世纪 30 年代军国主义的支柱。作为一位典型的保守派，吉田原则上并不喜欢重新分配财产。但同样作为典型的保守派，他相信如果要日本变得更有竞争力并避免发生可能的革命，必须要消灭封建结构。1946 年《租佃关系设立法》（Owner–Farmer Establishment Law）颁布后，政府购买了约 400 万英亩的土地并廉价出售给 200 万农民。1947—1950 年的恶性通胀消灭了大部分争论（前地主希望获得的赔偿金也一落千丈）。历史学家理查德 · 巴尼特（Richard Barnet）评估到，一英亩土地价值一盒黑市上的香烟（香烟在战后日本和德国都成了硬通货）。佃农数量下降到 8%。新的土地拥有者成了主宰政坛的吉田保守派联盟的堡垒。[19]

名义上，改革对妇女的影响同样巨大。1945 年前，日本女性拥有的权利很少：例如，同样是通奸，只有女性会被判刑，而男性则被排除在外。对女性的剥削远远不止剥夺其权利。当 1945 年 8 月美军抵达时，东京政府从皇宫前乞求为国体牺牲自己的下层群众中，挑选并组成了“特别慰安妇”小组，以取悦占领军并保护上层女性。盟军驻
266 日最高统帅部决心改变日本军国主义和法西斯主义造成的死板家庭制度，迅速给予了女性投票权、财产权，享受高等教育、加入政府和警察部门的权利。麦克阿瑟将通奸非刑罪化，将契约婚姻定为非法，后者实质上是对妻子的奴役。这些和其他改革尤其得到盟军最高统帅部的美国女性以及日本女性改革者的推动。1946 年日本历史上妇女首次竞选公职，虽然受到来自男性的坚定反对，但 80 名女性中仍有 38 名获得了国会席位。头号当选者是加藤静枝，她被称为“日本的玛格丽特 · 桑格”（Margaret Sanger）。这些改变真切地发生了，但大部分日本男性（以及英国驻日占领军最高官员）仍然反对这些改革。[20]

同样的障碍还让许多教育改革陷于停滞。试图使教科书私营化和民主化的同时分散权力的做法被证明是自我矛盾的。地方保守派当局固执己见，拒绝反思日本当代史。他们抗议五天制的学制以及委任女性为校长。“幕府将军”麦克阿瑟的命令在战后日本也只能推进到如此地步。

从一开始，麦克阿瑟就聚焦于彻底修正“明治宪法”。1945 年 10 月 11 日，他公开概述了自己就新宪法的几点原则。这些原则如果得以实施，将会创造一个民主的、市场自由的日本。第一稿从美国宪法中借鉴了核心理念：个人权利是至高无上的，政府行为要受到限制，政府“不能”侵犯个人权利。军方再也不能拥有对内阁决策的否决权。所有对思想、言论和宗教自由的压制都将结束。女性将通过获得公民权而得到解放，劳工将受到工会保护。学校必须自由化。使日本人长期处于“持续恐惧”中的思想警察和“秘密法庭”将被解散。“日本经济制度的民主化”将得到实现，“垄断性的工业控制”将被改正，占领者将对收入、“生产资料所有权和贸易”进行更广泛的分配，“完全就业”将成现实。“幕府将军”似乎发现了卡尔·马克思的“创作风格”。[21]

麦克阿瑟知道，美军“刺刀”离开后，任何体制的持续都要依靠据日本自身情况制定的成文文件。在惠特尼政府部门的宽松监管下，一个由国务大臣松本烝治领导的委员会制定了新宪法草案。吉田的影响渗透到了这份文件中。惠特尼警告麦克阿瑟，这远没有达到美国的要求。他们对“明治宪法”的改变太少了，最重要的是，几乎没有触 267
及 1945 年前天皇的权力。麦克阿瑟进而认为，需要对制宪进行指导，他指示惠特尼给松本-吉田派系推荐一个宪法范例。

惠特尼的概述删去了对天皇神圣性的表述，同时宪法和人民的“基本意志”限制了天皇的权力。前新政律师，如今在惠特尼手下工作的查尔斯·卡德斯（Charles Kades）上校做出了关键性的修改，将

"天皇是国家首脑"改为"天皇是国家的象征"。草案进一步宣布，"战争权作为一项主权权利将被放弃，不允许日本建立海军、陆军和空军，并且任何日本武装力量都没有交战权"。之后著名的宪法第九条便来源于这一核心观点。惠特尼规定，"日本封建制度将被废止"。他将草案递交给吉田和松本，并提到他们之前的版本"完全不能接受"。这令两位日本人愕然。即使惠特尼如父执般给他们以慈爱的建议："（建议接受者记录下了他的话）如果日本保守派能够大幅左转，将再好不过"，也依然没有减轻他们的震惊。[22]

惠特尼强调，他和麦克阿瑟关心的是原则问题，在措辞上，日本人可以再做处理。松本迅速警告到，将外国原则移植到不同的社会如同"在日本培育西方玫瑰，会完全失其芬芳"。给"大众"以权利和国会对天皇的限制权"某种程度上是'革命性'的"，但惠特尼拒绝让步。除非内阁在 48 小时内接受这些原则，否则，麦克阿瑟将"直接把宪法交给人民"，并使它在即将到来的选举中成为"争论议题"。经过一番拖延和讨论后，松本接受了这些原则。[23]

1946 年 3 月初的两天内，松本的小组和惠特尼能说日语的下属一道制定了新草案。枢密院进一步修改后，天皇以"明治宪法"下享有的专有权力将其交由国会批准。这一过程中的种种修改再次削弱了美国的意愿。例如，国会删去了给予外国人平等的受保护权的条款。吉田和同事们最终接受了这份草案以及它对人权的广泛保障，但条件是这些条款必须受到限制，其中最重要的是天皇必须被明确保留，而且独立于正式权力，得到更多的保护。历史学家约翰·达沃（John Dower）说道，天皇变得"比以往更为超然"了。井上京子（Inoue Kyoko）认
268 为，这份文件从英文翻译为日文时意思发生了某些改变。例如，美国人认为他们以"性别平等"的措辞保障了妇女权利。然而，许多日本人将之理解为"在家庭中平等地扮演各自的传统角色"。以天皇名义颁布的宪法在 1946 年 11 月被公开，并从 1947 年 3 月 3 日开始实施。

第九条中放弃战争的条款尤其引发了日美持续至少半个世纪的冲突。亲日派的文件仅仅用宽泛的语句讨论了非军事化。麦克阿瑟、惠特尼的下属以及天皇和币原都采取了这一特定术语。吉田和将来的社会党首相片山哲批准了这一条款，他们清楚，如果日本希望获得来自美国和历史悠久的亚洲邻国的帮助，那么，所有关于日本军事复活的担忧都必须被清除掉。作为国会的重要成员，芦田均起草的第九条最终如下：

> 日本国民衷心谋求基于正义和秩序的国际和平，永远放弃以凭借国家主权发动战争或武力威胁作为解决国际争端的手段。
>
> 为了达到前项之目的，不保持陆军、海军、空军和其他潜在战争力量。

对芦田的最终措辞，产生了迥异的理解。例如，这一措辞是否允许日本建立防卫力量，以保卫本土，并分担美国委派的任务？惠特尼的下属查尔斯·卡德斯与芦田密切合作，并在之后宣布，这两者日本都可以做——创建防卫力量并在联合国军事任务中将其派往海外。多年来，尤其在日本，有许多人质疑卡德斯的解释。值得注意的是，那时英国官员对第九条缺乏重视，他们认为这并不重要。[24]

麦克阿瑟在1947年地方自治法框架下分散政治功能（遵循美国优秀的联邦传统），以及使用美国反垄断措施解散财阀的决心引起了极大的反响。将军对此很不高兴，但这些争论被迅速解决了。到1949年，吉田的第二任政府已然无视1947年法案并重新集权。为什么？主要原因是地方从来没有获得足够的征税以及增加财政收入的权力。 269

反财阀措施甚至死得更快。1935年时有466家商业银行，到1941年合并为186家，1945年时仅剩53家。这些金融巨头为工业财阀提供了动力。盟军最高统帅部的反垄断分析师埃丽诺·哈德利（Eleanor Hadley）认为，仅三井财阀一家就等同于美国钢铁公司、通用汽车公司（General Motors）、纽约标准石油公司、美铝公司、道格拉斯飞机公司（Douglas Aircraft）、杜邦公司（Du Pont）、埃利斯·查默斯公司（Allis Chalmers）、西屋电气公司（Westinghouse）、美国电话电报公司（AT&T）、美国无线电公司（RCA）、美国国际商业机器公司（IBM）、都乐菠萝公司（Dole Pineapple）、国民城市银行、沃尔沃斯商店（Woolworth Stores）、史达特勒宾馆（Statler Hotels）的总合，更不用说其他财阀了。一些美国官员希望拆解日本工厂并将其运往战胜国，作为日本发动战争的赔偿，从而简单地解决这个问题。麦克阿瑟和华盛顿亲日派否决了这类计划。这些官员转而试图运用美国反垄断原则让经济去中心化和民主化。然而，几乎所有人都同意一位日本专家的话："除非日本的商业和金融架构完全改变，否则，其他的改变都毫无效力。"麦克阿瑟命令银行保持独立以摧毁金融业与工业的黄金纽带。盟军驻日最高统帅部关闭或彻底改造了旧有机构，例如关闭了曾为国家殖民主义提供资助的横滨正金银行。1947 年年初，盟军驻日最高统帅部下令肢解最强大的财阀，其中就有三井和三菱。[25]

攻击了旧有工业－金融体系的麦克阿瑟如今发现，自己统治着一个食物短缺但通胀太多（从 1946 年初到 1949 年物价涨了超过 12 倍），实质上也没有出口的国家。最重要的是，麦克阿瑟决定从日本驱逐外国投资者。他不遗余力地确保外部世界与日本经济的所有联系都只能通过他的部门达成。将军鄙视威尔逊的"开放市场，公开缔结（协定）"（open–markets–openly–arrived–at）理论。吉田欣然表示同意。就像 1868 年后的明治领导人一样，他和同事们意图将经济完全置于日本人控制之下（吉田与明治时代伟大的民族主义者大久保利通的孙女结了婚）。他们着眼于国内储蓄（在 20 世纪 40 年代末这如同缘木求鱼），并从国外借了一些贷款，但无论如何不希望外资长期拥有权力。[26]

到1947年初，强烈的民族主义、盟军最高统帅部的经济政策，以及美国资源越来越投向欧洲以发动冷战，引发了一场令人恐慌的危机，日本濒临动荡的边缘。在中国，随着解放军对国民党政权发起战略进攻，即使如扑克高手杜鲁门也准备收回投在蒋介石身上的赌注 270（他当时称蒋是“错误的下注对象”），日本一度濒临深渊。

在这个非常时刻（1947年3月），麦克阿瑟宣布占领日本获得了振奋人心的成功，这不能不让华盛顿大为惊讶。他主张签订合约。随后，日本就能遵循自己的命运前行，而美国占领军当然也能回家了。将军此举似乎是在对自己越过太平洋、在其另一岸看到的东西而非在日本看到的东西做出反应——回国参加1948年总统选举的需要。在华盛顿，杜鲁门的幕僚们认为又到了让日本意识到存在外部世界的时刻，他们还意图应对美国的“幕府将军”。[27]

三　占领的第二时期（1947—1950年）：美国人

到1947年初，美国从战争中脱颖而出成为世界上最强的国家18个月后，斯大林的军队就控制了东欧的大部分国家。在苏联的苛求和日益严峻的阿以冲突压力下，中东成了导火索。正如国务院在1946年9月秘密说到的，对“出现三个贸易集团”——苏联、美国和英国——的担忧戳破了赫尔关于一个开放世界的梦想，而且可能将既无贸易也无和平。在亚洲，虽然麦克阿瑟正兴奋地喝彩，但美国政策的两个中心——中国的国民政府和日本——都在崩溃。[28]

美国默许日本成为美国政策的关键防御堡垒。华盛顿官员希望获得足够的时间让日本民主化并使之重建。到1947年初，时间告罄。1月3日，乔治·艾奇逊从东京告诉杜鲁门，“日本正面临着绝望的经济形势，其中伴生着对于我们政策目标的重大威胁。日本经济正在破产……”破产只是危机之一。同样的经济危机也出现在西欧，美国人估计他们必须花费120亿美元，否则面临的将是整个地区迅速向左、向内转的局势。另一场危机——中国国民政府的崩溃可能会摧毁美国在亚洲的利益。这场危机在3月12日被国务院官员简洁地概括为：到1950年，一个崭新的“积极经济计划”必须迅速建立，以此“建成
271 一个能生存的日本经济”，一个能够“自我维持”的日本经济。同时，这一计划必须允许日本促进“远东的经济复苏，后者十分需要日本的工业品”，以应对地区危机。对历史学家来说便利的是，制定这份文件的当天，杜鲁门在国会联席会议上引人注目地亮相并宣布了“杜鲁门主义”：总统宣称，世界如今分为自由民族与受奴役民族，除非小气的共和党国会立刻给他4亿美元帮助希腊和土耳其，否则中东将落入“受奴役阵营”，而地中海和西欧将处于共产党的压力之下。突然间，从地中海东部到太平洋的半个地球似乎从西方资本主义体系中溜走了。[29]

危机之间都存在关联。如果美国希望拯救日本人，那它只能让他们更加自立（因为美国资源正在投向欧洲）。而一个崭新的民主日本必须扮演它原有的地区经济中心角色，将亚洲剩余部分从危险的命运中“解救”出来——中国的命运已经迅速滑向危险之境了。从表面上看，其中有太多讽刺：在美国支持日本对抗俄国数十年后，在二战中转向支持苏联对抗日本。如今，也即1947—1948年，又转回来重建日本——如此它便能获得与亚洲大陆的经济互赖关系，这正是日本政府长期追寻而又长期被美国阻止的。美国政策的一个目标始终如一：让亚洲对美国利益保持开放，同时以一个开放的、全球性的资本主义体系整合这一地区。如果这一目标要求反对日本，它就必须反对日本；如果这一目标要求重建日本并将其重新与亚洲大陆相联，那美国也会如此为之。日本文化有趣而坚韧，但这也意味着具有可塑性，它能够为美国的世界观服务。在华盛顿眼里，与其说日本是目的，倒不如说

它是工具，是实现美国外交政策更大的地区与全球目的的工具。

杜鲁门的新国务卿，广受崇拜的乔治·马歇尔在 1947 年 1 月 29
日把握住了这一关系。他命令副国务卿迪安·艾奇逊建立一个“实际
的南朝鲜政府”，并将它的经济与日本经济联系起来。日朝之间的殖
民关系已经终结，朝鲜自身被分为了东西方两阵营。马歇尔着手通过
经济而非政治纽带重建日朝关系。很快，就为南朝鲜准备好了一笔 6
亿美元的财政补助。如果这一行动奏效，如果事实表明资本主义比共 272
产主义更有活力，更加全面综合，那么目前仅仅部分加入资本主义阵
营的亚洲就会全面倒向资本主义——或许无需战争，只要一个由美国
组织而成的全新日本作中心就好。[30]

1947 年 5 月 8 日，艾奇逊在密西西比州克利夫兰市一次留名后世的演讲中，以冷静、平淡的语气讲述了这一大胆而惊险的行动。演讲开头，艾奇逊说道，“由于战争的破坏，许多国家需要美国商品，但因其即将破产而难以购买。如果不采取金融措施，比战前已增长四倍、占据年产量十二分之一的美国出口商品将开始下滑”。为了解决这一危机，日本和德国——“两个大陆的最终复兴在很大程度上取决于这两个巨大的工厂”，需要迅速得以重建。斯大林的威胁在艾奇逊演讲的最后一段才出现。如今的迫在危险不是苏联入侵，而是一场经济大危机。[31]

日本“工厂”如今成了一片废墟。当局提供的食物配给每天徘徊在 100 卡路里上下。恶性通胀让食物难以置信得昂贵。美国官员如今准备扭转反财阀计划，并迅速提高工业产量。

1947 年 9 月，随着美国冷战政策在欧洲和拉美开始加速，从日本归来的陆军部次长威廉·H. 德雷珀（William H.Draper）对盟军最高统帅部的反垄断政策进行了批评。1948 年 3 月，曾是华尔街投资律师，后来担任美国驻德经济顾问的德雷珀公开提供了三个选择：“我们可以继续喂饱日本人，也可以撤回援助让他们饿死，还可以提供工业

原料用来启动日本的工业引擎，让其自食其力。”这一提法的意义并不微小：“日本需要来自亚洲其他地区的原材料……我们可以预见旧有贸易的复兴，未必需要新贸易。”事实上，他告诉国会的一个委员会，日本如今成了“东亚从战争破坏中全面复苏的重点”。德雷珀的上司，陆军部部长肯尼思·C. 罗亚尔（Kenneth C. Royall）在 1948 年 1 月的一次演讲中点出了关键之点，他担心，“伴随这一经济增长行动而展开的冲突将不可避免，因为那些操作日本战争机器的人……通常就是那些最有才干和最成功的商业领袖”。[32]

1948 年 3 月，国务院政策设计司司长乔治·凯南（George Kennan）最终承担了“捋狮子胡须”的任务，这只待在自己洞穴里的“狮子”
273 就是麦克阿瑟。凯南的观点正在塑造美国的冷战政策。1946 年 2 月，他从莫斯科发来的“长电报”奠定了限制苏联霸权的历史与意识形态理论的基础。回到华盛顿后，这位 43 岁的威斯康星人被马歇尔任命为新成立的政策设计司司长。凯南对善变的公众和国会意见深感怀疑，他同样不喜欢总统在“杜鲁门主义”演说中号召采取行动时所用的夸张、激进的语调，他更倾向于专注地进行系统的盟国经济和政治建设，尤其是对他所谓的“东西方最大的两大工业体”日本和西德的建设，这将使它们与周边地区免于共产主义的威胁。[33]

作为重建西欧的“总设计师”，凯南试图与其他“工业体”打交道。1947 年 5 月，他清楚中国的内战“将显著提高日本如今发生之事的重要性”。凯南没有如麦克阿瑟所想的那样撤离日本，而是认为美国必须留下，并建设这个国家。凯南切中了美国政策的核心：“我们的首要目标是确保美国再也不会像二战时那样受到（远东）工业化地区的军国主义的攻击。”[34]

凯南并不畏惧麦克阿瑟（毕竟他在莫斯科与斯大林打了多年交道）。当他与麦克阿瑟在东京第一次会面时，麦克阿瑟发表了如是观点：控制财阀的人必须被彻底消灭，因为“他们就是最衰老的纽约俱乐部会员的翻版”；让日本非军事化的和约应该包括苏联，因为“如果苏联人白纸黑字地签了名，他们就要信守诺言”。听到这里，凯南不知作何感想？[35]

凯南并不同意麦克阿瑟的观点。他建议马歇尔不要即刻签订和约，因为美国必须保持对日本的完全控制以转变占领政策。无论如何，他“并不相信苏联人在任何非军事化条约上的诚意”。他认为需要从内部镇压日本共产党，阻止他们“渗透进日本社会并占据关键位置”；而对日本工业强行索取赔偿用来弥补亚洲战争中受害者的想法，将使日本陷入瘫痪，所以即使不能完全取消，也应当大幅削减赔偿。全面复兴日本经济的难点“仍然在于其他远东国家并不愿意接受日本商品”。[36]

凯南的建议成了第 13/2 号文件的核心，这是一份由新创立的国
家安全委员会（National Security Council，由国务卿、国防部部长、财 274
政部部长和中情局局长组成，由总统主导）早期制定的计划。1948 年 10 月 7 日，这份文件的出台标志着对日政策的转向。除非日本安全得到美军以及不断扩编的“受中央指示”的日本警察的保障，否则和约不会签订。清洗行动迅速停止了。这个文件有一部分是，将对日政策置于自 19 世纪 40 年代和 19 世纪 90 年代以来美国政策的主线之内：日本经济复苏的重要性“仅次于美国的安全利益”，它将通过以下途径来实现：（1）消除复兴日本外贸的障碍；（2）促进“私人企业”发展；（3）警告日本人必须“提高产量……通过辛苦工作维持高出口水平”（即不再罢工）；（4）通过平衡预算抑制通胀。1948 年 5 月，一份中央情报局的调查报告说得很清楚：日本的复兴需要东北亚贸易。如果中国国民政府的崩溃使这一贸易不复存在，那么必须以东南亚和菲律宾的贸易作替代。[37]

美国对这一重要转向并未做出重要声明。但麦克阿瑟既没有被骗到，也对此不满意。他不想实施 13/2 号文件，故与其他占领国一同阻挠这一计划。他认为日益严重的冲突正“出现在自由竞争的企业制度

和秘密的社会主义之间”。1948 年初，将军告诉英国人，华盛顿的新政策是“华尔街集团”的思想产物，他们希望控制重建后的财阀。英国驻日最高代表阿弗里·加斯科因（Alvery Gascoigne）记录到，麦克阿瑟“愤怒地说道”，“这些商界巨头（福莱斯特、罗亚尔、艾夫里尔·哈里曼和德雷珀都被提到了）反对清洗，反对经济集权，因为他们认为这些措施与他们的经济利益相抵触”。将军发誓要继续“反对托拉斯”。但对手的手段比他的更多，在威斯康星共和党初选中失利后，他就从总统选举的舞台上出局了，这使他的处境更加恶化。他所希望分解的 325 家公司里，实质上仅有 19 家被分解。卡德斯对于日本的重新武装、政治极端化和他所谓的“新政联盟”的终结深感忧虑，遂辞去麦克阿瑟手下的职位返回了华盛顿。[38]

1948 年夏，国务院对民意的跟踪调查令人惊讶地表明，虽然受到亚洲国家，尤其是澳大利亚的强烈反对，但美国人却强烈支持重建日本经济（65% 赞成，35% 反对）。参与调查的美国人中有 81% 同意
275
美国占领军应当继续留在日本而非回国，68% 的人希望维持在南朝鲜的驻军。马歇尔用这些数据促进了新政策的开展，尤其是，杜鲁门可能在 1948 年选举中输给共和党人，而后者将大幅削减海外支出——1948 年 7 月他对英国大使奥利弗·弗兰克斯（Oliver Franks）勋爵如是说。美国日本事务理事会，或者所谓的“日本游说团体”也促进了计划的实施。在老一辈亲日派代表约瑟夫·格鲁、威廉·卡斯尔、约瑟夫·W. 巴兰坦和尤金·多曼以及《新闻周刊》外国编辑亨利·柯恩的领导下，这一公开的反共团体向政府和国会施压，要求允许日本在自己主导下进行经济建设。理事会还主张解散工会和共产党组织，这既不用说服凯南也不用说服其他美国官员。然而，多曼领导的团体并没有扭转 1945—1946 年的政策（无论如何它都将被扭转），但到了 1949 年后它确实影响了美日经贸联系，并在航运、渔业、保险、珍珠养殖、采煤和其他领域获利颇丰。[39]

四　占领的第二时期（1947—1950年）：日本人、美国人和中国人

伦敦《星期日纪事报》（*Sunday Chronicle*）的一位忧心忡忡、思维敏捷的编辑在1948年8月写道，“最初的简单问题，‘我们如何抑制日本’已经被复杂的命题‘我们如何扶植日本’所取代……这就像是日本歌舞伎演出中，尽管英雄和恶棍的角色已经互换，但新角色已经被日本领导人用热情的双手欣然接受”。[40]

随着这些领导人的露面，以及在1948年总统选举中的大胜，杜鲁门的政策迎来了连连好运。一年前日本保守派出现了分裂，1945—1993年间，仅有一名社会党人成为日本首相。保守派联盟土崩瓦解，被芦田均领导的民主党与社会党联盟所取代。芦田均是一位职业外交官，也是宪法第九条的设计者。新首相对左翼和反财阀计划的态度比吉田更为友好。根据一位日本学者对芦田日记的研究，他认为“资本主义”宛如一朵“花蕾”，它将以新的花朵取代旧有的、1945年前的 276
体制。芦田如果能够坚持下来，经历一个世纪的努力之后，美国或许能够最终迈向建设开放的日本这一历史目标。然而，几个月内，芦田的联盟就被丑闻撕裂了。1948年10月，吉田重新担任首相。第二年，吉田赢得了选举，重新团结起保守派，踏上了连续执政五年的政治旅程。[41]

70岁的吉田很大程度上同意凯南和德雷珀在国家安全委员会13/2号文件中提出的政策。时间会解决任何分歧。这位老人后来写道：“无论因占领军无视我的观点给我们造成了多大伤害，我们都能在重获独立之后补救回来。”但很快吉田因决定与中国恢复联系而与美国人闹翻了。他似乎并不在意坐阵北京的是共产党还是国民党。对他而言，他们都承载着优秀的中国文化。他的外交政策长期依赖于三个支柱：中国；对苏联的厌恶与不信任；积极的亲英原则——部分原因是他一

度十分看重针对俄国的英日同盟。对英国失去世界霸权，他感到不无遗憾。然而，英国人被他们的后代——美国人取代了，吉田一度认为后者笨拙而幼稚，但美国人至少也不信任苏联人。怀有强烈种族主义情感的吉田蔑视除中国人之外的亚洲人，蔑视除英美人之外的大多数西方人。[42]

作为一个受到日本人尊重的美国人，1949年初，麦克阿瑟的高级顾问、底特律银行家约瑟夫·M. 道奇（Joseph M. Dodge）为了启动凯南-德雷珀经济计划而抵达东京。对于道奇坚持尽快让政府退出市场的观点，吉田迅速开始抗争。道奇要求立刻平衡预算，这可能抑制通胀，也可能带来通缩，在吉田眼中，通缩或许会导致民众暴动。一个由实权派组成的日本计划委员会抱怨到，道奇的要求就像让“一个杂耍人在观众面前拿出一只兔子，却只给他一个仅能装下一只老鼠的礼帽”。道奇后来说，他计划让整个国家向市场全面开放，以实现日本的复苏，但吉田“蓄意破坏”了这一计划。[43]

这一指控并非全然事实。吉田十分乐意帮助道奇和盟军最高统帅部的保守派中止反财阀计划。这位日本领导人也乐见杜鲁门的新国务
277 卿迪安·艾奇逊使日本有效地停止支付二战受害国的赔款。日本已经用它的前殖民地资产支付了大约30亿美元。这些资源现在将用于重建日本，而非苏联或澳大利亚。吉田设置了一个统一的外汇汇率，即每360日元兑1美元，这一低估值的汇率给日本以巨大的出口优势。固定汇率还让出口价格更可预见，为“西尔斯，罗巴克”公司（Sears, Roebuck）商品目录上的商品估价的有趣习惯也随之一去不返了。[44]

吉田认为凯南-德雷珀政策意味着他能够让一些被判刑的战争犯出狱（他曾提名其中两人加入内阁，但麦克阿瑟阻止了他）。同时，日本官员开始了对自由派左翼的“赤色整肃运动”，很快波及了约1000名大学和学院教师。对一些日本人来说，这次清洗类似战前军国主义者的肃清，这种肃清公然针对共产主义者，但通常打击的是自由

派。不仅共产党受到整肃，拥有 88 万成员的 5500 个工会也被勒令解散。幸存的工会带有新复活的财阀看重的某些特质。正如五十岚武士所说，吉田正在赢得两场冷战：一场所面对的是构成外部危险的苏联，另一场所面对的是他认为构成国内威胁的诸多群体。在他心中，如同在凯南、德雷珀和艾奇逊的心中一样，这两场战争是密切相关的。[45]

正如历史学家竹前荣治所说，吉田的一个突出成就是，从战争废墟中，浴火重生般建立起了一个训练有素的官僚机构，并使其开始按吉田而非道奇的意愿塑造日本经济。这一政府的得力助手就这样开启了日本漫长而成功的战后时期，这一时期以与美国的激烈冲突为标志。但讽刺的是，美国经济改革却强化了这一官僚机构，甚至连盟军最高统帅部影响广泛的经济指令都要依靠它才能实施。1949 年由盟军最高统帅部提议并经国会通过的《外汇与外贸管制法》（*Foreign Exchange and Foreign Trade Control Law*）允许政府对出口、进口和外汇兑换进行管制。例如，此前四大美国银行进驻日本，为驻日军事人员提供服务，美国运通公司（American Express）也开始服务于旅客的需求。日本财务省随后叫停了这些活动。“竹幕”已经落下。对外汇和贸易的管制成为精妙的贸易保护主义，以保护新兴工业免受纽约资本的侵袭。在麦克阿瑟的仁慈注视下，经济管制和官僚政治始终十分高效。[46]

1949 年 10—12 月，随着杜鲁门接受了国家安全委员会 48/2 号文件“美国在亚洲的地位”（The Position of the United States with Respect 278
to Asia），吉田的两场冷战合并了。这份文件是在危机中产生的。9 月，杜鲁门得知苏联引爆了一颗原子弹。美国人不再独享这一终极武器的秘密了。10 月初，新中国诞生了。在欧洲，马歇尔计划并未发挥出它的效果。欧洲人并不能迅速恢复自己的经济来创造足够的外汇，购买重要的美国商品。杜鲁门私下里不无担忧：一场规模巨大的经济危机可能将会到来。[47]

美国和日本的经济也未能幸免。当 1949 年经济出现下滑时，美国人担心他们正进入通常的战后萧条时期。斯大林的宣传部门向“无产阶级”欢呼到：随着中国的解放，资本主义很快就将陷入瘫痪并被革命浪潮所淹没。1950 年初，美国生产开始复苏，但华盛顿官员仍然忧心忡忡。在对参议院对外关系委员会的秘密证词中，国务卿艾奇逊终于承认：“即使没有苏联，没有共产主义，要维持并巩固这些被战争及其结果严重动摇的自由世界组成部分，也困难重重。”艾奇逊公开说道，日本面临着特殊的困难：日本人失去了曾经的市场与原材料来源，而“其他国家”并不想帮其复苏。[48]

这一危险与其说来自苏联军队，不如说是与防止资本主义的全球崩溃有关。在这一危险时刻，美国决策者起草并精心修改了国家安全委员会 48/2 号文件。历史学家布鲁斯·卡明斯（Bruce Cumings）注意到，一份 1949 年 8 月未经签署的草案概述了美国人理想中的政策原则：“现代世界的经济要为扩张做好准备”；这样的出口应该出现在由自由贸易政策主导的世界里；这样的政策必须以“互惠交换和互相获益”为中心。约翰·海和伍德罗·威尔逊会为此喝彩。然而，吉田和新的日本财务省对于“互惠交换”一词的态度却相当保留。[49]

48/2 号文件的最终版本展现了这些原则是如何被实现的：鼓励创造“多样化亚洲地区非共产主义国家之间的地区性联盟”。这样的联盟能够促进美国确保自己的安全。它们还可以“沿着多边的、非歧视的路线”振兴贸易和进行资本流动，从而促使经济复苏。1947 年签订
279 的旨在削减世界范围内贸易壁垒的《关贸总协定》，也将适用于日本。最后，日本人将被整合进一个开放的、全球性的、互惠的贸易集团。当然，随后，美国开始“敌视”新中国。然而，华盛顿官员认为，只要他们保有日本“近海岛屿”、冲绳和菲律宾，那么，美国的安全就能得到保障，也可以推迟承认中华人民共和国。[50]

48/2 号文件在美国政策演变中迈出了巨大的一步。第一步——仅仅由美国对日本进行民主化改造和重建，已经被证明远远不够。因此

凯南、德雷珀和道奇采取了第二步，推动日本走向自立——换句话说，与吉田和复活的财阀合作，但这一步也功亏一篑。西方和日本经济危机与在亚洲蔓延开来的革命一同形成了一个混合爆炸物。1949年年末，美国官员围绕日本和印度建立了地区性联盟，稀释了这一混合物。这样的联盟能够实现多边主义的制度化，并掀起安全和发展的热潮。

但在1950年年初，潮水并未涨起。日本的关键出口增长缓慢，同时还面临着与美国的严重贸易不平衡。1947年，美国仅占日本出口的12%，但却占据其进口的92%。战前，亚洲，尤其是日据的朝鲜、中国台湾、〔伪〕满洲国占据了日本53%的进口和64%的出口；对比之下，1947年，地区贸易仅占日本进口的6%和出口的4.3%——低到难以置信。最重要的是，日本出生率是预期的两倍。[51]

因此，在1949年和1950年初，美国官员被迫忍气吞声，虽然对决心惩罚那些"丢失中国"之人的共和党人保持警惕，但还是默许日本开放与中国大陆的贸易。为此，国务院还克服了来自五角大楼和新创立的中情局的强烈反对，两方都警告，日中贸易将加强中国的力量并让日本受到共产主义的感染。国务院对此回应道，这一贸易反而会让中国"去苏联化"，使之更可能依赖日本。尤为重要的是，这将为日本提供可观的利润，帮助它摆脱依靠美国救济金生存的状态。在对日长期战争中失去了数百万人口的中国公开反对美国对日本的迅速重建。不过，北京方面需要帮助，而它设想的新朋友苏联能提供的援助却少得可怜。中国官员开始进行实物交易（用煤炭和食盐换取日本的 280
机械和药品）。吉田乐于加入这一贸易行列："我才不在乎中国由谁当家。中国是一个自然市场，对日本来说，考虑市场是必须的。"他从竹内好等知识分子那里获得了支持，后者对美国占领军带来的价值观和文化忧心忡忡，并坚持认为日本人应该再次以中华文明作为通往更好社会的指南。为开发中国市场，日本迅速建立起了私人企业集团，后者还受到盟军最高统帅部的支持。日中贸易额从1946年战后最低的720万美元迅速增长到1950年的近8000万美元。日本开始些许享受贸易顺差了。[52]

很快事态就表明，中国不会为衰退的日本经济提供所需的震动。1950年3月，凯南私下表达了他的愤怒，他痛惜地说道：“我们或许犯了一个不可挽回的战略错误，即用完全摧毁德国和日本的方式来结束战争。”凯南认为，日本人“与20世纪20—30年代一样，在与中国做生意时有很好的讨价还价的能力，但我们首先不得不‘松开他们的脖子’”。凯南没有提及的拯救日本的另一个可能性已经若隐若现：将日本与东南亚市场和资源联系起来。[53]

1950年初，美国已经深陷于越南或西方口中的法属印度支那的泥潭之中。1945年初，罗斯福最初反对，但最终勉强同意英法再度联合占领印度支那，于是，困境出现了。麦克阿瑟悲痛地抱怨道，欧洲人甚至利用日本士兵“重新征服了我们承诺要解放的可怜人们。这是最卑鄙的背叛，使我血脉偾张”。在美国知识分子的督促下，越南民族主义者向杜鲁门求助。总统从未回应。9月，当越南人以一场杀死了包括一名美国情报官员（30年战争的第一个美国受害者）在内的近100名西方人的起义作为回应时，革命爆发了。1949—1950年，艾奇逊要求美国帮助法国，因为他在建设欧洲防御工程方面需要法国人的合作。但另一个更广泛的动机也影响了美国政策，到1949年夏，凯南和代理副国务卿迪恩·拉斯克（Dean Rusk，二战结束时作为军官曾在东南亚服役）认为，日本的经济生存有赖于与东南亚进行贸易。[54]

艾奇逊并不愿意承认这一不可否认的事实。他受到拉斯克以及
281 巡回大使菲利普·杰瑟普（Philip Jessup）的力劝，拉斯克认为这一地区的稻米对于供养日本人口来说不可或缺，杰瑟普则在1950年年初访问了亚洲并认为可以采取一石三鸟的行动。他说道，既然美国不能派出东南亚所需的技术人员，那就“需要日本填补这一空缺。这将发展日本贸易并安抚国外或许仍然存在的反日情绪”。艾奇逊如今看

到，“在亚洲的薄弱地区，美国的利益依赖于印度和日本这两个支柱”。1950 年 3 月 29 日，杰瑟普和艾奇逊秘密地向参议院对外关系委员会就这一政策进行了着重概述。杰瑟普为日本与东南亚贸易（例如，用机车换取泰国的大米）的迅速增长而喝彩。艾奇逊实质上承认，为了限制新中国的影响力，美国已经陷入其中。国务卿说道，他要求法国与亚洲人打交道时更加开明些，但“切忌给法国人太多压力，以免他们说‘那好，你们来接手这该死的国家吧，我们不要了’并把士兵船载回国”。当一位参议员担心“我们如今站在了反对 1776 年帮助过美国殖民地的那帮人的位置上”时，艾奇逊不置可否。1950 年 5 月末，朝鲜战争爆发一个月前，42 人的美国援助团在西贡开始分发 2350 万美元的经济援助用以维持法国的统治地位。[55]

一位亚洲总理曾开玩笑说，经济发展最好的方式就是攻击美国人，让他们占领你的国家。然而，到 1950 年初，艾奇逊的政策受到越南人的抵抗和日本的发展停滞这两个事实的阻碍。研究远东语言的年轻教授埃德温·O. 赖肖尔（Edwin O. Reischauer）在一年前访问了日本，国务院传阅了他“洞察深远”的分析报告。他在报告中警告称，一度对占领军敬畏有加的日本人如今“将之视为一群观点彼此矛盾、能力参差不齐者集聚而成的团体……即使麦克阿瑟将军也失去了神圣光环”。正如凯南所说，是时候“松开他们的脖子”并签订和约了。[56]

华盛顿的官员之间爆发了冲突。艾奇逊后来说，有四个群体反对缔结和约：共产主义者、五角大楼、前盟国和日本，“这些群体中，共产主义者带来的麻烦最少”。国务院希望和约减轻日本的反美情绪。这样，吉田就能够在明确的限制范围内自行其是，但五角大楼并不想让自己在日本本土和冲绳的基地受到威胁，后者构成了美国在亚洲安全体系的基石。如今关键问题已经清楚不过：和约生效后，美国应当保留哪些控制权和基地？国务院担心，这些要求可能使日本人回忆起 282
他们深深憎恨的 1853—1899 年间的不平等条约，它的担心无疑是正确的。[57]

吉田并未给艾奇逊减少麻烦。1949 年 12 月，他的政府宣布 1945 年雅尔塔协定对日本并无约束力。换句话说，日本人重申了他们对千岛群岛、南库页岛，以及美国意图保留所在基地的小笠原群岛、冲绳和硫磺岛的合法要求。而且，吉田担心许多日本军官会倾向于共产主义（或者说，他们会成为“红色法西斯主义者”）。因此，对于美国提出的日本应加强军事建设以减轻美国纳税人压力的要求，吉田并不赞成。事实上，日本自 1946 年以来已经组建了一支包括 35 艘扫雷舰的舰队，自 1947 年以来还建立了一支捍卫渔权的海岸警卫队。吉田并不希望这支海军继续发展下去。到 1950 年初，因为他拒绝再次武装军队，杜鲁门当局于是决定在日本长期保留军事基地。毕竟，正如一份提交给国会的报告中所说到的，日本扮演了美国的“西海岸”。将日本视为“远东边疆枢纽”的观点深深烙印在美国人的心中。[58]

1950 年 2 月，当两个大国签订《中苏友好同盟互助条约》时，美国人震惊了。条约第一条明确将日本和美国作为针对目标：苏联和中国发誓“采取一切必要手段”制止“日本或其他任何直接或间接在侵略行为上与日本相勾结的国家的重新侵略行为”。如果任一缔约国受到日本及其盟国的攻击，另一缔约国将立刻“尽其全力给予军事及其他援助”。日本如今受到了另一次原子弹袭击的威胁。如果美国与中国开战，它将面临一场与苏联的潜在战争。

一个月前（1950 年 1 月），艾奇逊宣布，日本属于美国人在必要时将单独防守的防御圈内，这说明艾氏已经预料到了上述危险。然而，国务卿清楚，美国已经分身乏术：被平衡政府预算困扰的杜鲁门正迫使军队利用 130 亿美元的预算保卫大部分欧洲和部分亚洲地区。1950 年 2 月到 4 月，艾奇逊和保罗·尼茨（Paul Nitze，取代凯南成为政策设计司负责人）秘密起草了 NSC-68 号文件——一份打赢 1950
283 年后冷战的蓝图。这份文件旨在摧毁苏联，为实现这一目标，它计划增加四倍的军事预算并在全球范围内创造“现实实力”（situations of strength）——艾奇逊喜欢这一称谓。这些“实力”之一就是日本。[59]

1950年4月，杜鲁门任命共和党外交政策领袖约翰·福斯特·杜勒斯为艾奇逊的特别顾问。杜勒斯被特别委派，与日本缔结和约。4月末，吉田向华盛顿派出了一个由其亲信顾问池田勇人领导的使团——表面上是为了协商经济问题，实际上是为了告诉美国官员，日本已经准备好缔结允许美军保有冲绳和小笠原群岛基地的双边条约。吉田对中苏同盟和日本共产党力量的突然高涨忧心忡忡。他清楚，一份条约是日本人为了获得独立必须付给华盛顿的代价。然而，当杜勒斯在6月飞抵东京商谈细节时，精明的吉田拒绝就是否保留美军基地一事明确表态。除非赌注都已清楚地放在桌上，否则，首相不会打出他的王牌。为此，杜勒斯“目瞪口呆”，大发雷霆。他对日本加大施压力度。6月22日（三天后，朝鲜战争出乎意料地爆发），杜勒斯不仅要求保有基地，还要求日本有限地重新武装。后者是在麦克阿瑟的强烈反对下提出的。[60]

杜勒斯的协商陷入了困境。然而，美国官员并不会在68号文件提出的全新伟大设计和日本扮演的关键角色上让步。在艾奇逊等待合适时机以推动军事预算的通过和重新武装日本时，中情局帮助日本贸易公司重新回到了东南亚，它还秘密派遣日本军官为计划反攻大陆的蒋介石提供建议。助理国务卿迪恩·拉斯克后来说：“这些天，我们的总体态度是，对于美国而言控制太平洋上的每一个波浪都至关重要。”1950年6月25日，朝鲜战争突然爆发。艾奇逊后来评论道，“这场冲突印证了我们的观点”，为实现68号文件提出的宏伟计划提供了可能。或者正如他和他的助手所说的，“朝鲜冒了出来，拯救了我们”。[61]

五　朝鲜：为日本而战——“上天的礼物”

1949—1953 年的岁月就像一台历史上的绞肉机：一个冷战进去，又出来一个冷战，尽管成分类似，但形式却大为不同。朝鲜战争很快
284 被美国视为巨大的意外机遇，并以包括日本、泰国、西南太平洋和韩国在内的阵营为基础确立了自己的实力地位。从 1853 年以来，美国就希望将一个开放的日本限定在一个庞大的自由贸易体系之中，同时将这个岛国作为保护美国在亚洲利益的伙伴。突然爆发的战争使这些计划加速行进。

然而，即使这些“历史地震”也并不足以像美国官员长期希望的那样让日本经济体系开放。杜勒斯的首席助理（后来成为美国驻日大使）约翰·埃里森（John Allison）私下向一个参议院委员会哀叹道，日本的“集体主义情绪是你不能避免的问题之一”。这些“地震”也不能中止华盛顿与东京围绕中国的长期争论。相反，随着中国成为美国敌意的焦点，它也成为日本经济野心的目标。这一塑造了日美关系的百年主题并未消失，只是改头换面，更加强化了而已。[62]

战争使北朝鲜共产主义者和南朝鲜资本主义者五年的冲突达到高潮。1945 年，双方迅速以三八线为界划分了边界，以勾勒出苏联和美国占领区的轮廓。1947—1949 年，苏军和美军都开始从各自占领区撤出。到 1950 年 6 月，南方李承晚领导的政权因腐败而步履维艰。十分不信任李承晚的杜鲁门减少了美国的军事存在，但并未减轻保卫南朝鲜的承诺。正如艾奇逊在 1 月演讲中所宣布的，美国人将在联合国的帮助下保卫南朝鲜。

6 月 25 日，北方跨过三八线之举仅仅是近几个月里双方的许多越界行为之一。但这次的规模要大得多，也更为成功。1989 年后公开的苏联档案揭露，这次进攻由金日成策划了一年，并在一次私人会谈中得到约瑟夫·斯大林的确认。然而，这位苏联统治者希望金日成从中

国共产党那里获得帮助。他还强调，虽然金日成可以使用苏联装备和顾问，但如果南下行动出了问题，朝鲜人必须自己解决。斯大林并不想因南朝鲜而与美国开启第三次世界大战。然而，俄国人和日本人已经是几个世纪的对手了。朝鲜人对日本人的古老仇恨随着半个世纪的殖民统治而趋近白热化。如今，随着杜勒斯强化了他的使命，日本将被
重建并作为美军长期的、良好的航空母舰。斯大林和金日成一致认为， 285
为了消除这些威胁值得冒进攻的风险。然而，两位共产主义领导人没有预见到，杜鲁门会迅速动员起联合国，得其支持并以美军反击。[63]

北朝鲜军队势如破竹地在半岛上驰骋，直到 7 月中旬，受到麦克阿瑟率领的联合国军队（实际上超过 90% 的士兵都是美国人）的阻止。由凯南、杜勒斯和中情局分析师领导的华盛顿官员毫无疑问地相信：共产党的最终目标是取代美国在日本的地位。在当时和后来，凯南都认为美国在日本的发展是这次入侵的关键原因。杜勒斯告诉艾奇逊，“朝鲜攻击行动的一个目标或许是打破美国与日本议和的计划”。而在杜勒斯心中，这让这一计划更加紧要了。在哥伦比亚广播公司（CBS Radio）的一次全国性广播演讲中，杜勒斯宣布，如果苏联控制朝鲜和库页岛，“日本将被夹在苏联……的上下颚之间”。在战争发生数小时内，中情局分析师告诉美国官员，“苏联对朝鲜全境的军事控制”将使日本不再在“未来站在美国阵营”，并导致“日本作为美国基地的作用被削弱”。[64]

艾奇逊抓住了这一黄金时机以推动在日本和全球范围内的计划。杜鲁门虽然极不情愿，但最终还是同意实施 68 号文件并打破对大规模军事建设的预算限制。征兵制度被恢复，军方因而能够迅速将兵力从 63 万提升至 100 万以上。战争爆发前，美国对被击败的中国国民党政权的政策正从放弃转变为提供承诺；战争发生后，杜鲁门立刻在台湾周围部署了美军以保卫蒋介石残余政权，并开始将这一岛屿视为“自由世界”的重要窗口。艾奇逊对斯大林十分担忧，计划武装西德。

从这一角度看，这些天里，美国的决策没有什么比艾奇逊向法属印度支那派出第一支美军军事代表团更重要的了。

1950 年 9 月 11 日，杜鲁门做出了一个同样重要的决策，在艾奇逊和拉斯克的建议下，他命令麦克阿瑟越过三八线，攻入北朝鲜境内。4 天后，麦克阿瑟在仁川登陆，这次几乎是不可能完成的行动让世人大吃一惊。直到最近，有赖于布鲁斯·卡明斯和乔恩·哈利迪（Jon Halliday）的研究，我们才了解到向北进攻中日军部队所秘密扮演的关键角色。10 月，日方扫雷舰清理了元山港。这一行动在二战结束 5
286 年后再次向亚洲人展现了日本的军事存在。在指挥扫雷舰的司令官看来，这可以说服美国官员在 1951 年给予日本独立。[65]

由于接到了开放式的命令，以及对自己的无敌信念，麦克阿瑟一路推进到了中朝边境的鸭绿江。在 10 月份最初的试探进攻以及 11 月份的大规模进攻中，中国人的介入让美国遭受了历史上可能最惨痛的军事失败。在 1951 年血腥的战斗陷入僵局前，共产党人几乎将大部分由美国人组成的联合国军赶到了海边。

虽然自己做出了种种灾难性的决策，但麦克阿瑟挑衅般地将这一危机总结为："自约翰·海上任（1898—1905 年）以来辛苦取得的一切成果丧失殆尽。"12 月末，惊慌的将军秘密请求杜鲁门批准在 26 个目标投放原子弹以阻止中国军队前进。杜鲁门拒绝了这一要求，尽管一个月前他还公开表示不排除使用这一武器的可能。1951 年 4 月，杜鲁门确实下令将 9 枚原子弹运往冲绳，准备用于对抗中国人或苏联人，但三思之后，他在关岛停止了特遣部队的任务。历史学家罗杰尔·丁曼（Roger Dingman）认为，即使杜鲁门没有下令投放原子弹，运送原子弹本身也具有突出的政治效果：这让参谋长联席会议确信总统最终会决定进行这场战争，从而使他们可能在 4 月支持杜鲁门解职麦克阿瑟并召其回国——后者公开批评了政府对亚洲的政策。亚洲的风险突然迅速上涨，一个联合国防小组在 1950 年末告诉艾奇逊，"失去亚洲的美国将被限制在西半球，并成为欧亚大陆西部边缘上一个风雨飘摇的孤立据点。在朝鲜的成功将证明美国与美国生活方式的正确性，并为其赋予更多的意义”。[66]

吉田和其他许多日本人对于战争的态度要轻松得多。1951年初，首相表示：“我们完全不认为共产主义国家将入侵日本。”（考虑到美国在这一地区的军事承诺，他们也不应该这么认为。）自1953年以来，相对于对1945年后其他事件的研究，日本学者很少关注这场冲突。丁曼说道，对具有历史意识的日本人来说，“现在的朝鲜战争仅仅是一场朝鲜战争而已”。美国将之视为历史性危机，而日本则将之视为
不幸但受欢迎的机遇——吉田后来将这场战争称为“上天的礼物”。[67] 287

吉田不仅利用这场战争获得了日本的政治独立，还减轻了对美国的依赖。1947年之后，他一直在秘密发展一个情报组织——内阁调查室（半个世纪后它仍然存在），着重关注苏联事务，建立之初并不研究美国。东京政府因而能够获得对苏联意图更冷静的看法，而不用完全依赖美国情报。中情局与日本人开展合作，尤其是当这一机构的行动符合吉田目的的情况下。例如，朝鲜战争期间，日本保守派需要资金，而美国需要硬化钢铁所需的钨。霍华德·舍恩伯格（Howard Schonberger）在他未发表的历史记录中披露到，中情局与多曼领导的亲日派达成了一项秘密协定：五角大楼用1000万美元购买前日本军官贮藏的钨。这笔资金大部分被用于保守派的政治活动（多曼的团体抽取了超过200万美元的回扣）。以著名的政治掮客儿玉誉士夫为经纪人，中情局与保守派开始了长达10年的利益输送。[68]

当麦克阿瑟要求建立一支75000人的警察预备队并将海上自卫队扩充到8500人时，吉田政府和美国人都获得了好处。这些群体将承担维持国内治安的工作。埃里森说道，华盛顿官员希望建立一支集权的警察部队，就像在“旧日本警察国家”中所做的那样有效镇压“可能采取法律手段的极端分子”。吉田任命了一位没有军队经历的人为

警察预备队负责人，从而平息了反对者担心将会再度军事化的声音。之后，经过时间的洗礼，它确实成长为了一支有能力的军事部队。然而，在 1950—1954 年，吉田对似乎可能滑向共产主义的军官的长期忧虑，以及因美国的保护即在眼前（看不到苏军的入侵可能）从而不想在军队上浪费资源的决策，使他选择了发展经济而非增加军事预算。[69]

吉田还利用朝鲜危机完成了对共产党嫌疑人的搜捕，并为近 7 万名前军队和战时军官恢复了权力。1951 年初，斯大林在不经意间帮助了吉田——命令日本共产党人转变策略，激化美国的防卫政策。吉田
288 对一位美国记者开玩笑说："你们美国人真难伺候。1945 年你们占领日本时，所有共产主义者都在牢里。你们说要将之释放。现在可好，你们又要我们找到他们，并将之投进监狱。真是麻烦。"然而，他十分乐于合作。日本似乎与杜鲁门的冷战政策保持了步调一致。好莱坞也开始反映这一点。1951 年，在长崎和广岛被原子弹轰炸六年后，电影《二世部队》（*Go for Broke*）描绘了日裔美国志愿军组成的 442 步兵团的二战功绩。关于荣誉与勇气，范・强生（Van Johnson）扮演的英国指挥官和他的部队从彼此身上学到了很多，种族主义似乎被暂时搁置了。[70]

这似乎是杜勒斯议和的完美时刻。他和艾奇逊制订了一个精明的策略。他们清楚，苏联反对美国在日本保留任何基地，五角大楼却要求保留这样的基地，因为盟国（尤其是澳大利亚、新西兰和英国）担心日本军国主义复活。于是，杜勒斯和艾奇逊分别制订了解决之道。他们共同起草了一份其他盟国，甚至苏联，都会同意签署的给予日本独立地位的和约。随后，又单独起草了一份美日之间的双边协定，以保障驻日基地的存在并确保五角大楼对冲绳和小笠原群岛的控制。同时，杜勒斯还乘机飞越数千英里，以安抚澳大利亚和新西兰对日本军国主义的担忧［罗杰尔・巴克利（Roger Buckley）写到，他"实际上

发明了航天外交”]。杜勒斯设计了太平洋共同防卫组织，以保障澳大利亚和新西兰的安全。杜勒斯秘密告诉参议院，苏联人对澳大利亚和新西兰的任何攻击“似乎都遥不可及，但在20世纪40年代初，他们能感受到即将进攻自己的日本侵略者的滚烫呼吸”，如今，这一担心仍然存在。英国人强烈抗议自己被排除在这一协定之外，因这份协定释放了英国在亚洲市场上的主要威胁者日本。离开伦敦时，杜勒斯一度愤怒地表示，无论英国人是否签约，对日和约都将签署。[71]

查尔斯·埃文斯·休斯在1921—1922年华盛顿会议上的工作如今完成了。休斯摧毁了英日同盟并给予日本舰队在西太平洋的霸权，从而破坏了英国在远东的势力基石。杜勒斯和艾奇逊实际上宣布，大英帝国在这一地区的统治已经终结了（除了中国香港和新加坡这些依然留存的经济前哨）。美国势力正与伦敦的前亚洲伙伴合作，将其取而代之。

然而，杜勒斯遭遇的真正挫折并不来自英国或共产主义势力，而 289
是来自五角大楼和吉田。由于获得了保留军事基地的保证，还由于1950—1951年国防部部长是乔治·马歇尔——前国务卿、艾奇逊的亲密盟友，五角大楼最终表示同意。马歇尔清楚在失意的日本变得反美之前签订和约的紧迫性。无论什么时候出现僵局，杜鲁门总是站在国务院一边。他完全信任艾奇逊，并有一个有趣的信条——决定外交政策的应该是那些最理解它的人。

吉田比五角大楼更难对付。用历史学家平野健一郎的话说，吉田决心建立一个“自主的日本”。日本的安全或许还要继续依赖美军，但这一依赖将省下日本实现经济自主所需要的资源。最重要的是，吉田并不想让日本陷入朝鲜战争、昂贵的再武装计划和美国控制下的反共联盟体系之中。他和幕僚们都认为安全条约应该从和约中单独分离出来，并且不再有武装计划。吉田的著名外号“独夫”暗示了他保持孤立并独断行事的个人风格，这也揭示了他的决心——在彻底战败仅

6年后，仍希望日本保持尽可能独立。[72]

1951年1月25日，杜勒斯抵达东京展开决定性的会谈，他的随行人员包括埃里森、五角大楼官员和约翰·D.洛克菲勒三世（洛克菲勒家族对发展日本医药和开展慈善文化活动一直十分慷慨）。杜勒斯希望洛克菲勒能够重启美日文化交流。

在1月29日的第一次会谈中，杜勒斯和吉田试图用各种手段占据优势，但很快就出现了主要的绊脚石。首先，首相要求恢复促进“家庭制度”的法律——关于战前教育控制和保持女性传统角色制度的法律。杜勒斯没有回应。其次，吉田强调了“与中国进行长期贸易的必要性”。他认为日本企业家是摧毁共产主义的“最佳第五纵队”。杜勒斯警告，日本与中国的任何贸易都会被“限制”。再次，让杜勒斯不满的是，吉田反对迅速重新武装“皇军”——部分原因是“潜入‘地下’的日本军国主义者”可能重新露面并夺取政权。在“日本开始逐步实现经济自主之时”，重新武装军队将带来“极度紧张”的局面。[73]

在接下来一周的会谈中，出现了第四个问题：美国坚持保留在冲
290 绳和小笠原群岛的基地，而失望的吉田则要求归还这些岛屿。最终，杜勒斯同意“在保有基地的同时承认日本在这些岛屿的‘剩余主权’”，这一措辞最终被纳入到1951年条约中，既让五角大楼满意，也给
291 了吉田足够的补偿。第五个问题——对日本1931年后曾经入侵国家的赔偿问题——也被解决了，杜勒斯提出了一个要求日本赔偿的机制——赔偿数额有限，且赔偿与日本出口紧密相连。这一策略十分具有创造性，如此一来赔偿款最终又会回到日本身上。不用多说，吉田对这一安排“没有问题”。他肯定十分乐见将赔偿款用于渗透日本未能占有，也无法以军事手段控制的这些市场上。[74]

主要的障碍仍然是重新武装军队。在麦克阿瑟、吉田和杜勒斯的一次决定性会面中，麦克阿瑟将军强烈反对重新武装，并建议让日本

变成该地区盟国军事产品和武器的高产军火库。吉田附议了他的观点，并说道，考虑到亚洲人对1940—1945年的记忆，任何日本重新武装的威胁都会削弱必要的经济扩张行动。在国会，他继续奚落了任何共产主义会进攻日本的威胁论。25年后披露出来的资料表明，吉田还有一个备选方案：1951年2月3日，他秘密同意建立数量有限的地面部队，但只有在美日谈判代表走完他精心设计的、迷宫一般、高度复杂的磋商流程后，他才会最终批准。[75]

杜勒斯屈服了，双方达成了妥协。在一份双边安保条约中，美国保有在日本本土和冲绳的基地。美国人做出了会保卫日本的含糊承诺（这是他们希望日本很快重新武装起来，以保卫自己的信号），然而，目睹了杜鲁门对朝鲜的强烈反应后，明白人都不会再怀疑倘若日本遭受攻击，美国会如何反应。条约还允许美军在东京政府要求下镇压叛乱和动乱。这一规定写得十分宽泛，以至于在20世纪50年代剩下的时间里日本人一直在抱怨：美国可以在自己愿意的任何时候使用武力。吉田要求，驻日美军的权利应通过一份行政协议单独地、秘密地加以规定（即用一种无需立法辩论的形式），如此日本舆论就不会群情激愤，这一要求得到美方同意。杜勒斯获得了和约和基地，但仅仅获得了吉田含糊而复杂的重新武装军队的承诺。1951年，杜勒斯告诉一位中国朋友，“东方人的心思，尤其是日本人心思里的弯弯绕绕要比西方人多得多”。[76]

1951年9月，不包括中国大陆和印度的54个国家的代表会面协商并签订了和约。关于会议如何展现了美国实力和新技术革命，英国外交官R.H.史考特（R. H. Scott）私下里向他在伦敦的朋友讲述了自己的亲身经历：

> 会议在旧金山歌剧院举行，这是一个巨大的戏院，估计 292
> 坐了几千人，艾奇逊和秘书站在台上。乐池有屋顶笼罩，上

> 面放了一个美国人所说的“指挥台”，演讲者从那里向大会发言。没有任何书桌或圆桌，我们都坐在普通的戏院座位上。代表团们（以字母顺序）占据了乐队席的前六排，整个旧金山，实际上加州大部分的代表都在排队去坐别的座位……还有阵容十分强大的记者、广播员、广播评论员和电视运营商的团队。艾奇逊假意阻止观众们干涉讲话，但（这位反共演说家）发现他很容易招来旁听席的阵阵喝彩……这凑巧也是美国第一次跨海岸电视直播，因此电视观众人数十分巨大……我们这排经常被摄像机拍到，因为这可以向观众展现美国人、英国人和苏联人坐在同一排，我相信有450万人有幸看到了我在挖鼻孔。[77]

虽然受到食物中毒的困扰，艾奇逊还是强撑着来到演讲台前担任主席，这样他和他的盟友们就能维持议程的秩序。议程阻止苏联集团提出任何修正案。例如，当苏联代表提议应邀请新中国代表参会时，艾奇逊裁决他的提议违规了。在美国及其盟友（尤其是来自拉美的盟友）强行通过了条约后，日本、美国和47个其他国家签署了条约，但苏联、波兰和捷克没有签字。这份和约还受到日美安保条约，以及1952年日本与蒋介石单独签订和约的补充。[78]

和约与安保条约如今摆在了参议院等待批准。杜勒斯很早就向参议院提供了秘密证词，为条约提供了唯一的经济解释。他警告，如果美国不迅速行动，日本可能会加入共产主义集团，因为它需要来自中国东北的“大量原材料”以及日本的“天然市场——中国市场”。他补充道，苏联就坐在日本的门前；它占据了库页岛和千岛群岛。杜勒斯的解释十分坦率，但未必明智。许多参议员强烈要求保护台湾并推翻中国共产党政权，他们注意到，吉田与杜勒斯一样强调了日本与中
293 国的潜在联系。在这之前，甚至在朝鲜战争期间的几个月里，日中贸

易一直在增长。在这次旧金山会议上，吉田告诉善于倾听的英国官员，"日本的未来不会与中国的未来相分隔"。他好奇的是，"日本的作用（是否）是推动中国'民主化'"——在1月末他曾向杜勒斯说过这句话。[79]

吉田能够在这番话与其他发言之间保持平衡——比如他批评1950年中苏同盟是针对日本的武器，但参议院所谓的院外援华集团领袖、来自加利福尼亚的威廉·诺兰（William Knowland）并不放心。他获得了56位参议员的支持，警告称他们会反对和约，除非日本明确同意支持台湾的国民党当局并反对大陆。1951年12月，杜勒斯在两名参议员的陪同下尽职地飞向了东京。他们要求吉田签署一份让诺兰满意的声明。美国人提出了一个有效的威胁：这一年早些时候，国会通过了战争法案，要求切断对与共产党进行贸易的国家的援助。日本的生存有赖于这项援助。12月24日，首相不情愿地签署了所谓的"吉田书简"。这封信中说道，日本"无意与中国共产党政权达成双边条约"，参议员们对此表示满意。承认了中国大陆，并不顾一切地希望将日本贸易从自己的东南亚市场引向中国的英国人强烈批评了这封信。不幸的是，杜勒斯在给艾奇逊的一封信里告诉英国人：考虑到日本对美国的依赖，"日本试图追求违背美国政策的外交政策……是难以置信的"。1957年，吉田在备忘录里写到，这样的依赖十分不幸："英国人和日本人"最理解中国，而美国人并不"真正"了解中国人，因而采取了"几乎完全失败"的对华政策。历史学家后来发现"吉田书简"出自杜勒斯之手，这并不意外。[80]

1951年，有关日本贸易方向的争论十分激烈，在政治上无所顾忌，是日美关系的关键所在。朝鲜战争对日本经济的巨大影响更激化了这一争论。1950—1952年，美国的军需采购突然占到了日本出口的70%。一度被战争摧毁、依靠援助和狭小市场才能生存的经济突然流入了大量资本。在战争开始4个月后，日本的工业产量达到了战后最高水平（事实上达到了1934—1936年的106%）。就业率飙升。巨大 294

的年度贸易逆差被美国在日本的军事开支弥补了，甚至有所盈余。尽管后来的日本人和其他专家对战争的积极影响轻描淡写，认为战争的影响扭曲了经济，仅仅提供了1950—1953年日本资本投资总额的一部分，但正如一位在东京的英国企业家所说，“这笔意外之财”让日本人得以“重新组建工厂并使之现代化，以令人吃惊的方式大规模扩张”——同时还能将外国资本及其影响拒之门外，与此相比，上述批评就显得无关紧要了。[81]

朝鲜战争之于日本重建，如同马歇尔计划之于西欧重建。长期效应十分良好。其中有两个效应将影响20世纪剩余时间里美国人与日本人的生活。首先，日本最强大的商业协会（经济团体联合会）与政府决定在进口和发展军民两用技术方面与美国人密切合作。这样的技术可以被用于满足美国和其他国家的军工需求，同时给日本提供开发民用市场的便利。例如，三井的一个工厂努力研制出了特种钢材，成为国家第一大军火商，突然就获得了大量资本。日本就此布下了20世纪六七十年代经济“奇迹”的温床。[82]

战争的第二个长期效应是，在东京尤其是在华盛顿的支持下，日本在东南亚的利益大为加强。1945年，约翰·埃默森发现自己在东京三井主管领导的一个办公室里协助运作美国的占领事宜。埃默森走进办公室后，这个日本人给他看一幅地图，上面画出了日本在东亚的“共荣圈”范围。这位三井领导说：“我们来看看，关于这个你能做什么。”埃默森后来写道，“那一刻，美国对亚洲外交政策的全部压力让我不堪重负”。在重建日本与亚洲其他国家间的关系时，伴随着激烈的争论。1950年10月23日，对外关系委员会在纽约的一次秘密会议上，亲日派尤金·多曼直白地告诉杜勒斯，任何试图将日本排除在中国大陆市场之外的努力都将“弄巧成拙”。杜勒斯回应道，或许是这样，但日中关系会损害到关键的日美关系。他相信，“友好关系”意味着“为日本人找到新的贸易出路”。正如他之前在会议上说的，一个关键的出路就是“东南亚欠发达地区”。至少从短期来看，多曼在辩论中输了，吉田似乎也同意杜勒斯的看法。1951 年 10 月，吉田告诉国会，日本依赖对华贸易的观点仅仅是共产主义者的宣传；相反，“日本希望就开发东南亚国家的资源开展合作”。[83] 295

不幸的是，另有问题存在。越南独立同盟对法国殖民主义的反抗持续撕扯着东南亚的部分地区。一位国务院官员说道：“越南独立同盟要求获得土地、教育权，这可能会击倒法国人。他们难以满足这一要求。”必须为此采取行动。美国高层官员中，存在着这样的传统观点：没有东南亚，日本就不能保持有序和合作；没有有序和合作的日本，美国在燃烧的东亚就不可能有效地实施自己的政策。一位重要的日本学者后来提出了这一观点的另一面。竹前荣治认为，1947 年后的占领政策过于强调物质方面，它仅仅是一个“有害改革”，缺乏“民主精神”。1952 年初，吉田试图通过一项反破坏法案时，这一观点似乎在日本国内引起了反响，它让许多日本人想起了正在影响美国政治的麦卡锡主义。在“血腥五月”（Bloody May Day）暴动中，美国军车受到了袭击，包括数名美国人在内的 1400 人受伤。[84]

日本被占领 6 年后，一些问题正暗潮涌动，但有赖于朝鲜战争，日本的经济正在复苏。然而，没有人，即使麦克阿瑟也不认为美国已经创造了一个开放、自由化的日本。事实上，没有哪个优秀的观察者认为美国的首要目标是实现日本的民主化。美国的最高目标首先是将日本作为开放的、多边的亚洲资本主义中心；其次是将其作为抑制共产主义的桥头堡；再次是通过保持日本的有序和可控来安抚邻国。艾奇逊的亲信顾问保罗·尼茨后来写道，美国的经济政策和对共产主义的遏制“被看作一回事”。然而，中国和越南将对有关日美关系的此类设想发起挑战。[85]

注释

1. 关于这一时期的简要概述，见 Christopher Thorne, *Allies of a Kind*(New York, 1978), pp. 688–690; John Dower, *Japan in War and Peace*(New York, 1993), p. 163; 关于福莱斯特，见 "Cabinet Meeting, Friday, Aug. 2, 1946," in Notes on Cabinet Meetings, 1945–1946, by Matthew Connelly, HST Library; Peter Duus, Introduction to Duus, ed., *The Cambridge History of Japan*. Vol. 6. *The Twentieth Century* (Cambridge, UK, 1988), p. 11.
2. Donovan, "Memorandum for the President," Sept. 17, 1945, OSS Memoranda for the President, Donovan Chronological File, box 15, HST Library; 关于对苏联的不信任，见 *FRUS*, *1945*, II, 60; Tang Tsou, *America's Failure in China*, *1941–1950*, 2 vols. (Garden City, NY, 1955–56), II, 81; Sakamoto Yoshikazu, "The International Context of the Occupation of Japan," in Robert E. Ward and Sakamoto Yoshikazu, eds., *Democratizing Japan*(Honolulu, 1987), pp. 56–57.
3. Akira Iriye, "Continuities in U.S. –Japanese Relations, 1941–49," in Akira Iriye and Yonosuke Nagai, eds., *The Origins of the Cold War in Asia*(New York, 1977), p. 399; J. C. Donnelly Minute on Halifax to Foreign Office, Nov. 10, 1945, FO 371 AN3447/4/45, PRO.
4. Lloyd Gardner, *Economic Aspects of New Deal Diplomacy* (Madison, WI, 1964), pp. 308, 344; 关于对危机的早期担忧，重要文献有 Lloyd Gardner, *Architects of Illusion*(Chicago, 1970) .
5. Thorne, *Allies of a Kind*, p. 675; "Cabinet Meeting, Friday, April 19, 1946," in Notes on Cabinet Meetings, 1945–1946, by Matthew Connelly, HST Library.
6. 关于美国最初的降后政策，见 Maki, *Documents*, pp. 125–132; "Cabinet Meeting, Friday, Oct. 26, 1945," in Notes on Cabinet Meetings, 1945–1946, by Matthew Connelly, HST Library.
7. John Dower, *War Without Mercy*(New York, 1986), pp. 300–301.
8. Homma Nagayo, *Utsuriyuku Amerika* [The Changing America](Tokyo, 1991), pp. 243–244; 关于爱一郎的引语，见 Jacques Hersh, *The USA and the Rise of East Asia Since 1945* (London, 1993); 关于饥荒，见 Ronald McGlothlen, *Controlling the Waves*(New York, 1993), pp. 25, 56; 关于麦克阿瑟的引语，见 Richard Barnet, *The Alliance*(New York, 1983), p. 64; G. C. Allen, *A Short Economic History of Modern*

Japan(London, 1981), pp. 187–188.

9. Watanabe Akio, Preface to Watanabe, ed., *Sengo Nihon no taigai seisaku* [Postwar Japanese Foreign Policy](Tokyo, 1985), pp. 2–3; "Cabinet Meeting, Friday, Feb. 1, 1946," in Notes on Cabinet Meetings, 1945–1946, by Matthew Connelly, HST Library; Barnet, *Alliance*, p. 63; FO Minute by Johnston, June 1, 1951, FO 371 FJ1027/1, PRO, on "useless body"; James Forrestal, *The Forrestal Diaries*, ed. Walter Millis(New York, 1951), p. 104; Melvyn Leffler, *A Preponderance of Power* (Stanford, 1992), pp. 90–91.

10. Harry Truman, *Off the Record*, ed. Robert H. Ferrell (New York, 1980), p. 47; Leahy to MacArthur, Oct. 2, 1945, RG 10, VIP Correspondence, Douglas MacArthur Library, Norfolk, VA.

11. 关于麦克阿瑟与佩里的比较，见 lokibe Makoto, *Nichi–Bei senso to sengo Nihon* [Japanese–American Relations in Postwar Japan](Osaka, 1989), pp. 141–150; John K. Fairbank, "Digging Out Doug," *New York Review of Books*, Oct. 12, 1978, p. 16; Barnet, *Alliance*, pp. 62–64; Mitani Taichiro, "Senzen senchuki Nichi–Bei kankei ni okeru sin–Nichiha gaikokan no yakuwari: J. Barantain to E. Douman ni tsuite" [The Role of Pro–Japanese American Diplomats in Japanese–U.S. Relations, Before and During the Pacific War: Joseph Ballantine and Eugene Dooman], *Gaiko Forum*, 36–39(September 1991–December 1991), 特别是第 85—91 页关于"幕府将军"的典故；关于麦克阿瑟汽车抛锚的事情，见 *New York Times*, Sept. 8, 1945, in *NYT–GCI*, p. 148；桑塞姆的引语见 Sir A. Gascoigne to Scott, Jan. 22, 1951, FO 371 FJ1019/3, PRO; Sir A. Gascoigne to Foreign Office, Feb. 6, 1951, FO 371, FJ1019/5 回顾到哈里曼曾说麦克阿瑟是 1948 年总统提名过程中的领先者。

12. 本段与上一段基于 Robert E. Ward, "Presurrender Planning," in Robert E. Ward and Sakamoto Yoshikazu, eds., *Democratizing Japan* (Honolulu, 1987), pp. 11–16; Hugh Borton, *American Presurrender Planning for Postwar Japan* (New York, 1967), p. 27；关于日本军方，见 Dower, *Japan in War and Peace*, pp. 166–167; Akira Iriye, *The Cold War in Asia* (Englewood Cliffs, NJ, 1974), pp. 124–126；关于那张著名照片的故事，以及高见顺的引语，见 Igarashi Takashi, "Senso to senryo, (1941–1951)" [War and Occupation], in Hosoya Chihiro, ed., *Nichi–Beikankei tsushi* [Japan–U.S. Relations](Tokyo, 1995), pp. 164–175; Stephen S.

Large, *Emperor Hirohito and Showa Japan*（London, 1992）, pp. 134–144, 特别是关于裕仁被列为战犯的内容; Dower, *War Without Mercy*, p. 307.

13. 关于范宁，见 Sir A. Gascoigne to Bevin, Feb. 6, 1951, FO 371 FJ1019/5, PRO; U.S. Congress, Senate, *Executive Sessions of the Senate Foreign Relations Committee*（*Historical Series*）, vol. III, part 1（Washington, DC, 1976）, p. 290.
14. 关于博恩的交易，见 Kimitada Miwa, "Japan's Northern Territories," *Journal of American and Canadian Studies*, 6（Autumn 1990）: 6–7; 关于对媒体的审查，见 Committee for the Compilation of Materials on Damage Caused by the Atomic Bombs in Hiroshima and Nagasaki, *Hiroshima and Nagasaki*（New York, 1981）, p. 12; James W. Morley, "The First Seven Weeks," *Japan Interpreter*, 6（no. 2, 1970）: 151–164; Yoshitake Oka, *Konoe Fumimaro*（Tokyo, 1983）, pp. 182–198; Kyoko Inoue, *MacArthur's Japanese Constitution*（Chicago, 1991）, p. 7; *New York Times*, Oct. 5, 1945, p. A1; 关于币原，见同上, Oct. 10, 1945, p. A4.
15. 本段与下一段尤其得益于 Dower, *Japan in War and Peace*, pp. 211–212; Barnet, *Alliance*, pp. 76–78.
16. Major General Courtney Whitney, *MacArthur*（New York, 1956）, pp. 263–311; Major General Charles A. Willoughby and John Chamberlain, *MacArthur, 1941–1951*（New York, 1954）, p. 323; Barnet, *Alliance*, p. 69.
17. Dower, *Japan in War and Peace*, p. 166; Allen, *Short Economic History*, p. 219; Barnet, *Alliance*, pp. 67, 80–81; Justin Williams, Sr., "A Forum," and John Dower and Howard Schonberger, "A Rejoinder," *PHR*, 57（May 1988）: 188–189.
18. Eto Jun, *Mo hitotsu no sengoshi* [Another Postwar History]（Tokyo, 1978）, pp. 474–476; Forrestal, *Forrestal Diaries*, p. 524; Barnet, *Alliance*, pp. 65, 70–71; *New York Times*, Nov. 12, 1948, in *NYT-GCI*, pp. 168–169.
19. Gascoigne to Bevin, Feb. 6, 1951, FO 371 FJ1019/5, PRO; Allen, *Short Economic History*, p. 222; Barnet, *Alliance*, pp. 74–75.
20. Susan J. Pharr, "The Politics of Women's Rights," in Ward and Sakamoto, eds., *Democratizing Japan*, pp. 222–224, 240–248; Dower, *War Without Mercy*, p. 308; Barnet, *Alliance*, p. 72; 关于加藤静枝，见 *New York Times*, April 13, 1946, in *NYT-GCI*, p. 159; Gascoigne to Bevin, Feb. 6, 1951, FO 371 FJ1019/5, PRO; Carol Gluck, "Entangling Illusions," in Warren I. Cohen, ed., *New Frontiers in*

American–East–Asian Relations (New York, 1983), pp. 192–193; Robert J. Smith, "The Sources and Proponents of 'Tradition' and 'Modernity' in Japanese Law," *Journal of Legal Pluralism and Unofficial Law*, 33 (1993): 231–237.

21. Inoue, *MacArthur's Japanese Constitution*, pp. 75–77, 266–270; 一名主体参与者对此进行了一个比较好的概述：Charles L. Kades, "The American Role in Revising Japan's Imperial Constitution," *PSQ*, 104 (Summer 1989): 217–220.

22. Kades, "American Role," pp. 225–230; 关于卡德斯对"象征"一词的使用，见 Kyodo News Service, Japan Economic Newswire, May 2, 1992, p. 2. 感谢罗伯特·史密斯教授为我提供上述文件。

23. 本段及下一段基于 Kades, "American Role," pp. 232–236; Dower, *Japan in War and Peace*, pp. 219, 228–229; 关于这一著名的讨论，见 Inoue, *MacArthur's Japanese Constitution*, pp. 230–262, 269–270.

24. Kades, "American Role," pp. 236–238; Ward, "Presurrender," pp. 33–34; C. P. Scott Minute, April 16, 1951, on Gascoigne to Bevin, Feb. 6, 1951, FO 371 FJ1019, PRO.

25. W. Miles Fletcher, "Taiheiyo senso…." [Economic Impact of the Pacific War on Japan], in Hosoya Chihiro, *et al.*, eds., *Taiheiyo senso* [The Pacific War] (Tokyo, 1993), pp. 381–383; Barnet, *Alliance*, p. 83, 84, 其中第 83 页有哈德利的引语; Geoffrey Gorer, "The Special Case of Japan," *POQ*, 7 (Winter 1943): 574; Allen, *Short Economic History*, p. 204; Yutaka Kosai, "Postwar Japanese Economy, 1945–1973," in Duus, ed.. *The Twentieth Century*, pp. 496–497.

26. Allen, *Short Economic History*, p. 189; Leon Hollerman, "International Economic Controls in Occupied Japan," *JAS*, 38 (no. 4, 1979): 710; Wallace Gagne, "Technology and Political Interdependence: Canada, Japan, and the United States," *JACS*, 9 (Spring 1992): 50.

27. Igarashi Takashi, "MacArthur's Proposal for an Early Peace with Japan and the Redirection of the Occupation," in Aruga Tadashi, ed., *United States Policy Toward East Asia, 1945–1950*, a volume of *JJAS*, I (1981), pp. 67–83, 86; *New York Times*, May 25, 1947, p. A25; 同上, June 2, 1947, p. A3.

28. 关于贸易集团，见 U.S. Department of State, *Fortnightly Survey of American Opinion on International Affairs*, Sept. 4, 1946, pp. 2–3; "Cabinet Meeting, Friday, Aug. 2, 1946," in Notes on Cabinet Meetings, 1945–1946, by Matthew Connelly, HST

Library; Forrestal, *Forrestal Diaries*, pp. 179, 190; Daily Staff Summary, Feb. 5, 1947, Lot Files, NA, RG 59; Robert Divine, *Foreign Policy and U.S. Presidential Elections, 1940–1948*(New York, 1974), pp. 223, 245, 270.

29. *FRUS*, *1947*, VI, 159, 184; Osborn to Clayton, with copy to Harriman, July 11, 1947, "Public Service, Secretary of Commerce... Japan," Harriman Papers.

30. Bruce Cumings, "Japan's Position in the World System," in Andrew Gordon, ed., *Postwar Japan as History*(Berkeley, 1993), 第 39 页有马歇尔的引语，其中斜体部分是马歇尔强调的重点; Minute by E. Dening, March 26, 1947, FO 371, UN2001/ 1754/78, PRO; Yoshikazu, "International Context," pp. 58–60.

31. Joseph M. Jones, *The Fifteen Weeks* (New York, 1955), 有艾奇逊演讲的文本; *Fortune*(February 1950): 67.

32. 关于德雷珀，见 *Nippon Times*, March 28, 1948, in "Political... Tokyo," March 31, 1948, FO 371 F5396/662/23, PRO; Hersh, *USA and Rise of East Asia*, p. 19; 关于罗亚尔演讲的文本，见 Vidya Prakash Dutt, ed., *East Asia... 1947–1950*(London, 1958), pp. 631–637.

33. 凯南的观点参见他的备忘录: *Memoirs*, *1925–1950*(Boston, 1967), pp. 271–368; 一种重要的反对观点参见加德纳对凯南的分析: *Architects of Illusion* (Chicago, 1970), pp. 270–300.

34. Kennan, *Memoirs*, pp. 368–382; Leffler, *Preponderance*, p. 253.

35. Leffler, *Preponderance*, pp. 382, 389; *FRUS*, *1948*, VI, 697, 712.

36. FRUS, 1948, VI, 712–794.

37. 同上, 858–862; "CIA Research Reports: Japan–Korea, Security of Asia, 1946–1976," reel 2, Fletcher School Library, Tufts University.

38. 关于麦克阿瑟的反对，见 Yoshikazu, "International Context," p. 63; 关于麦克阿瑟与社会主义，见 Hersh, *USA and Rise of East Asia*, p. 16; 关于舍恩伯格的分析，见 Williams, *et al.*, "Forum," pp. 212–213; Gascoigne to Dening, Jan. 10, 1948, FO 371 F1287/661/23, PRO; Gascoigne to Foreign Office, April 7, 1948, FO 371 F5237/662/23, PRO; Barnet, *Alliance*, p. 86; 关于卡德斯，见 Hata Ikuhiko, *Shiroku*: *Nihon saigunbi*[The Historical Record: Japan's Rearmament](Tokyo, 1976), p. 106.

39. U.S. Department of State, *Monthly Survey of American Opinion* (July 1948): 9; Franks to Foreign Office, July 15, 1948, FO 371 F9870/662/23, PRO; Howard B.

Schonberger, *Aftermath of War*(Kent, OH, 1989), 特别是第 143—151 页; 关于舍恩伯格对多曼的评价, 见 Williams, *et al*, "Forum," p. 216.

40. 1948 年 8 月 15 日, 休斯对《星期日纪事报》(伦敦) 的剪报, in "Extract," Aug. 15, 1948, FO 371 F11450/662/23, PRO.

41. Shindo Eiichi, "Ashida Hitoshi and Postwar Reform" (日文), *International Relation*, 85 (May 1987), 特别是第 62 页; *New York Times*, Oct. 7, 1948, p. A17; Oct. 15, 1948, p. A10.

42. John W. Dower, *Empire and Aftermath* (Cambridge, MA, 1988), pp. 36–38, 136–170, 400–401; John Welfield, *An Empire in Eclipse* (London, 1988), pp. 38–39; Barnet, *Alliance*, p. 79.

43. Dower, *Empire and Aftermath*, pp. 274, 422–423.

44. 关于艾奇逊及赔偿事宜, 见 *FRUS*, *1949*, VII, 640–642, 716–720; 关于 "西尔斯, 罗巴克" 公司的商品目录, 见 Hollerman, "International Economic Controls," p. 718.

45. Williams, et al., "Forum," 第 205 页有达沃对此的观点, 第 217—218 页有关于肃清的内容; *New York Times*, Oct. 14, 1949, in *NYT–GCI*, p. 179; 同上, Oct. 22, 1949, p. 173; Barnet, *Alliance*, p. 81; 关于肃清与知识分子的情况, 见 Yoshikazu, "International Context; " Igarashi Takeshi, "Reisen to kowa" [Cold War and Peace], in Watanabe, *Sengo Nihon no taigai seisaku*, pp. 48–60.

46. Takemae Eiji, *Senryo sengoshi* [Occupation and Postwar Japanese History](Tokyo, 1980), pp. 56–57; Duus, Introduction, pp. 42–43; 关于银行的更多内容, 见 Ron Chernow, *The House of Morgan* (New York, 1990), p. 551; Hollerman, "International Economic Controls," pp. 716–719.

47. 1949—1950 年的危机, 特别是杜鲁门及其顾问对此的观点, 在以下文献中有所讨论, 并附有参考文献: Walter LaFeber, "NATO and the Korean War: A Context," in Lawrence S. Kaplan, ed., *American Historians and the Atlantic Alliance* (Kent, OH, 1991), pp. 33–51.

48. 对美国所遇麻烦的概述, 见 Minute by P. A. Wilkinson, Jan. 10, 1950, on Kelly to Bevin, Dec. 12, 1949, FO 371 N10789/1024/38, PRO; Frederick C. Barghoorn, *The Soviet Image of the United States* (Port Washington, NY, 1969), pp. 133–135; U.S. Congress, Senate, *Executive Sessions of the Senate Foreign Relations Committee* (*Historical Series*), *1949–1950*, I, 108; Dean Acheson, *Crisis in Asia* (Washington,

DC, 1950), p. 117.

49. Barnet, *Alliance*, p. 94; Cumings, "Japan's Position in the World System," pp. 43–44.

50. *FRUS*, 1949, VIII, 1210–1220.

51. McGlothlen, *Controlling the Waves*, pp. 24, 75–76, 134; Akira Iriye, *China and Japan in the Global Setting* (Cambridge, MA, 1992), pp. 94–95.

52. 一则重要记载见 Nancy Bernkopf Tucker, "American Policy Toward Sino–Japanese Trade in the Postwar Years," *DH*, 8 (Summer 1984): 183–208; Welfield, *Empire*, p. 41; Iriye, *China and Japan*, pp. 98–99.

53. "Regional Conference of U.S. Chiefs of Mission. Rio de Janeiro, Brazil," March 8, 1950, Records of Inter–and Intra–Departmental Committees: Inter–American Economic Affairs Committee, 1945–1950, NA, RG 353, 特别是第 44 页、第 88 页、第 90 页。

54. Chester Cooper, *The Lost Crusade* (New York, 1970), pp. 49–50; McGlothlen, *Controlling the Waves*, pp. 189–191; Gascoigne to Foreign Office, Jan. 18, 1950, FO 371 FJ1022/1, PRO.

55. U.S. Congress, *Executive Sessions*, *1949–1950*, I, 267–269, 278; 关于美国援助团，见 UK Consulate General to Foreign Office, June 1, 1950, FO 371/F11345/3, PRO.

56. lokibe Makoto, *Nichi–Bei senso to sengo Nihon* [U.S. –Japan War and Postwar Japan] (Osaka, 1989), p. 2–6; *FRUS*, *1949*, VII, 663.

57. Dean Acheson, *Present at the Creation* (New York, 1969), pp. 428–429, 434–435; "为时过早"以及五角大楼的其他反对意见，见 "Memorandum of Conversation" of State and Defense officials, April 24, 1950, Acheson Papers; Sept. 22, 1948, Leahy Diaries; Welfield, *Empire*, p. 30; Roger Buckley, *U.S. –Japan Alliance Diplomacy*, *1945–1990* (Cambridge, UK, 1992), pp. 36–37.

58. *New York Times*, Dec. 23, 1949, in *NYT–GCI*, p. 180, on Yalta; Welfield, *Empire*, pp. 69–70; Dower, *Japan in War and Peace*, p. 182.

59. 关于中苏之间的条约，见 Sergei N. Goncharov, *et al.*, *Uncertain Partners* (Stanford, 1993), p. 260; 关于 NSC–68 号文件及相关背景，见 *FRUS 1950*, I, 234–272; Princeton Seminars, Oct. 10–11, 1953, Acheson Papers.

60. Sato, *Ohira*, pp. 133–134; Ronald W. Pruessen, *John Foster Dulles* (New York, 1982), pp. 448–452; Welfield, *Empire*, pp. 29, 46; Dower, *Japan in War and

Peace, pp. 174–175; Chihiro Hosoya, "Japan's Response to U.S. Policy on the Japanese Peace Treaty," *Hitotsubashi Journal of Law and Politics*, 10（December 1981）, 特别是第 18 页。

61. Dower, *Japan in War and Peace*, p. 185; 关于拉斯克，见 McGlothlen, *Controlling the Waves*, p. 21; Princeton Seminars, July 8–9, 1953, Acheson Papers; 关于"朝鲜……救了我们"，见同上，Oct. 10–11, 1953.

62. U.S. Congress, *Executive Sessions of the Senate Foreign Relations Committee*（*Historical Series*）, 1951, Vol. III, Part 1（Washington, DC, 1976）, 290.

63. 一则以长期国内战争为重点的经典评论见 Bruce Cumings, *The Origins of the Korean War*, 2 vols.（Princeton, 1981, 1990）, 特别是第二卷的头两章；对新文件的分析见 1994 年 7 月 21 日的《洛杉矶时报》及《纽约时报》，感谢米尔顿·莱顿伯格让我注意到了这些分析；John W. Garver, "Polemics, Paradigms," *JAEAR*, 3（Spring 1994）: 27–28; Roger Dingman, "Korea at Forty-plus," *JAEAR*, I（Spring 1992）: 139.

64. Buckley, U.S. -*Japan Alliance*, p. 37; McGlothlen, *Controlling the Waves*, p. 80; U.S. Department of State, *Korea*（*Preliminary Version*）. *An Intelligence Estimate… June 25*, 1950, OACST- "P File," State Department, Office of Intelligence Research Intelligence Estimate #7, NA, RG 319, p. 5; 感谢大卫·朗巴特让我注意到了这份文件。

65. Forrest C. Pogue, *George C. Marshall*, 4 vols.（New York, 1963–87）, IV, 452; Glenn D. Paige, *The Korean Decision*（New York, 1968）, pp. 132–133, 164; U.S. Department of State, *Monthly Survey of American Opinion*（September 1950）: 3–4; Gaddis Smith, *Dean Acheson*（New York, 1972）, p. 172; Jon Halliday and Bruce Cumings, *Korea*（New York, 1988）, pp. 115, 165.

66. Thomas J. Christensen, "Threats, Assurances, and the Last Chance for Peace," *International Security*, 17（Summer 1992）: 128–131, 脚注；麦克阿瑟对海的引用，见 Thorne, *Allies of a Kind*, pp. 691–692; Nov. 30, 1950, Diary entry, box 17, Papers of Eban A. Ayers, HST Library; Richard J. Barnet, *The Rockets' Red Glare*（New York, 1990）, p. 314; Roger Dingman, "Atomic Diplomacy…," *International Security*, 13（Winter 1988–89）: 72–75, 89; 最后的引语及相关背景，见 Lloyd Gardner, *Approaching Vietnam*（New York, 1988）, chapter 3.

67. Roger Dingman, "The Dagger and the Gift: The Impact of the Korean War Upon

Japan," *JAEAR*, 2(Spring 1993): 30–31; Dower, *Empire and Aftermath*, pp. 389–391.

68. Welfield, *Empire*, pp. 70–71; 对中情局行动的概述，见蒂姆·韦纳（Tim Weiner）、斯蒂芬·恩格尔伯格（Stephen Engelberg）及詹姆斯·斯塔戈德（James Sterngold）在 1994 年 10 月 9 日《纽约时报》第 A14 版的文章。

69. Welfield, *Empire*, pp. 72, 76–77; Dingman, "Dagger," p. 37; Chancery Tokyo to Far Eastern Department, July 26, 1950, FO 371 FJ1193, PRO; *New York Times*, July 8, 1950, in *NYT–GCI*, p. 183; Allison to Rusk, July 10, 1950, in "Special Assistant Subject File… Japanese Treaty June 1950," Harriman Papers.

70. Goncharov, et al., *Uncertain Partners*, p. 89; Frank Gibney, "The First Three Months of War," *JAEAR*, 2 (Spring 1993): 第 106 页有吉田的引语; *New York Times*, June 20, 1951, in *NYT–GCI*, p. 184, *Boston Globe*, Aug. 1, 1993, pp. B21, B25（关于电影《二世部队》）.

71. "Notes for letter to General MacArthur," 无日期，很可能是 1950 年 11 月下旬，Conference Dossiers, UN–Formosa, Dulles Papers; Pruessen, *Dulles*, pp. 468–477; 以下文献对美国的做法进行了概述: Acheson, *Present at the Creation*, pp. 432–435, 544–545; Buckley, *U.S. –Japan Alliance*, p. 35; 杜勒斯的引语见 U.S. Congress, Senate, 82nd Cong., 1st Sess., *Executive Sessions…* (*Historical Series*), *1951*, Vol. III, part 1, 292–293; 关于英国对日本出口的害怕情绪，见 *FRUS*, *1951*, VI, 831; 关于杜勒斯警告英国的内容，见 Marks, *Power and Peace*, p. 136.

72. Hosoya, "Japan's Response," pp. 16–17; Hirano Ken'ichiro, "Sengo Nihon gaiko ni okeru (Bunka)" [Postwar Japanese Foreign Policy in Relation to "Culture"] in Watanabe, ed., *Sengo Nihon no taigai seisaku*; Welfield, *Empire*, p. 48; Hosoya, "Japan's Response," pp. 18–19; Dower, *Japan in War and Peace*, p. 208.

73. Hosoya, "Japan's Response," pp. 20–21; *FRUS*, *1951*, VI, 827–829; Ishii Osamu, "Nichi–Bei… 1952–1969" [The Japan–U.S. Partnership, 1952–1969], in Hosoya, ed., *Nichi–Bei kankei tsushi*, p. 223(关于洛克菲勒) .

74. Hosoya, "Japan's Response," pp. 26–27; Carol Gluck, "Entangling Illusions," in Cohen, ed., *New Frontiers*, pp. 169–236; "Notes on Conversations… Feb. 7, 1951," by Dulles, Lot File 56D225, 56D256, Records of the Bureau of Far Eastern Affairs, 1945–1953, box 1, NA, RG 59.

75. Hosoya, "Japan's Response," pp. 21–25; Barnet, *Alliance*, p. 91; Dower, *Japan in

War and Peace, p. 190; Dower, "Peace and Democracy," p. 23; 对政党与和约协商相互影响的分析，见 Igarashi Takeshi, "Peace-Making and Party Politics," *JJS*, 11 (no. 2, 1985): 323–356.

76. Hosoya, "Japan's Response," pp. 23, 26; Dower, *War Without Mercy*, 第 310 页有杜勒斯的引语；*Maki*, *Documents*, 第 132—147 页有关于和约的内容，其中第 135 页有关于基地的内容。
77. F.O. Minute by R. H. Scott, Sept. 26, 1951, FO 371 FJ1027/5, PRO.
78. Acheson, *Present at the Creation*, pp. 545–47.
79. U.S. Congress, Senate, *Executive Sessions…* (*Historical Series*) *1951*, Vol. III, Part 1: 260–261; Yashuhara Yoko, "Japan, Communist China, and Export Control in Asia, 1948–1952," *DH*, 10 (Winter 1986): 75–89; F.O. Minute by R. H. Scott, Sept. 26, 1951, FO 371 FJ1027/5, PRO.
80. *FRUS*, *1951*, VI, 1464–1470; Dower, *Japan in War and Peace*, p. 234; Dower, *Empire and Aftermath*, pp. 400–414.
81. *New York Times*, Jan. 3, 1951, in *NYT-GCI*, p. 183; Kotaro Suzumura and Mashahiro Okuno-Fujiwara, *Industrial Policy in Japan* (Canberra, 1987), pp. 10–11; Yamamoto, "Cold War," pp. 412–413; Richard J. Samuels, "*Rich Nation, Strong Army*" (Ithaca, NY, 1994), pp. 133–134; 关于英国的观点，见 W. E. Smith to R. H. Scott, March 22, 1951, FO 371 FJ1019/6, PRO; 感谢米尔顿·莱顿伯格为我提供了本段的数据及其他材料。
82. Samuels, "*Rich Nation*," pp. 136–143.
83. Pruessen, *Dulles*, p. 478; Council on Foreign Relations Study Group Reports, Oct. 23, 1950, meeting, Conference Dossiers, draft of Japanese Peace Treaty, Dulles Papers; 在下列文献中，德宁对吉田的话做了分析：Sir E. Dening to Foreign Office, Oct. 19, 1951, FO 371 FJ1027/9, PRO; John K. Emmerson, *The Japanese Thread* (New York, 1978), p. 256.
84. Frank Costigliola, *France and the United States* (New York, 1992), 第三章有国务院官员的引语，以及对此的一个精彩讨论；Sir A. Gascoigne to Scott, Jan. 22, 1951, FO 371 FJ1019/3, PRO; Takemae Eiji, *Senryo sengoshi*, pp. 53–54.
85. Igarashi, "Peace-Making and Party Politics," pp. 354–355; 关于尼茨的引语，见 McGlothlen, *Controlling the Waves*, p. 203.

296 # 第十章　20世纪50年代：关键十年

一　“日本……或为天使，或为恶魔”

在美国，1950年后的朝鲜战争和68号计划的实施耗费了大量军费。这些花费取代了在平民社会需求上的开支，而后者在1865—1939年间恰恰是政治经济的驱动力。另一方面，在日本，重建的出口导向型工业取代了1868—1945年间的军事需求型工业，成为发展的引擎。美国人和日本人似乎交换了位置。两国的这些经济差异导致它们在1950年后冲突频发。例如，美国人将中国视为军事威胁，日本人则在中国看到了经济机遇。

然而，日益严重的冲突根源是美国意图保持日本对自己的依赖，而日本则决心实现经济自主。在1952年，日本还有很长的路要走。驻东京的一位英国外交官回忆道，“许多人仍然无家可归，露宿在街头、高架铁路下和等待修建或拆除的建筑废墟中”。鉴于这一背景，约瑟夫·道奇直白地告诉通产省官员：“日本可以获得政治独立，但在经济上仍要依赖他国。”他发言的对象是一个权力日益扩大的机构，其设立正是为了消除这种依赖。约翰·福斯特·杜勒斯说得更直接。
297 他对英国官员说道，1951年的安保条约事实上“相当于占领的自动延续”。一些美国官员清楚，这样的依赖会侵蚀整个日美关系，除非它得到修正。最重要的是，围绕和约的激烈争论已经让日本政治陷入分裂。一些人接受了和约，认为这是必要之恶；另外一些人接受了和约，但强烈反对与无法预测的美国军事政策保持任何联系；还有一些人完全反对和约。许多人希望获得重新履行日本的泛亚主义历史使命的自由。1952 年，当共和党总统候选人艾森豪威尔承诺，将来会让亚洲士兵（而非美国人）为了美国利益与亚洲人作战时，日本人就更加紧张了。[1]

1952 年，来自伊利诺伊州的参议员埃弗雷特·德克森（Everett Dirksen）以传统的种族主义论调公开但隐晦地说道：“当我说他们（日本人）是亚洲人，而且将来也还是亚洲人时，所有种族主义的观点都会支持我。”杜勒斯的首席日本顾问，即将成为美国驻东京大使的约翰·埃里森在 1952 年中期向国务院发出警告：日本人仍相信他们的“独特文化”对美国文化的极大优越性。他们“总体上倾向于认为美国人浅薄、物质、缺乏文化素养”。

埃里森正确地指出了过去和未来冲突的三个根源：具体而言，日本知识分子信仰一种“受到黑格尔派及新黑格尔派影响的、逻辑主导下的普遍主义”哲学体系。他们认为美国“更为折中”的哲学体系无甚价值；更确切地来说，日本人“对社会性价值的强调与美国人对个人价值的强调形成了鲜明对比”；或许最重要的是，日本人受到“面对外来袭击的脆弱感，以及持续地追求国家安全”的困扰。埃里森强调，他们受到“困惑和矛盾的困扰”，因为他们知道自己需要美国保护，又担心这会导致“对主权的冲击”。未来的大使警告道，换句话说，两国都没有理解驱动对方历史的迅疾暗流中往往满是危险。[2]

1951 年，杜勒斯告诉麦克阿瑟，“美国和日本是太平洋上唯一重要的动力源”。但他在 1952 年中期告诉一位法国听众，日本“或为天使，或为恶魔”，确实如此。杜勒斯表示，毕竟，“日本人民在历史上

容易受到军国主义影响”。如果他们“创造现代精密武器的能力”被
298 “苏联共产党的征服世界计划”所利用，那么“正如斯大林所说……苏联将所向披靡”。美国人和日本人在前一个世纪经常发生冲突，因为他们的关系对于各自国家的发展都至关重要。杜勒斯说道，如今，这一关系对于“自由世界”的生存仍然十分关键。[3]

没有比这更重要的关系了，所以当艾森豪威尔和杜勒斯在 1953 年 1 月掌权时，他们迅速强化了这一关系，以在亚洲进一步遏制共产主义势力。他们的主攻方向是军事和经济领域。作为一位军事战略家，艾森豪威尔在美国无出其右，他自己也深知这一点。然而，前将军关于美国经济却并不自信。他赢得大选，部分是因为向选民再三强调民主党的花费将导致通胀和破产，最终摧毁美国。这位生于德克萨斯州、长于堪萨斯州的领导人相信，关于何时、怎样削减国防开支，才能在不危及美国安全的情况下拯救经济，他有可靠的直觉判断。他经常担心，如果就职的总统接受了五角大楼对于更多军费的要求，共和国将面临怎样的命运。艾森豪威尔告诉他的幕僚，一个依赖军事预算的经济“要么把我们引向战争，要么导致某种形式的独裁政府出现”。20 世纪 50 年代中期，他将杜鲁门的 520 亿美元军事预算削减到了 340 亿美元。同时，艾森豪威尔在 1953 年之后的 8 年，将美国的 1000 枚核弹又扩大了约 18 倍。杜勒斯在 1954 年说道，通过“大规模报复”的威胁，即“我们拥有自己选择方式和地点，立即实施报复”的能力，能廉价地实现遏制策略。而且，杜勒斯还暗示，如果必要，将可能率先使用这一可怕的武器，而非将之仅仅作为最后的手段。[4]

日本人曾经直接经历了这一武器的袭击。他们为艾森豪威尔的战略感到心神不宁，这可以理解。吉田首相领导的东京官员还受到美国军费削减的另一后果的困扰。随着保卫这一自由壁垒的美军数量减少，其他国家的士兵被期望填补这一空缺。在 1953 年的一次公开演讲中，新上任的美国副总统理查德 · M. 尼克松告诉 700 位日本领导人，美

国人“在 1946 年犯了一个错误”，将第九条放进了日本宪法中。华盛顿希望日本重新武装军队。在朝鲜战争的顶峰时期，吉田将警察预备队从 75000 人增加到了 110000 人，并将其重新命名为“自卫队”。然而，299
首相并不想走太远。他似乎担忧美国人会把日本军队投入朝鲜或其他地方。当社会主义者（反对重新武装军队）在 1952 年和 1953 年的选举中展现了惊人的力量后，吉田更加担忧了。同时，随着自由党越来越受到老一辈激进民族主义领导人的影响，它自己的保守派联盟也陷入了分裂。[5]

因此对吉田来说，艾森豪威尔-尼克松政策在此时到来，无异于雪上加霜。1954 年 5 月，他通过两项法案建立了一个能够实际运作的防卫厅，转变了国家防卫政策，试图实现妥协。这一重要立法还受到美国人“来意不善的礼物”的影响。1954 年 3 月，美国提出了一个共同安全协议，提供了 1.5 亿美元用于采购军事装备，1 亿美元用于采购农产品和美国购买日本商品。亟需美元以进口食物和原材料的日本同意了这份协议。1952—1956 年间美国的军事付款相当于日本商品进口额的四分之一。作为回报，吉田咬牙开始建设战后日本的军队。但在 1950 年、1954 年和 1956 年（其他内阁掌权时），日本通过了相关立法以谨慎地保证了军队受文官控制。[6]

美国的军事援助还带来了另一个深远影响：资金流入了日本财务省并加强了它本就日益膨胀的权力。这一部门指导日本实现了“经济奇迹”。具有讽刺意味的是，1946 年后美国的对日政策是与财务省合作（因而日本经济能够得到促进），而很大程度上忽略了外务省（因而日本的外交政策能够在很大程度上受到华盛顿影响）。英国驻日大使埃斯勒·德宁（Esler Dening）勋爵于 1955 年向国内汇报道，美国官员正在犯“一个错误”，他们偏袒财务省，“将这个东京白厅当作随军商店或超级市场，而日本外务省却在一栋既无便利设施也无安保的商业大厦中悲惨地日益凋萎”。德宁警告称，美国人对日本索求过多，

“让我想到了埃及”。受伦敦直接殖民统治将近一个世纪后，埃及军队推翻了英国的统治。[7]

美国试图改造日本的努力并没有止步于偏袒财务省而非外务省。它还对日本文化施加影响。例如，朝鲜战争使驻日美军人数增加了2.5倍，达到了25万。他们带来了用英语广播的收音机以及其他覆
300 盖了日本大部分城区的设施。这只是美国大规模文化进攻的一部分。1950—1956年，大约3000名日本学生在美国留学，他们是即将到来的留学潮中的第一波人，其中的许多人——大约每年250人——属于富布莱特学者计划，这一计划在1953年扩展到了日本。日本研究美国史的第一个重要阵地得以建立。受查尔斯·比尔德（Charles Beard）研究的启发，尤其是在与威斯康星大学的梅里尔·詹森（Merrill Jensen）教授共事时，京都学派的日本学者开始聚焦于詹森的专业——美国的革命时代。选择这一研究领域有一个目的：证明20世纪30年代的军国主义之所以摧毁了日本之发展，是因为日本没有经历18世纪北美曾爆发的资产阶级革命和大规模的民主化运动。在东京，国际基督教大学建立，以展现美国对发扬基督教精神的鼓励。新一代日本学生在全新的美国环境中学习民主和社会变革。一些日本学者甚至认为正是美国占领政策带来了所需的“资产阶级革命”，今日的日本才能和平有益地适应战后世界。[8]

早在战前就在日本活动的洛克菲勒基金会也卷土归来，成为开展新留学项目的中心。其主要推动者是查尔斯·伯顿·法（Charles Burton Fahs）博士，他曾在20世纪30年代留学日本，后来在1941—1945年作为战略情报局（中情局的前身）的雇员在前寄主家里从事间谍活动。1946年加入洛克菲勒基金会后，他撰写了一份机密报告，对麦克阿瑟和盟军最高统帅部试图将美国教材和教育原则应用于日本表示失望——法认为一旦美国撤离，这一强行施加的做法将注定失败。他建议盟军最高统帅部放松旅行禁令，并自1949年开始，利用洛克

菲勒基金会提供的资金将挑选出的日本和韩国年轻的记者和广播员送往哥伦比亚大学接受培训。盟军最高统帅部官员挑选出了受培训者，同时却又担心他们可能会学到美国记者的无礼，乃至归国后“触怒麦克阿瑟将军”。1952 年后，其中一些人确实影响了日本媒体。当杜勒斯于 1951 年初访日时，他的同行者约翰·D. 洛克菲勒三世（John D. Rockefeller III）加强了洛克菲勒基金会的工作，并助其创立了影响巨大的国际文化会馆（International House of Japan），接下来的 40 年里，日本人在这里接待了来自全球的专家。[9]

流行文化很快反映出了这种新的双边关系。畅销书作者詹姆斯·米切纳（James Michener，米切纳非常了解日本，并与一位日本女子成婚）写出了《独孤里桥之役》（*The Bridges at Toko-ri*，其中就有日本人 301
和美国人克服战时成见而相互了解的桥段）和《樱花恋》（*Sayonara*）。《樱花恋》于 1953 年在《生活》杂志上甫一刊出，就迅速俘获了 500 万名读者。最受欢迎的可能是《哥斯拉》（*Godzilla*）系列电影，它们席卷了整个美国，目睹怪兽攻击日本城市的观众们通常并不知道，《哥斯拉》恰恰是战时美国对日本城市轰炸的重演。[10]

二　戴明、杜勒斯和重大选择：中国还是越南？

随后出场的是 W. 爱德华·戴明（W. Edwards Deming），他出生于 1900 年，接受了工业管理训练的戴明曾效力于美国政府，此后在纽约大学和哥伦比亚大学教授他的新企业管理哲学。正如他本人所说，他的理论将生产视为“一个整体系统”，而非众多微小的环节。这一系统需要一个企业中所有人员的通力合作（而非竞争）以生产出最好（而非最多）的产品。戴明要求公司的政策从消费者的需求出发，而非高层的意见。他还认为这些需求首先是对质量可靠产品的需求。受过统计学和数学理论训练的戴明在他的系统中发明了基于统计学的质量控制手段，以确保客户满意。1950 年邀请他到访的日本科学家及工程师联合会（The Union of Japanese Scientists and Engineers）清楚地知道其研究的重要性。他的第一个为期 8 天的讨论会就有 200 名日本工程师参与，其中包括企业高层领导。戴明强调了寻找出口市场的重要性，并强调可获利的长期市场需要高质量的产品。1951 年，日本开始向生产出优等产品的公司颁发广受追捧的“戴明”奖（Deming Prize）。[11]

讽刺的是，戴明在日本的超高人气恶化了日美冲突。他在自己的祖国一直默默无闻，直到 1970 年日本的“经济奇迹”迫使遭受挑战的美国公司倾听他的意见。生于爱荷华州、长于怀俄明州的戴明从他后来的前沿经验中了解到了合作的重要性，正如他喜欢说的，在合作中可以实现“双赢”。然而，美国公司强调的是竞争。如果一个人不能获胜，必将在所谓的零和博弈中败北。他们相信，由于美国充满活力的竞争传统，这些公司正处于世界霸权的顶峰。他们似乎十分自信：
302 被压抑的战时需求和军需采购的迅速扩大将带来无限的市场。为了满足这些需求，基于弗雷德里克·泰勒（Frederick Taylor）在 20 世纪初的工时与动作研究，美国高管们强调大规模生产的重要性，于是，生产流程被无情地拆解分析，个人劳动者面临着沉重的压力。

戴明反对泰勒制。他认为泰勒制重视数量而忽略了质量，也没有将个人视作完整系统的一个关键部分。他批评绩效考核制度让劳动者自相残杀。他尤其强调长期目标的重要性（“从现在起，一年内我们要做什么，5 年内要做什么，10 年内要做什么”），这一模式很快为日本人接受。与之相反，大部分美国制造商仍痴迷于每季度或每半年的利润报告。直到 20 世纪 80 年代，美国人才设立了与戴明奖类似的奖项——“马尔科姆·鲍德里奇”奖（Malcolm Baldridge Prize），此时高质量的日本产品已经在全球市场上打败了许多美国产品。

历史的奇妙在于，戴明的理论初来日本时，正逢朝鲜战争爆发。战争需求帮助日本重建了自己的工业体系，戴明的理论又为这一体系带来了效率的最大化。在这两个意义上，正如吉田所说，战争“是上帝的礼物”。1950 年 7 月 7 日，战争爆发 12 天后，召开了戴明的首个讨论会，杜勒斯告诉国务卿迪安·艾奇逊，日本人还是“一个困惑而缺乏信心的民族”。用他曾咨询过的商业代表的话说，杜勒斯“对日本的经济前景感到悲观，除非它能够与亚洲大陆（即新中国和东南亚）进行贸易”，因为日本商品“质量低劣”，即使临近的韩国也更愿意购买昂贵的美国机器而非便宜的日本机器。[12]

在惊人的短时间内，杜勒斯的一部分担忧就已不复存在了。1951 年 8 月《纽约时报》报道称，日本如今不再“基于廉价劳动力和不可靠的产品”参与竞争，而是将目光转向了高质量精密加工领域。例如，一度强劲的纺织工业正沿着新思路重组。尤为重要的是，光学镜头制造商日本光学工业（Nippon Kogaku K.K.）正精心制造品质出众的尼康镜头。虽然面临海量的需求，但这一公司和它的 5000 名员工拒绝在每月 500 台照相机之外额外增加产量。记者写到，在美国政府的帮助下，日本公司还与来自俄亥俄州克利夫兰的管理专家罗威尔·O. 梅伦（Lowell O. Mellen）开展了合作，让工厂基层的工头参与经营决策， 303
以将戴明的理论付诸实践。公司能够在这些人的建议下节省成本，这也证明日本出现了《纽约时报》所谓的“政治民主”。在终身雇佣制、基于资历和忠诚划分工资等级、劳动经营一体化等创新制度的促进下，日本企业的生产力大为提高。[13]

法、戴明和梅伦帮助日本奠定了后来“经济奇迹”的基础，但日本人自己从未忘记他们真正的目标——不是建立尼克松和杜勒斯要求的军事力量，而是建立平野健一郎所说的“自主的日本”。最重要的是，政府致力于确保企业能够获得日本资本的支持，而不需要央求外国人。20 世纪 50 年代初，美国大使约翰·埃里森曾多次对此提出强烈抗议。

东京官员声称欢迎外国资本，随后却“对投资筛选定下了种种限制”。埃里森不明白日本人为什么如此难对付——尤其是在他们还存在“外汇短缺”的情况下。1954 年 3 月，埃里森汇报称，三家美国公司——可口可乐（Coca–Cola）、西弗尔钢笔（Schaeffer Pen）、斯蒂贝克汽车（Studebaker automobiles）的投资都被拒之门外。对此他完全不能理解。日本人仅仅“将这些提议视为美国公司在日本经济中获得立足点的托词。如果剥掉表面的合理理由，真正的原因……将暴露无遗，那就是害怕竞争”。而且，通产省担心斯蒂贝克是骆驼想伸进帐篷的一只鼻子[1]，如果成行，就再也不能阻止其他外国汽车公司的进入了。埃里森并不能接受这样的“解释”。毫无疑问，大使提到了明治时代的日本。如今爆发的日美冲突有深厚、棘手的历史根源。无论有多少自由贸易的“处方灵药”，也不能将之消除。[14]

日本人决心控制自己的社会，这意味着要控制社会中的投资。1951 年，由政府投资成立的政策投资银行用低利率为工业提供了资金。税制改革提高了工业产量。财务省明智地采用了补贴、进口配额、外资限制以及其他与 19 世纪重商主义关系更近的“武器”，而非效仿 1945 年后的美国经济政策。政府以成立于 1934 年的美国进出口银行为范例建立了自己的进出口银行，以期为海外销售提供金融帮助。东京官员们还允许资源集中；到 1955 年，40 年代末几乎瓦解的三菱和
304 三井在很大程度上得以重建。然而，不像自己积累资本的旧式财阀，新财阀如今依赖于与财务省或通产省密切合作的集中银行系统。20 世纪 50 年代，80% 的新资本不是来自公司，也不是来自股市，而是来

〔1〕原文为“camel's nose inside the tent”，出自一则阿拉伯民间寓言：一匹骆驼不愿意在帐篷外面露宿，先恳求主人答应把鼻子伸进帐篷暖和一下，后又要求伸进前腿，最后竟不经主人许可，整个身子都挤了进去，把主人拱到外面，独自占据了帐篷。多比喻得寸进尺、贪得无厌的行为。

自政府密切监管下的银行。这些银行不断从储蓄中获得资金。1947年，日本人将全部的收入用来重建被战争摧毁的生活。到1955年，他们的储蓄达到了战前水平的9%，很快这一数字就增长到了战前的近两倍。[15]

“官僚经济团队”还将技术转让作为外国投资的替代品。奥斯汀汽车（Austin automobile）帮助了尼桑，美国无线电与日本电气达成了合作，杜邦在化学工业上对东丽公司施以援手。许多美国企业出售了自己的机密技术，在它们看来，日本市场太小乃至于不值得发展。摩托罗拉（Motorola）也来到了日本，这是因为艾森豪威尔告诉这家电子巨头，即使日本产品质量低劣，它也“必须与日本做生意”——因为“日本必须在经济上强大起来”。摩托罗拉教会了日本同行们关于电子行业的许多知识（虽然40年后，它仍然认为自己被不公平地排除在日本国内市场之外）。东京政府还开始采取措施，打破日本对外国石油公司的依赖。1958年，日本由钢铁和人造纤维行业带动的经济腾飞使它成为世界第七大原油消费国。通产省为这些公司买入原油，以优先权利和相关规章扶持新的本地精炼商，并在1953年大力支持日本公司采购伊朗原油，在1955—1956年缓和时期采购苏联原油。一位东京官员说道，大部分原油都被用于满足“技术需求”。美国人也乐于满足这一需求，向日本分享了他们在一些领域中最尖端的技术，包括火箭制造、机床和民用核反应堆。1950年杜勒斯对日本经济前景的悲观看法如今看来十分荒谬。[16]

然而，杜勒斯的第二个担心——日本人对亚洲大陆市场的持续需求——却并不荒谬。事实上，经济奇迹让这一担忧成为日美关系的中心问题。如果日本不在亚洲销售自己的产品，它就不得不卖给美国人。1953—1956年，日本对美出口额翻了一倍，达到550万美元——这一数字使一些美国制造商要求这个亚洲伙伴转而寻找其他市场。在1953年初艾森豪威尔和杜勒斯执政时，问题就尖锐地摆在了面前：日本是否应当在新中国或革命蜂起的东南亚寻找自己所需的市场和原材料？如果去掉加诸这两个地区前的形容词，这一问题就与在 1941 年 12 月
305 7 日之前一直困扰日美关系的争论十分相似。但这两个形容词如今让问题有所不同：中国已经解放，答案只能在东南亚。

中国仍然是徘徊在日美关系头顶的庞大阴森的幽灵。华盛顿官员似乎决心将日本与中国分隔开。做出这一决定，部分是国会中台湾游说团体的作用，部分出于遏制政策的需要［傲慢的新任国防部部长查尔斯 · E. 威尔逊（Charles E. Wilson）告诉艾森豪威尔，“我有些守旧，并不想向印度人出售军火”］。另外一部分原因则是约瑟夫 · 道奇的观点——“日本可以实现政治独立，但仍需在经济上依赖他国”。中国市场可以大幅减轻这种依赖——这就是为何吉田及其继任者要求日本商界领袖转向无比庞大的中国大陆市场。吉田认为美国的对华政策必将失败，但至少在公开场合，他需要与之保持一致。[17]

1952 年 6 月，日本企业家与中国签署了一份贸易协定。他们和政府解释道，这只是一份民间协定，没有违反仅规定了官方关系的“吉田书简”。杜鲁门当局并未被说服。7 月，美国官员要求日本加入输出管制统筹委员会（COCOM，位于巴黎、由美国盟国组成的统筹委员会，旨在限制和密切监视与苏联的贸易）和中国委员会（CHINCOM，用于监视与中国贸易的机构）。两个月后，美国官员迫使吉田接受了一份秘密协定，对日本在华贸易施加了比中国委员会中其他成员更为严格的限制。正如历史学家清水小百合（Sayuri Shimizu）所说，遭受了不公正的特别对待后，日本对“对华贸易的痴迷”却有增无减。1952—1953 年，商界又签订了 3 份日中民间贸易协定。从一个很小的贸易额开始，日中贸易在 1953 年增长了 120%，在 1954 年又增长了 75%。1953 年年末，一份由中国外交部部长——温和的周恩来与日本代表团签订的协议中，两国的文化和经济交流都得到了推动。[18]

日本的一些盟国乐见其无视中国委员会的限制方针，英国人尤其

高兴，他们也将中国视为潜在的经济救星，并希望日本人将视线从英国的亚洲市场转移开，但这引发了艾森豪威尔当局的激烈讨论。杜勒斯和道奇［对外经济政策委员会（Council on Foreign Economic Policy）的负责人］希望切断日中联系。杜勒斯认为，试图用日本或西方产品 306
诱导中国人是徒劳的，只有施加“最大压力”才能让中国与苏联分离。视野更为开阔的艾森豪威尔对此强烈反对。1954 年 6 月，他告诉国会领导人：“先生们，如果我们不帮助日本，它就会倒向共产主义。诸位请相信我，如果那样，太平洋就不再会是美国的内海，而是共产主义的内海。如果我们不让他们与新中国和东南亚贸易，我们必定会面临麻烦。”资深保守派、财政部部长乔治·汉弗莱（George Humphrey）给予了他间接的支持。这位前钢铁业高管主张，应该让“日本商贸……扩散到全世界，而非仅仅集中于美国市场，因为美国工业并不能与日本复杂而精妙的手工劳动相抗衡，而且这一进口将在美国造成大量失业”。

尼基塔·赫鲁晓夫（Nikita Khrushchev，斯大林的继任者）在 1954—1956 年释放出缓和信号，希望通过援助和合作赢得亚洲的人心，有鉴于此，艾森豪威尔更加担忧会失去“日本伟大工业潜力”。他相信，在亚洲的对抗是“一场经济对抗”。这一观点加深了他的判断，即在一定限制下，日中贸易不得不被允许；否则，“日本将从哪里获得之前取自东北和华北的铁和煤呢”？艾森豪威尔对日本贸易需求的辩护如此滔滔不绝、感人肺腑，以至于汉弗莱一度开玩笑说，或许美国人“在最后的战争中打败了两个错误的国家”。艾森豪威尔迅速插嘴说：“不。你的意思是我们把这两个国家击败得太彻底了。”总统特别助理罗伯特·卡特勒（Robert Cutler）抓住这一点，询问国家安全委员会是否希望“恢复日本的殖民帝国”。艾森豪威尔回答，当然不是。那似乎太矫枉过正了。[19]

1954 年，总统悄悄放松了美国对日中贸易的一些限制。但即使是艾森豪威尔也并不打算释放日本所需的对华贸易洪流，让其弥补贸易逆差（尤其是面对美国的逆差）。这使得东南亚成为日本唯一的希望。[20]

早在1951年，美国旨在使日本和东南亚经济一体化的政策就得到迅速推进，并产生了一份令人震惊但颇具预示性的文件。文件作者是英国外交官乔治·克拉顿（George Clutton），1951年10月2日他在东京大使馆以长篇备忘录的形式向外交部进行了汇报。克拉顿的分析首先出色地构造了一个历史语境：

> 可以毫不为过地说，从佩里准将登陆日本开始，日本的
> 307 野心就是为自己获得强大的海洋世界霸权而非仅仅是亚洲霸权，并与“西方人”和其他列强受到平等对待，尤其是美国、英国和法国……如果一切都正常发展，日本在明治时代甚至可能越来越从亚洲脱离。不幸的是，事情起了变化。日本成为世界强国的野心使其不可能无视亚洲（这也就是日本真正的悖论与困境所在）……

克拉顿推翻了日本（凭借其海权、帝国野心和岛国本土）是“太平洋上的不列颠”的流行观点。同时，他确切指出了推动日本政策发展的历史需求与依赖性：

> 与19世纪同为岛国居民的英国人不同，日本人并没有资本、资源或国家力量来摆脱所毗邻的大陆……因此日本在战前提出的对亚洲领导权的要求中，对地理位置的利用并非因为共同联系……而是因为，为了实现它的愿望并证明自己位于强林之列的正当性，它需要来自亚洲大陆的政治和经济支持……

克拉顿注意到，十分讽刺的是，日本在战争中惨败，但却实现了20世纪30年代的伟大目标：将大多数西方列强从亚洲赶走。这一讽刺与战后对资本主义的需求，足以让人大吃一惊：

> ……一些亚洲国家已经开始需求日本技术人员。日本一度通过武力要求他们接受的，如今却被当作恩惠而要求得到。
>
> ……随着时间流逝和日本占领的记忆逐渐模糊，我们必须做好准备：日本会利用它对亚洲国家的解放所做的真正（即使是间接的）贡献……

同样讽刺的是，在征服者资本的协助下，这样的“利用”如今可能会实现。20世纪30年代，日本失败了，因为它缺少资本，所以只能诉诸武力。现在，“不再有必要”动用武力了。美国和其他西方国家正在提供所需的资本——通过多样的政府项目（“第四点计划”（Point Four Program）的技术、经济和军事援助）以及创建“一个适 308
合日本的国际合作体系……在这一体系中，显然是美国政策在迁就日本”。克拉顿继续说道：

> 虽然“共荣圈”（20世纪30年代的战略）可能改变了名字，或许还改变了一些可憎的特质，但从日本的角度来看，它仍是一个极佳的概念，而它的一个先决条件已经实现了——西方在亚洲的主要势力被消灭……顺利的话，原来的“共荣圈”将对日本的经济渗透敞开大门，而日本的安全如今受到世界上最强大的海陆军力量的保护。[21]

日本将在亚洲发现它天然的市场和原材料来源。换句话说，克拉顿的分析暗示为日本的复兴而打一场越南战争毫无必要，二者也不相干。他直白地说，亚洲的未来不会由美国的军事力量决定，而是由日本资本的力量所决定。除了日本，亚洲的唯一选择是从共产主义阵营接受发展援助，但克拉顿认为，即使这种援助可能存在，也可能被日本和平而稳定的南向贸易政策所“扫荡”而失败。

不幸的是，艾森豪威尔和杜勒斯并不同意克拉顿的看法。他们认为，只有在东南亚的军事胜利才能够为日本和西方资本主义挽救这一区域。对此，自吉田开始的历届日本政府都强烈反对。于是，一个奇怪的现象发生了：与拥有最强大资本力量的美国相比，英国的一位外交分析师和日本政府对资本的力量反而更有信心。

认为大规模军费开支不可或缺的看法来源于 68 号文件。美国官员迅速将“东南亚变奏曲”放置于“68 号主题曲”之中。1952 年的 124 号系列政策文件是杜鲁门和艾奇逊留给艾森豪威尔的遗产，为美国干预印度支那提供了正当理由。124 号文件出台的背景是，法国殖民势力岌岌可危。必须以某种方式制止这一情况，倘若“东南亚的任何国家在社会主义阵营公开或暗中支持下沦陷了，（那么）东南亚的其他国家和印度也会沦陷，长期来看……中东也不能幸免”。显然，
309 日本将成为倒下的多米诺骨牌：“这些粮食出口地区的丧失将对日本施加双重压力——在丧失粮食来源的同时也丧失了一个潜在的出口市场。”日本要么能够开发整个东南亚，要么“就要克制与共产主义集团和解的冲动，它是否能做到这一点十分可疑”。因此，杜鲁门和艾奇逊愿意“继续维持并加强面向印度支那的军事和经济援助项目”。[22]

艾森豪威尔和杜勒斯强化了这一判断，因为 1954 年中叶，在奠边府，法国在胡志明军队手中遭遇了决定性的失败。杜勒斯在 1952 年告诉法国人，“就日本极为依赖的资源来说，印度支那是东南亚的关键”。他并不愿意等待这一地区的资本主义发展到逐步地解决目前面临的问题。国务卿期望使用“大规模报复”，也就是可能使用核武器。艾森豪威尔强调，他不希望与共产主义的主要势力进行一场持久战争。

不能再出现一个令人挫败、代价高昂的朝鲜战争了。[23]

因此，在 1948 年后的短短 6 年内，美国政策一再变化：从需要重建日本，到相信东南亚对于这一重建的重要性，再到公开暗示可能使用核攻击。1954 年 4 月 7 日，艾森豪威尔在一次留名后世的记者招待会上解释道，如今最高价值的赌注已经摆在桌面上了：

> 你摆好了一排多米诺骨牌，推倒第一张后，最后一张会发生什么已经不言而喻了：它很快就会倒下……
>
> 对于包括日本、中国台湾和菲律宾在内的所谓防御岛链来说，情况就是如此……
>
> 从经济方面来说，日本必须将这一地区作为自己的贸易区域，否则日本就只有一个地方可去……那就是转向共产主义阵营以求生存。
>
> 如果这样，对于自由世界来说可能的损失将不可估量。[24]

下一个月，艾森豪威尔打算动用美军甚至核武器来拯救奠边府的法国人，后来又打消了这一计划。他知道自己缺乏干预所需的支持——来自国会、英国人以及“当地亚洲人”的支持。法国与胡志明的军队达成了和平协定，同意暂时将越南划分为南部和北部，直到全国性大选举行——计划在 1955 年举行。艾森豪威尔拒绝遵从任何选 310
举的结果（总统后来注意到，正是这一点导致了胡志明的胜利）。美国人取代了南越的法国人，并建立了一个东南亚条约组织（Southeast Asian Treaty Organization）来防止任何“多米诺骨牌”的倒下。[25]

日本人惊慌失措地看着这一切。不希望在东南亚条约组织中扮演任何军事角色的东京从未加入这一组织。吉田开始觉得，维持较小规模的日军以免被美国人利用，确实是明智之举。1954 年年末的一份日本意见书表示，“同共产主义做斗争，力量的考验不仅在于军事，而且也在于政治和经济领域”。在美国采取行动使该地区军事化的同时，日本与缅甸签署了协议，并重申了与印度尼西亚的协议。在这些协议中，日本支付了 10 多亿美元的“赔款”。这些钱后来被用于资助日本对这些国家的投资和出口，而这些国家反过来又向日本出售食品和原材料。日本的钢铁、造船、汽车和电器企业都获得了丰厚的利润。日本开始与东南亚建立起利润丰厚的长期关系，此时的美国官员还在担心如何让资本主义阵营中的“多米诺骨牌”不要倒下。[26]

三　新冷战

事后看来，1954 年的东南亚危机象征着冷战的一个重大转变。1954 年 10 月 16 日《商业周刊》（*Business Week*）上的一篇文章颇具预言性地指出：“亚洲（而不是欧洲）是现在的前线——西方正在形成新的方式来对抗苏联与新中国。”此外，1954—1958 年间，苏联成功发射了火箭，这表明它不仅在这项技术上领先于美国，而且有能力用核导弹打击西欧或日本。然而，这两个超级大国都无法阻止自己集团的不祥分裂。1956 年，苏联不得不派出坦克来处理波兰和匈牙利的相关情况，它也无法弥补与中国在军事和核武器计划上因争执而造成的伤害。1957—1958 年，中苏的蜜月时光正在结束。1959 年，古巴领导人菲德尔·卡斯特罗（Fidel Castro）在距佛罗里达 90 英里的地方成功发动了一场反美革命。小国的崛起（杜勒斯和艾森豪威尔称之为“弱者的暴政”）正在折磨着这两个集团。[27]

对美国和日本来说，新时代于 1954 年 3 月 1 日悲剧性地拉开了
311 帷幕。当日，一艘名为“福龙丸号”（Lucky Dragon）的日本渔船不知不觉地驶近了位于马绍尔群岛的美国原子弹爆炸试验基地。船长筒井久吉（Tsutsui Isao）后来报告说，“大约在爆炸 90 分钟后，雪白的灰

烬开始散落到船上。灰烬一直往船上落，持续了两个小时之久”。三天后，船员的皮肤出现了水泡。筒井到家后，他带来的这一消息引起了人们对长期食用受放射性污染危害的鱼类的恐惧。于是，爆发了高举反美言论的街头示威。当船员陆续因核辐射后续效应死亡时，美国官员发表了道歉声明（起初他们认为是苏联人故意让这艘船驶入爆炸区域，以让美国难堪）。经过激烈的讨论和反驳，艾森豪威尔提出赔偿 200 万美元，日本表示接受。

大使约翰·埃里森对华盛顿说，从这场悲剧中得出的“结论”“令人不快，甚至有些不祥”。吉田内阁在处理这一事件时差点儿垮台。由于无法弄清事实，吉田内阁遭受了来自内部的政治反抗和外部的激烈反美批评。埃里森警告说，“中立主义者、和平主义者、女权主义者和专业反美人士……的地位得到了加强”。大使写道，“政府和人民的关系破裂了”。埃里森和他在华盛顿的读者（包括艾森豪威尔）因此把一个日本的悲剧变成了美国对日本计划的悲剧。[28]

埃里森对此感到十分痛苦。美国做出的最大努力也没能平息两国之间的历史性冲突。大使抱怨道，日本人总是索取，却从不给予。他们不整顿自己的政治机构，还将不请自来的美国访客拒于日本经济之外。他在 1954 年写道：“日本并不认为自己是美国的盟友或合作伙伴，而是一个在目前情况下被迫与美国合作的国家，它打算……以最小的代价从这种关系中榨取一切可能的好处。”当然，这与日本的观点并不一致。埃里森在 1954 年记录下了实权派财政大臣池田勇人的声明：日本人觉得“美国对日本没有真正的仁慈”，否则美国人怎能在 1945 年之后犯这样的错误——试图把学校改革和政治经济分权政策强加给日本？

艾森豪威尔和杜勒斯意识到，这种压力正越来越大。他们试图缓和这一压力，让日本加入两个非常重要的、由西方主导的组织，即在 1955 年加入关贸总协定（GATT），在 1956 年加入联合国（在苏联四

312 次否决之后）。当日本人与新中国签署民间贸易协定时，艾森豪威尔也视而不见。这些协议表面上不涉及东京政府，但实际上，在1955年，是政府主导了贸易代表之间的交流，而且令美国人不安的是，这些贸易代表团很像外交使团。[29]

日本首相鸠山一郎（Hatoyama Ichiro）推动了这一积极进取的对华政策，他是一位保守主义者，终结了吉田的6年任期。1954年12月，吉田在一系列丑闻中下台，这些丑闻涉及他的内阁、船运公司和投资公司。鸠山团结到了足够多的进步党和自由党势力，与他的新民主党一起组建内阁，但最为关键的是来自那些反对与美国结盟的社会主义者的选票。在1955年初的全国选举中，产生了一个团结的、令人印象深刻的社会党。受到惊吓的保守派企业家和政治领袖最终迫使自由党和民主党在1955年年末合并成一个保守联盟。由此产生的自由民主党是一个派系分裂严重的保守政党，但它的权力掮客们定期将这些派系联合起来，在接下来的38年里专横地统治着日本。日本政治分析人士后来把这一时期的体制称为“1955年体制”——自由民主党由精明的政客、有才能的官僚和富有的商业集团（由日本经济团体联合会领导，为维持执政，该联合会定期向自民党提供大量资金）组成。它创造了一个稳定的两党政治制度的表象，然而，这是一个弱小左翼对抗强大右翼的政治制度。[30]

作为新任首相，鸠山似乎是一个过渡性人物。72岁的他在三年前中风，身体因而部分瘫痪。然而，他执政的两年对日本与社会主义阵营的关系来说至关重要。鸠山任命65岁的重光葵（Shigemitsu Mamoru）为外务大臣，后者在1932年被一名朝鲜民族主义者投掷的炸弹炸掉了一条腿。重光在1945年代表日本签署了投降书，之后作为甲级战犯被判入狱。与鸠山不同的是，重光既不受欢迎，也不是一位优秀的政治家。用一位英国外交官的话说，他看起来“冷酷无情，难以接近”。两位新任领导人一致认为，有必要扩大与中国的贸易并开放与苏联的政治关系。他们在1955年完成了前者，在1956年完成了后者。重光年轻时曾在俄勒冈州波特兰市担任领事，后来又在中国和苏联任职，能说流利的英语，但他对美国人非常不信任，故而积极支持重新武装军队，并对完全依赖美国感到担忧。他的观点与这一时期的局势似乎十分吻合。[31]

与此同时，日本经济在1956年加速增长，达到了战前的最高 313
生产水平。在埃里森和其他美国官员为日本经济政策感到担忧时，1953—1958年间日本的实际国民生产总值平均每年增长7%。其中一个原因是：日本工业家学会了如何用国产产品（如人造纤维和木浆）来替代进口产品（如棉花和外国种植的木材）。与此同时，美国工业突然经历了一系列衰退。其国民生产总值的增长速度还不到日本或苏联的一半。到1957年，美国财政部的黄金储备（支撑着美元国际经济基石的地位）开始因种种因素而流出美国——海外军事义务的花费、美国投资者将数十亿美元转移到正在统一的欧洲、商品贸易逆差下降等。没有谁比艾森豪威尔内阁对这个日益严重的困境更忧心的了。1958年，一名内阁成员警告称，“我们定价太高会让世界市场望而却步”。杜勒斯私下告诉参议院领导人，这种困境正出现时，新兴国家却威胁称，如果西方不能提供足够的帮助，他们将求助于共产党。[32]

随着日本经济的加速发展，日本的政治变得更加复杂，且更加不受美国压力的影响。杜勒斯和重光——两人都并非“好好先生”——因为美国秘而不宣地将核武器和核动力船只转移到日本基地而多次发生冲突。1955年，当重光告诉大为恼火的杜勒斯1952年的安全条约应该重新谈判时，国务卿回击道，只有当日本愿意为保卫本土岛屿和在海外帮助美国而支付自己的军费时，才有重新谈判的可能。[33]

1955年4月，在印度尼西亚万隆举行的以不结盟国家为主的会议上，日本温和地脱离了美国在东南亚的政策。一度给中立主义贴上“不道德”标签的杜勒斯对此大为不满。极具影响力的鹰派记者约瑟夫・艾尔索普（Joseph Alsop）也有同感。曾于1955年访问东京的艾尔索普表示，1954年美国错失战机，没有拯救法国，也没有摧毁越南的共产主义势力。他强调，这是因为“每个日本商人都认为，东南亚是日本未来最有前途的贸易地区”。如今，他们在华盛顿失去了信任：随着日本的中立化，“这里的反美情绪将变得无法控制”。艾尔索普鼓吹道：“亚洲是一个无缝网络，倘若这个网络的任何地方遭受严重撕裂，它将在整体上完全分崩离析，现在它正受到撕裂。”[34]

美日在中国问题上的合作显然正在瓦解。当美国人为了“保护”
314 蒋氏父子而与新中国展开激烈斗争时，日本人却在努力增加与中国大陆和中国台湾的贸易。杜勒斯提交给总统的一份分析报告直截了当地警告称，许多日本人认为“‘共产主义中国’在措辞上几乎是自相矛盾的；中国人永远不可能成为‘共产主义者’”。杜勒斯显然认为这种观点十分奇怪。报告中写道，他认为同样奇怪的是，“专业”的日本外交官“认为可以通过和平手段使北京与莫斯科分裂”。用杜勒斯的话说，艾森豪威尔当局决定让日本“单干”。或许，1956年7月后担任对外经济政策委员会新任主席的克拉伦斯・兰德尔（Clarence Randall）是对的。作为一个开放市场的狂热信徒，兰德尔认为，解除日本出口禁运令列出的大约一半商品的贸易限制，将改善美日关系，或许还能让中国摆脱对社会主义阵营产品的依赖。他成功说服了富有同情心的总统。兰德尔赢得了总统的妥协，但遭到了美国国防部和热情支持台湾国民党当局的助理国务卿沃尔特・罗伯逊（Walter Robertson）的愤怒反对，后者对与中国大陆的任何接触都十分担忧。[35]

苏联现在正热情地向日本和新的亚洲国家示好。1955年6月，苏联领导人尼基塔・赫鲁晓夫提议与日本签署（最终）和约。美国官员意识到，赫鲁晓夫是在他的科学家成功试射了一枚射程1500英里、能够瞄准日本的导弹后，才开始主动采取行动的。由于日本要求苏联放弃对北海道以北的千岛群岛的控制，这一倡议宣告破裂。凭借对千岛群岛和库页岛的持续掌控，苏联人从战略上控制了该地区以及许多日本人赖以生存的富饶渔场。埃里森大使担心“日本正处于慢慢从我们身边溜走的边缘”。一份提交给艾森豪威尔领导的国家安全委员会的秘密报告也赞同这一观点：“日本倾向于疏远美国是由于经济、军事和外交上减少了对美国的依赖，却增强了民族自豪感和独立精神。”结论不言自明：“美国的主要目标——在太平洋上建立稳固的联盟，还没有实现。”[36]

四 围绕安保条约的危机（1957—1960年）

美国官员所担心的是最坏的情况，而这种担心似乎很快就灵验了。
1956年12月，鸠山退休，接替他的是72岁的享乐主义者、经济学 315
家石桥湛山，他十分渴望进入中国市场。石桥担任首相的时间只有两个月，华盛顿因此而松了一口气——尤其是，在他被外相、圆滑的实力派政治掮客岸信介取代之后，长吁了一口气。岸信介更加亲美，但在他的执政期间，日本和美国经历了1945年以来最严重的危机。

危机的核心是1952年安保条约的续签。条约规定，必须在1960年之前续签。岸信介似乎很适合做这项工作。1896年，岸信介出生在长州一个人脉很广的清酒酿造商之家，由权势很大的日本清酒酿造商佐藤家族抚养长大，因此很容易地就融入了塑造明治日本的精英圈子。作为德国文学和哲学的早期狂热崇拜者，岸信介阅读了黑格尔和尼采的原著。他毕业于著名的东京大学，在那里受到热情的民族主义者的影响，并认为苏联共产主义和西方资本主义是威胁日本的两大恶魔。随着他在仕途上平步青云，这些观点也得到了阐发。1941年，他成为东条英机的商工大臣。1944年，在日本遭遇一系列军事失败后，岸信介协助同僚推翻了东条英机的统治，但他仍是这场注定失败的战争的关键经济策划者。麦克阿瑟的官员将岸信介列为甲级战犯，在1952年被赦免之前，他在监狱里度过了三年半的岁月。[37]

对从政满怀热情，还经营着一家高效的大型钢铁贸易公司的岸信介致力于推翻限制财阀、使教育自由化和限制重整军备的占领期改革。拥有300万名会员的日本工会主席谴责岸信介是“垄断者的守护者”。这位新首相的经济观点、对苏联的憎恨以及（与吉田和鸠山不同）对与中国太过亲密的恐惧（更不用说他对高尔夫的热爱），使他在艾森豪威尔的华盛顿深受欢迎。岸信介认为，既然中国抗战终结了日本在中国大陆的宿命，日本就必须转向非共产主义的东南亚，美国官员对此十分欣赏。他们似乎无视岸信介派系利用严密而有力的政府控制来引导和加速日本经济机器运转的决心。显然，岸信介正在破坏占领时期的许多民主改革，以便日本更有效率和经济竞争力，并独立于美国。他甚至提出恢复天皇为“国家元首”的想法——尽管天皇已经不带有之前声称的神性。然而，对于艾森豪威尔当局和许多冷战斗士来说，
316 相比岸信介的“反共态度”以及在国会通过一项新安保条约的意愿，他的反动政策就不那么重要了。[38]

上台仅仅两个月后，岸信介交给大使道格拉斯·麦克阿瑟二世（Douglas MacArthur II，麦克阿瑟将军的侄子）一份措辞强硬的文件。它批评1952年条约里日本对美国的“从属关系”，对美国限制对华贸易的政策表示失望，并表示冲绳现在应该回到日本的控制之下。他暗示日本反对美国用武力推翻共产党政权的任何企图。岸信介确实希望对整体安全问题有一个新的认识。显然，他所谓的亲美态度被控制得很好。岸信介的外交攻势很快获得了支持——来自伊利诺伊州拉萨尔县渥太华的威廉·S. 吉拉德（William S. Girard）中士射杀了一名46岁的日本妇女，当时她正在捡拾炮弹爆炸后的弹壳用于变卖。美国官员要求由美国审判吉拉德。东京官员声称，在1953—1957年间美国士兵犯下的1.4万起“渎职”罪中，他们已经允许美国人对其中97%

的案件加以审判，但这次他们要求吉拉德接受日本法庭的审判。美国人的反日情绪开始高涨，但艾森豪威尔和杜勒斯站在日本一边：总统私下里说，吉拉德在日本法庭接受的判决将比在美国军事法庭接受的结果更轻，他不能理解公众的想法。公众将一个“在女人逃出 25 码后从背后开枪打死她的人”视为英雄。正如艾森豪威尔所料，日本法庭判处吉拉德三年徒刑，缓期执行，当庭释放了他。[39]

岸信介的要求以及围绕吉拉德一案的喧嚣，只能部分地解释日益紧张的局势。作为成本更低、以核武器为中心的“新面貌”国防政策的一部分，艾森豪威尔将驻日美军从 1953 年的 21 万人减少到 1957 年的 7.7 万人（到 1960 年为 4.8 万人），日本官员对此忧心忡忡。剩下的人员有一半以上在空军。这一比例向日本表明，在任何新的冲突中，美国都打算从日本当地的基地发动核战争。因此，他们感到了更大的威胁：在不知情的情况下就可能遭受毁灭。与此同时，美国军官为发展日本的空军和海军力量付出了如此艰辛的努力，以至于日本空军的操作语言不是日语，而是英语。然而，如何使用这两支队伍呢？由于缺乏明确性，以及对美国的未来意图缺乏信心，老一辈政治家吉田倾向于建立独立的日本威慑力量。岸信介随后对内阁委员会表示：“如在自卫的限制范围内，就没有任何理由反对使用核武器。”（由宪法第九条可推出这一点。）以这句话为背景，岸信介于 1957 年 6 月访问美国，他直白地告诉艾森豪威尔：驻日美军现在“受制于美国的单方面决定，我们觉得这个问题应该经过与日方的协商”。[40] 317

许多忙于全球范围内各种冷战事务的美国官员并不急于与目前处于次要位置的日本重新谈判安保条约。如果日本人担心，他们应该停止抱怨而把更多的钱花在自己的军队上。此外，日本对美国市场第一次进军的结果还悬而未决。1956—1958 年，美国纺织业利益集团要求获得保护，以对抗来自日本的廉价进口纺织品。国务院官员认为，鉴于美国厂商在国内和国际市场上的主导地位，这些要求是荒谬的。但有影响力的南方议员以及来自制造商和渔民的抱怨淹没了国务院的观点。艾森豪威尔非常厌恶并害怕针对日本这样的盟友采取保护主义措施。他敦促岸信介采取行动。日本不情愿地（违反了 1955 年达成的关贸总协定原则）减少了对美国纺织品、金枪鱼和电器的出口。随后，欧洲人对日本人提出了同样的要求并得到了类似的让步。[41]

岸信介别无选择。正如麦克阿瑟大使所说，日本不得不“为了生存而贸易”。期待已久的中国市场在 1956—1958 年消失了。1958 年，美国和中国军队在台海几乎发生了冲突。高潮事件发生在同一年的长崎贸易博览会上。两个年轻的日本民族主义者撕下了新中国的国旗，由此引发的危机导致北京取消了与日本的贸易。中国注意到了日美正在讨论的安全协议，于是，指责日本是美国军国主义的挡箭牌，而美国人在煽动“亚洲人对抗亚洲人”。毕竟，北京方面指出，岸信介曾在 1941 年密切参与了对亚洲人的战争。中国进一步指责首相是帝国主义在东南亚的代言人。在北京眼中最糟糕的事情也许是，1957 年岸信介通过台北之旅来巩固日本迅速增长的利益——这是新中国的所有关切中最敏感的问题。[42]

直到 1958 年年末，岸信介的回旋余地都在迅速缩小。由于全国大选中出现了严重的政治欺诈，这一余地在 1958 年持续萎缩。在据
318 说混乱不堪的美国政治体系中，艾森豪威尔牢牢把握着外交政策的控制权，而在据说井然有序的日本体系中，首相却发现自己正为了领先于党内其他倔强的领导人而到处“修补”外交政策。日本共产党和左翼社会党在 1958 年的选举中失利，很大程度上是因为对中国的喜爱令他们“名誉扫地”。这一失败让自民党各个领袖能够腾出手来，无视左派的压力，在内部竞相争逐。岸通过内阁成员的提名，暂时安抚了他的主要竞争对手池田勇人。但是首相相信，只有一个经过改进的新安全条约才能拯救他的政府。他需要消除日本长期以来对美国统治的抱怨，这样，他就可以在日本选民的支持下愉快地将自己漫长、曲

折、并不高尚的政治生涯推向高潮。[43]

美国官员很快就了解到岸的不安全感，以及日本和美国政策真正的不可或缺之物。1958 年 7 月 25 日，岸的弟弟佐藤荣作在东京一家宾馆里秘密会见了美国大使馆第一秘书 S.S. 卡朋特（S. S. Carpenter）。佐藤悲叹道，苏联和中国正在资助日本左翼分子。为了确保自民党在最近的选举中获胜，日本商界几乎掏空了自己的口袋。华盛顿能否“提供财政资金，帮助保守势力在这场与共产主义的持续斗争中获胜”？通常这会打开资金的水龙头：美国人慷慨地为反苏事业捐款。但是，大使馆已经预见到了这个请求。一年以来，佐藤一直建议美国提供这样的“礼物”。美国驻日本大使馆的官员认为，没有理由冒着被发现的风险将秘密资金投入日本私人政治的旋涡中。然而，美国中央情报局却没有这样的内疚感。“我们为他们提供了资金”，中情局远东官员小阿尔弗雷德 · C. 乌尔默（Alfred C. Ulmer Jr.）多年后平淡地说道。考虑到日本商界的捐款，这笔资金可能是不必要的，尽管中情局打入自民党和社会党内部的间谍所获得的信息确实有用。[44]

岸吓坏了，而美国抓住了这个机会。1958 年 10 月，美国给了他一份新的条约草案，与 1952 年的条约相比几乎没有变化。该草案确实明确承诺了美国对日本的防卫（无论如何，几乎没有人会怀疑这一点）。作为回报，美国人可以使用在日本的基地来保卫太平洋地区。民意调查从未显示大多数日本人希望美国在冲绳保留军事基地——在 1958 年，只有 7% 的日本人希望极重要的冲绳基地得以保留。东京地方法院实际上宣布 1952 年的条约违宪。最高法院推翻了这一裁决，但值得注意的是，它拒绝说明根据 1947 年宪法日本的“自卫队”是 319
否合法。当岸在国内遭受重创之时，杜勒斯——被首相称为“最了解日本的人”——于 1959 年 5 月死于癌症。[45]

随着新任国务卿克里斯蒂安 · 赫特（Christian Herter）和日本就条约谈判的推进，日本国内的反对意见更加坚定。其中一个核心组织是全学联（Zengakuren），或称全日本学生自治团体联合会。1948 年，该联合会的 22.2 万名成员（约占全国大学生的 70%）开始计划为教育改革举行罢工。20 世纪 50 年代中期，全学联开始转向国际事业，尤其是反美事业。英国的日本问题研究专家将这一转变归因于对学校里美国教师与美国影响力的反抗。分析人士还认为，在 1945 年日本投降后感到“失落”的日本学生，会在“寻欢作乐”或“基督教”中寻求心灵的寄托，但更常见的是在左翼政治中寻求寄托。具有讽刺意味的是，全学联深受美国左翼自由主义者的影响，其中最著名的是 C. 赖特·米尔斯（C. Wright Mills），他的“权力精英”理论帮助批评者解释了美国和日本精英支持冷战的特征。到 1958 年，全学联成员加入了大型劳工组织，举行街头游行，抗议岸信介的政策。[46]

1960 年 1 月，四面楚歌的岸飞往华盛顿签署新条约。他向艾森豪威尔保证，自民党控制国会意味着与美国合作，“左翼的反对”并不重要。但他的外务大臣藤山爱一郎知道，首相并不像他所想的那样在其退休后让自己上位，而是会传位给竞争对手池田勇人。于是，这位外相开始削弱岸的首相地位，他告诉美国人岸掌权的日子已经屈指可数了。尽管遭受了这样的中伤，1 月 19 日，岸和赫特还是在白宫东厅签署了新的条约——100 年前，詹姆斯·布坎南总统在此迎接了日本派往美国的第一个外交使团。这个世纪发生的事情，绝对是当日的布坎南总统或日本外交使团所无法想象的。[47]

与旧条约不同，1960 年的条约明确承诺美国将保卫日本，并规定在采取行动之前美国会与日本磋商。此外与 1952 年协定不同的是，条约有明确的 10 年有效期。有效期结束后，任何一方都可以发出终止协议的照会。条约第六条授予美国对驻日基地的使用权。从结果来
320 看，岸并没有获得多少让步。例如，美国不再有明确的介入权以镇压日本国内的动乱，但实际上，美国军队可以在保卫条约第四条、第六条所谓的“日本安全……以及远东地区的安全”的名义下采取同样的

行动。

日本的批评家们很快就把矛头指向了“远东”这个词语：这是否意味着他们有义务帮助美国人为了台湾而与中国开战？在1960年2月26日的国会上，岸信介屈服于美国的观点，将“远东”定义为“主要包括菲律宾以北的地区，以及日本及其周边地区，包括韩国（南朝鲜），以及中华民国控制下的地区（台湾）”。但不止于此。1981年，美国日本问题专家（前驻日本大使）埃德温·赖肖尔透露，1960年的一项秘密口头协议赋予美国将核武器自由运进和运出日本的权利。如果这一消息在1960年泄露出去，岸信介可能很快就会被迫下台。[48]

美国助理国务卿格雷厄姆·帕森斯（Graham Parsons）私下里向英国人吹嘘说，这项条约满足了华盛顿的一切要求。苏联曾公开警告称，该条约可能直接将日本拖入核战争的射程之内，并补充道，在“所有外国军队”离开日本之前，莫斯科无意归还北方岛屿。四面受敌的岸决心继续推进和约。1960年2月，他授意国会开始进行讨论。最大的少数派社会党试图阻止或扼杀辩论，但没有成功。条约的反对者将岸信介的行为粗暴地等同于他在1941年12月签署的战争宣言，而后者几乎摧毁了日本。5月7日，在一片喧嚣中，苏联击落了一架正在拍摄苏联军事设施的美国U-2侦察机。艾森豪威尔谎称这是一架气象飞机，结果赫鲁晓夫幸灾乐祸地展示了飞行员和飞机执行间谍任务的证据。最后大家发现美国不仅公然从事间谍活动、谎话连篇，而且还在日本驻扎了一些U-2飞机。[49]

岸信介在5月19日至20日迫使日本国会通过该条约的举动更让美国颜面扫地。吉田和其他一些保守派不喜欢条约过于屈从于美国的意愿，便抵制了这些会议。当社会党人和其他反对派成员试图坐在过道里阻止投票时，岸命令500名警察把他们赶走。由全学联的学生领导的骚乱者袭击了岸的家；他们还阻止岸离开国会大厦。街头暴力抗议取代了议会辩论。大约600万人举行了罢工。美国和日本官员惊恐

321 地意识到，艾森豪威尔原定于 6 月 20 日飞往东京，与岸信介一同庆祝条约顺利通过批准。直到 6 月 8 日，藤山还在回答来自华盛顿方面的担忧，并强调这次访问必须进行，否则岸信介将受到羞辱。[50]

两天后，艾森豪威尔的新闻秘书詹姆斯·哈格蒂（James Hagerty）抵达东京调查相关情况，数千名抗议者包围了他的车，并差点儿将之掀翻。惊魂动魄的 80 分钟后，他从车里逃了出来，建议艾森豪威尔取消这次访问。6 月 15 日，由劳工和全学联领导的示威者闯入国会与警察发生冲突。一名学生被踩踏致死，482 名学生和 536 名警察受伤。英国观察人士指出，“双方都使用了非同寻常的暴力”。6 月 19 日，上议院即参议院自动批准了该条约。宪法规定，如果参议院没有表态，下议院通过的条约就会成为法律。于是，社会党抗议者阻止了上议院召开会议。6 月 22 日，日本历史上规模最大的抗议活动爆发，有 620 万人加入了罢工之列。越来越多的人担心，忧的不仅仅是条约，还有岸信介可能会用军队和警察来推行专制统治，因为自 1947 年以来岸信介就一直有系统地试图削减工人和公务员的权利。

在藤山与邻居安排好了备用计划之后，他和麦克阿瑟大使最终在外务大臣官邸举行了秘密会议，交换了条约，备用计划是这样的：如果抗议者冲进官邸，大使必须翻越围栏，穿过邻居的花园逃跑。用历史学家约翰·威尔菲尔德（John Welfield）的话说，“日本表现出了成为美国的匈牙利的所有迹象”——这指的是另一个超级大国在 1956 年用军事行动解决了突发的东欧事务。和约的批准并没有制止暴力。7 月 14 日，岸在家中被一名右翼狂热分子刺伤，受了轻伤的首相所幸逃脱。10 月，一名年轻的民族主义者杀害了社会党领袖浅沼稻次郎（他组织了大规模抗议活动），并且是在电视镜头中将之杀害。[51]

《纽约时报》专栏作家詹姆斯·莱斯顿（James Reston）总结说，该协议已经生效，但“往好里说，美国丢了面子，往坏里说，它失去了日本”。然而，这种损失并没有发生。相反，日本似乎忘记了该条约。对莱斯顿误判的解释，也能解释1960年后日本为何会出现不同的面貌。1960年7月11日，藤山宣布，许多日本人讨厌的“黑色喷气机”——U-2型飞机正在离开日本，因为它们的“天气观测任务已经完成”。7月19日，池田勇人接替了伤痕累累、名誉扫地的岸信介 322
成为自民党党魁，进而成为日本首相。[52]

池田做出了历史性的贡献：他帮助改变了日本政治的思维定式——把注意力从冷战移开，放在经济增长方面。60岁的池田是广岛一家米酒酿造商之子，曾在京都大学和法学院接受教育，后来在财务省节节高升。20世纪30年代，日本军国主义化时，他得了一种罕见的皮肤病，为治病他不得不隐居起来，他的妻子在照顾他时因操劳过度死去。最后，他在佛教寺庙里寻找治疗方法，在遇到一位远房的亲戚满枝后，病居然奇迹般地好了。后来他与满枝结婚，并以前妻的名字为他们的第一个孩子取名。由于没有参与20世纪30年代的日本政治，池田躲过了战后的清算。作为吉田的门生，他又重新爬上了财务大臣的宝座。正如有贺贞所说，池田是1945年后上台的新一代政治人物中的第一人。池田很快展示了他的一些新想法，任命了日本历史上首位女性内阁阁员——厚生大臣中山。北京方面也认为池田带来了新气象，称赞“日本人民”战胜了岸和“美帝国主义”，并说，“日本对美国政策逆来顺受的日子已经一去不返”。[53]

美国官员既不同意莱斯顿的观点，也不同意中国对1960年年末形势的评估。华盛顿没有从根本上重新制定亚洲政策，部分原因是认为自己的政策在1960年取得了胜利。新上任的肯尼迪政府没有认真对待苏联缓和冷战的努力，转而对中国越来越着迷，在拒绝了重新规划军事预算以缓解经济下滑的局面后，肯尼迪强化了旧有政策，加大了相关投入。艾森豪威尔认为反思是必要的。他私下里讲述了他对威廉·麦金莱总统1901年演讲的看法，这次演讲是在他遇刺前一天发表的，演讲敦促“自由贸易”并警告称“孤立已不再可能，也不再可取”。艾森豪威尔对麦金莱演讲的解读说明了他为什么与克拉伦斯·兰德尔等少数人一样，有能力进行反思并容忍中日贸易不断增长。作为开明的资本主义者，他们相信这种贸易将产生相互依赖，并证明资本主义的力量。[54]

323 1951年后美日关系的基点正如约瑟夫·道奇所宣称的：“日本可以实现政治独立，但经济仍需依赖他国。”杜勒斯同时声称，安全关系是占领模式的延续。20世纪50年代，见证了反对这种安全关系的大规模抗议活动，以及池田终结经济依赖的决定。这十年结束时，台湾的蒋介石得到了美国的全力支持，而自民党的权力掮客渴望再次从中国大陆获利，两者之间的摩擦仍在继续。因此，在20世纪50年代执掌东京政府的日本政党，都在试图减轻日本的不安全感，加强其与众不同的资本主义模式，并如机敏的英国外交官乔治·克拉顿于1951年所写到的，重新定义日本在亚洲的必要角色。

美国方面，没有人比约翰·埃里森有更好的预见性，在1952年1月初给国务卿的备忘录中，埃里森预见了美国官员面临的严峻选择。在汇总了中情局对目前情况的广泛分析后，埃里森得出结论：

> 中国是美国对亚洲整个政策的核心，我们采取或不采取某些与中国相关的动作，将对我们的日本和东南亚政策产生重要影响。日本国内出现了相当大的骚动，要求恢复与中国大陆的关系，特别是经济关系……从长期来看，几乎不可能阻止日本再次与中国建立历史上一直存在的密切关系。通过美国的经济和军事援助，以及美国对日本在东南亚经济机会方面的帮助，日本对中国大陆的依赖可能在短期内保持在最低限度。然而，这种情况最多只能持续五年。日本迟早不得不应对中国大陆，美国的利益所在是：在大约五年的时间内中国现有的条件发生较大变化，使日本在恢复与该地区的密

> 切关系时，中国不至于对该国构成安全威胁。
>
> 中国对东南亚的重要性是显而易见的……最近从东南亚收到的、关于中国可能干预印度支那的报告令人十分担忧，采取行动的紧迫性显而易见。[55]

但是，无论是美国的直接压力，还是企图在苏联和中国之间制造“隔阂”的努力，甚至是对近海岛屿发动核战争的威胁，都没有在1960年之前使中国发生“较大变化”，以至于日本能够安全地与其 324 “恢复密切关系”。克拉顿和埃里森预测，倘若日本无法通过已经转变的中国获得“拯救”，则只能依靠复兴的东南亚——日本获得“拯救”也将保证美国在亚洲的历史利益。于是，美国官员着手准备实现东南亚的复兴。

注释

1. John Welfield, *An Empire in Eclipse*（London, 1988）, pp. 54–55; Roger Buckley, *U.S.–Japan Alliance Diplomacy, 1945–1990*（Cambridge, UK, 1992）, p. 78; *FRUS, 1955–1957*, XXIII, 86–87.
2. Sydney Giffard, *Japan Among the Powers, 1890–1990*（New Haven, 1994）, p. 147，关于内部条件的内容；Buckley, *U.S.–Japan Alliance*, p. 74; John Dower, *War Without Mercy*（New York, 1986），第310页引用了德克森的话；Allison to J. E. MacDonald, Exec. Sec. Panel “D” –Japan, Psychological Strategy Board, May 27, 1952, p. 14 in Lot File 56D225, 56D256, Records of Bureau of Far Eastern Affairs, 1945–1953, NA, RG 49.
3. “Far Eastern Problems. Address by John Foster Dulles Before French National Political Science Institute, Paris. May 5, 1952,” Primary Correspondence, 1916–1952, box 33, Eisenhower Library.
4. 这一主题可参见 Lloyd Gardner, *A Covenant with Power*（New York, 1984），特别是

第 50—52 页；Robert Divine，*Eisenhower and the Cold War*（New York，1981），特别是第 33—39 页；以及 David Alan Rosenberg，"The Origins of Overkill…，" *International Security*，7（Spring 1983）：27.

5. 关于尼克松的引文，参见 *New York Times*，Nov. 19，1953，in *NYT–GCI*，p. 214；Douglas H. Mendel，Jr.，"Japanese Views of the American Alliance，" *PSQ*，23（Fall 1959）：9；Welfield，*Empire*，pp. 79，84，103.

6. W. G. Beasley，*The Rise of Modern Japan*（New York，1990），p. 226；Welfield，*Empire*，pp. 61，82；George C. Allen，*A Short Economic History of Moden Japan*（London，1981），p. 190.

7. Peter J. Katzenstein and Nobuo Okawara，*Japan's National Security*（Ithaca，NY，1993），pp. 7–8；Dening to Macmillan，Oct. 3，1955，FO 371 FJ10345/33，PRO.

8. Ishii Osamu，"Nichi–Bei paatonashippu e no dotei，1952–1969"［The Road to Japan–U.S. Partnership，1952–1969］，in Hosoya Chihiro，ed.，*Nichi–Bei kankei tsushi*［Japan–U.S. Relations］（Tokyo，1995），pp. 221–223；关于 1945—1951 年发生了一场"资产阶级革命"的讨论之一见大石（Oishi）在下面出版物中的文章：Tokyo Daigaku，Shakai Kagaku Kenkyujo（Tokyo University，Social Science Institute），*Sengo kaikaku*［Postwar Reform］，8 vols.（Tokyo，1974），I，92–97；Roger Dingman，"The Dagger and the Gift：The Impact of the Korean War on Japan，" JAEAR，2（Spring 1993）：50–52；Aruga Tadashi，"Editor's Introduction，" *JJAS*，2（1985）：26–29.

9. Dingman，"Dagger，" pp. 51–52；Reiko Maekawa，"The Rockefeller Foundation and Cultural Politics in Postwar Japan，" *Research Reports from the Rockefeller Archive Center*（Spring 1993）：10–12.

10. *Boston Globe*，Aug. 1，1993，pp. B21，B25；关于米切纳，见 Dingman，"Dagger，" p. 52；关于《哥斯拉》的解释，见 Michael Schaller，"Altered States，" in Diane B. Kunz，ed.. *The Diplomacy of the Crucial Decade*（New York，1994），p. 254.

11. *Washington Post*，Dec. 23，1993，p. A23；John Dower，*Japan in War and Peace*（New York，1993），p. 206；"W. Edwards Deming：The Prophet of Quality，" CC–M Productions，Public Broadcasting System，Nov. 30，1994；Rafael Aguayo，*Dr. Deming*（New York，1991）.

12. Dulles "summary report" of July 7，1950，P. C. Jessup files. Lot File 53D211，box 1，

NA, RG 59，感谢弗兰克·科斯蒂廖拉（Frank Costigliola）教授为我提供了这份文件；Dower, *Japan in War and Peace*, p. 193.

13. *New York Times*, Aug. 26, 1951, in *NYT–GCI*, p. 185；同上, Sept. 23, 1951, p. 185；Peter Duus, Introduction to Duus, ed., *The Cambridge History of Japan*. Vol. 6. *The Twentieth Century*（Cambridge, UK, 1988）, p. 24.
14. *FRUS*, *1952–1954*, XIV, 1623–1627；同上, 1682–1684.
15. Hirano Ken'ichiro, "Sengo Nihon gaiko ni okeru（Bunka）"［Postwar Japanese Foreign Policy in Relation to "Culture"］, in Watanabe Akio, ed., *Sengo Nihon no taigai seisaku*［Postwar Japanese Foreign Policy］（Tokyo, 1985）, pp. 343–348；Allen, *Short Economic History*, pp. 204–205；Beasley, *Rise*, pp. 245–246；Yutaka Kosai, "The Postwar Japanese Economy, 1945–1973," in Duus, ed.. *The Twentieth Century*, pp. 507–508, 513–515.
16. Kosai, "Postwar Japanese Economy," pp. 520–521；Welfield, *Empire*, pp. 96–97；关于军民两用技术，见 Richard J. Samuels, "*Rich Nation*, *Strong Army*"（Ithaca, NY, 1994）, pp. 142–153；关于艾森豪威尔与摩托罗拉，见 *Washington Post*, July 18, 1993, p. H1.
17. Emmet John Hughes, *The Ordeal of Power*（New York, 1963）, p. 76；John Dower, "Peace and Democracy in Two Systems," in Andrew Gordon, ed.. *Postwar Japan as History*（Berkeley, 1993）, p. 12.
18. 关于输出管制统筹委员会，见 *FRUS*, *1952–1954*, I, 885, 918–919；Sayuri Shimizu, "A Bothersome Triangle… 1952–1958"（1992），原稿在作者手里；Akira Iriye, *China and Japan in the Global Setting*（Cambridge, MA, 1992）, pp. 103–104；Nancy Bernkopf Tucker, "American Policy…," *DH*, 8（Summer 1982）: 208 notes trade figures；关于 1953—1954 年的会议，见 Ishii Ahira, "Or Taiwan or Pekin," in Watanabe, ed., *Sengo Nihon no taigai seisaku*, pp. 80–84.
19. 这两段中的引文可见 *FRUS*, *1952–1954*, XII, 1011–1012，特别是第 396 页有关于艾森豪威尔的内容；以及 *FRUS*, *1952–1954*, V, 1808–1810；James C. Hagerty, *The Diary of James C. Hagerty*, Robert H. Ferrell ed.（Bloomington, IN, 1983）, pp. 70, III, 141, 167；关于"恢复日本的殖民帝国"的内容，见 Dower, "Peace and Democracy in Two Systems," p. 51.
20. 关于中国委员会放松限制的内容，见 *FRUS*, *1952–1954*, I, 1250–1252；MM139

(28), April 16, 1953, Minutes of Meetings of National Security Council, supplement III(microfilm)(Bethesda, MD, 1995).

21. George Glutton to Foreign Office, Oct. 2, 1951, FO 371 FJ1027/6, PRO.

22. *FRUS*, *1952–1954*, XIII, 82–89.

23. Press conference in New Delhi, May 22, 1953, Dulles Papers; 关于使用核武器的内容，见 Douglas Kinnard, *The Secretary of Defense*(Lexington, KY, 1980), p. 69; *The Pentagon Papers*, *Senator Gravel Edition*, 4 vols.(Boston, 1971), I, 83–84 for NSG–124/2.

24. U.S. Government, *Public Papers of the Presidents... Eisenhower*, 1954(Washington, DG, 1958), pp. 382–383; "Far Eastern Problems. Address by... Dulles."

25. Eisenhower to Gen. Alfred M. Gruenther, April 26, 1954, Diary Series, box 5, Eisenhower Library; Lloyd Gardner, *Approaching Vietnam*(New York, 1988)，特别是第6章分析了塑造东南亚条约组织的争论; George G. Herring and Richard H. Immerman, "Eisenhower, Dulles, and Dienbienphu," *JAH*, 71(September 1984): 352–353, 356–357. Divine, *Eisenhower and Cold War*，特别是第51页。

26. Allison to J. E. MacDonald, Exec. Secretary, Panel "D" –Japan, Psychological Strategy Board, May 27, 1952, Lot Files 56 D225, 56 D256, Record of Bureau of Far Eastern Affairs, box I, NA, RG 59; 关于日本的意见书，见 John Dower, *Empire and Aftermath*(Cambridge, MA, 1988), pp. 472–473; Welfield, *Empire*, p. 95.

27. *Business Week*, Oct. 16, 1954, pp. 25–26; "Memorandum of Luncheon Conversation with the President," March 15, 1954, White House Memoranda Series, box I. Papers of John Foster Dulles, Eisenhower Library; 关于20世纪50年代分裂的分析，见 Yamakage Susumu, "Ajia Taiheiyo to Nihon" [Asia, Japan, and the Pacific], in Watanabe, ed., *Sengo Nihon no taigai seisaku*, pp. 151–153.

28. 关于对苏联的指控，见 Hagerty, *Diary*, p. 40; *New York Times*, March 16, 1954, in *NYT–GCI*, p. 213; 关于埃里森1954年5月20日的报告，见 *FRUS*, *1952–1954*, XIV, 1643–1648.

29. 本段与上一段可参见 Stuart Auerbach, "How the U.S. Built Japan Inc.," *Washington Post National Weekly Edition*, July 26–Aug. 1, 1993, p. 21; Shimizu, "Bothersome Triangle," pp. 9–11.

30. Dening to Eden, Jan. 19, 1955, FO 371 FJ1011/1, PRO; Beasley, *Rise*, p. 230;

Karel van Wolferen, "Japan's Non-Revolution," *Foreign Affairs*, 7 (September-October 1993): 55.

31. "Biographic Report" by Department of State, Aug. 22, 1955, in FO 371 FJ1012/3 PRO; *New York Times*, Dec. 10, 1954, p. A1.

32. Allen, *Short Economic History*, pp. 191–192, 231; Walt W Rostow, *The Diffusion of Power* (New York, 1972), pp. 60–61; "Minutes of Cabinet Meeting, April 20, 1956," pp. 1–2, Cabinet Meetings of President Eisenhower, Eisenhower Library; U.S. Congress, Senate, *Executive Sessions of the Senate Foreign Relations Committee* (*Historical Series*) (Washington, DC, 1980), Vol. X, pp. 2–3.

33. *FRUS, 1955–1957*, XIII, 128–129; 关于国防采购，见 *FRUS, 1955–1957*, IX, 30–31; 关于杜勒斯大为恼火的内容，见 R. H. Scott to Macmillan, Sept. 3, 1955, FO 371 FJ10345/23, PRO; Scott to Foreign Office, Sept. 9, 1955, FO 371 FJ10345/25, PRO.

34. Welfield, *Empire*, p. 94; 关于艾尔索普在东京的内容，见 clipping from the *Washington Post*, May 4, 1955, in FO 371 FJ 10345/17, PRO.

35. Burton Kaufman, "Eisenhower's Foreign Economic Policy with Respect to Asia," in Warren Cohen and Akira Iriye, eds., *The Great Powers in East Asia, 1953–1960* (New York, 1990), pp. no–112; Qing Simei, "The Eisenhower Administration...," 同上, pp. 121–124; Iriye, *China and Japan*, p. 107; Shimizu, "Bothersome Triangle," pp. 6–9; Buckley, *U.S.–Japan Alliance*, pp. 70, 196; McHugh to John Keswick, July 30, 1955, Papers of Gol. James McHugh, Cornell University.

36. Momose Hiroshi, "Futatsu no taisei no aida de" [Interaction Between Two Systems], in Watanabe, ed., *Sengo Nikon no taigai seisaku*, pp. 91–96; 关于导弹的影响，见 *FRUS, 1955–1957*, XIX, 154–157; Sato Seizaburo, et al., *Postwar Politician: The Life of... Ohira* (Tokyo, 1990), p. 315; 关于埃里森的引语，见 Buckley, *U.S.–Japan Alliance*, p. 75, 关于杜勒斯的引语，见同上, p. 76; "Progress Report on U.S. Policy Toward Japan," NSC–5516, by Operations Coordinating Board, Feb. 6, 1957, *Documents of the NSC*, 6th supplement (microfilm), reel (Bethesda, MD) .

37. 本段与下一段关于岸信介的描述尤其得益于 U.S. Department of State Biographical Report, Aug. 22, 1955, FO 371 FJ1012/3, PRO; 以及 Welfield, *Empire*, pp. 116–122.

38. 关于岸信介与中国的内容，见 Ishikawa Tadao, Nakajima Mineo, and Ikei Masaru,

eds., *Sengo shiryo Nit-Chu kankei* [Postwar Documents in Japanese-Chinese Relations](Tokyo, 1970), p. viii; 关于工会的引语，见 *New York Times*, Feb. 25, 1957, p. A7; 关于天皇的内容，见同上，March 9, 1957, p. A6; *FRUS*, *1955–1957*, XXIII, 518–520，以及 note references in #37 above.

39. Pre-press conference briefing, July 17, 1957, Eisenhower Diaries, reel 13 (microfilm), frame 00590, original in Eisenhower Library; Frederick W. Marks III, *Power and Peace* (Westport, CT, 1993), p. 225.

40. Welfield, *Empire*, pp. 110–111, 152, 257; "Memorandum of Conversation, June 19, 1957," Kishi Call on President, *Declassified Documents*, 003463 (microfiche) .

41. Welfield, *Empire*, p. 90; Buckley, *U.S.–Japan Alliance*, pp. 83–84.

42. Ishikawa, *et al.*, *Sengo shiryo*，特别是第 ix—x 页、105—106 页关于中国的反应；Operations Coordinating Board, "Progress Report on Japan (NSC–5516/1, approved April 9, 1955)," Sept. 25, 1957，特别是第 4 页，原稿在作者手里；Hiwatari Yunu, "U.S.–Japanese Relations in the Late 1950s: Kishi's Southeast Asian Policy" (in Japanese), *JMJS*, 11 (1989): 211–212.

43. 关于选举的分析，见 Lascelles to Foreign Office, May 29, 1958, FO 371 FJ1017/8, PRO; Buckley, *U.S.–Japan Alliance*, pp. 80–89.

44. "Memorandum of Conversation," July 25, 1958, of Sato and S. S. Carpenter, in Douglas MacArthur II to "Jeff" and J. Graham Parsons, RM/R Files, 794.00/7–2958, NA, RG 59. 感谢大卫·朗巴特让我注意到了这份文件。*New York Times*, Oct. 9, 1994，由蒂姆·韦纳在第 14 页做的分析。

45. Mendel, "Japanese Views of the American Alliance," p. 341；关于岸信介的引语，见 Marks, *Power and Peace*, p. 128.

46. Chancery, Tokyo to Foreign office, July 23, 1951, FO 371 FJ1019/19, PRO; *Asahi Journal*, "Zengakuren's Thought and Action," Dec. 20, 1959, Summaries of Selected Japanese Magazines, Jan. 18, 1960，由美国驻日本大使馆翻译局发行，原稿在作者手里。

47. "Memorandum of Conversation: Japanese Domestic Political Situation," Eisenhower and Kishi, Jan. 19, 1960, Eisenhower Diaries, reel 24 (microfilm), frame 00452, Eisenhower Library; de la Mare to Peter Dalton, Feb. 5, 1960, FO 371 FJ10345/18, PRO.

48. 关 于 条 件 和 相 关 文 件， 见 Maki, *Documents*, pp. 220–225；Morland to Foreign Office, Jan. 29, 1960, FO 371 FJ10345/13, PRO；关于对岸信介声明的分析，见 Chancery Tokyo to Far Eastern Department, Feb. 29, 1960, FO 371 FJ10345/24, PRO；Welfield, *Empire*, p. 143–145.

49. 引 自 Caccia to Foreign Office, Jan. 13, 1960, FO 371 FJ10345/6, PRO；Reilly to Foreign Office, Jan. 28, 1960, FO 371 FJ10345/12, PRO；Buckley, *U.S.–Japan Alliance*, pp. 92–94.

50. MacArthur to Secretary of State, May 26, 1960, Declassified Documents, 00869（microfiche）；Welfield, *Empire*, p. 138.

51. 本段与上一段关于日本反应的内容基于 *New York Times*, July 14, May 27, June 16, June 17, 1960，以及 June 19, 1962, all in *NYT–GCI*, pp. 271–281；关于 6 月 15 日的暴乱，见 Morland to Foreign Office, June 17, 1960, FO 371 FJ101345/60, PRO；Thomas R. H. Havens, *Fire Across the Sea*（Princeton, 1987）, p. 10；Welfield, *Empire*, p. 138.

52. 关于莱斯顿的引语，见 Caccia to Foreign Office, June 18, 1960, FO 371 FJ10345/57, PRO；Chancery Tokyo to Foreign Office, July 15, 1960, FO 371 FJ10345/69, PRO；关于右翼暗杀岸信介的情况，见 Welfield, *Empire*, p. 140.

53. *New York Times*, July 19, 1960, p. A14；Aruga, "Japanese Scholarship," p. 40；关于中国对岸信介退休的评价，见 Ishikawa, et al., *Sengo shiryo*, entry for July 2, 1960.

54. Eisenhower to Swede Hazlett, Aug. 3, 1956, Ann Whitman File–Hazlett, Eisenhower Library.

55. Mr. Allison to the Secretary, Jan. 3, 1952, p. 3，原稿在作者手里；这份文件是 1995 年 9 月 12 日解密的，感谢大卫·朗巴特提醒我注意它。

325

第十一章　“奇迹”的出现与中国的再现（1960—1973 年）

一　池田和其他“晶体管商人”的“奇迹”

池田勇人和德怀特·艾森豪威尔有着截然不同的出身和政治背景，但他们有一个共同的显著特点：都以用词不当而闻名。在 20 世纪 50 年代，很多人都认为艾森豪威尔是一个糊涂的人，他喜欢高尔夫球而非工作，还“精通”不良语法。艾森豪威尔完全控制了他的政府，有时还故意使用不良语法来混淆或模糊信息，使自己获得优势。池田有一个绰号叫“放言居士”（hogen koji），即“失言的人”。这个绰号来自 20 世纪 50 年代初，当时作为一名财政官员的池田告诉国会，日本工业的新集中化难免会有一定的代价：“如果有五个或十个中小企业家破产并上吊自杀（事实上已经有几家企业出现了这一状况），那也是没办法的事。”[1]

1960 年，当池田惊人地做出承诺，要让日本在 10 年内实现收入翻番时，批评家们同样认为他失言了。与以往一样，池田的这番言论只是出于自己坚定的信心。然而，从 1959—1960 年担任通产省负责人的经历中，池田认为这样的目标是可以实现的，更重要的是，实现它是必要的。在经历了 1960 年年初的流血冲突和似乎持续不断的骚乱之后，这个国家需要专注于更具建设性的追求。快速增长的收入能够让池田在政治上获得针对日本左翼的行动先机。此外，这样的计划可以让日本在世界事务中拥有自 20 世纪 30 年代以来从未有过的影响力——只不过这次的影响力将是经济上的，而不是军事上的，而其他国家（尤其是美国和亚洲国家）将依赖日本，而非相反。池田甚至颇具想象力地把日本和美国、西欧一起视为“自由世界”的“三大支柱”。但是，正如关于“三大支柱”的声明所指出的，首相对经济的强调具有误导性：包括安抚国家、消灭左派、减轻日本对外依赖等在内的计划，需要在政治上与美国密切合作。日本需要军事保护，以便腾出资源用于工业建设而不是军事预算。它还将避免围绕军事化的内部激烈争论。而美国市场对于日本工业产品来说是求之不得的。[2] 326

池田的经济计划取得了惊人的成功，与此同时，它也在慢慢侵蚀着日美关系。两国先是在中国问题上发生冲突，接着又在中国和越南问题上发生冲突，最后则到达了顶点——在“尼克松冲击”（Nixon shocks）问题上（标志着 1945 年后美日关系的终结）发生冲突。来自日本经济“奇迹”的生产浪潮，最终在很大程度上瓦解了 1945 年后的日美关系和日本政治结构的基础。到 1964 年，日本的国民生产总值已升至全球第六位；又过了三年，它超越了法国、英国和德国，排在两个超级大国之后。

左派随着自民党的成功而分裂了。有趣的是，这其中有中国因素。中国与苏联的疏远导致了日本社会党和共产党中亲中派和亲苏派之间的分裂。中央情报局投入了更多的资金，以确保左派的灭亡。一名中情局官员后来表示，贿赂自民党领导人“是最黑暗的事，我不愿意谈论它，因为它奏效了”。不过，其他人却谈到了这一点。1966—1969 年担任美国驻日本大使（长期亲日派）的亚历克斯·约翰逊（U. Alexis Johnson）回忆说：“（秘密向自民党输送资金）的原则对我来说是当然可以接受的。”“我们资助站在我们一方的政党。”但考虑到本土资金来源，自民党并不需要中央情报局的资金，而中央情报局在20世纪60年代通过渗透社会党、青年团体和劳工组织，获得了更高的成本效益。中情局和国务院针对自民党的秘密活动只是在浪费钱而已。[3]

327 一切都在池田的控制中。保守党的势力因池田收入翻番计划的成功而得到增强。他成功地推动了对教育的重新集中控制，并向年轻人灌输了传统的民族主义价值观和道德观，而非“美国人开设的空洞的社会科学课程”，一位自以为优越的英国观察家如是称赞道。1962年，当池田结束欧洲之行返回日本时，向天皇行了鞠躬礼后，便参拜了靖国神社，后者供奉着1945年前参与军事行动的日本战争亡灵。这次参拜激怒了美国人和其他亚洲人，却让日本民族主义者十分满意。1964年，池田因为癌症被迫辞职，但那时他已经把左翼（以及大部分中间派）撕成了碎片。政治真空开始由公明党填补。公明党是由佛教徒创立的，他们的目标包括中立化、更多地帮助小企业，以及更多地帮助那些被“奇迹”夺去财产的人。在1967年的第一次选举中，它赢得了25个国会席位，并在10年内成为日本第三大政党，但自民党仍在继续前进。[4]

讽刺的是，即便有中央情报局帮助自民党增强权力，但自民党不仅日益腐败，而且与美国的冲突也越来越多。这些冲突像往常一样围绕中国展开；此外，也纠缠于一个永无止境的问题，即如何应对拒绝遵守美国基本规则的、咄咄逼人的日本资本主义。当然，日本自己的基本规则似乎颇有成效；在1960年之后的15年里，日本的经济增长率年均接近10%——这是有案可查的一个主要经济大国在如此长的时间里实现的最高实际增长率。1964年，日本获得了经济合作与发展组织（Organization for Economic Cooperation and Development）等重要国际组织的正式成员资格（经合组织的成立是为了促进自由贸易，但日本设法通过谈判达成了一系列保留条款，从而得以维持贸易壁垒）。

汽车工业方面，1960 年生产了 50 万辆汽车，1966 年则达 220 万辆，到 20 世纪 70 年代又增长了 50%，由此取代德国成为世界第二大汽车制造商。日本还拥有全球最大的造船业，订单规模是其三个竞争对手订单总和的两倍。到 1966 年，美国向日本出售了价值 24 亿美元的商品，同时购买了 29 亿美元的商品。对美国人来说，贸易逆差已经形成。[5]

1967 年，法国总统戴高乐（Charles de Gaulle）诋毁日本首相只是一个“晶体管商人”。一反常态的是，这一次戴高乐没有抓住重点。日本政府确实认为自己的任务是整船地销售更好的晶体管及其他产品，因为这样的销售实现了日本长期以来追求的更大目标：能够实现政治自治，进而带来国内秩序（明治时代称之为“和”）和经济安全。 328
戴高乐通过建立一支核力量，最大限度地发挥均势政治以制衡美国的全球实力，为法国赢得了荣耀。池田和他的继任者们则不仅为日本赢得了荣耀，也实现了安全，他们避开了核力量带来的无尽的麻烦，最大限度地打经济牌，不情愿地与美国的冷战政策合作（通常是礼貌地、悄悄地回避）。戴高乐于 1969 年下台，而池田的自民党继任者则又执政了近 25 年。

这位“晶体管商人”在 20 世纪 60 年代的日本建立了一种迥异于美国的劳资关系。日本人强调——尤其是在最大的出口公司——确保稳定的终身雇佣制、确保可预测性的公司工会、确保工人间不存在破坏性竞争的工龄工资，以及（正如 W. 爱德华·戴明的理论要求的那样）最大限度的合作。年终奖金制度确保了员工利益在公司利润中的比例，并将风险分摊给了员工和老板。“晶体管销售员”还将政府开支保持在较低水平，尤其是福利和军事开支。[6]

日本政府制定了新的重商主义政策（涉及税收、工业法规、对进口的控制），支持新兴产业（电子、钢铁、汽车和合成材料）而不重视旧产业（如煤炭）。它鼓励像尼桑、丰田、日立、新日铁这样成功的公司与行业中其他公司合并，形成具有世界竞争力的企业。政府在东京北部规划了一个大规模的“科学城”，在那里 52000 名科学家和工程师可以生产和改进最新的技术。这些发展受到一个训练有素的精英官僚机构的监督。该官僚机构与政治风暴隔绝，但从它之中诞生了统治日本 20 多年（1955—1980 年）的首相（如来自财务省的池田）。从那时起，日本官僚机构就擅长收集信息，尤其是来自美国等主要竞争对手的信息。[7]

然而，政府最为成功，也最体现非美国风格的政策，体现在控制“奇迹”的命脉——资本方面。1945 年后，日本企业完全依赖银行贷款，以致东京的官僚们能够通过让银行为一些公司提供资金，而不向其他公司提供影响工业化进程。政府通过使用几个“扳手”做到了这一点。
329 从 1945 年到 1960 年，复兴金融公库（Reconstruction Finance Bank）是日本企业的主要资金来源，尤其是在纽约资本基本上被排除在外之后。随后，政府创建了日本开发银行（Japan Development Bank）以支持尖端出口行业。日本银行（The Bank of Japan）既是投资者，也是经济仲裁人。美国接受了私人市场、动作缓慢的政府财政和税收政策，以发展有竞争力的企业。日本则利用无情、高效和消息异常灵通的官僚决策过程来有效地执行其决策：通过控制资本供应，为日本企业提供低息贷款。

因此，美国公司依赖股票市场获得资本，并常常被短期利润目标所绑架。在通产省和财务省的鼓励下，日本企业放眼长远。到 20 世纪 60 年代中叶，政府提供了近 30% 的国内资本形成总值（约为美国的两倍）。最重要的是，政府通过各种“武器”在国内积累了资本，加强了日本人民本就根深蒂固的储蓄习惯。通产省和财务省通过出口技术，而不是像美国那样通过不断刺激消费增长（或全球军事力量）来拯救日本。[8]

1966 年，《美国新闻与世界报道》（*U.S. News & World Report*）惊讶地指出，20 年前还在废墟中的日本，已经成为少数几个资本出口超过进口的国家之一。这些投资大部分用于获得原材料和矿产资源。日本的目标是巴西和加拿大，在巴西有大量日本移民。在肯尼迪和约翰逊（Lyndon B. Johnson）政府大力支持美国信贷之际，日元的力量发生了历史性的转变。东南亚的战争、全球军事承诺、在统一欧洲的私人投资，以及与日本日益增长的贸易逆差致使美元流出。美国官员要求日本开放包括资本市场在内的国内市场。到 1970 年，美国最大的 200 家公司中，有 78 家在日本经营。但是为了生存，它们必须与日本公司紧密合作——这一安排使美国技术和资本处于日本人的严格控制之下。在美国施加了巨大压力之后，东京在 1967 年宣布，将对美国资本完全开放 17 种类型的企业。这一声明意义不大，因为这些企业包括钢铁、造船和摩托车行业，而日本在这些领域的主导地位是压倒性的。早些时候，当局犯了一个错误，允许几家美国食品公司进入，结果美国人很快占据了速溶咖啡市场的80%。日本官员不会重蹈覆辙。正如一位日本官员所宣称的："大多数日本商人不想犯欧洲商人犯过的 330
错误——将大部分业务移交给美国企业。"[9]

如果日本经济的成功没有以下两个明显特点，美国人或许会更愿意容忍它：就在美国陷入越南战争的梦魇之际，日本突然取得了巨大的胜利；向美国的敌人中国（甚至越南）销售产品。1965 年，美军向越南迅速增兵。那一年也是美日贸易关系的分水岭：在这之前，美国人享有贸易顺差。此后，日本的贸易顺差一路增长，到 1969 年，增加至 15 亿美元（双向贸易额一共 90 亿美元），1971 年达到 32 亿美元。1960 年，本田和雅马哈第一次在美国销售摩托车；到 1966 年，它们占据了美国摩托车市场 85% 的份额。这个故事很快就在汽车和电子行业重演，尽管没有那么引人注目。北美市场占日本出口的 36%，这个数字与 20 世纪 20 年代的数字类似，当时日本的繁荣依赖于北美市场。1972 年，一位日本高级外交官警告称，"这种规模的贸易失衡不可能在不给双边经济关系制造严重困难的情况下继续下去"——他还补充道，政治上也是如此。日本的出口产品价格也保持在低位，而美国的物价则受到越南战争的困扰——通货膨胀加剧了。[10]

日本决心将产品卖给共产主义者和其他亚洲人，这加深了美国的贸易创伤。日本、亚洲大陆和美国之间的三边贸易（日本是这一贸易链条中大多数贸易的枢纽）增长如此之快，以至于专家预测会形成一个“太平洋贸易集团”。它将包括澳大利亚（现在日本是它最大的贸易伙伴），甚至包括秘鲁和智利。美国官员担心该集团可能还包括苏联，因为日本与莫斯科签署了领事和空中交通协议，同时计划扩大贸易和合资企业的建设，以开发西伯利亚令人咋舌的丰富矿产资源。显然，由三木武夫领导的一个强大的自民党派系正在敦促日本发展同苏联和亚洲的贸易，以替代对美国市场的依赖。比如，在缅甸，日本的商品变得如此突出，以至于人们跑着去赶“日野”（日本巴士品牌），而不是“巴士”。日本还是中国台湾最主要的贸易伙伴（美国是其第二大贸易伙伴），但是尽管天平压倒性地偏向了东京，美国官员却没有表现出多少担忧。[11]

他们对所谓的“L–T 协议”[1]（西方学者以谈判代表姓名的首字母
331 命名该协议，协议中文名为《中日长期综合贸易备忘录》）更加忧心。“L–T 协议”据称是日本私人企业在 1962 年与中国签署的。在协议中，双方一致认为“政治和经济是不可分割的”，且谴责了美帝国主义对中日关系的“公开干涉”。1963 年 1 月，池田在一次新闻发布会上表示，日本准备在对华贸易问题上“自始至终独立行动”，尽管他强调 1962 年的协议是由非政府组织达成的。随后，中日双边贸易额从 1963 年

---

〔1〕L–T 协议：1962 年，由中方代表廖承志和日方代表高埼达之助（Takasaki Tatsunosuke）签订的中日民间贸易协定，以双方代表姓名英文首字母命名。以此为基础，中日两国在没有正式邦交的情况下，互相建立联络处，利用政府担保的资金进行半官方半民间式贸易活动。最鼎盛时期，L–T 贸易占到了中日贸易总额的一半。

的1.36亿美元跃升至1969年的5.6亿美元。与过去不同的是，东京官员为其中一些交易提供了贷款。英国《泰晤士报》（*Times*）称，日本已成为中国的头号贸易伙伴，它正在“展望未来10年或20年”，“那时中国经济应该已经发生了根本性变化”。[12]

与此同时，美国人正在亚洲流血牺牲，据称是为了遏制中国的扩张主义。反战和民权抗议在美国大学校园和主要城市都造成了混乱。美国经济已经处于过热状态，通货膨胀严重，竞争力下降。1971—1973年，美国设计的实施于二战后的国际经济体系走到了尽头。

这种末日式的高潮在20世纪60年代逐渐进入人们的视野。美国经济蓬勃发展，国民生产总值从1947年的230亿美元上升到1969年的9000亿美元（日本的国民生产总值仅为这一数字的10%，1968年为911亿美元）。但是，农业生产率的总体增长掩盖了工业生产率的惊人下降——从20世纪60年代初的3.6%下降到1966—1970年的1.5%。这种下降是双重的不祥之兆，因为在20世纪60年代，进口产品（尤其是来自日本的产品）在美国市场的份额惊人地增长了50%。就在越南战争预算大幅增加的时候，为购买这些进口商品，美元也大幅流出。1967年，三井负责人认为，日本每年能从生产越战所需产品中获利5亿～40亿美元。[13]

美国官员试图通过监管（征税）向海外转移的投资资本来遏制金融流血。这种做法注定要失败，尤其是因为美国官员和投资者很快发现，如果他们不能在海外投资，包括日本在内的其他国家就会欣然介入他们的国内市场。华盛顿官员还采取行动，通过发起所谓的“肯尼迪回合关税削减计划”（Kennedy Round of Tariff cuts），使国际市场重新倾向有利于美国的方向。到1969年，这一计划确实在世界部分地区削减了多达60%的关税。但配额和“自愿限制”取代了关税，成为世界贸易增长的障碍。肯尼迪总统曾亲自与东京达成了一项协议，限 332
制美国从日本进口一些纺织品。

1969年5月，美国中央情报局报告称，日本对陷入困境的美国经济提供的帮助太少了。该机构准确地说到，东京政府以“非正式的行政手段”实际上阻挡住了大多数美国资本和商品。与此同时，中情局警告说，日本实际上利用了与美国公司——甚至是计算机巨头IBM——的关系来获取尖端技术，然后将这些公司“有效地排除在”日本市场之外。1963年，美国副国务卿U.亚历克西斯·约翰逊（U.Alexis Johnson）曾自豪地宣布，由于自1945年以来美日贸易取得了惊人的成功，日本已经成为其他亚洲国家的“榜样”和“现代技术的源泉”，他还表示，“从我们的位置来看，远东，更准确地说是‘远西’，或者更恰当的说法是‘近西’”。然而，其他美国人好奇的是，在表现种族刻板印象的西方电影中，日本人会在这个“近西”中扮演友军还是敌人。[14]

二 肯尼迪、池田和“平等伙伴关系”的幻觉

华盛顿的新一届政府对由谁来“扮演骑兵”毫无疑问。正如英国记者路易斯·赫伦（Louis Heren）所回忆的：“当我在约翰·肯尼迪就职前夕抵达华盛顿时，这座城市的气氛只能用狂喜来形容。”肯尼迪在其就职演说中宣布，新一代美国人正在发挥领导作用以更有效地开展冷战、更大幅度地进行社会改革。这位新总统、太平洋战争的老兵，曾“身不由己”地被授勋——如他自己所说：日本人击毁了他所在的鱼雷艇，迫使他勇敢地营救船员。然而，美日关系似乎正从20世纪40年代初的记忆和1960年年初的骚乱中很好地恢复过来。1960年9月，太子明仁亲王和美智子王妃冒着政治风险访问了夏威夷，参与庆祝“1860年日本使团”到访美国100周年。他们在珍珠港的亚利桑那号纪念舰（USS Arizona Memorial）上放了一个夏威夷花环。一位成

功访问了此项活动的英国外交官事后无不惊讶地私下承认："我以为不会允许我们在类似的情况下进行访问。"[15]

1961年末，美日科学技术合作联合委员会（U.S.–Japan Joint Committee on Scientific Cooperation）举行了第一次会议。美日文化教育合作研究委员会（U.S.–Japan Cultural and Educational Cooperation Committee）的首次会议也于同期举行。哈佛大学日本问题专家埃德温·赖肖尔等人鼓吹，随着日本最终实现现代化，它将变得更像美国。然而，英国人对美日关系的评价并不友好："美国人拥有了一个可以相互欣赏的国家和民族，这肯定……让他们十分欣慰。"[16] 333

两种文化似乎正往同一点聚合，但外交政策并不总是遵循文化发展的轨迹。1961年的第一次会晤中，肯尼迪敦促池田在国际事务中发挥更大的作用。首相哀叹到，日本人首先需要更好地掌握英语。美国官员随后提议派遣100名和平队（The Peace Corps）志愿者帮助日本人学习英语。日本文部省迅速表示反对，称新的和平队是为欠发达国家设立的，它在日本本土的出现将被视为一种侮辱。相反，日本人开始要求他们所谓的"平等伙伴关系"，其意似乎是由美国承担维护亚洲安全的责任，以使日本获得更多的经济机会。[17]

肯尼迪任命赖肖尔为美国驻东京大使。赖肖尔在1960年发表的一篇著名文章中批评了两国之间的"对话破裂"，尤其是美国和日本左翼之间对话的破裂。在接下来的六年里，他和日本妻子春（Haru）为修复这一裂痕做出了很大努力——尤其是1964年他被一个精神不正常的日本年轻人刺成重伤后。赖肖尔意图利用现代化理论（本质上是日本在追随美国的发展）作为反对马克思主义发展理论的武器，后者在日本重要的智识圈内十分流行。然而，令这位大使感到沮丧的是，几乎没有美国高级官员希望访问日本。司法部部长罗伯特·肯尼迪（Robert Kennedy）是个例外。总统的这位哥哥在1962年的一次访问中取得了胜利，当时他与日本抗议者进行了有效的辩论。

与此同时，年轻的总统对美国在世界市场上的竞争力下降感到担忧。他阅读史书后得出结论，过去的伟大帝国已被敌人摧毁——帝国最裸露的边疆已被蚕食。肯尼迪私下抱怨，无论是经济问题还是安全问题，他都无法从停滞不前的美国自由主义中汲取新鲜、有效的理念。路易斯·赫伦后来把握住了这一时刻的实质：20 世纪 30 年代的新政“举措到 60 年代已经走到了尽头……美国也背弃了北欧盛行的社会改
334 革，而知识分子的孤立主义，至少可以说是单调而乏味的”。[18]

肯尼迪的“新边疆”面临着变成好莱坞光环点缀的旧疆界的威胁。面对美国贸易失衡和亚洲安全局势的紧张，总统和他的顾问们想到了 20 世纪 40 年代末和 50 年代的各种政策：宣扬开放市场，实行遏制政策。在关键的贸易问题上，美国国务院于 1962 年 3 月的一份秘密分析报告中明确指出了这一困境。在某种程度上，它的逻辑是无可挑剔的：“我们把日本视为在东亚的主要盟友、世界第二大贸易伙伴、重要前沿军事设施的东道国，以及致力于南亚和东南亚经济发展的技术和资金来源。”但日本与美国的合作、日本“继续受到温和派的控制”，以及日本在亚洲提供帮助的能力，“主要取决于高水平经济活动的维持，而经济活动反过来又在很大程度上取决于能否进入世界市场”。这些讲究实际的官员很快看到了机会：“这种对贸易的依赖……为美国在日本提供了相当大的影响力。”当然，托马斯·拉蒙特、查尔斯·埃文斯·休斯、科德尔·赫尔（Cordell Hull）和斯坦利·霍恩贝克也认同这一观点。他们的对日政策如今成为历史故纸堆上一层薄薄的灰烬。[19]

这些“新拓荒者”发现自己处在 1945 年后的夹缝之中：一方面，美国原本用于支付昂贵而广泛的军事遏制的传统贸易顺差正转变为逆差；另一方面，日本经济崩溃和缓慢复苏一度让美国人对日本政策拥有强大的影响力，但如今日本经济已经开始加速发展。1958—1971 年间，美国成为一个更为正常的经济强国，而日本则成为一个超越正常

水准的经济强国。

被困于这些历史性转变过程中，又缺乏新想法的国务院旧事重提，重提20世纪30年代的要求，即日本通过“贸易自由化”以帮助“缓解美国的国际收支问题”。作为回报，美国将进一步向日本商品开放本国市场——当然，除非美国对日本进口的限制是“绝对必要”的。与此同时，日本被敦促在亚洲（尽管不是中国）和西欧寻找出路。1962年，美国国防部副部长吉尔帕特里克（Roswell Gilpatrick）要求日本马上提供帮助，为美国在冲绳和日本本土的军事基地支付更多费用。实际上，吉尔帕特里克意识到，如果不进行一场彻底的公开辩论，日本就不会支付这些费用，而在这样一场辩论中，左派可能会猛烈抨击亲美保守派。吉尔帕特里克谈到了削减或重组美国在日本的军事基 335
地以节省资金的问题，但很快他又放弃了这一想法。就赖肖尔来说，一想到吉尔帕特里克能提出这样的观点，他就感到厌恶。正如大使在1962年年末对负责远东事务的助理国务卿W.埃夫里尔·哈里曼（W. Averell Harriman）所讲的那样：“我认为，我们在日本的基地的主要作用，是确保这个国家（日本）不会落入共产主义者的手中或被其吸引，也不会陷入中立主义的立场。”但五角大楼“似乎只是根据它们作为远东其他地区防御基地的次要价值来评判它们”。[20]

169个美国军事基地有45000名美国军人、54600名家属、3300名美国平民和近70000名日本雇员。当然，许多日本人也曾想过，这些力量可能主要是为了塑造日本国内政治，而不是为亚洲安全提供保障。这种想法在1960年引发了骚乱。此外，国务院在1962年的一份秘密分析报告中指出，“日本人一直被卷入另一场核战争的恐惧所困扰”。如果“保守派”试图“无视这些恐惧”，自民党和美国的政策都将付出高昂的代价。[21]

自民党的政客们明白，支持美国的政策在政治上可能等同于享用河豚的美味：或许会有回报，一旦犯错就会致命。错误处理美军基地问题可能类似于此。另一个错误可能出现在应对美国国内制造商（尤其是纺织品）不断增长的压力方面——迫使日本“自愿”减少出口。这些压力是在肯尼迪鼓吹需要更自由的贸易和坚持“肯尼迪回合”关税谈判的成果时形成的。1962 年 3 月，美国国务院发表了一份措辞直率的秘密政策声明：对美国政策而言，至关重要的是“一个温和的、亲西方的保守党能够持续掌权”。

这些目标值得称赞，同时也为中情局在 1955 年秘密资助自民党提供了借口。1961 年 2 月，中情局一名官员和国家安全局（National Security Agency）的一名绝密代表向肯尼迪的国家安全顾问麦克乔治·邦迪（McGeorge Bundy）、国务卿迪恩·拉斯克，还有拉斯克的亚洲顾问罗杰尔·希尔斯曼（Roger Hilsman）做了简报。两位情报官解释说，因为有共产主义国家帮助左翼，故而中央情报局的行动始于艾森豪威尔时期。这次援助与中央情报局在意大利、法国和希腊阻止左派的行动相类。希尔斯曼建议现在停止行动。中央情报局特工回答
336 说，这一行动本不该启动，如果现在突然停止，自民党会非常愤怒，美日关系也将受到影响。简报中建议逐步停止资助，“30 年后，没有人会注意到这一点”（33 年后，《纽约时报》备受讨论的头版新闻其内容就是对这次行动的曝光）。资助在 20 世纪 60 年代继续，每年有 200 万 ~1000 万美元。通常是在夏威夷进行交接，正如未来的首相大平正芳所说，自民党的快递员飞抵夏威夷“去做你懂的那件事”。在收买右翼的同时，中央情报局和其他美国官员也渗透进了日本左翼，尤其是大型工会组织“总评”（Sohyo），其目的是分裂和削弱这些群体，或把他们争取到美国劳工运动的强烈“反共立场”中来。这些行动由一个特别小组监督，由总统国家安全顾问主持。特别小组的会议在白宫旁边旧行政办公楼的 40 号房间举行，因此被称为“40 委员会”（the 40 Committee）。特别小组主导着美国在日本和其他地方最重要的秘密行动，直到尼克松-基辛格主政的 20 世纪 70 年代到来。[22]

最重要的是，肯尼迪要求日本（以及极不情愿的欧洲）提供帮助，以遏制（如果不是击退）中国的力量。1962年10月古巴导弹危机期间，世界曾濒临核战争的边缘，肯尼迪认为，苏联领导人已经吸取了挑战美国的危险教训，但中国没有吸取这些惨痛的教训。导弹危机两个月后，华盛顿举行的美日经济联合会议上，总统采取了极不寻常的行动，公开向日本人发表演讲，演说开头就阐释了遏制中国的理由：日本必须帮助美国遏制这种威胁，“如今，在本质上，它不仅信仰阶级斗争，还信仰可能引发第三次世界大战的国际阶级斗争”。然而，外务大臣大平正芳的回应却强调了发展贸易的必要性。[23]

日本想要的显然是贸易，而不是对抗。1962年签署的促进中日民间贸易的“L–T协议”无疑预见了未来。1963年2月，一名国会议员提醒池田，肯尼迪谴责了中国，而首相本人早前曾声明“不会允许任何外国干涉中日关系”。如今他的想法还跟之前一样吗？池田回答说：“日本将合作遏制共产主义扩张，但我认为中日贸易是另一个问题。”随后，他宣布中国将会得到贷款用来从日本购买商品。助理国务卿哈里曼警告说，美国不允许这样的行为。然而，1963年4 337
月，有报道称三菱和其他几家日本大公司成立了一些“马甲公司”来与中国做生意。报道指出，这些“马甲公司”特别有用，因为这使得它们的美国分公司能够宣称，它们没有直接参与中国市场。同年10月，中国史上规模最大的日本商品交易会在北京举行。[24]

事实上，肯尼迪的政策正在走下坡路。美国官员知道，日本与中国的贸易在日本国内很受欢迎，而且对日本的长期繁荣越来越必要（尤其是，如果美国继续坚持让日本“自愿”减少对美国出口的话）。此外，美国政府官员自己也承认，美国的政策完全依赖于与池田勇人和自民党领导人的密切联系，而他们都希望能进入中国。1962年7月，一次党内危机导致三木武夫领导的亲华派系掌权，池田不得不重组内阁。以岸信介、佐藤荣作和福田赳夫为首的亲美派暂时受挫。美国人想支持自民党，但他们钟爱的对象却陷入了深深的“性格分裂”。华盛顿的另一个对策是影响外务省，但后者缺乏财务省或通产省那样的影响力。因此中央情报局渗透进了财务省和通产省，同时继续将外务省当作一个愿意合作但力量微弱的盟友。[25]

当时，肯尼迪希望日本全面参与南亚和东南亚事务，以及中国台湾事务，但不要参与邻近的中国大陆事务。伦敦《泰晤士报》强调了这一矛盾：“遥远的亚洲国家与日本的文化差异极大，因此日本可以轻松自在地应对。与在文化和前景上存在诸多相似之处的邻国间的关系则十分复杂。”美国的压力只会促进日本“对中立主义的强烈渴望”，或者就像英国驻东京大使于 1963 年对其上级所说的那样，“日本人既不爱美国人，也不能忍受被美国人爱”，因为美国人自己不能看到，日本现在是一个主权国家。[26]

国务卿迪恩·拉斯克是主张利用日本（以及其他任何可用的国家）来遏制中国的最坚定的美国官员。拉斯克极度反共，1950 年年末，拉斯克还是国务院的一名高级官员，中国入朝参战对美国在亚洲地位的“威胁和羞辱”，成为他痛苦的回忆。他助长了肯尼迪执着于打压中国的热情。1962 年 12 月，拉斯克对外务大臣大平说，中苏分裂并不意
338 味着压力减轻，反而可能意味着“在东南亚产生严重后果”。一旦摆脱莫斯科的约束，中国可能会变得更加咄咄逼人。当大平试图回应说，该地区的问题是“贫困与民族主义情绪的结合”时，拉斯克不以为然：“几乎没有证据表明，与共产主义国家的贸易促进了和平。”[27] 就这样，日本和美国之间爆发了一场平静但不祥的冲突。决心遏制和惩罚中国的肯尼迪将驻越美军从 600 人增加到 16000 人。就在他遇刺（1963 年 11 月）前两个月，他秘密同意越南军方推翻吴廷艳政权——威廉·威斯特摩兰（William Westmoreland）将军后来指出，“年轻的总统满怀热情”采取的行动“从道义上把我们锁在了越南”。与此同时，日本人扩大了与北京的贸易和文化交流。在南越，他们为美国的发展项目

做出了慷慨的贡献，建立了获利颇丰的贸易关系，但他们不想与肯尼迪的军事升级行动扯上半点关系。东京甚至通过“民间”贸易协会发展了与北越的贸易。1964—1965 年，随着美国对北越的攻势加强，日本特工和越南共产党人发展出了经由第三国运输的复杂渠道，继续进行对北越至关重要的贸易。正如历史学家河野康子（Kono Yasuko）后来所说，鉴于美国的势力范围和日本不断扩散的利益，东京和华盛顿之间实现真正“平等伙伴关系”的机会正在消失。[28]

三　约翰逊、佐藤和越南

在 1964 年的盛会中，日本人试图证明他们值得成为平等的伙伴，而且已经正视并接受了 1945 年的惨败。这个热爱运动的民族以近乎疯狂的奉献精神承办了奥运会。就连 63 岁的裕仁天皇也一动不动地站了好几个小时，注视着 94 国代表团列队走过。裕仁天皇将勋章一等旭日大绶章——日本颁给外国人的最高荣誉——授予了柯蒂斯・李梅将军，这令许多评论者震惊不已，因为李梅正是那场夺走数十万日本人性命的核弹轰炸行动的设计者，也是参与 1945 年投掷两颗原子弹现场行动的空军最高官员。1964 年 12 月 7 日，李梅凭借为发展日 339
本战后防御系统做出的努力被授勋。此次授勋引发了抗议，但日本政府对此不予理会。[29]

然而，随着新总统林登・B. 约翰逊（Lyndon B. Johnson）升级越南战争的规模，认为这一盛会能够建立与美国更加平等的伙伴关系的希望也随之破灭了。日本人想要避免一场毫无意义的战争，这甚至让他们不安地想起了自己之前在亚洲大陆陷入的泥潭。更重要的是，他们根本不认同美国开战越南以教训中国的观点。1965 年，中国成为日本第四大贸易伙伴（仅次于美国、澳大利亚和加拿大）。[30]

随着战争的加速，美日之间的三个分歧也在加剧：冲绳回归、对华贸易，以及在美国取消对从日本进口商品的歧视时，日本仍然对美国出口的商品（和资本）采取歧视的政策。这些分歧的影响力令人震惊，尤其在佐藤荣作担任首相期间，分歧更大，而佐藤很可能是战后日本最亲美的首相。[31]

佐藤的执政时间比同期任何一位首相都要长——1964 年 11 月 9 日起，1972 年 7 月 7 日止。他开始执政时，林登·约翰逊正在庆祝自己在选举中的压倒性胜利；他结束执政时，理查德·尼克松正在准备庆祝类似的胜利。佐藤于 1901 年 3 月 27 日出生于本州南部，出身上流社会，受过良好的教育。后来他成为铁道省的重要官员，大力支持战争，但却经历了可怕的人生变故——他的妻子和孩子先是差点没逃过东京的燃烧弹袭击，然后又在大阪遭到轰炸。他的侄子也于 1945 年 8 月 6 日死于广岛。尽管被怀疑为战犯，但由于缺乏证据，他从未受审。在担任吉田内阁大臣期间，佐藤迅速攫取了权力。除吉田外，佐藤的主要支持者是他的兄弟岸信介，后者在 1960 年因处理美国安全条约失当而下台。这对兄弟之所以不同姓，是因为他们都入赘了妻子的家族。在日本，当一个女人没有兄弟可以继承家族姓氏时，这种方式（招赘）是很常见的。

据美国驻日大使约翰逊说，佐藤“从日本人的角度来看，粗犷英俊、身材高大”，“具有老练政治家随和、友好的风格”。他也拥有一个杰出政治家应具备的制订计划和寻找共识的能力。佐藤曾在哥哥担任首相期间担任财务大臣，并曾是密友池田的心腹顾问。他对左派采
340 取强硬立场，并领导着自民党中最亲美的派系之一。然而即使与池田关系甚密，1963 年他仍试图罢免这位首相，不过没有成功。佐藤说道：“如果一个人的决定会影响到他在公共生活中的行为，就不应允许友谊干涉他的决定。”这句话值得华盛顿仔细品味。1964 年，池田患上了喉癌，佐藤终于爬上了政权顶端。特别值得注意的是，佐藤通过婚

姻与强大的政治派系和富有的公司保持着极其密切的联系。他是“闺阀”（keibatsu）的代表人物，其意为“卧室外的小团体”。和其他日本领导人一样，他对科技和传统都有着强烈的热爱：比如，他热爱电影，并对电影进行了详细研究，但同时，作为研究古代高度仪式化的茶道专家，佐藤也享有盛誉。[32]

林登·约翰逊性格十分急躁，根本坐不下来看电影，当然也对茶道一无所知（这位高个子德克萨斯人曾告诉朋友，他只喜欢威士忌、阳光和性爱）。但他对与日本建立有益的关系抱有希望，因为他欣赏佐藤的亲美立场。在私人会见中，他与首相相处融洽。然而，正如佐藤所指出的，个人友谊不一定能解决根深蒂固的实质性分歧。[33]

约翰逊在1965年年初被告知：“佐藤心中的关键问题是新中国。”但双方对于中国问题并未达成共识。1964年，拉斯克教育日本内阁成员，对华贸易具有种种危害（甚至更严厉地质疑日本最近与卡斯特罗领导的古巴达成的蔗糖购买协议）。日本外相大平对上述贸易轻描淡写，转而尖锐地提醒拉斯克，“对不久之前中国占日本出口20%的情景，我们记忆犹新”。1964年10月16日，中国引爆了一枚与广岛原子弹相同威力的核弹，这更加剧了威胁。1966年年中，中国又引爆了一颗比第一颗大十倍的核弹，第二年引爆了第一颗氢弹。从短期来看，中国的“新军火库”使美国的保护对日本更加重要。不过，佐藤认为，从长远来看，日本也需要拥有制造类似武器的能力。尽管美国施加了巨大压力，他仍拒绝签署核不扩散协议。加州大学伯克利分校的施乐伯教授（Robert Scalapino）在1967年曾准确地预测道，日本将开发太空与和平用途的核能技术，“如果有必要，可以最快、最简单、最廉价地”将这些技术转为军事用途。1967年12月，佐藤发表了很快就变得知名的“无核三原则”：日本不拥有、不制造、不 341
允许核武器进入日本。尽管如此，按照施乐伯的预测，日本还是加速了对和平原子能的开发。[34]

如何应对中国核计划的问题在东京和华盛顿之间引发了激烈的分歧。同样的问题还有如何回应中国在越南战争中的角色。1964 年，美国官员认为中国人是胡志明领导的越南革命力量的后盾。如果越南独立同盟会（Viet Minh）获胜，整个地区就会像多米诺骨牌一样落入共产党的控制之下。1964 年 7 月，美国国防部部长麦克纳马拉（Robert McNamara）要求日本防务大臣福田赳夫评估“如果美国失去南越”对日本的影响。福田赳夫冷静地回答说，“左派”力量可能会加强并更强烈地对美国军事基地提出抗议，而“日本将失去在东南亚的贸易机遇”。福田并不像美国人一样担心中国会推倒多米诺骨牌：他认为中国更关心的是“国内建设”，而不是“提高军力”。为了明确表达他对美国政策的不同意见，福田赳夫补充说，“仅仅通过军事手段来维持对越南等地区的控制是困难的”。[35]

然而，约翰逊、拉斯克和麦克纳马拉将大部分信心都置于军事手段上。1963 年 11 月，约翰逊接替了遇刺身亡的肯尼迪。此后，这位已故总统最亲密的顾问们——尤其是麦克乔治·邦迪、拉斯克和麦克纳马拉——不断向约翰逊施压，要求他迅速扩大美国在越南的军事介入，以免分裂、腐败的西贡政府垮台。麦克纳马拉，福特汽车公司的前“神童”总裁，相信五角大楼能够以惊人的美国效率运营这场战争并杀死足够多的敌人——同时在南越建立一个新国家。1964 年，约翰逊击退了这些压力，但有一个关键时刻除外。1964 年 8 月的第一个星期，当约翰逊开始了针对来自亚利桑那州的共和党强硬派参议员巴里·戈德华特（Barry Goldwater）的竞选活动时，麦克纳马拉紧急报告说，在越南海岸附近的美国船只曾两次遭到无端袭击。后来发现，美国船只实际上参与了针对越南北部的秘密行动。第一次袭击的情况很不明朗。第二次袭击可能根本没有发生。但是约翰逊抓住了这个机会来展示他的强硬。他轰炸了北越，并从国会获得了《北部湾决议案》（Gulf of Tonkin Resolution），按照他的说法，该决议案给了他一张“空白支票”，使他可以对北越做出任何回应。[36]

在东京，日本外务省谨慎地表示，根据自卫权，约翰逊的回应是 342
正当的，随后又更谨慎地补充说，“没有办法确定”到底在北部湾发生了什么。当社会主义者问及美国军事基地的存在是否会把日本拖入战争时，政府——在当时和之后——回应说，根据已通过的 1960 年条约，美国人的行为是负责任的，这麻痹了大多数日本人。然而，这一回应没有麻痹迎接美国核潜艇“海龙”（Sea Dragon）号的抗议者们——它于 1964 年年末到访了佐世保。[37]

1965 年 2 月至 7 月，约翰逊不情愿地越过了属于他的卢比孔河[1]，挑起了战争。他发动了一场系统的轰炸行动，并在一次扩军中增派了大约 12 万名士兵，到 1968 年这一数字达到了 55 万。他采取这些重要步骤的原因很多。随着南越政府实力削弱，以及北方势力的渗透和影响力的增强，他认为自己必须履行对东南亚的承诺。邦迪、拉斯克和麦克纳马拉等人迫使他这么做。他也真心想促进越南的发展，就像他所怀念的 20 世纪 30 年代的新政促进了其家乡德克萨斯的发展一样。早前英国外交部对约翰逊的分析得出的结论是，他在外交事务上“相对缺乏经验”，但“对美国生活方式的优越性有着坚定的信念，并倾向于认为这是唯一可能的民主形式”。这篇文章还准确地预测，他希望“把大部分时间和精力用于国内事务”。其首要任务是约翰逊日夜念叨的“伟大社会”项目（Great Society Program）——旨在帮助少数族裔、儿童、穷人和老年人。但约翰逊认为，如果他“失去”越南，就无法推动国会通过有争议的国内立法——就像哈里 · 杜鲁门在“失

〔1〕越过卢比孔河（cross the rubicon）：一则西方谚语，用于比喻孤注一掷、最后一搏。出自古罗马政治家、军事家恺撒的历史事迹。罗马共和国法律规定，任何将领不得率军自外部越过卢比孔河进入罗马本土，否则将被视为叛国。公元前 49 年，恺撒率领高卢军团跨越卢比孔河返回罗马境内，此后便拉开了内战和罗马向帝国转变的历史帷幕。

去”中国后付出的巨大政治代价一样。此外，约翰逊还意识到他拥有不可思议的强大力量：只要打个电话给麦克纳马拉，他就可以运用世界上最强大的海空力量，将数十万人派往半个地球之外。[38]

最重要的是——而且总是——那里还有中国。直到现在，中国一直扮演着略微不同的角色。20 世纪 60 年代以前，美国官员曾担心，如果东南亚（和北美）市场不对日本开放，日本将越来越依赖中国市场。现在，这些官员开始担心在越南的失败会被视为中国的胜利。届时，日本和亚洲大部分国家都将左转。正如白宫助理迈克尔·福雷斯特（Michael Forrestal）所指出的，约翰逊在 1965 年对军事行动的升级是必要的，这能够“推迟中国吞并东南亚，直到她养成更好的餐桌礼仪，或者食物变得更难以消化”。[39]

343 对日本无视这种危险，美国官员似乎忧心忡忡。在 1965 年 1 月的峰会上，总统表达了他“对中国的激进政策及其对邻国的外部压力将危及亚洲和平的严重关切”。对此，佐藤只是评论道，日本打算“继续促进与中国的私人接触”。后来，佐藤在一次新闻发布会上谈到越南时说，亚洲问题往往不是靠西方的“理性范式”就能解决的，而是需要耐心和对“亚洲思维”的理解。在没有向佐藤通报的情况下，约翰逊就开始了轰炸行动，并扩大了军队规模，这无助于关系的改善。但是总统通知了包括新西兰在内的其他国家。日本做足了姿态：它向南越赠送了 11645 台收音机，让南越人民能够听到政府的命令（和日本的计划），并提供医疗用品。东京还秘密派出 28 艘登陆艇，由身穿美国制服的日本人驾驶，悬挂着星条旗在越南海岸运送物资。这些船员伤亡惨重。[40]

但约翰逊想从日本得到的远不止这些。拉斯克指责大使赖肖尔过于亲日，没有让日本意识到巨大的危险，至今还以为两国的利益是一致的，而实际上日本人在走自己的路。1964 年赖肖尔遇刺身受重伤后，约翰逊和拉斯克没有给他发过一封私人慰问信件。1966 年年中，赖肖尔最终被鹰派人物 U. 亚历克斯·约翰逊取代。这样，在中国和越南问题上，东京如今与两个约翰逊出现了分歧，而不是一个。

总统陷入了困境。他的意图是逐步增强美国的力量，直到北越崩溃并允许南越存在。但令他惊讶的是，尽管北越损失惨重，但却向南派遣了更多的军队。然后，“陷阱”的另一只“夹子”猛然合上了：如果他的增兵行动太过分——用他自己的话说，如果他“硬来而不是引诱……中国可能会立即做出全面反应”。约翰逊在越南的战略既不懦弱也不混乱，相当理性：这一战略是渐进而克制的，因为他有理由担心，当中国大规模介入时，朝鲜半岛的悲剧会重演。此外，对北越港口的大规模轰炸可能威胁到的不仅是中国的敏感利益，因为北越只有 1/3 的航运来自共产主义国家，其他 2/3 则主要来自英国、日本、挪威和希腊——也就是说，来自美国的盟友。1965 年年末，《纽约时报》的一名记者问约翰逊，他是否想在越南挽回面子，总统回答说：“我不是想挽回面子。我只是想挽救我的小命。”[41] 344

1965—1968 年间，美国人和日本人确实在一些问题上达成了一致。一是日本从战争中获得了丰厚的利润。这一点上只有金额还存在争议。在一份关于战争对日本影响的全面分析中，托马斯·哈文斯（Thomas Havens）估计，1966—1976 年，战争每年至少给日本公司带来了 10 亿美元的额外收入。美国财政部 1967 年年末的估计也达到了这个数字。日本银行公布的数字要低一些，因为漏掉了驻日美军难以计算的军费开支。虽然仅仅占日本年出口的 7%~8%，但这种战争贸易对小公司来说却是天赐之物。美国士兵使用日本制造的帐篷、手表、相机、发电机、吉普车和卫生纸。哈文斯说，他们“喝麒麟啤酒，嚼乐天口香糖”，“一些伤者接受了日本人的输血，而死者则被装在日本制造的聚乙烯尸袋里送回了家”。佐藤政府用部分利润从美国购买了军火，特别是高科技装备和飞机。与此同时，日本与越南北部和南部的贸易都在增长。到 1970 年，饱受战争蹂躏的南越充斥着日本的收音机、电视、卡车和摩托车。《新闻周刊》在1966年引用了一位通产省官员的话："不管你怎么看，日本很好地介入了越南战争。我们正在进行我们自己的扩军行动。"[42]

东京和华盛顿的官员就战争抗议者的问题达成了一致。在美国，抗议活动也集中在民权问题上。1964—1965年间，美国爆发了大规模的城市骚乱；到1965年年底，有34人在南加州瓦茨贫民窟的骚乱中丧生。一些城市的反战组织也加入了抗议者的行列，其中包括华盛顿特区的牧师小马丁·路德·金（Martin Luther King，Jr.），这位诺贝尔和平奖得主认为，在美国人放弃对亚洲人的战争之前，他用非暴力方式根本改变种族关系的呼吁是不可能实现的。1967—1968年，骚乱已经蔓延到许多城市，其中底特律就有43人丧生。联邦调查局局长埃德加·胡佛（J. Edgar Hoover）哀叹道，仅1967年一年，就有3万名美国人非法逃避兵役。

日本大批量发行的主流报纸报道了这一切，它们特别提到了美国在越南的暴行，不过，日本社会也未能幸免。由广受欢迎的小说家小田实和大江健三郎（后者是1994年诺贝尔文学奖得主）领导的大规模反战组织"越平联"（Beheiren）迅速扩散开来。它的目标是日本官
345 僚主义和美国的政策。作为一个在欧洲和美国生活过的人士，小田让"越平联"成为全球抗议网络的一部分。在一些行动中，它帮助驻日美军逃脱，这样他们就不用去越南了。日本人的抗议通常比美国人更有礼貌，更尊重生命和财产，影响也不能小觑：当约翰逊暗示想要访问日本时，东京官员很快答复，这是"不可想象的"[43]。

约翰逊和佐藤还出乎意料地在一个关键地区的政策上达成了大体一致：印度尼西亚。印尼的1.32亿人口分布在3000余个岛屿上，面积超过58万平方英里，长期以来，印尼一直是一个市场巨大、资源丰富（尤其是石油方面）和战略意义重要的国家。其长期执政的总统苏加诺（Bung Sukarno）以政治技巧和玩弄女性而闻名国际。1965年

9 月下旬，当左派试图夺取政权时，他们被军队司令官苏哈托（Haji Mohammad Suharto）歼灭了。军方随后击毙了至少 25 万名实际和疑似的共产主义者。据称，中情局和美国大使馆帮助苏哈托找出了这些受害者。约翰逊确信，向亲中国立场的危险转变已经被及时制止。悄悄成为苏加诺政权最大援助来源的日本人则对此不那么信服。但是，当华盛顿敦促他们帮助苏哈托的时候，东京的官员提供了 3000 万美元的贷款。日本确实变得十分活跃，以至于美国国务院在 1966 年表示，“日本利益”意图在“印尼石油特许权方面将美国利益排挤出局”。[44]

正如印尼事件所揭示的那样，佐藤决心按照美国的要求，但以自己的方式扩大日本对东南亚事务的介入。因此，1966 年，他的政府加入了亚洲及太平洋理事会（Asian and Pacific Council，ASPAC），一个旨在促进经济交流的联盟。佐藤很快就对该理事会失去了信任，认为它过于激进。亚太理事会于 20 世纪 70 年代解散。更适合日本的是东南亚国家联盟（Association of Southeast Asian Nations，ASEAN），这一组织由印度尼西亚、马来西亚、菲律宾、新加坡和泰国于 1967 年建立。它有两方面的目的，一、促进经济交流，二、将未受邀请的大国（包括中国和美国）排除在东南亚事务之外。东盟得到了新成立的亚洲开发银行（Asian Development Bank，ADB）的援助。日本向亚开行提供了首批 10 亿美元资金中的 2 亿美元。

美国官员全神贯注于越南问题，忽视了亚太理事会，尤其是东盟的重要性。东南亚国家首次建立自己的组织，以在排除不必要外部干预的同时合作发展本地区。日本处于这些运动的中心。艾奇逊和杜勒斯有关日本和东南亚经济一体化的政策取得了成功，但这样的成功已 346 不再令美国观察家欣喜若狂。他们的士兵正在牺牲，而日本人和东南亚人却袖手旁观，从中获利。1967 年，《美国新闻与世界报道》称日本正在开发“新的共荣圈理念”，这让人想起了过去的糟糕经历。[45]

詹姆斯·莱斯顿早些时候在《纽约时报》上说道，1967 年年末佐藤对南越未成行的友好访问以及与约翰逊的友谊，仅仅是在掩盖日本“对美国政策的缓慢偏离之路”。这条道路上的第一步便涉及冲绳和小笠原群岛。佐藤在越南、印度尼西亚和贸易问题上的行动可能已经与约翰逊一样积极了，因为他希望，作为回报，日本能重新获得冲绳和小笠原群岛。但总统，更确切地说是他的高级军事顾问，并没有兴趣帮助首相。冲绳基地对于越南北部的战争不可或缺；美军将冲绳称为“太平洋的基石”。佐藤和社会党人一起谴责 B-52 重型轰炸机利用冲绳基地对越南部分地区进行地毯式轰炸。美国政府在 1967 年年末的一份秘密分析报告中表示，令人惊讶的是，只要能够使用冲绳的空军基地，冲绳回归日本对发动常规战争几乎没有影响。这些结论自然遭到军方的强烈反对。总统在 1968 年签署了一项行政命令，将小笠原群岛交还日本，以期把损失减到最小，而冲绳问题仍在恶化。[46]

然而，与 1968 年 1 月下旬北越出人意料地发动新年攻势后美日关系面临的危机相比，冲绳问题的恶化只是小巫见大巫。北越遭受了巨大损失（可能有 3 万人丧生），但令人吃惊的是，他们渗透进了西贡，甚至渗透进了美国大使馆。新年攻势的冲击使得重要媒体人物［如 CBS 新闻[1]的沃尔特·克朗凯特（Walter Cronkite）］开始反对战争。约翰逊的非正式实权顾问们改变了立场，他们用迪安·艾奇逊的话来警告总统，我们“无法再做原本计划的工作”。[47]

新年惨败拉开了地狱般一年的序幕。几个月来，以《朝日新闻》为首的日本几家最大的报纸一直在头版头条报道美国人对亚洲的无知，以及美国士兵对越南人（尤其是妇女）犯下的残忍罪行。随后，美国大型核动力航空母舰“企业号”（Enterprise）停靠在了佐世保海军基地。大规模的抗议活动将佐世保和长崎周边地区团团包围。下一

〔1〕CBS 新闻指哥伦比亚广播公司新闻网（Columbia Broadcasting System News）。

个倒霉的是美国核潜艇“剑鱼号”（Swordfish），它被指控向日本海域泄漏了放射性物质。随着紧张局势的加剧，一架从空军基地起飞的美 347
国战斗机撞上了九州大学的一栋大楼，而这座大楼距离日本的一个核研究实验室只有几码之遥。不可思议的是，除了佐藤和亲美派的政治声誉外，没有人受伤。4月，小马丁·路德·金在孟菲斯遭谋杀。两个月后，罗伯特·肯尼迪在洛杉矶被枪杀。但是，也许对佐藤来说，最令人震惊的是约翰逊于1968年3月31日宣布，他将不会竞选连任。因为事先没有通知首相，总统引人瞩目的广播声明，正如约翰逊大使所说，使佐藤“受到媒体和国会的猛烈抨击，因为他把（日本）和深不可测的（美国）联系得太过紧密”。[48]

佐藤意识到，他输掉了第二次的“冲绳战役”。现在他宣称，自己一直对美国的越南政策表示质疑。中曾根康弘和三木预测，美国霸权将要终结，随之而来的是，与中国的合作将受到欢迎，并得以加深。华盛顿以牙还牙。当外务大臣三木邀请约翰逊到一个隐蔽的酒店房间进行会谈时——这一直是日本人认真考虑问题的一个信号，约翰逊大使开始直言不讳，他没有客套，说：“美日关系面临的最大威胁是，美国一方感觉到，在为保卫东亚地区牺牲了数千条生命、花费了数十亿美元之后，我们不仅没有得到日本的任何理解，反而在一些小问题上受到了日本的批评和困扰——虽然这一地区对日本来说至少与对美国同样重要。”现在日本是时候承担起“与其日益增长的实力相称的责任了，而不是继续寻求（保护），被美国视为一个弱小之国”。约翰逊开始谈得更具体：东京必须与美国军方加强合作，同时解除“保护主义措施”，这些措施产生了对日本有利的“巨大且不断扩大的贸易逆差”。约翰逊说，三木“愉快地接受了这些”。然而，佐藤更感兴趣的是维持自己难以驾驭的联盟来赢得选举——尽管其反对党的选票比1966年增加了38%，但他还是获胜了。[49]

佐藤惊险获胜，同年，理查德·尼克松也在美国总统竞选中险胜休伯特·汉弗莱（Hubert Humphrey），就这样，地狱般的一年结束了。尼克松在当选当晚就庆祝了胜利。回到纽约的公寓后，他做了培根肉和鸡蛋，听了最喜欢的唱片：理查德·罗杰斯（Richard Rodgers）的《海上胜利》（*Victory at Sea*）——这首歌赞颂了二战中美国对日本和德国的胜利。对于美日关系来说，地狱般的一年即将变成地狱般的十年。[50]

348 四 尼克松和佐藤——或者“与敌人贸易”

佐藤解除了三木的职务并任命爱知揆一为外务大臣，为他与尼克松的关系打下了一个良好的开端。三木对美国政策的冷淡和对中国人的热情并不适合华盛顿的政治气候（更重要的是，三木不明智地在自民党内部与佐藤竞争最高职位，结果以一比二的劣势落败），不过，爱知也没有阻止日益增长的反美情绪。到1969年，只有12%的日本受访者因美国的“核保护伞”而感觉更好，67%的人则担心这种关系会把他们拖入战争中。2/3的受访者赞成与中国改善关系或实现外交关系正常化。华盛顿归还了32个军事基地，但这并没有让日本安心，或许是因为美国在日本的军事基地仍有98个。1969年10月，“越平联”组织了近50万名反政府抗议者。在抗议者与警方的2400多起巷战中，不断有暴力事件，所幸没人死亡。下个月，在更多的示威活动中，佐藤乘飞机赶赴尼克松总统之约，进行了首次会晤。[51]

日本人认为尼克松是一个我行我素的人。早在1953年，他就表示第九条是一个错误，日本军队应该重新武装起来。1967年，在一次亚洲之行中，他发表了一篇著名文章，主张美国必须允许亚洲人自己保卫自己，以免未来在越南陷入困境。他认为最大的危险是中国，至少“在中国发生变化之前”是这样。“我们现在必须向西，将势力延伸到东方，为一个太平洋共同体打造支柱”，尼克松补充说：当日本开始有限地重整军备时，它将在塑造这些“支柱”方面发挥关键作用。正如他强调战争“越南化”的必要性一样——亚洲人认为这意味着为了美国的目标而与其他亚洲人作战，这些言论吓坏了许多日本人。[52]

为了实现这些和其他外交政策愿景，新总统任命哈佛大学国际问题研究中心负责人亨利·基辛格为国家安全委员会顾问，并将他作为外交政策方面最亲密的知己。基辛格赞同尼克松的观点和他对保密与控制的痴迷。这位前教授后来承认，“当我第一天上任时，我对任何一个大国的了解都比日本要多”。与尼克松一样自负的基辛格对日本并无把握，他指出，“对我们来说，最难理解的是，非凡的日本决策是由那些以自己的无名风格为荣的领导人做出的……日本领导人不会 349
宣布什么决策；他会唤起其他人来支持决定”。基辛格很快就开始轻视日本对国内经济发展的执着（他私下里称日本人为“小索尼销售员”）。他认为，与日本相反，美国的命运是由广阔的陆地“边疆”塑造的，而且这一“边疆”已变成一种“情感承诺”，即美国人对“全人类福祉”的关心。基辛格对美日两国不同“宿命”的表述，再次表明了美国高层对于日本在亚洲市场上具有历史意义的“边界”的看法，这一“边界”与他们的全球“边界”概念格格不入。然而，如果存在误解，那似乎也是双向的。这位出生在德国的国家安全委员会顾问（其直系亲属差点儿没逃过大屠杀）私下抱怨道：“每次日本大使请我吃午饭，他给我端来的都是炸肉排。”[53]

然而，佐藤和尼克松-基辛格团队有几个重要的共同信念。例如，他们一致认为，“当代国际体系的最大需要是一个公认的秩序概念”（基辛格语，他甚至声称，对一位政治家来说，“不公与秩序”比“公正与混乱”更可取）。1969—1970年，这种秩序必须从国内开始建立。一些日本城市为抗议活动所困。反战示威活动在美国各大城市，尤其是华盛顿发展得如此之大，以至于尼克松秘密命令 300 名士兵隐藏在白宫和邻近的行政办公大楼里，以备不时之需。[54]

1969 年年中，总统试图恢复秩序，先是发表了“尼克松主义”，后来又决定结束征兵，收到了更好的效果。“尼克松主义”发表于关岛，后来又补充了一些细节。它宣称，如果美国的朋友受到“核力量”的威胁，美国将信守其条约承诺，继续提供“保护”。在其他情况下，它将提供军事和经济援助，让受到威胁的国家自己保护自己。对日本人来说，“尼克松主义”证实了他们的担忧——总统希望亚洲人自相残杀，并让日本走到战斗的前线。随着尼克松和基辛格秘密鼓励日本发展核武器的谣言传开，日本人更加担忧了。尽管基辛格和五角大楼都公开否认了这类言论，但正如基辛格的一位心腹助理后来所证实的，“亨利认为在世界各地扩散核武器是件好事”。基辛格和尼克松显然认为，如果日本和以色列这两个国家能够撑起核保护伞，它们将会让世界秩序受益。即便是两位美国人向佐藤做出了许多暗示，但后者在离
350 开时仍对美国的政策相当困惑。实际上，“尼克松主义”并无暗含美国将从亚洲撤退之意，而是意味着一项遏制亚洲共产主义的低成本计划。美国的条约承诺和核保护伞将继续发挥效力，但根据“尼克松主义”，日本将在承担责任方面发挥主导作用。[55]

尼克松认为他手中握有一个吸引日本合作的极佳诱饵：冲绳。日本外相爱知宣布 1969 年为“冲绳年”。佐藤的政治命运与该岛的未来如此紧密相连，以至于新任美国驻日本大使阿明 · H. 迈耶（Armin H. Meyer）对国务院说，“冲绳怎么样，日本就会怎么样”。然而，美国国家安全委员会的一份分析报告告诉尼克松，美国在越南战事的缓和、洲际导弹的出现以及有了携带核弹头的新型北极星潜艇，使冲绳的控制权变得不那么重要了。如果美军基地的权利得到维护，同时日本承诺“在亚洲扮演越来越重要的角色”，总统就准备归还冲绳。[56]

就在华盛顿爆发更多的反战抗议时，1969 年 11 月的第一届佐藤-

尼克松峰会达成了一项协议。冲绳将于 1972 年归还日本。作为补偿，美国获得的基地使用权十分宽泛，尼克松甚至保留了使用这些基地发动核攻击的权力。佐藤还同意延长 1960 年安保条约（佐藤的这一做法避免了两国关系的另一场危机，但在 1970 年 6 月引发了日本 75 万人的抗议）。首相发表声明说，韩国和中国台湾对日本的安全至关重要。东京的评论家们很快就指责佐藤让尼克松把日本拖入了它不想要的战争中——尤其是任何由行为不可预知、日本人非常不喜欢的韩国人引发的战争。最后，佐藤同意向东南亚提供更多的援助（日本观察人士认为这是为日本产品打开市场的楔子），并削减对美国市场的纺织品出口。[57]

1969 年峰会的结果似乎对双方而言都是一项重大成就——如果所有条款都得到执行的话。佐藤热情洋溢地在华盛顿的全国新闻俱乐部（National Press Club）发表演讲，谈论“日本和美国将要创造新的太平洋时代”。一个月后，日本政府在东京发布的一份官方白皮书指出，日本对亚洲，尤其是东南亚的经济援助自 1965 年以来增长了两倍，到 1975 年又将翻一番（事实证明，这些资金大部分被用于开发亚洲原材料，同时将该地区纳入一个由日本人和部分美国资本主导的庞大亚洲集团之中）。1970 年 2 月，当佐藤政府签署核不扩散条约时，亚 351
洲人和大多数美国人都很高兴。1974 年，首相因积极的反核立场而获得诺贝尔和平奖。颇具讽刺意味的是，早在 1970 年晚些时候，中曾根康弘的防卫厅宣布，到 1975 年军费开支将翻一番。届时，日本的国防预算即使不会超过西德、法国和英国，也会与之接近。此外，日本已准备好发展一支空军和一支舰队，以“保卫”其他亚洲国家而不仅仅是本土岛屿的安全。[58]

但所有的问题依然没有解决。日本继续与北越进行贸易，并承诺一旦冲突结束将向其提供更多帮助。主要的冲突源于佐藤减少对美国出口纺织品的承诺，这实际上是一次动摇了美日两国关系的交锋。这个问题对尼克松来说非常重要，而且是出于政治而非经济原因：在1968 年竞选时，他曾向南方的纺织业地区，尤其是南卡罗来纳承诺，将保护这些地区不受廉价进口产品的影响。佐藤也承诺将提供帮助，以换取冲绳的回归。后来，冲绳回归了，但佐藤却没有兑现承诺。佐藤面临的问题并非如他声称的，当时，在两位领导人达成协议的过程中，翻译漏掉了什么。而是，日本纺织商，尤其是他们在政府官僚机构中的支持者，断然拒绝配合。首相无法逼其就范。此外，日本随后谴责尼克松要求他们打破华盛顿自 1945 年以来自己制定的自由贸易规则。尼克松气急败坏。当来自俄亥俄州的民主党实权议员威尔伯·米尔斯（Wilbur Mills）接管此事并与日本人达成协议时，尼克松更是怒不可遏，冷冷地拒绝了这份协定。[59]

1971 年，美国国务院外事局的一名官员曾私下表示，白宫现在把日本视为“敌人”。这一措辞暗指的可能是尼克松的威胁，即除非日本满足他的要求，否则他将根据 1917 年战时的《与敌国贸易法》（Trading with The Enemy Act）对进口日本物实行配额。随着美日关系跌至 1945 年后的最低点，大卫·肯尼迪大使终于在 1971 年 10 月与日本敲定了一项协议。他的“武器”是：如果日本不限制自己的出口，美国就从其他亚洲生产商那里进口更廉价的纺织品。正如助理国务卿菲利普·特雷泽斯（Philip Trezise）后来指出的，纵使双方经历了所有痛苦、恶语相向和“愚蠢之举”，日本也从未完成肯尼迪协议设定的大部分配额。[60]

尼克松视日本为“敌人”，而东京的官员和一些日本实业家则认
352 为，美国的要求代表着“佩里准将的黑船再次出现”。内部政治和经济正在取代旧的冷战安全问题，成为可能破坏 1945 年后美日关系的易燃物。[61]

五 尼克松冲击

在尼克松总统任期的最后四年里，世界事务进入了一个新时代。1971—1974 年，一度如同帝王般的美国总统的权力被削弱了，尽管此前尼克松通过与苏联缓和关系，以及更令人惊讶地与中国开启外交关系，重新塑造了冷战格局，但是在这几年里，美国经济在战争开支、通货膨胀以及越来越无力参与国际竞争等因素的影响下步履维艰。为此，尼克松向包括日本在内的一些最亲密的盟友发动了经济战争。

崇拜日本似乎成了当时公开的潮流。1971 年，几本研究日本的专著都称赞日本的“奇迹”，同时就其未来发出了警告。赫尔曼·卡恩（Herman Kahn）的《新兴的超级大国日本》（*The Emerging Japanese Superstate*）预测，到 2000 年，日本的投资率（是美国的两倍）及其工人的实际收入（大约每六年翻一番）将使日本在经济上统治全球。一些评论家批评了卡恩的方法论，并抱怨美国人现在写“奇迹”时，带着“他们过去在好莱坞高速公路上写‘顿悟’（一种佛教的精神启迪）般”那种不假思索的喜悦。然而，很少有人对卡恩的结论提出异议。卡恩被誉为佐藤首相最喜欢的“未来学家”，尽管如此，他还是担心日本人缺乏应对汹涌袭来的政治责任所必需的世故老练。[62]

1972 年年初，兹比格涅夫·布热津斯基（Zbigniew Brzezinski）的《脆弱的花朵》（*The Fragile Blossom*）也得到了学界关注，部分原因是这位身为哥伦比亚大学教授的作者拥有在国务院的任职经验，并和洛克菲勒家族颇有渊源。布热津斯基既欣赏日本适应技术变革的能力，也担心日本社会太过脆弱，不能承受不可避免的社会和政治后果。值得注意的是，日本主流知识分子并没有回应这种赞赏。1968 年获得诺贝尔文学奖的川端康成早在 40 年前就与欧美作家分道扬镳。如今他重申，日本的救赎要从其自身的传统和独特性中去寻找而不是海外盟友的传统。他最著名的弟子，才华横溢、行事高调的三岛由纪夫公

353 开自杀，因为他担心西方化会侵蚀日本的伟大。

除非受到不断地赞美和奉承，否则理查德·尼克松对知识分子的宽容并非没有限度。总统理解卡恩和布热津斯基的观点，但得出了截然不同的结论。两年来，尼克松一直试图加强美日同盟，以便佐藤能使他的国家更全面地参与国际事务，并在越南和贸易问题上与美国进行合作。尼克松认为日本的合作要比它的独特性更重要。1971 年，随着美国对日本的贸易逆差从 1970 年的 12 亿美元飙升到 32 亿美元，他认定佐藤不会合作了。尼克松对美日同盟的兴趣直线下降，更不用说对日本所谓的“独特性”了。

因此，1971 年年中，总统在堪萨斯城宣布了“五大经济超级力量”（美国、苏联、日本、西欧、中国）的崛起。他警告说，美国人面临着严峻的挑战，因为“在本世纪的最后三分之一时间里……经济实力将是其他力量的关键”。他的表述有两个部分对美日关系产生了直接影响：第一，中国不再被视为“放逐者”，而是将之置于与日本一样需要对抗的亚洲强国之列；其次，由于日本的“奇迹”，其已成为巨大的潜在经济竞争对手，它将被视为敌人而非盟友。在尼克松发表讲话的一个月前，27 名美国商界领袖告诉尼克松政府，日本系统性地将美国人视为欠发达地区的居民。日本只购买原材料，销售利润丰厚的成品，同时对美国制成品关上了本国市场的大门。一位商人宣称，日本人已经控制了“阿拉斯加的林产品工业”。另一位商人尖锐地说道，日本“就像一位高尔夫球手，在打 80 杆时还要使用打 100 杆时所用的 25 差点”[1]。[63]

这些商界领袖要求“美国采取协调一致的对外贸易政策”。《时

〔1〕“80 杆”“100 杆”：高尔夫术语，指将所有球击入洞中所用的杆数，用以衡量选手的水平，杆数越少水平越高。“差点”是衡量选手在标准难度球场打球时潜在打球能力的指数，通常为杆数与标准杆之差。此处意为日本在经济实力增强后，仍然要求获得经济较弱时的优待。

代》杂志援引一位被认为是商务部部长的班子成员莫里斯·斯坦斯（Maurice Stans）的话说："日本人仍在打仗，只是现在进行的并非一场热战，而是一场经济战。他们的直接意图是主导太平洋地区，接下来可能是整个世界。"1971 年夏天，尼克松开始了自己的反击，将美元与黄金脱钩。他让美元（在一定范围内）自由浮动，这一过程旨在降低美元币值，同时提高日元币值。美国的出口商品会因而变得更便宜，而日本的则更贵。总统并没有就此止步。他意识到，通货膨胀对 354
经济和他 1972 年的连任都构成威胁，他的应对之策是，对物价和工资实行暂时性控制，然后对进口商品征收 10% 的附加税。这是对日本的一次警告。附加税尤其打击了日本（和加拿大）出口商。

关于这一切，尼克松欣然接受了前德克萨斯州州长、财政部部长约翰·康纳利（John Connally）的建议，康纳利把国际市场看作德克萨斯边境的延伸。白宫助理帕特里克·布坎南（Patrick Buchanan）记载了康纳利如何使尼克松变得更加高兴，他对尼克松说："牛仔知道他可以骑一匹好马跑到它死为止，全世界在战后一直骑着美国这匹好马在跑，直到它被累死，这种状况必须停止了。"康纳利抱怨说，美国受到了日本 30% 的出口商品的冲击，而欧洲却仅受到 5% 的冲击，"因为欧洲把这些商品拒之门外，而我们却把它们接纳了进来"（日本人很快就合乎情理地以摧毁他们国家的夏季台风为名给康纳利取了个绰号："台风"）。总统主动解释了美国"长期受骗"的原因："该死的国务院没有尽到自己的职责。我们正在改变游戏规则。"值得注意的是，尼克松是在 1971 年的对日战争胜利日（即 1945 年战胜日本之日）上宣布了他的新强硬政策。[64]

总统的强硬态度对日本人的影响并不像他所希望的那样明显。1971 年 9 月，中央情报局警告尼克松，日本强大的工农业集团正与通产省合作以制止任何改革。一名日本官员称，两国的谈判走向了"彻底破裂"。东京最终同意让日元升值，从而使日本的出口商品变得更加昂贵。然而，这个拼凑起来的协议并没有让处于困境中的美元在1973年避免再度贬值，它也没有扭转日本不断增长的贸易顺差。“奇迹”进展太快，终致无法逆转。尼克松的贸易事务特别代表威廉·D.埃伯利（William D. Eberle）警告说：“我们就像一支登山队，现在还身处一座陡峭山峰的山脚，至于山顶，仍在云雾之中。”[65]

在这种混乱之中，第二个更大的冲击随之而来。曾谴责民主党在1949年“失去”了中国的尼克松宣布，基辛格已于1971年7月秘密飞往北京以安排他的对华访问。消息一出，世界震惊。总统实现了一石三鸟。正在为1972年改选做准备的民主党人对此瞠目结舌。相信自己可以在双边谈判中把尼克松逼入绝境的苏联人，突然被他的“中
355 国牌”打败了。中苏关系已接近爆发战争的临界点：两国军队在漫长而容易走火的边境爆发冲突，造成了一些伤亡。现在尼克松将从他们的双边问题中获益。最后，日本遭受了这次尼克松冲击的严重打击。自20世纪60年代末以来，日本商界悄然加快了进军中国市场的步伐。与此同时，佐藤试图通过让东京和北京的政治关系保持冷淡来取悦尼克松。日本观察人士将佐藤的政策比作“一只鸭子”：它在水面上看似很平静，但在水面下却猛烈地划向中国。尼克松现在瞄准了这只鸭子。[66]

1971年6月，尼克松和国务卿威廉·罗杰斯（William Rogers）还曾向佐藤承诺会在中国问题上与他合作，但后来双方并没有任何合作。美国副国务卿亚历克西斯·约翰逊认为，尼克松宣布访问中国的举动立即消除了自1945年以来与东京建立的大部分信任。基辛格后来所说的不通知佐藤的借口很能说明问题：“我们没有削弱日本的政策，只是剥夺了它渴望的、在（通往中国的）道路上走在我们前面的机会，它早在我们之前就开始走这条道路了。”在东京，官员们一致认为他们必须不惜一切代价抢在美国人之前。1972年7月，佐藤为此付出了高昂的代价——他不得不将首相职位移交给自民党内长期支

持中国、对美国态度冷淡的派系领袖田中角荣。佐藤是尼克松冲击的受害者，当然，他也无力控制通产省、财务省的官员。[67]

已有百年关系的美日对中国的竞争重新全面展开。当然，与 1941 年之前不同的是，他们现在面对的是一个控制着核武器的中国，以及一个基本上从“文化大革命”的混乱中恢复的高效政府。尼克松同意中国年老的领导人毛泽东和睿智的总理周恩来的观点，即必须削弱苏联的影响力。在多次交流之后，他还同意承认台湾是中国的一部分，同时允许新中国恢复在联合国的席位。

在尼克松与中国的会谈中，日本是一个棘手的话题。1971 年年中一位美国到访者写道，周恩来“对日本确实非常焦虑”。日本最终签署了核不扩散条约，但是国会没有批准该条约（直到 1976 年 6 月才批准）。中国担心日本越来越多的核设施可能会生产出用于制造核武器的材料。毛和周无疑都听说过尼克松和基辛格不在乎日本军队是否拥有核武器的故事。周对尼克松说：“日本已经羽翼丰满，它即将起
飞。”然后他变了一个比喻：“美国能控制日本这匹‘野马’吗？”尼 356
克松巧妙地转变了观点（和比喻）：“美国可以离开日本这片鱼塘，但其他国家仍会在那里捕鱼。如果我们让日本赤身裸体、毫无防备，他们（原文如此）将不得不求助于他人，或者建立自卫能力。”毛和周同意了总统的观点，主要是因为他们明白“他人”指的是苏联人。此外，尼克松还向中方保证，随着美国逐步撤出台湾，他将努力确保日本人不会趁机介入。[68]

这是一个显著的转变。在努力遏制中国 23 年后，尼克松向中国承诺，他将遏制他自己最亲密的亚洲盟友日本。当然，总统实际上做了多种打算：在毛和周的同意下，他保留了 1960 年的美日安保条约，如果必要，它可以用来遏制中国，还可以依靠中国和日本来遏制苏联。尼克松在清点他的收获，苏联人和日本人则在计算他们的损失。苏联领导人勃列日涅夫（Leonid Brezhnev）很快清醒，并邀请尼克松于

1972年春天到莫斯科参加一次峰会。这次访问使总统在外交和政治方面获益良多。日本则花了更长的时间才恢复元气，正如佐藤在1972年年中的政治失败所表明的那样。

新任首相田中角荣与佐藤和他的前任们完全不同。1918年，田中出生在东京以北200英里一个偏远地区的一户贫困、失败的农民家庭中，没有受过大学教育。他白手起家，战争期间和战后在建筑和房地产行业赚了一大笔钱。其间，他娶了房东太太的女儿（没有受到日本通常由第三方包办婚姻习俗的困扰）。这位性格开朗、爱好交际、外向的大亨进入政界后，迅速成为日本通产省的掌门人，在那里他经常挫败佐藤的决策。由于能够获得大量资金，田中成了一名高傲的自民党政治掮客。中国人理解田中对贸易的热爱和他对美国可靠性日益增长的怀疑，予他以明确的支持。1972年8月下旬，他与连任成功的尼克松在檀香山举行了第一次峰会。在一次非正式的祝酒仪式中，热情洋溢的尼克松宣布，日本这支“棒球队”是美国可靠的老朋友，作为新“投手”，田中“能投所有的球”，“快球”“曲线球”“滑球”“指节球”皆不在话下，就是不投“唾沫球”。记载显示，尼克松的祝酒词“得到了友好的笑声和赞赏”。[69]

如果记载属实，日本人在礼貌方面已经竭尽所能。尼克松的中国之旅使自民党内部亲台北派（由前首相岸信介领导）和田中领导的亲
357 北京派之间的关系雪上加霜。随着内部的明争暗斗越来越激烈，在檀香山，田中不得不聆听尼克松发表有关他不能接受3.5亿美元贸易逆差的长篇大论。显然，正是在那时，总统成功地向田中施压，让全日本航空公司和日本空军从洛克希德公司（Lockheed Corporation）购买飞机，以削减贸易逆差（1970年，尼克松和国会几乎没有通过向私人银行贷款提供联邦担保的议案，洛克希德公司差点因此破产）。这次新交易导致了一项丑闻——70年代中期，洛克希德向包括田中在内的东京政客行贿的证据浮出了水面。[70]

如果这还不够丢脸的话，可以再看看田中 1972 年 9 月不得不为的北京之行。东京的商界和政界要求他重新在中国问题上获得主动权，于是他成了周恩来的“猎物”。首先田中不得不为 1945 年前日本侵华战争公开道歉。然后，他不得不让大平外相宣布，日本与台北方面的条约无效。作为回报，周同意中国放弃对日本战争赔款的索求。尽管没有完全理解其意义，田中最终还是同意了一项声明，其中暗示中日共同谴责“霸权主义”（中国对苏联的委婉说法），并将其纳入中日和平条约。尼克松曾接受过类似声明，因为这符合他遏制苏联的目的，但日本人不愿与这样的大国强权政治扯上关系。与尼克松不同，田中未能让中苏鹬蚌相争、日本获利。[71]

田中对这种游戏没有兴趣。日本的未来既不在于苏联市场，也不在于模仿尼克松和基辛格对均势政治的痴迷，而在于开拓亚洲市场，确保日本社会的某种独立、安全和秩序。这正在稳步推进之中。《纽约时报》记者詹姆斯·斯特巴（James Sterba）写道，与日本相比，美国人正“以蜗牛般的速度”进入亚洲。“日本现在与亚洲国家的商业往来，超过了包括中国在内的亚洲国家内部的商业往来……1969 年，日本取代美国成为亚洲最大的贸易伙伴。”世界银行前行长尤金·布莱克（Eugene Black）指出，“日本人已经再次入侵（东南亚），这次是以商人身份进入的”。[72]

美国人已经厌倦了充当日本人的挡箭牌。越南战争和尼克松访华事件动摇了两国关系。就连年迈、体弱多病的毛泽东也告诫基辛格要
留心日本。1973 年 2 月，毛对基辛格说：“当你经过日本时，也许应 358
该多和他们谈谈。你（上次到访时）只和他们聊了一天，这让他们脸上无光。”受到教训的美国人同意了。基辛格主动发起了攻势，表示尼克松“高度重视与日本的关系”，并警告称，“（美国人和中国人）争夺日本忠诚的任何企图，最终都可能鼓励日本民族主义的复兴”。[73]

尽管嘴上说得天花乱坠，但日本在美国的计划中已不再占据首要

地位。中国再次进行了干预。基辛格对尼克松说："我们现在所处的离奇形势是，除了英国之外，中华人民共和国很可能在全球观念方面与我们最为接近。"美国人再次放眼全球，与 20 世纪 30 年代一样，日本则主要考虑的是亚洲和美国，随后是越南，一个困扰着美国和美日关系的满目疮痍的"幽灵"。计划参加 1972 年总统大选的阿拉巴马州民主党州长乔治·华莱士（George Wallace）表达了许多美国人的观点："如果日本军队加入，越南战争早就结束了。"1972 年 12 月，尼克松试图通过对越南北部进行无情的地毯式轰炸来迫使对方议和。日本谴责了这次轰炸。主流媒体《朝日新闻》的首席编辑私下称，尼克松的策略"几乎无异于纳粹在奥斯维辛的暴行"。1973 年 1 月，美国终于与北越签署了一项协议，美军得以在经历了 25 年的战争后撤出越南。尼克松邀请中国和苏联参加了协议签署仪式，但将日本排除在外。[74]

著名历史学家有贺贞认为，对东亚来说，1972—1973 年的这些事件比 1989 年柏林墙的倒塌更为重要。这一评价似乎十分准确。然而，美国人和日本人从来没有就 20 世纪 70 年代初这种重要转变的背后原因达成一致，由于他们对历史的解读不同，其分歧也被危险放大。[75]

注释

1. *New York Times*, July 19, 1960, p. A14.
2. Thomas R. H. Havens, *Fire Across the Sea*（Princeton, 1987）, p. 20; John Welfield, *An Empire in Eclipse*（London, 1988）, pp. 170–171; Akira Iriye, *China and Japan in the Global Setting*（Cambridge, MA, 1992）, p. 118.
3. Tim Weiner story in *New York Times*, Oct. 9, 1994, p. 14; 以及 Kazumoto Ono, "Shin shogen: CIA tai nichi himitsu kosaku no zenbunsho" [New Testimony: Documents on Covert CIA Operations in Japan], *Bungei Shunju*（December 1994）: 144–156.
4. Sir O. Morland to Far Eastern Department, Jan. 23, 1963, FO 371 FJ2041/1, PRO; Sir O. Morland to Foreign Office, Jan. 7, 1963, FO 371 FJ1011/1, PRO; W. G.

Beasley, *The Rise of Moden Japan*(New York, 1990), pp. 234–235.

5. *Business Week*, Aug. 19, 1967, p. 94；关于日本获得经济合作与发展组织的成员身份，见 William R. Nester, *Japan and the Third World*(New York, 1992), pp. 13–14; G. C. Allen, *A Short Economic History of Modern Japan* (London, 1981), p. 212; *New Scientist Japanese Supplement*, Nov. 16, 1967, pp. 8–9; William S. Borden, *The Pacific Alliance* (Madison, WI, 1984), pp. ix, 3–17, 37–41, 218–222; *New York Times*, July 6, 1967, in *NYT–GCI*, p. 308.
6. Kosai Yutaka, "The Postwar Japanese Economy, 1945–1973," in Peter Duus, ed., *The Cambridge History of Japan*. Vol. 6. *The Twentieth Century* (Cambridge, UK, 1988), p. 530; Allen, *Short Economic History*, p. 225; Jacques Hersh, *The USA and the Rise of East Asia Since 1945* (London, 1993), p. 32.
7. *Wall Street Journal*, Nov. 11, 1966, p. 22; Suzumara Kitaro and Masahiro Okuno–Fujiwara, *Industrial Policy in Japan* (Canberra, 1987), pp. 11–12, 15–16; Beasley, Rise, pp. 230–232；关于"科学城"，见 *New Scientist Japanese Supplement*, Nov. 16, 1967, p. 1。
8. Kitaro and Okuno–Fujiwara, *Industrial Policy in Japan*, pp. 14–15; Allen, *Short Economic History*, pp. 226–227.
9. *U.S. News & World Report*, July 24, 1967, p. 90；关于原材料投资，见 Peter Duus, Introduction to Duus, ed., *The Twentieth Century*, pp. 29–30; Yatuka, "Postwar Japanese Economy," p. 528; *New York Times*, Jan. 19, 1968, p. 56; *Far Eastern Economic Review*, May 21, 1970, p. 74; Ron Chernow, *The House of Morgan* (New York, 1990), pp. 552–554；关于日本官员的引语，见 *BusinessWeek*, Sept. 6, 1969, pp. 124–125；同上, Aug. 19, 1967, p. 106.
10. *New York Times*, June 10, 1968, p. 71; Michael Schaller, "Altered States: U.S. and Japan…," in Diane Kunz, ed.. *The Diplomacy of the Crucial Decade* (New York, 1994), pp. 259–260; Seymour Broadbridge and Martin Collick, "Japan's International Policies," *International Affairs*, 44 (April 1968): 249; Kunio Moraoka, *Japanese Security and the United States. Adelphi Papers* (London, 1973), p. 9.
11. 关于太平洋盆地经济理事会，见 Broadbridge and Collick, "Japan's International Policies," pp. 240–253; Peter Drysdale, "Japan, Australia, and Pacific Economic Integration," *Australia's Neighbors*, 4th series, nos. 50–51 (November–December

1967), pp. 6–9; Mike Mansfield, *The Rim of Asia* (Washington, DC, 1967), p. 5; 关于“日野”，见 *BusinessWeek*, Aug. 19, 1967, p. 93; 关于台湾，见 *New York Times*, Jan. 19, 1968, p. 65; Garvey to Foreign Office, Jan. 1, 1963, FO 371 FJ113110/1, PRO.

12. 关于池田的引语，见 Hsinhua press report, Jan. 19, 1963, in FO 371 FJ113110/2, PRO; 关于东京官员提供贷款的情况，见 Garvey to Foreign Office, Oct. 8, 1963, FO 371 FJ113110/21, PRO; Iriye, *China and Japan*, pp. 116–117; *The Times* "Press Cutting," FO 371 FJ113110/8, PRO.

13. *New York Times*, Jan. 11, 1981, p. 18; Lewis Beman, "How to Tell Where the U.S. Is Competitive," *Fortune*, 86 (July 1972): 54–55; *New York Times*, July 6, 1967, in *NYT–GCI*, p. 308.

14. CIA, *Intelligence Memorandum. Japan: The Effectiveness of Informal Import and Investment Controls* (Washington, DC, 1969), National Security Archive, no. 73714; *New York Times*, Nov. 26, 1967, p. F14; Philip H. Trezise to Editor, *Foreign Affairs*, 72 (September–October, 1993): 188; 关于约翰逊的引语，见 Ledward to Far Eastern Department, April 3, 1963, FO 371 FJ1 13145/2, PRO.

15. Louis Heren, *No Hail, No Farewell* (New York, 1970), p. 118; Hindle to Earl of Home, Sept. 26, 1960, FO 371 FJ10345/77, PRO.

16. Laura E. Hein, "Free–Floating Anxieties on the Pacific: Japan and the West Revisited," *DH*, 20 (Summer 1996): 414–419; Ledward to de la Mare, Oct. 11, 1961, FO 371 FJ103145/15, PRO.

17. Trench to de la Mare, Nov. 17, 1961, FO 371 FJ103145/18, PRO; 关于“平等伙伴关系”主题，见 Kono Yasuko, " 'Sengo no owati,' " [The End of the Postwar Era], in Watanabe Akio, ed., *Sengo Nihon no taigai seisaku* [Postwar Japanese Foreign Policy] (Tokyo, 1985), pp. 187–190; Schaller, "Altered States," pp. 261–262.

18. Sir H. Carcia to FO, July 1, 1961, FO 371 FJ1031458/8, PRO; Heren, *No Hail*, pp. 118–119.

19. U.S. Department of State, "Japan. Department of State Guidelines for Policy and Operations... March 1962," pp. 1, 9, National Security Archives, no. 74095 (后面简写为: Department of State, "Japan, March 1962").

20. "Memorandum for the President" from Roswell Gilpatrick, Feb. 7, 8, 1963, National Security Archive, no. 71594; Reischauer to Harriman, Oct. 22, 1962, FE

5790/102.20/8-22-62，NA，RG 59.

21. 关于本段与下一段，见 *Wall Street Journal*，Sept. 13，1962；关于美军基地，见 Denson to Foreign Office，Sept. 13，1962，FO 371 FJ103145/15，PRO；Department of State，"Japan，March 1962，" p. 4；British Embassy in Tokyo to London，April 19，1963，FO 371FJ13145/3，PRO.

22. 本段主要基于以下内容：Kazumoto Ono，"Shin shogen." 迈克尔·夏勒（Michael Schaller）教授 1995 年 2 月 2 日写给作者的信中，有具体每年的金额。

23. 关于肯尼迪的演讲及这次会议，见 Greenhill to Foreign Office，Dec. 20，1962，FO 371 FJ113145/16，PRO.

24. 关于池田与中国的内容，见 Tokyo Embassy to Foreign Office，Feb. 5，1963，FO 371 FJ113110/4，PRO；C. G. Harris to Foreign Office，March 9，1963，FO 371 FJ113110/6，PRO.

25. Welfield，*Empire*，pp. 174–178，182；Kazumoto，"Shin shogen，" pp. 153–156，提到了中情局对日本官方的透露。

26. Editorial page of *The Times*（London），Oct. 21，1961；Morland to Foreign Office，Jan. 7，1963，FO371 FJ1011/1，PRO.

27. Report in Ledward to de la Mare，Feb. 1，1963，FO 371 FJ103145/2，PRO.

28. 关于威斯特摩兰的引语，见 Larry Berman. "From Intervention to Disengagement，" in Ariel Levite，Bruce Jentleson，and Larry Berman，eds.，*Foreign Military Intervention*（New York，1992），pp. 30–31；Havens，*Fire*，pp. 18–19；Kono，"'Sengo no owati，'" pp. 194–195.

29. *New York Times*，Oct. 11. 1964. in *NYT–GCI*. p. 325；关于李梅将军的内容，见 *New York Times*. Dec.7，1964. p. 5；感谢凯瑟琳·科默福德（Kathryn Comerford）帮我找到了这一期。

30. Schaller. "Altered States"，p. 272.

31. 关于美国对日本资本控制的不满，美国国家安全会的一份简报书很能给人启发："Visit of Prime Minister Sato，January 11–14，1965. Background Paper. Japanese Restrictions on Direct Foreign Investment，" National Security Archive，no. 73330.

32. *New York Times*，Nov. 9，1964，p. A1；关于佐藤的内容，见 John K. Emmerson，*The Japanese Thread*（New York，1978），pp. 384–385；Welfield，*Empire*，p. 129；U. Alexis Johnson，*The Right Hand of Power*（Englewood Cliffs，NJ，1984），pp. 463–

464.

33. George E. Reedy, *Lyndon Johnson, A Memoir*(New York, 1982), p. 36; "Memorandum for Mr. Bundy," Jan. 7, 1965, National Security Archive, no. 73346.

34. "Memorandum for Mr. Bundy," Jan. 7, 1967, National Security Archive, no. 73346; "Record of Third meeting of Joint U.S.–Japan Committee on Trade and Economic Affairs. Tokyo. January 27, 1964. IV…," National Security Archive, no. 73309; Jonathan Spence, *To Change China* (New York, 1980) pp. 286–287; 关于不扩散协议，见 Reischauer to Office of the Secretary of State, telegram, Feb. 24, 1966, National Security Archive, no. 73406; 关于施乐伯的引语，见 *Los Angeles Times*, Nov. 14, 1967.

35. *FRUS, 1964–1968*, I, 486–487, 916–918; "Memorandum of Conversation, Subject: Visit of Mr. Fukuda," July 11, 1964, National Security Archive, no. 73028; "Memorandum of Conversation. Subject: United States–Japan Relations and Policy Problems in Asia," Jan. 13, 1965, National Security Archive, no. 73217.

36. George Kahin, *Intervention* (New York, 1986), 强调了顾问们给约翰逊的压力。

37. Havens, *Fire*, pp. 21–23.

38. Berman, "From Intervention," pp. 32–33; FO Minute by J.L.N.O'Laughlin, Dec, 2, 1963, FO 371 AU1012/5, PRO; 对约翰逊的动机及相关背景的分析，见 Lloyd C. Gardner, *Pay Any Price*(Chicago, 1995), 这本书强调了"新政"的背景。

39. 关于福雷斯特的引语，见 William Chafe, *The Unfinished Journey*(New York, 1986), p. 281.

40. 关于本段与下一段的内容，可参见 *New York Times*, Jan. 14, 1965, in *NYT–GCI*, pp. 327–328; 关于日本的反馈，见 Havens, *Fire*, pp. 25–28, 89–90; *The Economist*, Oct. 22, 1966, p. 359; Schaller, "Altered States," pp. 262–263.

41. Allen S. Whiting, *The Chinese Calculus of Deterrence* (Ann Arbor, MI, 1975), pp. 170–172, 182; Dean Rusk Oral History, LBJ Library, on the Chinese; 关于日本与北越的关系，见 Kahin, *Intervention*, p. 338; 关于约翰逊的引语，见 James Reston, *Deadline*(New York, 1991), P. 321.

42. Havens, *Fire*, pp. 87, 94–97, 103–104; Johnson, *Right Hand*, p. 451; "Economic Benefits to Japan Traceable to the Vietnam Conflict," Nov. 9, 1967, Sneider to Jorden, National Security Archive, no. 73575; *Newsweek*, Aug. 15, 1966, pp. 68–69.

43. 关于日本的民族主义，见 *New York Times*. Dec. 31, 1967, p. 3; Havens, *Fire*, pp. 32–35, 56–60, 71, 114; Welfield, *Empire*, pp. 228–229.

44. 关于这一时期印度尼西亚的情况，可参见 George and Audrey Kahin, *Subversion as Foreign Policy*（New York, 1995）; 关于美国的干涉，见 *New York Times*, July 12, 1990, p. A13; *The Economist*, April 2, 1966, p. 76; Rusk to U.S. Ambassador, "Eyes Only....," May 12, 1966, National Security Archive, no. 73415; U.S. Embassy, Japan, to Department of State, Dec.7, 1966, "Secretary–Sato Conversation: Indonesia," National Security Archive, no. 73431; Johnson, *Right Hand*, p. 482.

45. Richard Halloran, *Japan: Images and Realities*（New York, 1969）, pp. 192–193; Havens, *Fire*, p. 114; *U.S. News & World Report*, July 24, 1967, pp. 90–93.

46. *New York Times*, Jan. 15, 1965, p. 42; Nicholas Evan Sarantakes, "Continuity Through Change...," *JAEAR*, 3（Spring 1994）: 37, 46; Havens, *Fire*, pp. 87–88, 124; Welfield, *Empire*, pp. 226–227; "Memorandum for Mr. Walt W. Rostow," from Benjamin H. Read, Oct. 13, 1967, National Security Archive, no. 73517.

47. 关于媒体人物的反馈，见 "Memo for Mr. Rostow," from Dick Moose, Feb. 8, 1968, NSC file, Subject file, Press Appointments, LBJ Library; 关于白宫对新年攻势的看法，见 Harry McPherson Oral History, tape #5, pp. 5–6, LBJ Library; 艾奇逊的话由约翰逊手写记录，见 Walter LaFeber, *The American Age*（New York, 1994）, p. 619.

48. U.S. Department of State, "Growing Severity of Japanese Press on U.S.–Related Issues," Nov. 9, 1967, National Security Archive, no. 73576; Welfield, *Empire*, p. 234; 关于抗议活动，见 Johnson, *Right Hand*, p. 491; 关于日本人的震惊及佐藤的窘境，见 Johnson to Bundy, April 4, 1968, National Security Archive, no. 73623; Havens, *Fire*, pp. 144–145, 175.

49. Welfield, *Empire*, pp. 236–239; Johnson, *Right Hand*, p. 444; 关于约翰逊与三木的谈话，见 Johnson to Secretary of State, Aug. 21, 1968, National Security Archive, no. 73671.

50. Richard Nixon, *RN*（New York, 1978）, p. 335.

51. 关于佐藤与三木的情况，见 Johnson, *Right Hand*, p. 509; 关于美国归还军事基地以及抗议活动的情况，见 Havens, *Fire*, pp. 163, 189–191.

52. Richard M. Nixon, "Asia after Viet Nam," *Foreign Affairs*, 46（October 1967）:

111–125.

53. Henry Kissinger, *Years of Upheaval*(Boston, 1982), p. 735; Henry Kissinger, *White House Years*(Boston, 1979), p. 324; "索尼的小销售员"这一说法见 John Dower, *Japan in War and Peace*(New York, 1993), p. 323; Henry Kissinger, *American Foreign Policy. Expanded Edition*(New York, 1974), pp. 182–183; Johnson, *Right Hand*, p. 521.

54. Kissinger, *American Foreign Policy*, p. 57; John Stoessinger, *Henry Kissinger*(New York, 1976), pp. 12–14.

55. Kissinger, *White House Years*, pp. 224–225; Seymour Hersh, *The Price of Power*(New York, 1983), pp. 148, 281; Hersh, *USA*, pp. 40–41; Leslie H. Brown, *American Security Policy in Asia. Adelphi Papers*(London, 1977), pp. 6, 8.

56. "National Security Decision Memorandum 13," May 28, 1969, 这份文件由基辛格签署，概述了美国在冲绳问题上的谈判立场，原稿在作者手中；Sarantakes, "Continuity Through Changc," pp. 46–47; Welfield, *Empire*, pp. 243–244; 关于冲绳问题当时的国际形势背景，见 Takemae Eiji, *Senryo sengoshi*[Occupation and Postwar Japanese History](Tokyo, 1980), pp. 53–55.

57. 协议的文本以联合公报的形式发布，见 Nov. 21, 1969, *U.S. Foreign Policy, 1969–1970*(Washington, DC, 1971), pp. 503–505; Kissinger, *White House Years*, pp. 334–335; Havens, *Fire*, pp. 192–193.

58. Havens, *Fire*, pp. 91–92, 151–152, 199; 关于日本与东南亚的联系，见 Gabriel Kolko, "Oiling the Escalator," *The New Republic*, March 13, 1971; 关于白皮书的内容，见 *Christian Science Monitor*, Dec. 1, 1969, p. 21; 关于日本的空军力量，见 *Christian Science Monitor*, March 31, 1970, p. 7; 关于核武器，见 Meyer to Department of State, March 15, 1971, National Security Archive, no. 73994.

59. 相关背景，见 Johnson, *Right Hand*, pp. 549–550; 日本与北越的贸易，见 Havens, *Fire*, p. 222; *Christian Science Monitor*, Nov. 24, 1969, p. 11; Sato, *Ohira*, pp. 254–255; 关于米尔斯的情况，见 "Memorandum for the President's Files," March 11, 1971, National Security Archive, no. 71710; I. M. Destler, Haruhiro Fukui, and Hideo Sato, *The Textile Wrangle*(Ithaca, NY, 1979), 特别是第 320 页。

60. Kissinger, *White House Years*, pp. 340, 359; Destler, *et al.*, *Textile Wrangle*, p. 320.

61. 关于"佩里准将"的说法，见 Sato, *Ohira*, p. 250.

62. Herman Kahn, *The Emerging Japanese Superstate*(Englewood Cliffs, NJ, 1970); 重要评论见 *The Economist*, June 26, 1971, p. 59; 以及 *Science*, Feb. 5, 1971, p. 467.

63. *Public Papers of the Presidents...Nixon...1971*(Washington, DC, 1972), pp. 806–812; 关于商界领袖的引语，见 "Summary of Discussion...Eighth Japan–U.S. Businessmen's Conference," June 18, 1971, National Security Archive, no. 74108; 关于贸易的情况，见 Robert E. Osgood, et al., *Retreat from Empire?*(Baltimore, 1973), p. 229。

64. 本段与上一段基于以下内容："Summary of Discussion, Government–Business Debriefing Session"; "Opening Remarks of William P. Rogers at 8th Meeting of Joint U.S.–Japan Committee on Trade and Economic Affairs," Sept. 9, 1971, National Security Archive, no. 74117; 关于康纳利与尼克松的交流，见 "Memorandum for the President's File," Nov. 16, 1971, National Security Archive, no. 71698;《时代》杂志中援引的斯坦斯的话，见 Destler, et al., *Textile Wrangle*, p. 27; Bruce Cumings, "Japan's Position in the World System," in Andrew Gordon, ed., *Postwar Japanese History*(Berkeley, 1993), p. 55.

65. CIA, "Intelligence Memorandum. Japan's Eight–Point Economic Program: Progress and Prospects," September 1971, National Security Archive, no. 73718; "Memorandum for the Secretary," by Harold B. Scott, Dec. 14, 1971, National Security Archive, no. 74118; Tadashi Kawata, "The Rise and Fall of Economic Hegemony and Policy Change,"*Journal of American and Canadian Studies*, 5(Spring 1990): 24; 关于埃伯利的引语，见 *New York Times*, April 24, 1972, p. 53.

66. 关于鸭子的比喻，见 Tanaka Akihito, "Bei, Chu, So no aida de"[Inside the United States, China, and the Soviet Union], in Watanabe Akio, ed., *Sengo Nihon no taigai sesaku*[Postwar Japanese Foreign Policy](Tokyo, 1985), pp. 228–231; "Memo for the President's File," April 8, 1971, National Security Archive, no. 71701; 关于中苏冲突，见 Ogata Sadako, *Normalization with China*(Berkeley, 1988), pp. 18–21.

67. 关于尼克松与罗杰斯的承诺，见 Ogata, *Normalization*, p. 37; Johnson, *Right Hand*, pp. 501, 553–554; Kissinger, *White House Years*, pp. 761–762; 关于佐藤不受欢迎的情况，见 Havens, *Fire*, pp. 227–228.

68. 关于周恩来的担忧，见 Hersh, *Price of Power*, p. 382; 尼克松手写的私人便条, "China Visit," Feb. 15, 1972, National Security Archive, no. 74177; Welfield, *Empire*, pp. 252–253; 关于尼克松的引语，见 Nixon, *RN*, p. 567; Ogata, *Normalization*,

pp. 33–35.

69. 关于田中角荣的情况，见 *New York Times*, July 6, 1972, p. Ai; Ogata, *Normalization*, pp. 46–47; 关于祝酒词，见 “Memorandum for the President’s File,” Aug. 31, 1972, by Ron Ziegler, National Security Archive, no. 71666.

70. 关于自民党的分裂，见 *New York Times*, March 22, 1970, p. 4; 关于洛克希德公司，见 Tad Szulc, *The Illusion of Peace*(New York, 1978), pp. 616–617.

71. Iriye, *China and Japan*, pp. 124–125; Beasley, *Rise*, pp. 241–242; 关于田中角荣，见 Ogata, *Normalization*, pp. 54–55; Havens, *Fire*, p. 228.

72. 斯特巴的报道，见 *New York Times*, Aug. 28, 1972, p. 14; 关于布莱克的引语，见 *Japan Times*, March 1, 1970, p. 3.

73. “Memorandum of Conversation,” by Kissinger, Feb. 17, 1973, National Security Archive, no. 71723; “Memorandum for: The President,” from Kissinger, March 2, 1973, National Security Archive, no. 71717.

74. “Memorandum for: The President,” from Kissinger, Feb. 27, 1973, National Security Archive, no. 71724; Havens, *Fire*, pp. 92, 226, 232; George Herring, *America's Longest War*(New York, 1986)，特别是第 250—256 页。

75. Aruga Tadashi, “Japanese Scholarship in the History of U.S. –East Asian Relations” (1993), pp. 42–43，原稿在作者手中。

第十二章　一个时代的终结（1973 年以来） 359

一　冷战时代的转折点

1971 年，裕仁天皇成为两千多年来首位离开本土的天皇，9 月 27 日，70 岁的天皇和皇后良子（Nagako）飞抵阿拉斯加安克雷奇，受到理查德·尼克松和帕特丽夏·尼克松（Patricia Nixon）夫妇的迎接。会议洋溢着欢乐的气氛。尼克松指出，这是日本天皇和美国总统的首次会面，他对这种“跨越两国空间距离”的政治家风范表示了赞许，对两国之间由于纺织品和其他贸易问题而产生隔阂的深深愤懑却没有丝毫流露。天皇感谢美国人自 1945 年以来提供的“物质和道义上的慷慨援助”。这些交流是在一个装饰华丽的巨大的飞机库中进行的，现场的 5000 人大部分来自安克雷奇麋鹿会（Anchorage Elks）、狮子会（Lions）和美国退伍军人协会（American Legion clubs），他们对此报以热烈的喝彩声与掌声。[1]

同年，《时代》杂志的评论就没那么客气了：“如果日本不遵守（贸易的）绅士规则，并非因为单纯的贪婪，而是因为它在很多事情上都不遵守西方原则。”正如《时代》杂志所暗示的，两国正走向一系列冲突之中，1971—1974 年成为两国伙伴关系的转折点，也成了冷

战时代的转折点。尼克松和毛泽东对美中关系的变革改变了美国和日
360 本的政治、经济和外交优先事项。[2]

没有人预见到 1973—1974 年出现的一系列事件对美国实力和全球关系的重击。首先是《越南和平条约》（*Vietnam peace treaty*）的签订，也就是美国从越南的撤军。有人认为，这是美国在付出 25 年努力和 8 千人阵亡的代价后的一次巨大失败。随后，国会不顾尼克松的否决，通过了 1973 年的《战争权力法》。历史上第一次，国会有系统地试图限制总统在实际或潜在冲突中调动军队的权力。1972 年赢得总统大选的“理查德国王”变成了“小理查德”。更糟的还在后头，1973 年年中，国会举行了听证会，调查尼克松是否派遣无能的白宫特工小组秘密潜入位于华盛顿水门大厦的民主党办公室。到 1974 年 8 月，随着确证越来越多，尼克松发现，只有成为第一位辞职的美国政府首脑，他才能避免可能的弹劾。[3]

与“越南幽灵”久久徘徊、经济步履蹒跚、尼克松权力瓦解一同袭来的还有另一个潜在的毁灭性打击。1973 年 10 月 6 日，埃及出人意料地发动了一场有效进攻，对以色列构成了自 1948 年建国以来最危险的挑战。以色列军队最终扭转了战局，但当尼克松和新任命的国务卿基辛格支持以色列时，六个阿拉伯国家报复性地拒绝向美国及其盟友（包括日本）提供石油。

日本近 80% 的石油是从中东进口的。挥霍无度的美国人从海外采购的石油超过需求的一半。所以，禁运可能成为一场灾难。然而，美国和日本都实施了管控以减少需求，同时秘密收买其他产油国（如伊朗），这些产油国愿意悄悄地以高额利润出售石油。随着美国天然气价格翻了两番，通货膨胀开始破坏西方和日本的经济。1974 年年初，基辛格促使埃及与以色列达成了一项停火协议，缓和了紧张局势，重新开启了石油供应，但经济上的伤痛仍挥之不去。美国的盟友，尤其是日本，也开始认为，这场战争暴露了美国实力的局限性和脆弱性。

似乎这一切还不够，尼克松精心策划的与苏联关系的缓和也宣告破裂。美国国会拒绝向莫斯科提供关键的经济援助。1974—1975 年，这两个超级大国为争夺所谓的第三世界的影响力而相互竞争，尤其是对刚刚实现了非殖民化的西非国家安哥拉的竞争。这似乎是最糟糕的 361
时刻。1975 年 1 月，尼克松的临时继任者、前副总统杰拉尔德·福特（Gerald Ford）发表国情咨文时，《纽约时报》将其称为“自 20 世纪 30 年代大萧条以来总统发表的最悲观的国情咨文”。福特说，“数以百万计的美国人失去了工作”，其他人的收入被“衰退和通货膨胀”吞噬，国家预算赤字和贸易逆差都在飙升。[4]

这些创伤加剧了美日冲突。基辛格向尼克松哀叹，有必要以某种方式建立“凝聚性的总体政治方案，而不是陷入与日本的经济角力”。但这样的方案如同镜花水月一般虚幻。此外，这两个国家都无法抑制通胀。田中首相向受到尼克松冲击和纺织品协定威胁的一系列公司提供资金，为本已过热的经济火上浇油。日本出口商因而面临着寻找更多海外市场（尤其是在美国和中国）的巨大压力。在 1971 年已十分紧张的美日关系更为恶化了。[5]

对危机的反应提供了一个研究 20 世纪 70 年代两种资本主义（以及政府体系）之间差异的典型案例。美国的应对分三个步骤。首先，在 1973 年年末，尼克松宣布了一项“独立计划”，他对此寄予厚望，但几乎没有进行实际分析。这一计划试图促进增加石油供应，而不是减少需求（例如，要求用户提高能源效率）。其次，基辛格成立了一个由包括日本在内的能源消费国组成的国际能源署，该机构承诺将建立能够供应 60—90 天的石油储备体系，以防再次出现紧急情况。最后，尼克松和意见分歧严重的国会就《紧急石油分配法案》（Emergency Petroleum Allocation Act，EPAA）达成一致，加强了尼克松对石油价格和产量的控制。法案的重点是确保分配的公平性而不是削减需求，除非能提高价格的市场力量发挥作用（多年来，用于购买海外石油的美元越来越便宜，甚至使这些市场机制失去了效力）。唯一的主要限制是在国家高速公路上每小时 55 英里的限速（废止于 20 世纪 90 年代中叶，此前也很少有人遵守），以及 1985 年的一项规定——汽车制造商生产的汽车能耗水平将限制在平均每加仑行驶 27.5 英里。[6]

石油公司的利润直线上升。许多美国人开始认为这场“危机”是石油公司为获取巨额利润而制造的。在这个政治温室里，政府的控制措施出现了严重的决策失误。一位曾在 20 世纪 70 年代担任政府官员
362 的分析人士后来表示，石油危机揭露了“一个庞大而破碎的政府的真实面目，它要对各种利益做出回应，却对国家宏观目标的定义被动而僵化，故而，其合法性正在遭受痛苦的侵蚀”。[7]

日本的反应则截然不同。这场危机实际上给已经失势的通产省注入了活力。经济“奇迹”曾使这一部门的干预变得不那么必要，也不那么受欢迎。举个例子：1969 年，三菱抗议通产省对丰田和日产汽车有所偏袒，随之与克莱斯勒公司（Chrysler）签署了一份令人震惊的汽车制造协议。对通产省来说，石油危机形同窒息者突然呼吸到的氧气。

田中的第一个回应是大规模的节能计划，尤其是针对依赖进口能源的出口导向型重工业。第二个回应是通产省最高领导人中曾根康弘出访中东，与中东石油生产商达成双边协议，从而摆脱了美国在该地区的政策。与此同时，通产省鼓励核能和天然气供应商开发替代能源。这场危机迫使日本在国际事务中变得更加积极主动——用稻田十一的话说，经历了一次“蜕皮”。当然，日中关系也呈现出了新形式。1973 年日本从中国进口成品油 8 万吨，到 1974 年则飙升到原油 100 万吨，1975 年达到原油 800 万吨。与阿拉伯的关系也出现了新进展。尽管基辛格匆忙前往东京以约束田中，日本还是采取了反以色列的立场，并采取了出人意料的新做法——暂停向美国在日本的基地提供飞机燃料。

在物价上涨和依赖石油的商品（甚至卫生纸）突然短缺的情况

下，日本被迫做出了另一个反应——通产省获得了为某些商品定价并打击侵犯国家利益的供应商头目的权力。一项最终的、更全面的反应尤其重要——政府利用补贴、直接现金补助、新法规和其他行政权力迫使生产商提高效率，并在比较长的一个时期，将高能耗的重工业（钢铁、纺织业）转变为服务业和知识型产业（电子产品）。因此，1973—1986 年，日本的能源消耗只增长了 7%，而国民生产总值却增长了 50%。与此同时，政府为煤炭、纺织业和其他重工业提供了帮助，以缓冲这种转变带来的社会和政治冲击。[8]

日本的一些努力被误导了。事实证明，对核能的重视代价高昂，并使日本无法从 20 世纪 80 年代的低油价中获益。总的来说，这些政策似乎与西方的一些观点格格不入——这是“现代工业与封建思想的结合”，一份英国分析报告对此嗤之以鼻。但这种“结合”在国内秩 363
序方面创造了一个持续的“奇迹”。自 1853 年以来，“这一组合”常常无法协同工作。[9]

对于美日关系而言，通产省的政策似乎过于成功。到 1980 年时，日本效率更高的出口产业使 1974 年日本对美国的 17 亿美元贸易顺差翻了 6 倍，达到了 104 亿美元。20 世纪 70 年代末，华盛顿要求日本——日本也勉强接受——“自愿”减少对美国的彩电出口。当日本政府拒绝“自愿”减少对美国的汽车出口时，美国总统吉米·卡特（Jimmy Carter）对日本的轻型卡车征收了 25% 的关税，这把很多日本厂商赶出了美国市场。与此同时，日本继续拒绝允许更多美国农产品进入日本的要求，尽管日本人为其受到严格保护的主食——大米支付的价格是世界价格的五倍。在冷战前线，美苏政治关系恶化，苏日经济关系得到了改善。钢铁和机械从日本出口到苏联，而棉花和林产品则从俄罗斯运到日本。[10]

田中在经济上的成功并不能使他避免尼克松的命运。1974 年 12 月，个人财务丑闻迫使首相辞职。有指控称，洛克希德公司向田中提供了数百万美元，以确保达成利润极高的飞机合同。“清洁先生”三木武夫上台，他执政了两年。1976 年 12 月，被卡特击败的福特总统和三木首相双双下台。然而，未来通产省的权力不断扩大、冷战的不断恶化和美日冲突的不断加剧，这些趋势，却从这时就能睹始知终。[11]

二　需要的是美国军人而非美国银行——或者“日本第一”

参议院多数党领袖、亚洲问题专家、后来担任美国驻日本大使的曼斯菲尔德（Mike Mansfield）从 20 世纪 70 年代开始强调，“美日关系是世界上最重要的双边关系，绝无仅有”。许多旅行社对此表示同意。在那个时候，每年大约有一百万日本游客来到美国。他们成群结队地聚集在一起（这是一种可追溯到一千年前的日本旅游习惯，当时不同阶层的人一起去各个寺庙聆听教诲）。由于语言障碍和组团旅游，两种文化之间几乎没有出现新的沟通桥梁。从美国前往日本的游客大
364 约只有这一数量的三分之一。愿意去理解这样一种造就了世界第二大经济体的文化的美国人更是寥寥无几。[12]

但有两个美国人试图去理解它。即新总统吉米·卡特和他的外交政策与国家安全高级顾问兹比格涅夫·布热津斯基，他们对日本产生了浓厚的兴趣。1972 年，布热津斯基写了《脆弱的花朵》，随后他与银行家大卫·洛克菲勒一起，帮助成立了三边委员会（the Trilateral Commission）。三边委员会由来自美国、日本和西欧的商界人士和政府领导人组成，其目的是试图协调政策以解决困扰这些工业国家的问题。当时鲜为人知的佐治亚州州长卡特是该组织的早期成员。不过，早在卡特当选总统之前，他和布热津斯基就已经改变了策略。除了引人注目的讨论，三边委员会似乎没有产生什么实质性进展。此外，冷

战正在加速，来自波兰家庭的布热津斯基开始集中心思对付美国的传统敌人。卡特发现自己夹在布热津斯基狂热的反苏主义和国务卿赛勒斯·万斯（Cyrus Vance）的信念之间——后者认为与苏联合作对于解决军备控制等生死攸关的问题至关重要。

卡特的困惑很快影响了美日关系。1977 年 2 月，上任仅一个月的卡特政府对东京说，美国将从韩国撤出一些军队——这是一千多年来日本十分敏感的一个地区。卡特认为他必须削减开支，调整对外承诺的定位。事实证明，尤其是考虑到美国最近从越南的撤军，这种做法是错误的。亚洲人——尤其是日本人——正在密切关注美国人将如何应对这一损失。福特总统 1975 年对此的回应是一个“主义”：“美国的政治权力中心已经向西转移。我们在太平洋地区的利益和关切正在增加。”他补充说，“首要前提是，美国的实力对太平洋地区任何的稳定均势来说都不可或缺”。福特通过成为首位访问日本的美国总统的方式强化了这一点。有了这样的保证，日本企业大量涌入韩国，至 1977 年，其投资已占当地外国投资的 64%（美国人的比例为 17%，远远排在第二位）。现在卡特似乎要推翻福特的政策。东京、汉城和美国国会的哗然态势让卡特不得不做出让步：将美军留在韩国。[13]

但是疑虑的种子已经播下。日本认为美国的军事承诺至关重要。它们提供了福特所谓的“均势”，在此基础上，日本的海外投资才能
取得进展。与此同时，日本的国防预算才能够保持在较低水平。换句 365
话说，日本想要的是美国军人，而不是美国银行。

同时，日本各大银行及其在重要行业中的“经连会”（企业网络）对东南亚和中国市场发起了全面进攻。“日本公司”——由高效的企业、有进取心的政府机构和愿意合作的工会组成——似乎势不可挡。当日本感到自己在对全球计算机化进程至关重要的半导体行业似乎落后于人时，政府做出应对，为一个研究协会（包括三菱、富士通、日本电气和东芝）提供了税收优惠和补贴。该协会在 1976—1979 年集中研究

力量开发专利，使日本的计算机行业赶上了美国水平。此时的美国人却还在敲日本的门，令他们失望的是，其技术要么被吸收要么被排除在外。

也有例外，日本狂热的体育爱好者雇用技术含量低的美国棒球运动员。然而，就连这种雇用也不情不愿。一位美国记者写道：“如果问一位日本经理，一支球队获胜的最重要因素是什么，他很可能会回答‘和’，即和谐。如果再问，如何让一支球队失去‘和’，他可能会说，‘雇一个美国人。’”美国企业麦当劳进入日本的过程堪称曲折：经历了激烈的竞争和日本食品连锁店的暗中抵制。尽管如此，麦当劳的日本主管还是赢得了胜利，部分原因正如他的轻描淡写：“倘若我们将汉堡包吃上千年，我们就会变成金发碧眼，当我们变成金发碧眼时，就能征服世界。”[14]

经济迅速增长的同时，日本对律师的需求不断下降。整个日本的律师数比洛杉矶还少。20 世纪 50 年代就已很低的犯罪率现在更低了。1977 年，纽约市每 10 万人中就会发生 20.8 起凶杀案；在东京，这一数字为 1.7 起；纽约每 10 万人中会发生 994 起抢劫案；东京则为 3.11 起。1979 年，傅高义（Ezra F. Vogel）教授的《日本第一》（*Japan as Number One*）一书解释了这些现象，并在美国和日本成为畅销书。傅高义指出，通产省成功地将竞争与政府援助结合起来，“创造出具有最大竞争潜力的最强大的公司”。他认为这些特点要优于美国对自由市场、官僚机构必然作恶、反垄断行为将提高效率的信念。日本官员也犯了一些严重的错误（例如，起初不相信索尼的晶体管会有未来）。但他们吸取了教训。傅高义警告说，日本确实付出了代价：“有时，为达到一致和共识所施加的强大压力，是以牺牲反常者、反对派、小人
366 物和局外人为代价的。”另一方面，美国人“对说服自私的反常者以执行大多数人的意志没有自信……美国需要一切能够得到的帮助来推进团体合作”。[15]

卡特总统同意了他的意见。作为一个关心穷人和更大共同体的

虔诚基督徒，这位佐治亚人回想起了 20 世纪 30 年代，当时民主党人既帮助了大公司，也帮助了社会上的受压迫者。20 世纪 80 年代中叶，卡特鼓吹一项为期三年的计划，旨在拯救底特律的汽车工业，抵御日本商品的侵入：减少进口，放松对美国生产商的环境监管，帮助切实受到日本伤害的城市。卡特的高级国内助理表示："我们认为这是国家产业政策的首要部分。"克莱斯勒负责人李·A. 亚科卡（Lee A . Iacocca）说得更明确："我们需要效仿日本。"但这一点从未做到。几年后，若非华盛顿的大规模紧急救助，克莱斯勒几乎破产。整个美国汽车工业在 20 世纪 80 年代步履蹒跚，而日本则控制了 30% 的美国汽车市场。美国缺乏实行有效的"国家产业政策"的传统、同质性和政府机构。事实上，在卡特宣布他的宏伟计划六个月后，他就输给了罗纳德·里根（Ronald Reagan）。这位获胜的前加州共和党州长对产业政策发起了攻击，并承诺让"我们摆脱"政府的纠缠。[16]

与此同时，日本人开始控制迅速增长的东南亚和中国市场。1971 年，东南亚的外国投资中，美国占 36.4%，日本占 15.4%。5 年后，美国的份额下降到 26%；而日本的份额则增加了一倍多，达到 36.4%。东京官员生动地再现了一个 20 世纪 30 年代的隐喻——"雁阵"模型。在这个模型中，"幼雁"在技术和新工艺的运用上追随"领头雁"。因此，随着日本在国内开始发展尖端、有利可图的电子产品领域，它将汽车和钢铁生产业务转移给了中国台湾和韩国等工资较低的"幼雁"。此外，它还瞄准了一只"新雁"——越南，尽管美国曾试图杀死它，失败后又试图监禁它。1973 年年初，尼克松同意从越南撤军的第二天早上，自民党东京总部悬挂了一条巨大横幅："祝贺越南停火。在重建和发展方面我们携手共进。"最初援越的 1000 万美元，为南北双方 2.16 亿美元的贸易开辟了道路（直到越南共产党于 1975 年实现了统一）。额外向获胜方提供的 1600 万美元援助促成了 1978 年的一项协议，将 367
越南纳入日本的经济轨道。到目前为止，日本大约 60% 的对外援助都是针对东南亚的——当然，几乎所有这些援助都需要用来购买日本商品。艾奇逊和杜勒斯利用这一地区确保日本繁荣的希望正在实现，其程度之盛两人都未曾预见。[17]

并非一切都一帆风顺。在泰国、印度尼西亚和中国，都爆发了以日本日益增长的影响力为抗议对象的骚乱。1977 年 8 月，日本首相福田赳夫果断采取行动削弱了抗议活动。这位新当选的领导人是 1945 年后最有权势的政治掮客之一。福田赳夫出身于一个丝绸世家，毕业于东京大学法学院，是两度担任财务省领导人的岸信介的门徒，领导着自民党内一个资金充裕的派系，这个派系也被资助所腐化。早在 1952 年，一桩贿赂丑闻就迫使他从财务省辞职。他的“救赎”之道似乎不过是其主要竞争对手田中受到了更严重的腐败指控而已。

然而，1976 年福田面对三木（田中更清廉的继任者）所取得的胜利，远超出了个人政治范畴。福田的派系对东南亚，尤其是中国台湾兴趣浓厚，它的金融支持者对与中国关系的正常化表示严重怀疑——如果关系正常化仅意味着按照北京的要求签署公开反苏条款的话。另一方面，田中和他的派系想从东南亚获利，但也强调与中国的关系，尤其是抢在美国人前面建立了这些关系。因此，自民党在外交政策和人事问题上都存在分歧。[18]

1977 年 8 月，福田赳夫在马尼拉宣布了“福田主义”，让心存疑虑的东南亚国家大为舒心。它包含三项原则：保证日本永远不再成为军事霸权；与东南亚国家实现“心连心”的谅解；与新成立的东盟建立全面伙伴关系。东盟的出现宣告了这一地区登上世界政治舞台。然而，正如《经济学人》所言，“福田主义”的一部分是“骗局”。例如，福田赳夫公开保留了“自卫需要”时制造“任何类型武器”的权力，“即使这意味着制造核武器或细菌武器”。在福田赳夫任内，日本对东盟国家的援助增加了一倍。美国汽车业高管誓言不会失去东南亚市场——全球增长最快的汽车市场，然而，到 1980 年，这场竞赛实际就已结束：日本获得了胜利。[19]

下一个竞争舞台将是中国市场。这场竞赛在军事和经济方面影响
巨大。卡特和布热津斯基希望迅速向中国靠拢。总统再次受到美国国 368
务卿万斯的限制，后者更加重视与实力更强的苏联间的关系。然而，布热津斯基最终技高一筹，他“缠着”（用布热津斯基的话说）总统，让他将万斯派往莫斯科，而将身为国家安全委员会顾问的自己留在北京处理对华事宜。卡特让步了。中美两国建立了全面外交关系，自1979 年 1 月 1 日起生效。这两个巨人还承诺共同反对“苏修”，并继续切断美国和中国台北之间的联系。布热津斯基对中国人如此着迷，以至于卡特说道：“我告诉他，他被诱惑了。”但“诱惑”一词根本不足以形容卡特让布热津斯基越过半个地球前去建立外交关系的举动。[20]

因此，争夺中国市场的比赛又开始了。日本人早在一千年前就先行一步，但他们在 20 世纪三四十年代对数以千万计的中国人实施了暴行，所行十分糟糕。卡特认为，他的资本是一个世纪以来“门户开放政策”所建立的善意——该政策旨在防止帝国主义国家瓜分中国。然而，当卡特对一群美国人说“我们国家的人民对中国人民有着深厚而自然的感情”时，“大多数人都笑了”，这让他十分尴尬。总统接受了美国传教士和教会提供的错误版本的历史，进而错误地理解了美中关系的本质。而且，1949—1972 年，以约翰·肯尼迪为代表的美国总统一直是北京的对手。总而言之，美国人和日本人在争取中国优惠政策的比赛中似乎势均力敌。[21]

经团联金融-工业集团的集中火力使日本的竞争地位（用奥威尔的话来说）更加平等[(1)]。就在布热津斯基和中国最高领导人邓小

(1) 原文为“more than equal”，出自乔治·奥威尔（George Orwell）的政治讽刺小说《动物庄园》（*Animal Farm*），用以影射表面平等的口号下隐藏的实质不平等。此处指虽然日美看似平等，但日本已经获得了优势地位。

平在北京举杯谴责莫斯科的时候，日本外务大臣园田直近一年来也一直秘密向中国示好，希望与中国建立全面的外交关系。1978 年，随着邓小平宣布中国将改革开放，这些会谈成果和美国的利益都得到了促进。1978 年，中国和日本之间的贸易额激增到 50 亿美元，几乎是 1972 年的 5 倍。中国的石油出口对日本政府来说变得尤为重要。[22]

1978 年年末，大平正芳的上台加速了日本向北京靠拢。一直作为
369 权力掮客的田中推出大平，挑战并击败了错愕不已的福田。现年 60 岁、咄咄逼人的田中决心摆脱洛克希德公司丑闻对其权力的制约。通过从企业那里筹集大量资金，他的派系规模达到了福田赳夫派系的两倍。这些企业对中国有着浓厚的兴趣。获胜的大平将福田内阁的所有成员都赶了出去——除了外务大臣园田直，他在北京的表现非常出色。当美国和中国讨论关系正常化事宜时，日本在 1978 年年末与中国签署了和平友好条约，完成了类似工作。1979 年年初，邓小平对东京进行国事访问的时候，从进出口银行获得了第一笔主要的日本贷款，总额约 20 亿美元，完全与日本的出口和服务挂钩。到 1979 年年底，因为无法应对袭来的资金洪流，中国不得不放弃日本的一些慷慨的贷款协定。在接下来的 5 年里，两国关系蓬勃发展，直到中国成为仅次于美国的日本第二大贸易伙伴。[23]

大平开始讨论一项“环太平洋”战略，以使中国和东南亚的原材料和市场与日本的资本和技术融为一体。这一计划有时还延伸到加拿大和美国的“太平洋盆地”。不过，北美为日本提供的却是机械原材料。加州官员开始认为，“日本人把加州视为‘太平洋共荣圈’的一部分”。日本公司在美国投资了 250 亿美元，其中三分之一投在西部，在那里开发森林和渔业产品，然后出口回日本。他们还果断地进军电子领域——一个加州“硅谷”的公司们正在塑造的领域。加州的一家电子产品制造商在 1978 年表示，“问题是我们是否想成为一个香蕉共和

国[1]……如果我们试图通过向日本出售牛肉和柚子来平衡我们与日本的贸易不平衡，我们最终会扼杀自己的工业基础”。于是，反日情绪在木材、渔业和电子行业的工人中开始高涨。[24]

这些“入侵”和美国人的抱怨证实了日本人的信念——美国正处于衰落之中。日本没有公开幸灾乐祸，它太依赖美国了。不过，它也开始重新考虑自己的军事和经济优先事项了。1979—1980 年，革命者推翻了华盛顿的密友伊朗国王，引发了第二次石油危机，卡特对危机的应对完全不起作用。通货膨胀重创了美国的储蓄和投资。1979 年年末，苏联入侵阿富汗。一个月前，大平表示“军事平衡”已经改变；苏联已经“在某些方面……迎头赶上”。他在访问华盛顿期间断言，“美 370
国的霸权正在相对性地衰落”。日本过去“只是……跟随美国”，但“如今的日本不同了”。在 1978 年的一份国防报告中，东京对美国海军能否保护日本的海上航道和石油供应表示怀疑。作为回应，大平政府的国防预算从 1970 年的 16 亿美元跃升至 1978 年的 100 多亿美元，尽管这一增长也是由于日元升值和高通货膨胀率引起的。[25]

两国军事机构都开始发生重大转变。在万斯和布热津斯基相互矛盾的意见间犹豫许久后，卡特在 1980 年仅用了 6 个月的时间就把美国 5 年军事计划预算从可怕的 8000 亿美元提高到了难以置信的 1.25 万亿美元。1980 年 4 月，卡特和布热津斯基坚持使用武力解救被伊朗革命分子劫持的 53 名美国人质，万斯最终辞职。这次行动以惨败收场，尽管美国人付出了生命的代价，但人质却没有得到释放。大平大声地说出了自己的疑惑：“美国在想什么？”作为回应，首相推出了一项新

---

〔1〕最初用于指称国家经济命脉被美国联合果品公司（United Fruit Company）和标准果品公司（Standard Fruit Company）控制的洪都拉斯、危地马拉、哥斯达黎加等中美洲国家。在美国垄断公司控制下，这些国家完全沦为了美国的香蕉产地。后用于指代经济结构单一，经济、政治、社会受到外国资本与贪污势力操控的小国。

的军事政策——“全面国家安全”（Comprehensive National Security），其中包括加强与西方军队的合作，以提升日本的军事形象。1980 年 7 月，美国国防机构的一份报告指出，“美国在军事和经济领域的明显霸权地位已经终结”。该报告敦促日本加强防御以确保石油供应。[26]

1980 年年中大平突然去世。取而代之的是实力较弱的铃木善幸。但大平、福田和田中自 1974 年以来已经取得了很大成就：缓解了中东危机对奇迹的影响，进军东南亚，恢复了与中国的外交关系，开始转变日本的军事战略。

卡特也在 1980 年交出了权力，优柔寡断和罗纳德 · 里根的减税承诺使他败选，里根承诺在重振军事力量进行冷战的同时削减税收。对卡特的政策日本人常感困惑，对罗纳德 · 里根和乔治 · 布什使用武力或扭曲经济以获得更多力量的想法，日本也根本没有做好准备。然而，20 世纪 80 年代的冲突和冷战的最后阶段已经拉开了帷幕。

三　20 世纪 80 年代：从“罗康”开始……

20 世纪 80 年代始终伴随着美日危机。这一风险正变得越来越大。
371 1980 年，美国和亚洲的贸易有史以来第一次超过了美国和欧洲的贸易。然而，致命的通货膨胀和 18% 的利率却给美国经济带来了毁灭性的打击，同时美国对日本的贸易逆差在 1985 年飙升至 500 亿美元。著名政治分析人士沃尔特 · 迪恩 · 伯恩翰（Walter Dean Burnham）注意到了人们对美国日益增长的、危险的幻灭感：“当（经济）盈余开始消失时，普遍的合法性危机产生了。”1981 年 3 月，《纽约时报》的一位客座编辑在一篇社论中“恳求”道：“请日本回报我们：占领我们吧。”

这篇社论反映了 1981—1982 年里根执政期间持续存在的不安。

随着冷战加剧，日本的担忧与日俱增。1983年8月，苏联战机击落了一架韩国民航客机，它偏离航线并靠近了苏联在远东最敏感的一些军事基地，结果造成269人死亡。一位美国海军陆战队将军称，在一代人的时间内，美苏之间爆发有限战争“几乎是不可避免的”。这样一场战争可能会部分地发生在美国驻日军事基地——长期以来苏联的核弹一直瞄准着这些基地。铃木无法阻止反美抗议，尤其是在1981年一艘美国核潜艇与一艘日本商船相撞并导致商船沉没后。相撞发生后，两名日本人丧生，潜艇随之离开现场，并未试图救援那13名幸存者。里根对外交政策的处理并没有激发日本的信心。1981年3月针对他的暗杀企图再次确认了日本的观点，即暴力和混乱正在危险地腐蚀美国社会。[27]

1982年年末，两国关系出现改善迹象。不仅美国经济开始复苏，另一类领导人也在东京上台。中曾根康弘出身于木材商人之家，1947年，29岁的中曾根当选日本国会议员，此后，他便一直是自民党的重要人物。他是运作良好但被洛克希德公司丑闻缠身的田中派系的核心成员，批评者称中曾根政府为“田中-中曾根”政府，对此，田中毫不客气地回应道：“中曾根只是骑师，我才是这匹马的拥有者。”然而，新首相却是依靠自己进行竞选活动的——尤其是在1984年田中最终因受贿160万美元而获罪之后。

1972—1974年间，中曾根曾经执掌通产省，在那里他使日本迈出了通往贸易自由化的第一步。与其他高层领导人不同的是，他还管理着防卫厅。中曾根批评了佐藤在20世纪70年代提出的三项“无核原则”，但最终反对制造核武器。他还反对进一步依赖美军。中曾根想获得一份新的安全条约，以允许日本凭借“真正自主的防卫”来保卫自己。他深深尊重美国的力量：作为一名二战水手，他曾从远处目睹 372
了广岛被核武器毁灭。但这位64岁的领导人认为，日本的政治和军事成熟度现在必须与其经济实力相当。他还（通过观看约翰·肯尼迪的节目）学到了如何利用新媒体影响“电视民主”。中曾根无疑学到了精髓，1986 年他以压倒性优势获得连任，使社会党人的支持率降到了 1955 年后的最低点［绝望的社会党随后成为日本第一个选择女性——土井多贺子（Doi Takako）作为领袖的政党］。[28]

中曾根坚定地着手提升日本的军事实力，这在华盛顿引发了一场引人注目的争论。交锋双方主要是国务卿乔治·舒尔茨（George Shultz，1982 年 6 月就任）和国防部部长卡斯帕·温伯格（Caspar Weinberger）。1982—1983 年，温伯格和他的军事顾问们希望中曾根能迅速重新武装军队，这样日本就能——正如美国国家安全委员会 1982 年年末的一份文件所描述的——“在这 10 年内尽快……保卫自己的领土、周围的海洋、天空和长达 1000 海里的海上航线”。而舒尔茨认为，日本是美国亚洲政策的“核心”。当这位直率的国务卿发现五角大楼的计划时，顿时“大发雷霆”（用他自己的话来说）。舒尔茨只是想让日本为美国的保护付出更多。“但美国最不应该想要的，”这位二战时期的海军陆战队队员告诉温伯格，“就是重建庞大的日本军事机器”［舒尔茨生动地回忆起在帕劳发生的“野蛮”行径：“当日本狙击手终于举着手出来投降”时，却“受到了（美国）从海滩各处袭来的枪击”］。访问菲律宾时，舒尔茨了解到，如果日本舰队的数千海里活动场也包括他们（菲律宾人）的岛屿，“有一件事很清楚：菲律宾人不想被包括在内”。[29]

舒尔茨输掉了这场辩论。1983 年 1 月访问华盛顿期间，中曾根很快与里根建立了“罗康关系”（Ron–Yasu relationship）。棒球成为他与里根之间的文化桥梁。首相告诉总统：“你当投手，我当接球手。偶尔，投手必须得听接球手的好建议。”里根接受了“康弘”的建议，即日本应该是“一艘拥有强大防御保障的、永不沉没的航空母舰”。[30]

日本的军事预算仍然保持在国民生产总值 1% 这一不可侵犯的额度之内。国民生产总值增长如此之快，以至于日本的军事预算在 20

世纪 70 年代末排名世界第八，10 年后位列第三，仅在两个超级大国之后。此外，中曾根在 1987 年突破了 1% 的预算上限。大部分资金投给了新技术、空军和海军。经批准维持的地面部队仍保持在 1953 年 18 万人的水平，尽管他们携带着先进的武器。在里根的批准下，日本自 1945 年以来首次出口军火。由于担忧苏联，某些国家接受了日本的军事武器，甚至与日本高级军事顾问进行了交流。然而，一些日本人强烈谴责中曾根。例如，北九州大学的菅英辉（Kan Hideki）教授暗示，这一扩军带有 20 世纪 30 年代的味道，他警告称，扩军扭曲了经济，并要求日本学会对华盛顿说不。菅也承认，“大多数日本人并不真的关心这些问题”。[31] 373

美国的几项要求没有得到热烈响应。其中之一是 1982 年国家安全委员会关于日本的秘密决议令。它宣称美国人应该“施压……打开美国高科技公司进入日本经济的渠道，为美国公司充分争取在日本投资高科技企业的机会”。然而，技术几乎是单向流动的：向西流。负责东亚及太平洋事务的助理国务卿保罗·沃夫威茨（Paul Wolfowitz）提出了另一项与之相关（而陈旧的）要求：“日本应实现更大程度的国内资本市场自由化，并让日元发挥更广泛的国际作用。”[32]

四　……到两种相互竞争的资本主义

这两种经济体系不是走向合作，而是走向了全面竞争。中曾根告诉美国人：“日本公司并不存在。”但作为通产省的负责人，正是他亲自打磨出了这台机器。1978 年，他还以一种与“罗康关系”截然不同的口吻写了有关“新文明”的一篇文章，该文明将把欠发达国家纳入日本的指导之下。1983 年，他在广岛对听众说：“2000 年来……日本人都干得不错，因为这个国家没有外国种族。”这一与事实不符的言论使中曾根受到了批评。然而，他坚持实行一项几乎将所有亚洲难民，尤其是越南难民，排除在外的政策，而美国和加拿大等其他国家则接纳了数十万难民。日本也曾多次承诺在经济问题上扩大合作。然而，到 20 世纪 80 年代中叶，傅高义和查尔默斯·约翰逊（Chalmers Johnson）广受关注的著作令人信服地指出，问题不在于定量的贸易数据，而在于定性的政策：经连会和官僚主义创造出了一个与美国截然不同的国家模式。中曾根和里根都是性格外向的人，在政治上也都很
374 有独创性，但前者是明治时代和吉田的继承人，而后者是伍德罗·威尔逊和科德尔·赫尔的“后代”。[33]

并不是说这两个经济体完全不是一回事。中曾根正确地指出，政府在日本经济中所占的份额比包括美国在内的其他任何一个主要工业经济体都要小。1986 年，日本研发支出中只有 19.4% 来自政府；在美国，这一比例为 48.2%。真正的区别在于研究目标。美国的大部分研究都集中在军事领域（美国为 50.8%，而日本为 4.9%）。日本将 60% 的资金投入工业、农业、能源和基础设施领域；而美国人在这些领域的投资约占总投资的 17%。他还恰当地指出，日本的繁荣是因为“大公司与其分包商之间的纽带与美国截然不同”。而且他强调：日本的高管“从未来二三十年的视角来制订计划……这与美国企业的做法不同”。他并没有提到，长远规划之所以可能，部分原因是日本严格控制其资本的来源和进入渠道。无论如何，建立出口强国的计划非常成功，日本汽车制造商 29% 的汽车在国内销售，71% 的汽车在国外销售。[34]

与此同时，美国人公开崇拜自由贸易的神龛，但他们也迫使日本“自愿”削减对美国的棉花纺织品（1956 年）、钢铁（1968 年和 1974 年）、电视（1977 年）、汽车（1981 年）、半导体（1986 年）和机床（1987 年）等产品的出口。特别是在里根时期，美国人鼓吹亚当·斯密（Adam Smith）的理论，却实践着凯恩斯爵士的学说。因此，当共和党把削减预算的目标对准政府机构，比如为美国出口和投资提供了

低成本融资的进出口银行（Export-Import Bank）和海外私人投资公司（Overseas Private Investment Corporation）时，这些机构被庞大的企业游说集团拯救了。一位分析师写道："企业领导人并不特别关心国家的消亡；他们只是寻求与联邦政府建立关系，以提高企业利润。"里根似乎不明白这一点，于是，企业领导人"与他发生了冲突"。[35]

大多数时候，冲突并未发生。政府挽救了克莱斯勒，使其免于破产。它通过解散航管人员工会（Air Traffic Controllers Union），加速了劳工运动的瓦解。它用巨额预算赤字将社会项目维持在美国人已经习惯的水平，以此换取政治上的和平。它通过历史上和平时期国防预算 375
最高的合同，将大量资金投入研发。这笔资金具有极强的针对性。例如，当机床行业面临更便宜、更好的日本产品冲击时，美国国家安全委员会高层便宣布美国机床是"美国国防基地的一个小而重要的组成部分"。该行业将"更全面地……进入国防采购程序"。一位大失所望的共和党领导人后来写道："在本该完成精简计划的里根执政期间，政府总开支从1982年的7460亿美元跃升到1989年的1.1万亿美元，增长了65%。"[36]

美国深入介入了这两种经济制度。然而，在日本，这种介入通常不那么正式（除了在处理资本方面）。介入由隔绝于政治纷扰、受过高等教育、信息灵通的官僚监管，专注于特定的民用生产或军民两用生产，到20世纪80年代末，介入方与被介入方达成共识，以致银行家和房地产开发商变得如同"经济海盗"，而他们的"剑"也被通产省和财务省的员工磨得极为锋利。在美国，政府的参与更正式并需立法规定；其由特殊的私人利益集团推动，而不是作为更全面政策的一部分；它依赖一个不那么受尊重和系统化的官僚机构，最重要的是，它更多的是为了赢得冷战，而不是在某些特定商品方面主导国际市场。

1984年，里根以绝对优势赢得连任，个人声望达到顶峰。1985年，自第一次世界大战以来，美国不仅第一次成为全世界的债务国，而且在里根执政期间积累的债务比1789年以来所有其他总统执政时期积累的债务都要多。（消除通货膨胀所需的）高利率吸引了大量的外国资本。中曾根说道，美元变得如此强劲，以至于它“就像黑洞吸收恒星一样”吸收外国投资和贸易。由于“黑洞”吸收了大量进口商品，美元走强推高了美国出口产品的价格，从而造成了历史性的贸易逆差，与之相伴的是历史性的预算赤字。1986年，日本在对美贸易中出口了800亿美元的商品，却只进口了300亿美元的商品。或正如一位观察人士所指出的，日本每两天就向美国出售相当于1955年双边贸易总额的商品。[37]

美国人作茧自缚。尽管如此，他们还是指责日本人。来自堪萨斯州的参议员罗伯特·多尔（Robert Dole）谴责日本不向美国商品开放市
376 场的行为“自私而短视”。来自密苏里州的参议员约翰·丹福斯（John Danforth）称日本人为“水蛭”。随着保护主义情绪和愤怒情绪高涨，里根政府在国家安全委员会的一份秘密文件中表示，希望说服中曾根开放市场，解决这一“严重的问题”。在1984年“日元-美元协议”允许外国银行开展信托银行业务并进入日本债券市场之后，日本确实在自己的资本市场上打开了一道缝隙。1985年，外国证券公司首次可以在东京证券交易所进行交易。但日本人让步甚少，也不愿再让步了。他们不会仅仅为了取悦美国人而改变35年来卓有成效的政策。[38]

东京和华盛顿的官员都在寻找缓解不断加剧的贸易危机的权宜之计。1985年9月，在美国财政部部长贝克三世（James Baker III）的带领下，全球五大经济大国的财政部部长在纽约广场酒店（Plaza Hotel）的白金厅（White and Gold Room）举行了会晤。他们同意协调政策，贬值美元，提高其他货币，尤其是日元的价值。在中曾根斡旋了几次激烈的内部争论之后，日本最终同意调整政策，并让日元升值。《广场协议》（The Plaza Accord）最终成为自1971年尼克松废除布雷顿森林体系中美元与黄金挂钩条款以来最重要的金融协议。日元

对美元的汇率从 20 世纪 80 年代中期的约 250：1 飙升至 1989 年年初的 130：1，几乎上涨了 100%。[39]

经济理论指出，随着美元像石头下落一样贬值，美国商品在海外将变得更便宜。因此，伴随美国商品向海外转移，美国的贸易将变得平衡。但公认的经济理论似乎与日本贸易政策的现实毫不相干。1986—1987 年，美国的全球贸易逆差飙升至 1600 多亿美元；其中 590 亿美元来自与日本的贸易。尽管签署了《广场协议》，美国对日本市场的出口在 1986 年只增长了 5.5%，而日本对美国的出口却增长了 21%。事实上，为了保住海外市场份额，日本生产商心甘情愿地接受了日元的大幅升值。结果，日本财务省和通产省大力支持生产商，特别是以低息贷款的方式，来保住市场份额。进一步的事实表明，只有约 1/3 的日本出口（以及 3% 的进口）是用日元结算的；剩下的大部分都以贬值的美元结算。[40]

里根和贝克被日本打了个措手不及。贝克身边没有人对日本的做法有足够的了解，也没有人能够说服财政部部长，让他相信日本财务省将动用相当大的权力充分利用《广场协议》。日本人发现自己处在 377
双赢之中：该协议不仅增加了他们的贸易顺差，还为他们的投资创造了奇迹。随着日元升值，日本投资者以看起来极其低廉的价格大举收购高端制造业和房地产资产，东南亚、中国和美国尤其是他们的目标。“共荣圈”的“奇迹版”已经成形。1980 年，美国公司在东南亚的直接投资约 50 亿美元，日本公司约 70 亿美元。到 1989 年，美国人的资产翻了一番，达到 100 亿美元，而日本人的资产变为原来的三倍多，达到 230 亿美元。到 1989 年，日本取代了美国成为对东南亚的主要海外援助国。当然，“援助”与该地区对日本商品和资本的接受密切相关。[41]

1989 年，澳大利亚认识到了这种惊人事态发展的紧迫性。它率先发起成立了亚太经合组织（Asia-Pacific Economic Cooperation，APEC）

论坛。船桥洋一指出："亚太经合组织诞生于恐惧之中——对美国单边主义或孤立主义的恐惧，对世界分裂成相互竞争的经济集团的恐惧。"东京的官员们担心自己被人联合对付，所以在美国被允许加入APEC之前，他们都不喜欢APEC。美国不顾东南亚的激烈抗议，在华盛顿和东京施加压力后得以加入。亚太经合组织成为多方关注的焦点：东南亚人希望保护自己免受富裕外部势力的侵害；日本投资者希望保持该地区对强势日元的开放；华盛顿官员决心不让世界市场出现保护主义和反美地区。因此，亚太经合组织成为冷战结束后重塑20世纪90年代世界格局的各方力量的战场。[42]

强势的日元也影响了中国。到1985年，日本已成为中国的主要贸易伙伴，仅1984年日本对中国的出口就飙升40%，达到86亿美元，而进口额仅为53亿美元（中国与美国的贸易同比数据分别为38亿美元和23亿美元）。尽管中国学生对日货提出了抗议和抵制，但贸易额和日元投资仍在攀升。这一引人注目的抗议活动爆发于中曾根为纪念二战结束40周年而参拜靖国神社之后。然而，中国油田的吸引力、日本银行和经连会的实力，以及1988年达成的一项保护投资的协议，使20世纪80年代末中国获得开发贷款的一半以上都由日本提供。[43]

378 极度活跃的日元还蜂拥向东。1986年，美国收到的日本投资（253亿美元）超过了其他任何国家。印尼以84亿美元排名第二。1985—1990年间，日本在海外的投资高达6500亿美元，其中近一半流向了美国。东京投资者购买了纽约洛克菲勒中心（Rockefeller Center）的大部分股权、尖端水平的好莱坞电影工作室以及圆石滩球场（Pebble Beach）等"珍宝"，其中圆石滩球场或许是美国最美丽的高尔夫球场。一些观察家发出了有关日本"入侵"的警告。但有些人则认为日元是下滑的美国经济的启动机，特别是在日本兴建了本田、丰田和日产等汽车厂，以重振中西部废弃的"铁锈地带"（Rust Bell）的制造业后。

明显不属于“铁锈地带”的北卡罗来纳州就拥有60家日本公司，其中38家是制造商。[44]

日本实力最令人敬畏的一次展露发生于1987年10月。日本人一直在推动着纽约股市，尤其是通过购买高达30%的用以弥补赤字的美国国债为美国的巨额预算赤字提供资金。10月份，这些投资者对美国糟糕的贸易表现和全球利率上调越来越感到担忧。日本人开始从纽约证券交易所撤资。结果出现了黑色星期一：道琼斯指数下跌超过500点，这是其历史上最大的绝对跌幅。包括东京交易所在内的其他交易所的情况也迅速开始恶化。财务省迅速向东京的主要信贷机构施压，要求它们同时支撑本国和纽约证交所。金融危机过去了。几项研究得出的结论是，“坠机……始于东京，也止于东京”。当世界上最大的十家银行中有九家（也许十家）是日本人所有的事实浮出水面时，这种力量也就不那么令人惊讶了。[45]

关于如何应对这种力量，美国爆发了激烈的辩论，精英阶层对此分歧严重。一些人（如参议员多尔和丹福斯）想要施加报复。一些人［如日本问题专家查尔默斯·约翰逊、卡尔·范·沃尔夫伦（Karl van Wolferen）和克莱德·普雷斯托维茨（Clyde Prestowitz）］警告称，美国人必须调整自己的体系，以与一种根本不同的日本资本主义竞争。还有许多人（比如努力在日本建立“滩头阵地”的美国跨国公司、洛克菲勒家族以及以虚高价格出售房产的好莱坞大亨）则乐于接受日本的资金。

美国劳动者和白领之中也有类似分歧。那些在竞争激烈的出口行业（如汽车）工作的人同意多尔的看法。那些担心亚洲新移民以及新竞争的人（像约翰逊和普雷斯托维茨一样）寻求全面的政治变革。在 379
北卡罗来纳州、印第安纳州、田纳西州和新泽西州的日资工厂工作的数万名工人几乎没什么抱怨就接受了日本的资金。

鉴于这些分歧，一个支离破碎的美国政治体系无法齐心协力地制订出协调一致的应对方案。他们至多发起一些侧攻——华盛顿官员和20家领先的半导体公司于1987年联合在德克萨斯州的奥斯汀建立了半导体制造技术联盟（Sematech）。半导体制造技术联盟从事的基础研究使美国公司于十年内在这个基础产业领域领先日本。然而，更普遍的情况是，美国人希望国际市场的魔力能够重新平衡经济力量，而通产省和经连会多年来一直在与这一国际市场打交道。例如，通产省早在16年前就建立了日本版的半导体制造技术联盟。克莱德·普雷斯托维茨在1987年表示："过去，我们常说美国应该走向未来。现在我们发现，我们没有未来。"[46]

五 ……到"日美关系处在1960年以来的最低点"

尽管签订了《广场协议》，美国人还是在1986年第一次遭遇了高科技产品贸易逆差。《福布斯》（*Forbes*）杂志展示了一张1美元钞票，其上乔治·华盛顿的头像被富士山所取代。东京上智大学经济学教授兼光秀郎（Kanemitsu Hideo）回忆，1955年的日本就像一条海星，试图在一个由美国人主导的巨大的全球水池中生存。1970年，海星变成了挥舞长触角的"乌贼"。1986年，它又变成了"一只从水池里爬出来的巨型章鱼"。[47]

许多美国人似乎认为日本经济是一条鲨鱼——食肉、原始，即使在被迫暂时撤退后也从不放弃。国务卿舒尔茨花了一年时间努力打开各个领域的日本市场，用他的话说，这是"痛苦而令人切齿的努力"。这些市场导向的、具有行业选择性的协议在1986年签署时似乎很有前景。此外，在当年广受关注的前川报告（Maekawa Report）中，一个著名的日本专家小组告诉中曾根首相，日本经济尚未开放，为了在未来参与国际竞争，"我们必须彻底改变我们的经济政策和生活方式"。

但变化不大。1987 年美国财政部的一份研究报告抱怨说，美国的投资服务可能是世界上最好的，却“实际上被冻结在”日本债券市场之外。380
即便美国的建筑公司位于全球效率最高的建筑公司之列，也没能获得在大阪湾修建新机场的合同。对此，日本官员声称，只有当地建筑商了解土壤状况（当机场开始往海中下沉时，对土壤和结构的紧急重新评估使其成本上升了 50%，达到 150 亿美元）。[48]

身为专业经济学家的国务卿避免了与日本的正面交锋。美日安全协议太重要了，不能因为贸易争端而有所削弱。此外，舒尔茨表示，如果日本人想要“以天价购买在其他地方更便宜的商品，那是他们的问题，而不是我们的问题”。他认为美国人应该集中精力生产优质产品，而不是依赖日本人来为美国政府债务融资，“增加我们自己的储蓄来为我们自己的投资融资。换句话说……如果我们想看到真正的问题，我们应该照照镜子”。依照自己的想法，舒尔茨在 1988 年与日本就一项结构性障碍协议进行了谈判——两国都同意着手解决对方发现的问题。对日本来说，这意味着开放；对美国来说，这意味着为投资而储蓄和减少预算赤字，而不是增加信用卡消费。[49]

确实产生了一些变化，但是两个国家都没有准备好突然戒掉坏习惯。74% 的日本受访者认为日本的经济体系不公平。尽管如此，通产省和财政部门仍按兵不动。自民党政府类似于华盛顿和伦敦的保守党政府：他们提高了消费税，同时削减了高收入者的税收。社会党在 1989 年上院选举中获得了惊人的胜利，这是一个警告信号，不过“章鱼”依然没有改变前进的方向。

美国国内反响强烈。有些书的标题直接指向日本“对美国的威胁”，有时甚至将这一威胁称为“战争”。1988 年，美国国会为贸易战做了准备。它通过了一项充斥着“报复性武器”的综合性贸易措施，尤其是所谓的“超级 301 条款”（Super 301 provision），该条款赋予总统更大的权力，他可以对自己认为不公平的贸易者进行报复。用舒尔茨的话说，该法案“盯着的就是日本”。当两国试图在技术转让方面进行合作（比如合作制造先进的FSX战斗机）时，双方都指责对方隐瞒信息。1987年，日本外相安倍晋太郎哀叹，美日贸易关系正“处于战后最糟糕的时期”。[50]

381 两国国内的种族主义进一步破坏了双方关系。一种极端的种族主义形式影响了美国罗得岛州。1946年，战胜日本的日子，即8月14日，成为许多州的法定节日。然而，到1975年，除罗得岛州外，所有州都废除了这一节日。1985年，罗得岛的一位州代表试图将这一天重新命名为“世界和平日”（World Peace Day），但以惨败告终，甚至其合作者被称为“叛徒”和“共产主义者”。1989年，在立法听证会上，观察员们穿戴着美国退伍军人协会和对外战争老兵协会（Veteran-of-Foreign-Wars）的纪念服饰，咒骂“日本佬”并挥舞着珍珠港的照片。来自布朗大学的一名女子因自称是日本人而遭受袭击。1992年另一项废除该节日的尝试，遭遇了比1985年更大的失败。[51]

两国在对全球动荡地区的政策方面也爆发了冲突。1986年，美国国会谴责南非的种族隔离政策，对其实施了严厉的经济制裁。华盛顿官员警告其他国家不要填补美国企业撤离所留下的空缺。东京切断了对南非钢铁的进口，以示合作。然而，日本商人继续进入南非，他们甚至秘密地将一家价值5000万美元的钢铁厂卖给了比勒陀利亚的一家公司。日本公司因向南非警方和军方出售电脑和路虎汽车而广受批评。至1988年1月，日本已成为受到谴责的南非政权的最大经济伙伴。[52]

六 “冷战结束了，日本最终获胜”

在南非问题上的分歧表明，1989年之后的后冷战世界中，美国和日本所考虑的优先问题（和价值观）存在更大差异。米哈伊尔·戈尔巴乔夫（Mikhail Gorbachev）在 1985 年后的改革暴露了内部弱点。1989—1990 年，德国惊人地实现了统一。1991 年 12 月 25 日，苏联解体了。美国人和日本人在新的压力下重新发现了他们的世界和外交关系。美国经济停滞不前。数以百万计的美国人发现他们的工作受到国防预算减少和日本产品价格上涨的威胁。1989 年年中的民意调查显示，68% 的美国人认为日本的经济威胁大于苏联的军事威胁。[53]

在这一历史性时刻，日本的政治领导层开始瓦解——起初缓慢，接着以几乎与冷战衰落同样令人惊讶的速度瓦解。中曾根的自民党在
1986 年的选举中赢得了 300 个众议院席位，但他在 1987 年年末辞职， 382
他的继任者竹下登实施的广受抵制的税收改革，以及自民党的腐败丑闻，致其在 1989 年意外挫败。自民党首次失去了上议院的多数席位。

竹下是一位清酒酿造商的儿子，作为早稻田大学校友会的一员而在自民党内得到晋升。他受到自民党高层政治掮客、权势滔天的岳父金丸信的栽培。1989 年 5 月，金丸和竹下接触了富有的朋友，并在两个小时内为竹下的竞选筹集了 1450 万美元。竹下的内阁中挤满了自民党人士，观察者对此纷纷表示满意。然而，接下来的消息一个比一个坏。首相承认，他和中曾根以及其他政客从利库路特公司（Recruit Corporation，一家安置临时工的服务公司）处收受了大笔资金。利库路特在自由市场上“买”了一些政客和官僚，这些人都是日本的政治精英。竹下的继任者宇野宗佑（也是一位清酒酿造商的儿子）掌权仅两个月，就有一名 40 岁的前艺伎作证：4 年前宇野曾经向她买过春。宇野被迫辞职，其中，妇女团体扮演了重要角色，在一个政客们对女权主义的小规模运动不屑一顾的国家中，这一点尤其值得注意。[54]

自民党摇摇欲坠，冷战的终结撕裂着该党领导层，同样也撕裂着美国共和党：反苏的名义再也团结不起国内对敏感问题存在分歧的团体了。1989 年，裕仁天皇去世，长达 63 年的昭和时代结束，这进一步打乱了日本的政治方向。

1990—1991年，当美国要求日本加入对伊拉克的战争时，宇野的继任者海部俊树和宫泽喜一正在与这个新世界做斗争。作为早稻田大学校友会的又一位联系人，多年前海部就因大力反对美国的占领政策而陷入麻烦。然而，他找到了一个明智的导师：三木武夫（“清洁先生”），正是三木把海部推上了顶峰。甫一登位，海部有限的政治经验和匮乏的外交政策背景便给了他致命的打击。正如下面将提到的，他对伊拉克战争的处理不当进一步恶化了与华盛顿的关系。1991年11月，72岁的宫泽喜一接任。宫泽曾在1985年担任财务大臣时达成了利润丰厚的《广场协议》。但利库路特丑闻、与金丸的关联，以及一次可疑的酒店房间之行让他身败名裂——在酒店中他差点被一名袭击
383 者杀死。1992年年末，腐败掀翻了自民党的最高权力掮客：金丸被控从与有组织犯罪有关的捐款人那里收受了多达5000万美元。[55]

与其说自民党是一个政党，不如说它是一个“金融粪坑”，如今它已经裂开了。在小泽一郎的领导下，日本新生党宣称要进行真正的改革，包括将官僚机构置于控制之下，实施更积极的外交政策。正如小泽一郎在他最畅销的作品《新日本蓝图》中所说，日本必须成为一个“正常的国家”。小泽是年轻版的金丸，但他逃过了多项腐败指控，迅速站稳了脚跟。1993年9月的选举中，被削弱的自民党在重要的下议院失势，这是自“1955年体制”建立以来的第一次。一个由新政党、社会党和公明党组成的联盟成立了。左派、联盟与自民党剩余力量一同任命了一位新首相。事实上，在11个月的时间里，有4位首相相继上台。历史学家本间长世曾在1991年准确预测，日本将迎来“无边界经济和无领袖政治”。[56]

“无边界经济”在冷战后的新紧张局势下屈服了，“无领袖政治”也是如此。当首相们如走马灯一样轮换时，官僚们在秘密地制定政策，其所面临的国内限制更少了。日本最大的连锁超市的负责人抱怨说，规定变得如此繁苛，“甚至需要批准，才能在自动售货机里出售避孕

套”。令人吃惊的是，在处理二战以来最严重的经济危机时，官僚机构表现得无能为力——事实上，在很大程度上它应对此负责。[57]

1985 年《广场协议》签署后，随着日元汇率飙升，财务省试图通过放松货币限制来缓解日本出口商的痛苦。贷款迅速增加，其中大部分用于购买房地产。当时，房地产的价值不是由市场决定的，而是由几个官僚机构编制的价格指数决定的，这些机构根据自己的利益制定土地价格。这导致了混乱和幻觉，起初看似繁荣，随后就面临崩溃。经济学家大卫·亚瑟（David Asher）描述了泡沫的高潮：“投机泡沫的规模比之前世界上任何地方出现过的都要大。”说得一点儿也不夸张，亚瑟指出，“到 1988 年，日本所有地产的账面价值已经达到了美国所有土地总价的 4 倍——而美国国土面积是日本的 25 倍”。从理论上讲，东京市中心的皇宫占地的价值相当于整个加州（没有人能够验证这一理论，因为皇宫的土地是非卖品）。这些土地被用来担保购买股票。因此，日本股市飙升的轨迹让人想起 1928 年的纽约证券交易所。然而，事实证明许多小公司缺乏竞争力。随着贷款变得一文不值，房地产泡 384
沫破裂，紧接其后，股市泡沫在 1990—1991 年也破裂了。在政府毫无效用地开始支撑市场之前，股市暴跌了 20%。[58]

日本的部分问题与 20 世纪 80 年代美国和西欧地区被迫进行的类似调整发生于同一时间——将经济从制造业转向服务业和新技术行业。从某种意义上说，日本比其竞争对手更好地完成了这一转变，据官方数据，到 20 世纪 90 年代初，日本的失业率仅略高于 3%，而美国的失业率是这个数字的两倍。在欧洲部分地区，这一数据为 12%。与此同时，由于允许官僚们在幕后协调供应商、生产商和银行家，日本的贸易顺差与美国的怒火都在上升。[59]

为此，美国官员大声疾呼并威胁，但除了无效地将贴现率降至令人难以置信的 0.5% 之外——据信这是为了刺激国内需求，不用参加选举的东京官僚们不为所动。为什么不呢？真正起草国家法律的官僚们来自大学毕业生中的精英，他们在残酷的竞争体制中脱颖而出，并见证了将他们的国家从一片废墟提升到全球第二富有经济体的“奇迹”。按人均计算，它可能已经是最富有之国了。

然而，他们的成就在美国引起了激烈的争论。这场辩论不仅围绕着“奇迹”展开，还围绕着“自由”、监管较少的市场的价值展开。例如，经济学家罗伯特·J. 萨缪尔森（Robert J. Samuelson）认为，1991 年后日本经济受到的控制更为严格，其增长速度只有美国开放市场体系的 1/10。萨缪尔森总结道，东京政府的“控制怪胎”“遭遇‘市场’且落败了”。日本的密切观察者，如查尔默斯·约翰逊和克莱德·普雷斯托维茨等，认为这样的评论目光短浅，因为他们将数年的调整与 40 年的成功混为一谈。萨缪尔森等人的批评也忽视了管理者的长期政策，这些政策似乎让日本在 21 世纪的竞争中处于极为有利的地位。[60]

当苏联国旗最后一次在克里姆林宫落下时，查尔默斯·约翰逊说：“冷战结束了，日本赢了。”布什总统不同意他的观点。他在 1992 年年初对全国人民说：“感谢上帝，美国赢得了冷战”并成为“无可争议的时代领袖”。事实上，东京和华盛顿的官员在理解冷战的结束及其意义方面都表现迟钝。东京一些官员的核心信念是新世界不会那么暴
385 力，但布什并不这么认为。恰恰相反，令海部政府震惊的是，1989 年年末，总统派 2.7 万名士兵入侵巴拿马，推翻了一个令人讨厌的独裁者政权（在谈判中，他向那些给他贴上“懦夫”标签的媒体发起了挑战）。美国人和日本人都相信自己的实力使自己相信的东西。军事力量无可匹敌、经济陷入困境的美国预见到，除非自己的力量可靠，否则世界将陷入混乱。创造了经济“奇迹”但军事力量有限的日本预见到了新的、激烈的经济竞争。随后，伊拉克战争来了。[61]

七　海湾战争：美日冲突的典型案例

战争爆发于 1990 年 8 月 1 日，当日，伊拉克军队因领土边界和石油定价等争端入侵邻国科威特。20 世纪 80 年代，日本和美国都曾悄悄向伊拉克独裁者萨达姆·侯赛因（Saddam Hussein）示好。在这 10 年中，日本是伊拉克的最大或第二大贸易伙伴（事实上，自 1973—1974 年石油禁运造成创伤以来，几乎所有中东国家都是日本的贸易伙伴）。在萨达姆·侯赛因与伊朗——美国人最鄙视的国家——的近 10 年血腥战争中，美国一直对他予以支持。里根政府和布什政府甚至投放了数十亿美元的农业贷款，以便伊拉克人能够购买美国产品，特别是大米，并向这位独裁者提供了大量常规武器。因此，伊拉克对科威特的侵略让东京和华盛顿的官员甚感到意外。[62]

但官员们对这些（和其他）新出现的问题交谈甚少。1989—1993 年，国务卿詹姆斯·贝克（James Baker）访问东京的次数与其访问哈萨克斯坦首都的次数相同。布什的国家安全委员会中，关注军备控制问题的官员阵容强大，而关注亚洲事态发展的官员则寥寥无几。这些都逃不过日本人的眼睛。

伊拉克战争爆发的背景也是一场极为引人注目的美日冲突。像往常一样，这次冲突的原因是中国的发展，节点则是 1989 年 6 月。不过，美日之间对此态度不一。

日本公司希望继续在中国做生意，但美国强烈谴责了东京含糊其 386
辞的声明。[63]

然而，这种谴责在某种程度上是虚伪的。1990 年，美国人了解到：1989 年 6 月之后，就中美如何恢复正常关系一事，布什曾派遣高级官员与中国领导人有过讨论。总统认为中国日益增长的军事和经济实力不容忽视，拒绝取消给予中国进入美国市场的最惠国待遇。尽管国会表示异议，但他还是这么做了。当国会企图采取行动报复中国时，遭到了布什的否决。日本人开始觉得，他们看到的是 1971 年“尼克松冲击”的低水平重演。他们迅速采取行动，通过向中国发放 60 亿美元的政府贷款，在减轻国际制裁方面发挥了带头作用（并获得了北京的信任）。而且，新天皇 1991 年访问北京的计划仍在进行中。1993 年，又一波日本资金涌入了亚洲的廉价劳动力国家，这一次流入中国的资金比流入任何一个东南亚国家的都要多。[64]

在此背景下，1990 年 8 月 1 日，萨达姆·侯赛因入侵了科威特。布什起初十分犹豫。他发现很难突然扭转过去 10 年亲伊拉克的政策，但在英国首相玛格丽特·撒切尔（Margaret Thatcher）的推动下（英国银行严重依赖科威特的亿万富翁），布什实施了经济制裁，他还开始在沙特阿拉伯加强军事力量。终于做出决定的布什要求海部给他一件“救生衣”：总统亲自打电话给首相要求资金协助。谁知却碰了壁。财务省决心将政府支出控制在较低水平。此外，日本人还回忆起了其
387 他类似的尝试，当时他们和美国人远渡重洋动用军事力量，结果却不得不耻辱地撤退。很多日本人也认为，美国社会如此颓废，以至于不能有效地发动战争。例如，1986 年“挑战者号”（Challenger）的太空悲剧似乎就是美国技术衰落的一个例证。就在伊拉克入侵科威特之前，日本外务省一名官员曾公开警告称，在冷战后的无政府世界里，美国——鉴于其巨额预算赤字——无法独自支撑国际秩序。其他观察人士指出，激怒萨达姆终究不符合日本的利益：日本约 12% 的石油来自伊拉克。伊拉克还欠日本将近 25 亿美元的贷款。通产省希望要回这笔钱，但不希望参与任何与美国一同损害出口、提高油价和损害贸易的努力。最后，在入侵科威特之后没几周，伊拉克就扣押了 141 名在这次危机中受困的日本人作为实际上的人质（约 103 名美国人也被拘留）。[65]

如果海部希望与布什合作，他必须面对一座陡峭的“山峰”——一座满是其政府设置的陷阱的山峰。此外，在一个严重派系化和高度

腐败的政党中，他过于软弱，只是因相对诚实和体面才被提拔到高层，然而，他又掌管着世界第二大经济体和世界第三大军事预算。布什希望从这样一位富有的伙伴那里得到帮助，特别是自1951年以来，成千上万的美国士兵一直在日本为其提供安全保障。总统暗示，是时候回报了。

海部承诺提供资金和物资，但到1990年9月中旬，只有800艘船离开日本，帮助布什向中东运输了20万军队。美国众议院指责日本的援助太少了。根据一项压倒性的投票结果，众议院要求东京支付驻日美军45亿美元的全部费用，而不是目前支付的50%。海部试图以一项具有历史意义的法案作为回应，该法案将允许日本自1945年以来首次向海外派遣日本军队，尽管他们没有武装，只服务于后勤和医疗部门。就连这一提议也遭到了社会党领导人土井多贺子的强烈反对。她警告说，武装士兵“毫无疑问，会像黑夜追随白天一样追赶手无寸铁的人”。亚洲各国都对此表示同意。海部受到亲美的外务省同僚的支持，但这并不足以抵消来自通产省和财务省的反对。直言不讳的反对者呼应了盛田昭夫和石原慎太郎的观点，他们在畅销书《日本可以说“不”》中说，是时候教育一下拥有权力的美国人了。毕竟， 388
美国的导弹依赖日本制造的半导体和制导系统。如果“日本把芯片卖给苏联并停止卖给美国，这将打破整个军事平衡”。利用日本在技术上的胜利来约束美国人的时刻到来了。[66]

11月初，日本与萨达姆达成协议，对方释放了许多人质。美国人谴责该协议破坏了布什煞费苦心建立的反伊拉克阵线。海部则坚称没有向伊拉克让步。然而，当月晚些时候，他放弃了派遣非武装士兵进入战区的计划。批评如瀑布般冲下国会山。参议员约翰·麦凯恩（John McCain，来自阿肯色州）总结了自己对海部政策的看法，称其为“卑劣的表面功夫”。参议员阿方斯·达马托（Alphonse D’Amato，来自纽约）声称，东京的政策再次“被贪婪所左右”。许多日本人同意他的看法。1990 年秋在日本各地爆发的辩论具有深远影响。批评海部政策的人表示（用其中一人的话来说），“政府的行为就像一个富人的举止：邻家着火了，向他求救时，他却令人惊讶地说：给钱可以，给水没有”。[67]

在布什的坚持下，海部最终从立法机关艰难地弄到了 40 亿美元。然而，当美国国防部部长理查德·切尼（Richard Cheney）拒绝排除使用核武器的可能性时，日本对美国军事计划的批评再度高涨。随后，出乎许多日本人（和美国人）意料的是，美国领导的联军原计划于 1991 年 2 月发动大规模地面进攻解放科威特，但在这之前仅用一个月的轰炸就击败了伊拉克军队。战争在 100 小时内结束了。轰炸期间，华盛顿要求日本支付更多驻冲绳和本岛美军的费用（日本同意了），并另外支付 100 亿美元支持战争。直到 3 月 6 日，也就是在美国领导下取得大胜数周之后，海部才从国会压榨出了 90 亿美元。即使在那时，首相也因与布什合作而备受困扰。据说，海部有一个“布什按键专用电话”。他一直任职到 1991 年 11 月。在离开之前，他真的派遣 4 艘扫雷艇加入了其他 8 个国家的扫雷行动。日本商界领袖敦促他采取这一步骤，以缓和美国与日本的关系。[68]

美国的胜利使一些日本人重新评估他们对美国衰落和武力作用的看法。这场胜利也引发了担忧：1991 年年中，有更多的日本人开始将美国而不是苏联视为对日本安全的最大威胁，这自 1945 年以来尚属首次。至于美国方面，民调显示，除了一些讽刺外，还有近 1/3 的受访者对日本失去了尊重。战争期间，美国参谋长联席会议主席科林·鲍威尔（Colin Powell）将军和一些美国官员一直心存疑虑：在越
389 南悲剧发生后，这个国家还能有效地使用武力吗？但最终，当日本政客和官僚们为钱争吵不休时，美国人和他们的伙伴把儿女们投入了战场。值得注意的是，布什没有邀请日本代表到华盛顿参加庆祝胜利的仪式。科威特政府公开发表的感谢信中，也没有提到日本。[69]

1989—1992 年的这些事件——冷战结束、自民党分裂、投机泡沫破裂、伊拉克战争的余波——标志着日本战后历史和美日关系的重大转折。海部并不是唯一的政治牺牲品。反战的社会党在 1991 年春季选举中遭到惨败。土井女士不得不辞去党首。然而，获胜的自民党在 1993 年也遭遇了分裂。与此同时，伊拉克战争带来的压力突破了 1945 年后的国防政策。1992 年 6 月，日本国会通过了一项国际和平合作法，第一次允许日本参加联合国维和行动（日本向联合国提供的财政捐助已仅次于美国）。日本军队进入柬埔寨（日本公司在那里积极勘探石油）、莫桑比克和卢旺达参与了维和和人道主义行动。对于长期处于困境的外务省来说，这是一个胜利。这使东京开始要求成为联合国安理会常任理事国之一（并获得否决权）。[70]

日本接受其新的国际角色并不意味着它向美国妥协，随着新总统比尔·克林顿于 1993 年年初上台，日本与美国的冲突更加加剧了。

八　20 世纪 90 年代："美国在亚洲的政策从日本开始"

这场冲突的核心是"自由市场资本主义"（美国）和"非资本主义市场经济"［财务省的榊原英资用这个词来形容日本制度——他眼中更优越的亚洲人的制度］之间的激烈竞争。每个制度都有自己的拥护者，但双方都认为，亚洲市场是未来繁荣的关键。到 1993 年，美国跨太平洋双边贸易额达到 3690 亿美元，比跨大西洋贸易额高出 50% 以上，对亚洲的出口为陷入困境的制造业提供了 200 多万个就业机会。东亚经济在 1960 年占世界国民生产总值的 4%，1991 年上升 390
到 25%，到 2000 年将上升到 30%。竞争的重点是 600 万东南亚人和中国的十几亿潜在客户。克林顿在就任总统之初就清楚地意识到这场竞争的外交影响：美国商界成功地坚持让他与越南政府建立外交关系，这在很大程度上是为了让美国人有机会与日本人竞争，后者自20世纪六七十年代以来就一直在耕耘越南市场。[71]

日本进军东南亚的行动丝毫没有松懈。20世纪80年代中期到1992年间，日本对美国的出口比例从40%下降到28%，而对东南亚的出口比例上升了一半，从20%上升到31%。与此同时，日本人将汽车和电脑工厂搬到了该地区。以美元计算，日本对中国的出口在1991—1992年间翻了一番。《朝日新闻》记者船桥洋一准确地将这些趋势描述为“亚洲的亚洲化”。[72]

美国方面，贸易和投资继续流入中国。克林顿无视自己1992年的竞选承诺，在美国市场给予了中国最惠国待遇。中国现在是世界第三大经济体，到2020年可能会成为最大经济体，为了竞争这一市场，他别无选择。正如克林顿的特别贸易代表米奇·坎特（Mickey Kantor）在1995年所说的：“我只有一个工作：保护美国工人并为美国产品和出口创造市场。”但用世界银行的话说，美国似乎别无选择，因为日本正在“悄悄地取代美国成为东亚发展的重要伙伴”。1996年，助理国务卿温斯顿·洛德（Winston Lord）因这种悄悄发生的取代而大发雷霆：“我们在中国面临的最大问题之一是，当我们与其较量时，我们在欧洲和日本的朋友们却紧紧拽住我们的外套，急不可耐地抢走合同。”[73]

美国国务卿沃伦·克里斯托弗（Warren Christopher）在1995年发表的“美国在亚洲的政策从日本开始”的声明似乎有好几个含义。首先，美日安全和经济关系是华盛顿对亚洲整体策略的轴心。第二个意思似乎是，到1994—1995年，美国人——学自日本人——开始认为，为了部分政客之私利而牺牲市场份额是不切实际的，更不用说往往还白费力气。[74]

391 克里斯托弗的声明还意味着，4.7万驻日美军构成了华盛顿亚洲政策的核心。美国国防部官员认为，这些部队是亚洲稳定的保证。其他官员则认为，这是美国在该地区事务中能够有效撬动的、为数不多的剩余杠杆之一。包括中国人在内的亚洲人希望这将遏制日本潜在的军国主义。就日本方面而言，他们愿意每年为美国驻军支付约 50 亿至 70 亿美元，因为这为他们节省了比数十亿美元还多的军事开支，同时也让那些希望成为日本客户的亚洲人放心。

总而言之，华盛顿和东京的官员认为这种安全协定是神圣不可侵犯的。他们一致认为，必须保护它免受贸易争端所带来的尖刻批评。因此，日益增长的对贸敌意不仅是两种资本主义制度冲突带来的危险，也威胁到美日安全关系。于是，在美国对日政策的诸多矛盾中，就有这样一条：美国军人驻扎日本，是为了维持美国商界所发现的越来越难与之竞争的体系。

自 1945 年以来，美国的政策制定者并未这样规划过。他们为了一个开放的亚洲而在亚洲打仗。然而，非关税的行政障碍和经连会使日本市场得到了严密保护。1992 年，布什总统率领一个由美国汽车业实权高管组成的代表团访问东京，要求在贸易方面加强合作。当布什在晚餐时突然生病并呕吐到日本首相身上时，情况就更糟了。尽管如此，总统还是成功地迫使日本承诺购买更多的美国汽车零部件，但这些购买对缩小美国不断膨胀的贸易逆差几乎没有任何作用。[75]

起初，克林顿政府似乎更现实。总统自己阅读书籍并以古鉴今。他还启用了一批华尔街资深人士，他们的公司对日本技术了如指掌。克林顿发起了三路攻势。在第一条战线上，他支持新的亚洲区域组织，特别是亚太经合组织，以确保美国人不会被排除在这些重要论坛之外（布什最初不信任亚太经合组织，因为在亚太经合组织中，美国人是占少数的白人，他转而强调开放的双边贸易协定的必要性）。

克林顿的第二条战线引人注目：他开始公开发展一系列政商关系，目的是与日本（以及一些欧洲国家）获利甚多的政商关系竞争。当然，
事实上，美国长期以来一直奉行这样的产业政策。进出口银行、海外 392

私人投资公司（为海外交易提供担保）、给向海外销售产品的农民和企业提供巨额补贴，以及庞大的军费预算——所有这些都是政府对美国企业家的贡献。在这种背景下，经济学家约翰·肯尼斯·加尔布雷斯（John Kenneth Galbraith）的观察，即“美国版的社会主义”已经随着“企业专机”降落到了华盛顿，非常有趣。

克林顿采取行动扩大了这种关系。他宣布了一项足以匹敌日本和欧洲出口补贴的1.5亿美元的计划。大约30亿美元的贷款担保发放给了美国造船商。总统大张旗鼓地在华盛顿和底特律之间启动了一项为期10年的合作计划，旨在打造一款可能主宰全球市场的“超级汽车”（生产了美国25%的汽车、雇佣了3.4万名美国人的外国汽车制造商被排除在这些计划之外）。大卫·E.桑格（David E. Sanger）在《纽约时报》上写道：“自从美国海军被派往日本和中国去打开贸易港口以来……美国从未如此齐心协力地为美国公司达成协议努力过。”[76]

但克林顿也是步履蹒跚。受到政治压力以及对股票和债券市场担忧的困扰，他的政府担心与日本的贸易谈判会破裂——而日本官员充分利用了这一担忧。他在第三条战线上的攻势，不过是重复了美国传统的那套多次尝试、多次失败的策略：让美元贬值，让日元升值，这样美国的出口就会更具竞争力。在任何时期，这种策略对缩小贸易逆差的影响都微乎其微。报道援引财政部一位研究人员的话说：“克林顿政府中满是蠢货，他们的话一出口，就被别人牵着鼻子走。”[77]

这种货币政策的失败，以及共和党在1994年国会选举中取得的压倒性胜利，迫使——也允许——克林顿改变策略。他直接批评了日本受监管的市场。日本的政党制度混乱不堪，“泡沫经济”也已被戳穿，似乎已经不堪一击。正如卡尔·范·沃尔夫伦所言，日本已经进入了一个“不确定的时代”，这导致了“战后日本前所未有的方向性迷失”。20世纪80年代买下了美国高价房产（尤其是在好莱坞）的日本人发现自己的投资正在赔钱，而且在1989—1993年，日本在美国的投资下降了 50%，已经不足 150 亿美元。在国内，日本成为自 20 世纪 30 年代以来第一个遭受价格通缩的工业国。因此，克林顿和坎特设法走进了这个战场，并自信他们能够迫使日本开放汽车及其零部件市场。393
1986 年有明确数额目标的半导体协定最终使美国公司成功进入了日本市场，这提供了一个范例。

但由前财政大臣桥本龙太郎领导的日本政府拒绝让步。日本政府不会容忍重蹈半导体行业的覆辙。日本的经济问题表明，一次“严重的转变”正在袭来，正如日本兴业银行行长所说，“这种转变每半个世纪才会发生一次”。创伤只会让保护创造奇迹的重商主义体系变得更加重要。值得注意的是，即使在“泡沫”破裂期，大阪的经济规模也超过了整个加拿大。同样值得注意的是，即使在 1994 年后期大萧条最严重的时候，日本仍继续向基础研究投入资金，按占国民生产总值的百分比计算，这一数额比美国的研究经费高出几倍。日本人正利用经济衰退为自己在 21 世纪主导科技市场做准备。[78]

桥本拒绝对克林顿的要求做出很大让步。总统威胁要对在美国销售的日本豪车征收惩罚性关税［毕竟 R·塔格特·墨菲（R. Taggart Murphy）观察到，雷克萨斯（Lexus）的经销商很可能还是把票投给了共和党］。日本并非仅仅受了这一种威胁，然而，一项协议最终还是达成了。许多美国和日本专家担心，通过设定数字目标来管理贸易，可能会破坏 50 年来的开放贸易甚至是美国的自由贸易原则。日本企业不希望长期关系受到损害。波音和农业综合企业等美国出口商已开始渗透日本，他们担心遭到报复。双方都对达成协议施加了压力。情报机构、美国国务院和日本外务省也是如此——他们都担心从经济关系中渗出的酸性物质可能会侵蚀两国的安全纽带。[79]

桥本成功地达成了一项协议，其中日本几乎没有做出任何让步。他利用这一成就，推动自己成为新自民党联盟的领导人。桥本也是自 20 世纪 40 年代以来首位因多次公开抨击美国人而非与之合作而闻名的首相。至于克林顿的小型产业政策，其结果只能在很久以后才可评估。与日本创造奇迹的政策不同，美国的做法没有全面的长期目标或优先次序；缺乏一个不受政治影响的精英官僚机构来执行这样的计划，
394 而且总是在政商领袖组成的强大利益集团面前不堪一击，这些集团对回报通常缺乏耐心。此外，日本在华盛顿成立了一个实力强大、资金充足的游说团体，以确保任何改革都不会过度损害日本的利益。一个类似的亲美游说团体在东京不会有成功运作的机会，不因别的，只因无法有效地渗透到官僚决策中。

尽管各方都试图保护安全协定不受贸易谈判的影响，但这些协定还是面临着压力。一起“测试案例”出现在了朝鲜和韩国。朝鲜和韩国都对1905年后日本40年的殖民统治记忆犹新。自1965年与韩国实现关系正常化以来，日本一直致力于维持朝鲜半岛的现状。日本对朝鲜的影响力始于一个奇怪的“根源”：每年有30万在日本工作的韩国人把10亿到20亿美元寄给他们在这个贫困国家的亲戚。其中大部分资金来自韩国人开设的弹珠赌场的利润，而这些赌场碰巧也为日本社会党提供了主要支持。1993—1994年，美国谴责了朝鲜建造核武器工厂的计划，以及其禁止国际核查人员进入这些核设施的行为。克林顿开始实施严厉的经济制裁，也许更像是一场封锁。有关军事行动的讨论此起彼伏，但克林顿遭遇了“弹珠外交”。东京官员担心，切断赌场利润的流动可能会在朝鲜和日本造成动荡之虞。日本最大的自由派报纸《朝日新闻》也担心，与美国合作实施严厉制裁将重新唤起人们对日本军国主义的记忆。[80]

朝鲜允许国际核查人员进入核设施以换取巨额的经济援助，危机得以缓解。这一事件揭示了两项要求是如何破坏美日安全协定的。一是华盛顿希望日本更多地参与海外事务，用小泽一郎的话说，成为一个“正常的国家”。另一种要求来自亚洲各国政府和许多日本人，但矛盾的是，同样来自美国人，他们要求严格控制日本军队，日本先

进的核能和导弹项目必须受到严密监视和控制。1994 年，日本首相羽田孜宣称“日本有能力拥有核武器，但没有制造核武器”，这无助于缓解人们的担忧，由此引发的骚动迫使羽田否认日本有任何这样的“能力”。[81]

1995 年，3 名美国军人在冲绳强奸了一名 12 岁的女孩，这一事件进一步加剧了安全协定面临的紧张局势。调查显示，美国大兵在冲 395
绳和日本本土犯下了一系列此类罪行。在日本社会，即使女性是无辜的受害者，强奸仍会破坏她的婚姻前景，给她的家庭和学校带来特别的耻辱。日本人走上街头和国会讲台，要求即使不撤除，至少也要减少美军基地。然而，华盛顿官员担心，这种撤离可能会让亚洲其他地区感到不安，同时迫使它们重新考虑自己的整个安全政策。五角大楼的一名官员在 1995 年表示：“安全很像氧气，直到开始失去时你才会注意到它，一旦失去，你将再也不能考虑其他事情了。”[82]

更大的问题仍然存在。1945 年后的美日关系是否已经难以维系？在世纪之末，一段完全不同的关系是否即将诞生？

注释

1. *New York Times*, Sept. 28, 1971, in *NYT-GCI*, p. 395; Robert J. Smith, *Japanese Society*（Cambridge, UK, 1983）, p. 21.
2. 关于 20 世纪 70 年代成为重要转折点的情况，见 Yamamoto Mitsuru, *Fumo no gensetsu: Kokkai toben no naka no Nichi-Bei kankei* [The Barren Discourse: The Diet's Response to the Japan–U.S. Relationship]（Tokyo, 1992），特别是第 15—20 页；关于引语，见 I. M. Destler, Harukiro Fukui, and Hideo Sato, *The Textile Wrangle*（Ithaca, NY, 1979）, p. 27.
3. 关于 1972—1974 年的这些事件及其作为分水岭的历史价值，以及相关的主流学术分析，可参见 Walter LaFeber, "*From Detente* to the Gulf," in Gordon Martel, ed., *American Foreign Relations Reconsidered, 1890–1993*（London, 1994）, pp. 147–151.

4. *New York Times*, Jan. 16, 1975, p. 1.

5. Destler, et al., *Textile Wrangle*, pp. 313–315, 320; "Memorandum," Kissinger to Nixon, Feb. 27, 1973, National Security Archive, no. 73724: Chalmers Johnson, *MITI and the Japanese Miracle* (Stanford, 1982), pp. 292–296.

6. Franklin Tugwell, *The Energy Crisis and the American Political Economy* (Stanford, 1988), pp. 98–112.

7. 同上, pp. 113, 212–213.

8. 关于本段与上一段中日本的回应，见 John Welfield, *Empire in Eclipse* (London, 1988), pp. 344–346; Johnson, *MITI*, pp. 286–288, 297–300; F. C. Perkins, "A Dynamic Analysis of Japanese Energy Policies," *Energy Policy*, 22 (July 1994): 595–597, 606; 以及 Inada Juichi, "Hattentojokoku to Nihon" [Developing Countries and Japan], in Watanabe Akio, ed., *Sengo Nihon no taigai seisaku* [Postwar Japanese Foreign Policy](Tokyo, 1985), pp. 313–314.

9. The *Economist*, July 9, 1994, p. 17.

10. George C. Allen, *A Short Economic History of Modern Japan* (London, 1981), pp. 223–224; Welfield, *Empire*, pp. 330–331, 338.

11. Ono Kazumoto, "Shiu shogen: CIA tai nichi himitsu kosaku no zenbunsho" [New Testimony: Documents on Covert CIA Operations in Japan], *Bungei Shunju* (January 1995): 5.

12. Masao Miyoshi, *As We Saw Them* (Berkeley, 1979), pp. 183–185; Ezra F. Vogel, "Japanese–American Relations After the Cold War," in Aspen Strategy Group, *Harness the Rising Sun* (Lanham, MD, 1993), p. 165.

13. 卡特的背景与相关引用可参见 Walter LaFeber, "From Confusion to Cold War: The Memoirs of the Carter Administration," *DH*, 8 (Winter 1984): 1–12; 福特关于"主义"的演讲，见 *New York Times*, Dec. 8, 1975, p. C14; Thomas R. H. Havens, *Fire Across the Sea* (Princeton, 1987), pp. 241–244; Welfield, *Empire*, p. 339; 相对温和的观点，见 *New York Times*, Jan. 13, 1976, p. A4.

14. 关于日本的研究协会，见 Suzumara Kitaro and Mashahiro Okuno–Fujiwara, *Industrial Policy in Japan* (Canberra, 1987), p. 21; 关于棒球，见 Smith, *Japanese Society*, p. 50; 关于"汉堡包"的引语，见 Miyoshi, *As We Saw Them*, p. 95.

15. Smith, *Japanese Society*, pp. 124–125; Ezra F. Vogel, *Japan as Number One* (New

York，1979，1980），特别是第 70—73 页、第 90—91 页、第 232—245 页。

16. *The Economist*，July 15，1995，p. 87；Sadako Ogata，*Normalization with China*（Berkeley，1988），pp. 89–99；关于亚科卡的引语，见 *Washington Post*，July 10，1980，p. B1；William Nester，*Japan and the Third World*（New York，1992），pp. 18，106，114.

17. Welfield，*Empire*，p. 346；Havens，*Fire Across the Sea*，pp. 245，248；Jacques Hersh，*USA and the Rise of East Asia*（London，1993），pp. 53–56；Sydney Giffard，*Japan Among the Powers，1890–1990*（New Haven，1994），pp. 179–180；*New York Times*，Aug. 6，1978，p. 1.

18. *The Economist*，July 15，1995，p. 88.

19. Richard P. Cronin，*Japan，the United States and Prospects for the Asia–Pacific Century*（New York，1992），p. 59；Hersh，*USA*，pp. 62–63.

20. Zbigniew Brzezinski，*Power and Principle*（New York，1982），pp. 190，206，214–215；Jimmy Carter，*Keeping the Faith*（New York，1982），pp. 193–196.

21. Carter，*Keeping Faith*，p. 48.

22. Welfield，*Empire*，p. 334；*New York Times*，Nov. 9，1976，p. A61，及 July 23，1978，p. A9.

23. *Los Angeles Times*，Nov. 28，1978，p. I1，及 Dec. 8，1978，p. I4；Nester，*Japan and Third World*，pp. 152–153；Giffard，*Japan Among the Powers*（New Haven，1994），pp. 179–180.

24. W. G. Beasley，*The Rise of Modern Japan*（New York，1990），pp. 268–269；*Washington Post*，July 31，1978，p. A1.

25. Takashi Inoguchi，*Japan's Foreign Policy in an Era of Global Change*（New York，1993），p. 20；大平的访谈，见 *New York Times*，Nov. 23，1979，p. A27，及 Aug. 6，1978，p. 1. 据入江昭估计，以日元计算，国防预算从 1970 年的 5930 亿上升到 1978 年的 18810 亿。这些年，美元对日元的汇率从 1：360 跌至 1：195，物价指数从 577 飙升到 1227；Professor Iriye to author，Feb. 17，1996.

26. 关于卡特的军事预算，见 *Washington Post*，June 26，1980，p. A31；Seizaburo Sato，Koyama Ken–ichi，and Kumon Shumpei，*Postwar Politician，The Life of Former Minister Masayoshi Ohira*，translated by William R. Carter（Tokyo，1990），p. 534；Yamamato，*Fumo no genetsu*，pp. 61–67（关于卡特），pp. 74–75，99–100（关

于大平）; Giffard, *Japan Among the Powers*, pp. 185–186; 关于国防机构的报告，见 Cronin, *Japan, the United States*, pp. 60–61; Bruce Cumings, "Japan's Position in the World System," in Andrew Gordon, ed., *Postwar Japan as History*（Berkeley, 1993）, pp. 55–56.

27. 本段与上一段的背景及引用可参见 Inoguchi Takashi, *Kokusai kankei no seiji keizaigaku: Nihon no yakuwari to sentaku*［Economics and Politics in International Relations: Japan's Role and Choices］（Tokyo, 1985）, pp. 124–130; 关于美国的潜艇以及引发的抗议活动，见 *New York Times*, May 21, 1981, p. A6; Hersh, *USA*, pp. 100–101; Walter Dean Burnham, "American Politics in the 1980s," *Dissent*, 27（Spring 1980）; Brzezinski, *Power and Principle*, p. 515; 关于铃木，见 *Los Angeles Times*, July 17, 1980, pp. I14–16; 关于"占领我们"的社论，见 Robert E. Ward and Sakamoto Yoshikazu, *Democratizing Japan*（Honolulu, 1987）, pp. x–xi.

28. Giffard, *Japan Among the Powers*, pp. 177–178; Kent E. Calder, *Crisis and Compensation*（Princeton, 1988）, pp. 114–116; *New York Times*, Nov. 27, 1982, p. A1; 关于田中与福田的较量，见 *Los Angeles Times*, Nov. 25, 1982, p. I1; Richard J. Samuels, "*Rich Nation, Strong Army*"（Ithaca, NY, 1994）, pp. 171–175; 关于"电视民主"，见 "Yasuhiro Nakasone...," 采自 Alan M. Webber, *Harvard Business Review*, 67（March–April 1989）: 93.

29. "National Security Decision Directive Number 62. *National Security Decision Directive on United States–Japan Relations*," Oct. 25, 1982, National Security Archive, no. 73855; George P. Shultz, *Turmoil and Triumph*（New York, 1993）, pp. 173–178, 193.

30. 关于棒球的隐喻，见 "Yashuhiro Nakasone," pp. 84–85; Cumings, "Japan's Position in the World System," pp. 57–58.

31. 关于防御水平，见 Havens, *Fire*, p. 244; Calder, *Crisis*, pp. 416–417; 关于军火出口，见 John Dower, "Peace and Democracy in Two System," in Gordon, *Postwar Japan as History*, p. 30; Hideki Kan, "The Reagan Administration and the Expansion of the Military-Industrial Complex, " *Journal of American and Canadian Studies*, 3（Spring 1989）: 68–71.

32. "National Security Decision Directive Number 62," p. 2; Paul D. Wolfowitz, "Taking Stock of U.S. –Japan Relations," June 12, 1984, *Current Policy*, no. 593, p. 4.

33. 关于“日本公司”，见“Yasuhiro Nakasone,” p. 89；John Dower, *War Without Mercy*（New York, 1986）, p. 315；关于中曾根康弘及日本的种族观点，见 Havens, *Fire*, pp. 249–251.

34. “Yashuhiro Nakasone,” pp. 89–90；相关数据参见 Nester, *Japan and Third World*, pp. 40–41；Andrew Boltho, “Was Japan's Industrial Policy Successful?” *Cambridge Journal of Economics*, 9（1985）: 191–192；Inoguchi, *Japan's Foreign Policy*, p. 32.

35. 关于“自愿”的数据，见 Calder, *Crisis*, p. 119；Sidney Blumenthal, “Whose Side Is Business On, Anyway?” *New York Times Magazine*, Oct. 25, 1981，特别是第 95 页有文中引述的企业领导的观点。

36. 机床的例子，见“National Security Decision Directive Number 226. *Machine Tools and National Security*,” May 21, 1986, National Security Archive, no. 73862；John R. Kasich, “Get Rid of Corporate Welfare,” *New York Times*, July 9, 1995, p. E15.

37. “Yasuhiro Nakasone,” p. 88；Hersh, *USA*, pp. 86–87；关于与 1955 年的对比，见 Hideo Kanemitsu, “Trends in U.S.–Japan Economic Relations from 1955 to 1986.” *Journal of American and Canadian Studies*, 2（Autumn 1988）: 94.

38. Yoichi Funabashi, *Managing the Dollar*（Washington, DC, 1989）, p. 4；关于多尔与丹福斯，见 Ellen L. Frost, *For Richer, For Poorer*（New York, 1987）, p. 165；“National Security Decision Directive Number 154, *U.S. –Japan Trade Policy Relations*,” National Security Archive, no. 73860；关于资本市场，见 Mike M. Mochizuki, “Japan and the Strategic Quadrangle,” in Michael Mandelbaum, ed., *The Strategic Quadrangle*（New York, 1995）, p. 117.

39. 关于《广场协议》签订之后的情况，见 Frost, *For Richer*, p. 13；Nester, *Japan and Third World*, p. 35；关于日本国内的争论，Funabashi, *Managing the Dollar* 是很重要的文献。

40. 相关数据参见 Cronin, *Japan*, pp. 9–10；Calder, Crisis, p. 120；关于日元交易，见 Nester, *Japan and Third World*, p. 35.

41. R. Taggart Murphy, *The Weight of the Yen*（New York, 1995），特别是第 164—177 页；Stephen W. Bosworth, “The United States and Asia,” *Foreign Affairs*, 71（no. 1, 1991–92）: 119；关于“援助”，见 Nester, *Japan and Third World*, p. 19；关于中国的数据，见 *New York Times*, Aug. 21, 1985, p. D2；Beasley, *Rise*, pp. 252, 267；关于日本在中国的情况，见 Giffard, *Japan*, pp. 180–182.

42. Yoichi Funabashi, *Asia Pacific Fusion* (Washington, DC, 1995), pp. 105, 187–189; Cronin, *Japan*, pp. 73–74.

43. Nester, *Japan and Third World*, p. 160.

44. 同上, p. 65; 关于日元的整体影响效果, 见 David Gelsanliter, *Jump Start: Japan Comes to the Heartland* (New York, 1990); John Dower, *Japan in War and Peace* (New York, 1994), pp. 303–304.

45. *New York Times*, April 16, 1995, p. E5, 及 March 10, 1989, p. D2 (关于 1987 年的黑色星期一).

46. 关于散落在本章中的相关观点的精彩讨论可参见 Mark Mason, *American Multinationals and Japan* (Cambridge, MA, 1992), 特别是第 202--242 页, 有案例分析; Jean-Claude Derian, *America's Struggle for Leadership in Technology*, translated by Severen Schaeffer (New York, 1990), pp. 8, 172–173 (关于半导体制造技术联盟); 关于普雷斯托维茨的引语, 见 Dower, *Japan in War and Peace*, pp. 303–304; Akio Morita and Shintaro Ishihara, *The Japan That Can Say "No"* (Washington, DC, 1989), pp. 7–11.

47. Derian, *America's Struggle*, pp. 2–5; Kanemitsu, "Trends," pp. 103–105; 关于这些卡通现象, 见 Dower, *Japan in War and Peace*, p. 308.

48. Shultz, *Turmoil and Triumph*, p. 190; 关于《前川报告》及之后的情况, 见 Hersh, *USA*, p. 144; U.S. Department of the Treasury, "The Yen/Dollar Talks: Progress to Date and Current Issues," March 1987, National Security Archive, no. 71587; 关于机场, 见 *Washington Post*, Aug. 22, 1994, p. A12; Allen Wallis, "The U.S. and Japan," April 19, 1988, *Current Policy*, no. 1072.

49. Shultz, *Turmoil and Triumph*, pp. 189–190; C. Fred Bergsten and Paula Stern, "A New Vision for United States–Japan Economic Relations," in Aspen Strategy Group, *Harness the Rising Sun*, pp. 101–102.

50. Kevin Phillips, *Boiling Point* (New York, 1993), pp. 37–40; Dower, *Japan in War and Peace*, p. 304 (关于安倍的引语), 及 pp. 312–314 (关于反对日本的书籍); Shultz, *Turmoil and Triumph*, p. 195; Derian, *America's Struggle*, p. 270; Kan, "Reagan Administration," pp. 69–71.

51. Steve Rabson, " 'V–J Day' in Rhode Island," *Journal of American and Canadian Studies*, 9 (Spring 1992): 1–18.

52. Nester, *Japan and Third World*, pp. 233–234, 250–251.

53. Cronin, *Japan*, p. 5.

54. 相关引语和讨论，见 Homma Nagayo, *Utsuriyuku Amerika* [Changing America] (Tokyo, 1991), pp. 282–303; *Los Angeles Times*, Aug. 9, 1989, p. I1; Oct. 12, 1991, p. A1; Oct. 21, 1987, p. 18; and June 30, 1989, p. I6; *New York Times*, May 26, 1989, p. A1; 关于 1989 年选举，见 Kato Tetsuro, "Japanese Perception of the 1989 Eastern European Revolution," *Hitotsubashi Journal of Social Studies*, 23 (August 1991): 12.

55. Courtney Purrington, "Tokyo's Policy Responses During the Gulf Crisis," *Asian Survey*, 31 (April 1991): 179–180.

56. Ichiro Ozawa, *Blueprint for a New Japan*, translated by Louisa Rubinfien (Tokyo, 1994), 特别是第 91—99 页; Homma, *Utsuriyuku Amerika*, p. 304.

57. *Wall Street Journal*, July 16, 1993, p. A6.

58. Taggart, *Weight of the Yen*, pp. 200–202 讨论了价格设定; James K. Glassman, "Down and Out in Japan," *Washington Post*, Sept. 12, 1995, p. A19 引用了亚瑟的话并对其进行了分析; *Washington Post*, Nov. 29, 1994, p. C3; *The Economist*, July 9, 1994, p. 14 of "Survey of Japan" section.

59. Milton Ezrati, "Who Controls the Yen? Just Japan." *New York Times*, July 24, 1994, p. F9; *The Economist*, Sept. 10, 1994, p. 34.

60. Robert J. Samuelson, "They Have Met the Market–and Lost," *Washington Post*, March 29, 1995, p. A23; Chalmers Johnson, *Japan: Who Governs?* (New York, 1995), 特别是第 7—18 页、第 21—37 页、第 115—140 页、第 296—323 页; *Washington Post*, Sept. 12, 1995, p. D12.

61. 关于约翰逊的引语，见 David Halberstam, *The Next Century* (New York, 1991); 关于布什的演讲，见 *New York Times*, Jan. 29, 1992, p. A16; Inoguchi, *Japan's Foreign Policy*, pp. 103–104.

62. 美国里根与布什总统在 1991 年 8 月之前的政策，参见 Bruce Jentleson, *With Friends Like These* (New York, 1994); Theodore Draper, "The Culf War Reconsidered," *New York Review of Books*, Jan. 16, 1992, pp. 46–53; Cilbert Rozman, *Japan's Response to the Gorbachev Era* (Princeton, 1992), p. 277.

63. Inoguchi, *Japan's Foreign Policy*, p. 101; Kato, "Japanese Perception," pp. 5–6;

Rozman, *Japan's Response*, p. 308; Larry Berman and Bruce W. Jentleson, "Bush and the Post-Cold-War World," in Colin Campbell and Bert A. Rockman, eds., *The Bush Presidency; First Appraisals* (Chatham, NJ, 1991); Cronin, *Japan*, p. 35; Nestor, *Japan and Third World*, pp. 163-164.

64. William H. Gleysteen, Jr., "Japan and Korea in U.S. -China Policy during the 1990s," in Barber B. Conable, et al., eds., *United States and China Relations at a Crossroads* (Lanham, MD, 1995), p. 247; Cronin, *Japan*, p. 35; *The Economist*, May 7, 1994, pp. 75-76.

65. Inoguchi, *Japan's Foreign Policy*, p. 111; Lawrence Freedman and Efraim Karsh, *The Gulf Conflict, 1990-1991* (Princeton, 1993), pp. 81-82, 122-123, 156; *Washington Post*, July 3, 1988, p. A29; Kuriyama Takakazu, "Geikido no kyujunen dai to Nihon gaiko no shin tenkai" [Tremors in the 1990's and New Developments in Japanese Foreign Policy], *Gaiko Forum*, 12 (May 1990): 12-21.

66. Freedman and Karsh, *Gulf Conflict*, pp. 124-125; Nester, *Japan and Third World*, pp. 227-228; Morita and Ishihara, *The Japan That Can Say "No*," 特别是第3—5页。

67. Nester, *Japan and Third World*, pp. 227-231; 关于批评海部政策的日本人的引语，见 Freedman and Karsh, *The Gulf Conflict*, p. 122.

68. Purrington, "Tokyo's Policy Responses," pp. 167-172; *Washington Post*, March 7, 1991, p. A18; Toshiki Gome, "American Public Opinion During the 'Persian Gulf Conflict' and Its Image of Japan" (日文), *Journal of American and Canadian Studies*, 8 (Spring 1992): 33-52.

69. 关于日本人的观点，见 Peter Katzenstein and Nabuo Okawara, *Japan's National Security* (Ithaca, NY, 1993), pp. 1-2; Purrington, "Tokyo's Policy Responses," pp. 169-171.

70. The *Economist*, Sept. 17, 1994, p. 364; Steven R. Weisman, "Land of the Setting Sun?", *New York Times Book Review*, Sept. 11, 1994, p. 22; Ozawa, *Blueprint*, pp. 91-99; 关于联合国问题的一个重要观点，见佐藤欣也 (Sato Kinya) 的专栏，"From a Tokyo Window," *Asahi Evening News*, May 26, 1994. 尤其有帮助的是 Cronin, *Japan*, pp. 70, 89-96.

71. Sato Kinya, "From a Tokyo Window," *Asahi Evening News*, Feb. 10-11, 1994; Chalmers Johnson and E. B. Keehn, "The Pentagon's Ossified Strategy," *Foreign*

Affairs, 72 (July–August 1995): 第 112 页有榊原英资的引语; Robert A. Manning and Paula Stern, "The Myth of the Pacific Community," *Foreign Affairs*, 73 (November–December 1994): 81–82.

72. *The Economist*, Jan. 30, 1993, p. 59; Yoichi Funabashi, "The Asianization of Asia," *Foreign Affairs*, 72 (November–December 1993): 75–85.

73. *New York Times*, Feb. 5, 1995, 第 12 页有坎特的引语; *Washington Post*, May 5, 1994, p. A38; *The Economist*, Feb. 20, 1993, 第 17 页有世界银行的引语; *New York Times*, June 12, 1996, 第 A7 页有洛德的相关内容。

74. Warren Christopher, "America's Strategy for a Peaceful and Prosperous Asia–Pacific," July 28, 1995, 文件在作者手中; Robert S. Ross, "The United States and China and the Stability of Southeast Asia," in Conable, et al., eds., *United States and China Relations*, pp. 256–257.

75. *Washington Post*, May 11, 1995, 第 A18 页有一个很有用的调查。

76. *Far Eastern Economic Review*, April 15, 1993, pp. 10–11; *New York Times*, April 5, 1995, p. A25; *Wall Street Journal*, June 21, 1995, p. A20; *Washington Post*, Oct. 7, 1993, p. D23; *New York Times*, Feb. 19, 1995, 第 F1 页有桑格的引语。

77. Murphy, *Weight of the Yen*, pp. 268–282.

78. *Washington Post*, Feb. 22, 1994, p. A17; Karl van Wolferen, "Japan's Non–Revolution," *Foreign Affairs*, 72 (September–October 1993): 54; *New York Times*, Oct. 16, 1994, 第 E5 页有日本投资的相关内容; *Washington Post*, Sept. 30, 1995, 第 H2 页有 "每半个世纪" 的引语; *Newsweek*, Jan. 30, 1995, p. 30; *The Economist*, Oct. 21, 1995, 第 77 页有通缩的相关内容。

79. Murphy, *Weight of the Yen*, p. 281; *Washington Post*, June 29, 1995, p. A32; *New York Times*, June 30, 1995, p. D5; 吉姆·霍格兰 (Jim Hoagland) 的专栏, *Washington Post*, July 5, 1995, p. A33.

80. Izumi Hajime, "Chikakute poi rinjin" [A Near Far Neighbor], in Watanabe Akio, ed., *Sengo Nihon no taigai seisaku: Kokusai kankei no hen ijo to Nihon no yakuwari* [Postwar Japanese Foreign Policy: The Changes in International Relations and Japan's Role] (Tokyo, 1985), pp. 179–182; *New York Times*, April 24, 1994, p. 3; *Washington Post*, Jan. 9, 1994, p. H6.《朝日晚报》的首席专栏作家佐藤欣也在专栏中的立场与日本及其供职媒体的立场都不同, 这一点很有趣: "From a Tokyo

Window," *Asahi Evening News*, March 24, 1994.

81. *New York Times*, June 22, 1994, p. A10; Shultz, *Turmoil and Triumph*, p. 193.

82. *Washington Post*, Sept. 20, 1995, p. A15; Joseph S. Nye, Jr., "The Case for Deep Engagement," *Foreign Affairs*, 74 (July–August 1995): 第 91 页有关于"氧气"的引语。

结语 396

冲突：回望中的现实

1945 年后的美日关系是否已最终消失于历史舞台？在冷战后的世界，一种截然不同的关系是否会取代前者？要对这两个问题做出有益的回答，需要先了解两国的关系史。

1852 年，米勒德·菲尔莫尔（Millard Fillmore）总统命令马修·C. 佩里准将向日本天皇递交了一封不同寻常的信。“我们知道，贵国政府的传统法律不允许对外贸易，除了与中国人和荷兰人的贸易。”但菲尔莫尔恳求天皇允许日本和美国之间进行“自由贸易”。正如美国国务卿詹姆斯·贝克三世所回忆的，1989 年，布什政府上台时的“目标”是将“日本从一个内向的、信奉重商主义的经济巨人转变为一个向外看的经济政治强国，并与美国保持密切联系”。如果关于美日关系的记录只有这两份文件，观察人士就会得出结论：136 年来，美国人和日本人的关系几乎没有发生什么变化。[1]

事实上，很少有两国关系如同美日关系一样至关重要而又变故频繁。然而菲尔莫尔和贝克的话揭示了塑造两国关系的基本主题：美国决心塑造一个开放的日本，而且，还要塑造一个开放的亚洲。日本人决心打破西方的限制，将外国商品和资本拒之门外，以求最大限度地掌控自己的外交关系（以及他们的国内秩序）。在几个历史转折点 397

（1910—1915 年、1918—1922 年、1931—1945 年、20 世纪 70 年代），这两种路径之间的冲突围绕中国问题爆发了。

20 世纪 90 年代，除了极少数例外，美国官员一直坚持推行其前任在过去 140 多年里大力推行的政策：机会均等而公正无偏（用约翰·海的话说）地开发取之不尽的亚洲市场；以及塑造一种由一个西方强国（一战前是英国，后来是美国）担任高级合伙人，日本担任低级合伙人的政治模式。这种双重政策在 20 世纪 20 年代达到全盛。1929 年之后，随着美元这一中心环节的解体，其关系也随之分崩离析。日本人发誓再也不会如此受制于人，并在 20 世纪 40 年代末严格控制了自己的资本流动——具有讽刺意味的是，这是在道格拉斯·麦克阿瑟将军的帮助下完成的。1947 年日本财务省的一份内部分析表示，由于日本对"基础产业"的所有权"对日本经济的独立至关重要……我们必须保持警惕，防止外资控制公司管理层"。[2]

1951 年后的冲突本不应让人感到意外。到 20 世纪 60 年代，日本已从战争中惊人地恢复过来。和美国人一样，日本人积极追求独立的进程受到历史的影响。一个世纪以前，日本的精英官僚体系将武士道准则应用于明治时代，20 世纪 40 年代末，在美国占领官员的支持下，这种体系得以重建，美国人希望这能帮助日本重建经济并创造出口。这些精英官僚主导了日本的经济和外交政策。日本经济是由经连会塑造的，这是一个将实力强大的银行和产业非正式地联系在一起的"企业大家族"。经连会对资本的控制，使日本人既能进行长期规划，又能在实现其长期追求的经济自主目标方面走得更远。二战前，日本的政策重心是亚洲，战后则是美国，而在 1973 年后，重心再次回到了已经截然不同的亚洲。

与此同时，美国创造了一个集权程度稍逊的中央政府，其官僚机构受到的诽谤要远多于其系统性获得的授权。19 世纪末，美国实施了一系列保护主义和重商主义措施（包括高关税和巨额的选择性补贴）。

这些政策创造了美国近代史上最高的储蓄率和一个经济奇迹，使美国在20世纪初成为全球头号经济强国。因为有这样的竞争力，美国人决心开放国际贸易和资本流动。他们认为，自由的经济政策对创造世界市场和分配财富最为有利。在国内，竞争应是常态；成为经济指 398
南的不应是一系列非正式的家族和公司网络，而应是反垄断法。即使资本将因而依赖不断波动的市场而非稳定的储蓄，也没有关系：季度报告对生产者来说是一种受欢迎的定期检查，同时也鼓励美国人迅速改变策略，使其站在不断变化的技术前沿。

美国官员往往贯注于全球性的思考。日本和亚洲其他国家一样，将被融入美国的全球政策。当日本在1904—1915年或20世纪30年代试图封锁周边地区时，它与美国的冲突加剧了。1989年后，核心问题变成了亚洲地区组织（如东盟和亚太经合组织），这是否预示着一场新的冲突？新成立的东亚经济论坛（East Asian Economic Caucus，EAEC）被《经济学人》描述为"一个旨在排斥美国的亚洲版APEC"。与此同时，20世纪90年代的日本也怀疑，《北美自由贸易协定》（North American Free Trade Agrecment，NAFTA，成员有美国、加拿大和墨西哥）是否是华盛顿将日本出口商排除在西半球最富裕市场之外的手段。美国人回答说，《北美自由贸易协定》已经酝酿了至少80年，他们的市场仍然是世界上最开放的。美国认为，日本对《北美自由贸易协定》或美国保护国内生产商的抱怨，简直虚伪至极。而日本则把《北美自由贸易协定》和美国对工业的大规模援助视为行动不遵守说教的典型例子。[3]

正如詹姆斯·贝克三世在1989年表达的"悲哀的希望"所暗示的那样，美国一直试图把日本推向世界，而且似乎永远如此。当日本在1905年、1915—1920年或1931—1945年照办时，更多是出自自身的需要，然而，结果并不令人满意。1945年后，美国又做了一次此类尝试——尤其是，正如一位美国亲日派高层所观察到的那样，远东早已变成了美国的“远西”，或者更准确地说是“近西”。东京处于美国将这个“近西”融入更大世界贸易体系计划的中心。到1993年时，该中心运转良好，日本的贸易和投资主导了东南亚并流入中国。日本人均收入为31450美元，而美国为24135美元。全球最大的500家公司中，151家是美国公司，149家是日本公司。[4]

正如本书所指出的，美日冲突的原因有着深刻的历史根源。根源
399 可能被控制，但它们不会被彻底消灭。这两种不同的资本主义在文化层面上也产生了冲突。权势日益提升的日本财务省官员榊原英资在20世纪90年代表示，日本是非资本主义的市场经济，而美国是资本主义市场经济。他补充道，他和一些新的爱国同事打算让这两种制度之间的差异更为扩大。[5]

正如日本外务省官员栗山尚一在1990年写到的，1989年柏林墙的倒塌，“就像20世纪80年代落下了帷幕”。但是，1951年后美日冲突的根本原因，并未如帷幕落下般就此终结。就像栗山自己所预言的那样，冷战所包含的“特殊民族主义”在1989年后开始爆发，动摇了世界局势。由于实力的相对衰落，美国人再也无法“独自……维持国际秩序”。栗山尚一（1992—1995年颇受欢迎的驻美大使）希望再次上演1922年华盛顿会议式的合作——这次将有一个快乐的结局。但他担心，由于这两种资本主义之间根深蒂固的差异，紧张局势仍将加剧。包括查尔默斯·约翰逊、詹姆斯·法洛斯（James Fallows）、克莱德·普雷斯托维茨和R.塔格特·墨菲在内的许多美国著名的日本问题专家，大都同意栗山的结论。[6]

很明显，许多冲突是由数百年的文化差异造成的。不过，往往也忽略了其他原因。1945年后美国的自由贸易和“一个世界”政策几乎没有文化基础。20世纪初，美国的经济政策更多地由重商主义关税和政府的大力干预所决定，而不是任何对自由贸易的信念。在日本，1945年以后的工业和社会合作，与1945年之前的激烈斗争形成了鲜

明的对比。经济“奇迹”中备受赞誉的终身雇佣制在二战前并不存在，部分原因在于，工厂雇员往往是婚前从事短暂工作（工资很低）的年轻女性，而劳工组织则被打垮了。

在美国，第二次世界大战后的自由贸易和相关的经济政策起源于这样的决心——不再重蹈20世纪30年代的覆辙。或正如杜鲁门总统在1947年说的那样，“我们不能再经历30年代了”。这也是美国人千年一遇的机会带来的结果——他们在资本主义世界拥有了无可争议的霸权，并从开放市场的政策中获益良多。日本官员也从历史中吸取了教训。他们认为，通过压制军方并强调国家在产业组织方面的才 400
能，可以更好地实现对秩序和独立的追求——在1945年这一追求曾悲惨地陷入停滞。吉田模式取代了山县模式。经连会取代了殖民主义。到20世纪80年代，日本政府领导人开始屈从于美国减少限制的要求，其成功的政策也慢慢枯萎。正如历史学家卡罗尔·格鲁克（Carol Gluck）所观察到的，受日本严密保护的大米市场之开放，是“一粒一粒”打开的。[7]

事实上，在经历了50年的和平与频繁的合作之后，美国人和日本人经常以一种不为人知的热情互相抨击，比如关于美德就是如此。《华盛顿邮报》驻东京记者T.R.里德（T. R. Reid）总结说，日本人对美国人的看法似乎是这样的：

> 当父母在电视机前吃冰激凌的时候，你可以将之杀了。你可以蹂躏妻子，或把丈夫弄残。你也可以拿出一把火力够大的枪射杀一只灰熊，还可以把一个在万圣节敲门的16岁的无辜交换留学生炸死。你可以做上述任何一件事，只要找一个美国陪审团，就能逃脱惩罚。

所有这些事件都在美国和日本的电视上播出过。1995年，日本财务省国际局局长榊原英资公开表示，鉴于美国社会的暴力性质，美国“改革”日本资本主义的任何企图，“都是对我们自己文化价值观的野蛮暴行”。[8]

为了保护他们的文化价值观，日本人将自己的英雄复活了。曾于19世纪70年代领导了反西方现代化武士起义的西乡隆盛，在一系列著作中广获赞誉，这些作品售出840万册之多。甚至连小泉八云的作品也再度热卖，因为他对传统日本的热爱，用一位日本作家的话来说，使他成为“日本思想最雄辩、最真实的阐释者”。[9]

过去的文化被翻新用来保护现在的奇迹不受美国式现代化的影响。诚然，双方都篡改了过去。1995年，当各国纪念第二次世界大战结束50周年时，有几个插曲揭示了“过去”的力量。

在美国，不愿面对过去的情绪出现在华盛顿特区的史密森航空航天博物馆（Smithsonian’s Air and Space Museum）——世界上参观人
401 数最多的博物馆。史密森学会（The Smithsonian Institution）计划举办一场展览，展示1945年两颗原子弹的投放以及它们如何影响了战争的结局。顶尖学者们煞费苦心，为一份400多页的分析报告撰写了多份不同草案，为这次展览提供背景，文本中不乏日本视角。这次展览还进一步展示了描绘广岛爆炸遇难者惨状的工艺品。基于广泛的学术研究和新的文献，这些文本质疑是否有必要投下原子弹。

这些历史文本引发了退伍军人团体和他们在国会的朋友们的猛烈批评。他们拒绝接受新的研究成果，拒绝日本视角，抨击“修正主义”，并威胁要削减史密森学会的预算。遭受惩罚的博物馆否认了这些研究成果，馆长也被迫辞职。50周年纪念活动的标志是“伊诺拉·盖”号的露裸机身，但没有附任何文本。广受尊敬的太平洋战争史历史学家罗纳德·斯佩克特（Ronald Spector）回忆说，在其担任海军军史局局长时，曾受到压力要其对历史事件中的美国海军官方做出美化，对此，他回应道：“我们国家不需要政府来批准如何撰写历史。如果你想让政

府来管，那你应该去沙俄。”史密森学会事件之后，斯佩克特总结说：“看来他们至少可以留在华盛顿。”他补充说，很明显，许多美国人认为有些事件“太重要了，不能留给历史学家去处理”。[10]

一位熟悉日本的美国记者写道，史密森学会对争议的解决方案是“一个典型的日本方案”。日本非常善于回避自己在二战中的罪行，它把有趣的军事文物放在博物馆里，但几乎没有解释为什么它们在20世纪三四十年代会被使用。在一些毫无价值的奇幻小说中，这场战争被重新展开，它们有时以日本军队解放加州为故事结尾，有时以道格拉斯·麦克阿瑟将军因犯战争罪被起诉而告终。这些畅销书（有时销量超过10万册）的读者是一些对战争没有记忆、主要通过精细净化了日军暴行的教科书来了解战争的年轻人（直到20世纪90年代，其中一些教材才终于变得更符合事实）。一些博物馆和电视网络展示了真实的历史。NHK电视台的纪录片生动地描述了20世纪40年代，韩国妇女被迫充当日军“慰安妇”或性奴隶的痛苦。不幸的是，这些角度没有在政治高层引起回应。好几名日本内阁成员为日本的战争罪行辩护。一位法务大臣甚至否认了1937年日军在南京屠杀数十万中 402
国人的事件。这些官员最终因日本国内外的抗议而被迫辞职。[11]

1991年，日本传奇导演黑泽明的美国影迷也发出了类似抗议。自20世纪50年代以来，黑泽明通过《罗生门》《七武士》和《生之欲》等影片重新定义了电影制作（《生之欲》精彩地抨击了日本的官僚主义）。然而，为纪念“珍珠港袭击”50周年拍摄的《八月狂想曲》中，黑泽明邀请演员理查德·基尔（Richard Gere）——扮演一个不太像的日裔美国人角色——前往长崎，为1945年8月9日的原子弹爆炸含泪道歉。这部电影意在指责美国人应为日本人遭受的苦难负责，却又从未提及日本对中国的掠夺、对美国囚犯的虐待或珍珠港袭击本身。两枚原子弹似乎只是出于美国的残暴才被投放到日本的。当西方人抨击这部电影时，黑泽明十分震惊。[12]

美国人对这种篡改过去的行为感到愤怒，他们想让日本政府调查，为什么德国集中营里的美国战俘死亡率是 1/25，而在日本监狱中的死亡率却高达 1/3——死亡方式通常很残忍（比如被斩首）。伊恩·布鲁玛（Ian Buruma）的名作《罪孽的报应》（*The Wages of Guilt*）详细描述了德国如何试图与过去和解，而日本却没有这样做，以及这种差异如何有助于解释为什么德国比日本更容易得到邻国的信任。1995 年年中，当国会议员提议通过一项为战时侵略和暴行道歉的决议时，70% 的自民党成员与其他反对者联合否决了该法案。一名美国记者指出，双方争吵激烈，如同“美国众议院的民主党人和共和党人”试图“就美国在越南战争中所扮演的角色撰写一份联合声明”时，才可能会出现的情况。在经历了激烈的歇斯底里之后，1995 年 8 月，日本近 40 年来的首任社会党首相村山富市制止了争论。日本高层官员在历史上首次为日本在战争中造成的苦难和破坏“道歉”。村山特别向其他亚洲国家的人民表达了“衷心的歉意”。他的悔悟或许也是社会党人对日本在未来可能卷入类似海湾战争的冲突的警告。即便如此，村山富市的内阁还是一致批准了他的道歉。然而之后就有许多阁僚参拜靖国神社，纪念在战争中阵亡的日本军人，其中包括大约 6 千名“神风”飞行员。[13]

403 值得注意的是，在 20 世纪 90 年代，日本人和美国人都认为没有必要纪念中国在战争中所扮演的角色和遭受的苦难。中国官员缺席了纪念活动。在中国问题上，两国长达一个世纪的斗争忽然被忽视了，正如这一斗争于 20 世纪 90 年代在一个完全不同的中国内部忽然又加速了一样。[14]

一位日本高级官员在 1996 年表示：“过去 100 年来，我们在外交事务上的重点一直是美国，从现在开始，重点必须是中国。”到 2010 年或 2020 年，中国可能成为世界上最大的经济体。约 5500 万海外华人为中国的发展提供了大量资金和专业知识，美国和日本投资者也在争夺这个巨大的市场。日本电子巨头松下电器在 32 家中国工厂中雇佣了 1.8 万名员工，这是日本大举进军亚洲以利用廉价劳动力、开发广阔市场行动的缩影。与此同时，微软（Microsoft）、IBM 和美国运通等世界领先的美国计算机和服务行业也在中国扩展业务。日本路径的三个特点使其有别于美国。首先，日本人明白有必要与中国的家族网络合作，以在市场上获得优势。这种亲缘关系巩固了 1945 年前的财阀和战后的经连会，它们塑造了日本独特的经济。其次，在对华交往上，日本商人只安心做生意，不谈政治。许多亚洲国家认为，民主和问责制并非资本主义发展的必要先决条件，反而可能成为阻碍。西欧人也没有打算在中国挑战这种看法。美国汽车制造商曾在 1995 年认为，他们在中国建立新工厂的问题上处于有利地位，结果却发现这些利润丰厚的合同被一家德国公司截了胡。最后，与美国不同，日本扩大了对外援助，并将其与购买日本商品紧密联系在一起。对外援助成为日本进入中国和东南亚的锥形进攻战术，而美国国会则无情地削减援助，直到其对外援助在工业化国家中人均排名垫底。美国人将对外援助视为安全保障，因此在冷战后予以大幅削减。而日本人把援助看作经济手段，故而在 1989 年以后不断扩大援助规模。[15]

日本不情愿地在 1995—1996 年巩固了与美国的安全关系。在略 404
微削减自己军力的同时，日本承诺继续支付美国在日本军事开支的70%。它还悄悄重新解释了条约，这样美国军队就可以利用日本的军事基地将军事行动最远推进到波斯湾，而日本也将首次提供武器部件和后勤支持。

然而，没有人知道，如果中美之间爆发冲突，日本人会作何反应。一位美国高级官员在 1996 年指出，遏制措施对苏联起了作用，因为“我们有许多好盟友”。然而，对中国，“我们在亚洲不会有任何盟友来帮。这会导致与日本、韩国和整个东南亚的关系严重紧张，更不用说与澳大利亚的了”。日本主要防务分析人士西原正对此表示赞同。

西原认为，单靠日本无法对付中国，也无法保护重要的海上航道，因此日本需要美国，“但问题是，日本政府不想与美国谈论中国或韩国问题”。[16]

危机将继续考验美国人和日本人，看他们是否吸取了历史教训。历史学家山本满（Yamamoto Mitsuru）指出，冷战结束后，美日关系被迫经历了“一个基本而深刻的调整过程”，但两国仍在“用旧话语来解决新问题”。对美国人来说，考验将是他们能否接受一个为亚洲人服务、由亚洲人建设的亚洲——其中美国在经济和军事上（尽管五角大楼强烈反对）的角色都将相对下降。可能的答案是，美国人不会接受这种情况。200 年的历史，尤其是 1989 年后作为全球超级大国的感觉，使美国几乎更不可能接受。亚洲市场提供了太多的利润，对于已经无所不能的美国军队来说，不断增长的国防预算太诱人了。对日本人来说，一个考验将是，他们最终是否学会了用不同于以往的眼光来看待其他亚洲人，以及他们能否维持对军队的制度性防范措施。另一个考验将是，日本如何才能在新技术和外国金融势力的“台风”侵袭下维持其社会和政治秩序，这一已有数百年历史的秩序可能被“台风”吞噬。因此，无论对美国还是对日本来说，由一种简单的新关系来取代旧关系的明确前景尚未展露。《朝日新闻》1993 年发表的社论指出：“人们应该认识到，日美关系已经进入了另一个竞争时代，在新时代中任何含糊其辞都是行不通的。”[17]

405 因此，日美关系可能会继续与冲突相伴。不过，倘若从过去的经验中吸取教训，则可使两国人民之间有更好的了解，如果他们幸运，还可以认识到必须接受、控制和限制这一冲突。当然，冲突的根源深深扎根于历史之中，不可能稳妥地被消灭。那些早期冲突——关于哪种制度将主导对亚洲，特别是对中国市场开发的长达百年的竞争，其主要根源仍将继续影响美国和日本在 21 世纪的国内外政策。

注释

1. Edward M. Barrows, *The Great Commodore* (Indianapolis, IN, 1935), pp. 284–285; James A. Baker III, *The Politics of Diplomacy* (New York, 1995), p. 44.
2. R. Taggart Murphy, *The Weight of the Yen* (New York, 1995), p. 87.
3. *The Economist*, Jan. 14, 1995, p. 13.
4. "远西" 概念在 11 章中已经有过讨论; *Washington Post*, Aug. 15, 1995, p. A14.
5. Clyde Prestowitz, "Japan and the United States: Twins or Opposites?" in Aspen Strategy Group, *Harness the Rising Sun* (Lanham, MD, 1993), p. 79.
6. Kuriyama Takakazu, "Geikido no kyujyunen dai to Nihon gaiko no shin tenkai" [Tremors in the 1990s and New Developments in Japanese Foreign Policy], *Gaiko Forum*, 12 (May 1990): 12, 15, 20–21; Miyazato Seigen, "Posuto haken jidai no Nichi-Bei kankei" [Japan-U.S. Relations in the Post-Hegemony Period, 1985–1993], in Hosoya Chihiro, ed., *Nichi-Bei kankei* [Japan-U.S. Relations] (Tokyo, 1995), pp. 264–293; James Fallows, "What Is an Economy For?" *Atlantic Monthly* (January 1994): 76–92; Chalmers Johnson, *Japan: Who Governs?* (New York, 1995), 特别是第 3—5 章、第 11 章、第 15 章; Thomas K. McCraw and Patricia A. O'Brien, "Production and Distribution: Competition Policy and Industry Structures," in Thomas K. McCraw, ed., *America versus Japan* (Boston, 1986), pp. 79–80; Paul Krugman, "The Myth of Asia's Miracle," *Foreign Affairs*, 73 (November-December 1994): 第 77—78 页有一个相反的观点。
7. 杜鲁门对 20 世纪 30 年代的引用，见 U.S. Government, *Public Papers of the Presidents... Truman, 1947* (Washington, DC, 1963), pp. 167–172; Robert B. Reich, "Playing Tag with Japan," *New York Review of Books*, June 24, 1982, pp. 37–39; Carol Gluck, "Patterns of Change," *Bulletin of the American Academy of Arts and Sciences*, XLVIII (March 1995): 48–51; Ezra F. Vogel, "Japan-American Relations After the Cold War," in Aspen Strategy Group, *Harness the Rising Sun*, p. 179; Warren Christopher, "The U.S. -Japan Relationship," *Department of State Dispatch*, March 11, 1994, p. 3.
8. *Washington Post*, Feb. 6, 1994, p. C1; *New York Times*, Sept. 16, 1995, p. 31.
9. *The Economist*, Oct. 1, 1994, pp. 42–44; Jonathan Cott, *Wandering Ghost: The Odyssey of Lafcadio Hearn* (New York, 1991), pp. xvi–xvii.
10. David E. Sanger, "Coloring History," *New York Times Magazine*, July 2, 1995, pp.

30–31；John W. Dower，“How a Genuine Democracy Should Celebrate Its Past，” *Chronicle of Higher Education*，June 10，1995，pp. B1–B2；Ronald H. Spector，“Reflections on the Enola Gay Debacle，” *GW Magazine*（Fall 1995）：35；感谢迈克尔·卡曼为我提供了斯佩克特的资料。

11. 关于背景与引语，见 Sanger，“Coloring History，” p. 30；关于官员的辞职，见 Sato Kinya，“From a Tokyo Window，” *Asahi Evening News*，May 12，1994；关于畅销书，见 *New York Times*，March 4，1995，p. 5；以及一系列重要文章，“Hiroshima in History and Memory：A Symposium，” *DH*，19（Spring 1995）：197–365；以及 Sadao Asada，“The Mushroom Cloud and National Psyches，” 文件在作者手中。
12. 对此，一份精彩的概念来自 T. R. Reid in the *Washington Post*，Dec. 28，1993，p. C2.
13. 关于战俘的数据，见 *Washington Post*，March 16，1995，p. D1；Ian Buruma，*The Wages of Guilt*（New York，1994），是关于日德比较的重要文献；关于日本的“道歉”，见 *New York Times*，Aug. 16，1995，p. A3；里德对日本战争纪念报道的概述见 *Washington Post*，Aug. 14，1995，p. A13；纪思道（Nicholas Kristof）关于靖国神社的报道见 *New York Times*，July 30，1995，pp. 8xx–9xx in Travel Section.
14. 关于“没有必要纪念中国在战争中所扮演的角色和遭受的苦难”，见 Yoichi Funabashi，“Clinton Missed Chance，” *Asahi Shimbun*，Sept. 5，1995，pp. 2–3；Kevin B. Phillips，*Boiling Point*（New York，1993），p. 237；Ian Buruma，“Ghosts of Pearl Harbor，” *New York Review of Books*，Dec. 19，1991， p. 13.
15. 尤其重要的是托马斯·L. 弗里德曼的专栏，*New York Times*，Feb. 28，1996，p. A17，及 March 3，1996，p. E15；以及 Nicholas Kristof，*New York Times*，June 16，1996，P.E3，及 Sandra Sugawara，*Washington Post*，June 6，1996，p. D9.
16. *New York Times*，Feb. 25，1996，第 E5 页引用了美国官员的话；*New York Times*，Feb. 28，1996，第 A17 页有西原正的引语；关于更多背景，见 *The Economist*，Feb. 20，1993，pp. 19–22；*Washington Post*，April 17，1996，p. A29，及 April 19，1996，p. A29，及 *New York Times*，May 28，1996，p. A8（关于新的安全措施）.
17. Yamamoto Mitsuru，*Fumo no gensetsu*：*Kokkai toben no naka no Nichi–Bei kankei* [The Barren Discourse：The Diet's Response to the Japan–U.S. Relationship]（Tokyo，1992），pp. 232–236；Peter J. Katzenstein and Nobuo Okawara，*Japan's National Security*（Ithaca，NY，1993），pp. 6–7；*New York Times*，April 20，1993，第 D2 页引用了《朝日新闻》的话；关于日本在亚洲角色的简明历史观，见 *The Economist*，Oct. 7，1995，pp. 35–36.

附　录

书中使用下列缩略语指称相关档案、手稿和特定的期刊材料。

Acheson Papers	Papers of Dean Acheson, Harry S. Truman Library, Independence, Missouri
Adams Papers	Papers of Henry Adams, Houghton Library, Harvard University
AHR	*American Historical Review*
Baker Papers	Papers of Newton D. Baker, Herbert Hoover Library, West Branch, Iowa
Barker Papers	Papers of Wharton Barker, Library of Congress
Bartlett, *Record*	Ruhl J. Bartlett, ed., *The Record of American Diplomacy. Documents and Readings in the History of American Foreign Relations*, 4th edition enlarged (New York, 1964)
Beasley, *Documents*	W.G. Beasley, ed., *Select Documents on Japanese Foreign Policy*, 1853–1868 (London, 1955)
Bourne, *Documents*	Kenneth Bourne and D. Cameron Watt, *British Documents on Foreign Affairs—Reports and Papers from the Foreign Office Confidential Print. Series E.* Asia (Frederick, MD, 1989)
Butler, *Documents*	Rohan Butler, ed., *Documents on British Foreign Policy, 1919–1939. 1st Series* (London, 1946–)
Castle Diaries	Diaries of William Castle, Houghton Library, Harvard University

Castle Papers	Papers of William Castle, Herbert Hoover Library, West Branch, Iowa
CIA Reports	*CIA Research Reports: Japan, Korea, and the Security of Asia, 1946–1976* (Frederick, MD, 1976)
Cabot Papers	Papers of John Moors Cabot, Fletcher School, Tufts University
CJ	*Contemporary Japan* (Tokyo, 1932–70)
Cortelyou Papers	Papers of George B. Cortelyou, Library of Congress
CFR	Council on Foreign Relations, New York City
Daniels, *Cabinet*	Josephus Daniels, *The Cabinet Diaries of Josephus Daniels, 1913–1921*, ed. E. David Cronon (Lincoln, NE, 1963)
Davis Papers	Papers of Norman Davis, Library of Congress
DDQ	*Declassified Documents Quarterly Catalogue* (Washington, DC, 1975–)
DH	*Diplomatic History*
Dickman Papers	Papers of Major-General John T. Dickman, Notre Dame University
Dulles Papers	Papers of John Foster Dulles, Princeton University
Eisenhower Library	Dwight D. Eisenhower Library, Abilene, Kansas
FRUS	U.S. Department of State, *Foreign Relations of the United States* (Washington, DC, 1861–), followed by year and, if necessary, volume
FRUS: *Japan*	U.S. Department of State, *Foreign Relations of the United States*: *Japan, 1931–1941*, 2 vols. (Washington, DC, 1943)
FRUS: *Lansing*	U.S. Department of State, *Foreign Relations of the United States*: *The Lansing Papers, 1914–1920*. 2 vols. (Washington, DC, 1940)
FRUS: *Paris*	U.S. Department of State, *Foreign Relations of the United States*: *Paris Peace Conference, 1919*, 13 vols. (Washington, DC, 1942–47)
Gage Papers	Papers of Lyman Gage, Library of Congress
Gaimusho, *Komura*	Gaimusho [Japanese Foreign Ministry], *Komura Gaikoshi* [The Diplomacy of Komura] (Tokyo, 1953)
Gaimusho, Nippon	Gaimusho [Japanese Foreign Ministry], *Nippon Gaiko Nenpyo Narabimi Shuyo Bunsho* [Japanese Foreign Relations Chronicle and Documents], Vol. I (Tokyo, 1965)

Goldberg, *Documents*	Harold J. Goldberg, ed., *Documents of Soviet-American Relations* (Gulf Breeze, FL, 1993–)
Grew Papers	Papers of Joseph C. Grew, Houghton Library, Harvard University
Hara Takashi	*Hara Takashi Nikki* [*Diaries of Hara Takashi*], Vol. 8 (Tokyo, 1950)
Harriman Papers	Papers of W. Averell Harriman, Library of Congress
Hay Papers	Papers of John Hay, Library of Congress
Henderson Papers	Papers of Loy Henderson, Library of Congress
Hoover Library	Herbert Hoover Library, West Branch, Iowa
Hoover Papers	Papers of Herbert Hoover, Herbert Hoover Library, West Branch, Iowa
Hopkins Papers	Papers of Harry Hopkins, Franklin D. Roosevelt Library, Hyde Park, New York
Hosoya, "Documents"	Chihiro Hosoya, ed., "Japanese Documents on the Siberian Intervention, 1917–1922. Part 1, November, 1917–January, 1919," *Hitotsubashi Journal of Law and Politics*, 1 (April 1960): 30–53.
House Papers	*Papers of Edward Mandel House*, *Yale University*
IHR	*International History Review*
JACS	*Journal of American and Canadian Studies* (*Tokyo*, *1988–*)
JAEAR	*Journal of American–East Asian Relations* (*Chicago*, *1992*)
JAH	*Journal of American History* (*Bloomington*, *IN*, *1964–*)
JAS	*Journal of Asian Studies* (*Ann Arbor*, *MI*, *1941–*)
JJAS	*Japanese Journal of American Studies* (*Tokyo*, *1981–*)
JJS	*Journal of Japanese Studies* (*Seattle*, *WA*, *1974–*)
JMJS	*Journal of Modern Japanese Studies* (*Tokyo*, *1977–*) *—in Japanese*
Kennedy Library	John F. Kennedy Library, Columbia Point, Boston
Kimball, *Corresp.*	Warren F. Kimball, ed., *Churchill and Roosevelt*: *The Complete Correspondence*, 3 vols. (Princeton, 1984)
Lansing Diaries	Robert Lansing Diaries, Library of Congress
LBJ Library	Lyndon Baines Johnson Library, Austin, Texas
Leahy Diaries	Admiral William E. Leahy Diaries, Harry S. Truman Library, Independence, Missouri

Link, *Council*	Arthur S. Link, ed. and translator, *The Deliberations of the Council of Four (March 24–June 28, 1919). Notes of the Official Interpreter Paul Mantoux*, 2 vols. (Princeton, 1992)
Link, *Wilson Papers*	Arthur S. Link, ed., *The Papers of Woodrow Wilson*, 68 vols. (Princeton, 1966–93)
Maki, *Documents*	John M. Maki, ed., *Conflict and Tension in the Far East, Key Documents*, 1894–1960 (Seattle, WA, 1960)
McKinley Papers	Papers of William McKinley, Library of Congress
Moore Papers	Papers of R. Walton Moore, Franklin D. Roosevelt Library, Hyde Park, New York
Moore. J. B., Papers	Papers of John Bassett Moore, Library of Congress
Morgenthau Diaries	Henry Morgenthau, Jr., Presidential Diaries, Franklin D. Roosevelt Library, Hyde Park, New York
NA, RG 59	National Archives, Washington, DC, Record Group 59
NYT-GCI	*New York Times, Great Contemporary Issues. Japan* (New York, 1974)
Olney Papers	Papers of Richard Olney, Library of Congress
PHR	*Pacific Historical Review* (Berkeley, 1932–)
Princeton Seminars	Princeton Seminars, Papers of Dean Acheson, Harry S. Truman Library, Independence, Missouri
POQ	*Public Opinion Quarterly (New York, 1937–)*
PRO	Public Record Office, Kew, United Kingdom
PSQ	*Political Science Quarterly*
Rockhill Papers	Papers of William W. Rockhill, Houghton Library, Harvard University
Roosevelt Library	Franklin D. Roosevelt Library, Hyde Park, New York
Roosevelt, *Letters*	Theodore Roosevelt, *Letters*, selected and edited by Elting E. Morison, 8 vols. (Cambridge, MA, 1951–54)
Roosevelt Papers	Papers of Theodore Roosevelt, Library of Congress
Root Papers	Papers of Elihu Root, Library of Congress
Saionji Memoirs	Harada Kumuo, *The Saionji-Harada Memoirs (1931–1940)* U.S. Army, Civil Intelligence Section Special Report (Tokyo. 1946–47)

Senate FRC, *Executive*	United States Congress, Senate, Foreign Relations Committee, *Executive Sessions of the Senate Foreign Relations Committee* (*Historical Series*) (Washington, DC, 1976–)
Seward Papers	Papers of William Seward, University of Rochester
Signals Intelligence	Great Britain, Public Record Office, "Signals Intelligence Passed to the Prime Minister, Messages and Correspondences (ENIGMA Messages)," HW 1, Kew, United Kingdom
Stettinius Papers	Papers of Edward R. Stettinius, University of Virginia
Stimson Diary	Henry Stimson Diary, Yale University
Straight Papers	Papers of Willard Straight, Cornell University
Taft Papers	Papers of William Howard Taft, Library of Congress (microfilm)
Truman Library	Harry S. Truman Library, Independence, Missouri
Webster, *Papers*	Daniel Webster, *The Papers of Daniel Webster. Series 3*, ed. Kenneth E. Shewmaker (Hanover, MA, 1974–89)

参考书目

这份参考书目用于对本书的尾注进行补充和详细说明。参考书目的挑选基于其是否在本书中多次引用，以及/或者它们是否构成了本书总体论点的重要来源。

手稿和档案资料以及一些出版的文件不会被列入参考书目。为了读者方便查阅，已在附录部分将其列出。

Acheson, Dean G. *Crisis in Asia. An Examination of U.S. Policy*. Washington, DC, 1950.

——. *Present at the Creation. My Years in the State Department*. New York, 1969.

Agawa Hiroyuki. *The Reluctant Admiral: Yamamoto and the Imperial Navy*. Translated by John Bester. Tokyo, 1979.

Aichi Kiichi. "Japan's Legacy and Destiny of Change." *Foreign Affairs*, *48* (October 1969).

Akamatsu, Paul. *Meiji 1868. Revolution and Counter-Revolution in Japan*. New York, 1973.

Allen, G. C. *A Short Economic History of Modern Japan*. New York, 1981.

Allison, John *M. Ambassador from the Prairie; or, Allison Wonderland*. Boston, 1973.

Alperovitz, Gar. *The Decision to Use the Atomic Bomb and the Architecture of an*

American Myth. New York, 1995.

Anderson, Irvine H., Jr. *The Standard-Vacuum Oil Company and United States East Asian Policy, 1933–1941*. Princeton, 1975.

Anethan, Albert d'Baron. *The d'Anethan Dispatches from Japan, 1894–1910*. Selected, translated, and edited, with a historical Introduction by George Alexander Lensen. Tokyo, 1967.

Armacost, Michael H. *Friends or Rivals? The Insider's Account of U.S. Japan Relations*. New York, 1996.

Aruga Tadashi. "Editor's Introduction: Japanese Interpretations of the American Revolution." *Japanese Journal of American Studies*, 2 (1985).

——. *Japanese Scholarship in the History of U.S.–East Asian Relations*. MS in possession of author. 1993.

——. "Japanese Views of the Pacific War." *JAIR International Newsletter* (October 1992).

Asada Sadao. "Japan's 'Special Interests' and the Washington Conference, 1921–22." *American Historical Review* (October 1961).

——. "The Japanese Navy and the United States." In Dorothy Borg and Shumpei Okamoto, eds. *Pearl Harhor as History: Japanese-American Relations, 1931–1941*. New York, 1973.

——. *Ryodai senkan no Nichi-Bei kankei: kaigun to seisaku kettei katei* [Japanese-American Relations Between the Wars: Naval Policy and the Decision–Making Process]. Tokyo, 1993.

——, ed. *Japan and the World, 1853–1952: A Bibliographic Guide to Japanese Scholarship in Foreign Relations*. New York, 1989.

Asahi Shimbun. *The Pacific Rivals: A Japanese View of Japanese–American Relations*. New York, 1972.

Aspen Strategy Group. *Harness the Rising Sun: An American Strategy for Managing Japan's Rise as a Global Power*. Lanham, MD, 1993.

Baker, James A. III, with Thomas M. DeFrank. *Politics of Diplomacy. Revolution, War, and Peace, 1989–1992*. New York, 1995.

Bamba Nobuya. *Japanese Diplomacy in a Dilemma: New Light on Japan's China Policy*,

1924–1929. Kyoto, 1972.

Barnet, Richard J. *The Alliance*. New York, 1983.

——. *The Rockets' Red Glare: When America Goes to War, the Presidents and the People*. New York, 1990.

Barnhart, Michael A. "Hornbeck Was Right: The Realist Approach to American Policy Toward Japan." In Hilary Conroy and Harry Wray, eds. *Pearl Harbor Reexamined: Prologue to the Pacific War*. Honolulu, 1989.

——. *Japan and the World Since 1868*. London, 1995.

——. *Japan Prepares for Total War: The Search for Economic Security*. Ithaca, NY, 1987.

Beasley, *William G. Japanese Imperialism, 1894–1945*. New York, 1991.

——. *The Rise of Modern Japan*. New York, 1990.

——, ed. *Modern Japan*. Berkeley, 1975.

——, translator and editor. *Select Documents on Japanese Foreign Policy, 1853–1868*. London, 1955.

Beisner, Robert L. *From the Old Diplomacy to the New, 1865–1900*. 2nd edition. Arlington Heights, IL, 1986.

Bergsten, C. Fred, and Paula Stern. "A New Vision for United States–Japan Economic Relations." In Aspen Strategy Group. *Harness the Rising Sun*. Lanham, MD, 1993.

Berman, Larry. "From Intervention to Disengagement." In Ariel Levite, Bruce Jentlesen and Larry Berman, eds. *Foreign Military Interventionism: The Dynamics of Protracted Conflict*. New York, 1992.

——, and Bruce W. Jentlesen. "Bush and the Post–Cold War World." In Colin Campbell and Bert A. Rockman, eds. *The Bush Presidency: First Appraisals*. Chatham, NJ, 1996.

Bernstein, Barton J. "An Analysis of 'Two Cultures': Writing About the Making and the Using of the Atomic Bombs." *Public Historian*, *12* (Spring 1990).

——. "The Atomic Bombings Reconsidered." *Foreign Affairs*, *74* (January–February 1995).

——. "The Perils and Politics of Surrender: Ending the War with Japan and Avoiding the

Third Atomic Bomb." *Pacific Historical Review*, 46 (February 1977) .
——." A Postwar Myth: 500,000 U.S. Lives Saved." *Bulletin of the Atomic Scientists*, *42* (June–July 1986) .
——. "Writing, Righting, or Wronging the Historical Record; President Truman's Letter on His Atomic–Bomb Decision." *Diplomatic History*, *16* (Winter 1992) .
Best, Gary Dean. "Financing a Foreign War: Jacob H. Schiff and Japan, 1904–05." *American Jewish Historical Quarterly*, *61* (June 1972) .
Bird, Kai. *The Chairman, John J. McCloy and the Making of the American Establishment.* New York, 1992.
Bix, Herbert P. "The Showa Emperor's 'Monologue' and the Problem of War Responsibility." *Journal of Japanese Studies*, *18* (Summer 1992) .
Boltho, Andres. "Was Japan's Industrial Policy Successful?" *Cambridge Journal of Economics*, *9* (1985) .
Borden, William S. *The Pacific Alliance: United States Foreign Economic Policy and Japanese Trade Recovery, 1947–1955.* Madison, WI, 1984.
Borg, Dorothy. *The United States and the Far Eastern Crisis of 1933–1938.* Cambridge, MA, 1964;
——, and Shumpei Okamoto, eds. *Pearl Harbor as History: Japanese-American Relations, 1931–1941.* New York, 1973.
Borton, Hugh. *American Presurrender Planning for Postwar Japan.* New York, 1967.
Braisted, William Reynolds. *The United States Navy in the Pacific, 1909–1922.* Austin, TX, 1971.
Briggs, Vernon M., Jr. *Mass Immigration and the National Interest.* Armonk, NY, 1992.
Broadbridge, Seymour, and Martin Collick. "Japan's International Policies." *International Affairs*, *44* (April 1968) .
Brown, Leslie H. *Adelphi Papers, 132. American Security Policy in Asia.* London, 1977.
Bruchey, Stuart. *Enterprise: The Dynamic Economy of a Free People.* Cambridge, MA, 1989.
Brzezinski, Zbigniew. *The Fragile Blossom: Crisis and Change in Japan.* New York, 1971.
——. *Power and Principle.* New York, 1982.
Buckley, Roger. *U.S. –Japan Alliance Diplomacy, 1945–1990.* New York, 1992.

Burton, David H. *Theodore Roosevelt: Confident Imperialist.* Philadelphia, 1968.

Buruma, Ian. "Ghosts of Pearl Harbor." *New York Review of Books*, Dec. 19, 1991.

——. The Wages of Guilt: *Memories of War in Germany and Japan.* New York, 1994.

Butow, Robert. *Japan's Decision to Surrender.* Stanford, 1954.

——. "Marching Off to War on the Wrong Foot: The Final Note Tokyo Did Not Send to Washington." *Pacific Historical Review*, 63 (February 1994) .

——. *Tojo and the Coming of the War.* Stanford, 1961.

Byas, Hugh. *Government by Assassination.* New York, 1942.

Calder, Kent E. *Crisis and Compensation. Public Policy and Political Stability in Japan, 1949–1986.* Princeton, 1988.

Calleo, David. "The Political Economy of Allied Relations: The Limits of Interdependence." In Robert E. Osgood, et al. *Retreat from Europe? The First Nixon Administration.* Baltimore, 1973.

Calman, Donald. *The Nature and Origins of Japanese Imperialism: A Reinterpretation of the Great Crisis of 1873.* London, 1992.

Campbell, Charles S. Jr. *The Transformation of American Foreign Relations, 1865–1900.* New York, 1976.

Carter, Jimmy. *Keeping Faith: Memoirs of a President.* New York, 1982.

Central Intelligence Agency. *CIA Research Reports: Japan, Korea, and the Security of Asia, 1946–1976* (microfilm) . Frederick, MD, 1983.

——. *Intelligence Memorandum. Japan: The Effectiveness of Informal Import and Investment Controls.* Washington, DC, May 1960.

Chace, James, and Caleb Carr. *America Invulnerable: The Quest for Absolute Security from 1821 to Star Wars.* New York, 1988.

Chandler, Alfred D., with the assistance of Takashi Hikino. *Scale and Scope: The Dynamics of Industrial Capitalism.* Cambridge, MA, 1990.

Chen, Edward I-Te. "Japan's Decision to Annex Taiwan: A Study of Ito-Matsu Diplomacy, 1894–95." *Journal of Asian Studies*, 27 (November 1977) .

Chernow, Ron. *The House of Morgan: An American Banking Dynasty and the Rise of Modern Finance.* New York, 1990.

China and Japan Sporting Register, The. Shanghai, 1877.

Christensen, Thomas J. "Threats, Assurances and the Last Chance for Peace: The Lessons of Mao's Korean War Telegrams." *International Security*, 17 (Summer 1992) .

Clausen, Henry, and Bruce Lee. *Pearl Harbor: Final Judgement.* New York, 1992.

Clemens, Diane Shaver. *Yalta.* New York, 1970.

Clements, Kendrick A. *The Presidency of Woodrow Wilson.* Lawrence, KA, 1992.

Cochran, Sherman. "Japan's Capture of China's Market for Imported Cotton Textiles Before World War I: The Role of the Mitsui Trading Company." *The Second Conference on Modern Chinese Economic History.* Taipei, 1989.

Cohen, Warren I. "America's New Order for East Asia: The Four Power Financial Consortium and China, 1919–1946." *East Asia Occasional Papers.* Michigan State University, 1982.

——. *America's Response to China; An Interpretive History of Sino-American Relations.* New York, 1980.

——. *The Chinese Connection: Roger S. Greene, Thomas W. Lamont, George E. Sokolsky and American-East Asian Relations.* New York, 1978.

——. "Consortia." Ed. Alexander DeConde. *Encyclopedia of American Foreign Relations.* 3 vols. New York, 1978.

——. *Empire Without Tears. America's Foreign Relations, 1921–1922.* New York, 1987.

——, ed. *New Frontiers in American East Asian Relations. Essays Presented to Dorothy Borg.* New York, 1983.

——, and Akira Iriye, eds. *The Great Powers in East Asia, 1953–1960.* New York, 1990.

Cole, Wayne S. *Roosevelt and the Isolationists, 1932–1945.* Lincoln, NE, 1983.

Coletta, Paolo E. "'The Most Thankless Task': Bryan and the California Alien Land Legislation." *Pacific Historical Review*, 36 (May 1967) .

——. *The Presidency of William Howard Taft.* Lawrence, KA, 1973.

Committee for the Completion of Materials on Damage Caused by the Atomic Bombs in Hiroshima and Nagasaki. *Hiroshima and Nakaski: The Physical, Medical and Social Effects of the Atomic Bombings.* New York, 1981.

Conroy, Hilary. *The Japanese Expansion into Hawaii*, 1869–1898. San Francisco, 1973.

——. *The Japanese Seizure of Korea: 1868–1910.* Philadelphia, 1960.

——, and Harry Wray, eds. *Pearl Harbor Reexamined: Prologue to the Pacific War.* Honolulu, 1990.

Cooling, B. Franklin. *Gray Steel and Blue Water Navy: The Formative Years of America's Military-Industrial Complex, 1881–1917.* Hamden, CT, 1979.

Cooper, Chester. *The Lost Crusade: America in Vietnam.* New York, 1970.

Costigliola, Frank. *France and the United States. The Cold Alliance Since World War II.* New York, 1992.

Cott, Jonathan. *Wandering Ghost: The Odyssey of Lafcadio Hearn.* New York, 1991.

Cowhey, Peter F. "Domestic Institutions and the Credibility of International Commitments: Japan and the U.S." *International Organization*, 47 (Spring 1993).

Craft, Stephen G. "Deterring Aggression Abroad or at Home? A Rejoinder to 'FDR's Day of Infamy.'" *SHAFR Newsletter*, 24 (March 1993).

Crane, Conrad C. *Bombs, Cities, and Civilians.* Lawrence, KA, 1993.

Cronin, Richard P. *Japan, The United States and Prospects for the Asia-Pacific Century.* New York, 1993.

Crowley, James B. *Japan's Quest for Autonomy. National Security and Foreign Policy, 1930–1938.* Princeton, 1966.

——, ed. *Modern East Asia: Essays in Interpretation.* New York, 1970.

Cumings, Bruce. "Japan's Position in the World System." In Andrew Gordon, ed. *Postwar Japan as History.* Berkeley, 1993.

——. "The Origins and Development of the Northeast Asian Political Economy: Industrial Sectors, Produce Cycles, and Political Consequences." *International Oraganization*, 38 (Winter 1984).

——. *The Origins of the Korean War. 2 vols.* Princeton, 1981–90.

Curtis, Gerald L., ed. *Japan's Foreign Policy After the Cold War: Coping with Change.* Armonk, NY, 1992.

Daniels, Roger. *Asian America: Chinese and Japanese in the United States Since 1850.* Seattle, WA, 1988.

——. *Prisoners Without Trial: Japanese Americans in World War II.* New York, 1993.

Dawson, Carl. *Lafcadio Hearn and the Vision of Japan.* Baltimore, 1992.

DeConde, Alexander. *Ethnicity, Race, and Foreign Policy. A History*. Boston, 1992.

Derian, Jean-Claude. *America's Struggle for Leadership in Technology*. Translated by Severen Schaeffer. Cambridge, MA, 1990.

Dietrich, William S. *In the Shadow of the Rising Sun: The Political Roots of American Economic Decline*. University Park, PA, 1991.

Destler, I. M., Haruhiro Fukui, and Hideo Sato. *The Textile Wrangle: Conflict in Japanese-American Relations, 1969-1971*. Ithaca, NY, 1979.

Dingman, Roger. "Atomic Diplomacy During the Korean War." *International Security*, 13 (Winter 1988-89).

——. "The Dagger and the Gift: The Impact of the Korean War on Japan." *Journal of American-East Asian Relations*, *2* (Spring 1993).

——. "Korea at Forty-plus: The Origins of the Korean War Reconsidered." *Journal of American-East Asian Relations*, *1* (Spring 1992).

——. *Power in the Pacific: The Origins of Naval Limitation, 1914-1922*. Chicago, 1976.

——. "The U.S. Navy and the Cold War: The Japan Case." In Craig L. Symonds, ed. *New Aspects of Naval History*. Annapolis, MD, 1981.

Divine, Robert A. *Eisenhower and the Cold War*. New York, 1981.

——. *Foreign Policy and U.S. Presidential Elections, 1940-1948*. New York, 1974.

Doenecke, Justus. "American Isolationism, 1939-1941." *Journal of Libertarian Studies*, *6* (Summer-Fall 1982).

——. *The Diplomacy of Frustration: The Manchurian Crisis of 1931-1933 as Revealed in the Papers of Stanley K. Hornbeck*. Stanford, 1981.

——, ed. *In Danger Undaunted: The Anti-Interventionist Movement of 1940-1941 as Revealed in Papers of the American First Committee*. Stanford, 1990.

——, and John E. Wilz. *From Isolation to War, 1931-1941*. 2nd edition. Arlington Heights, IL, 1991.

Dore, Ronald. *Taking Japan Seriously: A Confucian Perspective on Leading Economic Issues*. Stanford, 1987.

Dorwart, Jeffrey M. *The Pigtail War: American Involvement in the Sino-Japanese War of 1894-1895*. Amherst, MA, 1975.

Dower, John. *Empire and Aftermath: Yoshida Shigeru and the Japanese Experience*,

1878–1954. Cambridge, MA, 1979.

——. *Japan in War and Peace: Selected Essays*. New York, 1993.

——. "Peace and Democracy in Two Systems." In Andrew Gordon, ed. *Postwar Japan as History*. Berkeley 1993.

——. *War Without Mercy. Race and Power in the Pacific War*. New York, 1986.

Drake, Frederick C. *The Empire of the Seas: A Biography of Rear Admiral Robert Wilson Shufeldt, USN*. Honolulu, 1984.

Draper, Theodore. "The Gulf War Reconsidered." *New York Review of Books*, Jan. 16, 1992.

Drea, Edward J. *MacArthur's ULTRA Codebreaking and the War Against Japan, 1942–1945*. Lawrence, KA, 1991.

Dudden, Arthur Power. *The American Pacific: From the Old China Trade to the Present*. New York, 1992.

Dutt, V. P. *East Asia: China, Korea, Japan, 1947–1950*. New York, 1958.

Duus, Peter. *The Abacus and the Sword. The Japanese Penetration of Korea, 1895–1910*. Berkeley 1995.

——. *Economic Aspects of Meij Imperialism*. Berlin, 1980.

——. "Economic Dimensions of Meiji Imperialism: The Case of Korea, 1895–1910." In Ramon Myers and Mark Peattie, eds. *The Japanese Colonial Empire*. Princeton, 1984.

——. "The Take off Point of Japanese Imperialism." In Harry Wray and Hilary Conroy, eds. *Japan Examined: Perspectives on Modern Japanese History*. Honolulu, 1983.

——, ed. *The Cambridge Histon of Japan. Vol. 6. The Twentieth Century*. Cambridge, UK, 1988.

——, Ramon H. Myers, and Mark R. Peattie, eds. *The Japanese Informal Empire in China, 1895–1937*. Princeton, 1989.

Eguchi Keiichi. *Fatatsu no taisen* [Between the Two Great Wars] . Tokyo, 1989.

Eisenhower, Dwight D. *The White House Years: Mandate for Change, 1953–1956*. Garden City, NT, 1963.

Emmerson, John K. *The Japanese Thread: A Lifetime in the U.S. Foreign Service*. New York, 1978.

——, and Harrison M. Holland. *Eagle and the Rising Sun*: *American and Japan in the Twentieth Century*. Reading, MA, 1988.

Emmott, Bill. *Japanophobia*: *The Myth of the invincible Japanese*. New York, 1993.

Encarnation, Dennis. *Rivals Beyond Trade*: *America versus Japan in Global Competition*. Ithaca, NY, 1992.

Esthus, Raymond A. *Double Eagle and the Rising Sun*: *The Russians and Japanese at Portsmouth in 1905*. Durham, NC, 1988.

Eto Jun. *Mo hitotsu no sengoshi* [Another Postwar History] . Tokyo. 1978.

Falk, Stanley L. "Douglas MacArthur and the War Against Japan." In William M. Leary, ed. *We Shall Return*: *MacArthur's Commanders and the Defeat of Japan*, *1942–1945*. Lexington, KY, 1988.

Fallows, James M. *Looking at the Sun*: *The Rise of the Near East Asian Economic and Political System*. New York, 1994.

Fearey, Robert A. "My Year with Ambassador Joseph C. Grew, 1941–1942: A Personal Account." *Journal of American–East Asian Relations*, *1* (Spring 1992) .

Ferrell, Robert H. *American Diplomacy in the Great Depression*: *Hoover–Stimson Foreign Policy*, *1929–1933*. New Haven. 1957.

Fetzer, James. "Stanley K. Hornbeck and Japanese Aggression, 1941." *SHAFR Newsletter*, 24 (March 1993) .

Fifield, Russell H. "Secretary Hughes and the Shantung Question." *Pacific Historical Review*, 23 (November 1954) .

Fingleton, Eamonn. "Japan's invisible Leviathan." *Foreign Affairs*, 74 (March–April 1995) .

Finn, Richard B. *Winners in Peace*: *MacArthur*, *Yoshida*, *and Postwar Japan*. Berkeley, 1992.

Fletcher, W. Miles. "Taiheiyo senso: No nihou keizai e no eikyo" [The Economic Impact of the Pacific War on Japan] . In Hosoya Chihiro, et al. *Taiheiyo senso* [The Pacific War] .Tokyo, 1993.

Foglesong, David S. *America's Secret War Against Bolshevism*: *U.S. Intervention in the Russian Civil War*, *1917–1920*. Chapel Hill, NC, 1995.

Foot, Rosemary. *The Wrong War*: *American Policy and the Dimensions of the Korean*

Conflict, 1950–1953. Ithaca, NY, 1985.

Forrestal, James. *The Forrestal Diaries*. Ed. Walter Millis. New York, 1951.

Freedman, Lawrence, and Efraim Karsh. *The Gulf Conflict 1990–1991: Diplomacy and War in the New World Order*. Princeton, 1993.

Friend, Theodore. *The Blue-Eyed Enemy: Japan Against the West in Java and Luzon, 1942–1945*. Princeton, 1988.

Frost, Ellen L. *For Richer, For Poorer: The New U.S. –Japan Relationship*. New York, 1987.

Fry, Joseph. "Imperialism, American Style, 1890–1916." In Gordon Martel, ed. *American Foreign Relations Reconsidered*. London, 1994.

——. "In Search of an Orderly World: U.S. Imperialism, 1898–1912." In John M. Carroll and George C. Herring, eds. *Modern American Diplomacy*. Wilmington, DE, 1995.

Fukuyama, Francis. "Virtue and Prosperity." *The National Interest*, 40 (Summer 1995) .

Fukuzawa Yukichi. *The Autobiography of Yukichi Fukuzawa*. Revised translation by Eiichi Kiyocka. New York, 1966.

——. *Fukuzawa Yukichi's An Outline of a Theory of Civilization*. Translated by David A. Dilworth and G. Cameron Hurst. Tokyo, 1973.

Funabashi Yoichi. *Asia Pacific Fusion. Japan's Role in APEC*. Washington, DC, 1995.

——. "Japan and the New World Order." *Foreign Affairs*, 70 (Winter 1991–92) .

——. *Managing the Dollar: From the Plaza to the Louvre*. Washington, DC, 1989.

Gallichio, Marc. "Recovery Through Dependency: American–Japanese Relations, 1945–1970." In Warren I. Cohen, ed. *Pacific Passage: A Study of American–East Asian Relations on the Eve of the Twenty–First Century*. New York, 1996.

Gardner, Lloyd. *Approaching Vietnam*. New York, 1988.

——. *Architects of Illusion. Men and Ideas in American Foreign Policy, 1941–1949*. Chicago, 1970.

——. *A Covenant with Power. American and World Order from Wilson to Reagan*. New York, 1984.

——. *Economic Aspects of New Deal Diplomacy*. Madison, WI, 1964.

——. *Safe for Democracy: The Anglo-American Response to Revolution, 1913–1923*.

New York, 1984.

Gelsanliter, David. *Jump Start: Japan Comes to the Heartland*. New York, 1990.

Gibney, Frank. "The First Three Months of the War." *Journal of American-East Asia Relations*, 2 (Spring 1993).

——. *Japan: The Fragile Superpower*. Tokyo, 1975.

Giffard, Sydney. *Japan Among the Powers, 1890–1990*. New Haven, 1994.

Gleysteen, William H., Jr. "Japan and Korea in U.S. -China Policy During the 1990's." In Barber B. Conable, Jr., et al., eds. *United States and China Relations at a Crossroads*. Lanham, MD, 1995.

Gluck, Carol. "Entangling Illusions-Japanese and American Views of the Occupation." In Warren I. Cohen, ed. *New Frontiers in American-East Asian Relations. Essays Presented to Dorothy Borg*. New York, 1983.

——. *Japan's Modern Myths: Ideology in the Late Meiji Period*. Princeton, 1985.

——. "Patterns of Change: A 'Grand Unified Theory' of Japanese History." *Bulletin of the American Academy of Arts and Sciences*, 48 (March 1995).

——, and Stephen R. Graubard, eds. *Showa: The Japan of Hirohito*. New York, 1992.

Gomi, Toshiki. "American Public Opinion During 'The Persian Gulf Conflict' and Its Image of Japan" (In Japanese). *Journal of American and Canadian Studies*, 8 (Spring 1992).

Goncharov, Sergei N., John W. Lewis, and Yue Litai. *Uneven Partners: Stalin, Mao and the Korean War*. Stanford, 1993.

Goralski, Robert. *World War II Almanac, 1931–1945*. New York, 1981.

Gordon, Andrew, ed. *Postwar Japan as History*. Berkeley, 1993.

Griswold, A. Whitney. *The Far Eastern Policy of the United States*. New York, 1938.

Guttmann, Allen. *Games and Empires: Modern Sports and Cultural Imperialism*. New York. 1994.

Hackett, Roger F. *Yamagata Aritomo in the Rise of Modern Japan, 1838–1922*. Cambridge, MA, 1971.

Hagerty, James C. *The Diary of James C. Hagerty: Eisenhower in Mid-Course, 1954–1955*. Ed. Robert H. Ferrell. Bloomington, IN, 1983.

Hahn, Emily. "A Yankee Barbarian at the Shogun's Court." *American Heritage*, *15* (June

1964).

Halberstam, David. *The Next Century*. New York, 1991.

Hall, Francis. *Japan Through American Eyes: The Journal of Francis Hall, Kanagawa and Yokoham, 1859–1866*. Ed. F. G. Notehelfer. Princeton, 1992.

Hall, John Whitney. "Japanese History in World Perspective." In Charles F. Delyell, ed. *The Future of History. Nashville*, TN, 1977.

——. "East, Southeast, and South Asia." In Michael Kammen, ed. *The Past Before Us: Contemporary Historical Writing in the United States*. Ithaca, NY, 1980.

——. "Reflections on a Centennial." *Journal of Asian Studies*, 27(August 1968).

Halliday, Jon. *A Political History of Japanese Capitalism*. New York, 1975.

——, and Bruce Cumings, *Korea: The Unknown War*. New York, 1988.

Halloran, Richard. *Japan: Images and Realities*. New York, 1969.

Hammersmith, Jack. "The Sino–Japanese War, 1894–95: American Predictions Reassured." *Asian Forum*, 4(no 1, 1972).

Harrington, Fred Harvey. "An American View of Korean–American Relations, 1882–1905." In Yur–Bok Lee and Wayne Patterson, eds. *One Hundred Years of Korean-American Relations, 1882–1982*. University, AL, 1986.

——. *God, Mammon, and the Japanese; Dr. Horace N. Allen and Korean–American Relations, 1884–1905*. Madison, WI, 1944.

Hart, Jeffrey A. *Rival Capitalists: International Competitiveness in the United States, Japan, and Western Europe*. Ithaca, NY, 1992.

Hata Ikuhiko. *Shiroku: Nihon saigunbi* [The Historical Record: Japan's Rearmament]. Tokyo, 1976.

Hattori Akira. "Is Japanese–Style Capitalism Counterproductive?" *International Economic Insights*, 4(September–October 1993).

Havens, Thomas R. H. *Fire Across the Sea: The Vietnam War and Japan, 1965–1975*. Princeton, 1987.

——. *Valley of Darkness: The Japanese People and World War Two*. New York, 1978.

Hein, Laura E. "Free–Floating Anxieties on the Pacific: Japan and the West Revisited." *Diplomatic History*, 20(Summer 1996).

Heinrichs, Waldo. *Threshold of War: Franklin D. Roosevelt and American Entry into*

World War II. New York, 1988.

Heren, Louis. *No Hail, No Farewell*. New York, 1970.

Herken, Gregg. *The Winning Weapon. The Atomic Bomb in the Cold War, 1945–1950*. Princeton, 1988.

Herring, George. *America's Longest War. The United States in Vietnam, 1950–1975*. 2nd edition. New York, 1986.

Hersh, Jacques. *The USA and the Rise of East Asia Since 1945: Dilemmas of the Postwar International Political Economy*. London, 1993.

Hersh, Seymour. *The Price of Power: Kissinger in the Nixon White House*. New York, 1983.

Hideki Kan. "The Reagan Administration and the Expansion of the Military–Industrial Complex." *Journal of American and Canadian Studies*, 3 (Spring 1989).

Hideo Tanaka. "The Conflict Between Two Legal Traditions in Making the Constitution of Japan." In Robert E. Ward and Sakamoto Yoshikazu, eds. *Democaratizing Japan: The Allied Occupation*. Honolulu, 1987.

Hideo Kanemitsu. "Trends in U.S. –Japan Economic Relations from 1955 to 1986." *Journal of American and Canadian Studies*, 2 (Autumn 1988).

Hirano Ken'ichiro. "Nishihara shakhan hara Shinshikoku shakkanda e" [From the Nishihara Loan to the Four–Power Consortium]. In Hosoya Chihiro and Saito Makoto, eds. *Washinton taisei to Nichi-Bei kankei* [The Washington Treaty System and Japanese–U.S. Relations]. Tokyo, 1988.

——. "Sengo Nihon gaiko ni okeru (Bunkat)" [Postwar Japanese Foreign Policy in Relation to "Culture"]. In Watanabe Akio. *Sengo Nihon no taigai sesaku: Kokusai kankei no hen yo to Nihon no yakuwari* [Postwar Japanese Foreign Policy]. Tokyo, 1985.

Hirano Kyoko. *Mr. Smith Goes to Tokyo; Japanese Cinema Under the American Occupation, 1945–1952*. Washington, DC, 1992.

Hirobe Izumi. "American Attitudes Toward the Japanese Immigration Question, 1924–1931." *Journal of American–East Asian Relations*, 2 (Fall 1993).

Hiwatari Yume. "U.S. –Japanese Relations in the Late 1950's: Kishi's Southeast Asian Policy" (in Japanese). *Journal of Modern Japanese Studies*, 11 (1989).

Hobsbawm, Eric. *The Age of Empires*. New York, 1987.

Hodgson, Godfrey. *The Colonel. The Life and Wars of Henry Stimson, 1867–1950*. New York, 1990.

Hogan, Michael L., ed. *Hiroshima in History and Memory*. New York, 1996.

Homma Nagayo. "The Peril of Revisionism." *Japan Review of International Affairs*, 2 (Spring–Surnmer 1990).

——. *Utsuriyuku Amerika: Gendai Nichi-Bei kankei ko* [Changing America: A Modernist Overview of Japan–U.S. Relationships]. Tokyo, 1991.

Hoopes, Townsend, and Douglas Brinkley. *Driven Patriot: The Life and Times of James Forrestal*. New York, 1992.

Hoover, Herbert. *The Ordeal of Woodrow Wilson*. New York, 1958.

Hosoya Chihiro. "Japan's Decision for War in 1941." *Hitotsubashi Journal of Law and Politics*, 5 (April 1967).

——. *Ryotaisenkan no Nihon gaiko, 1914–1945* [Japanese Foreign Policy in the Period Between the Two World Wars]. Tokyo, 1988.

——, ed. *Nichi–Bei kankei tsushi* [Japan–U.S. Relations]. Tokyo, 1995.

——, and Saito Makoto, eds. *Washington taisei to Nichi-Bei kankei* [The Washington Treaty System and Japanese–U.S. Relations]. Tokyo. 1978.

——, Homma Nagayo, Iriye Akira, and Hitano Sumio, eds. *Taiheiyo Senso* [The Pacific War]. Tokyo, 1993.

Hoyt, Edwin Palmer. *Warlord: Tojo Against the World*. Lanham, MD, 1993.

Hunt, Michael H. *Frontier Defense and the Open Door: Manchuria in Chinese-American Relations, 1895–1911*. New Haven, 1973.

——. *Ideology and U.S. Foreign Policy*. New Haven, 1987.

Ibe Hideo. *Japan Thrice–Opened: An Analysis of Relations Between Japan and the United States*. New York, 1992.

Ienaga Sahuro. *Japan's Lost War: World War II and the Japanese, 1931–1945*. New York, 1979.

Igarashi Takashi. "MacArthur's Proposal for an Early Peace with Japan and the Redirection of the Occupation." In Aruga Tadashi, ed. *Japanese Journal of American Studies*, 1 (1981).

——. "Peace-Making and Party Politics: The Formation of the Domestic Foreign-Policy System in Postwar Japan." *Journal of Japanese Studies*, Ⅱ (no. 2, 1985).

——. "Reisen to Kowa" [Cold War and Peace]. In Watanabe Akiro. *Sengo Nihon no taigai seisaki* [Postwar Japanese Foreign Policy]. Tokyo, 1985.

——. "Senso to senyo, 1941-1951" [War and Occupation]. In Hosoya Chihuro, ed. *Nichi-Bei kankei tsushi* [Japan and the United States]. Tokyo, 1995.

Inada, Juichi. "Hottentojoku to Nihon" [Developing Countries and Japan]. In Watanabe Akio, ed. *Sengo Nihon no taisai seisaku* [Postwar Japanese Foreign Policy]. Tokyo, 1985.

Inoguchi Takashi. *Japan's Foreign Policy in an Era of Global Change*. New York, 1993.

——. *Kokusai kankei no seiji heizaigaku: Nihon no yakuwari to sentaku* [Economics and Politics in International Relations: Japan's Role and Choices]. Tokyo, 1985.

Inoue, Kiyoshi. *Nihon teikoku shugi no kesei* [The Formation of Japanese Imperialism]. Tokyo, 1968.

Inoue, Kyoko. *MacArthur's Japanese Constitution. A Linguistic and Cultural Study of Its Making*. Chicago, 1991.

Inoue, Toshikazu. *Kiki no naka no kyocho gaiko: Nitchu Senso ni itaru taigai seisaku no keisei to tenkai* [A Conciliatory Foreign Policy in the Midst of Crisis: The Formation and Development of Japanese Foreign Policy Until the Sino-Japanese War]. Tokyo, 1994.

lokibe Makoto. *Nichi-Bei senso to sengo Nihon* [The Japan-U.S. War and Postwar Japan]. Osaka, 1989.

Iriye Akira. *After Imperialism: The Search for a New Order in the Far East, 1921-1931*. Cambridge, MA, 1965.

——. *China and Japan in the Global Setting*. Cambridge, MA, 1992.

——. *The Cold War in Asia*. Englewood Cliffs, NJ, 1974.

——. "The Failure of Economic Expansionism: 1918-1931." In Bernard Silberman and Harry Harootunian, eds. *Japan in Crisis*. Princeton, 1974.

——. "The Failure of Military Expansionism." In James Morley, ed. *Dilemmas of Growth in Prewar Japan*. Princeton, 1971.

——. *From Nationalism to Internationalism: U.S. Foreign Policy to 1914*. London, 1977.

——. "Japan's Drive to Great-Power Status." In Marius Jansen, ed. *The Cambridge History of Japan. Vol. 5. The Nineteenth Century*. Cambridge, UK, 1989.

——. Japan's Policies Toward the United States. In James William Morley, ed. *Japan's Foreign Policy, 1868–1941. A Research Guide*. New York, 1974.

——. *The Origins of the Second World War in Asia and the Pacific*. London, 1987.

——. *Power and Culture: The Japanese-American War, 1941–1945*. Cambridge, MA, 1981.

——, ed. *Mutual Images: Essays in American-Japanese Relations*. Cambridge, MA, 1975.

——, and Warren I. Cohen, eds. *The United States and Japan in the Postwar World*. Lexington, KY, 1989.

Irokawa Daikichi. *The Age of Hirohito: In Search of Modern Japan*. Translated by Mikiso Hane and John K. Urta. New York, 1995.

——. *The Culture of the Meiji Period*. Translated and edited by Marius B. Jansen. Princeton, 1985.

Ishii Osamu. "Nichi-Bei paatonashippu e no dotei, 1952–1969" [The Road to Japan-U.S. "Partnership" 1952–1969]. In Hosoya Chihiro. *Nichi-Bei kankei tsushi* [Japan-U. S. Relations] . Tokyo, 1995.

Ishii, Viscount Kikujiro. *Diplomatic Commentaries*. Translated and edited by William R. Langdon, Baltimore, 1936.

Ishikawa Tadao, Nakajima Mineo, and Ikei Masaru, eds. *Sengo shiryo: Nit-chu kankei* [Postwar Documents in Sino-Japanese Relations] . Tokyo, 1970.

James, D. Clayton. *The Years of MacArthur. 3 vols*. Boston, 1975–85.

Jansen, Marius. *Japan and China: From War to Peace, 1894–1972*. Chicago, 1975.

——. "Japanese Imperialism: Late Meiji Perspectives." In Ramon Myers and Mark Peattie, eds. *The Japanese Colonial Empire*. Princeton, 1984.

Jentlesen. Bruce W. *With Friends Like These: Reagan, Bush, and Saddam, 1982–1990*. New York, 1994.

Jessup, Philip C. *Elihu Root*. 2 vols. New York, 1938.

Johnson, Chalmers. *Japan: Who Governs?* New York, 1995.

——. *MITI and the Japanese Miracle: The Growth of Industrial Policy, 1925–1975*.

Stanford, 1982.

——, and E. B. Keehn. "The Pentagon's Ossified Strategy." *Foreign Affairs*; 74 (July–August 1995) .

Johnson, Sheila, *The Japanese Through American Eyes*. Stanford, 1988.

Johnson, U. Alexis, with Jel Olivarious McAllister. *The Right Hand of Power*. Englewood Cliffs, NJ, 1984.

Kachi, Teruko. *The Treaty of 1911 and the Immigration and Alien Land Law Issue Between the United States and Japan, 1911–1913*. New York, 1978.

Kades, Charles L. "The American Role in Revising Japan's Imperial Constitution." *Political Science Quarterly*, 104 (Summer 1989) .

Kahin, George McT. Intervention: *How America Became Involved in Vietnam*. New York, 1986.

——, and Audrey Kahin. *Subversion as Foreign Policy: The Secret Eisenhower and Dulles Debacle in Indonesia*. New York, 1995.

Kahn, David. "U.S. Views of Germany and Japan in 1941." In Ernest R. May, ed. *Knowing One's Enemies: Intelligence Assessment Before the Two World Wars*. Princeton, 1984.

Kahn, Herman. *The Emerging Japanese Superstate*. Englewood Cliffs, NJ, 1970.

Kajima, M. *The Diplomacy of Japan, 1894–1922*. 3 vols. Tokyo, 1976–80.

Kamikowa Hikomatsu, ed. *Japan–American Diplomatic Relations in the Meiji-Taisho Era*. Translated by Kimuro Michiko. Tokyo, 1958.

Kan Hideki. "The Reagan Administration and the Expansion of the Military–Industrial Complex." *Journal of American and Canadian Studies*, 3 (Spring 1989) .

Kanemitsu Hideo. "Trends in U.S. –Japan Economic Relations from 1955 to 1986." *Journal of American and Canadian Studies*, 2 (Autumn 1988) .

Kaoru Sugihara. "Japan as an Engine of the Asian International Economy, c. 1880–1936." *Japan Forum*, 2 (April 1990) .

Katzenstein, Peter J., and Nobuo Okawara. *Japan's National Security; Structures, Norms, and Policy Responses in a Changing World*. Ithaca, NY, 1993.

Kaufman, Burton. "Eisenhower's Foreign Economic Policy with Respect to Asia." In Warren Cohen and Akira Iriye, eds. *The Great Powers in East Asia, 1953–1960*.

New York, 1990.

Kazumoto Ono. "Shin shogen: CIA tai nichi himitsu kosaku no zenbunsho" [New Testimony: Documents on Covert CIA Operations in Japan] . *Bungei Shunju.* (December 1994) .

Kennan, George. *Memoirs, 1925–1950.* Boston, 1967.

Kennedy, Paul M. *The Samoan Tangle: A Study in Anglo–German–American Relations, 1878–1900.* New York, 1974.

——. *Strategy and Diplomacy, 1870–1945: Eight Studies.* London, 1983.

Kido Koichi. *The Diary of Marquis Kido, 1931–1945: Selected Translation into English.* Frederick, MD, 1984.

Kim, C. I. Eugene, and Han–kyo Kim. *Korea and the Politics of Imperialism, 1876–1910.* Berkeley, 1967.

Kimura Masato. "The Opening of the Panama Canal and Japanese–American Relations" (in Japanese) . *Journal of Modern Japanese Studies*, 11 (1989) .

Kinmouth, Earl H. "Fukuzawa Reconsidered: *Gakumon no susume and Its Audience.*" *Journal of Asian Studies*, 37 (August 1978) .

Kissinger, Henry. *American Foreign Policy.* Expanded edition. New York, 1974.

——. *White House Years. Boston*, 1979.

——. *Years of Upheaval.* Boston, 1982.

Kitaro Suyumara and Masahiro Okuno--Fujiwara. *Industrial Policy in Japan: Overview and Evaluation.* Canberra, 1987.

Klein, Ira. "Whitehall, Washington, and the Anglo–Japanese Alliance, 1919–1921." *Pacific Historical Review*, 46 (no 2, 1968) .

Knock, Thomas J. *To End All Wars: Woodrow Wilson and the Quest for a New World Order.* New York, 1992.

Kolko, Gabriel. *The Politics of War: The World and U.S. Foreign Policy, 1943–1945.* New York, 1968.

Kono Yasuko. " 'Sengo no owati' " [The End of the Postwar Era] . In Watanabe Akio, ed. *Sengo Nihon no taigai seisaku* [Postwar Japanese Foreign Policy] . Tokyo, 1985.

Koppes, Clayton R., and Gregory D. Black. *Hollywood Goes to War: How Politics, Profits and Propaganda Shaped World War II Movies.* Berkeley, 1990.

Koschmann, J. Victor. *The Mito Ideology. Discourse, Reform, and Insurrection in Late Tokugawa Japan, 1790–1864*. Berkeley, 1987.

Kosai Yutaka. "The Postwar Japanese Economy, 1945–1973." Translated by Andrew Gable. In Peter Duus, ed. *The Cambridge History of Japan. Vol. 6. The Twentieth Century*. Cambridge, UK, 1988.

Krasner, Stephen D. "*Japan and the United States: Prospects for Stability*." In Takashi Inoguchi and Daniel I. Okimoto, eds. *The Political Economy of Japan. Vol. 2*. Stanford, 1988.

Krugman, Paul. "The Myth of Asia's Miracle." *Foreign Affairs*, 73 (November–December 1994) .

Kublin, Hyman. "The Evolution of Japanese Colonialism. " *Comparative Studies in Society and History*, *II* (1959) .

Kuriyama Takakazu. "Geikido no kyujunen dai to Nihon gaiko no shin tenkai" [Tremors in the 1990s and New Developments in Japanese Foreign Policy] . *Gaiko Forum*, *12* (May 1990) .

Kurosawa Fumitaku. "A Prelude to Disaster: The Japanese Imperial Army's Total War Plan Before World War II." In Sophia University Institute of American and Canadian Studies. *Beginnings of the Soviet–German and the U.S. –Japanese Wars and Fifty Years After*. Tokyo, 1993.

Large, Stephen. *Emperor Hirohito and Showa Japan: A Political Biography*. New York, 1992.

Lauren, Paul Gorden. *Power and Prejudice: The Politics and Diplomacy of Racial Discrimination*. Boulder, CO, 1988.

——, and Raymond F. Wyle, eds. *Destinies Shared: U.S. –Japanese Relations*. Boulder, CO, 1989.

Leary, William M., ed. *We Shall Return! MacArthur's Commanders and the Defeat of Japan, 1942–1945*. Lexington, KY, 1988.

Lee, Yur–Bok. *Diplomatic Relations Between the United States and Korea, 1866–1887*. New York, 1970.

——, and Wayne Patterson, eds. *One Hundred Years of Korean–American Relations, 1882–1982*. University, AL, 1986.

Leffler, Melvyn P. *A Preponderance of Power. National Security, the Truman Administration, and the Cold War*. Stanford, 1992.

Levin, N. Gordon, Jr. *Woodrow Wilson World Politics: America's Response to War and Revolution*. New York, 1968.

Lockwood, William W. *The Economic Development of Japan*. Growth and Structural Change, 1868–1938. Princeton, 1954.

——. *The State and Economic Enterprise in Japan*. Princeton, 1985.

Mandel, Richard. "The Struggle for East Asia's Rimlands: Franklin D. Roosevelt, the Joint Chiefs of Staff, and U.S. Far East Policy, 1921–1945." Unpublished doctoral dissertation, Cornell University, 1990.

Mandelbaum, Michael, ed. *The Strategic Quadrangle: Russia, China, Japan and the United States in East Asia*. New York, 1995.

Manning, Robert A., and Paula Stern. "The Myth of the Pacific Community." *Foreign Affairs*, 73 (November–December 1994) .

Marks, Frederick W. III. *Power and Peace: The Diplomacy of John Foster Dulles*. Westport, CT, 1993.

——. *Velvet on Iron: The Diplomacy of Theodore Roosevelt*. Lincoln, NE, 1979.

Marshall, Jonathan. *To Have and to Have Not: Southeast Asian Raw Materials and the Origins of the Pacific War*. Berkeley, 1995.

Martel, Gordon, ed. *American Foreign Relations Reconsidered, 1890–1993*. London, 1994.

Maruyama Masao. *Thought and Behavior in Modern Japanese Politics. Ed.* Ivan Morris. London, 1963.

Masland, John W. "Commercial Influence Upon American Far Eastern Policy, 1937–1941." *Pacific Historical Review*, 11 (September 1942) .

Mason, Mark. *American Multinationals and Japan: The Political Economy of Japanese Capital Controls, 1899–1980*. Cambridge, MA, 1992.

Matsuda Takeshi. "Woodrow Wilson's Dollar Diplomacy in the Far East: The New Chinese Consortium, 1917–1921." Unpublished doctoral dissertation University of Wisconsin–Madison, 1979.

May, Ernest R. ed. *Knowing One's Enemies: Intelligence Assessment Before Two World*

Wars. Princeton, 1984.

Mayer, Arno J. *Politics and Diplomacy of Peacemaking*: *Containment and Counterrevolution at Versailles*, *1918–1919*. New York, 1967.

Mayo, Marlene. "The Western Education of Kume Kunitake, 1871–76." *Monumenta Nipponica*, 28 (1973) .

McCormick, Thomas. *America's Half–Century*: *United States Foreign Policy in the Cold War*. 2nd edition. Baltimore, 1995.

——. *China Market*. Chicago, 1967.

McCraw, Thomas K., ed. *America versus Japan*. Boston, 1986.

McDougall, Walter A. *Let the Sea Make a Noise*: *A History of the North Pacific from Magellan to MacArthur*. New York, 1993.

McGlothlen, Ronald. *Controlling the Waves*: *Dean Acheson and U.S. Foreign Policy in Asia*. New York, 1993.

McMahon, Robert J. "The Cold War in Asia: Toward a New Synthesis?" *Diplomatic History*, 12 (Summer 1988) .

McNeil, Frank. *Japanese Politics*: *Decay or Reform?* New York, 1993.

McNelly, Theodore H. " 'Induced Revolution': The Policy and Process of Constitutional Reform in Occupied Japan." In Robert E. Ward and Sakamoto Yoshikazu, eds. *Democratizing Japan*: *The Allied Occupation*. Honolulu, 1987.

——. "The Renunciation of War in the Japanese Constitution." *Political Science Quarterly*, 77 (September 1962) .

Mendel, Douglas H., Jr. "Japan Reviews Her American Alliance." *Public Opinion Quarterly*, 30 (Spring 1966) .

——. "Japanese Views of the American Alliance." *Public Opinion Quarterly*, 23 (Fall 1959) .

Messer, Robert L. *The End of an Alliance.* James F. Byrnes, Roosevelt, Truman, and the Origins of the Cold War. Chapel Hill, NC, 1982.

Miller, Edward S. *War Plan ORANGE The U.S. Strategy to Defeat Japan*, *1897–1945*. Annapolis, MD, 1991.

Miller, Nathan. *Theodore Roosevelt*: *A Life. New York*, 1992.

Millett, Allan R., and Peter Maslowski. *For the Common Defense*: *A Military History of the United States of America*. New York, 1984.

Mitani Taichiro. "Manchuria: American Capital and Japanese Special Interests in the 1920's." In Ian Nish, ed. *Some Foreign Attitudes to Republican China*. London, 1980.

——. "Senzen senchuki Nichi–Bei kankei ni okeru sin–Nichiha gaikokan no yakuwari: J. Barantain to E. Douman ni tsuite" [The Role of the Pro–Japanese American Diplomats in U.S. –Japanese Relations, Before and During the Pacific War: Joseph Ballantine and Eugene Dooman] . *In Gaiko Forum*, 36–39 (September–December 1991) .

Miwa Kimitada. *Japanese Policies and Concepts for a Regional Order in Asia, 1938–1940*. Sophia University, Institute of International Relations for Advanced Studies on Peace and Development in Asia, 1983.

Miyazoto Seigen. "Posuto haken jidai no Nichi–Bei kankei" ["Japan–U.S. Relations in the Post–Hegemony Period"]. In Hosoya Chihiro, ed. *Nichi–Bei kankei* [Japan–U.S. Relations] . Tokyo, 1995.

Miyoshi Masao. *As We Saw Them: The First Japanese Embassy to the United States* (1860) . Berkeley, 1979.

Mochizuki, Mike M. "Japan and the Strategic Quadrangle." In Michael Mandelbaum, ed. *The Strategic Quadrangle: Russia, China, Japan and the United States in East Asia*. New York, 1995.

——. "Review Essay: The Past in Japan's Future." *Foreign Affairs*, 73 (September–October 1994) .

Morita Akio and Ishihara Shintaro. *The Japan That Can Say "No": The New U.S.–Japan Relations Card*. Washington, DC, 1989.

Morley, James W., ed. *Dilemmas of Growth in Prewar Japan*. Princeton, 1976.

——. "The First Seven Weeks." *Japan Interpreter*, 6 (no. 2, 1970) .

Munro–Leighton, Judith. "A Post–Revisionist Scrutiny of American's Role in the Cold War in Asia, 1945–1950." *Journal of American–East Asian Relations*, 1 (Spring 1992) .

Murphy, R. Taggart. *The Weight of the Yen. How Denial Imperils America's Future and Ruins an Alliance*. New York, 1995.

Nagai Yonosuke and Akira Irye, eds. *The Origins of the Cold War in Asia*. New York, 1977.

Nakamura Takafusa. "Seikai keigai no naka no Nichi-Bei" ["Japanese-U.S. Economic Problems in the World Economy"] . In Hosoya Chihiro and Saito Makoto, eds. *Washinton tasei to Nichi-Bei kankei* [The Washington Treaty System and Japanese-U.S. Relations] . Tokyo, 1978.

Nester, William R. *Japan and the Third World: Patterns, Power, Prospects*. New York, 1992.

Neu, Charles. "Higashi Ajia ni okeru Amerika gaikokan" [American Diplomats in East Asia] . In Hosoya Chihiro and Saito Makoto, eds. *Washinton taisei to Nichi-Bei kankei* [The Washington Treaty System and Japanese-U.S. Relations] . Tokyo, 1978.

——. *The Troubled Encounter: The United States and Japan*. New York, 1975.

Neumann, William L. *America Encounters Japan: From Perry to MacArthur.* Baltimore, 1963.

——. "Religion, Morality and Freedom: The Ideological Background of the Perry Expedition." *Pacific Historical Review*, 23 (August 1954) .

Ninkovich, Frank A. *Modernity and Power: A History of the Domino Theory in the Twentieth Century. Chicago*, 1994.

Nish, Ian. *Alliance in Decline*. A Study in Anglo-Japanese Relations 1908-1928. London, 1972.

——. Britain and Japan, 1600-1975. 2 vols. London, 1977.

——. *Japanese Foreign Policy, 1869-1942. Kasumigaski to Miyakezaka*. London, 1977.

——. *The Origins of the Russo-Japanese War*. London, 1985.

——. "The Showa Emperor and the End of the Manchurian Crisis." *Japan Forum*, I (October 1989) .

Nixon, Richard M. "Asia After Vietnam." *Foreign Affairs*, 46 (October 1967) .

——. *RN: The Memoirs of Richard Nixon*. New York, 1978.

[Notter, Harley] . U.S. Department of State. *Postwar Foreign Policy Preparation, 1939-1945*. Washington, DC, 1949.

Nye, Joseph S., Jr. "The Case for Deep Engagement." *Foreign Affairs*, 74 (July-August 1995) .

O'Connor, Raymond G. *Force Diplomacy: Essays, Military and Diplomatic.* Coral Gables, FL, 1972.

Ogata Sadako N. *Defiance in Manchuria. The Making of Japanese Foreign Policy, 1931–1932.* Berkeley, 1964.

——. *Normalization with China: A Comparative Study of the U.S. and Japanese Processes.* Berkeley, 1988.

Ohkawa Kazushi, and Henry Rosovsky. *Japanese Economic Growth.* Stanford, 1973.

Ohmae Kinichi. *The Borderless World: Power and Strategy in the Interlinked Economy.* New York, 1990.

Oishi Kaichiro. *Nihon teikoku shugishi* [Japan's Imperialistic History]. Tokyo, 1985.

Oka Yoshitake. *Five Political Leaders of Modern Japan. Ito Hirobumi, Okuma Shigenobu, Hara Takashi, Inukai Tsuyoshi, and Saionji Kimmochi.* Translated by Andrew Fraser and Patricia Murray. Tokyo, 1986.

——. *Konoe Fumimaro: A Political Biography.* Translated by Shumpei Okamoto and Patricia Murray. Tokyo, 1983.

Okamoto Shumpei. *The Japanese Oligarchy and the Russo-Japanese War.* New York, 1970.

Okihiro, Gary. *Cane Fires: The Anti-Japanese Movement in Hawaii, 1865–1945.* Philadelphia, 1991.

——. *Margins and Mainstreams: Asians in American History and Culture.* Seattle, WA, 1994.

——. *Whispered Silences. Japanese-Americans and World War II.* Essay by Gary Y. Okihiro. Photographs by Joan Myers. Seattle, WA, 1996.

Osgood, Robert, et al., *Retreat from Empire? The First Nixon Administration.* Baltimore, 1973.

Ozawa Ichiro. *Blueprint for a New Japan.* Introduction by John Rockefeller. Translated by Louisa Rubinfen. Edited by Eric Gower. Tokyo and New York, 1994.

Packard, George R. III. "Living with the Real Japan." *Foreign Affairs*, 46 (October 1967).

——. *Protest in Tokyo: The Security Treaty Crisis of 1960.* Princeton, 1966.

Paige, Glenn D. *The Korean Decision, June 24–30*, 1950. New York, 1968.

Paolino, Ernest N. *The Foundations of American Empire; William Henry Seward and U.S.Foreign Policy*. Ithaca, NY, 1973.

Peattie, Mark R. *Ishiwara Kanji and Japan's Confrontation with the West*. Princeton, 1975.

Pelz, Stephen E. *Race to Pearl Harbor: The Failure of the Second London Naval Conference and the Onset of World War II*. Cambridge, MA, 1974.

Pempel, T. J. *Policy and Politics in Japan. Creative Conservatism*. Philadelphia, 1982.

——. "The Tar Baby Target: 'Reform' of the Japanese Bureaucracy. " In Robert E. Ward and Sakamoto Yoshikazu, eds. *Democratizing Japan: The Allied Occupation*. Honolulu, 1987.

Perkins, F. C. "A Dynamic Analysis of Japanese Energy Policies." *Energy Policy*, 22 (July 1994) .

Perry, John Curtis. *Facing West: Americans and the Opening of the Pacific*. New York. 1994.

Perry, Commodore Matthew C. *The Japan Expedition 1852–1854: The Personal Journal of Commodore Matthew C. Perry*. Ed. *Roger Pineau*. Washington, DC, 1968.

Petillo, Carol Morris. "The Cold War in Asia." In John M. Carroll and George C. Herring, eds. *Modern American Diplomacy*. Wilmington, DE, 1986.

Pharr, Susan J. "The Politics of Women's Rights." In Robert E. Ward and Sakamoto Yoshikazu, *Democratizing Japan: The Allied Occupation*. Honolulu, 1987.

Phillips, Kevin P. *Boiling Point: Republicans, Democrats, and the Decline of Middle-Class Prosperity*. New York. 1993.

Pleshakov, Constantine V. "Taiheiyo senso: Stalin no ketsudan" [The Pacific War: Stalin's Choices] . In Hosoya Chihiro, et al., eds. *Taiheiyo senso* [The Pacific War] . Tokyo, 1993.

Pogue, Forrest C. *George C. Marshall*. 4 vols. New York, 1963–87.

Polenberg, Richard. *One Nation Divisible: Class, Race, and Ethnicity in the United States Since 1938*. New York, 1980.

——, ed. *America at War: The Home Front, 1941–1945*. Englewood Cliffs, NJ, 1968.

Prange, Gordon W., in collaboration with Donald M. Goldstein and Katherine V. Dillon. *At Dawn We Slept: The Untold Story of Pearl Harbor*. New York, 1982.

Prestowitz, Clyde. "Japan and the United States: Twins or Opposites?" In Aspen Strategy Group. *Harness the Rising Sun. Lanham*, MD, 1993.

——. *Trading Places: How We Allowed Japan to Take the Lead.* New York, 1988.

Rozman, Gilbert. *Japan's Response to the Gorbachev Era, 1985–1991: A Rising Superpower versus a Declining One.* Princeton, 1992.

Rydell, Robert W. *All the World's a Fair: Visions of Empire at American International Expositions, 1876–1916.* Chicago, 1985.

Sakaiya Taichi. *What Is Japan? Contradictions and Transformations.* New York, 1993.

Samuels, Richard J. *"Rich Nation, Strong Army": National Security and the Technological Transformation of Japan.* Ithaca, NY, 1994.

Sanger, David E. "Coloring History." *New York Times Magazine*, July 2, 1995.

Sansom, George B. *Japan: A Short Cultural History.* London, 1931.

——. *The Western World and Japan: A Study in the Interaction of European and Asiatic Cultures.* New York, 1950.

Sarantakes, Nicholas Evan. "Continuity Through Change: The Return of Okinawa and Iwo Jima, 1967–1972." *Journal of American-East Asian Relations*, 3 (Spring 1994).

Sato Kinya, "From a Tokyo Window." *Asahi Evening News.* February 10–11, March 24, May 12, and May 26, 1994.

Sato Seizaburo, Ken'ichi Koyama, and Shumpei Kumon. *Postwar Politician: The Life of Masayoshi Ohira.* Translated by William R. Carter. New York, 1990.

Scalapino, Robert A., ed. *The Foreign Policy of Modern Japan.* Berkeley, 1977.

Schaller, Michael, "Altered States: The United States and Japan During the 1960s." In Diane B. Kunz, ed. *The Diplomacy of the Crucial Decade: American Foreign Relations During the 1960s.* New York, 1994.

——. *The American Occupation of Japan: The Origins of the Cold War in Asia.* New York, 1985.

——. *Douglas MacArthur: The Far Eastern General.* New York, 1989.

——. "MacArthur's Japan: The View from Washington." *Diplomatic History*, 10 (Winter 1986).

Scheiber, Harry N., and Akio Watanabe. "Occupation Policy and Postwar Planning in

Postwar Japan." In E. Aerts and A. S. Milward, eds. *Economic Planning in the Post-1945 Period.* Leuven, Belgium, 1990.

Scholes, Walter and Marie. *The Foreign Policies of the Taft Administration.* Columbia, MO, 1970.

Schonberger, Howard B. *Aftermath of War: Americans and the Remaking of Japan, 1945–1952.* Kent, OH, 1989.

Sherwin, Martin J. *A World Destroyed: Hiroshima and the Origins of the Arms Race.* New York, 1987.

Shillony, Ben-Ami. *Politics and Culture in Wartime Japan.* New York, 1981.

Shimazu Naoko. "The Japanese Attempt to Secure Racial Equality in 1919." *Japan Forum*, 1 (April 1989).

Shimizu Sayuri. "A Bothersome Triangle: The United States, Japan, and the Problem of Trade with Communist China, 1952–1958," 1992. Manuscript in author's possession.

——. "Clarence Randall and the Control of Sino-Japanese Trade." *Journal of American and Canadian Studies*, 7 (Spring 1991).

Shindo Eiichi, "Ashida Hitoshi and Postwar Reform: Between Liberalism and Conservatism" (in Japanese). *International Relations*, 85 (May 1987).

Shinobu Seizaburo and Nakayama Jiichi. *Nichi-ro senso-shi no kenkyu* [A Study of the History of the Russo-Japanese War]. Tokyo, 1972.

Shiraishi Masaya. *Japanese Relations with Vietnam: 1951–1987.* Ithaca, NY, 1990.

Shiraishi Takashi. *Japan's Trade Policies, 1945 to the Present Day.* London, 1989.

Shultz, George P. *Turmoil and Triumph. My Years as Secretary of State.* New York, 1993.

Skates, John Ray. *The Invasion of Japan: Alternative to the Bomb.* Columbia, SC, 1994.

Sklar, Martin J. *The Corporate Reconstruction of American Capitalism, 1890–1916. The Market, the Law, and Politics.* New York, 1988.

Skocpol, Theda. *States and Social Revolutions: A Comparative Analysis of France, Russia, and China.* Cambridge, UK, 1979.

Smith, Caddis. *Dean Acheson.* New York, 1972.

——. *The Last Years of the Monroe Doctrine, 1945–1993.* New York, 1994.

Smith, Geoffrey S. "Doing Justice: Relocation and Equity in Public Policy." *The Public*

Historian, 6(Summer 1984) .

——. *To Save a Nation: American Countersubversives, the New Deal, and the Coming of World War II With a New Epilogue*. Chicago, 1992.

Smith, Robert Freeman. "Thomas W. Lamont. International Banker as Diplomat." In Thomas J. McCormick and Walter LaFeber, eds. *Behind the Throne: Servants of Power to Imperial Presidents, 1898–1968* [Essays in Honor of Fred H. Harrington] . Madison, WI, 1993.

Smith, Robert J. *Japanese Society: Tradition, Self, and the Social Order*. Cambridge, UK, 1983.

——. "The Sources and Proponents of 'Tradition' and 'Modernity' in Japanese Law." *Journal of Legal Pluralism*, 33 (1993) .

Socolofsky, Homer E., and Allan B. Spetter. *The Presidency of Benjamin Harrison*. Lawrence, KS, 1987.

Somura Yasunobu. *Peri wa naze Nihon ni kita ka* [Why Perry Came to Japan] . Tokyo, 1987.

Spector, Ronald. *Eagle Against the Sun: The American War with Japan*. New York, 1985.

——. "Reflections on the Enola Gay Debacle." *GW Magazine* (Fall 1995) .

Spence, Jonathan. *The Search for Modern China*. New York, 1990.

——. *To Change China*. New York, 1980.

Steele, Richard W. *Propaganda in an Open Society: The Roosevelt Administration and the Media, 1933–1941*. Westport, CT, 1985.

Stevens, Sylvester R. *American Expansion in Hawaii, 1842–1898*. Harrisburg, PA, 1945.

Stimson, Henry L., and McGeorge Bundy. *On Active Service in Peace and War*. New York, 1949.

Storry, Richard. *Japan and the Decline of the West in Asia, 1894–1943*. New York, 1979.

Suzamura Kotaro and Okuno-Fujiwara Masahiro. *Industrial Policy in Japan: Overview and Evaluation*. Australia-Japan Research Centre. Pacific Economic Paper no. 146, April 1987.

Suzuki, Gengo. "The Impact of the Korean War on Japan: An Overview." In William

Nimmo, ed. *The Occupation of Japan: The Impact of the Korean War*. Norfolk, VA, 1990.

Szulc, Tad. *The Illusion of Peace: Foreign Policy in the Nixon–Kissinger Years*. New York, 1978.

Tadashi Kawata. "The Rise and Fall of Economic Hegemony and Policy Change." *Journal of American and Canadian Studies*, 5 (Spring 1990).

Takaki, Ronald. *A Different Mirror: A History of Multicultural America*. Boston, 1993.

Takemae Eiji. *Senryo sengoshi* [Occupation and Postwar Japanese History]. Tokyo, 1980.

Tanaka Hideo. "The Conflict Between Two Legal Traditions in Making the Constitution of Japan." In Robert E. Ward and Sakamoto Yoshikazu, eds. *Democratizing Japan: The Allied Occupation*. Honolulu, 1987.

Tansill, Charles Callan. *The Foreign Policy of Thomas F. Bayard, 1885–1897*. New York, 1940.

Taylor, Sandra. *Advocate of Understanding: Sidney Gulick and the Search for Peace with Japan*. Kent, OH, 1984.

——. *Jewel of the Desert: Japanese American Internment at Topaz*. Berkeley, 1993.

Thayer, Nathaniel B. "Japanese Foreign Policy in the Nakasone Years." In Gerald L. Curtis, ed. *Japan's Foreign Policy*. Armonk, NY, 1993.

Thomson (Taylor), Sandra C. "Meiji Japan Through Missionary Eyes: The American Protestant Experience." *Journal of Religious History*, 7 (June 1973).

Thorne, Christopher. *Allies of a Kind: The United States, Great Britain and the War Against Japan, 1941–1945*. New York, 1978.

Toby, Ronald P. "Contesting the Centre: International Sources of Japanese National Identity." *International History Review*, 7 (August 1985).

Tokyo Daigaku. *Sengo kaikaku* [Postwar Reform]. Shakai Kagaku Kenkyujo [Tokyo University Social Science Institute]. Vol. 1 of 8 vols. Tokyo, 1974.

Truman, Harry S. *Memoirs. 2 vols*. Garden City, NY, 1955–56.

——. *Off the Record: The Private Papers of Harry S. Truman*. Ed. Robert H. Ferrell. New York, 1980.

——. Where the Buck Stops. *The Personal and Private Writings of Harry S. Truman*. Ed.

Margaret Truman. New York, 1989.

Tsuru, Shigeto. *Japan's Capitalism: Creative Defeat and Beyond*. Cambridge, MA. 1993.

Tucker, Nancy Bernkopf. "American Policy Toward Sino-Japanese Trade in the Postwar Years." *Diplomatic History*, 8 (Summer 1994) .

Tugwell, Franklin. *The Energy Crisis and the American Political Economy: Politics and Markets in the Management of Natural Resources*. Stanford, 1988.

Tupper, Eleanor, and George E. McReynolds. *Japan in American Public Opinion*. New York, 1937.

United States Capitol Historical Society. *Foreign Visitors to Congress. Speeches and History.* Ed. Mary Lee Kerr. 2 vols. Millwood, NY, 1989.

United States Congress, House, Committee on Armed Services. *United States-Vietnam Relations, 1945-1967; Study Prepared by the Department of Defense* [The Pentagon Papers] . 12 vols. Washington, DC, 1971.

United States Congress, House, Committee on Foreign Affairs. *United States-Japan Relations*. Washington, DC, 1982.

United States Department of State. *Korea (Preliminary Version) . An Intelligence Estimate Prepared by the Estimates Group, Office of Intelligence Research. June 25*, 1950. OACST-P File. Record Group 319. National Archives. Washington, DC.

Unterberger, Betty Miller. *The United States, Revolutionary Russia, and the Rise of Czechoslovakia*. Chapel Hill, NC, 1989.

Usuri Katsumi. "Nichi-Bei kaisen to chugoku" [Japan-U.S. and the War in China] . In Hosoya Chihiro, et al., eds., *Takeiyo senso* [The Pacific War] . Tokyo, 1993.

Utley, Jonathan G. "Cordell Hull and the Diplomacy of Inflexibility." In Hilary Conroy and Harry Wray, eds. *Pearl Harbor Reexamined: Prologue to the Pacific War*. Honolulu, 1989.

——. *Going to War with Japan, 1937-1941*. Knoxville, TN, 1985.

——. "The United States Enters World War II." In John M. Carroll and George C. Herring, eds. *Modern American Diplomacy*. Wilmington, DE, 1986.

Vogel, Ezra F. *Japan as Number One: Lessons for America*. New York, 1979, 1980.

——. "Japanese-American Relations After the Cold War." In Aspen Strategy Group.

Harness the Rising Sun. Lanham, MD, 1993.

Walker, J. Samuel. "The Decision to Use the Bomb: A Historiographical Update." *Diplomatic History*, 14 (Winter 1990) .

Ward, Robert E. "Presurrender Planning: Treatment of the Emperor and Constitutional Changes." In Robert E. Ward and Sakamoto Yoshikazu, eds. *Democratizing Japan: The Allied Occupation*. Honolulu, 1987.

Watanabe Akio, ed. *Sengo Nihon no taigai sesaku: kokusai kankei no hen'yo to Nihon no yakuwari* [Postwar Japanese Foreign Policy: The Changes in International Relations and Japan's Role] . Tokyo, 1985.

Weingartner, James J. "Trophies of War: U.S. Troops and the Mutilation of Japanese War Dead, 1941–1945." *Pacific Historical Review*, 61 (February 1992) .

Weinstein, Martin E. *The Human Face of Japan's Leadership: Twelve Portraits*. New York, 1989.

Welfield, John. *An Empire in Eclipse; Japan in the Postwar American Alliance System: A Study in the Interaction of Domestic Politics and Foreign Policy*. London, 1988.

White, John Albert. *Diplomacy of the Russo-Japanese War*. Princeton, 1964.

White, Theodore H. "The Danger from Japan." *New York Times Magazine*, July 28, 1985.

Whiting, Allen S. *The Chinese Calculus of Deterrence: India and Indochina*. Ann Arbor, MI, 1975.

Whiting, Robert. *The Chrysanthemum and the Bat: Baseball Samurai Style*. New York, 1977.

Whitney, Major General Courtney. *MacArthur. His Rendezvous with History*. New York, 1956.

Widenor, William C. *Henry Cabot Lodge and the Search for an American Foreign Policy*. Berkeley, 1980.

Wiley, Peter Booth, with Korigi Ichiro. *Yankees in the Land of the Gods*. New York, 1990.

Wilkins, Myra. "The Role of U.S. Business." In Dorothy Borg and Shumpei Okamoto, eds. *Pearl Harbor as History: Japanese-American Relations, 1931–1941*. New York, 1973.

Williams, Justin, Sr., John W. Dower, and Howard Schonberger. "A Forum: American

Democratization Policy for Occupied Japan." *Pacific Historical Review*, 57 (May 1988) .

Willoughby, Major General Charles, and John Chamberlain. *MacArthur, 1941–1951*. New York, 1954.

Wiltz, John Edward. "Did the United States Betray Korea in 1905?" *Pacific Historical Review*, 54 (August 1985) .

Wolf, Charles, Jr. *Perspectives on Economic and Foreign Policies*. Santa Monica, CA, 1995.

Wolferen, Karl van. *The Enigma of Japanese Power: People and Politics in a Stateless Nation*. New York, 1990.

——. "Japan's Non–Revolution." *Foreign Affairs*, 72 (September–October 1993) .

Woodward, Sir Ernest Llewellyn. *British Foreign Policy in the Second World War*. London, 1962.

Wray, Harry, and Hilary Conroy, eds. *Japan Examined: Perspectives on Modern Japanese History*. Honolulu, 1983.

Wright, Quincy, and Carl J. Nelson. "American Attitudes Toward Japan and China, 1937–1938." *Public Opinion Quarterly*, 3 (January 1939) .

Yamamoto Mitsuru. *Fumo no gensetsu: Kokkai toben no naka no Nichi–Bei kankei* [The Barren Discourse: The Diet's Response to the Japan–U.S. Relationship] . Tokyo, 1992.

Yardley, Herbert O. *The Chinese Black Chamber. An Adventure in Espionage*. Introduction by James Bamford. Boston, 1983.

Yasuba Yasukichi. "Anatomy of the Debate on Japanese Capitalism." *Journal of Japanese Studies*, 2 (Autumn 1975) .

Yasuhara Yoko. "Japan, Communist China, and Export Controls in Asia, 1948–1952." *Diplomatic History*, 10 (Winter 1986) .

"Yasuhiro Nakasone: The Statesman as CEO." Interviewed by Alan M. Webber. *Harvard Business Review*, 67 (March–April 1989) .

Yoshida Shigeru. *The Yoshida Memoirs; The Story of Japan in Crisis*. Westport, CT, 1973.

Yoshikazu Sakamoto. "The International Context of the Occupation of Japan." In

Robert E.Ward and Sakamoto Yoshikazu, eds. *Democratizing Japan: The Allied Occupation*. Honolulu, 1987.

Yoshino, M. Y. *Japan's Multinational Enterprises*. Cambridge, MA, 1976.

Yoshitsu, Michael M. *Japan and the San Francisco Peace Settlement*. New York, 1983.

Yui Daizaburo. "From Exclusion to Integration: Asian Americans' Experiences in World War II." *Hitotsubashi Journal of Social Studies*, *24* (December 1992) .

Yutaka Kosai. "The Postwar Japanese Economy, 1945–1973." Translated by Andrew Goble. In Peter Duus, ed. *The Cambridge History of Japan. Vol. 6. The Twentieth Century.* Cambridge, UK, 1988.

致 谢

原计划两年半内完成的写作项目，谁承想延长到了五年，人情债也随之水涨船高。就一个患拖延症的作者来说，感谢编辑的长期等待是一种陈词滥调，然而，在这种情况下，连陈词滥调也具有了说服力。诺顿出版社（W.W.Norton）副社长埃德·巴伯（Ed Barber）不仅给予了我耐心和支持，也是一位值得信赖的朋友。他的红笔使许多鸿篇大论再也难以问世，但他总是对的，尤其是当他建议为这样一篇失控的手稿进行删节时。承担了繁杂工作的文字编辑安·阿德尔曼（Ann Adelman）贡献卓越，在此谨表谢意。十分重视这份手稿的格里·麦考利（Gerry McCauley），是最支持我的，他也是我最珍视的朋友。

入江昭和迈克尔·巴恩哈特（Michael Barnhart）阅读了整部手稿。他们对日本和美国外交关系的了解使我避免了许多错误。此外，我一直十分珍惜与入江的友谊以及他对历史写作的诸多贡献。弗兰克·科斯蒂格里奥拉（Frank Costigliola）也阅读了大部分手稿，25年来，他一直在给予我良好的建议和亲密的友情。加布里埃拉·洛佩兹（Gabriela Lopez）、马克·安德森（Mark Anderson）和陆燕（Lu Yan，音译）同样不可或缺，他们翻译了书中使用的大部分日语材料。尽管临近自己的博士论文截止日期，但陆燕还是非常热心地检查了我最后的手稿。

清水小百合教授还是康奈尔大学的一名新博士的时候，就曾翻译并向我介绍了许多重要的日本材料，包括她自己对 20 世纪 50 年代的研究成果。我十分珍视与她、丹尼和她父母的友谊。

其他一些朋友和曾经的学生也提供了一些材料和自己的看法。美国国家档案馆（National Archives）的大卫·朗巴特（David Langbart）对相关文件的了解无人能及，并决心让研究人员能够以适当的方式接触这些文件。来自加州的巴里·艾斯勒（Barry Eisler）阅读了部分手稿，并提供了个人见解。大卫·梅塞尔（David Maisel）、埃文·斯图尔特（Evan Stewart）、埃里克·埃德尔曼（Eric Edelman）、马克·莱特尔（Mark Lytle）、罗伯特·汉尼根（Robert Hannigan）、道格·利特尔（Doug Little）、凯瑟琳·奥本（Catheryn Obern）、亚瑟·卡明斯基（Arthur Kaminsky）、卡罗尔·孔茨（Carol Kuntz）以及赫希尔（Hirschel）和伊莱恩·阿伯尔森（Elaine Abelson）夫妇在学术和其他事务上都是我的良师益友。米尔顿·莱顿伯格（Milton Leitenberg）、迈克尔·夏勒、罗纳德·麦格罗斯伦（Ronald McGlothlen）、汤姆·斯库诺弗（Tom Schoonover）以及弗兰克·麦克尼尔（Frank McNeill）大使都寄来了材料，展示了他们对美国外交史的热忱。我非常感谢罗伯特·W. 巴内特（Robert W. Barnett）和詹姆斯·莫利（James Morley）允许我引用他们的话。

斯蒂芬·韦斯（Stephen Weiss）不仅为本书做了某些先行研究，多年来也一直在努力让康奈尔大学成为一个令人兴奋的教学和学术场所。玛丽·安德希尔·诺尔（Marie Underhill Noll）也是如此，她是一位资深历史教师，也是我的密友。本书是献给四个人的，自 20 世纪 60 年代以来，在他们的领导下，才有了今天的康奈尔大学。是他们让我有幸能够与罗伯特·史密斯（Robert Smith，他杰出的日本研究工作和与我 36 年之久的友谊塑造了这本书）、乔尔·西尔贝（Joel Silbey）、迪克·波伦伯格（Dick Polenberg）、迈克尔·卡曼（Michael

Kammen）、白石隆、汤姆·克里斯滕森（Tom Christensen）、彼得·卡赞斯坦（Peter Katzenstein）、蒂姆·博斯特尔曼（Tim Borstelmann）、格伦·阿尔特舒勒（Glenn Altschuler）、玛丽·贝思·诺顿（Mary Beth Norton）、拉里·摩尔（Larry Moore）、谢尔曼·科克伦（Sherman Cochran）、泰德·洛维（Ted Lowi）、大卫·怀亚特（David Wyatt）和维克·科斯彻曼（Vic Koschmann）等成为同事。本书中一些最好的想法借鉴自劳埃德·加德纳（Lloyd Gardner）、汤姆·麦考米克（Tom McCormick）和马蒂·斯卡拉（Marty Sklar），其实，我一直在向他们学习。

康奈尔大学图书馆的卡门·布兰金希普（Carmen Blankinship）、卡罗琳·斯派塞（Caroline Spicer）、珍妮·哈里斯（Janie Harris）和玛丽·韦斯切（Mary Wesche），以及馆长阿兰·塞内克（Alain Seznec）和大卫·科尔森（David Corson），特别帮助我完善了本书。莉兹安·罗格沃（LizAnn Rogovoy）、丽贝卡·加斯洛（Rebecca Gaslow）、凯瑟琳·科默福德（Kathryn Comerford）和凯伦·塔尼斯（Karen Tanis）利用图书馆为我提供了重要的研究帮助。他们中的三位正在通往成功学术生涯的道路上。杜鲁门图书馆（the Truman Library）的丹尼斯·希尔格（Dennis Hilger）、里根图书馆（the Reagan Library）的史蒂夫·布兰奇（Steve Branch）、约翰逊图书馆（the Johnson Library）的菲利普·斯科特（E. Philip Scott）以及曾在约翰逊图书馆（the Johnson Library）工作、现任职于国务院历史办公室（State Department Historical Office）的戴维·汉弗莱（David Humphrey），以最大的热忱帮我获得了相关文件和影像资料。鲍勃·万普勒（Bob Wampler）是国家安全档案馆（National Security Archive）1960年后美日项目的负责人，他提供了数百页宝贵的文件，如若不然，这些文件在未来数年里都不会向研究人员公开，而且本来也没有必要这样做。很多日本朋友的友谊使本书价值倍增，感谢他们的关注和帮助，他们是：佐藤钦也、船桥洋

一、有贺贞、本间长世、细谷千博、长田彰文、麻田贞雄、久保文明、高原孝生、黑沢文贵、石井修、井上寿一、阿部齐、松田武——全都是杰出的日美研究者，以及来自国际文化会馆的丸山勇；还有两位康奈尔人——冈田泰男教授和松延洋平教授。

再次感谢斯科特·拉夫伯尔（Scott LaFeber）、苏珊娜（Suzanne）、汤姆（Tom）、马修·卡尔（Matthew Kahl）、比尔（Bill）和希尔德·卡尔（Hilde Kahl）、佩格（Peg）和赫尔利·古尔德（Hurley Gould）以及最重要的桑迪（Sandy），他们使这一切变得尽可能有价值。

W. 拉夫伯尔

1996 年 7 月

索 引

（索引页码为英文原版页码）

Abe Masahiro 阿部正弘, 13–14, 17

Abe Shintaro 安倍晋太郎, 380

Acheson, Dean 艾奇逊, 迪安, 179, 200–201, 237, 271, 276–77, 278, 284, 302, 308–9, 346, 367; Cleveland speech of 克利夫兰演讲, 272; freeze order and 禁令, 200; NSC–68 and NSC–68 号文件, 282–83; Southeast Asia Policy and 东南亚政策, 280–81; U.S. Indochina mission and 美国印度支那代表团, 285; U.S.–Japanese peace treaty and 美日和约, 288–89

Adams, Brooks 亚当斯, 布鲁克斯, 67, 79

Adams, Henry 亚当斯, 亨利, 59, 66, 67, 79

Adams, John Quincy 亚当斯, 约翰・昆西, 67

Advisory Committee on Postwar Foreign Policy 战后外交政策咨询委员会, 236

Afghanistan 阿富汗, 76, 369

Aichi Kiichi 爱知揆一, 348, 350

Aizawa Seishisai 会泽正志斋, 16

Akihito, Emperor of Japan 明仁天皇, 262, 386; Hawaii visit of 访问夏威夷, 332

Alcock, Rutherford 阿尔科克, 卢瑟福德, 28, 29

Aleutian Islands 阿留申群岛, 223, 225, 229

Allen, Horace 艾伦, 霍拉斯, 47–48, 51, 78, 85

Allied Council of the Big Three plus China 三巨头与中国联盟理事会, 260

Allison, John 埃里森, 约翰, 284, 287, 297, 303, 313, 314, 323; U.S.–Japanese relationship assessed by 日美关系评估, 311

Alsop, Joseph 艾尔索普, 约瑟夫, 313

Alston, B. 阿尔斯通, B., 131

Amau Eiji 天羽英二, 177

"Amau statement" "天羽声明", 177

America First Committee 美国优先委员会, 200–201, 209
American Asiatic Association 美国亚洲协会, 94
American Bankers Association 美国银行家协会, 130
“American Century”“美国世纪”, 216–17, 257
American Committee for Non–Participation in Japanese Aggression 美国不参与日本侵略委员会, 188
American Council on Japan（Japan Lobby）美国日本事务理事会（日本游说集团）, 275
American Express 美国运通公司, 277, 403
American Federation of Labor 美国劳工联合会, 34
American Group 美国集团, 113, 131
“American Individualism”（Hoover）“美国个人主义”（胡佛语）, 129
American Medical Association 美国医学协会, 52
Anami Korechika 阿南惟几, 251, 253–54
Angola 安哥拉, 360–361
Anti–Comintern Pact（1936）《反共产国际协定》（1936）, 181
ANZUS pact《太平洋共同防卫组织公约》, 288
Araki Sadao 荒木贞夫, 170
Arizona, USS, “亚利桑那”号军舰, 332
Armacost, Michael 阿玛科斯特，迈克尔, xv, xxii
Aruga Tadashi 有贺贞, 322, 358
Asahi Shimbun《朝日新闻》, 194, 259, 346, 358, 394
Asanuma Inejiro 浅沼稻次郎, 321
Asher, David 亚瑟，大卫, 383
Ashida Hitoshi 芦田均, 268, 275–76
Asian and Pacific Council（ASPAC）亚太理事会, 345
Asian Development Bank（ADB）亚洲开发银行, 345
Asia–Pacific Economic Cooperation（APEC）亚太经贸合作组织, 377, 391, 398
Associated Press 美国联合通讯社, 192
Association of Southeast Asian Nations（ASEAN）, 东南亚国家联盟, 345, 367, 398
Atcheson, George 艾奇逊，乔治, 261, 270
Atlantic Charter《大西洋宪章》, 216, 230, 238
Atlantic Conference（1941）大西洋会议（1941）, 201–2
Atlantic Monthly《大西洋月刊》, 52
atomic bomb 原子弹, 244, 250, 255–56, 263; in attack on Japan 对日袭击, 247–48; Smithsonian controversy and 史密森学会争端, 400–401; targeting debate and 有关使用目标的争议, 245–46
Attu 阿图岛, 229
Aulick, John H. 奥里克，约翰·H., 11, 12
Australia 澳大利亚, 124, 135, 193, 223,

225, 231, 275, 288, 330, 404; APEC and 与亚太经合组织, 377
Austria 奥地利, 11, 122
Axis alliance 轴心国同盟, 193–94; Anti-Comintern Pact and 与《反共产国际协定》, 181–82

Baker, James, III 贝克, 詹姆斯, 三世, 376, 397, 398
bakufu 幕府, 18, 20, 22, 25–26, 29
Balfour, Arthur 巴尔弗, 亚瑟, 138
Ballantine, Joseph W. 巴兰坦, 约瑟夫・W., 203, 204, 237, 275
Ba Maw 巴莫, 230
Bamba Nobuya 马场伸也, 133
"bamboo curtain" "竹幕", 277
Bandung Conference (1955) 万隆会议 (1955), 313
Bank of Japan 日本中央银行, 45, 329, 344
Barbarian and the Geisha, The (film) 《蛮夷与艺伎》(电影), 20
Barnet, Richard 巴尼特, 理查德, 265
Barnett, Robert W. 巴内特, 罗伯特・W., xvii, xviii
Baseball 棒球, 63, 201, 356, 365, 372
Bataan Death March 巴丹死亡行军, 224
Beard, Charles 比尔德, 查尔斯, 300
Beheiren (Citizens' Federation for Peace in Vietnam) 越平联 (越南和平市民联合会), 344–45, 348
Belgium 比利时, 141
Belknap, George 贝尔纳普, 乔治, 55
Bell, Edward Price 贝尔, 爱德华・普莱斯, 143
Beveridge, Albert J. 贝弗里奇, 阿尔伯特・J., 78–79
Biddle, Francis 比德尔, 弗朗西斯, 220
Biddle, James 比德尔, 詹姆斯, 10, 13
Bingham, John A. 宾汉姆, 约翰・A., 42
Black Chamber 黑室, 140, 143
Black Dragon Society 黑龙会, 136
Blakeslee, George 布雷克斯利, 乔治, 237
"Bloody May Day" riots "血腥五月" 暴动, 295
Blueprint for a New Japan (Ozawa)《新日本蓝图》(小泽一郎), 383,
"Bock's Car" "伯克之车", 248
Boer War 布尔战争, 66
Bolsheviks 布尔什维克, 116, 118, 129, 134
Bonin Islands 小笠原群岛, 283, 288, 289–90, 346
Borah, William E. 博拉, 威廉・E., 126, 135, 137, 172
Borneo 婆罗洲, 193
Borton, Hugh 伯顿, 休, 237–38
Boston, USS "波士顿" 号军舰, 54
Bourne, Randolph 博恩, 鲁道夫, 127
Boxer Protocol (1901)《辛丑条约》(1901), 72
Boxer uprising 义和团运动, 68, 69–70, 72–73

Brazil 巴西, 146, 329
Brest-Litovsk peace agreement(1918)《布列斯特-立托夫斯克和约》(1918), 118
Bretton Woods Conference(1944)布雷顿森林会议(1944), 259, 376
Brezhnev, Leonid 勃列日涅夫，列昂尼德, 356
Bridges at Toko-ri, *The*(Michener),《独孤里桥之役》(米切纳), 301
Bridgman, Elijah C. 裨治文, 38
Brief Account of the United States, *A*(Bridgman)《美国简述》(裨治文), 38
Brussels Conference(1937)布鲁塞尔会议(1937), 185
Bryan, William Jennings 布莱恩，威廉·詹宁斯, 70, 72, 104, 105, 107, 108, 112, 138; Twenty-one Demands crisis and 与"二十一条"危机, 111
Bryce, James 布莱斯，詹姆斯, 97
Brzezinski, Zbigniew 布热津斯基，兹比格涅夫, 352-53, 364, 368, 370
Buchanan, James 布坎南，詹姆斯, 22, 319
Buchanan, Patrick 布坎南，帕特里克, 354
Buck, Pearl 赛珍珠, 206, 222, 233
Buckley Roger 巴克利，罗杰尔, 288
Buddhism 佛教, 5, 136
Bullitt, William Christian 布利特，威廉·克里斯蒂安, 118, 119, 123, 125, 127
Bundy McGeorge 邦迪，麦克乔治, 335, 341-42
Burma 缅甸, 193, 223, 224, 231-32, 310, 330
Burnham, Walter Dean 伯恩翰，沃尔特·迪恩, 371
Buruma, Ian 布鲁玛，伊恩, 13, 402
Bush, George 布什，乔治, xxi, 370, 384-85, 386, 388, 391
Bush administration 布什政府, 385, 397
Business Week《商业周刊》, 310
Butow, Robert J. C. 布托，罗伯特·J.C., 252, 254
Byas, Hugh 拜亚斯，休, 172
Byrnes, James F. 博恩，詹姆斯·F., 243-44, 246, 247, 250, 252-53, 256, 259, 260, 263
Bywater, Hector C. 拜沃特，赫克托尔·C., 179

Cabinet Research Office, Japanese 日本内阁调查室, 287
Cabinet Resources Bureau 内阁资源局, 162
Cairo Conference(1943)开罗会议(1943), 237
California 加利福尼亚, 87-89, 104-6, 143; forced relocation of Japanese Americans in 日裔美国人的强制再安置, 218-20; Japanese immigration to 加利福尼亚的日本移民, 88-89; racism of 加利福尼亚的种族主义, 88-89, 104-6, 107;

segregation order of 加利福尼亚种族隔离法令; 89
Cambodia 柬埔寨, 232, 389
Canada 加拿大, 88, 89, 135, 329, 373, 393, 398; forced relocation of Japanese Canadians in 日裔加拿大人的强制再安置, 221
capitalism 资本主义, xviii, 100, 160, 173, 206–7, 275–76; conflicting systems of 资本主义制度冲突, 373–79; Grady's view on 格雷迪有关资本主义的观点, 258–59; Japanese practice of 日本的资本主义实践, xix, 86, 93, 156–160, 294, 303–4, 312, 319–21, 328–29, 365–68, 384, 397–98, 400–403
Capra, Frank 卡普拉, 弗兰克, 222
Carnegie, Andrew 卡内基, 安德鲁, 34, 72
Caroline Islands 加罗林群岛, 108, 126, 143, 240
Carpenter, S. S. 卡朋特, S.S., 318
Carter, Jimmy 卡特, 吉米, 363, 364, 366, 368, 369
Castle, William 卡斯尔, 威廉, 154–55, 157, 158, 159, 166–68, 170, 173–74, 190
Castro, Fidel 卡斯特罗, 菲德尔, 310, 340
CBS 哥伦比亚广播公司, 285, 346
Cecil, Robert 塞西尔, 罗伯特, 124
Centennial Exposition (1876) 百年纪念世界博览会 (1876), 42
Central Intelligence Agency (CIA) 中情局, 274, 279, 281, 283, 285, 332, 345, 354; LDP financed by 资助自民党, 318, 326–28, 335–36, 337; tungsten deal and 钨交易, 287
Challenger tragedy "挑战者号"悲剧, 387
Chamberlain, Neville 张伯伦, 内维尔, 187
Chang Hsueh-liang (Zhang Xueliang) 张学良, 152
Changsha intervention 长沙干涉, 157
Chang Tso-lin (Zhang Zuolin) 张作霖, 152
Charter Oath《五条誓文》, 30
Cheney, Richard 切尼, 理查德, 388
Chiang Kai-shek 蒋介石, 147, 150, 151, 152, 161, 164, 166, 167, 177, 182, 189, 196, 203, 204, 206, 207–8, 250, 258, 270, 283, 285, 323; Anti-Comintern Pact rejected by 拒绝《反共产国际协定》, 181; at Cairo Conference 在开罗会议, 237; Sino-Japanese War and 中日战争, 183; U.S. Postwar Planning and 美国战后规划, 231–33, 237, 239
Chile 智利, 330
China, Imperial 帝制中国, 8, 17, 36, 41, 42, 63, 74, 115; Anglo-Japanese alliance and 英日同盟, 76–77; Boxer uprising in 义和团起义, 68, 69–70, 72–73; declining Manchu dynasty of 衰落的清王朝, 67–69, 99–100; European imperialism and 与欧洲帝国主义, 58–59; Formosa and 与台湾,

43–44; Great Britain trade and 与对英贸易, 4, 9, 11–12, 20, 21; and Japanese annexation of Taiwan 日本吞并台湾, 52; Japanese trade with, see Sino-Japanese trade 对日贸易, 见中日贸易; Korean and 与朝鲜, 44–45; Manchuria issue and 与中国东北问题, 87, 92, 94–95; open-door policy and 与门户开放政策, 65–66, 69–70, 72; Shufeldt treaty and 与薛斐尔条约, 44–45; U.S. missionaries in 在华美国传教士, 66; U.S. perception of 美国的中国观, 5; U.S. trade treaty of 1844 and 1844 年中美贸易条约, 11; U.S. troops in 在华美军, 69–70, 72; war of 1894–95 and 甲午战争, 48–51; as world market 作为世界市场, 66–68

China, Nationalist 国民党中国, 132, 174, 208, 212, 256; Communist conflict with 与共产主义的冲突, 150, 257, 258, 269–70, 278; Hurley mission to 赫尔利代表团, 233; Kuomindong movement in 国民党运动, 147, 150, 152, 164; Lansing–Ishii agreement and 兰辛–石井协定, 115–16, 131, 142, 203; Nine–Power Treaty and《九国公约》, 141–42; revolution of 1911 and 辛亥革命, 31, 147–50; Shantung settlement and 山东处置, 122, 123, 125; Soviet Union and 与苏联, 148–49; united front in 统一战线, 182; U.S. aid to 美国对华援助, 176–77; U.S. banking consortium and 与美国银行团, 147, 149–50; in U.S. postwar planning 美国战后规划中的中国, 231–33; Washington Conference and 华盛顿会议, 141–43; World War Ⅱ and 与第二次世界大战, 231–33, 236–37, 239; *see also* Chiang Kai-shek; Sino-apanese War (1937); Taiwan 同时参见蒋介石、抗日战争(1937)、台湾

China, People's Republic of 中华人民共和国, xvii–xx, xxii, 160, 257, 258, 291, 292, 293, 322, 323–24, 348, 358, 367, 373; Clinton's policies on 克林顿的对华政策, 390–91; "Great Leap Forward" of "大跃进", 317; Gulf War and 与海湾战争, 385–86, 389; human rights issue and 中国人权问题, 390–91; Japanese trade with, see Sino-Japanese trade 对日贸易, 参见中日贸易; Japan's Peace and Friendship Treaty with《中日和平友好条约》, 369; Korean intervention and 加入朝鲜战争, 286, 343; L–T deals and L–T 协议 330–31, 336; MFN status and 与最惠国待遇, 386, 390; modernization of 现代化, 368; Nixon and 与尼克松, xxi, 352, 355–56, 359–60; nuclear program of 中国核计划, 340–41; Russia and 与俄国, 403–4; Soviet Union's 1950 Friendship Treaty with

1950 年《中苏友好条约》, 282, 293; Soviet Union's relationship with 对苏关系, 282, 293, 310, 326, 338, 354–55; Tanaka's visit to 田中访华, 357; territorial claims of 领土要求, 357; Tiananmen Square massacre and 天安门事件, xxi, 385–86, 403; Vietnam War role of 在越南战争中的角色, 337–38, 339, 340, 341, 342–43
CHINCOM 中国委员会, 305
Chinda, Count 珍田伯爵, 111, 121, 124
Chinese Eastern Railway 中东铁路, 119, 161, 239
Chinese Peace Society 中国和平协会, 107
Christian Missionary Alliance 基督教士联盟, 66
Christopher, Warren 克里斯托弗, 瓦伦, 390–91
Chrysler 克莱斯勒公司, 362, 366, 374
Churchill, Winston 丘吉尔, 温斯顿, 191, 196, 216, 228, 231, 240, 242, 253, 261, 265; at Atlantic Conference 在大西洋会议, 201; at Cairo Conference 在开罗会议, 237
Citizens'Federation for Peace in Vietnam (*Beheiren*) 越南和平市民联合会, 344–45, 348
Civil War, U.S. 美国南北战争, 32–33
Clayton, Will 克莱顿, 威尔, 215–16
Clean Government Party (*Komeito*), Japanese 日本公明党, 327, 383
Clemenceau, Georges 克雷列孟梭, 乔治, 125
Cleveland, Grover 克利夫兰, 格罗弗, 34, 49, 54, 66
Clinton, Bill 克林顿, 比尔, xxi, 389, 390–94; Asia policy initiatives of 克林顿的亚洲政策, 391–93
Clinton administration 克林顿政府, 391–92
Clutton, George 克拉顿, 乔治, 306–8, 323, 324
Cochran, Sherman 科克伦, 谢尔曼, 100
COCOM 巴黎统筹委员会, 305
Cold War 冷战, xviii, 332, 363, 364, 370, 371, 375, 399; containment policy in 冷战中的遏制政策, 273, 298, 305, 404; detente in 冷战的缓和, 306, 352, 360; end of 冷战的结束, 389; Kennan's ideas on 凯南的冷战观, 272–73; Korean War and 与朝鲜战争, 283; "massive retaliation" in "大规模报复", 298; missile gap in 导弹力量差距, 310; NSC–68 and 与 NSC–68 号文件, 282–83; post–World War Ⅱ era and 与二战后时代, 257, 264, 269–73; "power elite" theory and 与"权力精英"理论, 319; U.S.–Japanese relationship in 冷战中的美日关系, 297–98; *see also* Soviet Union 同时参见苏联
COMINT (Communications Intelligence) 通讯情报局, 225

Committee to Defend America by Aiding the Allies 帮助盟国保卫美国委员会, 194
Communist Party, Chinese 中国共产党, 147, 367, 385
Communist Party, Japanese 日本共产党, 264, 277, 283, 326
"Comprehensive National Security" policy 全面国家安全政策, 370
Compromise of 1850 1850 年大妥协, 11
Conger, Edwin 康格, 爱德温, 69
Congress, U.S. 美国国会, 11, 20, 44, 59, 81, 88, 114, 137–38, 140, 158, 189, 240, 243, 275, 342, 356, 380, 381, 386, 401, 403; China Lobby of 中国游说团体, 305; conscription enacted by 通过征兵法案, 191–92; FDR's war message 罗斯福总统的战争咨文, 212; Truman Doctrine and 与杜鲁门主义, 271; *see also* House of Representatives, U.S.; Senate, U.S. 同时参见美国众议院; 美国参议院
Connally, John 康纳利, 约翰, 354
Connally, Tom 康纳利, 汤姆, 262
Constitution (1889), Japanese《大日本帝国宪法》, 39–40, 41, 46, 47
Constitution (1948), Japanese《日本国宪法》, 266–68, 298, 316–17, 319, 321
Constitution, U.S.《美利坚合众国宪法》, 39, 40, 54, 55, 107, 266; proposed Ludlow Amendment to《拉德洛修正案》, 186—87;
containment policy 遏制政策, 273, 298, 305, 404
Convention of 1866 1866 年协定, 29
Coolidge, Calvin 柯利芝, 卡尔文, 144, 147
Coral Sea, Battle of the 珊瑚海战役, 225
Council on Foreign Economic Policy 对外经济政策委员会, 305, 314
Cronkite, Walter 克朗凯特, 沃尔特, 346
Cuba 古巴, 54, 56, 57–58, 59, 61, 62, 310, 340
Cuban missile crisis 古巴导弹危机, 336
Cumings, Bruce 卡明斯, 布鲁斯, 278, 285
Cutler, Robert 卡特勒, 罗伯特, 306

daimyo 大名, 7, 14, 17, 23, 34
D'Amato, Alphonse 达马托, 阿方斯, 388
Danforth, John 丹福斯, 约翰, 376, 378
Daniels, Josephus 丹尼尔斯, 约瑟夫, 106
Daniels, Roger 丹尼尔斯, 罗杰尔, 220
Dan Takuma 团琢磨, 157, 163, 172, 175
"Declaration for an Open-Door Policy with Respect to Trade with China" (Hay)《关于对华贸易的门户开放政策声明》(海), 69
Defense Agency, Japanese 日本防务省, 299, 351, 370, 371
Defense Department, U.S. 美国国防部, 274, 279, 281–82, 288, 289, 290,

292, 298, 314, 391
de Gaulle, Charles 戴高乐，查尔斯，327–28
Deming, W. Edwards 戴明，W. 爱德华，301–3, 328
Democratic Party, Japanese 日本民主党，312
Democratic Party, U.S. 美国民主党，9, 70, 72, 102–3, 212, 224, 298, 360; *see also* elections, U.S. 同时参见美国选举
Deng Xiaoping 邓小平，368, 369
Dening, Esler 德宁，埃斯勒，299
Denison, Henry Willard 丹尼森，亨利·威拉德，39
Dennett, Tyler 丹尼特，泰勒，86
Depression, Great 大萧条，154–55, 158, 163, 166, 173–74
Destination Tokyo (film)《直捣东京》(电影) 222
detente policy 缓和政策，306, 352, 360
Dewey, George 杜威，乔治，59–60, 62
DeWitt, John L. 德威特，约翰·L., 220, 222
Dienbienphu, Battle of 奠边府战役，309
Diet, Japanese 日本国会，40, 146, 162, 237, 266, 267, 291, 295, 320, 325, 371, 389, 402
Dingley Tariff (1897)《丁利关税法案》(1897), 57
Dingman, Roger 丁曼，罗杰尔，286
Dirksen, Everett 德克森，埃弗雷特，297
"Dr. Win the War" "战胜博士", 224
Dodge, Joseph M. 道奇，约瑟夫·M., 276, 277, 279, 296, 305, 322–23
Doi Takako 土井多贺子，387, 389
Dole, Robert 多尔，罗伯特，375–76, 378
"dollar diplomacy" "金元外交", 93
Dominican Republic 多米尼加共和国，169
domino theory 多米诺理论，170, 308–9, 310
Donnelly, J. C. 唐纳利，J. C., 258
Doolittle, James H. 杜利德，詹姆斯·H., 177, 228; Tokyo raid of 与轰炸东京，224–25
Dooman, Eugene 多曼，尤金，202, 203, 204, 237, 275, 287, 294–95
Dower, John 达沃，约翰，267–68
Draper, William H. 德雷珀，威廉·H., 272, 274, 277, 279
DuBois, W. E. B. 杜波依斯，W. E. B., 124
Dulles, John Foster 杜勒斯，约翰·福斯特，xx, 262, 284, 285, 300, 302, 303, 304, 310, 311, 316, 323, 346, 367; ANZUS pact and 与《太平洋共同防卫组织公约》, 288; death of 去世，319; domino theory and 与多米诺理论，308–9; on Japanese militarism 与日本军国主义，297–98; nuclear issue and 与核问题，313; peace treaty negotiations and 与和平谈判，283, 288–93; Sino-Japanese trade and 与中日贸

易, 305–6; “Yoshida letter”and 与“吉田书简”, 293; Yoshida’s talks with 与吉田首相的讨论, 289–92, 293
Dunne, Finley Peter 邓恩, 芬利 · 彼得, 63, 72, 88

East Asian Economic Caucus 东亚经济论坛, 398
Eberle, William D. 埃伯利, 威廉 · D., 354
“economic miracle”“经济奇迹”, xvii–xviii, 299, 352, 353, 354, 384, 399; Asia market and 与亚洲市场, 304; banks and 与银行, 328–29; bureaucracy and 与官僚机构, 328–30, 332; control of capital supply and 与资本控制, 329; Deming’s theories and 与戴明的理论, 301, 303; dual-use technology and 与军民两用技术, 296; L–T deals and 与 L–T 协议, 330–31; MITI and 与通产省, 362; neo-mercantile practices and 与新贸易实践, 328, 329; Soviet-Japaneese trade and 与日苏贸易, 330–31; Vietnam War and 与越南战争, 331–32
Economist《经济学人》, 367, 398
Eden, Anthony 艾登, 安东尼, 196
Edict of Toleration (1873), Japanese 日本宽容法令 (1873), 91
Education Ministry, Japanese 日本文部省, 218, 333
Education of a Poker Player, Including Where and How One Learns to Win, The (Yardley)《扑克选手学习指南——炼者在何时何地皆可赢牌》(雅德利), 143
Egypt 埃及, 299, 360
Eisenhower, Dwight D. 艾森豪威尔, 德怀特 · D., 297, 298, 304, 314, 317–18, 319, 321, 322, 325, 335; Girard case and 与吉拉德事件, 316; Indochina involvement and 与干涉印度支那, 308–10; *Lucky Dragon* incident and 与“福龙丸”号事件, 311; Sino–Japanese trade and 与日中贸易, 306, 312
Eisenhower administration 艾森豪威尔政府, 305, 314, 315–16
elections, U.S. 美国大选: of 1900 1900 年, 70, 72, 90; of 1912 1912 年, 97, 103, 105; of 1916 1916 年, 112, 115, 127; of 1932 1932 年, 155, 171; of 1940 1940 年, 191, 194, 216; of 1942 1942 年, 224; of 1944 1944 年, 221, 235, 243; of 1948 1948 年, 261, 270, 274, 275; of 1952 1952 年, 297, 298; of 1964 1964 年, 338, 341; of 1968 1968 年, 347, 351; of 1972 1972 年, 354, 358, 360; of 1974 1974 年, 363; of 1980 1980 年, 370; of 1984 1984 年, 375; of 1992 1992 年, xxi, 390; of 1994 1994 年, 392
Emergency Petroleum Allocation Act (EPAA) (1973)《紧急石油分配法案》(1973), 361

Emerging Japanese Superstate, The（Kahn）《新兴的超级大国日本》（卡恩），352
Emmerson. John K. 埃默森，约翰·K.，xvii，xviii，256，294
Enola Gay 伊诺拉·盖号轰炸机，247，401
Enterprise，USS "企业号"航空母舰，346
"Errand-Bearers，The"（Whitman）《信使》（惠特曼），24
Evarts，William M. 埃瓦茨，威廉·M.，42. 44
Exclusion Act（1882）《驱逐法案》（1882），221
Exclusion Act（National Origins Act）（1924）《驱逐法案》（民族始籍法）（1924），144–46，158，219
Executive Order 9066 9066 号驱逐令，220
Export-lmport Bank 进出口银行，179，303，369，374，392

Factory Law（1911），Japanese 日本《工厂法》（1911），97
Fahs，Charles Burton 法，查尔斯·伯顿，300，303
Fallows，James 法洛斯，詹姆斯，399
Far Eastern Commission（FEC）远东委员会，260
Faulkner，William 福克纳，威廉，xxii
Fearey，Robert 费尔利，罗伯特，238–39
Federal Reserve Act（1913）《联邦储备法案》（1913），122
Federation of Economic Organizations 经济团体联合会，294，312
Federation of Students Self-Govemment Associations 学生自治团体联合会，319
Fillmore，Millard 菲尔莫尔，米勒德，11，12，13，396
Finance Ministry，Japanese 日本财务省，xxi，299，303，328，329，341–42，376–77，378，380，383，386–87，397
Fish，Hamilton 费什，汉密尔顿，192–93
Fiske，Bradley A. 菲斯克，布拉德利 A.，105–6
Five-Power Treaty《五国公约》，141–42，172，176，180
Florida Times-Union《佛罗里达联合时报》，84
"flying geese" model "雁阵"模型，366
Flying Tigers 飞虎队，196，201
Forbes《福布斯》，379
Ford，Gerald 福特，杰拉尔德，361，363，364
Ford，Worthington C. 福特，沃辛顿·C.，67
Foreign Affairs Advisory Council，Japanese 日本外交事务顾问委员会，117
Foreign Exchange and Foreign Trade Control Law（1949）《外汇与外贸管制法》（1949），277
Foreign Office，British 英国外交部，96，97，216，308，342
Foreign Office，Japanese 日本外务省，208，

252, 299, 306
Formosa 福摩萨, 43–44, 50, 52, 62, 72, 162, 174, 230, 237, 279; *see also* Taiwan 同时参见台湾
Forrestal, James 福莱斯特, 詹姆斯, 243, 245, 252, 253, 257–58, 265, 274
Forrestal, Michael 福莱斯特, 米切尔, 342
40 Committee 40 委员会, 336
"four policemen" concept "四个警察"理念, 231, 233, 239–40
Four–Power Treaty《四国条约》, 139, 141
Fourteen Points 十四点计划, 117
442nd Regimental Combat Team. U.S. 美国 442 步兵团, 221, 288
Fragile Blossom, *The* (Brzezinski)《脆弱的花朵》(布热津斯基), 352, 364
France 法国, 16, 21, 38, 39, 40, 41, 58, 61, 66, 76, 80, 87–88, 92, 93, 107, 112, 113, 122, 131, 139, 141, 191, 232, 258, 313, 326, 335, 351; Bretton Woods framework and 与布雷顿森林体系, 259; de Gaule government 戴高乐政府, 328; Indochina reoccupation and 对印度支那的再征服, 280–81, 309–10; open-door policy and 与门户开放政策, 69; Triple Intervention and 与三国干涉, 51
Franklin, Benjamin 富兰克林, 本杰明, 36
Franks, Oliver 弗兰克斯, 奥利弗, 275
"Freedom and People's Rights Movement" "自由民权运动", 35
Friend, Theodore 弗兰德, 西奥多, 229
Friendship and Mutual Assistance Treaty (1950)《友好同盟互助条约》(1950), 282
Fujiyama Aiichiro 藤山爱一郎, 260, 319, 322
Fukuda Doctrine 福田主义, 367
Fukuda Takeo 福田赳夫, 337, 341, 367, 369, 370
Fukuzawa Yukichi 福泽谕吉, 36–37, 38, 48
Fulbright, William 富布莱特, 威廉, 262
Funabashi Yoichi 船桥洋一, 377, 390
"Fundamentals of National Policy" "基本国策纲要" 181

Galbraith, John Kenneth 加尔布雷斯, 约翰・肯尼斯, 392
Gascoigne, Alvery 加斯科因, 阿弗里, 274
General Agreement on Tariffs and Trade (GATT)《关税与贸易总协定》, 278–79, 311, 317
General Electric 通用电气公司, 157
"Genius of Japanese Civilization, The" (Hearn)《日本文明的天赋》(小泉八云), 52–53
genro 元老, 74, 83, 101, 108, 111, 112, 121; decline of 元老的衰落, 133
Gendemen's Agreement (1900) 君子协定 (1900), 88
Gentlemen's Agreement (1907) 君子协定 (1907), 145

Gere, Richard 基尔，理查德, 402
Germany, Federal Republic of（West）德意志联邦共和国（西德）, 285, 326, 351, 381, 402
Germany, Imperial 德意志帝国, 38, 40, 41, 58, 59, 61, 63, 65–66, 80, 87–88, 89, 93, 95, 106, 108, 113, 116, 122, 134, 162; Asia Policy of 亚洲政策, 50–51, 62; Brest–Litovsk Peace Agreement and 与《布列斯特－立托夫斯克合约》, 118; open–door policy and 与门户开放政策, 69; Triple Intervention and 与三国干涉, 51
Germany, Nazi 纳粹德国, xx, 193, 201, 208, 228, 237, 238; Japan's Anti–Comintern pact with 与日本的《反共产国际协定》, 181–82; Poland invaded by 入侵波兰, 190; Soviet Union invaded by 入侵苏联, 197; surrender of 战败投降, 244; war declared on U.S. by 对美宣战, 212
Germany, Weimar 魏玛德国, 150, 153
Gilbert Islands 吉尔伯特群岛, 233
Gilpatrick, Roswell 吉尔帕特里克，罗斯维尔, 334–35
Girard, William S. 吉拉德，威廉・S., 316
Gluck, Carol 格鲁克，卡罗尔, 400
Glynn, James 格林，詹姆斯, 11–12
Godzilla（film）《哥斯拉》（电影）, 301
Go for Broke（film）《二世部队》（电影）, 288
gold standard 金本位, 174, 386
Goldwater, Barry 戈德华特，巴里, 341
Gompers, Samuel 冈珀斯，塞缪尔, 34
Good Earth, The（film）《大地》（电影）, 206
Gorbachev, Mikhail 戈尔巴乔夫，米哈伊尔, 381
Grady, Henry 格雷迪，亨利, 258
Grant, Cary 格兰特，凯瑞, 222
Grant, Ulysses S. 格兰特，尤利西斯・S., 38, 44
Great Britain 英国, 3, 15, 16, 38, 39, 41, 49, 51, 58, 59, 61, 63, 66, 68, 72, 84, 85, 87 88, 89, 93, 95, 96, 99, 111, 113, 131, 132, 148, 150, 154, 155, 162, 182, 191, 194, 208, 209, 212, 240, 258, 262, 270, 274, 280, 288, 326, 351; Anglo–Japanese alliance and 英日同盟, 76, 94, 112, 122, 128–29, 276; Atlantic Charter and 与《大西洋宪章》, 216; Bolshevik revolution and 与布尔什维克革命, 117; Bretton Woods framework and 与布雷顿森林体系, 259; China trade and 对华贸易, 4, 9, 11–12, 20, 21; Five–Powers Treaty and 与《五国公约》, 141; four policemen idea and 与“四个警察”理念, 231; Germany's Pacific possessions seized by 攫取德国的太平洋领地, 108–9; gold standard dropped by 放弃金本位, 166; Gulf War and 与海湾战争, 386;

Japanese trade and 对日贸易, 22; London Naval Conference and 与伦敦海军会议, 157–58; Manchuria crisis and 与中国东北危机, 171–72; mandate system and 与托管制度, 176; open-door policy and 与门户开放政策, 65, 69; Sino-Japanese trade and 与日中贸易, 305; Sino-Japanese War and 与日中战争, 184, 187, 189; Soviet-Japanese neutrality treaty and 与《苏日中立条约》, 196; Washington Conference and 与华盛顿会议, 137–38, 139; "Yoshida letter" and 与"吉田书简", 293
Greater East Asia Co-Prosperity Sphere "大东亚共荣圈", 191, 192, 215, 229, 308; and Japan's postwar recovery 与日本的战后复苏, 294
"Great Leap Forward" "大跃进", 317
Great Pacific War, The (Bywater)《伟大的太平洋战争》(拜沃特), 179
Great Society program 伟大社会计划, 342
Greece 希腊, 271, 335
Greene, Conyngham 格林, 科宁厄姆, 128
Gresham, Walter Quintin 格莱西姆, 沃尔特・昆廷, 34, 42, 48, 49, 50, 54
Grew, Alice 格鲁, 爱丽丝, 174
Grew, Joseph 格鲁, 约瑟夫, 174, 184, 192, 194, 204, 206–7, 237, 238, 242, 243, 244, 275; "Dear Frank" letter of "亲爱的弗兰克"书信, 202–3;
Grey, Edward 格雷, 爱德华, 108, 111, 112
Griscom, Lloyd 格里斯科姆, 劳埃德, 77
Groves, Leslie 格罗夫斯, 莱斯利, 244–45
Guadalcanal, Battle of 瓜岛战役, 228, 229
Guam 关岛, 90, 187, 212, 223, 234, 286
Gulf War 海湾战争, xxi, 382, 385–89, 402; onset of 战争爆发, 385; U.S.-China relationship and 与美中关系, 385–86, 389
Gulick, Sidney L. 古立克, 西德尼・L., 145

Hadley, Eleanor 哈德利, 埃丽诺, 269
Hagerty, James 哈格蒂, 詹姆斯, 321
Haiti 海地, 111, 169
Halifax, Lord 哈利法克斯, 勋爵, 236
Hall, John Whitney 霍尔, 约翰・惠特尼, 212–13
Halliday, Jon 哈利迪, 乔恩, 285
Halsey, William F. "Bull" 哈尔西, 威廉・F., "公牛", 228, 235
Hamaguchi Osachi 浜口雄幸, 157, 158–59
Hammond, John Hays 哈蒙德, 约翰・海斯, 94
Hanihara Masanao 埴原正直, 145
Hara Takashi (Hara Kei) 原敬, 121, 122, 123–24, 133, 134, 140, 163; assassination of 遇刺, 139; Washington Conference and 与华盛顿会议, 135–36
Harding, Warren G. 哈丁, 沃伦・G., 129, 138, 144
Harding administration 哈丁政府, 135

Harriman, Edward H. 哈里曼，爱德华·H., 86, 87, 95
Harriman, W. Averell 哈里曼，W·埃夫里尔, 239, 243, 249, 273, 274, 335, 337
Harris, Townsend 哈里斯，汤森，18–22，25，26，29，36，44，90；Shogun's meeting with 与将军会谈，21；treaty negotiated by 条约谈判，21–22
Harrison, Benjamin 哈里森，本杰明，54
Hashimoto Ryutaro 桥本龙太郎，393
Hata Tsutomu 羽田孜，394
Hatoyama Ichiro 鸠山一郎，312，314，315
Havens, Thomas 哈文斯，托马斯，344
Hawaii 夏威夷，11，65，84，89，90，92，96，105，140，143；Akihito's visit to 明仁的访问，332；Japanese emigration to 日本移民，53–54；U.S. annexation of 美国吞并夏威夷，53–57，60–61，107；U.S. racism and 与美国种族主义，55
Hawthorne, Nathaniel 霍桑，纳撒尼尔，10
Hay, John 海，约翰，61，66，72，75，77，92，93，116，136，141，206，278，286，397
China trade and 对华贸易，68–69；open-door notes of 门户开放照会，69–70
Hearn, Lafcadio 小泉八云，52–53，64，400
Hearst, William Randolph 赫斯特，威廉·鲁道夫，104，105，112，120
Henry, Patrick 亨利，帕特里克，35，36
Heren, Louis 赫伦，路易斯，332，333
Herter, Christian 赫特，克里斯蒂安，319
Heusken, Henry C. J. 侯斯肯，亨利·C. J.，19，21；murder of 被谋杀，25
Higashikuni Naruhiko 东久迩宫稔彦王，263
Hill, James J. 希尔，詹姆斯·J.，66，88
Hilsman, Roger 希尔斯曼，罗杰尔，335
Hirano Ken'ichiro 平野健一郎，289，303
Hiranuma Kiichiro 平沼骐一郎，190
Hiroaki Hiroshi 平冈濈，63
Hirohito, Emperor of Japan 裕仁天皇，150–51，152，166，170，180，182，192，195，208，213，228，229，265，267；death of 去世，382；Japanese surrender and 与日本投降，250–51，252，254–55；MacArthur's meeting with 与麦克阿瑟会面，262；Nixon's meeting with 与尼克松会面，359；at Olympic Games of 1964 在 1964 年奥运会上，338；Tojo ousted by 罢免东条英机，250–51；war crimes charges and 与战争罪名控诉，261–62；war declaration of 宣战，215
Hiroshima, atomic bombing of 广岛原子弹袭击，247–48，255–56
Hirota Koki 广田弘毅，177，181
Hitler, Adolf 希特勒，阿道夫，xx，178，190，195，196，208，212，215，228，229，238，250
Ho Chi Minh 胡志明，309，310，341
Hollywood 好莱坞，222，288
Holt, Hamilton 霍尔特，汉密尔顿，91
Homma Masaharu 本间雅晴，265

Homma Nagayo 本间长世, 260, 383
Hong Kong 香港, 99, 212, 223, 231–32, 288
Hoover, Herbert 赫伯特, 胡佛, 125, 126, 132, 149–50, 153, 159, 170, 171, 172, 173, 243; background of 胡佛的背景, 129; Great Depression and 与大萧条, 154–55, 158; Japanese victories as seen by 胡佛眼中的日本的胜利, 217; personal philosophy of 个人哲学, 129–30
Hoover, J. Edgar 胡佛, J・埃德加, 344
Hoover administration 胡佛政府, 166, 171
Hornbeck, Stanley K. 霍恩贝克, 斯坦利・K., 132, 150, 152, 153, 167–68, 170, 171, 172, 173, 174, 178, 179, 180, 184, 203, 204, 206, 208, 236, 334
Hosoya Chihiro 细谷千博, 119, 191. 195
Hotta Masayoshi 堀田正睦, 18, 20, 21–23
House, Edward H. 豪斯, 爱德华・H., 50
House, Edward M. 豪斯, 爱德华・M., 112, 118, 125, 126, 183; as Wilson's advisor 作为威尔逊的顾问, 121, 122–23
House of Commons, Japanese 日本众议院, 40
House of Councilors, Japanese 日本参议院, 321, 382
House of Representatives, U.S. 美国众议院, 38, 61, 135, 387; Exclusion Act passed by 通过《驱逐法案》, 145; Ludlow Amendment defeated by 否决《拉德洛修正案》, 187; war resolution passed by 通过战争决议, 212
"How to Tell Your Friends from Japs" "如何将你的朋友从日本佬中区分出来", 222
Hughes, Charles Evans 休斯, 查尔斯・埃文斯, 127, 130, 135–37, 139, 140, 146–47, 149–50, 288, 334; Exclusion Act opposed by 反对《驱逐法案》, 144–45; Washington Conference and 与华盛顿会议, 141–42, 143
Hull, Cordell 赫尔, 科德尔, 178, 184, 185, 188–90, 193, 196, 200, 201, 203, 204, 206–7, 209, 236, 238, 252, 270, 334, 374; Pearl Harbor attack and 与珍珠港袭击, 211–12; views and philosophy of 价值观与哲学, 179–80
Humphrey, George 汉弗莱, 乔治, 306
Humphrey, Hubert 汉弗莱, 休伯特, 347
Hungary 匈牙利, 310, 321
Hunt's Merchant Magazine《亨特商人杂志》, 11
Hurley Patrick J. 赫尔利, 帕特里克・J., 217, 233
Hussein, Saddam 侯赛因, 萨达姆, 385, 386, 387–88

Iacocca, Lee A. 亚科卡, 李・A., 366
IBM 国际商业机器公司, 332, 403
Ickes, Harold 伊克斯, 哈罗德, 200, 209

Iemochi（Shogun）家茂（幕府将军）, 36
Iesada（Shogun）家定（幕府将军）, 17–18
Igarashi Takeshi 五十岚武士, 277
Ii Naosuke 井伊直弼, 18, 22–23, 25
Ikeda Hayato 池田勇人, 283, 311, 318, 319, 322, 323, 325, 331, 333, 337, 339, 340; Japan's economic prosperity and 与日本的经济繁荣, 326, 327–28; "three-pillar" "三大支柱" 声明, 326
Ikiru（film）,《生之欲》（电影）, 402
Imperial Conference, Japanese 日本帝国议会, 77–78, 197, 208, 254
imperialism 帝国主义, 40–41, 65, 72; social Darwinism and 与社会达尔文主义, 79–80
Imperial Military Reserve Association 帝国在乡军人会, 163
Imperial Rescript on the End of the War《帝国终战诏书》, 254–55
Inada Juichi 稻田十一, 362
India 印度, 9, 66, 76, 107, 193, 223, 231–32, 279, 281, 291
Indochina 印度支那, 191, 192, 193, 197, 200, 201, 203, 204, 208, 230, 232, 240; Anglo-France reoccupation of 英法再征服, 280; NSC-124 and 与 NSC- 124 号文件, 308; U.S. involvement in 美国干涉, 280–81; *see also* Vietnam 同时参见越南
Indonesia 印度尼西亚, 191, 192, 209, 223, 310, 345, 346, 367, 378
Inoue Junnosuke 井上准之助, 155, 157, 158–59, 163, 166, 169, 170, 171
Inoue Kyoko 井上京子, 268
Interim Committee 临时委员会, 244
International Christian University 国际基督教大学, 300
International Council of Women 国际妇女委员会, 124
International Energy Agency 国际能源署, 361
International House of Japan 国际文化会馆, 300
International Peace Cooperation law（1992）国际和平合作法（1992）, 389
International Settlement 国际结算, 171
interwar period 两次大战间时期: Atlantic Conference and 与大西洋会议, 201–2; Axis Pact and 轴心国公约, 193–95, 204; co-prosperity sphere and "共荣圈", 191–93; end of 1911 U.S.-Japan trade treaty and 1911 年日美贸易条约的终结, 189–90; FDR's freeze order and 罗斯福的封锁令, 200–201; Grew's "Dear Frank" letter and 格鲁的"亲爱的弗兰克"书信, 202–3; Japan's southeast Asia interests and 日本的东南亚利益, 191; Konoe's "new order" declaration and 近卫的"新秩序"声明, 189; Konoe's summit proposal and 近卫的峰会提议, 203–5; Nzai-Soviet Pact and 苏德协定, 190; *Panay*

incident and “班乃”号事件, 186–87, 188; Soviet–Japanese neutrality treaty and 日苏中立条约, 195–96; *see also* Pearl Harbor attack 同时参见珍珠港袭击
Inukai Tsuyoshi 犬养毅, 170, 172
Iran 伊朗, 369, 370
Iraq 伊拉克, 382, 385, 387
Ishibashi Tanzan 石桥湛山, 314–15
Ishihara Shintaro 石原慎太郎, 387
Ishii Kikujiro 石井菊次郎, 114–16, 117, 119, 145
Ishiwara Kanji 石原莞尔, 153, 163–64, 183
isolationism 孤立主义, 76, 112–13, 143; Ludlow Amendment and 拉德洛修正案, 186–87; Sino–Japanese War and 与中日战争, 184–85
Israel 以色列, 349, 360, 362
Isseki-kai 一夕会, 164
Itagaki Seishiro 板垣征四郎, 152–53, 163, 164
Italy 意大利, 40, 69, 72, 141, 150, 190, 193, 335
Ito Hirobumi 伊藤博文, 37, 46–49, 50, 51, 58, 67, 68, 73, 74, 75–76, 77, 82, 83, 87, 88
Iwakura Tomomi 岩仓具视, 37–40, 42, 43, 46–47
Iwasaki company 岩崎公司, 93
Iwasaki family 岩崎家族, 132
Iwasaki Yataro 岩崎弥太郎, 139
Iwo Jima 硫磺岛, 236, 282

Jackson, Andrew 杰克逊, 安德鲁, 10
Jamestown “詹姆斯敦”号, 28
Japan 日本: Anti–Comintern Pact signed by 签署《反共产国际协定》, 181–82; antiwar movement in 反战运动, 344–45; Axis alliance and 与轴心国同盟, 193–95; “Bloody May Day” riots in “血腥五月”暴动, 295; bureaucracy of 官僚体系, 75, 362, 384, 397; business–government relationship and 政商关系, xix, 93, 134, 162, 368; closed country policy of 锁国政策, 8; coast guard and navy of 海岸警卫队与海军, 282; Communist roundup in 搜捕共产主义者, 287–88; defense budget of 国防预算, 370; democracy movement of 民主运动, 133–34, 148, 153; emergence of middle class in 中产阶级的出现, 133; Emperor institution in 天皇制, 7, 22–23, 30, 215, 218, 267–68; in first encounter with West 首次接触西方, 7–9; “flying geese” model and 与“雁阵”模型, 366; foreigners debate in 外国人争议, 25–26; GNP of 国民生产总值, 313, 326, 362, 372; gold standard and 与金本位, 155, 174; imperialism and 与帝国主义, 41, 46, 48, 91, 99, 128, 174–75; intelligence

organization of 情报机构，287；Ito-Komura rivalry and 伊藤 - 小村竞争，75–76；*kokutai* concept of 国民观，151，195，253，263–64，265；language of 日语，5；mandate system and 与托管制度，126；Maritime Safety Force of海上自卫队，287；military upgraded in 扩军，371–73；Momotaro “Peach Boy” fable of 桃太郎的传说，236–39；1923 earthquake disaster in 1923 年大地震，133，149，155；1929 stock market crash and 1929 年股票市场危机，153–56；1964 Olympic Games and 1964 年奥运会，338；nuclear non-proliferation treaty signed by 签署核不扩散条约，350–51，355；oil crisis and 与石油危机，360，361–62；paternalistic labor policy of 家长式的劳工政策，97–98；peacekeeping operations and 维和行动，389；per capita income of 人均收入，398；political prisoners in政治犯，156，264–65；post-Cold War era and 后冷战时代，382–83；post-World War Ⅰ recession in 一战后萧条，132–34；religion and 日本宗教，5，7，91；rice riots of 1918 in 1918年米骚动，133；Root-Takahira agreement and 鲁特 - 高平协议，92；“Shidehara” era of “币原” 时代，138–39；South Africa trade and 与南非的贸易，381；U.S. banking consortium and 与美国银行团，151–52；vertical integration style of 纵向一体化风格，100；Vichy France’s pact with 与维希法国的条约，193；*see also* capitalism；“economic miracle；” Meiji era；military，Japanese；United States-Japan relationship 同时参见资本主义；“经济奇迹”；明治时代；日本军方；日美关系

Japan as Numher One（Vogel）《日本第一》（傅高义），365–66

Japan Development Bank 日本开发银行，303，329

Japanese and Korean Exclusion League 驱逐日本与朝鲜人联盟，88

Japan Lobby（American Council on Japan）日本游说集团，275

Japan Sea，Battle of 日本海战役，82

Japan Society 日本社会，91，145

Japan That Can Say“ No，” The（Morita and Ishihara）《日本可以说“不”》（盛田与石原），387–88

Jefferson，Thomas 杰斐逊，托马斯，15，178

Jensen，Merrill 詹森，梅里尔，300

Jessup，Philip 杰瑟普，菲利普，281

Jews 犹太人，80–81，144

Jimmu Tenno 神武天皇，5，7，30，218

Johnson，Albert 约翰逊，阿尔伯特，144–45

Johnson，Chalmers 约翰逊，查尔默斯，373，379，384，399

Johnson，Lyndon B. 约翰逊，林登 · B.，

344, 345; Sato and 与佐藤, 340, 343, 345, 346; Vietnam War escalation and 与越战升级, 339, 341–42, 343
Johnson, U. Alexis 约翰逊, U. 亚历克斯, 326, 332, 339, 347, 355
Johnson administration 约翰逊政府, 329
Joint Board of the Army and Navy 陆海军联合委员会, 106
Joint Chiefs of Staff, U.S. 美国参谋长联席会议, xxi, 241, 242, 244, 286
J. P. Morgan company J. P. 摩根公司, 95, 113, 130, 132, 149, 151
Justice Department, U.S. 美国司法部, 209

Kades, Charles 卡德斯, 查尔斯, 267, 268, 274
Kahn, Herman 卡恩, 赫尔曼, 352–53
Kaifu Toshiki 海部俊树, 382, 385, 386, 387, 388, 389
Kajiwara Nakaji 梶原仲治, 132, 259
Kamikaze 神风, 235, 236, 240–41, 253
Kanagawa, treaty of(1854)《神奈川条约》(1854), 14–15
Kaneko Kentaro 金子坚太郎, 78, 80, 177–78, 192
Kanemaru Shin 金丸信, 382–83
Kanemitsu Hideo 兼光秀郎, 379
Kan Hideki 菅英辉, 373
Kantor, Mickey 坎特, 米奇, 390, 392–93
Katayama Tetsu 片山哲, 268
Kato Kanji 加藤宽治, 158
Kato Komei 加藤高明, 107–8, 112, 114; Twenty-one Demands and 与"二十一条", 109–11
Kato Shizue 加藤静枝, 266
Kato Takashi 加藤高明, 145
Kato Tomosaburo 加藤友三郎, 138, 139, 140–41
Katsura Taro 桂太郎, 74, 75–77, 81, 101, 192; Taft's agreement with 与塔夫脱的协议, 85–86
Kawabata Yasunari 川端康成, 352
keibatsu 闺阀, 340
keidanren(business association)经团联, 294, 312, 368
keiretsu(networks)经联会, 365, 373, 379, 384, 391, 397, 398, 400, 403
Kellogg, Frank 凯洛格, 弗兰克, 151
Kellogg-Briand Peace Treaty(1928)《凯洛格–白里安公约》(1928), 151, 169
Kennan, George F. 凯南, 乔治·F., xvi, 275, 277, 279, 281, 282, 285; Cold War as seen by 凯南眼中的冷战, 272–73; "Long Telegram" of "长电报", 273; on Sino-Japanese trade 关于日中贸易, 280
Kennedy, David 肯尼迪, 大卫, 351
Kennedy. John F. 肯尼迪, 约翰·F., 331–32, 335, 338, 368, 371; New Frontier of 新边疆, 334; Sino-Japanese trade and 与日中贸易, 336–37
Kennedy, Robert F. 肯尼迪, 罗伯特·F.,

333, 347
Kennedy administration 肯尼迪政府, 322, 329
Kenseikai Party, Japanese 日本立宪政友会, 134
Kern, Henry 柯恩, 亨利, 275
Keynes, John Maynard凯恩斯, 约翰·梅纳德, 174
Khrushchev, Nikita S. 赫鲁晓夫, 尼基塔·S., 306, 314, 320
Kido Koichi 木户幸一, 251, 253, 254, 264
Kim Il–sung 金日成, 284–85
King, Ernest J. 金, 欧内斯特·J., 242
King, Martin Luther, Jr. 小金, 马丁·路德, 344, 347
Kishinev Massacre (1903) 基什尼奥夫大屠杀 (1903), 81
Kishi Nobusuke 岸信介, 162, 315–21, 322, 335, 337, 356, 367
Kissinger, Henry A. 基辛格, 亨利·A., xxi, 354, 355, 357–58, 360, 361, 362; on U.S.–Japanese relationship 关于日美关系, 348–49
Kita Ikki 北一辉, 164
KMT (Nationalist) Party, Chinese 中国国民党, 233
Knowland, William 诺兰, 威廉, 293
Know Your Enemy—Japan (film)《认识你的敌人——日本》(电影) 222
Knox, Philander C. 诺克斯, 菲兰德·C., 92–93, 95–96, 98, 126
Kodama Yoshio 儿玉誉士夫, 287
Koiso Kuniaki 小矶国昭, 251
Kojong, King of Korea 高宗, 朝鲜国王, 47–48, 49, 51, 85
kokutai (National Polity) 国体, 151, 195, 253, 263–64, 265
Komei, Emperor of Japan 孝明天皇, 12, 13, 18
Komeito (Clean Government Party), Japanese 日本公明党, 327, 383
Komura Jutaro 小村寿太郎, 61–62, 68, 75–77, 81, 82–83, 84, 91, 92, 94, 95, 114; Harriman proposal and 与哈里曼的提议, 86–87
Konoe Fumimaro 近卫文麿, 182–83, 184, 190, 192, 194, 195, 206, 213, 228, 255, 264; "new order" declaration of "新秩序"声明, 189; suicide of 自杀, 263; summit proposal of 峰会提议, 203–5; Tojo's ouster and 罢免东条, 250–51
Kono Yasuko 河野康子, 338
Koo, Wellington 顾维钧, 124
Korea 朝鲜, 35, 37, 47–48, 50–52, 65, 67, 68, 81, 83, 84, 92, 106, 107, 122, 126, 162, 174, 237, 258, 263, 279; Anglo–Japanese alliance and 与英日同盟, 76; China and 与中国, 44–45; Japan's annexation of 被日吞并, 87, 96; Japan's preoccupation with 成为日本的当务之急, 43–45; Meiji regime and 与明治政权, 43–45; partition of

南北分裂，256，271–72，284；Russo-Japanese War and 与日俄战争，78；Shufeldt treaty and 与薛斐尔条约，44–45，49；Taft–Katsura agreement and 与塔夫脱 – 桂协议，85–86；Tokugawa Shogunate and 与德川幕府，43；Tonghak uprising in 东学党起义，48–49；Triple Intervention and 与三国干涉，51；U.S. attempt to open 美国打开朝鲜国门的意图，44–45
Korea，Democratic People's Republic of（North）朝鲜民主主义共和国（北朝鲜），284–85，394
Korea，Republic of（South），大韩民国（南韩）271–72，275，284，302，320，350，364，366，394
Korean War 朝鲜战争，281，296，298；Chinese intervention in 中国干涉，286，343；CIA's tungsten deal and 与中情局的钨交易，287；Japanese economy and 与日本经济，293–94，295；Japanese military units in 驻朝日军，285–86；Japanese view of 日本的看法，286–88，302；MacArthur and 麦克阿瑟与朝鲜战争，285–86；outbreak of 爆发，283，285；Sino–Japanese trade and 与日中贸易，284；Stalin and 与斯大林，284–85；UN and 与联合国，284–85；U.S. counteroffensive in 美国的反攻，285–86；U.S.–Japanese cultural exchanges and 与日美文化交流，299–300；Yoshida's vies of 吉田的看法，286–88，302
Kuboura Hirota 久保浦宽人，248
Kuhn，Loeb company 库恩，勒布公司，81，95
Ku Klux Klan 三 K 党，144
Kume Kunitake 久米邦武，38，39
Kuomindong movement 北伐运动，147，150，152，164
Kurile Islands 千岛群岛，9，43，126，239，263，282，292，314
Kuriyama Takakazu 栗山尚一，399
Kurosawa Akira 黑泽明，402
Kurusu Saburo 来栖三郎，207，211–12
Kuwait 科威特，385，386
Kwajalein 夸贾林岛，233
Kwantung Army，Japanese 日本关东军，152，160，161，162，167，170，171，173，176，180，248，264；ideology of，意识形态 163–64；Mukden incident and 奉天事件，164—66
Kwantung Leased Territory 广东租借地，99

Lamont，Thomas 拉蒙特，托马斯，xv，130–32，134，140，143，145，151，153，157，169，171，173，179，189，239，259，334；Kajiwara's agreement with 与梶原的协定，132，142，144，160
Lansing，Robert 兰辛，罗伯特，109，111，112–13，114，117，118，121，123，125，

126–27, 130; Ishii's agreement with 与石井的协定, 115–16, 131, 142, 203
Laos 老挝, 232
Lattimore, Owen 拉铁摩尔, 欧文, 196
Law Concerning Foreign Investment (1950) 《外国投资法》(1950), 277
Lawrence, W. H. 劳伦斯, W. H., 255–56
Lea, Homer 利, 霍默, 94
League of Nations 国际联盟, 121–22, 135, 152; Brussels Conference and 与布鲁塞尔会议, 185; Japan's departure from 日本的退出, 173, 192; Manchuria Crisis and 与中国东北危机, 166, 169, 170, 173; mandate system and 与托管制度, 126; race equality clause and 与种族平等条款, 123–24; U.S. Senate's rejection of 美国参议院的否决, 127
Leahy, William D. 莱希, 威廉・D., 216–17, 252
LeGendre, Charles W. 勒让德, 查尔斯・W., 44
LeMay Curtis E. 李梅, 柯蒂斯・E., 235–36; honored by Japan 被日本授勋, 338–39
lend-lease 租借, 201, 240
Lenin, V. I. 列宁, V. I., 116, 118, 119, 133
Leyte Gulf, Battle of 莱特湾海战, 235
Liaison Conference, Japanese 日本联合会议, 208
Liaotung Peninsula 辽东半岛, 161, 163
Liberal Democratic Party (LDP), Japanese 日本自由民主党, 330, 340, 366, 371, 380, 381, 402; CIA covert financing of 中情局的秘密资助, 318, 326–28, 335–36, 337; corruption in 腐败, xxi, 382–83; Nixon's "China shock" and 与尼克松的"中国冲击", 356—57; rifts within 内部斗争, 318, 367, 383, 389
Liberal Party, Japanese 日本自由党, 263, 299, 312
Life《生活》, 206, 216, 229, 233, 301
Liliuokalani, Queen of Hawaii 夏威夷利留卡拉尼女王, 54
Lincoln, Abraham 林肯, 亚伯拉罕, 25, 61, 90
Lippmann, Walter 李普曼, 沃尔特, 123, 126, 169–72, 222
Literary Digest《文学文摘》, 177
Litvinov, Maxim 李维诺夫, 马克西姆, 178
Lloyd George, David 劳合・乔治, 大卫, 121, 125
Local Autonomy Law (1947)《地方自治法》(1947), 268
Locke, John 洛克, 约翰, 133
Lockheed Corporation 洛克希德公司, 357, 363, 369, 371
Lodge, Henry Cabot 洛奇, 亨利・卡波特, 70, 82, 89, 104–5, 126, 135, 140, 145
London Naval Conference (1930) 伦敦海

军会议（1930），157–59，167
"Long Telegram""长电报"，273
Lord，Winston 洛德，温斯顿，390
Los Angeles Times《洛杉矶时报》，88，219
Louisiana Purchase Exposition（1904）路易斯安纳购地案（1904），78
Lovett，Robert 罗维特，罗伯特，241
L–T deals L–T 协议，330–31，336
Luce，Henry 卢斯，亨利，206，222；"American Century"of 与"美国世纪"，216，257
Lucky Dragon"福龙丸"号，311
Ludlow Amendment《拉德洛修正案》，186–87
Lytton，A. G. R. 李顿，A. G. R.，173
Lytton Report《李顿报告》，173

MacArthur，Douglas 麦克阿瑟，道格拉斯，201，231，233，270，272，273，276，277，280，281，295，297，300，397，401；background of 背景，223；Emperor question and 与天皇的问题，261–62；Hirohito's meeting with 与裕仁的会面，262；in Japanese surrender 与日本投降，255；Japan's Constitution and 与日本宪法，266–68；Korean War and 与朝鲜战争，285–86；NSC–13/2 opposed by 反对 NSC–13/2 号文件，274；Occupation reform of 占领改革，263，264–69，315；peace treaty negotiations and 和谈，291；in return to Philippines 重回菲律宾，234–35；Truman on personality of 与杜鲁门的私交，260–61
MacArthur，Douglas，II 麦克阿瑟，道格拉斯二世，316，317，321
McCain，John 麦凯恩，约翰，388
McCarthyism 麦卡锡主义，295
McCloy，John 麦克罗伊，约翰，220，221
McConaughy Walter 马康卫，214–15
McCook，John J. 麦考克，约翰 · J.，78
MacDonald，Ramsay 麦克唐纳，拉姆塞，158
McDonald's 麦当劳，365
McKinley William 麦金莱，威廉，55–56，57，62，78，322；assassination of 遇刺，73；Boxer uprising and 与义和团运动，69，72；open–door policy and 与门户开放政策，70，72；Spanish–American War and 与美西战争，58–61
McKinley administration 麦金莱政府，68–69
McNamara，Robert 麦克纳马拉，罗伯特，341，342
Maekawa Report《前川报告》，379
MAGIC intercepts"魔术"窃听小组，197，200，208，209，211–12
Mahan，Alfred Thayer 马汉，阿尔弗雷德 · 塞耶，56，61，79，96
Maine，USS"缅因"号军舰，58
Makino，Baron 牧野男爵，124，125
Malaya 马来亚，191，193，212，223
Malaysia 马来西亚，345

Manchu dynasty 清王朝, 67–69, 99–100
Manchukuo [伪]满洲国, 166, 176, 178–79, 183, 196, 204, 205, 208
Manchuria "满洲", 17, 50, 51, 58, 61, 65, 70, 74, 75–77, 81, 83, 84, 89, 91–92, 101, 106, 107, 108, 112, 117, 122, 131–32, 134, 147, 148, 149, 151, 188, 237, 239, 243, 246, 258, 279, 292; FDR and 与罗斯福, 175–79; geography of 地形, 161; Great Britain and 与英国, 171–72; Harriman proposal and 与哈里曼的提议, 86–87; Imperial China and 与清朝, 87, 92, 94–95; Japanese invasion of 日本入侵, 160, 166–70, 171, 175–76; Japan's dependence on 日本对"满洲"的依赖, 161–62; Lansing–Ishii agreement and 与兰辛–石井协定, 115–16; League of Nations and 与国联, 166, 169, 170, 173; Lytton Report and 与《李顿报告》, 173; Mukden incident and 与奉天事件, 164–66, 169; Nine–Power Treaty and 与《九国公约》, 142, 143; non–recognition doctrine and 与不承认主义, 171, 176; open–door policy and 与门户开放政策, 95–96, 171–73; puppet government of 傀儡政府, 173; Russo–Japanese fisheries agreement of 1907 与 1907 年日俄渔业协定, 93–94; Soviet Union's postwar designs on 苏联的战后规划, 249–50; Stimson and 与史汀生, 168–72, 173; Taft–Komura neutralization agreement and 与塔夫脱–小村中立协定, 95–96; Tanaka's policy and 与田中的政策, 152–53; truce in 停战, 176; Twenty–one Demands crisis and 与"二十一条"危机, 111
Manchuria Youth Congress "满洲青年议会", 146
Manhattan Project 曼哈顿计划, 244–45, 246
manifest destiny 天定命运, 9–11, 17, 45
Manila Bay, Battle of 马尼拉湾海战, 59–60
Mansfield, Mike 曼斯菲尔德, 麦克, 363
Mao Zedong (Mao Tse–tung) 毛泽东, 231, 232, 242, 278, 317, 358; Nixon's talks with 与尼克松谈话, 355–56, 359–60
Marco Polo Bridge incident 卢沟桥事变, 183
Marianna Islands 马里亚纳群岛, 108, 126, 143, 234, 240
Marine Corps, U.S. 美国海军陆战队, 89, 171, 231, 236
Maritime Safety Force, Japanese 日本海上自卫队, 287
Marshall, George, C. 马歇尔, 乔治·C., 196, 242, 244, 258, 273, 289; Asia policy and 与亚洲政策, 271, 275; Pearl Harbor attack warning of 珍珠港袭击的警告, 211
Marshall Islands 马绍尔群岛, 108, 143,

233–34, 240
Marshall Plan 马歇尔计划, 278, 294
Massachusetts Agricultural College 马萨诸塞农业学院, 42
"massive retaliation" 大规模报复, 298
Matsu "松下"号, 140
Matsukata Masayoshi 松方正义, 45, 46, 54
Matsumoto Joji 松本烝治, 266, 267
Matsuoka Yosuke 松冈洋右, 163, 176, 191–92; Axis alliance as seen by 松冈眼中的轴心国同盟, 194–95; Soviet neutrality treaty and 与苏联的中立条约, 195–96
Mayo, Marlene 梅奥, 玛琳, 39
Meiji, Emperor of Japan 明治天皇, 30, 35, 37, 40, 47, 48, 74, 97
Meiji era 明治时代, xix, 98, 153, 397; Constitution of 1889 1889 年宪法, 39–40, 41, 46, 47; and copying of West 模仿西方, 36–37, 39, 46, 52; economic reforms of 经济改革, 45–46; Fukuzawa and 与福泽, 36–37; imperialism and 与帝国主义, 40–41, 46; innovations of 革新, 34–35; "knowledge seeking" expedition and 与"求知"使团, 23–25, 37–39, 42, 46; Korea debate and 与朝鲜争议, 43–45; military and 与军人, 35–36, 45, 47; political reforms of 政治改革, 46; Sansom's observation of 桑塞姆的观察, 97; Satsuma Rebellion and 与萨摩起义, 35–36, 40, 41; Shintoism as state religion and 神道成为国家宗教, 41–42; unequal treaties and 与不平等条约, 29, 42, 48, 96–97
Mellon, Lowell O. 梅伦, 罗威尔 · O., 302–3
Melville, Herman 梅尔维尔, 赫尔曼, 10
Mencken, H. L. 门肯, H. L., 265
Mexico 墨西哥, 3, 89, 111, 115, 398; Japan and 与日本, 104
Meyer, Armin H. 迈耶, 阿明 · H., 350
Michener, James, 米切纳, 詹姆斯, 300–301
Michiko, Princess of Japan 美智子王妃, 332
Micronesian Islands 密克罗尼西亚群岛, 263
Midway, Battle of 中途岛战役, 225, 250
Midway Island 中途岛, 212, 223
Miki Takeo 三木武夫, 330, 337, 347, 348, 363, 367, 382
military, Japanese 日本军方, xix, 117, 151; economic control by 军方的经济控制, 162–63; Inukai assassinated by 刺杀犬养, 172; London agreement opposed by 反对伦敦协定, 158–59; Taisho era and 与大正时代, 101; "total mobilization" idea of "总动员"理念, 162; Yamagata's strengthening of 山县加强军方势力, 74–75; *see also* Kwantung army, Russo-Japanese War, Sino-

Japanese War, World War I, World War II 同时参见关东军，日俄战争，抗日战争，一战，二战
Mills, C. Wright 米尔斯，C. 赖特，319
Mills, Wilbur 米尔斯，威尔伯，351
Min, Queen of Korea 闵妃，朝鲜王妃，51
Ministry of Commerce and Industry（MCI），Japanese 日本商工省，162
Ministry of International Trade and Industry（MITI）通产省，xxi，296–97，303，304，325，328–29，337，354，355，356，363，365，371，375，376，379，380，387; oil crisis and 与石油危机，362
Mishima Yukio 三岛由纪夫，352–53
Mississippi, USS "密西西比"号军舰，13
Missouri, USS "密苏里"号军舰，255
Mitchell, Billy 米切尔，比利，137
Mitsubishi *zaibatsu* 三菱财阀，86，97，107，132，175，188，269，303，337，362，365
Mitsui *zaibatsu* 三井财阀，51，86，93，97，109，132，149，155，157，162，175，188，269，294，303
Miwa Shigeyoshi 三轮茂义，234
Miyazawa Kiichi 宫泽喜一，382
Mohy-Dick（Melville）《白鲸》（梅尔维尔），10
Mohammed, Elijah 穆罕默德，以利亚，222
Molotov, Vyacheslav 莫洛托夫，维亚切斯拉夫，248，249
Momotaro（"Peach Boy"）fable 桃太郎传说，229–30
Mongolia 蒙古，131–32，161，173; Inner 内蒙古，109，115，142
Monroe, James 门罗，詹姆斯，104，114
Monroe Doctrine 门罗主义：Japan's adaptation of 日本的利用，114–15，177–78，179; Lodge Corollary 洛奇推论，40，104
Morgenthau, Henry 摩根索，亨利，184，187，208，245
Morison, Samuel Eliot 莫里森，萨缪尔·艾略特，222
Morita Akio 盛田昭夫，387
Morley, James 莫利，詹姆斯，xvii
Morris, Roland 莫里斯，罗兰，121
Morrison "莫里森"号，10
Motono Ichiro 本野一郎，115
Mott, John R. 莫特，约翰·R.，91
Mozambique 莫桑比克，389
Mukden, Battle of 奉天战役，80
Mukden incident 奉天事件，164–66
Murayama Tomiichi 村山富市，402
Murphy, R. Taggart 墨菲，R. 塔格特，393，399
Mutsu Munemitsu 陆奥宗光，48，49，50–51

Nagako, Empress of Japan 良子皇后，359
Nagasaki, atomic bombing of 长崎原子弹

袭击, 248, 256
Nakaoka Shintaro 中冈慎太郎, 18
Nakasone Yasuhiro 中曾根康弘, 347, 351, 362, 374, 375, 376, 377, 379; resignation of辞职, 381–82; upgrading of military and 与扩军, 371–73
Nakayama Masa 中山正, 322
Natabe Inazo 新渡户稻造, 133
National City Bank 国民城市银行, 113, 152
National Defense Action Act (1940)《国防行动法》(1940), 192
National Defense Women's Association 大日本国防妇人会, 163
National Foreign Trade Council 国家外贸委员会, 180
National Origins Act, 民族始籍法; *see* Exclusion Act 见《驱逐法案》
National Security Agency 国家安全局, 335
National Security Council (NSC) 国家安全委员会, 306, 314, 348, 350, 372, 375, 376; NSC–13/2 of NSC– 13/2 号文件, 273–74, 276; NSC–48/2 of NSC–48/2 号文件, 277–79; NSC–68 of NSC–68号文件, 282–83, 285, 296, 308; NSC–124 of NSC–124 号文件, 308; secret Decision Directive of 1982 of 1982 年秘密决议令, 373
Naval Act (1938)《海军法案》(1938), 187
Navy, U.S.美国海军, 89, 96, 135, 172, 176, 231, 241, 370
Navy Department, U.S. 美国海军部, 59, 179
Nawa Toichi 名和统一, 188
Nazi–Soviet Pact (1939)《苏德协定》(1939), 190
Netherlands 荷兰, 9, 15–16, 22, 141, 191, 258
Netherlands East Indies 荷属东印度, 193, 200, 209, 223
Neville, E. L. 内维尔, E. L., 136
New Deal 新政, 184, 187, 216, 224, 333, 342
New Frontier 新边疆, 334
New Proposals (*Shinron*)(Aizawa)《新论》(会泽), 16
New Republic《新共和》, 177
Newsweek《新闻周刊》, 177, 275, 344
New York Commercial《纽约商务报》, 94
New York Council on Foreign Relations 纽约对外关系委员会, xvii, 176, 193, 294
New York Evening Post《纽约晚邮报》, 90
New York Times《纽约时报》, 7, 15, 23–24, 29, 115, 126, 169, 172, 177, 187, 193, 255, 302, 321, 336, 343, 346, 357, 361, 371, 392
New York Times Magazine《纽约时报杂志》, 156
New York Tribune《纽约论坛报》, 59
New York World《纽约世界报》, 55, 105
New Zealand 新西兰, 135, 193, 223, 228,

288, 343
Ngo Dinh Diem 吴廷艳, 338
Nicaragua 尼加拉瓜, 111, 169
Nichiren(Buddhist priest) 日莲, 163–64
Nicholas II, Tsar of Russia 沙皇尼古拉斯二世, 82, 116
Nicolson, Harold 尼克尔森, 哈罗德, 125
Nimitz, Chester 尼米兹, 切斯特, 225, 233–34, 237, 241
Nine–Power Treaty《九国公约》, 141–43, 170, 171–72, 176, 207
Nish, Ian 伊恩, 尼什, 41, 182–83, 197
Nishihara Masashi 西原正, 404
Nissan company 日产公司, 175, 304, 328, 362, 378
Nitze, Paul 尼采, 保罗, 282, 295
Nixon, Patricia 尼克松, 帕特丽夏, 359
Nixon, Richard M. 尼克松, 理查德 · M., xxi, 298, 303, 339, 347, 358, 372; detente and 缓和政策, 352; Hirohito's meeting with 会见裕仁, 359; Japanese view of 日本观, 348; Mao's talks with 与毛泽东会谈, 355–56, 359–60; Nixon Doctrine announced by 尼克松主义, 349–50; Sato and 与佐藤, 348–50; Soviet Union visited by 出访苏联, 356; Tanaka and 与田中, 356–57; U.S. dollar manipulation and 操纵美元, 353–54; Watergate scandal and 水门丑闻, 360
Nixon Doctrine 尼克松主义, 349–50
Nomonhan, Battle of 诺门罕战役, 190
Nomura Kichisaburo 野村吉三郎, 196–97, 201–4, 207, 211–12
non–recognition doctrine 不承认主义, 171, 176
Norman, E. H. 诺曼, E. H., xix
North American Free Trade Agreement (NAFTA)《北美自贸协定》, 398

Oda Makoto 小田实, 344–45
Oe Kenzaburo 大江健三郎, 255, 344
Office of Strategic Services 战略情报局, 300
Office of War Information (OWI) 战争情报局, 222
Ohira Masayoshi 大平正芳, 336, 337–38, 357, 368–70
oil 石油, 134, 194, 200, 360, 361–62
Okamoto Shumpei 冈本俊平, 78
Okichi(geisha) 阿吉 (艺伎), 20
Okinawa 冲绳, 44, 240–41, 279, 282, 283, 286, 288, 289–90, 316, 318, 334, 339, 346, 347, 350, 351, 388, 394–95; *see also* Ryukyu Islands 同时参见琉球群岛
Okubo Toshimichi 大久保利通, 43, 269
Okuma Shigenobu 大隈重信, 107–8, 109
OLYMPIC, Operation, 奥委会 241
Olympic Games (1964) 奥运会 (1964), 338–39
Omnibus Trade measure (1988) 综合性贸易措施 (1988), 380

One World (Willkie)《一个世界》(威尔基), 216
Onishi Takijiro 大西泷治郎, 253
open–door policy 门户开放政策, 84, 90, 92, 93, 103, 108, 115, 125, 136, 142, 167, 170, 178, 180, 186, 196, 204, 206, 207, 368; Castle–Hornbeck dichotomy and 卡斯尔与霍恩贝克的分裂, 267–68; France and 与法国, 69; Great Britain and 与英国, 65, 69; Hay's notes on 海的照会, 69–70; Imperial China and 与清朝, 65–66, 69–70, 72; Imperial Germany and 与德意志帝国, 69; Imperial Russia and 与沙皇俄国, 69, 70; as international law 作为国际法, 141, 143; Knox–Taft neutralization plan and 与诺克斯 – 塔夫脱中立条约, 95–96; Konoe's "new order" declaration and 与近卫的 "新秩序" 声明, 189; McKinley and 与麦金莱, 70, 72; Manchuria and 与 "满洲", 95–96, 171–73; post–World War II era and 与二战后时代, 258; Twenty–one Demands crisis and 与 "二十一条" 危机, 111; World War II and 与二战, 243, 246
Opium War 鸦片战争, 9
Organization for Economic Cooperation and Development (OECD) 经济合作与发展组织, 327
Oriental Development Company 东方发展公司, 152
Orwell, George 奥威尔, 乔治, 368
Outer Mongolia 外蒙古, 93, 239
Overseas Private Investment Corporation 海外私人投资公司, 374, 392
Owner–Farmer Establishment Law of 1946《租佃关系设立法》(1946), 265
Ozawa Ichiro 小泽一郎, 383, 394

Pacific Fleet, U.S. 美军太平洋舰队, 56, 59, 191, 211
Palau Campaign 帕劳暴动, 372
Pan–African Congress 泛非会议, 124
Panama 巴拿马, 169, 385
Panama Canal 巴拿马运河, 89–90, 100
Panay "班乃" 号, 186–87, 188
panic of 1927 1927 年恐慌, 162
Paris peace conference 巴黎和会, 120–27; German colonies and 与德国殖民地, 125–26; Japan and 与日本, 120–26; League of Nations and 与国联, 121–26; mandate system and 与托管制度, 126; racial equality clause and 种族平等条款, 123–24; Shantung Settlement issue and 山东处置, 122, 123, 125, 126; Wilson at 威尔逊在, 119–20, 121, 122–26, 127, 130–31
Parsons, Graham 帕森斯, 格雷厄姆, 320
Patria (film)《祖国》(电影), 120
Patterson, Robert 帕特森, 罗伯特, 259, 260
Peace and Friendship Treaty (1978)《中

日和平友好条约》(1978), 369
Peace Commission. U.S. 美国和谈使团, 61
Peace Corps 和平部队, 333
Pearl Harbor attack 珍珠港袭击, xvii, 218, 228, 402; casualties in 伤亡, 211; MAGIC intercepts and 与“魔术”窃听小组, 197, 200, 208, 209, 211–12; Marshall's warning and 马歇尔的警告, 211; U.S. war resolution and 美国的战争决议, 212; Yamamoto and 与山本, 209–11, 213; *see also* interwar period 同时参见两次大战间
Pembroke “彭布洛克”号, 26
“Perhaps They Arc Human” “或许他们是人类”, 229
Perry, Matthew C. 佩里, 马修·C., xviii, 10, 12–13, 14, 15, 16, 17, 18, 23–24, 25, 26, 27, 29, 36, 54, 62, 63, 90, 138, 160, 174, 255, 394
Perry, Oliver Hazard 佩里, 奥利弗·哈泽德, 12–13
Persian Gulf War 波斯湾战争; *see* Gulf War 参见海湾战争
Peru 秘鲁, 330
Phelan, James D. 费伦, 詹姆斯·D., 105
Philadelphia Press《费城新闻》, 52
Philippines 菲律宾, 59, 63, 65, 76, 81, 84, 89, 90, 92, 105, 143, 158, 191, 201, 204, 212, 225, 264–65, 274, 279, 320, 345, 372; battle for Manila in 马尼拉战役, 235; Japanese invasion of 日本入侵, 223–24; MacArthur's return to 麦克阿瑟归来, 234–35; Taft-Katsura agreement and 与塔夫脱－桂协议, 85–86; U.S. annexation issue and 美国吞并菲律宾, 60–62; U.S. recapture of 美国重新占领, 230–31
Philippine Sea, Battle of the 菲律宾海战役, 234
Philipps, William 菲利普, 威廉, 94–95
Pierce, Franklin 皮尔斯, 富兰克林, 19
Pittman, Key 皮特曼, 基, 180
Plaza accord 广场协议, 376–77, 382, 383
Plymouth, USS “普利茅斯”号军舰, 13
Poland 波兰, 190, 292, 310
Police Reserve, Japanese 日本警察预备队, 287, 298
Port Arthur, Battle of 旅顺战役, 80
Portland Exposition (1905) 波特兰博览会(1905), 78
Portsmouth peace conference (1905) 朴茨茅斯和会(1905), 82–84, 86, 89
Portugal 葡萄牙, 141
“Position of the United States with Respect to Asia, The” (NSC-48) “美国在亚洲的地位”(NSC-48 号文件), 277–78
“Postsurrender Policy” 占领政策, 259
Postwar Programs Committee 战后计划委员会, 238
post-World War II era 二战后时代, 258, 260, 262, 291, 294; Ashida coalition and 芦田联盟, 275–76; Asia at outset

of 亚洲作为开端，257–58；bases issue and 基地问题，288，289–91；Bretton Woods framework and 与布雷顿森林体系，259；Byrnes–Soviet deal and 博恩与苏联的协定，263；Cold War and 与冷战，257，264，269–73；Constitution of 1948 and 与 1948 年宪法，266–68，298，316–17，319，321；cultural exchanges and 与文化交流，289；economic recovery in 经济复苏，259–60，277–79；education reform in 教育改革，266；Emperor question and 与天皇问题，261–62；exclusion of foreign investors in 排挤外国投资者，269；first occupation in 第一次占领时期，262–70；GATT and 与《关贸总协定》，278–79；international economy and 与国际经济，258–59；Japan Lobby and 与日本游说集团，275；Kennan–Draper economic plan and 与凯南 – 德雷珀经济计划，276；Kennan's influence on 凯南的影响，272–74；Korean War and, *see* Korean War 朝鲜战争，见朝鲜战争；MacArthur's reforms and 与麦克阿瑟改革，263，264–69. 315；NSC–13/2 and 与 NSC–13/2 号文件，273–74；NSC–48/2 and 与 NSC–48/2 号文件，277–79；NSC–68 and 与 NSC–68 号文件，285；open–door policy and 与门户开放政策，258；peace treaty issue and 与和谈问题，270，273–74，281–82，283，288–93，297；purge policy and 与清洗政策，265；racism and 与种族主义，259–60，297；"red purges" and 与"红色清洗"，277；regional associations idea and 与地区联合理念，278–79；reparations issue and 与赔款问题，269，273，276–77，291；Sakhalin–Kuriles problem and 与库页岛 – 千岛群岛问题，263，282，292；second occupation in 第二次占领时期，270–83；Sino–Japanese trade and 与中日贸易，276，278–80，284，289，293–95，302，305；Southeast Asia trade and 与东南亚贸易，280–81，283，294，302；Truman Doctrine and 与杜鲁门主义，271，273；U.S. open Asia policy and 与美国的亚洲开放政策，271–72；war crimes issue and 与战争罪问题，261，264–65；women's rights and 与女权问题，265–66，268，289；Yalta agreements and 与雅尔塔协定，258，282；Yoshida and, *see* Yoshida Shigeru 与吉田，参见吉田茂；*zaibatsu* and 与财阀，268–69，272，273，274，276，277，279

Potsdam Conference（1945）波茨坦会议（1945），243，244–46

Potsdam Declaration《波茨坦公告》，246–47，252

Powell，Colin 鲍威尔，科林，388–89

"power elite" theory "权力精英"理论，319

Prestowitz，Clyde 普雷斯托维茨，克莱

德，378，379，384
Privy Council，Japanese 枢密院，74，267
Progressive Party，Japanese 日本进步党，312
"Project Independence""独立计划"361
Pruyn，Robert H. 普鲁恩，罗伯特·H.，26，27–29
Puerto Rico 波多黎各，61
Putiatin，Evfimii 普提雅廷，叶夫菲米，9，14，15
Pu-yi，Henry 溥仪，173
Pyle，Ernie 派尔，欧尼，219，241

"quarantine" speech "隔离"演说，184–85，188
Quarino，Vicky，夸莉诺，维姬，235

race，racism 种族，种族主义，65，73，91，112，209；in California 在加利福尼 亚，88–89，104–6，107；Exclusion Act and 与《驱逐法案》，144–46；forced relocation of Japanese Americans and 与日裔美国人的强制再安置，218–20；in Hawaii 在夏威夷，55；immigration debate and 与移民争端，128，135–36；Japanese 日本人，217–18，259–60，276，297，373；League of Nations debate and 与国联的争论，123–24；Paris peace conference and 与巴黎和会，123–24；in post-World War II era 在二战后时期，259–60，297；social Darwinism and 与社会达尔文主义，77，79–80；of TR 西奥多·罗斯福的种族主义，79–80，84–85；Victory over Japan Day controversy and 与对日战胜纪念日，381；Washington Conference and 与华盛顿会议，142；on Wilson 与威尔逊，101–3，113–14；Wilson's decision for war and 与威尔逊的战争决定，113–14；World War II and 与二战，217–23，229，230；Yoshida's attitude on 吉田的态度，276
Randall，Clarence 兰德尔，克拉伦斯，314，322
Rankin，Jeannette 兰金，珍妮特，212
Rashomon（film）《罗生门》（电影），402
Reader's Digest《读者文摘》，229
Reagan，Ronald 里根，罗纳德，366，370，371，372，373–74，376
Reagan administration 里根政府，374–75，376，385
Reciprocity Act（1890）《互惠法案》（1890），54
Reciprocal Trade Act（RTA）（1934）《互惠贸易法案》（1934），179
Reconstruction Finance Bank 复兴金融公库，328–29
Reconstruction Finance Corporation 复兴金融公司，177
Recruit Corporation 利库路特公司，382
Reid，T. R. 里德，T. R.，400
Reinsch，Paul 芮恩施，110–1 1，116，123，

167
Reischauer, Edwin O. 赖肖尔，埃德温 O., 281, 320, 333–35, 343
Reischauer, Haru 赖肖尔，春，333
Renewal Party, Japanese 日本新生党，383
Republican Party U.S. 美国共和党，72, 78, 236, 275, 279, 382, 392; *see also* elections, U.S. 同时参见美国选举
Rescript on Morals (1890)《教育敕语》(1890), 91
Reston, James 莱斯顿，詹姆斯，321–22, 346
Rhapsody in August (film)《八月狂想曲》(电影), 402
Rhee, Syngman 李承晚，284
Roberts, Edmund 罗伯茨，埃德蒙，10
Robertson, Walter 罗伯逊，沃尔特，314
Rockefeller, David 洛克菲勒，大卫，364
Rockefeller, John D., III 洛克菲勒，约翰 · D. 三世，289, 300
Rockefeller Foundation 洛克菲勒基金会，147, 300
Rockhill, William W. 洛克希尔，威廉 · W., 70, 76–77
Rodgers, John 罗杰斯，约翰，25
Rogers, William 罗杰斯，威廉，355
Ronin 浪人，25, 26, 28
Roosevelt, Alice 罗斯福，爱丽丝，85, 86
Roosevelt, Eleanor 罗斯福，埃莉诺，194
Roosevelt, Franklin D. 罗斯福，富兰克林 · D., 171, 174, 196, 206, 217, 218–19, 228, 246, 280; Atlantic Charter and 与《大西洋宪章》, 216; at Atlantic Conference 在大西洋会议上，201; at Cairo Conference 在开罗会议上，237; death of 去世，240; Executive Order 9066 signed by 签署 9066 号驱逐令，220; and fall of Philippines 与菲律宾陷落，223–24; forced relocation of Japanese Americans and 与日裔美国人的强制再安置，220–21; "four policemen" concept of "四个警察" 理念，231, 233, 239–40; freeze order of 封锁令，200–201; Grew's "Dear Frank" letter to 与格鲁的 "亲爱的弗兰克" 书信，202–3; Konoe's summit proposal and 与近卫的峰会提议，203–5; Ludlow Amendment and 与拉德洛修正案，187–88; MAGIC intercepts and 与 "魔术" 窃听小组，197, 200; Manchuria crisis and 与 "满洲危机", 175–79; non-recognition doctrine and 与不承认主义，176; postwar planning and 与战后规划，231, 232–33, 234, 236; prelude to war and 与战争前奏，191–92, 193, 194, 208–9, 211; "quarantine" speech of 与 "隔离" 演说，184–85, 188; Sino-Japanese War and 与中日战争，183, 187–88; Soviet Union recognized by 承认苏联，178; at Yalta Conference 在雅尔塔会议，239
Roosevelt, Theodore 罗斯福，西奥多，55–

56, 59, 67, 69, 70, 90, 92, 95, 96, 103, 105, 167, 177–78; California's anti-Asianism and 与加州反亚裔浪潮, 89; Nobel Prize won by 获得诺奖, 83–84; racism of 种族主义观点, 79–80, 84–85; Russo-Japanese War and 与日俄战争, 77, 78, 79–80, 81, 82; Taft-Katsura deal approved by 批准塔夫脱－桂协议, 85–86
Root, Elihu 鲁特, 伊莱休, 89, 91, 96, 126, 167, 173; Nine-Power Treaty and 与《九国公约》, 141–42; Takahira's agreement with 与高平的协议, 92, 94
Rothschild, Lord 罗斯柴尔德勋爵, 81
Rousseau, Jean Jacques 卢梭, 让・雅克, 133
Royall, Kenneth C. 罗亚尔, 肯尼思・C., 272, 274
Rusk, Dean 拉斯克, 迪恩, 280–81, 283, 285, 335, 337–38, 340, 341–42, 343
Russell, Lindsay 拉塞尔, 林德赛, 91
Russell, Richard 拉塞尔, 理查德, 261
Russia 俄国, 403–4
Russia, Imperial 沙俄, xix, 9, 15, 22, 38, 41, 47, 48, 50, 58, 59, 61, 62, 63, 65–66, 68, 72, 74, 92, 95, 107, 114; Alaska territory and 与阿拉斯加领土, 25; Bloody Sunday outbreak in 与血色星期天的爆发, 82; Bolshevik revolution in 布尔什维克革命, 116, 118; Brest-Litovsk peace agreement and 与《布列斯特－立托夫斯克合约》, 118; Japan's fisheries agreement of 1907 with 1907 年与日本的渔业协定, 93–94; Japan's Manchuria agreement with 与日本的"满洲协定", 96; open-door poicy and 与门户开放政策, 69, 70; Sakhalin possession and 占领萨哈林, 43–44; Siberia intervention and 与西伯利亚干涉, 117–18; Triple Intervention and 与三国干涉, 51; *see also* Russo-Japanese War 同时参见日俄战争
Russo-Japanese War 日俄战争, 75–84; Japan's economic difficulties and 与日本的经济困难, 80–81; peace terms of 和平条约, 83–84; Portsmouth Conference and 与朴茨茅斯会议, 82–83; prelude to 战争前奏, 75–77; TR and 与富兰克林・罗斯福, 77, 78, 79–80, 81, 82; U.S. and 与美国, 77, 78–80
Rwanda 卢旺达, 389
Ryukyu Islands 琉球群岛, 43–44, 240, 346; *see also* Okinawa 同时参见冲绳

Saigo Takamori 西乡隆盛, 35–36, 43, 400
Saionji Kimmochi 西园寺公望, 87, 101, 117, 121, 122, 133, 163, 164, 166, 170, 183, 184, 190, 195
Saipan 塞班岛, 234
Saito Makoto 斋藤实, 172, 173
Sakakibara Eisuke 榊原英资, 389, 399, 400

Sakhalin Island 萨哈林岛, 9, 43–44, 83, 149, 239, 253, 263, 283, 292, 314
Samuelson, Robert J. 萨缪尔森, 罗伯特 · J., 384
samurai 武士, 7, 8, 16–17, 30, 34
San Francisco Chronicle《旧金山纪事报》, 88
San Francisco Conference (1945) 旧金山会议 (1945), 293
San Francisco Conference (1951) 旧金山会议 (1951), 290–92
Sanger, David E. 桑格, 大卫 · E., 392
Sanjo Sanetomi 三条实美, 43
Sansom, George 桑塞姆, 乔治, 97, 261
Santo Domingo 圣多明各, 111
Saratoga, USS "萨拉托加" 号军舰, 13, 15
Sato Eisaku 佐藤荣作, 318, 337, 344, 347, 353, 355, 356; background of 人物背景, 339–40; LBJ and 与林登 · 约翰逊, 340, 343, 345, 346; Nixon and 与尼克松, 348–50; textiles deal and 与纺织贸易, 351; "Three Nonnuclear Principles" of 与 "无核三原则", 340–41, 371
Sato Naotake 佐藤尚武, 248
Satsuma Rebellion 西南战争, 35–36
Saudi Arabia 沙特阿拉伯, 386
Sayonara (Michener)《樱花恋》(米切纳), 301
Scalapino, Robert 施乐伯, 340–41
SCAP (Supreme Command of Allied Powers) 盟军最高统帅部, 264, 272, 276, 277, 280, 300
Schiff, Jacob 希夫, 雅各布, 81
Schonberger, Howard 舍恩伯格, 霍华德, 287
Scott, R. H. 斯科特, R. H., 291
Sea Dragon, USS "海龙" 号核潜艇, 342
second industrial revolution 第二次工业革命, 33–34, 63, 93
Secret Service, Japanese 日本情报机关, 50
Seiyukai Party, Japanese 日本政友会, 67, 74, 121, 133, 134, 151, 170, 172
Self–Defense Force, Japanese 日本自卫队, 287, 298, 319
Sematech 半导体制造技术联盟, 379
semiconductor industry 半导体工业, 365, 379
Senate, U.S. 美国参议院, 56, 60–61, 86, 92, 93, 124, 284, 313; China Lobby of 中国游说团体, 293; Exclusion Act passed by 通过《驱逐法案》, 145; Foreign Relations Committee of 对外关系委员会, 126–27, 135, 172, 180, 278; League of Nations rejected by 否决加入国联, 127; Stimson confirmed by 任命史汀生, 192; U.S.–Japan peace treaty and 与日美和约, 292–93; war resolution passed by 通过战争决议, 212
Seven Samurai (film)《七武士》(电影), 402

Seventh Fleet, U.S. 美国第七舰队, 235
Seward, William H. 塞沃德, 威廉 · H., 25, 42, 90; Asia policy of 亚洲政策, 26–29
Shanghai 上海, 171, 172
Shantung 山东, 121, 135, 142, 143, 152; Paris peace conference and 与巴黎和会, 122, 123, 125, 126
Sherman, John 谢尔曼, 约翰, 57
Shibusawa, Baron 涩泽男爵, 139, 143
Shidehara Kijuro 币原喜重郎, 138–39, 145–47, 149, 150–51, 153, 157–58, 163, 164, 166, 168, 170, 239, 263
Shigemitsu Mamoru 重光葵, 255, 312, 313
Shimazu Naoko 岛津直子, 123
Shimizu, Sayuri 清水小百合, 305
Shimonoseki, Treaty of (1895)《马关条约》(1895), 51
Shintoism 神道教, 41–42, 91, 156
Shogun 将军, 7, 8, 18, 21, 22, 26, 29; Emperor–institution's replacement of 被天皇制取代, 33; opening of Japan and 与日本开国, 13–17
Shotoku, Prince 圣德太子, 6
Shotwell, James T. 肖特维尔, 詹姆斯 · T., 156–57
Showa era 昭和时代, 151, 382
Showa Kenkyukai Association 昭和研究会, 181
Shufeldt, Robert N. 薛斐尔, 罗伯特 · N., 44–45, 47
Shultz, George 舒尔茨, 乔治, 372, 379–80
Siam 暹罗, 19
Siberia 西伯利亚, xix, 116–20, 121, 122, 135, 142, 143, 151, 263; Bolshevik Revolution and 与布尔什维克革命, 116–18; Czech troops in 捷克军队, 118–19; Nikolaevsk massacre in 尼古拉耶夫斯克惨案, 134
silk 丝绸, 45, 155, 200
Silver Purchase Act (1934)《购银法案》(1934), 179–80
Simon, John 西蒙, 约翰, 171–72, 173
Singapore 新加坡, 191, 223, 240, 288, 345
Sino–Japanese trade 中日贸易: Dulles and 与杜勒斯, 305–6; Eisenhower and 与艾森豪威尔, 306, 312; Great Britain and 与英国, 305; Imperial China and 与清朝, 99–100; JFK and 与肯尼迪, 336–37; Kennan and 与凯南, 280; Korean War and 与朝鲜战争, 284; post–World War Ⅱ era and 与二战后时代, 276, 278–80, 284, 289, 293–95, 302, 305; State Department and 与国务院, 279, 281; Vietnam War and 与越南战争, 330–31; Yoshida and 与吉田茂, 280, 305
Sino–Japanese treaty (1885)《中日条约》(1885), 即《天津条约》, 48
Sino–Japanese treaty (1915)《中日条约》

(1915), 即《民四条约》, 125
Sino-Japanese treaty (1918)《中日条约》(1918), 即《中日共同防敌军事协定》, 125
Sino-Japanese War (1894-95) 甲午战争(1894—1895), 112
Sino-Japanese War (1937) 抗日战争(1937): Chiang and 与蒋介石, 183; FDR and 与罗斯福, 183, 187-88; Flying Tigers and 与飞虎队, 196, 201; Japan's Southeast Asia interests and 与日本的东南亚利益, 191; Konoe's "new order" declaration and 与近卫的"新秩序"声明, 189; Konoe's proposed summit and 与近卫的峰会提议, 203-5; Marco Polo Bridge incident and 与卢沟桥事变, 183; *Panay* incident and 与"班乃"号事件, 186-87, 188; "quarantine" speech and 与"隔离"演说, 184-85; Soviet-Japanese neutrality treaty and 与日苏中立条约, 195-96, 197; Soviet Union and 与苏联, 183, 188, 190, 195; U.S. isolationists and 与美国孤立主义者, 184-85
Smith, Erasmus Peshine 史密斯, 伊拉斯谟·佩辛, 39
Smith, Robert 史密斯, 罗伯特, 30
Smithsonian Institution 史密斯学会, 400-401
Smoot-Hawley Tariff Act (1930)《斯莫特-霍利关税法案》(1930), 154
social Darwinism 社会达尔文主义, 77, 79-80
Socialist Party Japanese 日本社会党, 312, 318, 321, 326, 380, 383, 394
Sohyo (trade union)"总评"(工会组织), 336
Solomon Islands 所罗门群岛, 223, 228
Sonoda Sunao 园田直, 368, 369
South Africa 南非, 57, 66, 381
Southeast Asian Treaty Organization (SEATO) 东南亚条约组织, 310
South Manchurian Railway 南满铁路 86, 87, 93, 109, 110, 139, 151, 161, 164, 192
Soviet Union 苏联, 137, 147, 151, 161, 164, 173, 258, 278, 279, 288, 312, 314, 330, 363; Afghanistan invaded by 入侵阿富汗, 369; Angola and 与安哥拉, 360-61; Anti-Comintern Pact and 与《反共产国际协定》, 181-82; Bretton Woods framework and 与布雷顿森林体系, 259; Brussels Conference and 与布鲁塞尔会议, 185; China's 1950 Friendship Treaty with 与中国的 1950 年友好条约, 282, 293; collapse of 苏联解体, xxi, 381, 384; containment policy and 与遏制政策, 273, 398, 305, 404; detente and 缓和政策, 352, 353, 360; "four policemen" idea and 与"四个警察"理念, 231; German invasion of 被德国入侵, 197; Hungarian intervention

and 与匈牙利干涉, 310, 321; Japan's neutrality treaty and 与日本的中立条约, 195–96, 197; Japan's World War Ⅱ relations with 与日本在二战时期的关系, 228–29, 239, 242–45, 246, 247–50, 252; Korean jet shoot-down and 与击落朝鲜飞机, 371; Manchukuo and 与［伪］满洲国, 178; Nationalist China and 与中华民国, 148–49; Nazi-Soviet Pact and 与苏德条约, 190; Nixon's "China shock" and 与尼克松的"中国冲击", 354–56, 358; in NSC-68 在 NSC-68 号文件中, 282–83; postwar era and 与战后时代, 257, 260, 270, 271, 273, 277; Red China's relationship with 与新中国的关系, 282, 293, 310, 324,326, 338, 354–55; Sino-Japanese War and 与日中战争, 183, 188, 190, 195; U.S.-Japanese relations and 与日美关系, 148–49; U.S.-Japan peace treaty and 与日美和约, 292; U.S. recognition of 被美国承认, 178; U-2 incident and 与 U-2 飞机事件, 320

Spain 西班牙, 58, 59–61, 65

Spanish-American War 美西战争, 58–61, 65, 102

Special Group（SG）特别小组, 336

Spector, Ronald 斯佩克特, 罗纳德, 401

Sporting News《体育新闻》, 201

Spring Rice, Cecil 斯普林・赖斯, 塞西尔, 80, 82

Stalin, Joseph 斯大林, 约瑟夫, 164, 178, 190, 206, 228–29, 237, 244, 249, 256, 257, 258, 273, 287, 298; Korean War and 与朝鲜战争, 284–85; on postwar Asia 与战后的亚洲, 250; at Potsdam Conference 在波茨坦会议上, 245, 246; Soviet-Japanese Neutrality Treaty and 与日苏中立条约, 195–96; Truman and 与杜鲁门, 243, 246; at Yalta Conference 在雅尔塔会议上, 239, 242

Stalingrad, Battle of 斯大林格勒战役, 229

Stans, Maurice 斯坦斯, 莫里斯, 353

State Department, U.S. 美国国务院, 45, 51, 52, 57, 104, 108–9, 116, 117, 131, 140, 149, 150, 151–52, 157, 167, 168, 176–77, 188, 193, 205, 219, 233, 239, 243, 246, 274–75, 289, 297, 317, 326, 334, 335, 345, 350, 351, 393; Japanese Occupation and 与占领日本, 264; Japan's economic policies and 与日本的经济政策, 270–71; Sino-Japanese trade and 与中日贸易, 279, 281; Taft's reorganization of 塔夫脱的改组, 93

Sterba, James 斯特巴, 詹姆斯, 357

Stettinius, Edward 斯特蒂纽斯, 爱德华, 242, 243

Stevens, Durham White 斯蒂文斯, 达拉莫・怀特, 39–40

Stevens, John 斯蒂文斯，约翰，54
Stilwell, Joseph "Vinegar Joe" 史迪威，约瑟夫"醋性子乔"，224，232，233
Stimson, Henry L. 史汀生，亨利·L.，166，174，201，209，241；forced relocation of Japanese Americans and 与日裔美国人的强制再安置，220–21；Manchuria crisis and 与"满洲危机"，168–71，173；non-recognition doctrine of 不承认主义，171，176；Pearl Harbor attack and 与珍珠港袭击，212，213；Senate confirmation of 参议院通过任命，192；surrender debate and 与投降争议，247，251–53，254；Yalta agreements and 与雅尔塔协定，242–43
stock market crash（1929）股市崩盘（1929），153–54
stock market crash（1937）股市崩盘（1937），184
stock market crash（1987）股市崩盘（1987），378
Straight, Willard 斯特雷特，威拉德，86，91–92，93，95，103，107，116，167
Structural Impediments Initiative（1988）结构性障碍协议（1988），380
Suharto, Sen T. N. J. 苏哈托，345
Sukarno, Achmed 苏加诺，345
Sumner, William Graham 萨姆纳，威廉·格雷厄姆，79
Sunday Chronicle（London）《星期天纪事报》（伦敦），275
Sun Yat-sen 孙逸仙，109，141，147
Supreme Court, Japanese 日本最高法院，318–19
Supreme Court, U.S. 美国最高法院，220–21
Susquehanna, USS "萨斯奎哈纳"号军舰，13
Suzuki Kantaro 铃木贯太郎，251，252，254
Suzuki Zenko 铃木善幸，370，371
Swordfish, USS "剑鱼"号核潜艇，346–47

Taft, William Howard 塔夫脱，威廉·霍华德，92，95–96，97–98，103，105；"dollar diplomacy" and 与"金元外交"，93；Katsura's agreement with 与小村的协定，85–86；State Department reorganized by 改组国务院，93
Taisho, Emperor of Japan 大正天皇，150
Taisho era 大正时代，101，148
Taiwan 台湾，25，52，58，106，122，126，258，284，285，292，293，314，317，320，323，330，337，366，367，368；Nixon–China talks and 与尼克松的中国会谈，355，356
Taiwan Lobby 台湾游说集团，305
Takahashi Akihiro 高桥昭博，248
Takahashi Korekiyo 高桥是清，147–48，162，174–75，180
Takahira Kogoro 高平小五郎，92，94

Takami Jun 高见顺, 262
Takemae Eiji 竹前荣治, 277, 295
Takeshita Noboru 竹下登, 382
Takeuchi Yoshimi 竹内好, 280
Tanaka Giichi 田中义一, 151–53, 157, 170, 263
Tanaka Kakuei 田中角荣, 355, 356–57, 361, 362, 367, 368, 370; Lockheed scandal and 与洛克希德丑闻, 363, 369, 371
Tanaka Memorial 田中备忘录, 153
Tarawa 塔拉瓦岛, 233
Tatekawa Yoshitsugu 建川美次, 164
Taylor, Frederick 泰勒, 弗雷德里克, 302
Tenno, *see* Hirohito, Emperor of Japan 天皇, 参见裕仁天皇
Terauchi Masatake 寺内正毅, 117, 119, 120
Territory of the Pacific Islands 太平洋岛屿领土, 240
Tet Offensive 新年攻势, 346
Thailand 泰国, 193, 281, 345, 367
Thatcher, Margaret 撒切尔, 玛格丽特, 386
Thirty Seconds Over Tokyo (film)《东京上空三十秒》(电影), 224
"Three Nuclear Principles" "核武三原则", 340–41
Tiananmen Square massacre 天安门事件, xxi, 385–86, 403
Tibbets, Paul W., 蒂贝茨, 保罗 · W., 247
Time《时代》周刊, 206, 216, 222, 229, 353, 359
Times (London)《泰晤士报》(伦敦), 331, 337
Tinian 蒂尼安岛, 234
Tocqueville, Alexis de 托克维尔, 阿历克西 · 德, 3–4, 30, 39
Togo Heihachiro 东乡平八郎, 84
Togo Shigenori 东乡茂德, 208, 252, 253
Tojo Hideki 东条英机, 181, 192, 207, 208, 209, 211, 223, 228, 264; background of 身份背景, 205; Doolittle raid and 与杜立德空袭, 225; made Prime Minister 成为首相, 205–6; militarism of 军国主义观点, 205–6, 215; ouster of 被罢免, 250–51, 315
Tokugawa era 德川时代, xix, 8–9, 15–17, 23, 26, 43, 93, 134; Harris mission and 与哈里斯的使命, 18–22; Shogunate's decline in 将军的辞职, 29, 32–33
Tokyo Chamber of Commerce 东京商会, 156
Tokyo Radio 东京广播, 250
Tokyo Times《东京时报》, 50
Tonkin Gulf incident 北部湾事件, 341–42
Townsend, Ralph 汤森, 拉尔夫, 186
Toyoda Soemu 丰田副武, 254
Toyota company 丰田公司, 328, 362, 378
Toyotomi Hideyoshi 丰臣秀吉, 7
Trading with the Enemy Act (1917)《与敌国贸易法》(1917), 351

Trans-Siberian Railway 跨西伯利亚铁路, 48, 50, 74, 78, 81, 117
Treasury Department, U.S. 美国财政部, 264, 274, 313, 344, 379–80
Trezise, Philip 特雷泽斯, 菲利普, 351
Trilateral Commission 三边委员会, 364
Triple Intervention 三国干涉, 51, 52, 62, 68, 76, 108
Trotsky, Leon 托洛茨基, 莱昂, 116, 118, 119
Truman, Harry S. 杜鲁门, 哈里·S., 242, 248–49, 250, 258, 259, 270, 275, 280, 282, 283, 284, 288, 289, 291, 308–9, 342, 399; atomic bomb decision of 原子弹轰炸决议, 246–47, 256; on MacArthur 与麦克阿瑟, 260–61; NSC-48/2 and 与 NSC-48/2 号文件, 277–78; NSC-68 and 与 NSC-68 号文件, 285; at Potsdam Conference 在波茨坦会议上, 244–46; Stalin and 与斯大林, 243, 246; surrender debate and 与投降争议, 251–53; Truman Doctrine announced by 发表杜鲁门主义, 271; Yalta agreements and 与雅尔塔协定, 242–43
Truman administration 杜鲁门政府, 282, 305
Truman Doctrine 杜鲁门主义, 271, 273
Tsutsui Isao 筒井久吉, 311
Turkey 土耳其, 271
Twain, Mark 吐温, 马克, 10
Twenty-one Demands "二十一条", 109–11, 136
"2/26" revolt "二二六暴动", 180–81, 251
Tyler, John 泰勒, 约翰, 11

Uchida Yasuya 内田康哉, 172–73
Ugaki Kazushige 宇垣一成, 188
Ulmer, Alfred C., Jr. 小乌尔默, 阿尔弗雷德·C., 318
ULTRA program "终极"小组, 234, 242
unconditional surrender policy 无条件投降政策, 215, 217, 237–38, 244, 246–47, 248, 249, 251–52, 253, 256
unilateralism 单边主义, 112–13
Union of Japanese Scientists and Engineers 日本科学家及工程师联合会, 301
United Nations 联合国, 240, 264, 268; Japan in 日本在联合国, 311–12, 389; Korean War and 与朝鲜战争, 284–85
United States 美国: depression of late 19th century in 19 世纪末的萧条, 33–34; general strike of 1877 in 1877 年大罢工, 33; GNP of 国民生产总值, 215, 313, 331; manifest destiny doctrine and 与"天定命运", 9–11, 17, 45; military spending by 军费, 296; per capita income of 人均收入, 398; western expansion and 与西进运动, 3–5
United States Federal Council of Churches of Christ 美国联邦基督教协进会, 248

United States–Japan relationship美日关系：Acheson's assessment of艾奇逊的评价，311，323，324；agricultural cooperation and农业合作，42–43；Axis alliance and与轴心国同盟，193–95；baseball and与棒球，63，201，356，365，372；bases issue and基地问题，288，289–91，334–35，346，348，350，395，404；Choshu attack and与下关战争，28–29；Clutton memorandum and与克拉顿备忘录，306–8；conflicting capitalist systems and与相互冲突的资本主义制度，373–79，384，389–90，391，399，400；contrasting socictics and殊异的社会，xviii，5–7；Convention of 1866 and与1866年协定，29，35；cultural exchanges and与文化交流，299–300，399，400；Deming's cooperation theory and与戴明的合作理论，301–3；direction of Japanese trade and与日本的贸易方向，293–94；domino theory and与多米诺理论，308–10；as "equal partnership"作为"平等伙伴关系"，332–38；and exploitation of U.S. market与开发美国市场，317；and first formal diplomatic relations与第一次正式外交接触，21；foreign investors issue and与外国投资者问题，303–4；Girard case and与吉拉德事件，316；human rights and与人权，390，403；immigration debate and与移民争端，88–89，94，97，105；Japanese dependency and与日本的依赖，296–97，304–5，396–97；Japanese imperialism and与日本帝国主义，41，43，49–50，98；Japanese knowledge-seeking diplomatic mission and与日本求知使团，23–25，37–39，42，46；Japanese war record and与日本的战争记录，401 –2；"Japan Inc." and与"日本公司"，365，373；Kissinger on与基辛格，348–49；Korean-Japanese War of 1894–95 and与1894—1895年日朝战争，47–52；Lockheed scandal and与洛克希德丑闻，357，369；Manchuria clashes and与"满洲冲突"，84–87，92–98；manifest destiny credo and与天定命运信条，9–11，17，45；NAFTA and与《北美自由贸易协定》，398；1987 crash and与1987年冲突，378；Nixon's economic policies and与尼克松的经济政策，352–53；oil crises and与石油危机，360，361–62，369；peace treaty issue and与和约问题，270，273–74，281–82，283，288–93，297；popular culture and与流行文化，300–301；possibility of war and与战争的可能性，89–90；security partnership and与安全伙伴关系，xxi，xxii，292，297，313，314–21，342，350，356，371，380，391，394–95，403–5；Shimonoseki Straits incident and与下关海峡事件，26–27；Siberian intervention and与

西伯利亚干涉，116–20，130，134；Smithsonian controversy and与史密森学会争议，400–401；speculative bubbles and 与投机泡沫，383–84，389，392，393；strong yen and 与强势日元，377–78；tourism and 与旅游业，363–64；trade imbalance and 与贸易不平衡，327，329–30，334，353，354，357，363，369，371，375，376–77，378，379；unequal treaties and 与不平等条约，29，42，48，96–97；upgrading of Japanese military and与日本扩军，371–73；U.S.–Asia initiatives and美国的亚洲方案，391–93；U.S. banking consortium and 美国银行团，130–32；U.S. fleet's around–the–world cruise and 美国舰队的环球航行，90–91；U.S. military commitment and美国的军事承诺，364–65；U.S. Vietnam War economy and 美国的越战经济，331–32；U.S. Western expansion and 美国的西进运动，3–5；Whitman's perception of 与惠特曼的预言，24
Uno Sosuke 宇野宗佑，382，386
U.S.–Hawaiian reciprocity treaty（1875–76）美夏互惠条约（1875—1876），53–54
U.S.–Japan Cultural and Educational Cooperation Committee 美日文化教育合作研究委员会，333
U.S.–Japan Joint Committee on Scientific Cooperation 美日科学技术合作联合委员会，332–33
U.S. News & World Report《美国新闻与世界报道》，329，346
U.S. Steel 美国钢铁公司，93，189
U–2 incident U–2 事件，320

Valor of Ignorance，*The*（Lea）《有勇无谋》（利），94
Vance，Cyrus 万斯，塞勒斯，364，368，370
Vandenberg，Arthur H. 范登伯格，亚瑟·H.，189
Vanderlip，Frank 范德里普，弗兰克，61
Vichy France 维希法国，193，200
Viet Minh 越南独立同盟会，295，341
Vietnam 越南，230，232，308，313，373；Japanese trade with 与日本的贸易，366–67，390；partition of 南北分裂，309–10；U.S. initial involvement in 美国的最初干预，280–81
Vietnam，Democratic Republic of（North）越南民主共和国（北越），xx–xxi，341，343，344，366
Vietnam，Republic of（South）越南共和国（南越），342，344，366；overthrow of Diem regime in 吴廷艳政权的倒台，338
Vietnam War 越南战争，xviii，xx，330；antiwar protests and 反战抗议，331，344，349，350；China's role in 中国的

角色，337–38，339，340，341，342–43；Diem's overthrow and 吴廷艳的倒台，338；end of 结束，358，360；escalation of 规模扩大，339，341–42，343；Sino–Japanese trade and 与中日贸易，330–31；Tet Offensive in 新年攻势，346；Tonkin Gulf incident and 与北部湾事件，341–42；U.S.–Japanese relations and 与美日关系，346–47，351
Villard，Oswald Garrison 威拉德，奥斯瓦尔德·加里森，241
Vining，Elizabeth Gray 范宁，伊丽莎白·格雷，262
Vogel，Ezra F. 傅高义，365–66，373

Wages of Guilt，*The*（Buruma）《罪恶的代价》（布鲁玛），402
Wakasugi Kaname 若杉要，205
Wakatsuki Reijiro 若槻礼次郎，170
Wake Island 威克岛，212，223
Walker，Robert 沃克，罗伯特，11
Wallace，George 华莱士，乔治，358
Wang Ching–wei 汪精卫，232
War Cabinet，British 英国战时内阁，191
War Department，U.S. 美国战争部，207，242，248；*see also* Defense Department，U.S. 同时参见美国国防部
"warm–feeling principle" "温热感原则"，156
War of 1898，1898 年战争；*see* Spanish–American War 参见美西战争
War Plan ORANGE 奥兰治作战计划，90，135
War Powers Act（1973）《战争权力法》（1973），360
Warren，Earl 瓦伦伯爵，219–20
Washington，George 华盛顿，乔治，15
Washington Conference（1921–22）华盛顿会议（1921—1922），xix，132–43，145，149，160，172，176，207，288，399；Anglo–Japanese alliance and 与英日同盟，135，136，138，139，140，141，143；assessment of 相关评价，143；battleship ratio debate and 与军舰比例争论，137–38，140，414；Black Chamber and 与黑室，139–40；Five–Power Treaty and 与《五国公约》，141–42；Four–Power Treaty and 与《四国公约》，139，141；Great Britain and 与英国，137–38，139；Hara and 与原敬，135–36；Hughes and 与休斯，141–42，143；Japan and 与日本，135–36，138–39；Lamont–Kajiwara agreement and 与拉蒙特 – 梶原协定，132；Lansing–Ishii agreement and 与兰辛 – 石井协定，142；Nationalist China and 与中国国民党，141–43；naval buildup race and 与海军军备竞赛，134–35；Neville memorandum and 与内维尔备忘录，136；Nine–Power Treaty and 与《九国公约》，141–43；postwar recession and 与战后萧条，132–34；race and 与种族问题，142

Washington Post《华盛顿邮报》, 400
Watergate scandal 水门丑闻, 360
Webb–Heney Alien Land Act (1913), California 加利福尼亚的《韦伯－希尼·艾伦土地法案》(1913), 106
Webb–Pomerene Act《韦伯－珀梅瑞恩法案》, 122
Webster, Daniel 韦伯斯特, 丹尼尔, 11, 12, 13
Weinberger, Caspar 温伯格, 卡斯帕, 372
Welfield, John 威尔菲尔德, 约翰, 321
Welles, Orson 威尔斯, 奥森, 185
Welles, Sumner 威尔斯, 萨姆纳, 205
Westmoreland, William 威斯特摩兰, 威廉, 338
Whig Party, U.S. 美国辉格党, 11
White, Theodore 白修德, 143, 233, 255
White, William Allen 怀特, 威廉·艾伦, 194
Whitman, Walt 惠特曼, 沃尔特, 6, 24, 25
Whitney, Courtney 惠特尼, 考特尼, 264, 266–67, 268
Willkie, Wendell 威尔基, 温德尔, 194, 216
Willoughby, Charles A. 威洛比, 查尔斯·A., 264
Wilson, Charles E. 威尔逊, 查尔斯·E., 305
Wilson, Horace 威尔逊, 霍拉斯, 63
Wilson, James Harrison 威尔逊, 詹姆斯·哈里森, 78
Wilson, Woodrow 威尔逊, 伍德罗, 97, 98, 100, 108, 109, 112, 115, 116, 129, 133, 135, 139–40, 143, 147, 179, 259, 278, 374; background of 背景, 102; California race problem and 与加州种族问题, 105; decision for war of 战争决议, 113–14; Fourteen Points of 十四点计划, 117; House as adviser to 豪斯作为顾问, 121, 122–23; Joint Board abolished by 废除联合委员会, 106; at Paris peace conference 在巴黎和会, 119–20, 121, 122–26, 127, 130–31; racist views of 种族主义观点, 101–3, 113–14; Siberian Intervention and 与西伯利亚干涉, 118–19; Yamagata contrasted with 与山县的不同, 102
Wilson administration 威尔逊政府, 136–37
Witte, Sergei 维特, 谢尔盖, 82, 83
Wolferen, Karl van 沃尔夫伦, 卡尔·范, 378, 392
Wolfowitz, Paul 沃夫威茨, 保罗, 373
women 妇女: in Japan 在日本, 13, 155–56, 265–66, 268, 322, 339, 387, 389, 394–95; in U.S. 在美国, 39, 80
World Bank 世界银行, 390
World War I 第一次世界大战, 99, 141, 162, 184, 215; recession after 战后复苏, 132–34; secret treaties and 与秘密条约, 129; U.S. Asia policy and 与美

国的亚洲政策，112；U.S. economy and 与美国经济，106–7
World War II 第二次世界大战，214–56；"American Century"concept and 与“美国世纪”理念，216–17，257；Asian independence movements and 与亚洲独立运动，230–31；atomic bombing of Japan in 对日原子弹袭击，247–48，252；breaking of Japanese codes in 破译日本电报密码，225，228，234，241–42；Cairo Conference and 与开罗会议，237；China in 二战中的中国，231–33，236–37，239；Coral Sea Battle in 珊瑚海海战，225；Doolittle raid in 杜立德袭击，224–25，228；Emperor question and 天皇问题，237–38，244，247，250–51，252，256；Europe–first policy and 与欧洲优先政策，224；fall of Philippines in 菲律宾沦陷，223–24；"four–policemen" concept and “四个警察”理念，231，233，239–40；Guadalcanal Battle in 瓜岛战役，228；Hirohito's surrender announcement in 裕仁的投降声明，254–55；Hollywood propaganda and 好莱坞的宣传，222；Japanese economic policy and 与日本经济政策，228–29；Japanese expenditures in 日本的开支，228；Japanese fanaticism and 与日本狂热主义，229–30，234；Japanese losses in 日本战败，218；Japanese surrender debate in 日本投降争议，250–55；Japan's invasion of Manchuria and 日本入侵中国东北，160–61，166；*kamikaze* in “神风”计划，235，236，240–41，253；Leyte Gulf Battle in 莱特湾海战，235；Midway Battle in 中途岛战役，225；Nationalist China 与中华民国，231–33，236–37，239；Okinawa Battle in 冲绳战役，240–41；onset of 战争爆发，190；open–door policy and 与门户开放政策，243，246；postwar planning and 与战后规划，236–39；Potsdam Conference and 与波茨坦会议，244–47；proposed invasion of Japan and 与假想日本入侵，241–42；racism and 与种族主义，217–23，229，230；Siberian intervention and 与西伯利亚干涉，119；Soviet–Japanese relations and 与日苏关系，228–29，239，242–45，246，247–50，252；systematic bombing of Japan in 系统性轰炸日本，235–36，241，253–54；unconditional surrender policy in 无条件投降政策，215，217，237–38，244，246–47，248，249，251–52，253，256；U.S. expenditures in 美国花费，228；U.S. forced relocation program and 与美国的强制再安置计划，218–21；U.S.–Japanese outlooks and objectives contrasted 美日观点与目标的比较，214–16；U.S. losses in 美国的损失，218；U.S. trusteeship idea and 美国的托管制度理念，240；Yalta system and

与雅尔塔体系，239，242–43，244，246
Wyoming, USS“怀俄明”号军舰，26

Yalta Conference（1945）雅尔塔会议（1945），239，242–43，244，246
Yamada Seitaro 山田盛太郎，182
Yamagata Aritomo 山县有朋，xv，35，47，48，49，52，67，68，77，80，86，107，117–18，151，400；background of 背景，101；military and 与军队，101–2；race war predicted by 预见的种族战争，101–2，106；reforms of 发起改革，74–75；Wilson contrasted with 与威尔逊的不同，102
Yamamoto Isoroku 山本五十六，234；background and career of 背景与生涯，210–11；death of 死亡，228；Midway Battle and 与中途岛战役，225；Pearl Harbor Attack and 与珍珠港袭击，209–11，213
Yamamoto Mitsuru 山本满，404
Yamato“大和”号军舰，241
Yap 雅蒲岛，142，143
Yardley Herbert O. 雅德利，赫伯特·O.，139–40，143
Yasukuni Shrine 靖国神社，377，402
Yen–Dollar Agreement（1984）日元–美元协议（1984），376
Yokohama Cricket and Athletic Club 横滨板球运动俱乐部，63
Yokohama Specie Bank 横滨正金银行，132，269
“Yoshida letter”“吉田书简”，305
Yoshida Shigeru 吉田茂，xx，265，266，275，279，308，311，315，339，374；“autonomous Japan”sought by 追求“自主的日本”，289；background of 背景，263；bureaucracy installed by 建立官僚机构，277；China trade policy and 与对华贸易政策，280，305；Constitution of 1948 and 与 1948 年宪法，267–68；Dulles's talks with 与杜勒斯的会谈，289–92，293；Eisenhower–Nixon policies and 与艾森豪威尔－尼克松政策，298–99；emergence of 崭露头角，263；exclusion of foreign investors and 与排斥外国投资者，269；fall of 下台，312；foreign policy of 外交政策，276–77；intelligence organization formed by 建立情报机构，287；Kennan–Draper policy and 与凯南－德雷珀政策，277；Korean War as viewed by 吉田眼中的朝鲜战争，286–88，302；nickname of 绰号，289；NSC–13/2 and 与 NSC–13/2 号文件，276；peace treaty and 与和约，281–82，283，289–91，293；political vision of 政治愿景，263–64；racial attitude of 种族态度，276
Yoshihito，Emperor of Japan 嘉仁天皇，101
Young Men's Christian Association 基督教

青年协会，91
Yuan Shih-k'ai 袁世凯，103，104，109

zaibatsu 财阀，xix，86，109，122，134，155，156，157，160，174，182，315，403；banking system and 银行体系，303-4；"control associations" and 与"统制派"，202；foreign trade and 与对外贸易，188；government and 与政府，93；Japanese imperialism and 与日本帝国主义，175；Lamont-Kajiwara discussions and 与拉蒙特－梶原会面，132
Zengakuren 全学联，319，320，321
Zhang Xueliang（Chang Hsueh-liang）张学良，152
Zhang Zuolin 张作霖，152
Zhou Enlai（Chou En-lai）周恩来，305，355-56，357